# 여러분의 합격을 응원하는
# 해커스공무원의 특별 혜택

---

**FREE** 공무원 국어 **특강**

해커스공무원(gosi.Hackers.com) 접속 후 로그인 ▶ 상단의 [무료강좌] 클릭 후 이용

---

 해커스공무원 온라인 단과강의 **20% 할인쿠폰**

## 369FB8784657A4GH

해커스공무원(gosi.Hackers.com) 접속 후 로그인 ▶ 상단의 [나의 강의실] 클릭 ▶
좌측의 [쿠폰등록] 클릭 ▶ 위 쿠폰번호 입력 후 이용

\* 등록 후 7일간 사용 가능(ID당 1회에 한해 등록 가능)

---

**합격예측 온라인 모의고사 응시권 + 해설강의 수강권**

## A3E3F64E5B254ECA

해커스공무원(gosi.Hackers.com) 접속 후 로그인 ▶ 상단의 [나의 강의실] 클릭 ▶
좌측의 [쿠폰등록] 클릭 ▶ 위 쿠폰번호 입력 후 이용

\* ID당 1회에 한해 등록 가능

---

해커스 매일국어 **어플 이용권**

## MEDFZEBZOY8DX05L

구글 플레이스토어/애플 앱스토어에서 [해커스 매일국어] 검색 ▶
어플 다운로드 ▶ 어플 이용 시 노출되는 쿠폰 입력란 클릭 ▶ 쿠폰번호 입력 후 이용

▲ 매일국어 어플 바로가기

\* 등록 후 30일간 사용 가능(ID당 1회에 한해 등록 가능)
\* 해당 자료는 [해커스공무원 국어 기본서] 교재 내용으로 제공되는 자료로, 공무원 시험 대비에 도움이 되는 유용한 자료입니다.

쿠폰 이용 관련 문의 **1588-4055**

# 단기 합격을 위한
# 해커스공무원 커리큘럼

**입문**

## 탄탄한 기본기와 핵심 개념 완성!

누구나 이해하기 쉬운 개념 설명과 풍부한 예시로 부담없이 쌩기초 다지기

**TIP** 베이스가 있다면 **기본 단계**부터!

▼

**기본+심화**

## 필수 개념 학습으로 이론 완성!

반드시 알아야 할 기본 개념과 문제풀이 전략을 학습하고
심화 개념 학습으로 고득점을 위한 응용력 다지기

▼

**기출+예상
문제풀이**

## 문제풀이로 집중 학습하고 실력 업그레이드!

기출문제의 유형과 출제 의도를 이해하고 최신 출제 경향을 반영한
예상문제를 풀어보며 본인의 취약영역을 파악 및 보완하기

▼

**동형문제풀이**

## 동형모의고사로 실전력 강화!

실제 시험과 같은 형태의 실전모의고사를 풀어보며 실전감각 극대화

▼

**최종 마무리**

## 시험 직전 실전 시뮬레이션!

각 과목별 시험에 출제되는 내용들을 최종 점검하며 실전 완성

# PASS

**단계별 교재 확인** 및
**수강신청은 여기서!**

gosi.Hackers.com

\* 커리큘럼 및 세부 일정은 상이할 수 있으며,
자세한 사항은 해커스공무원 사이트에서 확인하세요.

해커스공무원

# 혜원국어
# 올인원 기본서

해커스

공무원 시험 전문 해커스공무원
gosi.Hackers.com

# "새롭게 바뀐 공무원 수험 국어!
그 양날의 검을 '합격'의 기회로!"

인사혁신처는 공무원 국어의 대대적인 변화를 예고하였고, 그 결과 2025년부터 공무원(국가직·지방직 9급) 국어 시험에 큰 변화가 있었습니다. 시험 방식의 변화에 걱정하는 수험생도 분명히 있을 것이라 생각합니다. 그러나 변화는 늘 '위기'와 '기회'라는 양면성을 함께 지니고 있습니다. 혜원국어와 함께 변화가 무엇인지 정확하게 인지하고, 변화에서 요구하는 방향을 잘 따라간다면, 여러분들의 목표인 '합격'에 빠르게 도달하게 될 것입니다.

**'인사혁신처'가 예고한 국가직·지방직 9급 시험의 변화는 기존 수험의 영역인 '문법, 문학, 어휘 및 한자'를 모두 '독해'의 틀 안에서 문제화하겠다는 것이 핵심입니다.** 즉 '독해력'을 잘 갖추고 있는 수험생에게 2025년부터의 수험 국어는 그냥 점수를 가져갈 수 있는 과목이라는 의미이기도 합니다. 그러나 반대로 '구조적 독해력'이 없는 무방비 상태의 수험생에게는 국어 과목 자체가 공무원 수험의 블랙홀이 될 수도 있습니다. 변화에 따른 첫 시험인, 2025년 4월 5일에 치러진 '국가직 9급'에 대한 수험생들의 다양한 반응이 그 증거입니다.

한편, 기존 공무원 수험 문제의 방향을 여전히 따르는 군무원, 법원직, 서울시 단독, 지방직 7급 등의 경우는 여전히 수험 국어 전체의 방대한 분량을 공부해야 함은 물론이고, 지식형 문제에 대한 대비 역시 필요한 상태입니다. 물론 이러한 시험군들 역시 전체 수험 국어가 변화하고 있는 패러다임의 방향인 독해와 추론의 큰 물결을 추종하겠지만, 지식형 문제에 대한 대비를 소홀히 할 수 없는 직렬들이기도 합니다.

『해커스공무원 혜원국어 올인원 기본서』는 변화한 공무원 국어 시험의 패러다임에 맞춰, 불필요한 내용을 줄여 학습 부담을 줄이되, 핵심을 밀도 있게 담아 최대 효율을 낼 수 있도록 '통합형 교재'로 구성하였습니다.

**1. 방대한 중·고등학교 6년의 과정 중 수험에 반드시 필요한 내용만을 엄선하였습니다.**
　공부하는 수험생의 부담을 최소화하되, 7급 시험까지 대비할 수 있도록 수험에 꼭 필요한 부분만을 정리하여, 빠른 합격에 이르도록 구성하였습니다.

**2. 인사혁신처가 제시한 신유형의 문제 정복을 위한 내용을 완벽 구비하였습니다.**
　수험생의 '구조적 독해 능력'을 완성하기 위한 내용을 단계별로 수록하여, 독해 능력 신장에 실질적인 도움이 될 수 있도록 구성하였습니다. 또한 신유형 문제를 유형별로 나누었고, 각 유형별 학습법 및 풀이 방법에 대한 분석도 함께 담았습니다.

**3. 국가직·지방직 9급을 비롯하여 다양한 직렬을 동시에 도전할 수 있도록 준비하였습니다.**
　인사혁신처가 예고한 방향에 따라 독해 및 추론의 필수 내용들을 완벽 구비하였을 뿐만 아니라 하나의 직렬 이상에 도전하는 수험생들이 다른 직렬을 동시에 준비하여 도전할 수 있도록 기존 수험의 필수 영역도 잘 정리하여 구성하였습니다.

수험의 기간은 힘들고 길게만 느껴집니다. 열심히 공부한다 할지라도 그 방향이 잘못되면 힘든 시간의 노력과 눈물은 허무하게 사라질 수도 있습니다. **"혜원국어"는 사랑하는 수험생 여러분의 힘들고 어려운 수험의 시간에 올바른 방향과, 확실한 국어 정복 전략으로 수험생과 함께할 것을 약속합니다!**

예비 합격생 여러분, 여러분의 합격을 응원합니다!

2025년 5월
고혜원

# 목차

# 이 책의 구성

## 영역별 특징에 따라 구성해 학습에 최적화된 본문 구성

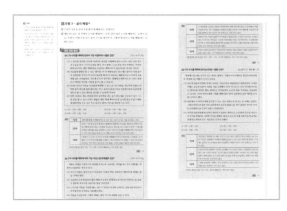

### 1) 비문학

비문학 파트에서는 비문학 독해의 유형과 원리를 '이론 학습 → 실전 적용'의 학습 순서대로 효과적으로 학습할 수 있도록 구성하였습니다. 독해와 관련된 이론 학습을 선행한 후, 실제 기출지문을 통해 이론을 직접 적용해 볼 수 있어 이해부터 적용까지 유기적인 학습이 가능합니다.

### 2) 논리

논리 파트에서는 논리의 기본 원리와 다양한 추론의 유형을 체계적으로 익힐 수 있도록 구성하였습니다. 다양한 예와 설명을 통해 낯선 논리 개념들과 친숙해질 수 있으며, 학습한 이론을 문제에 바로 적용해보면서 어렵게 느껴지는 논리 문제를 확실히 정복할 수 있습니다.

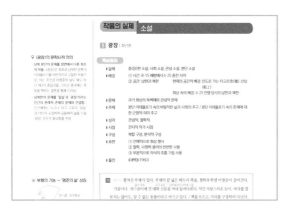

### 3) 문학

문학 파트에서는 문학 이론을 토대로 갈래별 작품의 특성과 감상법을 익히도록 구성하였습니다. 이론과 관련된 작품의 사례를 함께 수록하여 혼자서도 작품을 쉽게 이해할 수 있고, 스스로 작품을 읽고 해석하는 능력도 키울 수 있습니다.

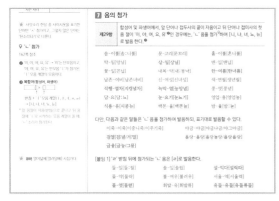

### 4) 문법

문법 파트에서는 국어 문법에 대한 이론을 다양한 예시와 주석을 통해 학습할 수 있도록 구성하였습니다. 문법과 관련된 다양한 용례로 어려운 이론도 쉽게 이해할 수 있으며 문법 원리를 쉽게 풀어낸 설명을 통해 내용을 효과적으로 학습할 수 있습니다.

## 02 핵심 키워드와 출제 포인트를 짚어주는 <출제 경향 한눈에 보기>

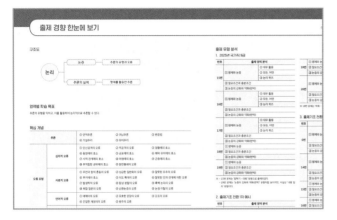

### 1) 구조도를 활용한 핵심 키워드 확인

공무원 시험을 처음 준비하는 수험생이라면, 중요 키워드를 중심으로 이론 흐름을 한눈에 파악할 수 있는 구조도를 활용하여 이론의 뼈대를 튼튼하게 잡고 학습하는 것을 추천합니다.

### 2) 학습 목표로 확인하는 출제 포인트

각 파트별로 출제 경향을 분석하여 반드시 학습해야 하는 중요 포인트를 학습 목표로 수록하였습니다. 또한 파트별 중요 핵심 개념을 통해 어떤 개념이 시험에 자주 출제되었는지를 쉽게 파악할 수 있습니다.

## 03 이론 학습 후 바로 풀어보는 <기출 확인>, <Quiz>

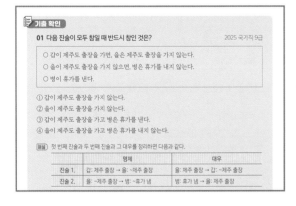

### 1) 기출 확인

반드시 풀어봐야 하는 중요한 기출문제를 관련 이론 바로 옆에 수록하였습니다. 이론 학습 후 바로 실제 기출문제를 풀어보며 개념을 점검할 수 있고, 어떤 이론이 출제되었는지 쉽게 확인할 수 있어 단기에 효율적으로 학습할 수 있습니다.

### 2) Quiz

학습한 이론을 효과적으로 점검할 수 있는 데 도움을 주는 다양한 문제를 풍부하게 수록하였습니다. 실제 기출문제와 동일한 형식으로 실전처럼 풀어볼 수 있는 4지선다형 문제뿐만 아니라 단답형 문제까지 수록하여 이론을 철저하게 학습할 수 있습니다.

# 기본편

# PART 1
# 비문학

# 출제 경향 한눈에 보기

## 구조도

## 영역별 학습 목표

1. 글의 설명 및 전개 방식을 이해하고, 해당 글에서 이를 찾을 수 있다.

2. 글의 중심 내용을 파악하여 중심 문장, 주제, 제목을 찾을 수 있다.

3. 여러 가지 유형의 글을 독해할 수 있다.

## 핵심 개념

| 진술 방식 | 동태적 전개 방식 | ① 서사  ② 과정  ③ 인과 |
| --- | --- | --- |
| | 정태적 전개 방식 | ① 정의  ② 지정  ③ 비교  ④ 대조  ⑤ 예시  ⑥ 분류  ⑦ 분석  ⑧ 묘사  ⑨ 유추 |

## 출제 유형 분석

### 1. 2025년 국가직 9급

| 번호 | 출제 영역 분석 | |
|---|---|---|
| 1번 | 1 유형 1 - 조건에 맞는 표현 | |
| | 2 유형 2 - 말하기 방식 | |
| | 3 유형 3 - 글의 배열 | |
| | 4 유형 4 - 빈칸 채우기 | |
| | 5 유형 5 - 내용 이해 및 추론 | |
| | 6 유형 6 - 중심 내용 추론 | |
| | 7 유형 7 - 고쳐 쓰기 | ① 내용의 고쳐 쓰기 |
| | | ② 공문서 고쳐 쓰기 |
| 2번 | 1 유형 1 - 조건에 맞는 표현 | ① 조건이나 상황에 맞는 표현 |
| | | ② 개요의 수정 및 빈칸 채우기 |
| | 2 유형 2 - 말하기 방식 | |
| | 3 유형 3 - 글의 배열 | |
| | 4 유형 4 - 빈칸 채우기 | |
| | 5 유형 5 - 내용 이해 및 추론 | |
| | 6 유형 6 - 중심 내용 추론 | |
| | 7 유형 7 - 고쳐 쓰기 | |
| 3번 | 1 유형 1 - 조건에 맞는 표현 | |
| | 2 유형 2 - 말하기 방식 | |
| | 3 유형 3 - 글의 배열 | |
| | 4 유형 4 - 빈칸 채우기 | - 문법 융합(합성어와 파생어) |
| | 5 유형 5 - 내용 이해 및 추론 | |
| | 6 유형 6 - 중심 내용 추론 | |
| | 7 유형 7 - 고쳐 쓰기 | |
| 4번 | 1 유형 1 - 조건에 맞는 표현 | |
| | 2 유형 2 - 말하기 방식 | |
| | 3 유형 3 - 글의 배열 | |
| | 4 유형 4 - 빈칸 채우기 | |
| | 5 유형 5 - 내용 이해 및 추론 | ① 개념 및 특징 제시 |
| | | ② 두 대상의 비교 |
| | | ③ 적용 또는 사례 찾기 |
| | | ④ 유형별 특징 제시 |
| | | ⑤ 시대별 특징 제시 |
| | 6 유형 6 - 중심 내용 추론 | |
| | 7 유형 7 - 고쳐 쓰기 | |
| 5번 | 1 유형 1 - 조건에 맞는 표현 | |
| | 2 유형 2 - 말하기 방식 | |
| | 3 유형 3 - 글의 배열 | |
| | 4 유형 4 - 빈칸 채우기 | |
| | 5 유형 5 - 내용 이해 및 추론 | |
| | 6 유형 6 - 중심 내용 추론 | |
| | 7 유형 7 - 고쳐 쓰기 | ① 내용의 고쳐 쓰기 |
| | | ② 공문서 고쳐 쓰기 |
| 6번 | 1 유형 1 - 조건에 맞는 표현 | |
| | 2 유형 2 - 말하기 방식 | |
| | 3 유형 3 - 글의 배열 | |
| | 4 유형 4 - 빈칸 채우기 | |
| | 5 유형 5 - 내용 이해 및 추론 | |
| | 6 유형 6 - 중심 내용 추론 | |
| | 7 유형 7 - 고쳐 쓰기 | |
| 7번 | 1 유형 1 - 조건에 맞는 표현 | |
| | 2 유형 2 - 말하기 방식 | |
| | 3 유형 3 - 글의 배열 | |
| | 4 유형 4 - 빈칸 채우기 | |
| | 5 유형 5 - 내용 이해 및 추론 | |
| | 6 유형 6 - 중심 내용 추론 | |
| | 7 유형 7 - 고쳐 쓰기 | |
| 9번 | 1 유형 1 - 조건에 맞는 표현 | |
| | 2 유형 2 - 말하기 방식 | |
| | 3 유형 3 - 글의 배열 | |
| | 4 유형 4 - 빈칸 채우기 | |
| | 5 유형 5 - 내용 이해 및 추론 | ① 개념 및 특징 제시 |
| | | ② 두 대상의 비교 |
| | | ③ 적용 또는 사례 찾기 |
| | | ④ 유형별 특징 제시 |
| | | ⑤ 시대별 특징 제시 |
| | 6 유형 6 - 중심 내용 추론 | |
| | 7 유형 7 - 고쳐 쓰기 | |
| 11번 | 1 유형 1 - 조건에 맞는 표현 | |
| | 2 유형 2 - 말하기 방식 | |
| | 3 유형 3 - 글의 배열 | |
| | 4 유형 4 - 빈칸 채우기 | |
| | 5 유형 5 - 내용 이해 및 추론 | ① 개념 및 특징 제시 |
| | | ② 두 대상의 비교 |
| | | ③ 적용 또는 사례 찾기 |
| | | ④ 유형별 특징 제시 |
| | | ⑤ 시대별 특징 제시 |
| | 6 유형 6 - 중심 내용 추론 | |
| | 7 유형 7 - 고쳐 쓰기 | |

## 2. 출제기조 전환 1차 예시

| 번호 | 출제 영역 분석 | | |
|---|---|---|---|

**13번**

| | | | |
|---|---|---|---|
| | ① 유형 1 - 조건에 맞는 표현 | | |
| | ② 유형 2 - 말하기 방식 | | |
| | ③ 유형 3 - 글의 배열 | | |
| | ④ 유형 4 - 빈칸 채우기 | | |
| | ⑤ 유형 5 - 내용 이해 및 추론 | ① 개념 및 특징 제시 | |
| | | ② 두 대상의 비교 | |
| | | ③ 적용 또는 사례 찾기 - 문법 융합 (언어의 본질과 특성) | |
| | | ④ 유형별 특징 제시 | |
| | | ⑤ 시대별 특징 제시 | |
| | ⑥ 유형 6 - 중심 내용 추론 | | |
| | ⑦ 유형 7 - 고쳐 쓰기 | | |

**14번**

| | | | |
|---|---|---|---|
| | ① 유형 1 - 조건에 맞는 표현 | | |
| | ② 유형 2 - 말하기 방식 | | |
| | ③ 유형 3 - 글의 배열 | | |
| | ④ 유형 4 - 빈칸 채우기 | | |
| | ⑤ 유형 5 - 내용 이해 및 추론 | ① 개념 및 특징 제시 | |
| | | ② 두 대상의 비교 | |
| | | ③ 적용 또는 사례 찾기 - 문법 융합 ('ㅢ'의 표준 발음법) | |
| | | ④ 유형별 특징 제시 | |
| | | ⑤ 시대별 특징 제시 | |
| | ⑥ 유형 6 - 중심 내용 추론 | | |
| | ⑦ 유형 7 - 고쳐 쓰기 | | |

**20번**

| | |
|---|---|
| ① 유형 1 - 조건에 맞는 표현 | |
| ② 유형 2 - 말하기 방식 | |
| ③ 유형 3 - 글의 배열 | |
| ④ 유형 4 - 빈칸 채우기 | |
| ⑤ 유형 5 - 내용 이해 및 추론 | |
| ⑥ 유형 6 - 중심 내용 추론 | |
| ⑦ 유형 7 - 고쳐 쓰기 | |

※ • 7번 문제는 '어휘 - 바꿔 쓰기' 유형과 함께 출제되었다.
  • 9번 문제는 '어휘 - 동일한 지시 대상 찾기' 유형과 함께 출제되었다.
  • 11번 문제는 '어휘 - 바꿔 쓰기' 유형과 함께 출제되었다.

**1번**

| | | |
|---|---|---|
| ① 유형 1 - 조건에 맞는 표현 | | |
| ② 유형 2 - 말하기 방식 | | |
| ③ 유형 3 - 글의 배열 | | |
| ④ 유형 4 - 빈칸 채우기 | | |
| ⑤ 유형 5 - 내용 이해 및 추론 | | |
| ⑥ 유형 6 - 중심 내용 추론 | | |
| ⑦ 유형 7 - 고쳐 쓰기 | ① 내용의 고쳐 쓰기 | |
| | ② 공문서 고쳐 쓰기 | |

**2번**

| | |
|---|---|
| ① 유형 1 - 조건에 맞는 표현 | |
| ② 유형 2 - 말하기 방식 | |
| ③ 유형 3 - 글의 배열 | |
| ④ 유형 4 - 빈칸 채우기 | |
| ⑤ 유형 5 - 내용 이해 및 추론 | ① 개념 및 특징 제시 |
| | ② 두 대상의 비교 |
| | ③ 적용 또는 사례 찾기 - 문법 융합(합성어의 종류) |
| | ④ 유형별 특징 제시 |
| | ⑤ 시대별 특징 제시 |
| ⑥ 유형 6 - 중심 내용 추론 | |
| ⑦ 유형 7 - 고쳐 쓰기 | |

**3번**

| | |
|---|---|
| ① 유형 1 - 조건에 맞는 표현 | |
| ② 유형 2 - 말하기 방식 | |
| ③ 유형 3 - 글의 배열 | |
| ④ 유형 4 - 빈칸 채우기 | |
| ⑤ 유형 5 - 내용 이해 및 추론 | ① 개념 및 특징 제시 |
| | ② 두 대상의 비교 |
| | ③ 적용 또는 사례 찾기 - 문법 융합(간접 높임법) |
| | ④ 유형별 특징 제시 |
| | ⑤ 시대별 특징 제시 |
| ⑥ 유형 6 - 중심 내용 추론 | |
| ⑦ 유형 7 - 고쳐 쓰기 | |

**4번**

| | |
|---|---|
| ① 유형 1 - 조건에 맞는 표현 | |
| ② 유형 2 - 말하기 방식 | |
| ③ 유형 3 - 글의 배열 | |
| ④ 유형 4 - 빈칸 채우기 | - 문학 융합(최인훈의 <광장>) |
| ⑤ 유형 5 - 내용 이해 및 추론 | |
| ⑥ 유형 6 - 중심 내용 추론 | |
| ⑦ 유형 7 - 고쳐 쓰기 | |

| 6번 | ① 유형 1 - 조건에 맞는 표현 | |
| | ② 유형 2 - 말하기 방식 | |
| | ③ 유형 3 - 글의 배열 | |
| | ④ 유형 4 - 빈칸 채우기 | |
| | ⑤ 유형 5 - 내용 이해 및 추론 | - 문학 융합(이육사의 <절정>) |
| | ⑥ 유형 6 - 중심 내용 추론 | |
| | ⑦ 유형 7 - 고쳐 쓰기 | |
| 7번 | ① 유형 1 - 조건에 맞는 표현 | |
| | ② 유형 2 - 말하기 방식 | |
| | ③ 유형 3 - 글의 배열 | |
| | ④ 유형 4 - 빈칸 채우기 | |
| | ⑤ 유형 5 - 내용 이해 및 추론 | |
| | ⑥ 유형 6 - 중심 내용 추론 | |
| | ⑦ 유형 7 - 고쳐 쓰기 | |
| 8번 | ① 유형 1 - 조건에 맞는 표현 | ① 조건이나 상황에 맞는 표현 |
| | | ② 개요의 수정 및 빈칸 채우기 |
| | ② 유형 2 - 말하기 방식 | |
| | ③ 유형 3 - 글의 배열 | |
| | ④ 유형 4 - 빈칸 채우기 | |
| | ⑤ 유형 5 - 내용 이해 및 추론 | |
| | ⑥ 유형 6 - 중심 내용 추론 | |
| | ⑦ 유형 7 - 고쳐 쓰기 | |
| 9번 | ① 유형 1 - 조건에 맞는 표현 | |
| | ② 유형 2 - 말하기 방식 | |
| | ③ 유형 3 - 글의 배열 | |
| | ④ 유형 4 - 빈칸 채우기 | - 결론 추론 |
| | ⑤ 유형 5 - 내용 이해 및 추론 | |
| | ⑥ 유형 6 - 중심 내용 추론 | |
| | ⑦ 유형 7 - 고쳐 쓰기 | |
| 10번 | ① 유형 1 - 조건에 맞는 표현 | |
| | ② 유형 2 - 말하기 방식 | |
| | ③ 유형 3 - 글의 배열 | |
| | ④ 유형 4 - 빈칸 채우기 | |
| | ⑤ 유형 5 - 내용 이해 및 추론 | ① 개념 및 특징 제시 |
| | | ② 두 대상의 비교 - 문학 융합(이광수의 <무정>) |
| | | ③ 적용 또는 사례 찾기 |
| | | ④ 유형별 특징 제시 |
| | | ⑤ 시대별 특징 제시 |
| | ⑥ 유형 6 - 중심 내용 추론 | |
| | ⑦ 유형 7 - 고쳐 쓰기 | |

| 13번 | ① 유형 1 - 조건에 맞는 표현 | |
| | ② 유형 2 - 말하기 방식 | |
| | ③ 유형 3 - 글의 배열 | |
| | ④ 유형 4 - 빈칸 채우기 | |
| | ⑤ 유형 5 - 내용 이해 및 추론 | |
| | ⑥ 유형 6 - 중심 내용 추론 | |
| | ⑦ 유형 7 - 고쳐 쓰기 | ① 내용의 고쳐 쓰기 |
| | | ② 공문서 고쳐 쓰기 |
| 15번 | ① 유형 1 - 조건에 맞는 표현 | |
| | ② 유형 2 - 말하기 방식 | |
| | ③ 유형 3 - 글의 배열 | |
| | ④ 유형 4 - 빈칸 채우기 | |
| | ⑤ 유형 5 - 내용 이해 및 추론 | ① 개념 및 특징 제시 |
| | | ② 두 대상의 비교 |
| | | ③ 적용 또는 사례 찾기 |
| | | ④ 유형별 특징 제시 |
| | | ⑤ 시대별 특징 제시 |
| | ⑥ 유형 6 - 중심 내용 추론 | |
| | ⑦ 유형 7 - 고쳐 쓰기 | |
| 17번 | ① 유형 1 - 조건에 맞는 표현 | |
| | ② 유형 2 - 말하기 방식 | |
| | ③ 유형 3 - 글의 배열 | |
| | ④ 유형 4 - 빈칸 채우기 | |
| | ⑤ 유형 5 - 내용 이해 및 추론 | |
| | ⑥ 유형 6 - 중심 내용 추론 | |
| | ⑦ 유형 7 - 고쳐 쓰기 | |

※ • 10번 문제는 '어휘 - 문맥적 의미(다의어)' 유형과 함께 출제되었다.
• 15번 문제는 '어휘 - 바꿔 쓰기' 유형과 함께 출제되었다.

# 출제 경향 한눈에 보기

## 3. 출제기조 전환 2차 예시

| 번호 | 출제 영역 분석 | |
|---|---|---|
| 1번 | ① 유형 1 - 조건에 맞는 표현 | |
| | ② 유형 2 - 말하기 방식 | |
| | ③ 유형 3 - 글의 배열 | |
| | ④ 유형 4 - 빈칸 채우기 | |
| | ⑤ 유형 5 - 내용 이해 및 추론 | |
| | ⑥ 유형 6 - 중심 내용 추론 | |
| | ⑦ 유형 7 - 고쳐 쓰기 | ① 내용의 고쳐 쓰기 |
| | | ② 공문서 고쳐 쓰기 |
| 2번 | ① 유형 1 - 조건에 맞는 표현 | |
| | ② 유형 2 - 말하기 방식 | |
| | ③ 유형 3 - 글의 배열 | |
| | ④ 유형 4 - 빈칸 채우기 | |
| | ⑤ 유형 5 - 내용 이해 및 추론 | ① 개념 및 특징 제시 |
| | | ② 두 대상의 비교 |
| | | ③ 적용 또는 사례 찾기 |
| | | ④ 유형별 특징 제시 |
| | | ⑤ 시대별 특징 제시 |
| | ⑥ 유형 6 - 중심 내용 추론 | |
| | ⑦ 유형 7 - 고쳐 쓰기 | |
| 3번 | ① 유형 1 - 조건에 맞는 표현 | |
| | ② 유형 2 - 말하기 방식 | |
| | ③ 유형 3 - 글의 배열 | |
| | ④ 유형 4 - 빈칸 채우기 | |
| | ⑤ 유형 5 - 내용 이해 및 추론 | |
| | ⑥ 유형 6 - 중심 내용 추론 | |
| | ⑦ 유형 7 - 고쳐 쓰기 | |
| 4번 | ① 유형 1 - 조건에 맞는 표현 | |
| | ② 유형 2 - 말하기 방식 | |
| | ③ 유형 3 - 글의 배열 | |
| | ④ 유형 4 - 빈칸 채우기 | |
| | ⑤ 유형 5 - 내용 이해 및 추론 | |
| | ⑥ 유형 6 - 중심 내용 추론 | |
| | ⑦ 유형 7 - 고쳐 쓰기 | ① 내용의 고쳐 쓰기 |
| | | ② 공문서 고쳐 쓰기 |
| 5번 | ① 유형 1 - 조건에 맞는 표현 | |
| | ② 유형 2 - 말하기 방식 | |
| | ③ 유형 3 - 글의 배열 | |
| | ④ 유형 4 - 빈칸 채우기 | |
| 5번 | ⑤ 유형 5 - 내용 이해 및 추론 | |
| | ⑥ 유형 6 - 중심 내용 추론 | |
| | ⑦ 유형 7 - 고쳐 쓰기 | |
| 6번 | ① 유형 1 - 조건에 맞는 표현 | |
| | ② 유형 2 - 말하기 방식 | |
| | ③ 유형 3 - 글의 배열 | |
| | ④ 유형 4 - 빈칸 채우기 | |
| | ⑤ 유형 5 - 내용 이해 및 추론 | |
| | ⑥ 유형 6 - 중심 내용 추론 | |
| | ⑦ 유형 7 - 고쳐 쓰기 | |
| 7번 | ① 유형 1 - 조건에 맞는 표현 | |
| | ② 유형 2 - 말하기 방식 | |
| | ③ 유형 3 - 글의 배열 | |
| | ④ 유형 4 - 빈칸 채우기 | |
| | ⑤ 유형 5 - 내용 이해 및 추론 | |
| | ⑥ 유형 6 - 중심 내용 추론 | |
| | ⑦ 유형 7 - 고쳐 쓰기 | |
| 8번 | ① 유형 1 - 조건에 맞는 표현 | |
| | ② 유형 2 - 말하기 방식 | |
| | ③ 유형 3 - 글의 배열 | |
| | ④ 유형 4 - 빈칸 채우기 | |
| | ⑤ 유형 5 - 내용 이해 및 추론 | ① 개념 및 특징 제시 |
| | | ② 두 대상의 비교 |
| | | ③ 적용 또는 사례 찾기 |
| | | ④ 유형별 특징 제시 |
| | | ⑤ 시대별 특징 제시 |
| | ⑥ 유형 6 - 중심 내용 추론 | |
| | ⑦ 유형 7 - 고쳐 쓰기 | |
| 9번 | ① 유형 1 - 조건에 맞는 표현 | |
| | ② 유형 2 - 말하기 방식 | |
| | ③ 유형 3 - 글의 배열 | |
| | ④ 유형 4 - 빈칸 채우기 | |
| | ⑤ 유형 5 - 내용 이해 및 추론 | ① 개념 및 특징 제시 |
| | | ② 두 대상의 비교 |
| | | ③ 적용 또는 사례 찾기 |
| | | ④ 유형별 특징 제시 |
| | | ⑤ 시대별 특징 제시 |
| | ⑥ 유형 6 - 중심 내용 추론 | |
| | ⑦ 유형 7 - 고쳐 쓰기 | |

| | | |
|---|---|---|
| **11번** | ① 유형 1 - 조건에 맞는 표현 | |
| | ② 유형 2 - 말하기 방식 | |
| | ③ 유형 3 - 글의 배열 | |
| | ④ 유형 4 - 빈칸 채우기 | |
| | ⑤ 유형 5 - 내용 이해 및 추론 | ① 개념 및 특징 제시 |
| | | ② 두 대상의 비교 |
| | | ③ 적용 또는 사례 찾기 |
| | | ④ 유형별 특징 제시 |
| | | ⑤ 시대별 특징 제시 |
| | ⑥ 유형 6 - 중심 내용 추론 | |
| | ⑦ 유형 7 - 고쳐 쓰기 | |
| **13번** | ① 유형 1 - 조건에 맞는 표현 | |
| | ② 유형 2 - 말하기 방식 | |
| | ③ 유형 3 - 글의 배열 | |
| | ④ 유형 4 - 빈칸 채우기 | |
| | ⑤ 유형 5 - 내용 이해 및 추론 | |
| | ⑥ 유형 6 - 중심 내용 추론 | |
| | ⑦ 유형 7 - 고쳐 쓰기 | |
| **20번** | ① 유형 1 - 조건에 맞는 표현 | |
| | ② 유형 2 - 말하기 방식 | |
| | ③ 유형 3 - 글의 배열 | |
| | ④ 유형 4 - 빈칸 채우기 | |
| | ⑤ 유형 5 - 내용 이해 및 추론 | ① 개념 및 특징 제시 - 문법 융합 |
| | | ② 두 대상의 비교 |
| | | ③ 적용 또는 사례 찾기 |
| | | ④ 유형별 특징 제시 |
| | | ⑤ 시대별 특징 제시 |
| | ⑥ 유형 6 - 중심 내용 추론 | |
| | ⑦ 유형 7 - 고쳐 쓰기 | |

※ • 6번 문제는 독해 문제로 볼 수도 있지만, 명제 추론 문제로도 볼 수 있다. 따라서 ① 명제와 논증 - ③ 논리 퀴즈'에서도 따로 다루었다.
 • 9번 문제는 '어휘 - 문맥적 의미' 유형과 함께 출제되었다.
 • 11번 문제는 '어휘 - 문맥적 의미(다의어)' 유형과 함께 출제되었다.

## 1절 효율적인 독해법

### 1 첫 문단에 주목하라!

모든 글의 처음과 끝은 대단히 중요하다. 필자가 가장 선호하는 글의 구성 방식이 두괄식 혹은 미괄식이고, 변주된다 하더라도 중괄식보다는 양괄식이 주로 쓰이기 때문이다. 특히 첫 문단에 글 전체의 흐름을 파악할 수 있는 정보가 있는 경우가 많은데, 이를 바탕으로 앞으로의 내용을 예측하며 읽으면 배경 지식이 생기는 것과 같은 효과로 독해가 수월해진다.

| 첫 문단 | 예측 |
| --- | --- |
| 개념어를 제시 | 설명 |
| 두 대상을 제시 | 비교와 대조 |
| 통념을 제시 | 반박 |
| 질문을 던짐. | 대답 |
| 문제점을 제시 | 원인과 해결책 |
| 과학(기술)적 현상 | 과정과 원리 |

### 2 지문을 지도화하라!

공무원 시험의 독해 문제는 비교적 짧은 지문으로 구성된 1문제 유형이다. 그러므로 문제를 풀기 위한 정보를 지문에서 빠르게 찾는 연습을 해야 하는데, 그 연습의 핵심은 지문을 '지도화'하는 것이다. 더불어 이는 지문의 핵심을 눈으로 다시 짚어주는 효과도 있어 여러모로 유용하다.

### 3 접속어를 노려라!

앞서 설명한 대로 글의 처음과 끝에서 핵심을 고를 수 있는데, 다만 처음에서 말한 내용이 그대로 끝까지 가지 않는 경우도 있다. 이때 흐름의 변화를 주는 접속어의 성격을 고려한다면 핵심 요소를 놓치지 않을 수 있다.

| 기능 및 쓰임 | 접속어 |
| --- | --- |
| 앞뒤의 내용을 나열하거나, 연결할 때 | 그리고, 또, 또한 → 앞, 뒤 모두 중요 |
| 앞뒤 내용이 상반되거나, 대립될 때 | 그러나, 하지만, 반면, 그렇지만 → 뒤가 중요 |
| 앞의 내용이 뒤의 내용의 원인이나 근거, 조건 따위가 될 때 | 따라서, 그래서, 그러므로 → 뒤가 중요 |
| 앞의 내용과 관련시키면서 화제를 다른 방향으로 돌릴 때 | 한편, 그런데 → 뒤가 중요<br>'역접'의 의미로도 쓰인다. |
| 뒤의 내용이 앞의 내용의 예시나 원인이 될 때 | 예를 들어, 가령, 이를테면, 왜냐하면 ~ 때문이다 등 |

**TIP**

**지도화**

지도화는 개인차가 있지만, 예를 들면 지문에 다음과 같이 표시하는 것이다.

· 글의 핵심: 동그라미 'O'

핵심의 꼬리잡기: 화살표 '→'

· 대등: 플러스 '+', 역접: 세모 '△'

· 중심 문장: 물결표 '~~~'

· 인물 이름: 별표 '☆'

· 물음과 대답: 'Q → A'

· 과정, 순서, 열거: 번호 배열 '1. 2. 3.'

· 포함 관계: 벤다이어그램(교집합, 합집합)

**TIP**

**접속어**

'그러나', '한편', '그런데' 등 역접이나 전환의 접속어가 등장할 경우에는 뒤의 내용이 대단히 중요해진다.

## 4 유형 분석으로 지문을 정복하라!

앞서 설명한 것들을 바탕으로 아래와 같이 글의 유형을 분석하며 읽으면, 지문이 말하고
자 하는 핵심을 빠르게 파악할 수 있다.

 **혜원通** 글의 유형

### 1. 'A 그리고 B' 유형

화랑도(花郞道)란, 신라 때의 청소년들이 자신의 마음과 몸을 닦고 목숨을 바쳐 나라를 지
키려는 우리 고유의 정신적 흐름을 말한다. 그리고 이를 실천하기 위하여 조직된 단체를 화랑
도(花郞徒)라 한다.                                                                              2018 서울시 9급

### 2. 'A 그러나 B' 유형 + 'A 따라서(즉) B' 유형

동물들의 행동을 잘 살펴보면 동물들도 우리가 사용하는 말 못지않은 의사소통 수단을 가지
고 있는 듯이 보인다. 즉, 동물들도 여러 가지 소리를 내거나 몸짓을 함으로써 자신들의 감정
과 기분을 나타낼 뿐 아니라 경우에 따라서는 인간과 다를 바 없이 의사를 교환하고 있는 듯하
다. 그러나 그것은 단지 겉모습의 유사성에 지나지 않을 뿐이고 사람의 말과 동물의 소리에는
아주 근본적인 차이가 존재한다는 점을 잊어서는 안 된다.                                           2017 지방직 9급

### 3. 'A 예를 들어 B' 유형

동양 고전들은 주로 그 주인공을 책제목으로 삼는다. 예컨대 《맹자》의 주인공은 맹자요,
《장자》의 주인공은 장자다. 한비자가 주인공인 책도 《한비자》요, 순자가 주인공인 책 제목은
《순자》다.                                                                                      2015 법원직 9급

### 4. 'A 때문에 B' 혹은 'B인 것은 A 때문이다' 유형

지표면에서 발화되는 열은 대기층에 있는 수증기나 온실 기체에 의해 흡수된다. 흐린 날에
는 맑은 날보다 훨씬 무더워 사람들의 밤잠을 설치게 한다. 흐린 날에는 대기 중에 수증기가
많아 지표면에서 방출되는 열이 많이 흡수되기 때문이다. 마찬가지로 탄산가스, 메탄, 프레온,
일산화이질소 등의 기체는 지표면에서 방출되는 열을 흡수하기 때문에 대기 중에 이러한 온실
기체의 양이 늘어나면 지구의 기온이 그만큼 높아지게 된다. 따라서 여름밤에는 열대야 현상
이 일어난다.                                                                                    2016 소방직

### 5. 'A ~듯이 B' 유형(유추 유형)

진리가 사상의 체계에 있어 제일의 덕이듯이 정의는 사회적 제도에 있어 제일의 덕이다.

### 6. 'A 물론 B 그러나 C' 유형(미리 반론 반박)

A [인간이 가지는 또 하나의 높은 차원의 특징은 그 사회성(社會性)이라고 할 것이다. 인
간은 오랜 옛날부터 이미 집단을 형성하였고, 그 구성원보다는 그 집단 자체가 생존 경쟁(生
存競爭)의 단위였다. 이 집단을 유지(維持)하기 위하여 조직(組織)과 제도(制度)가 생겨나고,
다시 이의 통합을 위하여 정치(政治)가 생겨났다. 그래서 사람을 호모 폴리티쿠스(Homo-
politicus)라고도 한다.]
집단생활을 하는 것은 물론 B 인간만은 아니다. 유인원, 어류, 조류, 곤충류 등도 일정
한 영토를 확보하고 집단생활을 하며, 그 안에는 계층적(階層的) 차이까지 있다. 특히 유
인원은 혈연적(血緣的) 유대(紐帶)를 기초로 하는 가족이나 가족 집단이 있고, 성(性)에 의
한 분업이 행해지며, 새끼를 위한 공동 작업도 있어, 인간의 가족생활과 유사한 점이 많다.
그러나 C 이것은 다만 본능에 따른 것이므로 창조적인 인간의 그것과는 구별된다. 따라서
이들 집단을 군집이라 하고, 인간의 집단을 사회라고 불러 이들을 구별한다.

## 7. '(인용) + A + (인용)' 유형

페니실린은 약품으로 정제된 이후 인류의 건강을 위협하는 많은 세균과 질병을 치료하는 데 매우 효과적으로 작용했다. 그런데 문제는 항생제 사용이 잦아지자 세균들이 내성을 갖기 시작했다는 점이다. 항생제는 사람에게는 해를 주지 않으면서 세균만 골라 죽이는 아주 유용한 물질인데, 이 물질을 이겨내는 세균들이 계속 등장했다. 플레밍 또한 뉴욕타임스와의 인터뷰에서 페니실린에 내성인 세균이 등장할 수 있음을 경고했다. 이는 불과 몇 년 지나지 않아 현실화되었다. 페니실린에 내성을 가진 황색 포도상구균이 곧 등장했고 전 세계적으로 확산되었다.

2018 법원직 9급

## 8. 'A - B' 유형(비교/대조 유형)

동양의 음식 중에는 특별한 의미가 담긴 것들이 있다. A 우리나라 대표적인 명절 음식 중 하나인 송편은 반달의 모습을 본뜬 음식으로 풍년과 발전을 상징한다. 삼국사기에 따르면, 백제 의자왕 때 궁궐 땅속에서 파낸 거북이 등에 쓰이 있는 '백제는 만월(滿月) 신라는 반달'이라는 글귀를 두고 점술사가 백제는 만월이라서 다음 날부터 쇠퇴하고 신라는 앞으로 크게 발전할 징표라고 해석했다고 한다. 결과적으로 점술가의 예언이 적중했다. 이때부터 반달은 더 나은 미래를 기원하는 뜻으로 쓰이며, 그러한 뜻을 담아 송편도 반달 모양의 떡으로 빚었다고 한다.
B 중국에서는 반달이 아닌 보름달 모양의 월병을 빚어 즐겨 먹었다. 옛날에 월병은 송편과 마찬가지로 제수용품이었다. 점차 제례 음식으로서 위상을 잃었지만 모든 가족이 모여 보름달을 바라보면서 함께 나눠 먹는 음식으로 자리 잡았다.

2018 국가직 9급

## 9. 'A + A' + A''…'유형('주지 + 상술' 유형)

A 예술작품이 그렇게 보여야 하는, 또는 그렇게 존재해야 하는 특별한 방식 같은 것이 존재하지 않는다는 것, 다시 말해, A'간단한 손도구도 예술작품이 될 수 있고, A'' 상품 상자나 쓰레기 더미나 한 줄의 벽돌, 속옷 무더기, 도살된 동물 등도 예술 작품이 될 수 있다는 것을 예술의 역사가 입증하였을 때, 예술의 본성이 철학적 의식에 충분히 다가갈 수 있게 되었다. 20세기 말경이 되어서야 이것이 충분하게 인식되었다. 그리고 이런 일이 벌어졌을 때, 철학적 미술사가 종말에 이르게 되었다.

2018 서울시 7급

## 10. 'a + A' 유형('전제/도입 + 주지' 유형)

a 우리는 우리가 생각한 것을 말로 나타낸다. 또 다른 사람의 말을 듣고, 그 사람이 무슨 생각을 가지고 있는가를 짐작한다. A 그러므로 생각과 말은 서로 떨어질 수 없는 깊은 관계를 가지고 있다.
그러면 말과 생각이 얼마만큼 깊은 관계를 가지고 있을까? 이 문제를 놓고 사람들은 오랫동안 여러 가지 생각을 하였다. 그 가운데 가장 두드러진 것이 두 가지 있다. 그 하나는 말과 생각이 서로 꼭 달라붙은 쌍둥이인데 한 놈은 생각이 되어 속에 감추어져 있고 다른 한 놈은 말이 되어 사람 귀에 들리는 것이라는 생각이다. 다른 하나는 생각이 큰 그릇이고 말은 생각 속에 들어가는 작은 그릇이어서 생각에는 말 이외에도 다른 것이 더 있다는 생각이다.

2017 국가직 9급

## 5 문제 유형별 접근법을 활용하라!

### 1. 내용 일치/불일치⊕

> • 제시된 글의 내용과 부합하는 것은?
> • 제시된 글의 내용을 통해 알 수 있는 것으로 적절한 것은?
> • 제시된 글의 내용과 가장 거리가 먼 것은?

제시문을 바탕으로 선택지의 옳고 그름을 판단해야 하는 유형이다. 가장 쉬운 듯 보이지만 지엽적인 내용들로 선택지를 구성하는 경우가 많으므로 꼼꼼하게 지문을 읽는 연습이 필요하다. 더 나아가 제공된 정보를 바탕으로 글에 드러나지 않는 정보를 추론하는 유형의 문제도 등장한다.

### 2. 내용 전개 방식(서술 방식)

> • 다음 설명문의 전개 방식으로 옳은 것은?
> • 밑줄 친 부분의 주된 설명 방식은?
> • 제시된 글의 글쓰기 전략으로 볼 수 없는 것은?

글의 전개 방식이란 예시, 분류, 비교, 대조, 유추 등과 같이 글의 중심 내용을 효과적으로 표현하기 위해 내용을 이어나가는 방법을 말한다. 지문에서 쓰인 전개 방식을 정확하게 판단하고 선택지를 통해 이를 확인해야 하므로 기본서에서 다루는 내용 전개 방식을 숙지하는 것이 우선이다.

#### ① 정태적 전개 방식

| | | |
|---|---|---|
| **정의** | 어떤 말이나 사물의 뜻을 명백히 밝혀 규정하는 방법 | |
| **지정 (확인)** | 대상이 무엇인지에 대한 질문에 간단하고 직접적으로 답하는 것으로, 손가락으로 한곳을 가리키듯 확실하게 정하는 방법 | |
| **예시** | 예를 들어 보이는 방법으로, 일반적인 원리나 법칙을 구체적으로 제시하는 방법 | |
| **분류** | **분류 분류**<br>하위 개념에서 상위 개념으로 묶는 방법 | **구분 분류**<br>상위 개념에서 하위 개념으로 나누는 방법 |
| **분석** | 다소 복잡한 대상이나 현상의 구조, 과정, 원인, 결과를 보다 작거나 단순한 단위로 분해하여 설명하는 방법 | |
| 같은 범주 **비교**⊕ | 둘 이상의 사물에 대하여 그들이 지닌 '공통점'을 밝혀내는 방법 | |
| **대조** | 둘 이상의 사물에 대하여 서로 다른 것을 견주어 '차이점'을 밝혀내는 방법 | |
| 다른 범주 **유추** | 두 개의 사물이 비슷함을 근거로 다른 속성도 비슷할 것이라고 추측하는 방법 | |
| **묘사** | 어떤 대상이나 사물, 현상 등을 그림 그리듯 '구체적'으로 또 '감각적'으로 표현하는 방법 | |
| **인용** | 다른 사람의 말이나 글을 가져와서 자신이 설명하고자 하는 것을 뒷받침하는 방법 | |

⊕ TIP

• **긍정 발문:** 옳은 선택지는 1개뿐이므로, 모든 선택지를 '적'으로 여기며 지문을 먼저 읽자.
• **부정 발문:** 정답을 제외하고는 선택지 모두가 지문 내용과 일치하는 설명이므로, 본문을 빠르게 읽는 힌트가 된다. 따라서 선택지를 먼저 확인하며 키워드를 표시해 둔 다음에 지문을 읽자.

⊕ TIP

넓은 의미에서 비교는 대조를 포함한다.

## ② 동태적 전개 방식

| 서사 | 인물이 보이는 일련의 행동이나 사건의 전개 양상에 초점을 두고 서술하는 방법 → 시간 + 누구 |
|---|---|
| 과정 | 결과를 가져오게 하는 일련의 행동, 변화, 기능, 단계에 초점을 두고 서술하는 방법 → 시간 + 어떻게 |
| 인과 | 결과의 요인을 밝히거나 그런 요인들에 의해 초래된 현상에 초점을 두고 서술하는 방법 → 시간 + 왜 |

### 기출 확인

**01 다음 글의 주된 서술 방식으로 가장 적절한 것은?** 2022 지방직 7급

> 배의 돛은 바람의 힘을 이용하여 배를 멀리까지 항해할 수 있게 한다. 별도의 동력에 의지하지 않고도 추진력을 얻는 것이다. 이와 마찬가지로 우주선도 별도의 동력 없이 먼 우주 공간까지 갈 수 있을 것이다. 우주 공간에도 태양에서 방출되는 입자들이 일으키는 바람이 있어서 '햇살 돛'을 만들면 그 태양풍의 힘으로 추진력을 얻을 수 있기 때문이다.

① 정의  ② 분류  ③ 서사  ④ 유추

해설 익숙한 사실인 '배'가 별도의 동력 없이 추진력을 얻는 것에 빗대어 '우주선'이 추진력을 얻을 수 있는 이유를 설명하고 있다. 따라서 제시된 글의 주된 서술 방식은 두 개의 사물이 여러 면에서 비슷하다는 것을 근거로 다른 속성도 유사할 것이라고 추론하는 '유추'이다.

정답 ④

**02 다음 글의 설명 방식으로 적절하지 않은 것은?** 2021 국가직 9급

> 빛 공해란 인공조명의 과도한 빛이나 조명 영역 밖으로 누출되는 빛이 인간의 건강하고 쾌적한 생활을 방해하거나 환경에 피해를 주는 상태를 말한다. 국제 과학 저널인 《사이언스 어드밴스》의 '전 세계 빛 공해 지도'에 따르면, 우리나라는 빛 공해가 심각한 국가이다. 빛 공해는 멜라토닌 부족을 초래해 인간에게 수면 부족과 면역력 저하 등의 문제를 유발하고, 농작물의 생산량 저하, 생태계 교란 등의 문제를 일으킨다.

① 빛 공해의 정의를 제시하고 있다.
② 빛 공해의 주요 요인인 인공조명의 누출 원인을 제시하고 있다.
③ 자료를 인용하여 빛 공해가 심각한 국가로 우리나라를 제시하고 있다.
④ 사례를 들어 빛 공해의 악영향을 제시하고 있다.

해설 제시된 글에는 빛 공해의 주요 요인인 인공 조명의 누출 원인을 제시하고 있지 않다.

오답 ① "빛 공해란 인공조명의 과도한 빛이나 조명 영역 밖으로 누출되는 빛이 인간의 건강하고 쾌적한 생활을 방해하거나 환경에 피해를 주는 상태를 말한다." 부분에서 빛 공해를 정의하고 있다.
③ "국제 과학 저널인 《사이언스 어드밴스》의 '전 세계 빛 공해 지도'에 따르면, 우리나라는 빛 공해가 심각한 국가이다." 부분에서 자료를 인용하여 빛 공해가 심각한 국가로 우리나라를 제시하고 있다.
④ "빛 공해는 멜라토닌 부족을 초래해 인간에게 수면 부족과 면역력 저하 등의 문제를 유발하고, 농작물의 생산량 저하, 생태계 교란 등의 문제를 일으킨다." 부분에서 사례를 들어 빛 공해의 악영향을 제시하고 있다.

정답 ②

## 3. 논리적 배열(순서)

> • 제시된 글을 논리적 순서에 맞게 나열한 것은?
> • 제시된 글의 전개 순서로 가장 자연스러운 것은?
> • ㉠~㉣의 전개 순서로 가장 자연스러운 것은?

### ➕ TIP

**1단계** 먼저 선택지를 바탕으로 첫 문장 혹은 첫 문단에 대한 힌트를 얻는 것이 좋다. 대다수 선택지에서 2~3개의 시작점을 제시해 주므로 그를 바탕으로 접근하면 훨씬 쉽게 배열 문제를 풀 수 있다.

**2단계** 접속어와 지시어에 집중하는 것이다. 앞에서 확인하였듯이, 접속어가 글의 흐름을 파악하기 위한 가장 쉬운 도구임을 우리는 이미 알고 있다.

**3단계** '꼬리잡기'라고 불리는 기술이다. 핵심어를 바탕으로 이어지는 꼬리를 잡아 내는 것인데, 배열 문제를 풀다 보면 흐름에서 핵심어가 이어짐을 파악할 수 있는 경우가 대부분임을 알 수 있다. 예를 들어 '공무원 시험의 성지는 노량진이다.'라는 문장이 있다면, 뒤를 잇는 문장은 '노량진은 ~'으로 시작할 가능성이 높다는 것이다.

문장 혹은 문단을 순서대로 배열하는 문제 유형이다. 글의 통일성, 완결성, 긴밀성을 고려하여 각 문장 혹은 문단을 논리적으로 배열해야 한다. 단문부터 장문까지 짧게는 3개에서 많게는 6개까지 나누어진 구문들을 연결해야 하므로, 글의 흐름을 잘 파악하는 것이 중요하다.

## 4. 빈칸 채우기

- 괄호 속에 들어갈 접속어로 가장 적절한 것은?
- ㉠에 들어갈 말로 가장 적절한 것은?
- (가)~(라)에 들어갈 말로 가장 적절한 것은?

주어진 글의 빈칸에 들어갈 알맞은 말을 묻는 유형이다. 빈칸에 들어갈 접속어를 고르는 문제를 위해서는 18쪽의 '❸ 접속어를 노려라!'를 참고하여 접속어별로 기능과 쓰임을 미리 공부해 둘 필요가 있다.

흐름에 적절한 문장을 고르는 경우 이때 선택지는 주로 앞의 내용으로부터 도출할 수 있는 결론이거나, 앞의 내용을 적용한 사례가 제시되는 경우가 많다. 따라서 '빈칸 앞뒤의 내용'을 꼼꼼하게 읽은 후에 빈칸에 들어갈 말을 고르면 된다.

## 2절 글의 구성 요소

## 1 문단(단락)의 구조

한 편의 글은 여러 개의 문단으로 구성되며, 문단은 주요 내용을 담고 있는 주제문과 이를 뒷받침하는 문장으로 구성된다. 주제문은 일반적인 내용을, 뒷받침 문장은 구체적인 내용을 담고 있다.

**혜원通** 문단의 구조를 파악하는 방법

1. 문단의 구조를 파악하기 위해 점검할 사항
   - 단락의 주제를 파악한다.
   - 단락의 주제에 기대어 중심 문장을 찾고, 뒷받침 문장들의 기능을 파악한다.
   - 각 문장들의 관계가 어떻게 맺어져 있는지 살펴본다. 이때 문장 사이 접속어의 기능을 아는 것이 매우 유용하다.

2. 접속어를 통해 문맥을 파악하는 방법

| 접속어 | 역할 | 방법 |
|---|---|---|
| 그러므로, 따라서, 그래서, 요컨대 | 요약이나 결론의 접속어 | 글의 핵심 내용이 온다. |
| 그러나 / 한편, 그런데 | 역접 / 전환의 접속어 | 내용의 흐름이 바뀜. → 중심 내용은 바뀐 부분에서 찾는다. |
| 그리고, 또, 또한 | 앞뒤 내용이 대등하게 연결 | 연결되는 부분을 찾아 중심 내용에 포함시킨다. |
| 즉, 다시 말하면, 예를 들면 | 구체적(보충) 설명 | 중심 내용은 앞 문장에서 찾는다. |

* 'A 즉 B, A 다시 말하면 B'는 '대등'의 내용이므로 앞과 뒤를 함께 보아야 한다.

## 2 문장 및 문단의 연결 관계

<table>
<tr><td>전제</td><td>—</td><td>주지</td><td>—</td><td>부연</td></tr>
<tr><td>근거가 되는 명제</td><td></td><td>중심 생각</td><td></td><td>상술·예시 등</td></tr>
</table>

## 3 문단의 구성 방식

### 1. 두괄식 구성

글의 첫머리에 중심 내용이 오는 산문 구성 방식을 말한다.

> 건축 양식이란, 원래 풍토 속에서 싹터 풍토 속에서 자란다고 할 수 있다. → 중심 문장
> 곧 건축은 처음 그 지역의 기후와 풍토에 알맞게 고안된 다음 오랜 세월에 걸쳐 거기에 수정과 개량이 가해져 발전하여 내려오면서 하나의 건축 양식으로 정착하게 된다.

### 2. 미괄식 구성

문단이나 글의 끝 부분에 중심 내용이 오는 산문 구성 방식을 말한다.

> 일상생활에서는 순우리말인 '값, 글, 옷, 생각, 생각하다'만을 사용하더라도 별다른 지장 없이 생활을 할 수가 있겠지만, 여기에 대응하고 있는 한자어들은 저마다 독특한 용법들을 지닌다. 이 경우, 한자어들은 고유어보다 의미가 더 구체적이면서 분화된 의미를 나타낸다. 따라서 이러한 한자어들을 단지 한자어라는 이유만으로 무조건 배척하는 일은 현실적으로 바람직하지 못하다. 어떤 사람이 읽을 글인가에 따라 어휘 선택의 폭이 달라질 수 있으므로, 일반 대중들이 모두 보아야 하는 글에서는 쉬운 우리말을 써도 될 것이고, 더 섬세하고 정확한 표현이 필요한 글에서는 한자어라고 하더라도 정확히 구사할 줄 아는 것이 우리말을 풍부하게 가꾸는 길일 것이다. → 중심 문장

### 3. 양괄식 구성

글의 중심 내용이 앞부분과 끝 부분에 반복하여 나타나는 문단 구성 방식을 말한다.

### 4. 무괄식 구성

글의 중심 내용이 전체적으로 나열되어 있는 방식으로, 병렬식 구성이라고도 한다.

---

★ 내용 조직 원리

<table>
<tr><td>통일성</td><td>하나의 글(문단) 안에서 다루어지는 내용(중심 생각)은 하나여야 한다는 것</td></tr>
<tr><td>완결성</td><td>중심 내용과 함께 뒷받침 내용이 충분히 제시되어야 한다는 것</td></tr>
<tr><td>일관성</td><td>하나의 글(문단)을 이루는 각각의 문단(문장)들이 서로 긴밀하게 결합되어 일관된 질서와 논리에 맞아야 한다는 것</td></tr>
</table>

**01** 다음 문장들을 두괄식 문단으로 구성하고자 할 때, 문맥상 가장 먼저 와야 할 문장은?

2017 서울시 9급

> ㉠ 신라의 진평왕 때 눌최는 백제국의 공격을 받았을 때 병졸들에게, "봄날 온화한 기운에는 초목이 모두 번성하지만 겨울의 추위가 닥쳐오면 소나무와 잣나무는 늦도록 잎이 지지 않는다. ㉡ 이제 외로운 성은 원군도 없고 날로 더욱 위태로우니, 이것은 진실로 지사 의부가 절개를 다하고 이름을 드러낼 때이다."라고 훈시하였으며 분전하다가 죽었다. ㉢ 선비 정신은 의리 정신으로 표현되는 데서 그 강인성이 드러난다. ㉣ 죽죽(竹竹)도 대야성에서 백제 군사에 의하여 성이 함락될 때까지 항전하다가 항복을 권유받자, "나의 아버지가 나에게 죽죽이라 이름 지어 준 것은 내가 추운 겨울에도 잎이 지지 않으며 부러질지언정 굽힐 수 없도록 하려는 것이었다. 어찌 죽음을 두려워하여 살아서 항복할 수 있겠는가."라고 결의를 밝혔다.

① ㉠

② ㉡

③ ㉢

④ ㉣

[해설] '두괄식 문단'으로 구성하려면 글의 중심 내용이 문단의 첫머리에 와야 한다. 따라서 ㉢ '선비 정신은 의리 정신으로 표현되는 데서 그 강인성이 드러난다.'가 가장 앞에 와야 한다.

[오답] ㉢을 제외한 나머지는 ㉢을 뒷받침하는 내용이므로, 두괄식 문단으로 구성하고자 할 때 앞에 올 수 없다.

[정답] ③

**02** 다음 문장들을 미괄식 문단으로 구성하고자 할 때 문맥상 전개 순서로 가장 옳은 것은?

2015 서울시 9급

> ㉠ 숨 쉬고 마시는 공기와 물은 이미 심각한 수준으로 오염된 경우가 많고, 자원의 고갈, 생태계의 파괴는 더 이상 방치할 수 없는 지경에 이르고 있다.
> ㉡ 현대인들은 과학 기술이 제공하는 물질적 풍요와 생활의 편리함의 혜택 속에서 인류의 미래를 낙관적으로 전망하기도 한다.
> ㉢ 자연환경의 파괴뿐만 아니라 다양한 갈등으로 인한 전쟁의 발발 가능성은 도처에서 높아지고 있어서, 핵전쟁이라도 터진다면 인류의 생존은 불가능해질 수도 있다.
> ㉣ 이런 위기들이 현대 과학 기술과 밀접한 관계가 있다는 사실을 알게 되는 순간, 과학 기술에 대한 지나친 낙관적 전망이 얼마나 위험한 것인가를 깨닫게 된다.
> ㉤ 오늘날 주변을 돌아보면 낙관적인 미래 전망이 얼마나 가벼운 것인지를 깨닫게 해 주는 심각한 현상들을 쉽게 찾아볼 수 있다.

① ㉠ - ㉢ - ㉤ - ㉣ - ㉡

② ㉡ - ㉣ - ㉤ - ㉠ - ㉢

③ ㉡ - ㉤ - ㉠ - ㉢ - ㉣

④ ㉤ - ㉣ - ㉠ - ㉢ - ㉡

[해설] '미괄식 문단'은 근거를 먼저 제시하고, 이를 바탕으로 도출한 결론(주장)을 적은 글이다. 따라서 결론(주장)에 해당하는 문장을 가장 나중에 둔 것을 찾으면 된다.
제시된 글은 인류가 과학 기술이 제공하는 편리함 속에서 지나치게 미래에 대해 낙관하고 있지만, 결코 낙관적이지만은 않다는 내용이다. 결론(주장)에 해당하는 문장은 ㉣이다. 따라서 ㉣이 가장 나중에 제시된 ③이 답이 된다.

[정답] ③

# 02 신유형 독해의 원리

## 1절 독해 유형 분석

### 1 유형 1 - 조건에 맞는 표현

#### 1. 세부 유형 1

① 주어진 조건이나 상황에 맞는 표현을 찾는 유형이다.

② 세부적으로는 내용과 형식과 같은 몇 가지 조건을 제시하고 이를 충족하는 표현을 찾는 유형, 글의 일부를 비워 두고 흐름에 맞으면서 조건과 부합하는 표현을 찾는 유형 등이 있다.

#### 대표 유형 문제

**01** '해양 오염'을 주제로 연설을 한다고 할 때, 다음에 제시된 조건을 모두 충족한 것은?

2023 국가직 9급

> ○ 해양 오염을 줄일 수 있는 생활 속 실천 방법을 포함할 것.
> ○ 설의적 표현과 비유적 표현을 활용할 것.

① 바다는 쓰레기 없는 푸른 날을 꿈꾸고 있습니다. 미세 플라스틱은 바다를 서서히 죽이는 보이지 않는 독입니다. 우리의 관심만이 다시 바다를 살릴 수 있을 것입니다.

② 우리가 버린 쓰레기는 바다로 흘러갔다가 해양 생물의 몸에 축적이 되어 해산물을 섭취하면 결국 다시 우리에게 돌아오게 됩니다. 분리수거를 철저히 하고 일회용품을 줄이는 것이 바다도 살리고 우리 자신도 살리는 길입니다.

③ 여름만 되면 피서객들이 마구 버린 쓰레기로 바다가 몸살을 앓는다고 합니다. 자기 집이라면 이렇게 함부로 쓰레기를 버렸을까요? 피서객들의 양심이 모래밭 위를 뒹굴고 있습니다. 자기 쓰레기는 자기가 집으로 되가져가도록 합시다.

④ 산업 폐기물이 바다로 흘러가 고래가 죽어 가는 장면을 다큐멘터리에서 본 적이 있습니다. 이대로 가다간 인간도 고통받게 되지 않을까요? 정부에서 산업 폐기물 관리 지침을 만들고 감독을 강화하지 않는다면 바다는 쓰레기 무덤이 되고 말 것입니다.

**해설** ③에서는 "자기 쓰레기는 자기가 집으로 되가져가도록 합시다."를 통해 생활 속 실천 방법을 포함하고 있다. 또한 "자기 집이라면 이렇게 함부로 쓰레기를 버렸을까요?"라는 설의적 표현과, "바다가 몸살을 앓는다", "피서객들의 양심이 모래밭 위를 뒹굴고 있습니다."와 같은 비유적 표현을 모두 포함하고 있다.

 **정답** ③

**02** 다음을 모두 만족시키는 표어로 적절한 것은?　　　　　　　　　2017 국가직 9급 추가

○ 공중도덕 지키기를 홍보한다.
○ 대구의 표현 방식을 활용한다.
○ 행위의 긍정적 효과를 비유적으로 표현한다.

① 신호 위반, 과속 운전 / 모든 것을 앗아 갑니다.
② 아파트를 뒤흔드는 음악 소리 / 이웃들을 괴롭히는 고문 장치
③ 노약자에게 양보하는 한 자리 / 당신에게 찾아오는 행복의 문
④ 공공장소에서 실천하는 금연 / 우리의 건강을 지켜 줍니다.

해설 세 가지 조건을 모두 만족하는 것은 ③이다.

| 조건 1 | '양보'라는 공중도덕을 홍보하고 있다. |
|---|---|
| 조건 2 | 'A에게 B하는 C'라는 어구가 반복되므로 '대구'의 표현 방식을 활용했다. |
| 조건 3 | '양보'의 긍정적 효과를 '행복의 문'이라고 비유적으로 표현하고 있다. |

오답 ① 대구의 표현 방식을 사용하지도, 행위의 긍정적 효과를 비유하여 표현하지도 않았다. 다만 교통질 서는 공중도덕과 관계된다.
② 행위의 긍정적 효과가 아니라 '부정적 효과'를 비유하여 표현했다. 다만, 층간 소음 방지와 관련된 '공중도덕 지키기'를 홍보하고 있으며, 'A를 B하는 C'라는 어구가 반복되어 대구가 나타난다.
④ 대구의 표현 방식을 사용하지도, 행위의 긍정적 효과를 비유하여 표현하지도 않았다. 다만, '공공 장소에서의 금연'을 홍보하고 있다는 점은 공중도덕과 관련이 있다.

정답 ③

**03** 다음 조건을 모두 참조하여 쓴 글은?　　　　　　　　　2018 지방직 9급

○ 대구(對句)➕의 기법을 사용할 것
○ 삶에 대한 통찰을 우의적➕으로 표현할 것

① 낙엽: 낙엽은 항상 패배한다. 시간이 지나고 낙엽이 지는 것은 어쩔 수 없는 일이다. 그리 고 계절의 객석에 슬픔과 추위가 찾아온다. 하지만 이 패배가 없더라면, 어떻게 봄의 승리 가 가능할 것인가.
② 비: 프랑스어로 '비가 내린다.'는 한 단어라고 한다. 내리는 것은 비의 숙명인 것이다. 세월 이 아무리 흘러도, 비는 주룩주룩 내리고, 토끼는 깡충깡충 뛴다. 자연은 모두 한 단어이다. 우리의 삶도 자연을 닮는다면 어떨까.
③ 하늘: 하늘은 언젠가 자기 얼굴이 알고 싶었다. 하지만 어디에도 자신을 비춰줄 만큼 큰 거 울을 발견할 수 없었다. 그러다 어느 날 어떤 소녀를 발견했다. 포근한 얼굴로 자신을 바라 보는 소녀의 눈동자를 하늘은 바라보았다. 거기에 자신이 있었다.
④ 새: 높이 나는 새는 낮게 나는 새를 놀려 댔다. "어째서 그대는 멀리 보는 것을 선택하지 않 는가? 기껏 날개가 있는 존재로 태어났는데." 그러자 낮게 나는 새가 대답했다. "높은 곳의 구름은 멀리를 바라보고, 낮은 곳의 산은 세심히 보듬는다네."

해설 세 가지 조건(대구, 통찰, 우의적)을 모두 만족하는 것은 ④이다.

| 조건 1 | '높은 곳의 구름은 멀리를 바라보고, 낮은 곳의 산은 세심히 보듬는다네.'에서 '대 구'의 표현 방식을 활용했다. |
|---|---|
| 조건 2 | 높은 것도 낮은 것도 모두 의미가 있다는 '통찰'을 표현하고 있다. |
| 조건 3 | 조건 2의 '통찰'을 직접적으로 표현하지 않고, 구름과 산에 빗대어 표현하고 있다. |

오답 ① 통찰과 우의적 표현은 있으나, 대구가 없다.
② 대구와 통찰은 있으나, 직설적으로 표현하고 있다.
③ 통찰은 있으나, 대구와 우의적 표현이 없다.

정답 ④

➕ TIP

**대구법**
비슷한 어조나 어세를 가진 어구를 짝 지어 표현의 효과를 나타내는 수사법이다.

➕ TIP

**우의적 표현**
다른 사물에 빗대어 간접적으로 표현하는 방법이다.

## 2. 세부 유형 2

주어진 조건에 따라 개요의 빈칸을 채우거나 개요의 일부 내용을 수정하는 유형이다.🔲

**TIP**

개요 문제에서 '원인'과 '해결책'의 대응이 가장 중요하다. 원인과 해결책은 반드시 대응되어야 하고, 그 개수도 같아야 한다.

예 원인이 3개면 해결책도 3개이다.

### 📝 대표 유형 문제

**01** <개요>의 빈칸에 들어갈 내용으로 적절하지 않은 것은?                    2025 국가직 9급

┌─<개요>─
│ ○ 제목: 청소년 아르바이트의 실태와 노동 문제 개선 방안
│ Ⅰ. 청소년 아르바이트의 실태
│    1. 열악한 노동 환경 및 복지 혜택 부족
│    2. 임금 체불 및 최저 임금제 위반
│    3. 사업장 내의 빈번한 폭언 및 폭행 발생
│ Ⅱ. 청소년 아르바이트의 노동 문제 발생 원인
│    1. 청소년의 노동 환경에 대한 실효성 있는 제도 부족
│    2. 노동 관계법에 관한 청소년 고용 업주의 인식 부족
│    3. 청소년 노동자의 인권을 존중하지 않는 사회의 통념
│ Ⅲ. 청소년 아르바이트의 노동 문제 개선 방안
│    [                                        ]

① 청소년의 노동 환경 개선을 위한 제도 정비
② 청소년 고용 업주에 대한 노동 관계법 교육과 지도 확대
③ 청소년 노동자의 인권 보호를 위한 사회적 교육 기관 설립
④ 청소년 고용 업체 규모 축소를 위한 정부의 지속적인 감독과 단속

**해설** <개요>의 빈칸에는 개요의 올바른 짜임에 따라 <원인과 해결책>의 짝이 이루어져야 하므로 "Ⅱ. ~ 발생원인"에 대한 '~ 개선 방안(해결책)'이 들어가야 한다. 따라서 'Ⅱ. 청소년 아르바이트의 노동 문제 발생 원인'과 대응하는 내용이 제시되어야 한다. 개선 방안에 '청소년 고용 업체 규모 축소를 위한 정부의 지속적인 감독과 단속'이 들어가려면, 'Ⅱ. 청소년 아르바이트의 노동 문제 발생 원인'에 현재 정부의 감독과 단속이 지속적으로 이루어지고 있지 않다는 내용이 나와야 한다. 그런데 이는 찾아볼 수 없기 때문에 빈칸에 들어갈 내용으로 적절하지 않다. 또한 '청소년 고용 업체 규모 축소' 역시 연결될 원인을 찾을 수 없다.

**오답** ① '제도 정비'는 'Ⅱ. 1. 청소년의 노동 환경에 대한 실효성 있는 제도 부족'에 대한 개선 방안이다.
② '업주에 대한 교육과 지도 확대'는 'Ⅱ. 2. 노동 관계법에 관한 청소년 고용 업주의 인식 부족'에 대한 개선 방안이다.
③ '인권 보호를 위한 교육 기관 설립'은 'Ⅱ. 3. 청소년 노동자의 인권을 존중하지 않는 사회의 통념'에 대한 개선 방안이다.

**정답** ④

**02** <지침>에 따라 <개요>를 작성할 때 ㉠~㉣에 들어갈 내용으로 적절하지 않은 것은?

9급 출제기조 전환 예시 1차

<지침>
○ 서론은 중심 소재의 개념 정의와 문제 제기를 1개의 장으로 작성할 것.

○ 본론은 제목에서 밝힌 내용을 2개의 장으로 구성하되 각 장의 하위 항목끼리 대응되도록 작성할 것.

○ 결론은 기대 효과와 향후 과제를 1개의 장으로 작성할 것.

<개요>
○ 제목: 복지 사각지대의 발생 원인과 해소 방안

Ⅰ. 서론

1. 복지 사각지대의 정의

2. ㉠

Ⅱ. 복지 사각지대의 발생 원인

1. ㉡

2. 사회복지 담당 공무원의 인력 부족

Ⅲ. 복지 사각지대의 해소 방안

1. 사회적 변화를 반영하여 기존 복지 제도의 미비점 보완

2. ㉢

Ⅳ. 결론

1. ㉣

2. 복지 사각지대의 근본적이고 지속가능한 해소 방안 마련

① ㉠: 복지 사각지대의 발생에 따른 사회 문제의 증가

② ㉡: 사회적 변화를 반영하지 못한 기존 복지 제도의 한계

③ ㉢: 사회복지 업무 경감을 통한 공무원 직무 만족도 증대

④ ㉣: 복지 혜택의 범위 확장을 통한 사회 안전망 강화

**해설** '지침'에서 '각 장의 하위 항목끼리 대응되도록 작성할 것.'이라고 하였다. 따라서 ㉢에는 발생 원인 '2. 사회복지 담당 공무원의 인력 부족'에 대응하는 '해소 방안'이 들어가야 한다. 그런데 ③의 내용은 '복지 사각지대의 해소 방안'도 아니고, 두 번째 발생 원인과 대응되는 내용도 아니다. 따라서 ㉢에 들어갈 내용으로 적절하지 않다.

**오답** ① '지침'에서 '서론은 중심 소재의 개념 정의와 문제 제기를 1개의 장으로 작성할 것.'이라고 하였다. '서론 1.'에서 개념을 정의하고 있기 때문에, ㉠에는 '문제 제기'가 들어가는 것이 적절하다. 따라서 ㉠에 '복지 사각지대의 발생에 따른 사회 문제의 증가'가 들어가는 것은 적절하다.

② '지침'에서 '각 장의 하위 항목끼리 대응되도록 작성할 것.'이라고 하였다. 해소 방안 '1. 사회적 변화를 반영하여 기존 복지 제도의 미비점 보완'에 맞춰, ㉡에 '사회적 변화를 반영하지 못한 기존 복지 제도의 한계'가 들어가는 것은 적절하다.

④ '지침'에 '결론은 기대 효과와 향후 과제를 1개의 장으로 작성할 것.'이라고 하였다. '2.'에 향후 과제는 제시하고 있기 때문에 ㉣에는 '기대 효과'가 들어가는 것이 적절하다. 따라서 ㉣에 '복지 혜택의 범위 확장을 통한 사회 안전망 강화'가 들어가는 것은 적절하다.

 ③

**03** 다음은 '청소년의 디지털 중독의 폐해와 해결 방안'이라는 주제로 글을 쓰기 위한 개요이다. 수정·보완하기 위한 방안으로 적절하지 않은 것은? 2014 국가직 9급

<개요>

Ⅰ. 서론: 청소년 디지털 중독의 심각성
Ⅱ. 본론:
  1. 청소년 디지털 중독의 폐해 ························································ ㉠
    가. 타인과의 관계를 원활하게 하지 못하는 사회 부적응 야기
    나. 다양한 기능과 탁월한 이동성을 가진 디지털 기기의 등장 ········· ㉡
  2. 청소년 디지털 중독에 영향을 미치는 요인
    가. 디지털 중독의 심각성에 대한 개인적, 사회적 인식 부족
    나. 뇌의 기억 능력을 심각하게 퇴화시키는 디지털 치매의 심화 ········· ㉢
    다. 신체 활동을 동반한 건전한 놀이를 위한 시간 및 프로그램의 부족
    라. 자극적이고 중독적인 디지털 콘텐츠의 무분별한 유통
  3. 청소년 디지털 중독을 해결하기 위한 방안
    가. 디지털 중독의 심각성에 대한 교육과 홍보를 위한 전문 기관 확대
    나. 학교, 지역 사회 차원에서 신체 활동을 위한 시간 및 프로그램의 확대
    다. (        ) ·········································································· ㉣
Ⅲ. 결론: 청소년 디지털 중독을 줄이기 위한 개인적, 사회적 노력의 촉구

① ㉠의 하위 항목으로 '우울증이나 정서 불안 등의 심리적 질환 초래'를 추가한다.
② ㉡은 'Ⅱ-1'과 관련된 내용이 아니므로 삭제한다.
③ ㉢은 'Ⅱ-2'의 내용과 어울리지 않으므로, 'Ⅱ-1'의 하위 항목으로 옮긴다.
④ ㉣에는 'Ⅱ-2'와의 관련성을 고려하여 '청소년을 대상으로 디지털 기기의 사용 시간 제한'이라는 내용을 넣는다.

해설 ④에서는 'Ⅱ - 2'와의 관련성을 고려하라는 힌트를 제시하고 있다. 즉 앞의 '2.' 항목에 해당하는 내용과 관련한 내용이 '3.' 항목의 '가, 나, 다'에 제시되어야 한다는 뜻이며, 〈2. 가 - 3. 가〉, 〈2. 다 - 3. 나〉, 〈2. 라 - 3. 다〉와 같이 내용상 연결되어야 한다. 따라서 '3. 다'에는 '시간 사용 제한'이 아니라 '디지털 미디어의 무분별한 유통'과 관련한 해결 방안이 제시되어야 한다.

오답 ① '심리적 질환 초래'는 '디지털 중독의 폐해' 항목에 어울리는 내용이다. 추가할 수 있다.
② '디지털 기기의 등장' 자체는 '디지털 중독의 폐해'와 관련 없는 내용이다. 삭제한다.
③ '디지털 치매의 심화'는 '중독에 영향을 미치는 요인'이라기보다 '디지털 중독의 폐해'에 해당한다. 옮기는 것이 바르다.

정답 ④

## ② 유형 2 – 말하기 방식

① 주어진 말하기에 등장하는 인물들의 말하기 방식에 대한 설명이 바른지 판단하는 유형이다.

② 지문으로는 두 명 이상의 인물이 등장하는 대화나 한 명의 인물이 등장하는 발표나 연설이 제시될 수 있다. 선지에는 말하기 방식을 묻는 유형, 말하기 내용을 묻는 유형, 말하기 방식과 내용을 함께 묻는 유형이 있다.

**TIP**

· 만약 두 명 이상의 인물이 등장하는 대화라면, 각 인물과 말하기 방식의 연결이 바른지 살피는 것이 중요하다.

· 선지가 'A를 통해 B를 한다'나 'A를 하면서 B를 한다.'라는 식으로 제시될 수 있는데, 이때 A와 B가 모두 나타나는지 살필 필요가 있다.

· 화법 문제는 난도가 높지는 않지만, '시간'을 소요하게 하는 경우가 많다. 따라서 시험 현장에서는 시간을 줄이고 빠르고 정확한 답을 선택하기 위해 선택지의 내용을 ①부터 순서대로 읽고 바로 제시된 내용을 확인해서 문제를 푸는 것을 추천한다.

### 📝 대표 유형 문제

**01** 다음 대화를 분석한 내용으로 적절하지 않은 것은?　　　　　2025 국가직 9급

> 보은: 기차가 달리고 있는 선로에 다섯 명의 인부가 일하고 있고, 그들에게 그 기차를 피할 시간적 여유는 없어. 그런데 스위치를 눌러서 선로를 변경하면 다섯 명의 인부 대신 다른 선로에 있는 한 사람이 죽게 돼. 이 선택의 딜레마 상황에서 너희들은 어떻게 할 거야?
>
> 소현: 이런 경우엔 행위에 따른 결과가 선택의 기준이 된다고 생각해. 그래서 나는 스위치를 눌러서 한 명이 죽더라도 다섯 명을 살리는 선택을 할 거야. 그건 결과적으로 봤을 때 불가피한 조치 아니겠어?
>
> 은주: 글쎄, 행위에 따른 결과보다 행위 자체의 도덕성을 기준에 두어야 하는 거 아니야? 행위 자체의 도덕성을 따진다면, 스위치를 눌러서 사람을 '죽이는 것'과 아무것도 하지 않고 '죽게 내버려두는 것' 중에 당연히 살인에 해당하는 전자가 더 나쁘지.
>
> 보은: 나도 그렇게 생각해. 스위치를 누르면 살인이고, 누르지 않으면 방관일 텐데, 법적인 측면에서 보더라도 전자는 후자보다 무겁게 처벌되잖아. 게다가 생명의 가치는 수량화할 수 없으니 한 사람보다 다섯 사람이 가지는 생명의 가치가 더 크다고 말할 수 없어.
>
> 영민: 생명의 가치를 수량화할 수 없다는 데 원론적으로는 나도 동의해. 하지만 지금처럼 불가피한 선택의 상황에서 무엇보다 우선해야 할 것은 명확한 기준을 세우는 일이야. 나는 이 상황에서 어떻게 하면 죽는 사람의 수를 최소화하는가가 그 기준이 되어야 한다고 생각해.

① 스위치를 누르는 일을 살인으로 본다는 점에 대해 은주는 보은과 견해를 같이한다.

② 생명의 가치를 수량화할 수 없다는 점에 대해 영민은 원론적으로는 보은과 견해를 같이한다.

③ 선택의 딜레마 상황에서 소현은 행위에 따른 결과를, 은주는 행위 자체의 도덕성을 선택의 기준으로 삼는다.

④ 인명피해가 불가피한 선택의 상황에 놓인다면, 영민은 죽는 사람의 수를 최소화하는 선택을 하고, 소현은 그렇게 하지 않는다.

**해설** 선택의 딜레마 상황에 대한 네 사람의 생각은 다음과 같다.

| 소현 | 행위에 따른 '결과'가 선택의 기준이 된다.<br>→ 불가피하다면 죽는 사람의 수를 최소화해야 한다. (따라서 5명을 살리겠다.) |
|---|---|
| 은주 | 행위에 따른 결과보다 행위 자체의 '도덕성'을 기준에 두어야 한다. (따라서 1명을 살리겠다.) |
| 보은 | '은주'의 생각에 동의 + 생명의 가치는 수량화할 수 없다. (따라서 1명을 살리겠다.) |
| 영민 | 생명의 가치를 수량화할 수 없다. + (그러나) 불가피한 상황이라면 죽는 사람의 수를 최소화하는가가 그 기준이 되어야 한다. (따라서 5명을 살리겠다.) |

영민과 소현 모두 인명피해가 불가피한 선택의 상황에 놓인다면, 죽는 사람의 수를 최소화(살리는 사람을 최대화)하는 선택을 해야 한다는 입장이다. 따라서 둘의 입장이 다르다는 분석은 적절하지 않다.

**정답** ④

**02** 다음 대화를 분석한 내용으로 가장 적절한 것은?　　　　9급 출제기조 전환 예시 1차

> 갑: 고대 노예제 사회나 중세 봉건 사회는 타고난 신분에 따라 사회적 지위가 결정되는 계급사회였지만, 현대 사회는 계급사회가 아니라고 많이들 말해. 그런데 과연 그런지 의문이야.
>
> 을: 현대 사회는 고대나 중세만큼은 아니지만 귀속지위가 성취 지위를 결정하는 면이 없다고 할 수 없어. 빈부 격차에 따라 계급이 나뉘고 그에 따른 불평등이 엄연히 존재하잖아. '금수저', '흙수저'라는 유행어에서 볼 수 있듯 빈부 격차가 대물림되면서 개인의 계급이 결정되고 있어.
>
> 병: 현대 사회가 빈부 격차로 인해 계급이 나누어지는 것처럼 보인다고 해서 계급사회라고 단정할 수는 없어. 계급사회라고 말하려면 계급 체계 자체가 인간의 생활을 전적으로 규정할 수 있어야 하는데, 오늘날 각종 문화나 생활 방식 전체를 특정한 계급 논리만으로는 설명할 수 없어. 따라서 현대 사회를 계급사회로 보기는 어려워.
>
> 갑: 현대 사회의 문화가 다양하다는 것은 맞아. 하지만 인간 생활의 근간은 결국 경제 활동이고, 경제적 계급 논리로 현대 사회의 문화를 충분히 설명하고 규정할 수 있어. 또한 현대 사회에서 인간의 사회적 지위는 부모의 경제력과 직결되기 때문에 계급사회라고 말할 수 있어.

① 갑은 을의 주장 중 일부는 수용하고 일부는 반박한다.
② 을의 주장은 갑의 주장과 대립하지 않는다.
③ 갑과 병은 상이한 전제에서 유사한 결론을 도출하고 있다.
④ 병의 주장은 갑의 주장과는 대립하지 않지만 을의 주장과는 대립한다.

[해설] '갑', '을', '병'은 현대 사회가 '계급 사회'인가, 아닌가를 두고 대화를 나누고 있다.
'병'의 "따라서 현대 사회를 계급사회로 보기는 어려워."라는 말을 볼 때, '병'은 현대 사회가 '계급 사회'가 아니라고 보고 있다.
그러나 '병'과 달리, '갑'과 '을'은 현대 사회를 계급사회로 보고 있다. 따라서 '을'의 주장이 '갑'의 주장과 대립하지 않는다는 분석은 적절하다.

[오답] ① '갑'과 '을'의 주장은 일치한다는 점에서, 일부를 반박한다는 분석은 적절하지 않다.
③ 전제로부터 도출된 결론이 '주장'이다. '갑'과 '병'의 주장은 상반된다. 따라서 유사한 결론을 도출하고 있다는 분석은 적절하지 않다.
④ '갑'과 '을'의 주장이 일치한다. 따라서 '병'의 주장은 '갑'과 '을' 모두와 대립된다고 해야 올바른 분석이다.

[정답] ②

**03 갑~병의 주장을 분석한 내용으로 적절한 것만을 <보기>에서 모두 고르면?**

9급 출제기조 전환 예시 2차

> 갑: 오늘날 사회는 계급 체계가 인간의 생활을 전적으로 규정하지 않는다. 실제로 많은 사람이 사회 이동을 경험하며, 전문직 자격증에 대한 접근성 또한 증가하였다. 인터넷은 상향 이동을 위한 새로운 통로를 제공하고 있다. 이에 따라서 전통적인 계급은 사라지고, 이제는 계급이 없는 보다 유동적인 사회질서가 새로 정착되었다.
>
> 을: 지난 30년 동안 양극화는 더 확대되었다. 부가 사회 최상위 계층에 집중되는 것에 대한 우려가 커지고 있다. 과거 계급 불평등은 경제 전반의 발전을 위해 치를 수밖에 없는 일시적 비용이었다고 한다. 하지만 경제 수준이 향상된 지금도 이 불평등은 해소되지 않고 있다. 오늘날 세계화와 시장 규제 완화로 인해 빈부 격차가 심화되고 계급 불평등이 더 고착되었다.
>
> 병: 오랫동안 지속되었던 계급의 전통적 영향력은 확실히 약해지고 있다. 하지만 현대사회에서 계급 체계는 여전히 경제적 불평등의 핵심으로 남아 있다. 사회 계급은 아직도 일생에 걸쳐 개인의 삶에 큰 영향을 미친다. 특정 계급의 구성원이라는 사실은 수명, 신체적 건강, 교육, 임금 등 다양한 불평등과 관련된다. 이는 계급의 종말이 사실상 실현될 수 없는 현실적이지 않은 주장이라는 점을 보여 준다.

─<보기>─
ㄱ. 갑의 주장과 을의 주장은 대립하지 않는다.
ㄴ. 을의 주장과 병의 주장은 대립하지 않는다.
ㄷ. 병의 주장과 갑의 주장은 대립하지 않는다.

① ㄱ                          ② ㄴ
③ ㄱ, ㄷ                      ④ ㄴ, ㄷ

**해설** 갑, 을, 병의 주장을 정리하면 다음과 같다.

| | |
|---|---|
| 갑 | 계급 체계가 인간의 생활을 전적으로 규정하지 않는다. 전통적인 계급은 사라지고, 유동적인 사회질서가 새로 정착되었다. |
| 을 | 지난 30년 동안 양극화는 더 확대되었다. 빈부 격차가 심화되고 계급 불평등이 더 고착되었다. |
| 병 | 계급의 전통적 영향력은 확실히 약해지고 있다. 그러나 계급 체계는 여전히 경제적 불평등의 핵심으로 남아 있다. |

ㄴ. '을'과 '병' 모두 계급 불평등이 존재한다고 보는 입장이다. 따라서 둘의 주장은 대립하지 않는다.

**오답** ㄱ. '갑'과 '을'의 주장은 완전히 대립된다. 즉 '갑'은 더 이상 계급에 따른 불평등이 존재하지 않는다고 보는 반면, '을'은 계급이 존재하여 사회 불평등이 존재한다고 보는 입장이다.

ㄷ. '병'은 '을'과 주장을 같이한다. 따라서 '병' 역시 '갑'과 주장이 대립된다.

**정답** ②

�ⓣ TIP

・선지와 지문에 제시된 힌트를 최대한 활용해 첫 단락을 예측할 수 있다.

・지시어가 나오면, 그것이 지시하는 내용으로 끝나는 단락을 연결하면 되고, 역접이나 전환의 접속어가 나오면, 서로 상반되는 내용이 나오는 단락을 연결하면 된다.

・대개의 글은 '시간의 순서'에 따라, '일반-세부' 내용 순으로 전개된다는 것도 기억해 두자!

## 3 유형 3 - 글의 배열⊕

① 주어진 지문을 글의 흐름에 맞게 배열하는 유형이다.

② 세부적으로는 글 전체의 순서를 배열하는 유형, 글의 일부 순서를 배열하는 유형이 있고, '두괄식, 미괄식'과 같은 글의 구조를 제시한 후 그에 맞게 글의 순서를 배열하는 유형도 있다.

### 🖩 대표 유형 문제

**01 (가)~(라)를 맥락에 맞추어 가장 적절하게 나열한 것은?** 2025 국가직 9급

> (가) 그 원리를 알려면 LCD와 OLED의 차이를 이해해야 한다. LCD는 다른 조명 장치의 도움을 받아 시각적 효과를 낸다. 다시 말해 스스로 빛을 내지 못한다는 것이다. 따라서 LCD는 화면 뒤에 빛을 공급하는 백라이트가 필요하다는 특성을 갖는다.
>
> (나) 자유롭게 말았다 펼 수 있는 '롤러블 TV'가 개발되었다. 평소에는 말거나 작게 접어서 간편하게 가지고 다니다가 필요할 때 펴서 사용하는 태블릿이나 노트북이 상용화될 날도 머지않았다. 기존에 우리가 생각하는 텔레비전 화면이나 모니터는 평평하고 딱딱한 것인데, 어떻게 접거나 말 수 있을까?
>
> (다) OLED 기술은 모양을 자유롭게 변형할 수 있는 모니터 개발을 가능하게 하였다. 딱딱한 유리 대신에 쉽게 휘어지는 특수 유리나 플라스틱을 이용함으로써 둥글게 말았다가 펼 수 있는 화면을 생산할 수 있게 된 것이다.
>
> (라) 반면 OLED는 화소 단위로 빛의 삼원색을 내는 유기 반도체로 구성되어 있어 스스로 빛을 낼 수 있다. OLED 제품은 화면 뒤에 백라이트를 설치할 필요가 없기 때문에 얇게 만들 수도 있고 특수 유리나 플라스틱으로 제작할 수도 있다.

① (나) - (가) - (다) - (라)  ② (나) - (가) - (라) - (다)

③ (다) - (가) - (라) - (나)  ④ (다) - (나) - (라) - (가)

| 해설 | 1단계 | 선택지를 통해 첫 번째 문장으로 (나) 또는 (다)가 온다는 것을 짐작할 수 있다. |
|---|---|---|
| | 2단계 | (나)는 "기존에 우리가 생각하는 텔레비전 화면이나 모니터는 평평하고 딱딱한 것인데, 어떻게 접거나 말 수 있을까?"로 끝나고 있는데, 이는 (가)의 첫 문장 "그 원리를 알려면(그에 대한 답을 알려면) LCD와 OLED의 차이를 이해해야 한다."와 이어지는 것이 자연스럽다. 따라서 (나) 뒤에 (가)가 이어지는 것이 자연스럽다. |
| | 3단계 | (가)에서 'LCD와 OLED의 차이'를 이해해야 한다고 하였는데, (가)에서는 (순서대로) 'LCD'의 특성에 대해 소개하고 있다. 따라서 (가) 뒤에는 'OLED'의 특성이 이어지는 것이 자연스러우므로 (가) 뒤에는 (가)의 상술인 (라)가 이어져야 한다. |

따라서 제시된 글은 '(나)-(가)-(라)-(다)'로 배열하는 것이 자연스럽다.

**정답** ②

**02 (가)~(라)를 맥락에 따라 가장 자연스럽게 배열한 것은?** 2024 국가직 9급

> 약물은 질병을 치료하거나 예방할 목적으로 사용되는 의약품이다. 우리 주변에는 약물이 오남용되는 경우가 있다.
>
> (가) 더구나 약물은 내성이 있어 이전보다 더 많은 양을 사용하기 마련이므로 피해는 점점 커지게 된다.
>
> (나) 오남용은 오용과 남용을 합친 말로서 오용은 본래 용도와 다르게 사용하는 일, 남용은 함부로 지나치게 사용하는 일을 가리킨다.
>
> (다) 그러므로 약물을 사용할 때는 반드시 의사나 약사와 상의하고 설명서를 확인하여 목적에 맞게 적정량을 사용해야 한다.
>
> (라) 약물을 오남용하면 신체적 피해는 물론 정신적 피해를 입을 수 있다.

① (나) - (다) - (라) - (가)  ② (나) - (라) - (가) - (다)

③ (라) - (가) - (나) - (다)  ④ (라) - (다) - (나) - (가)

| 해설 | | |
|---|---|---|
| | 1단계 | 선지를 볼 때, (나) 또는 (라)가 첫 단락 바로 뒤에 이어져야 한다. 첫 단락에서 '약물 오남용'이 되는 경우가 있음을 언급하면서 글을 시작하고 있기 때문에, '오남용'의 개념을 설명하고 있는 (나)가 가장 앞에 오는 것이 자연스럽다. |
| | 2단계 | (라)와 (가)는 '약물 오남용'의 부작용을 언급하고 있다. (가)가 '더구나'로 시작되고 있다. '더구나'는 '이미 있는 사실에 더하여'라는 뜻을 가진 부사이다. 즉 앞에 내용에 이어 추가적인 내용을 제시할 때 사용하는 부사이다. 이를 고려할 때, 흐름상 (라) 뒤에 (가)가 이어지는 것이 자연스럽다. |
| | 3단계 | (다)는 인과의 접속 부사 '그러므로'로 시작하고 있다. 따라서 '약물 오남용'의 부작용을 언급한 '(라) – (가)' 뒤에 (다)가 이어지는 것이 자연스럽다. |

이를 볼 때, 제시된 글은 '(나) – (라) – (가) – (다)'로 배열하는 것이 가장 자연스럽다.

정답 ②

**03 (가)~(다)를 맥락에 맞게 순서대로 나열한 것은?**　　　9급 출제기조 전환 예시 2차

　　북방에 사는 매는 덩치가 크고 사냥도 잘한다. 그래서 아시아에서는 몽골고원과 연해주 지역에 사는 매들이 인기가 있었다.

(가) 조선과 일본의 단절된 관계는 1609년 기유조약이 체결되면서 회복되었다. 하지만 이때는 조선과 일본이 서로를 직접 상대했던 것이 아니라 두 나라 사이에 끼어있는 대마도를 매개로 했다. 대마도는 막부로부터 조선의 외교·무역권을 위임받았고, 조선은 그러한 대마도에게 시혜를 베풀어줌으로써 일본과의 교린 체계를 유지해 나가려고 했다.

(나) 일본에서 이 북방의 매에 접근할 수 있는 길은 한반도를 통하는 것 외에는 없었다. 그래서 한반도와 일본 간의 교류에 매가 중요한 물품으로 자리 잡았던 것이다. 하지만 임진왜란으로 인하여 교류는 단절되었다.

(다) 이러한 외교관계에 매 교역이 자리하고 있었다. 대마도는 조선과의 공식적, 비공식적 무역을 통해서도 상당한 이익을 취했다. 따라서 조선 후기에 이루어진 매 교역은 경제적인 측면과 정치·외교적인 성격이 강했다.

① (가) – (다) – (나)　　　　　② (나) – (가) – (다)
③ (나) – (다) – (가)　　　　　④ (다) – (나) – (가)

| 해설 | | |
|---|---|---|
| | 1단계 | 1문단에서 "북방에 사는 매는 덩치가 크고 사냥도 잘한다."라고 하였다. 이는 (나)의 첫 문장 "일본에서 이 북방의 매에 접근할 수 있는 길은 한반도를 통하는 것 외에는 없었다."의 '이 북방의 매'와 연결된다. 따라서 (나)가 가장 앞에 오는 것이 자연스럽다. |
| | 2단계 | (나)의 마지막 문장에서 "하지만 임진왜란으로 인하여 교류는 단절되었다."라고 하였다. 이는 (가)의 첫 문장 "조선과 일본의 단절된 관계는 1609년 기유조약이 체결되면서 회복되었다."의 '조선과 일본의 단절된 관계'와 연결된다. 따라서 (나) 뒤에 (가)가 이어지는 것이 자연스럽다. |
| | 3단계 | (가)에 '외교관계', '대마도' 등이 등장한다. 이는 (다)도 마찬가지이다. 따라서 (가) 뒤에 (다)가 이어지는 것이 자연스럽다. |

따라서 제시된 글은 '(나) – (가) – (다)'로 배열하는 것이 자연스럽다.

정답 ②

## 4 유형 4 − 빈칸 채우기⊞

① 주어진 지문의 빈칸에 알맞은 말을 넣는 유형이다.

② 세부적으로는 글의 흐름에 알맞은 접속 부사를 채우는 유형, 내용상 어울리는 단어나 문장을 채우는 유형이 있다. 이때 빈칸의 개수는 접속 부사를 채우는 유형일 때는 두 개 이상, 단어나 문장의 채우는 유형일 때는 두 개 이하가 제시되는 것이 일반적이다.

### 📑 대표 유형 문제

**01 다음 글의 빈칸에 들어갈 결론으로 가장 적절한 것은?**　　　　9급 출제기조 전환 예시 1차

신경과학자 아이젠버거는 참가자들을 모집하여 실험을 진행하였다. 이 실험에서 그의 연구팀은 실험 참가자의 뇌를 'fMRI' 기계를 이용해 촬영하였다. 뇌의 어떤 부위가 활성화되는가를 촬영하여 실험 참가자가 어떤 심리적 상태인가를 파악하려는 것이었다. 아이젠버거는 각 참가자에게 그가 세 사람으로 구성된 그룹의 일원이 될 것이고, 온라인에 각각 접속하여 서로 공을 주고받는 게임을 하게 될 것이라고 알려주었다. 그런데 이 실험에서 각 그룹의 구성원 중 실제 참가자는 한 명뿐이었고 나머지 둘은 컴퓨터 프로그램이었다. 실험이 시작되면 처음 몇 분 동안 셋이 사이좋게 순서대로 공을 주고받지만, 어느 순간부터 실험 참가자는 공을 받지 못한다. 실험 참가자를 제외한 나머지 둘은 계속 공을 주고받기 때문에, 실험 참가자는 나머지 두 사람이 아무런 설명 없이 자신을 따돌린다고 느끼게 된다. 연구팀은 실험 참가자가 따돌림을 당할 때 그의 뇌에서 전두엽의 전대상피질 부위가 활성화된다는 것을 확인했다. 이는 인간이 물리적 폭력을 당할 때 활성화되는 뇌의 부위이다. 연구팀은 이로부터 _____는 결론을 내릴 수 있었다.

① 물리적 폭력은 뇌 전두엽의 전대상피질 부위를 활성화한다

② 물리적 폭력은 피해자의 개인적 경험을 사회적 문제로 전환한다

③ 따돌림은 피해자에게 물리적 폭력보다 더 심각한 부정적 영향을 미친다

④ 따돌림을 당할 때와 물리적 폭력을 당할 때의 심리적 상태는 서로 다르지 않다

[해설] 빈칸 앞의 "연구팀은 실험 참가자가 따돌림을 당할 때 그의 뇌에서 전두엽의 전대상피질 부위가 활성화된다는 것을 확인했다. 이는 인간이 물리적 폭력을 당할 때 활성화되는 뇌의 부위이다."라는 내용을 고려할 때, 빈칸에는 따돌림을 당할 때와 물리적 폭력을 당할 때의 심리적 상태가 유사하다는 내용이 들어가는 것이 적절하다.

[정답] ④

**02 다음 글의 빈칸에 들어갈 내용으로 가장 적절한 것은?**　　　　2024 국가직 9급

독자는 글을 읽을 때 생소하거나 이해하기 어려운 단어에 주시하는데, 이때 특정 단어에 눈동자를 멈추는 '고정'이 나타나며, 고정과 고정 사이에는 '이동', 단어를 건너뛸 때는 '도약'이 나타난다. 고정이 관찰될 때는 의미를 이해하려는 시도가 이루어지지만, 이동이나 도약이 관찰될 때는 이루어지지 않는다. 이를 바탕으로, K 연구진은 동일한 텍스트를 활용하여 읽기 능력 하위 집단(A)과 읽기 능력 평균 집단(B)의 읽기 특성을 탐색하는 연구를 진행하였다. 독서 횟수는 1회로 제한하되 독서 시간은 제한하지 않았다.

그 결과, 눈동자의 평균 고정 빈도에서 A집단은 B집단에 비해 약 2배 많은 수치를 보였다. 그런데 총 고정 시간을 총 고정 빈도로 나눈 평균 고정 시간은 B집단이 A집단에 비해 더 높게 나타났다. 읽기 후 독해 검사에서 B집단은 A집단보다 평균 점수가 높았고, 독서 과정에서 눈동자가 이전으로 돌아가거나 이전으로 건너뛰는 현상은 모두 관찰되지 않았다. 연구진은 이를 종합하여 읽기 능력이 부족한 독자는 읽기 능력이 평균인 독자에 비해 난해하다고 느끼는 단어들이 _____는 결론을 내렸다.

① 더 많지만 난해하다고 느끼는 각각의 단어를 이해하는 과정에 들이는 평균 시간은 더 적다

② 더 많고 난해하다고 느끼는 각각의 단어를 이해하는 과정에 들이는 평균 시간도 더 많다

③ 더 적지만 난해하다고 느끼는 각각의 단어를 이해하는 과정에 들이는 평균 시간은 더 많다

④ 더 적고 난해하다고 느끼는 각각의 단어를 이해하는 과정에 들이는 평균 시간도 더 적다

해설 A 집단은 '읽기 능력 하위 집단'이고, B 집단은 '읽기 능력 평균 집단'이다.

| 난해한 단어의 수 | 1문단의 내용을 볼 때, 눈동자를 고정하는 것은 '의미를 이해하려는 시도'라고 하였다. 2문단에서 눈동자 고정 빈도가 A 집단이 2배라고 하였기 때문에, 읽기 능력이 부족한 독자는 난해하다고 느끼는 단어들이 '더 많음'을 추론할 수 있다. |
|---|---|
| 단어 이해 평균 시간 | 2문단에서 '총 고정 시간을 총 고정 빈도로 나눈 평균 고정 시간'은 B 집단이 더 높게 나타났다고 하였다. 이를 볼 때, 읽기 능력이 부족한 독자는 단어를 이해하는 데 들이는 시간이 '더 적음'을 추론할 수 있다. |

정답 ①

**03** 다음 글의 ⊙~ⓒ에 들어갈 접속부사로 가장 적절한 것은?　　　　2017 국회직 9급

공장에서 식품을 생산하여 가능한 한 많은 먹을거리를 안정적으로 공급받기 위해 사람들이 기울여 온 노력은 지구촌에 자본주의 시대가 열린 이후 지속적으로 이어져 온 지상과제 중 하나이다. ( ⊙ ) 오늘날 사람들은 우주 시대에 어떻게 먹을거리를 해결할 것인가라는 문제에 대해 더욱 많은 관심을 보이기도 한다. ( ⓒ ) 21세기는 먹을거리에 관한 한 '풍요의 시대'가 될 것이라는 낙관적 입장이 주류를 이루는 듯하다. ( ⓒ ) 오늘날 우리의 현실은 풍요의 시대가 '약속된 하느님의 뜻'인 것 같지 않다. 일부에서는 유전자 조작에 의해 생산된 콩이나 돼지고기를 먹은 우리가 과연 온전할 것인가에 대한 의구심이 유전자 조작 식품에 대한 반발로 이어지고 있다.

|  | ⊙ | ⓒ | ⓒ |
|---|---|---|---|
| ① | 그래서 | 그러나 | 그렇지만 |
| ② | 그런데 | 그리고 | 심지어 |
| ③ | 그러나 | 심지어 | 그리고 |
| ④ | 심지어 | 그래서 | 하지만 |
| ⑤ | 하지만 | 그래서 | 그러나 |

해설

| ⊙ | 앞 문장에서는 '자본주의 시대' 먹을거리 문제 해결을 위한 사람들의 노력이 나오고, ⊙ 다음 문장에는 '우주 시대'에 먹을거리 문제 해결을 하려는 사람들의 관심이 제시되었다. 따라서 화제 전환 관계의 접속어 '그런데'나 '더욱 심하다 못하여 나중에는'의 뜻을 가진 부사 '심지어'가 어울린다. |
|---|---|
| ⓒ | "우주 시대에 어떻게 먹을거리를 해결할 것인가"라는 문제에 대해 더욱 많은 관심을 보이기 때문에 낙관적 입장이 주류를 이룬다는 내용이므로 인과 관계의 접속어인 '그래서'가 어울린다. |
| ⓒ | 먹을거리에 대한 풍요의 시대를 낙관하는 입장이 주류를 이루지만, 약속된 것 같지는 않다며 앞의 내용을 부정하고 있다. 따라서 역접 관계의 접속어인 '그렇지만, 하지만, 그러나'가 어울린다. |

정답 ④

## 5 유형 5 - 내용 이해 및 추론

지문의 내용을 바탕으로 선지의 내용의 이해 및 추론이 바른지 판단하는 유형이다. 이 유형의 경우, 글의 구조를 통해 세부적으로 살펴보는 것이 문제 풀이에 도움이 된다.

## 1. 세부 유형 1 : 개념 및 특징을 제시 → 정리하는 문장이나 이유 제시

**01 다음 글에서 추론한 내용으로 가장 적절한 것은?**  9급 출제기조 전환 예시 2차

> 『성경』에 따르면 예수는 죽은 지 사흘 만에 부활했다. 사흘이라고 하면 시간상 72시간을 의미하는데, 예수는 금요일 오후에 죽어서 일요일 새벽에 부활했으니 구체적인 시간을 따진다면 48시간이 채 되지 않는다. 그렇다면 『성경』에서 3일이라고 한 것은 예수의 신성성을 부각하기 위한 것일까?
>
> 여기에는 수를 세는 방식의 차이가 개입되어 있다. 구체적으로 말하면 우리가 사용하는 현대의 수에는 '0' 개념이 깔려 있지만, 『성경』이 기록될 당시에는 해당 개념이 없었다. '0' 개념은 13세기가 되어서야 유럽으로 들어왔으니, '0' 개념이 들어오기 전 시간의 길이는 '1'부터 셈했다. 다시 말해 시간의 시작점 역시 '1'로 셈했다는 것인데, 금요일부터 다음 금요일까지는 7일이 되지만, 시작하는 금요일까지 날로 셈해서 다음 금요일은 8일이 되는 식이다.
>
> 이와 같은 셈법의 흔적을 현대 언어에서도 찾을 수 있다. 오늘날 그리스 사람들은 올림픽이 열리는 주기에 해당하는 4년을 'pentaeteris'라고 부르는데, 이 말의 어원은 '5년'을 뜻한다. '2주'를 의미하는 용도로 사용되는 현대 프랑스어 'quinze jours'는 어원을 따지자면 '15일'을 가리키는데, 시간적으로는 동일한 기간이지만 시간을 셈하는 방식에 따라 마지막 날과 해가 달라진 것이다.

① '0' 개념은 13세기에 유럽에서 발명되었다.
② 『성경』에서는 예수의 신성성을 부각하기 위해 그의 부활 시점을 활용하였다.
③ 프랑스어 'quinze jours'에는 '0' 개념이 들어오기 전 셈법의 흔적이 남아 있다.
④ 'pentaeteris'라는 말이 생겨났을 때에 비해 오늘날의 올림픽이 열리는 주기는 짧아졌다.

**해설** 3문단에서 "'2주'를 의미하는 용도로 사용되는 현대 프랑스어 'quinze jours'는 어원을 따지자면 '15일'을 가리키는데, 시간적으로는 동일한 기간이지만 시간을 셈하는 방식에 따라 마지막 날과 해가 달라진 것이다."라고 하였다. 이를 통해 프랑스어 'quinze jours'에는 "시간의 시작점 역시 '1'로 셈"한 13세기 이전 유럽의 수를 세는 방식과 관련이 있음을 확인할 수 있다.

**오답** ① 2문단에서 "'0' 개념은 13세기가 되어서야 유럽으로 들어왔으니"라고 하였다. '들어왔다'고 한 것은 어디에서부터 유입되었다는 의미이다. 이는 '발명'과는 전혀 다른 의미이다. 따라서 발명되었다고 보는 것은 적절하지 않다.

② 1문단에서 "그렇다면 『성경』에서 3일이라고 한 것은 예수의 신성성을 부각하기 위한 것일까?"라고 질문을 하고 있는데, 이는 2문단과 3문단에 이어진 내용을 고려할 때, 그렇지 않음을 확인할 수 있다.

④ 3문단의 마지막 문장에서 "시간적으로는 동일한 기간이지만 시간을 셈하는 방식에 따라 마지막 날과 해가 달라진 것이다."라고 하였다. 즉 '0' 개념이 들어오기 전 셈법의 흔적일 뿐, 올림픽이 열리는 주기와는 무관하다.

**정답** ③

**02** 다음 글에서 추론한 내용으로 적절하지 않은 것은?                    2024 국가직 9급

> 오늘날 인터넷과 디지털 미디어를 통해 '온라인'에서의 '비대면' 접촉에 의한 상호 관계가 급속도로 확장되고 있다. '오프라인'이나 '대면'이라는 용어는 물리적 실체감이 있는 아날로그적 접촉을 가리킨다. 그런데 우리는 온라인과 오프라인을 함께 경험할 수도 있고, 이러한 이분법적인 용어로 명료하게 분리되지 않는 활동들도 많다. 예를 들어 누군가와 만나서 대화하는 중에 문자를 주고받음으로써 대면 상호작용과 온라인 상호작용을 동시에 할 수 있다.
>
> 한편 오프라인 대면 상호작용에서보다 온라인 비대면 상호작용에서 만난 사람들에게 더 끈끈한 유대감을 느끼기도 한다. 서로 관계를 형성하고 유지할 때 아날로그 상호작용 수단과 디지털 상호작용 수단을 동시에 활용할 수도 있다. 이처럼 오늘날과 같은 초연결 사회에서 우리의 경험은 비대면 혹은 대면, 온라인 혹은 오프라인 같은 이분법적 범주로 온전히 분리되지 않는다. 상호작용 양식들이 서로 겹치거나 교차하는 현상들을 이해하고자 할 때 이분법적인 범주는 심각한 한계를 지닌다.

① 이분법적 시각으로는 상호작용 양식이 교차하는 양상을 이해하기 어렵다.
② 비대면 온라인 상호작용으로는 사람들 간에 깊은 유대 관계를 형성할 수 없다.
③ 온라인 비대면 활동과 오프라인 대면 활동이 온전히 분리되어 있는 것은 아니다.
④ 오늘날에는 대면 상호작용 중에도 디지털 수단에 의한 상호 관계가 이루어질 수 있다.

[해설] 2문단에서 "온라인 비대면 작용에서 만난 사람들에게 더 끈끈한 유대감을 느끼기도 한다."라고 하였다. 이를 볼 때, 비대면 온라인 상호작용으로는 사람들 간에 깊은 유대 관계를 형성할 수 없다는 추론은 적절하지 않다.

[오답] ① 2문단의 "상호작용 양식들이 서로 겹치거나 교차하는 현상들을 이해하고자 할 때 이분법적인 범주는 심각한 한계를 지닌다." 부분을 통해 추론할 수 있다.

③ 2문단의 "오늘날과 같은 초연결 사회에서 우리의 경험은 비대면 혹은 대면, 온라인 혹은 오프라인 같은 이분법적 범주로 온전히 분리되지 않는다." 부분을 통해 추론할 수 있다.

④ 1문단의 "예를 들어 누군가와 만나서 대화하는 중에 문자를 주고받음으로써 대면 상호작용과 온라인 상호작용을 동시에 할 수 있다." 부분을 통해 추론할 수 있다.

[정답]  ②

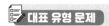 

**03** 다음 글에서 추론할 수 있는 내용으로 적절하지 않은 것은?　2018 국가직 9급

'포스트휴먼'은 그 기본적인 능력이 근본적으로 현재의 인간을 넘어서기 때문에 현재의 기준으로는 더 이상 인간이라 부를 수 없는 존재를 가리키는 표현이다. 스웨덴 출신의 철학자 보스트롬은 건강 수명, 인지, 감정이라는, 인간의 세 가지 주요 능력 중 최소한 하나 이상의 능력에서 현재의 인간이 도달할 수 있는 최대한의 한계를 엄청나게 넘어설 경우 이를 '포스트휴먼'으로 부르자고 제안하였다.

현재 가장 뛰어난 인간이 가질 수 있는 지능보다 훨씬 더 뛰어난 지능을 가지며, 더 이상 질병에 시달리지 않고, 노화가 완전히 제거되어서 젊음과 활력을 계속 유지하는 어떤 존재를 생각해 볼 수 있다. 이 존재는 스스로의 심리 상태에 대한 조절도 자유롭게 할 수 있어서 피곤함이나 지루함을 거의 느끼지 않으며, 미움과 같은 감정을 피하고, 즐거움, 사랑, 미적 감수성, 평정 등의 태도를 유지한다. 이러한 존재가 어떤 존재일지 지금은 정확하게 상상하기 어렵지만 현재 인간의 상태로 접근할 수 없는 새로운 신체나 의식 상태에 놓여 있을 것임은 분명하다.

이러한 '포스트휴먼'은 완전히 인위적으로 만들어진 인공 지능일 수도 있고, 신체를 버리고 슈퍼컴퓨터 안의 정보 패턴으로 살기를 선택한 업로드의 형태일 수도 있으며, 또는 생물학적 인간에 대한 개선들이 축적된 결과일 수도 있다. 만약 생물학적 인간이 포스트휴먼이 되고자 한다면 유전 공학, 신경약리학, 항노화술, 컴퓨터-신경 인터페이스, 기억 향상 약물, 웨어러블 컴퓨터, 인지 기술과 같은 다양한 과학 기술을 이용해 우리의 두뇌나 신체에 근본적인 기술적 변형을 가해야만 할 것이다. '포스트휴먼'은 '내가 이런 능력을 가지고 있었으면 얼마나 좋을까' 하고 누구나 한 번쯤 상상해 보았을 법한 슈퍼 인간의 모습을 기술한 용어이다.

① 포스트휴먼 개념에 따라 제시되는 미래의 존재는 과학 기술의 발전 양상에 따른 영향을 현재의 인간에 비해 더 크게 받을 것이다.

② 포스트휴먼 개념은 인간의 신체적 결함을 다양한 과학 기술을 이용해 보완하여 기술적 한계를 극복한 새로운 인간형의 탄생에 귀결될 것이다.

③ 포스트휴먼은 인간의 현재 상태를 뛰어넘는 능력을 가진 새로운 존재일 것으로 예측되지만 그 형태가 어떠할지 여하는 다양한 가능성에 열려 있다.

④ 포스트휴먼은 건강 수명, 인지 능력, 감정 등의 측면에서 현재의 인간보다 뛰어나기 때문에 포스트휴먼 사회에서는 인간에 대한 개념이 새로 구성될 것이다.

해설　1문단의 "'포스트휴먼'은 그 기본적인 능력이 근본적으로 현재의 인간을 넘어서기 때문에 현재의 기준으로는 더 이상 인간이라 부를 수 없는 존재를 가리키는 표현이다."를 통해 '포스트휴먼'은 새로운 인간형의 탄생이 아니라 '더 이상 인간이라 부를 수 없는 존재'라는 걸 알 수 있다. 물론 3문단에서 생물학적 인간이 기술적 변형을 가하면 '포스트휴먼'이 될 수 있다고 하여 '포스트휴먼'도 새로운 인간의 한 형태라고 착각할 수 있으나 이것은 '포스트휴먼'의 한 유형으로 설명한 것이지 궁극적으로 '포스트휴먼'의 개념을 설명한 것이 아니다. '포스트휴먼'은 완전히 인위적으로 만든 인공 지능, 신체를 버린 슈퍼컴퓨터 업로드의 형태 등으로 구현이 가능한 기술적 한계를 극복한 존재이기 때문이다. 따라서 ②의 추론은 적절하지 않다.

오답　① 마지막 문단에서 포스트휴먼이 되려면, "다양한 과학 기술을 이용해 우리의 두뇌나 신체에 근본적인 기술적 변형을 가해야만 할 것이다."라고 했다. 이 부분을 통해서, 미래의 존재는 과학 기술의 발전 양상에 따른 영향을 현재의 인간에 비해 더 크게 받을 것임을 추론할 수 있다.

③ 2문단에서 "훨씬 더 뛰어난 지능을 가지며, 더 이상 질병에 시달리지 않고, 노화가 완전히 제거되어서 젊음과 활력을 계속 유지하는 어떤 존재" 등의 능력을 가질 존재로 예측되긴 하지만, 구체적으로 어떤 존재일지 정확하게 상상하기 어렵다고 했다. 따라서 그 형태가 어떠할지 여하는 다양한 가능성에 열려 있음을 추론할 수 있다.

④ 1문단에서 '포스트휴먼'을 더 이상 인간이라고 부를 수 없는 존재를 가리킨다고 했다. 따라서 포스트휴먼 사회에서는 그에 맞는 인간의 개념이 새로 구성될 것임을 추론할 수 있다.

정답　②

## 2. 세부 유형 2⊞ : 두 개의 대상을 제시 → 두 대상을 비교

### 🔖 대표 유형 문제

**01** 다음 글에서 추론한 내용으로 가장 적절한 것은?

2025 국가직 9급

조선 시대 소설은 표기 문자에 따라 한자로 표기한 한문소설과 한글로 표기한 한글소설, 두 가지로 나뉜다. 한문소설은 중국에서 들여온 한문소설, 조선에서 창작한 한문소설, 조선의 한글소설을 번역한 한문소설로 나뉜다. 그리고 한글소설은 중국소설을 번역한 한글소설, 조선에서 창작한 한문소설을 번역한 한글소설, 조선에서 창작한 한글소설로 나뉜다. 조선 시대에 많은 한글소설이 창작되어 읽혔지만, 이를 저급한 오락물로 여겼던 당대의 지식인들은 한글소설을 외면했으므로 그에 관해 기록한 문헌을 거의 남기지 않았다. 반면에 이들은 한문소설, 특히 중국에서 들여온 한문소설을 즐겨 읽고 이에 관한 많은 기록을 남겼다.

중국에서 들여온 한문소설은 조선에서도 인쇄된 책으로 읽혔기 때문에 필사본이 거의 없다. 이와 대조적으로 조선에서 창작한 한문소설은 필사본으로 유통되었다. 조선의 필사본 소설은 뚜렷한 특징을 보이는데, 한문소설을 필사한 경우는 이본별 내용 차이가 거의 없는 반면 한글소설을 필사한 경우는 그렇지 않다는 점이다. 한글소설은 같은 제목의 소설이라도 내용이 상당히 다른 다양한 이본이 있었다. 이는 한문소설의 독자는 문자 그대로 독자였던 것에 비하여 한글소설의 독자는 독자이면서 이야기를 개작하는 작자이기도 했기 때문이다. 한자에 비해 한글은 익히기 쉽고 그만큼 쓰기도 편해서 한글소설의 필사자는 내용을 바꾸고 싶다는 의지가 있다면 쉽게 바꿀 수 있었다. 한글소설은 인쇄본이 아니라 필사본으로 많이 유통되었기 때문에 옮겨 쓰는 과정에서 다양한 이본이 생겨났다.

조선 시대 소설을 이해하는 데 있어서 소설을 표기한 문자는 무엇보다 중요하다. 표기 문자는 소설의 종류를 나누는 기준이 되었을 뿐만 아니라, 소설의 감상 및 유통, 이본 생산에 직접적인 영향을 미쳤다.

① 조선 시대의 소설은 한글소설보다 한문소설의 종류가 훨씬 다양했다.

② 조선 시대의 지식인들은 조선에서 창작한 한문소설을 저급한 오락물로 여겼다.

③ 한자로 필사할 때보다 한글로 필사할 때 필사자의 의견이 반영되어 개작되기 쉬웠다.

④ 조선의 필사본 소설 중 한문소설을 필사한 것은 소수였고 한글소설을 필사한 것이 대부분이었다.

[해설] 2문단의 "한문소설을 필사한 경우는 이본(異 다를 이, 本 근본 본, 문학 작품 따위에서 기본적인 내용은 같으면서도 부분적으로 차이가 있는 책.)별 내용 차이가 거의 없는 반면 한글소설을 필사한 경우는 그렇지 않다는 점이다(차이가 매우 크다). ~ 이는 한문소설의 독자는 문자 그대로 독자였던 것에 비하여 한글소설의 독자는 독자이면서 이야기를 개작하는 작자이기도 했기 때문이다. 한자에 비해 한글은 익히기 쉽고 그만큼 쓰기도 편해서 한글소설의 필사자는 내용을 바꾸고 싶다는 의지가 있다면 쉽게 바꿀 수 있었다." 부분을 통해 추론할 수 있다.

[오답] ① 제시된 글의 내용을 통해서는 한글소설과 한문소설 중 어떤 소설의 종류(예: 과학소설, 역사소설, 추리소설 등)가 더 다양했는지는 확인할 수 없다. 다만 표기를 기준으로 한다면, 필사 과정에서 '한글소설'의 이본이 많이 생겨났다고 하였기 때문에, '이본'의 경우만 떼어보더라도 표기가 한글로 된 '한글소설'이 더 다양했음을 알 수 있다.

② 1문단의 "조선 시대에 많은 한글소설이 창작되어 읽혔지만, 이를(한글소설을) 저급한 오락물로 여겼던 당대의 지식인들은" 부분을 볼 때, 적절하지 않은 추론이다.

④ "중국에서 들여온 한문소설은 조선에서도 인쇄된 책으로 읽혔기 때문에 필사본이 거의 없다. 이와 대조적으로 조선에서 창작한 한문소설은 필사본으로 유통되었다."를 볼 때 한문소설의 필사본이 소수라고 추론할 수 없으며, 한글소설 필사본이 대다수였는지 제시된 글을 통해 확인할 수 없다.

[정답] ③

### 🔲 TIP

· 이런 구조의 글은 선지에서 대개 두 대상의 공통점과 차이점을 묻는다. 따라서 기준에 따른 차이점을 중심으로 글을 읽어 나간다면 도움이 될 것이다.

· 글이 복잡하지 않다면, 여백에 간단한 표를 그려보는 것도 하나의 방법이다.

**02**

해설

2문단에서 "한국 건국신화에서 주인공인 신은 지상에 내려와 왕이 되고자 한다." 부분을 볼 때, 한국 무속신화에서 신이 지상에 내려와 왕이 된다는 이해는 적절하다. 그러나 그 이유가 틀렸다. '인간을 위해서' 내려왔다는 내용은 제시된 글을 통해 알 수 없다.

오답

① 3문단의 "히브리 신화에서 ~ 신이 지상의 모든 일을 관장한다는 점에서 언제나 인간의 우위에 있다." 부분을 통해 알 수 있다.

③ 2문단의 "인간들의 왕이 된 신은 인간 여성과의 결합을 통해 자식을 낳음으로써 결핍을 메운다." 부분을 통해 알 수 있다.

④ 한국 신화에 보이는 신과 인간의 관계는 '상호의존적이고 호혜적'이다. 한편, '신체 화생 신화'에서는 신이 인간을 위해 희생적이라는 점에서 각각의 관계는 서로 다르다.

정답 ②

**02** 다음 글을 이해한 내용으로 적절하지 않은 것은? 9급 출제기조 전환 예시 1차

> 한국 신화에 보이는 신과 인간의 관계는 다른 나라의 신화와 견주어 볼 때 흥미롭다. 한국 신화에서 신은 인간과의 결합을 통해 결핍을 해소함으로써 완전한 존재가 되고, 인간은 신과의 결합을 통해 혼자 할 수 없었던 존재론적 상승을 이룬다.
>
> 한국 건국신화에서 주인공인 신은 지상에 내려와 왕이 되고자 한다. 천상적 존재가 지상적 존재가 되기를 바라는 것인데, 인간들의 왕이 된 신은 인간 여성과의 결합을 통해 자식을 낳음으로써 결핍을 메운다. 무속신화에서는 인간이었던 주인공이 신과의 결합을 통해 신적 존재로 거듭나게 됨으로써 존재론적으로 상승하게 된다. 이처럼 한국 신화에서 신과 인간은 서로의 존재를 필요로 한다는 점에서 상호의존적이고 호혜적이다.
>
> 다른 나라의 신화들은 신과 인간의 관계가 한국 신화와 달리 위계적이고 종속적이다. 히브리 신화에서 피조물인 인간은 자신을 창조한 유일신에 대해 원초적 부채감을 지니고 있으며, 신이 지상의 모든 일을 관장한다는 점에서 언제나 인간의 우위에 있다. 이러한 양상은 북유럽이나 바빌로니아 등에 퍼져 있는 신체 화생 신화에도 유사하게 나타난다. 신체 화생 신화는 신이 죽음을 맞게 된 후 그 신체가 해체되면서 인간 세계가 만들어지게 된다는 것인데, 신의 희생 덕분에 인간 세계가 만들어질 수 있었다는 점에서 인간은 신에게 철저히 종속되어 있다.

① 히브리 신화에서 신과 인간의 관계는 위계적이다.
② 한국 무속신화에서 신은 인간을 위해 지상에 내려와 왕이 된다.
③ 한국 건국신화에서 신은 인간과의 결합을 통해 완전한 존재가 된다.
④ 한국 신화에 보이는 신과 인간의 관계는 신체 화생 신화에 보이는 신과 인간의 관계와 다르다.

**03**

해설

2문단에서 보잉의 철학은 "시스템은 불안정하고 완벽하지 않기 때문에 컴퓨터가 조종사의 판단보다 우선시될 수 없다"고 보고, 에어버스의 철학은 "인간은 실수할 수 있는 존재"라고 본다. 이에 따라 보잉은 시스템의 불안전성을, 에어버스는 인간의 실수 가능성을 고려하여 설계되었다는 점을 알 수 있다.

오답

② 2문단에서 베테유는 "인간은 실수할 수 있는 존재"라고 전제했다고 명시되어 있으나, 윌리엄 보잉이 "인간이 실수하지 않는다"고 본다는 내용은 지문에서 찾을 수 없다.

③ 2문단에 따르면 에어버스는 "조종사의 모든 조작을 컴퓨터가 모니터링하고 제한하게 만든 것"이라고 하였다. 이는 조종사가 자동조종시스템을 통제한다는 내용과 반대된다.

④ 지문에서 보잉의 조종사가 자동조종시스템을 전혀 사용하지 않는다는 내용은 찾아볼 수 없다.

정답 ①

**03** 다음 글을 이해한 내용으로 가장 적절한 것은? 2023 국가직 9급

> 전 세계를 대표하는 항공기인 보잉과 에어버스의 중요한 차이점은 자동조종시스템의 활용 정도에 있다. 보잉의 경우, 조종사가 대개 항공기를 조종간으로 직접 통제한다. 조종간은 비행기의 날개와 물리적으로 연결되어 있어서 어떤 상황에서도 조종사가 조작한 대로 반응한다. 이와 다르게 에어버스는 조종간 대신 사이드스틱을 설치하여 컴퓨터가 조종사의 행동을 제한하거나 조종에 개입할 수 있게 설계되었다.
>
> 보잉에서는 조종사가 항공기를 통제할 수 있는 전권을 가지지만 에어버스에서는 컴퓨터가 조종사의 조작을 감시하고 제한한다. 보잉과 에어버스의 이러한 차이는 기계를 다루는 인간을 바라보는 관점이 서로 다른 데서 비롯된다. 보잉사를 창립한 윌리엄 보잉의 철학은 "비행기를 통제하는 최종 권한은 언제나 조종사에게 있다."이다. 시스템은 불안정하고 완벽하지 않기 때문에 컴퓨터가 조종사의 판단보다 우선시될 수 없다는 것이다. 반면 에어버스의 아버지라고 불리는 베테유는 "인간은 실수할 수 있는 존재"라고 전제한다. 베테유는 이런 자신의 신념을 토대로 에어버스를 설계함으로써 조종사의 모든 조작을 컴퓨터가 모니터링하고 제한하게 만든 것이다.

① 보잉은 시스템의 불완전성을, 에어버스는 인간의 실수 가능성을 고려하여 설계되었다.
② 베테유는 인간이 실수할 수 있는 존재라고 보지만 윌리엄 보잉은 그렇지 않다고 본다.
③ 에어버스의 조종사는 항공기 운항에서 자동조종시스템을 통제하고 조작한다.
④ 보잉의 조종사는 자동조종시스템을 사용하지 않고 항공기를 조종한다.

## 3. 세부 유형 3⊕ : 혼동되는 두 개의 개념 제시 → 적용 또는 사례 찾기

두 개의 대상을 제시하고, 각 대상의 특징을 제시한다는 점에서 '세부 유형 2'와 글 구조가 유사하다. 그러나 단순 비교가 아닌 적용을 하거나 구체적인 사례를 찾는다는 점에서 차이가 있다.

### ➕ TIP

· '세부 유형 2'와 마찬가지로 각 개념의 특징을 기준에 따라 정리하고, 선지의 주어진 상황에 적용하면 된다.

· 문법 융합의 형식으로 출제되기 좋은 유형이다. 지문에 문법 지식과 관련된 내용을 제시하고, 선지에는 개념의 적용이 올바른지 판단하는 형식으로 출제되기도 한다. (163쪽 참조)

### 📝 대표 유형 문제

**01 다음 글을 이해한 내용으로 적절하지 않은 것은?** 　9급 출제기조 전환 예시 2차

조선시대 기록을 보면 오늘날 급성전염병에 속하는 병들의 다양한 명칭을 확인할 수 있는데, 전염성, 고통의 정도, 질병의 원인, 몸에 나타난 증상 등 작명의 과정에서 주목한 바는 각기 달랐다.

예를 들어, '역병(疫病)'은 사람이 고된 일을 치르듯[役] 병에 걸려 매우 고통스러운 상태를 말한다. '여역(癘疫)'이란 말은 힘들다[疫]는 뜻에다가 사납다[癘]는 의미가 더해져 있다. 현재의 성홍열로 추정되는 '당독역(唐毒疫)'은 오랑캐처럼 사납고[唐], 독을 먹은 듯 고통스럽다[毒]는 의미가 들어가 있다. '염병(染病)'은 전염성에 주목한 이름이고, 마찬가지로 '윤행괴질(輪行怪疾)' 역시 수레가 여기저기 옮겨 다니듯 한다는 뜻으로 질병의 전염성을 크게 강조한 이름이다.

'시기병(時氣病)'이란 특정 시기의 좋지 못한 기운으로 인해 생기는 전염병을 말하는데, 질병의 원인으로 나쁜 대기를 들고 있는 것이다. '온역(溫疫)'에 들어 있는 '온(溫)'은 이 병을 일으키는 계절적 원인을 가리킨다. 이밖에 '두창(痘瘡)'이나 '마진(痲疹)' 따위의 병명은 피부에 발진이 생기고 그 모양이 콩 또는 삼씨 모양인 것을 강조한 말이다.

① '온역'은 질병의 원인에 주목하여 붙여진 이름이다.
② '역병'은 질병의 전염성에 주목하여 붙여진 이름이다.
③ '당독역'은 질병의 고통스러운 정도에 주목하여 붙여진 이름이다.
④ '마진'은 질병으로 인해 몸에 나타난 증상에 주목하여 붙여진 이름이다.

**02 다음 글에서 추론한 내용으로 가장 적절한 것은?** 　2023 국가직 9급

공포의 상태와 불안의 상태를 구분하는 것은 쉽지 않다. 왜냐하면 두 감정을 함께 느끼거나 한 감정이 다른 감정을 유발할 때가 많기 때문이다. 가령, 무시무시한 전염병을 목도하고 공포에 빠진 사람은 자신도 언젠가 그 병에 걸릴지 모른다는 불안 상태에 빠지게 된다. 이처럼 두 감정은 서로 밀접하게 얽혀 있다는 점에서 혼동하기 쉽다. 하지만 두 감정을 야기한 원인을 따져 보면 두 감정을 명확하게 구분할 수 있다. 공포는 실재하는 객관적 위협에 의해 야기된 상태를 의미하고, 불안은 현재 발생하지 않았으며 미래에 일어날지 모르는 불명확한 위협에 의해 야기된 상태를 의미한다. 공포와 불안의 감정은 둘 다 자아와 관련되어 있지만 여기에서도 차이를 찾을 수 있다. 공포를 느끼는 것은 '나 자신'이 위험한 상황에 놓여 있다는 사실을 아는 것이고, 불안의 경험은 '나 자신'이 위해를 입을까 봐 걱정하는 것이다.

① 자신이 처한 위험한 상황을 정확히 인식하는 경우에는 공포감에 비해 불안감이 더 크다.
② 전기·가스 사고가 날까 두려워 외출하지 못하는 사람은 불안한 상태에 있는 것이다.
③ 시험에 불합격할 수 있다는 생각에 사로잡힌 사람은 공포감에 빠져 있는 것이다.
④ 과거에 큰 교통사고를 경험한 사람은 공포감은 크지만 불안감은 작다.

### 01

**해설**

질병의 이름이 붙여진 여러 이유를 1문단의 "전염성, 고통의 정도, 질병의 원인, 몸에 나타난 증상 등 작명의 과정에서 주목한 바는 각기 달랐다." 부분에서 확인할 수 있다.
2문단에서 "'역병(疫病)'은 사람이 고된 일을 치르듯[役] 병에 걸려 매우 고통스러운 상태를 말한다." 라고 하였다. 이를 볼 때, '역병'이라는 이름은 '고통의 정도'와 관련해서 붙여진 것이다. 따라서 질병의 전염성에 주목하여 붙여진 이름이라는 이해는 적절하지 않다.

**오답**

① 3문단의 "'온역(溫疫)'에 들어 있는 '온(溫)'은 이 병을 일으키는 계절적 원인을 가리킨다." 부분을 통해 알 수 있다.
② 2문단의 "현재의 성홍열로 추정되는 '당독역(唐毒疫)'은 오랑캐처럼 사납고[唐], 독을 먹은 듯 고통스럽다[毒]는 의미가 들어가 있다." 부분을 통해 알 수 있다.
④ 3문단의 "'마진(痲疹)' 따위의 병명은 피부에 발진이 생기고 그 모양이 콩 또는 삼씨 모양인 것을 강조한 말이다." 부분을 통해 알 수 있다.

**정답** ②

### 02

**해설**

전기·가스 사고는 아직 발생하지 않은 미래의 불확실한 위험이므로, 지문에서 설명하는 불안의 정의인 "현재 발생하지 않았으며 미래에 일어날지 모르는 불명확한 위협에 의해 야기된 상태"와 정확히 부합한다.

**정답** ②

**03** 다음 글의 내용을 잘못 이해한 사람은? 2008 지방직 9급

> 심리학에서는 동조(同調)가 일어나는 이유를 크게 두 가지로 설명한다. 첫째는, 사람들은 자기가 확실히 알지 못하는 일에 대해 남이 하는 대로 따라 하면 적어도 손해를 보지는 않는다고 생각한다는 것이다. 둘째는, 어떤 집단이 그 구성원들을 이끌어 나가는 질서나 규범 같은 힘을 가지고 있을 때, 그러한 집단의 압력 때문에 동조 현상이 일어난다는 것이다. 만약 어떤 개인이 그 힘을 인정하지 않는다면 그는 집단에서 배척당하기 쉽다. 이런 사정 때문에 사람들은 집단으로부터 소외되지 않기 위해서 동조를 하게 된다. 여기서 주목할 것은 자신이 믿지 않거나 옳지 않다고 생각하는 문제에 대해서도 동조의 입장을 취하게 된다는 것이다.
>
> 동조는 개인의 심리 작용에 영향을 미치는 요인이 무엇이냐에 따라 그 강도가 다르게 나타난다. 가지고 있는 정보가 부족하여 어떤 판단을 내리기 어려운 상황일수록, 자신의 판단에 대한 확신이 들지 않을수록 동조 현상은 강하게 나타난다. 또한 집단의 구성원 수가 많거나 그 결속력이 강할 때, 특정 정보를 제공하는 사람의 권위와 지위, 그에 대한 신뢰도가 높을 때도 동조 현상은 강하게 나타난다. 그리고 어떤 문제에 대한 집단 구성원들의 만장일치 여부도 동조에 큰 영향을 미치게 되는데, 만약 이때 단 한 명이라도 이탈자가 생기면 동조의 정도는 급격히 약화된다.

① 영희: 줄 서기의 경우, 줄을 서 있는 사람이 많을수록 나중에 오는 사람들이 그 줄 뒤에 설 확률이 더 높아.

② 철수: 특히 응집력이 강한 집단에 항거하는 것은 더 어려운 일이야. 이런 경우, 동조 압력은 더 강할 수밖에 없겠지.

③ 갑순: 동조 현상에 영향을 미치는 요인은 우매한 조직의 결속력보다 개인의 신념이라고 볼 수 있겠군.

④ 갑돌: 아침에 수많은 정류장 중 어디에서 공항버스를 타야 할지 몰랐는데 스튜어디스 차림의 여성이 향하는 정류장 쪽으로 따라갔었어. 이 경우, 그 스튜어디스 복장이 신뢰도를 높였다고 할 수 있겠네.

[해설] 제시된 글에서는 동조 현상에 영향을 미치는 요인은 '개인'보다는 '조직'에 있다고 했다. 따라서 원인을 '개인'으로 파악한 ③의 이해는 적절하지 않다. 더불어 ("자신이 믿지 않거나 옳지 않다고 생각하는 문제에 대해서도 동조의 입장을 취하게 된다.")를 통해 집단의 압력(응집력)이 강한 경우 나타나는 동조 현상을 따르다 보면 '개인적 신념'은 사라지고 동조하게 된다고 밝혔다. 따라서 ③의 갑순은 제시된 글의 내용을 잘못 이해하고 있다.

[오답] ① "남이 하는 대로 따라 하면 적어도 손해를 보지는 않는다고 생각한다는 것"과 2문단의 '집단의 구성원 수가 많을수록 동조 현상이 강하게 나타난다'고 받아들인 견해로 볼 수 있다.

② 1문단의 "그러한 집단의 압력 때문에 동조 현상이 일어난다는 것이다. 만약 어떤 개인이 그 힘을 인정하지 않는다면 그는 집단에서 배척당하기 쉽다." 이런 사정 때문에 사람들을 집단으로부터 소외되지 않기 위해서 동조를 하게 된다."를 받아들인 견해로 볼 수 있다.

④ "가지고 있는 정보가 부족하여 어떤 판단을 내리기 어려운 상황일수록", "특정 정보를 제공하는 사람의 권위와 지위, 그에 대한 신뢰도가 높을 때도 동조 현상은 강하게 나타난다."를 받아들인 견해로 볼 수 있다.

[정답] ③

## 4. 세부 유형 4⊞ : 기준에 따라 대상을 분류 → 유형별 특징 제시

어떠한 기준에 따라 대상을 분류하고, 각 유형별 특징을 제시하는 유형이다. 개념과 특징을 제시한다는 점에서 '세부 유형 2'와 유사하기도 하지만, 대상을 명확한 기준에 따라 분류했다는 점에서 차이가 있다.

### 🔧 TIP

'세부 유형 2'처럼 각 유형별 특징 파악뿐만 아니라, 유형을 분류한 기준이 무엇인지까지 파악하면서 글을 읽어야 한다.

### 📋 대표 유형 문제

**01 다음 글을 이해한 내용으로 가장 적절한 것은?** 2025 국가직 9급

> 20세기에 접어들면서 우리는 새로운 시대의 변화를 다양한 영역에서 확인할 수 있게 되었다. 문학 영역도 마찬가지였다. 이전과 뚜렷이 구별되는 유형과 성격의 문학작품이 등장하였고, 이에 따라 다양한 독자층이 새롭게 형성되었다. 20세기 초 우리나라의 문학 독자층은 흔히 두 가지로 구분되었다. 하나는 구활자본 고전소설과 일부 신소설의 독자인 '전통적 독자층'이고, 다른 하나는 이 시기 새롭게 등장하여 유행하기 시작한 대중소설, 번안소설, 신문 연재 통속소설을 즐겨 봤던 '근대적 대중 독자층'이다. 전통적 독자층에는 노동자와 농민, 양반, 부녀자 등이 속하고, 근대적 대중 독자층에는 도시 노동자, 학생, 신여성 등이 속했다.
>
> 그런데 20세기 초 문학 독자층 중에는 전통과 근대의 두 범주에 귀속시키기 어려운 독자층도 존재했다. 이 시기 신문학의 순수문학 작품, 일본을 비롯한 외국의 순수문학 소설 등을 향유했던 사람들이 바로 그들이다. 문자를 익숙하게 다루고 외국어를 지속적으로 습득한 지식인층은 근대적 대중 독자층과는 다른 문학적 향유 양상을 보여 주었던 것이다. 이들은 '엘리트 독자층'이라고 부를 수 있다.

① 근대적 대중 독자층에서 엘리트 독자층이 분화되어 나왔다.

② 20세기 초의 문학 독자층을 구분하는 기준은 신분과 학력이었다.

③ 엘리트 독자층에 속한 사람들은 우리나라 문학작품 외에도 외국 소설을 읽었다.

④ 근대적 대중 독자층에 속한 사람들은 전통적 독자층에 속한 사람들보다 경제적으로 부유했다.

**[해설]** 2문단의 "이 시기 신문학의 순수문학 작품, 일본을 비롯한 외국의 순수문학 소설 등을 향유했던 사람들이 바로 그들이다. ~ 이들은 '엘리트 독자층'이라고 부를 수 있다." 부분을 통해 엘리트 독자층에 속한 사람들은 우리나라 문학작품 외에도 외국 소설을 읽었음을 알 수 있다.

**[오답]** ① 2문단에서 '엘리트 독자층'에 대하여 '근대의 두 범주에 귀속시키기 어려운 독자층'이라고 하였다. 따라서 근대적 대중 독자층에서 엘리트 독자층이 분화되어 나왔다는 이해는 적절하지 않다.

② 1문단에서 "전통적 독자층에는 노동자와 농민, 양반, 부녀자 등이 속하고, 근대적 대중 독자층에는 도시 노동자, 학생, 신여성 등이 속했다."라고 하였다. 따라서 이들을 구분하는 기준을 '신분과 학력'이라고 보기는 어렵다.

④ 제시된 글의 내용만으로는 '근대적 독자층'과 '전통적 독자층' 가운데 어느 쪽의 독자층이 더 경제적으로 부유했는지 알 수 없다.

[정답] ③

## 02

**해설**

지문에 따르면, 『오디세이아』는 "서사시의 시대"에 속하고 에우리피데스의 비극은 "비극의 시대"에 속한다. 첫 번째 시대에서 후대로 갈수록 총체성(신과 인간의 결합 정도)이 낮아진다고 했으므로, 서사시의 시대인 『오디세이아』에서 신과 인간의 결합 정도가 비극의 시대인 에우리피데스 작품보다 높다는 것은 적절하다.

**오답**

① 계몽사상이 직접적으로 서사시 시대에서 철학 시대로의 전환을 이끌었다는 내용은 지문에서 확인할 수 없다.

② 지문에서 플라톤의 이데아는 신과 인간 세계가 완전히 분리된 "철학의 시대"에서 신의 세계가 인격성을 상실하고 추상화된 형태라고 설명할 뿐, 이것이 비극적 세계를 표현한다는 내용은 확인할 수 없다.

③ 지문에서 "루카치는 그리스 세계를 신과 인간의 결합 정도를 가리키는 '총체성' 개념을 기준으로 세 시대로 구분하였다"고 명시하고 있다. 즉 루카치는 '총체성'이라는 단일한 기준으로 세 시대를 구분했으며, 각기 다른 기준을 적용한 것이 아니다.

**정답** ④

## 03

**해설**

지문에 따르면 17세기 이후의 몽유록(방관자형)에서는 몽유자가 현실 비판에 직접 참여하지 않고 구경꾼의 위치에 있다고 했으므로, 17세기보다 나중 시기의 몽유록에서는 몽유자가 현실을 비판하는 경향이 강하게 나타난다는 내용은 지문과 부합하지 않는다.

**정답** ②

---

**02 다음 글을 이해한 내용으로 가장 적절한 것은?** 2023 국가직 9급

> 루카치는 그리스 세계를 신과 인간의 결합 정도를 가리키는 '총체성' 개념을 기준으로 세 시대로 구분하였다. 첫 번째 시대에서 후대로 갈수록 총체성의 정도는 낮아진다. 첫째는 총체성이 완전히 구현되어 있는 '서사시의 시대'이다. 호메로스의 『일리아드』와 『오디세이아』에서는 신과 인간의 세계가 하나로 얽혀 있다. 인간들이 그리스와 트로이 두 패로 나뉘어 전쟁을 벌일 때 신들도 인간의 모습을 하고 두 패로 나뉘어 전쟁에 참여했다. 둘째는 '비극의 시대'이다. 소포클레스나 에우리피데스의 비극에서는 총체성이 흔들려 신과 인간의 세계가 분리된다. 하지만 두 세계가 완전히 분리되지는 않고 신탁이라는 약한 통로로 이어져 있다. 비극에서 신은 인간의 행위에 직접 개입하지 않고 신탁을 통해서 자신의 뜻을 그저 전달하는 존재로 바뀐다. 셋째는 플라톤으로 대표되는 '철학의 시대'이다. 이 시대는 이미 계몽된 세계여서 신탁 같은 것은 신뢰할 수 없게 되었다. 신과 인간의 세계가 완전히 분리됨으로써 신의 세계는 인격적 성격을 상실하여 '이데아'라는 추상성의 세계로 바뀐다. 신의 세계와 인간의 세계는 그 사이에 어떤 통로도 존재할 수 없는, 절대적으로 분리된 세계가 되었다.

① 계몽사상은 서사시의 시대에서 철학의 시대로의 전환을 이끌었다.

② 플라톤의 이데아는 신탁이 사라진 시대의 비극적 세계를 표현한다.

③ 루카치는 각기 다른 기준에 따라 그리스 세계를 세 시대로 구분하였다.

④ 에우리피데스의 비극에 비해 『오디세이아』에서는 신과 인간의 결합 정도가 높다.

---

**03 다음 글의 내용과 부합하지 않는 것은?** 2023 국가직 9급

> 몽유록(夢遊錄)은 '꿈에서 놀다 온 기록'이라는 뜻으로, 어떤 인물이 꿈에서 과거의 역사적 인물을 만나 특정 사건에 대한 견해를 듣고 현실로 돌아온다는 특징이 있다. 이때 꿈을 꾼 인물인 몽유자의 역할에 따라 몽유록을 참여자형과 방관자형으로 구분할 수 있다. 참여자형에서는 몽유자가 꿈에서 만난 인물들의 모임에 초대를 받고 토론과 시연에 직접 참여한다. 방관자형에서는 몽유자가 인물들의 모임을 엿볼 뿐 직접 그 모임에 참여하지는 않는다. 16~17세기에 창작되었던 몽유록에는 참여자형이 많다. 참여자형에서는 몽유자와 꿈속 인물들이 동질적인 이념을 공유하고 현실의 고통스러운 문제에 대해 의견을 나누며 비판적 목소리를 낸다. 그러나 주로 17세기 이후에 창작된 방관자형에서는 몽유자가 꿈속 인물들과 함께 현실을 비판하는 것이 아니라 구경꾼의 위치에 서 있다. 이 시기의 몽유록이 통속적이고 허구적인 성격으로 변모하는 것은 몽유자의 역할 변화와 무관하지 않다.

① 몽유자가 꿈속 인물들의 모임에 직접 참여하는지, 참여하지 않는지에 따라 몽유록의 유형을 나눌 수 있다.

② 17세기보다 나중 시기의 몽유록에서는 몽유자가 현실을 비판하는 경향이 강하게 나타난다.

③ 몽유자가 모임의 구경꾼 역할을 하는 몽유록은 통속적이고 허구적인 성격이 강하다.

④ 몽유자가 꿈속 인물들과 함께 현실을 비판하는 몽유록은 참여자형에 해당한다.

## 5. 세부 유형 5⊕ : 시대별 특징 제시

특정 시대별 특징을 제시하는 유형이다. 개념이 시대로 바뀌었다는 점을 제외한다면, '세부 유형 2'와 거의 유사하다. 지문에 특정 연도가 나오거나, '이전'이나 '이후' 같은 시간 개념과 관련된 단어가 등장한다면 90프로 이상은 이 유형에 속한다고 봐도 무방하다.

### ➕ TIP

이런 구조의 글은 각 시대를 대표하는 인물도 함께 등장하는 것이 일반적이다. 따라서 '그 시대 = 인물'로 생각하고 읽어 나가자!

### 📝 대표 유형 문제

**01** 다음 글의 내용과 부합하지 않는 것은?                    2023 국가직 9급

과학 혁명 이전 아리스토텔레스 철학은 로마 가톨릭교의 정통 교리와 결합되어 있었기 때문에 오랜 시간 동안 지배적인 영향력을 발휘하였다. 천문 분야 또한 예외는 아니었다. 아리스토텔레스의 세계관을 따라 우주의 중심은 지구이며, 모든 천체는 원운동을 하면서 지구의 주위를 공전한다는 천동설이 정설로 자리 잡고 있었다. 프톨레마이오스가 천체들의 공전 궤도를 관찰하던 도중, 행성들이 주기적으로 종전의 운동과는 반대 방향으로 움직인다는 관찰 결과를 얻었을 때도 그는 이를 행성의 역행 운동을 허용하지 않는 천동설로 설명하고자 하였다. 그래서 지구를 중심으로 공전하는 원 궤도에 중심을 두고 있는 원, 즉 주전원(周轉圓)을 따라 공전 궤도를 그리면서 행성들이 운동한다고 주장하였다.

과학과 아리스토텔레스 철학의 결별은 서서히 일어났다. 그 과정에서 일어난 가장 중요한 사건은 1543년 코페르니쿠스가 행성들의 운동 이론에 관한 책을 발간한 일이다. 코페르니쿠스는 천체의 중심에 지구 대신 태양을 놓고 지구가 태양의 주위를 공전한다고 주장하였다. 태양을 우주의 중심에 둔 코페르니쿠스의 지동설은 행성들의 운동에 대해 프톨레마이오스보다 수학적으로 단순하게 설명하였다.

① 과학 혁명 이전 시기에는 천동설이 정설로 받아들여졌다.
② 프톨레마이오스의 주전원은 지동설을 지지하고자 만든 개념이다.
③ 천동설과 지동설은 우주의 중심을 어디에 두느냐에 따라 구분된다.
④ 행성의 공전에 대한 프톨레마이오스의 설명은 코페르니쿠스의 설명보다 수학적으로 복잡하였다.

**02** 다음 글의 내용과 부합하지 않는 것은?                    2018 국회직 9급

19세기 산업 혁명이 진행되는 동안 유럽에서는 도시화에 따른 급격한 인구 증가로 심각한 전염병이 창궐하는 일이 많았다. 극도로 불결한 환경과 빈곤, 과밀한 인구, 노동 시간의 연장에 따른 영양실조 등이 겹쳐 결핵과 디프테리아, 천연두, 성홍열을 비롯한 갖가지 질병이 아주 빠른 속도로 퍼져나갔다. 치료비가 없어서 의사의 진료를 받을 수 없었던 노동자들은 시골 사람들이 장터에 가지고 나온 약초 처방에 의존할 수밖에 없었다. 19세기 말에 이르러 사망률이 떨어지게 된 이유는 아마도 백신이나 다른 의학이 발달했기 때문이 아니라, 위생과 식사 등 일반적인 생활 수준이 향상되었기 때문이었을 것이다.

오늘날 산업화한 국가의 주된 사망 요인은 합성 화학 물질, 방사선이나 납, 살충제 등의 오염 물질, 기름진 음식과 담배, 술, 운동 부족으로 빚어진 심장 질환과 암 등이다. 암을 일으키는 직접적인 원인은 종양을 만들어 내는 유전자이지만, 보다 궁극적인 원인은 우리를 둘러싼 환경에 있는 것이다.

① 19세기 유럽의 노동자는 주로 약초 처방에 의존해서 질병을 다루었다.
② 19세기 말에 유럽의 사망률이 떨어지게 된 것은 생활 환경의 향상에 그 원인이 있다.
③ 현대 선진국의 주된 사망 요인의 하나는 암이다.
④ 현대 산업화한 국가에서 오염 물질은 주된 사망 요인을 야기하고 있다.
⑤ 암을 일으키는 근원적 원인은 환경이라기보다 유전자에 있다.

---

**01**

**해설**

1문단에 따르면 "그(프톨레마이오스)는 이를 행성의 역행 운동을 허용하지 않는 천동설로 설명하고자 하였다."고 설명한다. 즉, 프톨레마이오스의 주전원 개념은 천동설을 지지하고 유지하기 위해 만든 것이지 지동설을 지지하기 위해 만든 개념이 아니다.

**정답** ②

**02**

**해설**

2문단의 "암을 일으키는 직접적인 원인은 종양을 만들어 내는 유전자이지만, 보다 궁극적인 원인은 우리를 둘러싼 환경에 있는 것이다." 부분을 볼 때, '암'의 근원적인 원인은 유전자가 아닌 '환경'에 있다는 것을 알 수 있다. 따라서 ⑤는 이 글에 부합되지 않는 내용이다. 제시된 부분을 볼 때, '암'의 근원적인 원인은 '유전자'가 아닌 '환경'으로 보고 있다. 따라서 ⑤는 이 글에 부합되지 않는 내용이다.

**오답**

① 1문단의 '19세기 ~ 약초 처방에 의존할 수밖에 없었다.' 부분을 통해 확인할 수 있는 내용이다.

② 1문단의 '19세기 말에 ~ 위생과 식사 등 일반적인 생활 수준이 향상되었기 때문이었을 것이다.' 부분을 통해 확인할 수 있는 내용이다.

③, ④ 2문단의 '오늘날 산업화한 국가의 주된 사망 요인은 합성 화학 물질, 방사선이나 납, 살충제 등의 오염 물질, 기름진 음식과 담배, 술, 운동 부족으로 빚어진 심장 질환과 암 등이다.' 부분을 통해 확인할 수 있는 내용이다.

**정답** ⑤

## ⑥ 유형 6 – 중심 내용 추론 ⊕

지문의 중심 내용, 중심 생각이 무엇인지 찾는 유형이다. 중심 내용은 글의 맨 앞이나 맨 뒤에 나와 있을 가능성이 높다. 또한 접속 부사 '따라서'나 '그러나' 뒤에 오는 말이 중심 내용일 가능성이 높기 때문에, 해당 접속 부사가 포함된 문장을 주의 깊게 보는 것이 도움이 된다.

### 📋 대표 유형 문제

**01** 다음 글의 중심 내용으로 가장 적절한 것은?　　　　　9급 출제기조 전환 예시 2차

> 　플라톤의 『국가』에는 사람들이 살아가면서 가장 중요하게 생각하는 두 가지 요소에 대한 언급이 있다. 우리가 만약 이것들을 제대로 통제하고 조절할 수 있다면 좋은 삶을 살 수 있다고 플라톤은 말하고 있다. 하나는 대다수가 갖고 싶어하는 재물이며, 다른 하나는 대다수가 위험하게 생각하는 성적 욕망이다. 소크라테스는 당시 성공적인 삶을 살고 있다고 사람들에게 잘 알려진 케팔로스에게, 사람들이 좋아하는 재물이 많아서 좋은 점과 사람들이 싫어하는 나이가 많아서 좋은 점은 무엇인지를 물었다. 플라톤은 이 대화를 통해 우리가 어떻게 좋은 삶을 살 수 있는지를 보여준다.
>
> 　케팔로스는 재물이 많으면 남을 속이거나 거짓말하지 않을 수 있어서 좋고, 나이가 많으면 성적 욕망을 쉽게 통제할 수 있어서 좋다고 말한다. 물론 재물이 적다고 남을 속이거나 거짓말을 하는 것은 아니며, 나이가 적다고 해서 성적 욕망을 쉽게 통제할 수 없는 것은 아니다. 그렇지만 누구나 살아가면서 이것들로 인해 힘들어하고 괴로워하는 경우가 많다는 것은 분명하다. 삶을 살아가면서 돈에 대한 욕망이나 성적 욕망만이라도 잘 다스릴 수 있다면 낭패를 당하거나 망신을 당할 일이 거의 없을 것이다. 인간에 대한 플라톤의 통찰력과 삶에 대한 지혜는 현재에도 여전히 유효하다.

① 재물욕과 성욕은 과거나 지금이나 가장 강한 욕망이다.

② 재물이 많으면서 나이가 많은 자가 좋은 삶을 살 수 있다.

③ 성공적인 삶을 살려면 재물욕과 성욕을 잘 다스려야 한다.

④ 잘 살기 위해서는 살면서 가장 중요한 것이 무엇인지 알아야 한다.

**01**

해설

1문단에서 "플라톤의 『국가』에는 사람들이 살아가면서 가장 중요하게 생각하는 두 가지 요소에 대한 언급이 있다. 우리가 만약 이것들을 제대로 통제하고 조절할 수 있다면 좋은 삶을 살 수 있다고 플라톤은 말하고 있다."라고 하였다. 여기서 말한 '두 가지'는 바로 다음 문장에서 '재물'과 '성적 욕망'이라고 밝히고 있다.

2문단의 마지막 문장에서 글쓴이는 "인간에 대한 플라톤의 통찰력과 삶에 대한 지혜는 현재에도 여전히 유효하다."라고 밝히고 있다. 따라서 제시된 글의 중심 내용으로는 '성공적인 삶을 살려면 재물욕과 성욕을 잘 다스려야 한다.'가 가장 적절하다.

정답　③

**02** 다음 글의 핵심 논지로 가장 적절한 것은?　　　　　9급 출제기조 전환 예시 2차

> 　판타지와 SF의 차별성은 '낯섦'과 '이미 알고 있는 것'이라는 기준을 통해 드러난다. 이 둘은 일반적으로 상반된 의미를 갖는다. 이미 알고 있는 것은 낯설지 않고, 낯선 것은 새로운 것을 의미하기 때문이다.
>
> 　판타지와 SF에는 모두 새롭고 낯선 것이 등장하는데, 비근한 예가 현실에 존재하지 않는 괴물의 출현이다. 판타지에서 낯선 괴물이 나오면 사람들은 '저게 뭐지?' 하면서도 그 낯섦을 그대로 받아들인다. 그렇기에 등장인물과 독자 모두 그 괴물을 원래부터 존재했던 것으로 받아들이고, 괴물은 등장하자마자 세계의 일부가 된다. 결국 판타지에서는 이미 알고 있는 것보다 새로운 것이 더 중요한 의미를 갖는다. 이와 달리 SF에서는 '그런 괴물이 어떻게 존재할 수 있지?'라고 의심하고 물어야 한다. SF에서는 인물과 독자들이 작가의 경험적 환경을 공유하기 때문에 괴물은 절대로 자연스럽지 않다. 괴물의 낯섦에 대한 질문은 괴물이 존재하는 세계에 대한 지식, 세계관, 나아가 정체성의 문제로 확장된다. 이처럼 SF에서는 어떤 새로운 것이 등장했을 때 그 낯섦을 인정하면서도 동시에 그것을 자신이 이미 알고 있던 인식의 틀로 끌어들여 재조정하는 과정이 요구된다.

① 판타지와 SF는 모두 새로운 것에 의해 알고 있는 것이 바뀌는 장르이다.

② 판타지와 SF는 모두 알고 있는 것과 새로운 것을 그대로 인정하고 둘 사이의 재조정이 필요한 장르이다.

③ 판타지는 새로운 것보다 알고 있는 것이 더 중요하고, SF는 알고 있는 것보다 새로운 것이 더 중요한 장르이다.

④ 판타지는 알고 있는 것보다 새로운 것이 더 중요하고, SF는 알고 있는 것과 새로운 것 사이의 재조정이 필요한 장르이다.

**02**

해설

제시된 글에서는 '판타지'와 'SF'가 어떤 점에서 다른 장르인지에 대해 설명하고 있다.

2문단에서 "결국 판타지에서는 이미 알고 있는 것보다 새로운 것이 더 중요한 의미를 갖는다.", "이처럼 SF에서는 어떤 새로운 것이 등장했을 때 그 낯섦을 인정하면서도 동시에 그것을 자신이 이미 알고 있던 인식의 틀로 끌어들여 재조정하는 과정이 요구된다."라고 하였다.

두 내용을 가장 잘 정리한 것은 ④의 '판타지는 알고 있는 것보다 새로운 것이 더 중요하고, SF는 알고 있는 것과 새로운 것 사이의 재조정이 필요한 장르이다.'이다.

정답　④

**03** 다음 글의 중심 내용으로 가장 적절한 것은?                    2018 국가직 9급

> '언문'은 실용 범위에 제약이 있었는데, 이런 현실은 '언간'에도 적용된다. '언간' 사용의 제약은 무엇보다 이것을 주고받은 사람의 성별(性別)에서 뚜렷이 드러난다. 15세기 후반 이래로 숱한 언간이 현전하지만 남성 간에 주고받은 언간은 찾아보기 어렵다. 이는 남성 간에는 한문 간찰이 오간 때문이나 남성이 공적인 영역을 독점했던 당시의 현실을 감안하면 '언문'이 공식성을 인정받지 못했던 사실과 상통한다. 결국 조선 시대에는 언간의 발신자나 수신자 어느 한쪽으로 반드시 여성이 관여하는 특징을 보인다고 할 수 있다.
>
> 이러한 사용자의 성별 특징으로 인하여 종래 '언간'은 '내간'으로 일컬어지기도 하였다. 그러나 이러한 명칭 때문에 내간이 부녀자만을 상대로 하거나 부녀자끼리만 주고받은 편지로 오해되어서는 안 된다. 16, 17세기의 것만 하더라도 수신자는 왕이나 사대부를 비롯하여 한글 해독 능력이 있는 하층민에 이르기까지 거의 전 계층의 남성이 될 수 있었기 때문이다. 한문 간찰이 사대부 계층 이상 남성만의 전유물이었다면 언간은 특정 계층에 관계없이 남녀 모두의 공유물이었다고 할 수 있다.

① '언문'과 마찬가지로 '언간'의 실용 범위에는 제약이 있었다.

② 사용자의 성별 특징으로 인해 '언간'은 '내간'으로 일컬어졌다.

③ 언간은 특정 계층과 성별에 관계없이 이용된 의사소통 수단이었다.

④ 조선 시대에는 언간의 발신자나 수신자 어느 한쪽으로 반드시 여성이 관여하는 특징을 보인다.

**03**

해설

제시된 글의 중심 문장은 1문단의 "'언문'은 실용 범위에 제약이 있었는데, 이런 현실은 '언간'에도 적용된다."와 2문단의 "언간은 특정 계층에 관계없이 남녀 모두의 공유물이었다고 할 수 있다."이다. 1문단의 중심 문장과 2문단의 중심 문장은 2문단의 '그러나'로 연결되어 2문단의 "'언간'은 특정 계층과 관계없는 남녀 모두의 공유물이었다."가 글쓴이가 주장하는 바이므로 중심 내용으로 가장 적절한 것은 ③이다.

오답

①, ④ 1문단의 내용만 담고 있고 2문단의 내용은 포함하고 있지 않아 이 글 전체의 중심 내용으로 적절하지 않다.

② 2문단의 내용이나 이것이 2문단의 중심 내용은 아니다. 언간이 내간으로 일컬어졌다는 이유로 부녀자만이 사용했다는 것은 오해라고 말하기 있기 때문이다.

정답 ③

## 7 유형 7 - 고쳐 쓰기 ➕

글의 흐름상 어색한 문장을 찾는 유형이다. 하나의 글은 통일성(하나의 주제), 일관성(문장 간 연결이 긴밀함), 완결성(뒷받침 문장의 충분함)을 갖춰야 한다. 밑줄 앞뒤 문장의 흐름을 살피면서, 흐름상 어색한 문장을 찾으면 된다.

### 📋 대표 유형 문제

**01 다음 글의 ⑦~② 중 어색한 곳을 찾아 가장 적절하게 수정한 것은?**

9급 출제기조 전환 예시 1차

> 수명을 늘릴 수 있는 여러 방법 중 가장 좋은 방법은 노화 문제를 해결하는 것이다. 이 방법은 인간이 젊고 건강한 상태로 수명을 연장할 수 있다는 점에서 ⑦ 늙고 병든 상태에서 단순히 죽음의 시간을 지연시킨다는 기존 발상과 근본적으로 다르다. ⓛ 노화가 진행된 상태를 진행되기 전의 상태로 되돌린다거나 노화가 시작되기 전에 노화를 막는 장치가 개발된다면, 젊음을 유지한 채 수명을 늘리는 것은 충분히 가능하다.
> 그러나 노화 문제와 관련된 현재까지의 연구는 초라하다. 이는 대부분 연구가 신약 개발의 방식으로만 진행되어 왔기 때문이다. 현재 기준에서는 질병 치료를 목적으로 개발한 신약만 승인받을 수 있는데, 식품의약국이 노화를 ⓒ 질병으로 본 탓에 노화를 멈추는 약은 승인받을 수 없었다. 노화를 질병으로 보더라도 해당 약들이 상용화되기까지는 아주 오랜 시간이 필요하다.
> 그런데 노화 문제는 발전을 거듭하고 있는 인공지능 덕분에 신약 개발과는 다른 방식으로 극복될 수 있을지 모른다. 일반 사람들에 비해 ② 노화가 더디게 진행되는 사람들의 유전자 자료를 데이터화하면 그들에게서 노화를 지연시키는 생리적 특징을 추출할 수 있는데, 이를 통해 유전자를 조작하는 방식으로 노화를 막을 수 있다.

① ⑦: 늙고 병든 상태에서 담담히 죽음의 시간을 기다린다
② ⓛ: 노화가 진행되기 전의 신체를 노화가 진행된 신체
③ ⓒ: 질병으로 보지 않은 탓에 노화를 멈추는 약은 승인받을 수 없었다
④ ②: 노화가 더디게 진행되는 사람들의 유전자 자료를 데이터화하면 그들에게서 노화를 촉진

해설 ⓒ 앞에서 승인의 기준으로, "현재 기준에서는 질병 치료를 목적으로 개발한 신약만 승인받을 수 있는데"라고 하였고, ⓒ 뒤에서 "노화를 질병으로 보더라도"라고 가정하고 있다. 이를 볼 때, ⓒ에는 '노화'를 질병으로 보지 않았기 때문에 그 약은 승인받을 수 없었다는 내용이 들어가는 것이 자연스럽다. 따라서 어색한 곳은 ⓒ이며, 그것을 적절하게 수정한 것은 ③이다.

정답 ③

**02** ←

해설

제시된 글의 내용을 고려할 때, '랑그 ≒ 추상 ≒ 언어능력', '파롤 ≒ 구체 ≒ 언어 수행'으로 이해할 수 있다. 따라서 "파롤이 언어능력에 대응한다면, 랑그는 언어수행에 대응"으로 이해하는 것은 적절하지 않다. '랑그'와 '파롤'의 관계를 고려하여, 이를 ④처럼 '랑그가 언어능력에 대응한다면, 파롤은 언어수행에 대응'으로 수정한 것은 적절하다.

오답

① 1문단에서 '랑그'를 '추상적인 언어의 모습으로', '파롤'을 '구체적인 언어의 모습으로'라고 하였다. '악보'와 '실제 연주' 중 '추상적인 언어(랑그)'에 가까운 것은 '악보'이고, '구체적인 언어(파롤)'에 가까운 것은 '실제 연주'이다. 따라서 둘을 바꿔 수정한 것은 적절하지 않다.

② 바로 앞 문장에서 "악보는 고정되어 있지만"이라고 하였다. 따라서 '랑그'가 상황에 맞춰 변화한다고 수정한 것은 적절하지 않다.

③ 1문단에서 '파롤'을 '구체적인 언어의 모습으로'라고 하였다. 따라서 '랑그'가 실제로 발음되는 제각각의 소릿값이라고 수정한 것은 적절하지 않다.

정답 ④

**02 다음 글의 ⑦~② 중 어색한 곳을 찾아 가장 적절하게 수정한 것은?**

9급 출제기조 전환 예시 2차

> 언어는 랑그와 파롤로 구분할 수 있다. 랑그는 머릿속에 내재되어 있는 추상적인 언어의 모습으로, 특정한 언어공동체가 공유하고 있는 기호체계를 가리킨다. 반면에 파롤은 구체적인 언어의 모습으로, 의사소통을 위해 랑그를 사용하는 개인적인 행위를 의미한다.
> 언어학자들은 흔히 ⑦ 랑그를 악보에 비유하고, 파롤을 실제 연주에 비유하곤 하는데, 악보는 고정되어 있지만 실제 연주는 그 고정된 악보를 연주하는 사람에 따라 달라지기 마련이다. 그러니까 ⓛ 랑그는 여러 상황에도 불구하고 변하지 않고 기본을 이루는 언어의 본질적인 모습에 해당한다. 한편 '책상'이라는 단어를 발음할 때 사람마다 발음되는 소리는 다르기 때문에 '책상'에 대한 발음은 제각각일 수밖에 없다. 여기서 ⓒ 실제로 발음되는 제각각의 소릿값이 파롤이다.
> 랑그와 파롤 개념과 비슷한 것으로 언어능력과 언어수행이 있다. 자기 모국어에 대해 사람들이 내재적으로 가지고 있는 지식이 언어능력이고, 사람들이 실제로 발화하는 행위가 언어 수행이다. ② 파롤이 언어능력에 대응한다면, 랑그는 언어수행에 대응한다.

① ⑦: 랑그를 실제 연주에 비유하고, 파롤을 악보에 비유하곤
② ⓛ: 랑그는 여러 상황에 맞춰 변화하는 언어의 본질적인 모습
③ ⓒ: 실제로 발음되는 제각각의 소릿값이 랑그
④ ②: 랑그가 언어능력에 대응한다면, 파롤은 언어수행에 대응

**03** 다음 글의 ⊙~② 중 어색한 곳을 찾아 가장 적절하게 수정한 것은?     2025 국가직 9급

> 소리는 보통 귀로 듣는다고 생각한다. 그렇지만 앰프에서 강력한 저음이 흘러나오는 것을 듣고 몸이 흔들리는 것을 경험할 때, 우리는 소리를 몸으로 느낀다고 생각하기도 한다. 가청 주파수 대역의 하한인 20 Hz보다 낮은 주파수의 진동이 발생하면 ⊙ 우리의 몸은 흔들리지만 귀로는 아무것도 듣지 못한다. 우리는 이 들리지 않는 진동을 '초저주파음'이라고 부른다. ⓒ 귀에 들리지 않는 진동도 소리로 간주할 수 있다는 생각에서이다.
>
> 높은 주파수의 영역에서도 귀에 들리지 않는 진동이 있다. ⓒ 사람은 보통 20,000 Hz 이상의 진동이 귀에 도달하면 소리로 인식한다. 가청 주파수 대역의 상한을 넘겨서 더 높은 주파수의 진동이 발생하면 사람의 귀에 들리지 않는 것이다. 이때의 음파를 '초음파'라고 부른다.
>
> 사람과 동물은 가청 주파수 대역이 다르다. 그래서 동물은 사람에게 들리지 않는 소리를 들을 수 있다. 예컨대 우리와 가까이 지내는 개의 경우, 가청 주파수 대역의 하한은 사람과 비슷하지만 50,000 Hz의 진동까지 소리로 인식할 수 있다. 그래서 개는 사람이 듣지 못하는 기척을 알아차리기도 한다. 이는 개의 가청 주파수 대역이 ② 사람의 가청 주파수 대역보다 넓기 때문이다.

① ⊙: 우리의 몸이 흔들리지 않을 뿐 귀로는 저음을 들을 수 있다
② ⓒ: 귀에 들리지 않는 진동은 소리로 간주할 수 없다는 생각에서이다
③ ⓒ: 사람은 보통 20,000 Hz 이상의 진동이 귀에 도달하면 소리로 인식하지 못한다
④ ②: 사람의 가청 주파수 대역보다 좁기 때문이다

**해설** ⓒ 바로 앞에서 "높은 주파수의 영역에서도 귀에 들리지 않는 진동이 있다."라고 하였고, 바로 뒤에서 "가청 주파수 대역의 상한을 넘겨서 더 높은 주파수의 진동이 발생하면 사람의 귀에 들리지 않는 것이다."라고 하였다. ⓒ의 앞뒤 모두 들리지 않는다는 내용이 반복되고 있다. 따라서 ⓒ에도 역시 들리지 않는다는 내용이 들어가는 것이 자연스럽다. 그런데 ⓒ은 "소리로 인식한다."라고 하였다. 따라서 ⓒ을 "소리로 인식하지 못한다."로 수정한 것이 자연스럽다.

**오답** ①, ② "⊙ 우리의 몸은 흔들리지만 귀로는 아무것도 [듣지 못한다.] 우리는 이 [들리지 않는 진동]을 '초저주파음'이라고 부른다. ⓒ 귀에 [들리지 않는 진동]도 소리로 간주할 수 있다는 생각에서이다."
 * 밑줄의 힌트는 밑줄이 없는 '앞, 뒤의 제시 내용'이다. 명백한 연결 관계이다.

④ "그래서 [개는 사람이 듣지 못하는 기척을 알아차리기도 한다.] 이는 [개의 가청 주파수 대역이] ② 사람의 가청 주파수 대역보다 [넓기 때문]이다."
 * 밑줄의 힌트는 밑줄이 없는 '앞, 뒤의 제시 내용'이다. 명백한 연결 관계이다.

**정답** ③

## 1 유재론(遺材論) | 허균(許筠)

**핵심정리**

| | | | |
|---|---|---|---|
| ▮ 연대 | 조선 중기 | ▮ 갈래 | 고전 수필, 논(論) |
| ▮ 출전 | 성소부부고 | ▮ 성격 | 비판적·설득적 |

▮ 구성　'기서결'의 3단 구성
　　　　① 기: 올바른 인재 등용 방법 ② 서: 인재 등용의 현실과 모순 비판 ③ 결: 올바른 인
　　　　재 등용 추구

▮ 주제　차별 없는 인재 등용의 중요성 / 국가의 모순된 제도에 의한 인간 차별 비판

---

　나라를 경영하는 자와 임금은 인재(人才)가 아니면 안 된다. 하늘이 인재를 내는 것은 원래 한 시대의 쓰임을 위한 것이다. 하늘이 사람을 낼 때에 귀한 집 자식이라고 하여 재주를 넉넉하게 주고, 천한 집 자식이라고 해서 인색하게 주지는 않았다. <sub>천부 인권 사상, 만민 평등 사상</sub> 그래서 옛날의 어진 임금은 이런 것을 알고 인재를 더러 초야에서 구했으며, 낮은 병졸 가운데서도 뽑았다. 더러는 싸움에 패하여 항복해 온 적장 가운데서도 뽑았으며, 도둑 무리를 들어올리고, 혹은 창고지기를 등용하기도 하였다. 쓴 것이 다 알맞았고, 쓰임을 받은 자도 또한 자기의 재주 <sub>적재적소(適材適所)</sub> 를 각기 펼쳤다. 나라가 복을 받고 치적이 날로 융성케 된 것은 이러한 방법을 썼기 때문이다. 그러므로 〈중국같이 큰 나라도 인재를 혹 빠뜨릴까 오히려 염려하였다. 근심되어 옆으
〈　〉중국의 사례 – 조선의 실정과 대조
로 앉아 생각하고, 밥 먹을 때에도 탄식하였다.〉　　　　　　　▶ 인재 등용의 바른 자세

　그런데 어찌하여 산림(山林)과 연못가에 살면서 보배를 품고도 팔지 못하는 자가 그토록 많고, 영걸한 인재로서 낮은 벼슬아치 속에 파묻혀서 그 포부를 펴지 못하는 자가 또한 그토록 많은가. 참으로 인재를 모두 얻기도 어렵거니와, 그들을 다 쓰기도 또한 어렵다.
　　　　　　　　　　　　　　　　　　　　　　　　　▶ 잘못된 인재 등용에 대한 개탄

　우리나라는 땅덩이가 좁고 인재가 드물게 나서, 예로부터 그것을 걱정하였다. 그리고 우리 왕조에 들어와서는 인재 등용의 길이 더욱 좁아졌다. 대대로 명망 있는 집 자식이 아니면 높은 벼슬자리에는 통할 수 없었고, 바위 구멍이나 초가집에 사는 선비는 비록 뛰어난 재주가 있다 하더라도 억울하게 등용되지 못했다. 과거에 급제하지 못하면 높은 자리에 오르지 못하니, 비록 덕이 훌륭한 자라도 끝내 재상 자리에 오르지 못했다. 하늘이 재주를 고르게 주었는데 이것을 문벌과 과거로써 제한하니, 인재가 모자라 늘 걱정하는 것은 당연하다. 예로부터 지금까지 이 넓은 세상에서, 첩이 낳은 아들들이라고 해서 그 어진 이를 <sub>적서 차별 제도에 대한 비판과 조선 인재 등용 현실의 문제점</sub> 버리고, 개가했다고 해서 그 아들의 재주를 쓰지 않았다는 말을 듣지 못했다.

　우리나라는 그렇지 않다. 어미가 천하거나 개가했으면 그 자손은 모두 벼슬길에 끼지 못했다. 변변치 않은 나라인데다 양쪽 오랑캐 사이에 끼어 있으니, 인재들이 모두 나라를 위해 쓰이지 못할까 두려워해도 오히려 나라 일이 제대로 될지 점칠 수 없다. 그런데도 도리어 그 길을 막고는, "인재가 없다. 인재가 없어."라고 탄식만 한다. 이것은 수레를 북쪽으로 돌리면 <sub>연목구어(緣木求魚), 자가당착(自家撞着)</sub> 서 남쪽을 향하는 것과 무엇이 다르겠는가. 이웃 나라가 알게 해서는 안 될 것이다. 한 아낙 <sub>이율배반(二律背反)</sub> 네가 원한을 품어도 하늘이 슬퍼해 주는데 하물며 원망을 품은 사내와 홀어미가 나라의 반을 차지했으니 화평한 기운을 이루기란 참으로 어려운 일이다.　▶ 우리나라 인재 등용의 현실

---

- '유재(遺材)'는 '인재를 버린다.'라는 의미로 저자는 이 글에서 우리나라처럼 좁은 나라에서는 인재 자체가 적게 나는 데다가 신분 제도에 의해 그것마저 제한되어 인재가 없음을 비판하고 있다. 인재를 등용하는 데 있어서의 신분 차별에 대해서도 신랄하게 비판하고 있다.

- 상층이건 하층이건 그 재능에 있어서 사람은 평등하다는 생각을 바탕으로 조선의 인재 등용 방식에 대해 비판하고 있는 글이다. 특히, 첩과 개가한 여자의 자식은 과거조차 응시할 수 없는 모순을 신랄하게 비판하고 있다. 중국의 사례와 대비해서 우리나라에서 인재를 버리는 것은 하늘을 거스르는 것임을 밝혀, 인재를 버리지 말 것을 강한 어조로 촉구하고 있다.

**차별 없는 인재 등용 촉구**

| 조선 | → ← | 중국 |
|---|---|---|
| 차별적 인재 등용<br>(인재를 버림.) | | 차별 없는 인재 등용<br>(인재를 버리지 않음.) |

하늘이 낳아 준 것을 사람이 버리니, 이는 하늘을 거스르는 것이다. 하늘을 거스르면서 하늘에 기도하여 명을 길게 누린 자는 아직까지 없었다. 나라를 다스리는 자가 하늘의 순리를 받들어 행한다면, 크나큰 명을 또한 맞을 수도 있을 것이다.

▶ 올바른 인재 등용의 자세 촉구

## ?✔ Quiz

**필자의 주장을 뒷받침하는 직접적인 논거로 적절하지 않은 것은?**

① 우리나라에는 인재가 드물게 난다.
② 오랑캐 출신의 인재를 활용해야 한다.
③ 이름 없이 살다 가는 인재가 많이 있다.
④ 하늘은 인재를 빈부귀천에 관계없이 고루 내린다.

[해설] 오랑캐 출신이라도 인재라면 출신을 가리지 말고 등용하자는 주장을 하고 있다. 단순히 오랑캐 출신을 등용해야 한다는 주장과는 거리가 멀다.

[정답] ②

# PART 2
# 논리

# 출제 경향 한눈에 보기

## 구조도

## 영역별 학습 목표

추론의 유형을 익히고, 이를 활용하여 논리적으로 추론할 수 있다.

## 핵심 개념

| 추론 | | ① 연역추론 | ② 귀납추론 | ③ 변증법 |
|---|---|---|---|---|
| | | ④ 가설추리 | ⑤ 유비추리 | |
| 오류 유형 | 심리적 오류 | ① 인신공격의 오류 | ② 역공격의 오류 | ③ 정황에의 호소 |
| | | ④ 동정에의 호소 | ⑤ 공포에의 호소 | ⑥ 쾌락·유머에의 호소 |
| | | ⑦ 사적 관계에의 호소 | ⑧ 아첨에의 호소 | ⑨ 군중에의 호소 |
| | | ⑩ 부적합한 권위에의 호소 | ⑪ 원천봉쇄의 오류 | |
| | 자료적 오류 | ① 우연과 원칙 혼동의 오류 | ② 성급한 일반화의 오류 | ③ 잘못된 유추의 오류 |
| | | ④ 무지에의 호소 | ⑤ 의도 확대의 오류 | ⑥ 잘못된 인과 관계에 의한 오류 |
| | | ⑦ 발생학적 오류 | ⑧ 합성·분할의 오류 | ⑨ 흑백 논리의 오류 |
| | | ⑩ 복합 질문의 오류 | ⑪ 순환논증의 오류 | ⑫ 논점 이탈의 오류 |
| | 언어적 오류 | ① 애매어의 오류 | ② 모호한 문장의 오류 | ③ 강조의 오류 |
| | | ④ 은밀한 재정의의 오류 | ⑤ 범주의 오류 | |
| | 간접 추론에 관한 오류 | ① 진건 부정의 오류 | ② 후건 긍정의 오류 | ③ 선언지 긍정의 오류 |

## 출제 유형 분석

### 1. 2025년 국가직 9급

| 번호 | 출제 영역 분석 | | |
|---|---|---|---|
| 15번 | ① 명제와 논증 | ① 대우 활용 | |
| | | ② 모든, 어떤 | |
| | | ③ 논리 퀴즈 | |
| | ② 필요조건과 충분조건 | | |
| | ③ 논증의 강화와 약화(반박) | | |
| 16번 | ① 명제와 논증 | ① 대우 활용 | |
| | | ② 모든, 어떤 | |
| | | ③ 논리 퀴즈 | |
| | ② 필요조건과 충분조건 | | |
| | ③ 논증의 강화와 약화(반박) | | |
| 17번 | ① 명제와 논증 | ① 대우 활용 | |
| | | ② 모든, 어떤 | |
| | | ③ 논리 퀴즈 | |
| | ② 필요조건과 충분조건 | | |
| | ③ 논증의 강화와 약화(반박) | | |
| 18번 | ① 명제와 논증 | | |
| | ② 필요조건과 충분조건 | | |
| | ③ 논증의 강화와 약화(반박) | | |
| 19번 | ① 명제와 논증 | | |
| | ② 필요조건과 충분조건 | | |
| | ③ 논증의 강화와 약화(반박) | | |

※ • 15번 문제는 '말하기 - 대화' 유형으로 출제되었다.
 • 19번 문제는 '논증의 강화와 약화(반박)' 유형처럼 보이지만, 사실상 '내용 일치' 유형이다.

### 2. 출제기조 전환 1차 예시

| 번호 | 출제 영역 분석 | | |
|---|---|---|---|
| 5번 | ① 명제와 논증 | ① 대우 활용 | |
| | | ② 모든, 어떤 | |
| | | ③ 논리 퀴즈 | |
| | ② 필요조건과 충분조건 | | |
| | ③ 논증의 강화와 약화(반박) | | |
| 12번 | ① 명제와 논증 | ① 대우 활용 | |
| | | ② 모든, 어떤 | |
| | | ③ 논리 퀴즈 | |
| | ② 필요조건과 충분조건 | | |
| | ③ 논증의 강화와 약화(반박) | | |
| 14번 | ① 명제와 논증 | | |
| | ② 필요조건과 충분조건 | | |
| | ③ 논증의 강화와 약화(반박) | | |

| 번호 | 출제 영역 분석 | | |
|---|---|---|---|
| 18번 | ① 명제와 논증 | | |
| | ② 필요조건과 충분조건 | | |
| | ③ 논증의 강화와 약화(반박) | | |
| 20번 | ① 명제와 논증 | ① 대우 활용 | |
| | | ② 모든, 어떤 | |
| | | ③ 논리 퀴즈 | |
| | ② 필요조건과 충분조건 | | |
| | ③ 논증의 강화와 약화(반박) | | |

※ 18번 문제는 '어휘 - 동일한 지시 대상 찾기' 유형과 함께 출제되었다.

### 3. 출제기조 전환 2차 예시

| 번호 | 출제 영역 분석 | | |
|---|---|---|---|
| 6번 | ① 명제와 논증 | ① 대우 활용 | |
| | | ② 모든, 어떤 | |
| | | ③ 논리 퀴즈 | |
| | ② 필요조건과 충분조건 | | |
| | ③ 논증의 강화와 약화(반박) | | |
| 14번 | ① 명제와 논증 | ① 대우 활용 | |
| | | ② 모든, 어떤 | |
| | | ③ 논리 퀴즈 | |
| | ② 필요조건과 충분조건 | | |
| | ③ 논증의 강화와 약화(반박) | | |
| 15번 | ① 명제와 논증 | | |
| | ② 필요조건과 충분조건 | | |
| | ③ 논증의 강화와 약화(반박) | | |
| 16번 | ① 명제와 논증 | | |
| | ② 필요조건과 충분조건 | | |
| | ③ 논증의 강화와 약화(반박) | | |
| 17번 | ① 명제와 논증 | | |
| | ② 필요조건과 충분조건 | | |
| | ③ 논증의 강화와 약화(반박) | | |
| 19번 | ① 명제와 논증 | ① 대우 활용 | |
| | | ② 모든, 어떤 | |
| | | ③ 논리 퀴즈 | |
| | ② 필요조건과 충분조건 | | |
| | ③ 논증의 강화와 약화(반박) | | |

※ • 6번과 19번 문제는 '빈칸 추론' 유형으로 출제되었다.
 • 17번 문제는 '어휘 - 동일한 지시 대상 찾기' 유형과 함께 출제되었다.

## ➕ TIP

**연역 추론**

추상적 진술인 대전제를 바탕으로 구체적 사실을 판단하는 추리
(everybody → special)

## ★ 전제와 결론

· 전제: '~이니까, ~이므로'의 의미를 갖는 부분이다.
· 결론: '따라서, 그러므로'의 의미를 지니는 부분이다.

## ★ 추론의 과정

· 전제와 결론을 구별한다.
· 결론에 이르기까지의 과정에서 근거를 제시하는 방법을 파악한다.
· 제시된 근거와 결론의 관계가 논리적 타당성을 지니는지 판단한다.

## ★ 순수가언 삼단 논법

전제가 모두 가언 삼단 명제들로만 구성되어 있는 삼단 논법
전제 1: A이면 B이다.   (A→B)
전제 2: B이면 C이다.   (B→C)
결  론: 따라서 A이면 C이다. (A→C)

## ★ 논증의 방법

· 귀납: 여러 가지 구체적인 사실을 통해 일반적인 주장을 펴는 방법으로, 인과 관계를 확정하는 데 많이 사용된다.
· 연역: 일반적인 사실이나 원리를 전제로 하여 개별적인 사실을 결론으로 이끌어 내는 방법으로, '대전제 – 소전제 – 결 론'의 논리 전개 구조를 갖는다.
· 유추: 두 개의 사물이 여러 면에서 비슷하다는 것을 근거로 다른 속성도 유사할 것이라고 추론하는 방법이다.

## 1절 추론의 유형과 오류

### 1 추론의 유형

#### 1. 연역 추론➕

일반적인 원리를 전제로 하여 특수한 사실들을 결론으로 이끌어 내는 사고의 과정이다.

① **정언적 삼단 논법**: 두 개의 정언 명제(어떤 대상 또는 사태에 대하여 단언적으로 말하는 명제)를 전제로 해서 제3의 정언 명제를 결론으로 이끌어 내는 방법이다.

> · 대전제: 모든 사람은 죽는다. (일반적 법칙, 전제가 되는 명제)
>   　　　　 A　　　　 B
> · 소전제: 소크라테스는 사람이다. (구체적 사실)
>   　　　　　 C　　　　 A
> · 결론: 그러므로 소크라테스는 죽는다. (구체적인 결론)
>   　　　　　　　　 C　　　 B
>
> 위의 논증은 'A이면 B이다. C는 A이다. 그러므로 C는 B이다.'의 형식을 가진다.

② **가언적 삼단 논법**: 가언적 판단을 전제로 한다. 대전제만이 가언 판단이고 소전제와 결론은 정언 판단으로 구성된 삼단 논법이다. 소전제는 대전제의 전건 혹은 후건을 긍정 또는 부정하는 것으로 전건 긍정, 후건 부정, 전건 부정, 후건 긍정의 네 가지 경우가 있다.

| | |
|---|---|
| 참인 경우 | · **전건 긍정**: 'A이면 B이다. A이다. 그러므로 B이다.'의 형식으로 그 전제가 참이면 그 결론 또한 거짓일 수는 없어서 참이다. 따라서 타당한 논증이다.<br>예 봄이 오면 제비가 날아온다. → 봄이 왔다.<br>　　→ 그러므로 제비가 날아왔다.<br><br>· **후건 부정**: 'A이면 B이다. B가 아니다. 그러므로 A가 아니다.'의 형식으로서, 후건 부정이 참인 경우 대전제 전건 부정의 결론은 참이 된다. 따라서 타당한 논증이다.<br>예 교육이 보급되면 문맹이 타파된다. → 문맹이 타파되지 않았다.<br>　　→ 그러므로 교육이 보급되지 않았다. |
| 오류가 발생하는 경우 | · **전건 부정**: 'A이면 B이다. A가 아니다. 그러므로 B가 아니다.'의 형식으로서, 전건을 부정하여 후건의 부정을 결론으로 이끌어 냄으로써 생기는 오류이다.<br>예 컴퓨터 게임에 몰두하면 눈이 나빠진다.<br>　　→ 철수는 게임에 몰두하지 않는다.<br>　　→ 그러므로 철수는 눈이 나빠지지 않는다.<br><br>· **후건 긍정**: 'A이면 B이다. B이다. 그러므로 A이다.'의 형식으로서, 후건을 긍정하여 전건을 결론으로 이끌어 냄으로써 생기는 오류이다.<br>예 그것이 고양이라면 죽는다. → 그것은 죽는다.<br>　　→ 그러니까 그것은 고양이이다. |

③ **선언적 삼단 논법**: 'A이거나 B이다. B가 아니다. A이다.'의 형식으로, 두 판단 가운데 하나를 고르도록 한 추리를 말한다. A와 B 사이에 서로 공통점이 없어야 한다.

> · 철수는 미술반 학생이거나 축구반 학생이다.
>   → 철수는 축구반 학생이 아니다.
>   → 그러므로 철수는 미술반 학생이다.

## 2. 귀납 추론🔼

충분한 수효의 특수한 사실들을 검토하여 일반적인 사실을 그 결론으로서 이끌어 내는 방법이다.

> • 지금까지 관찰된 모든 말들은 심장이 있었다. (개개의 특수 사실)
> → 그러므로 모든 말들은 심장이 있다. (일반적 결론)
> • 무엇이 들었는지 알 수 없는 자루에서 한 주먹 꺼내 보았더니 콩이었다. 이번에는 깊숙이 손을 집어넣어 다시 꺼내 보았더니 역시 콩이었다.
> → 그러므로 이 자루는 콩 자루다.

## 3. 변증법

두 개의 대립되는 개념인 정(正)과 반(反)으로부터 이를 지양하여 제3의 개념인 합(合)을 도출하는 방법이다. 현실을 동적으로 파악하고, 모순·대립되는 둘 이상의 논점을 지양하며, 통합하여 좀 더 높은 차원의 결론을 유도한다.

## 4. 가설 추리

어떤 현상을 설명할 수 있는 원인을 잠정적으로 판단하고, 현상을 검토하여 그 판단의 정당성을 밝히는 추리이다.

> 우리는 자신이 다니고 있는 학교의 운동선수들이 경기에 나가 좋은 성적을 거두면 자신의 일처럼 기쁘다. 우리나라 사람이 국제적으로 국위를 선양하면 우리는 매우 기쁘다. 반대로, 나의 가족이나 내가 다니는 학교의 학생이 잘못을 저질러 다른 사람의 지탄을 받게 되면, 내가 잘못한 것처럼 부끄럽게 느껴진다. 이것은 공동체 의식이 있기 때문이다.

## 5. 유비 추리( = 유추)🔼

범주가 다른 대상 사이에 유사성을 바탕으로 하나의 대상을 다른 대상의 특성에 비추어 설명하는 추리 방식으로 일종의 간접 추리이다. 즉 유사한 특성을 바탕으로 하여 다른 특성도 비슷할 거라 추론하는 것이다.

### 예원通 유추

어렵고 복잡한 개념을 설명하고자 할 경우, 보다 친숙하고 단순한 개념과 비교해 나감으로써 좀 더 쉽게 이해할 수 있도록 하는 방법이다.

> **사례 1**
> 험난한 사막의 어딘가에 오아시스가 있는 것처럼, 힘든 인생에 있어서도 어딘가에는 소중한 친구가 있는 법이다.

> **사례 2**
> 우리나라에도 몇몇 도입종들이 활개를 치고 있다. 예전엔 참개구리가 울던 연못에 요즘은 미국에서 건너온 황소개구리가 들어앉아 이것저것 닥치는 대로 삼키고 있다. 어찌나 먹성이 좋은지 심지어는 우리 토종 개구리들을 먹고 살던 뱀까지 잡아먹는다. 토종 물고기들 역시 미국에서 들어온 블루길에게 물길을 빼앗기고 있다. 이들이 어떻게 자기 나라보다 남의 나라에서 더 잘살게 된 것일까?
> 영어만 잘하면 성공한다는 믿음에 온 나라가 야단법석이다. 한술 더 떠 일본을 따라 영어를 공용어로 하자는 주장이 심심찮게 들리고 있다. 영어는 배워서 나쁠 것 없고 국제 경쟁력을 키우는 차원에서 반드시 배워야 한다. 하지만 영어보다 더 중요한 것은 우리말이다.
> 우리말을 제대로 세우지 않고 영어를 들여오는 일은 우리 개구리들을 돌보지 않은 채 황소개구리를 들여온 우를 또다시 범하는 것이다. 영어를 자유롭게 구사하는 일은 새 시대를 살아가는 필수 조건이다. 하지만 우리말을 바로 세우는 일에도 소홀해서는 절대 안 된다. 황소개구리의 황소 울음 같은 소리에 익숙해져 참개구리의 소리를 잊어서는 안 되는 것처럼.

---

### ➕ TIP

**귀납 추론**

여러 가지 구체적 사례를 일반화시켜 보편적 원리를 이끌어 내는 추리
(special → everybody)

### 📝 기출 확인

〈보기〉의 논리와 같은 방식이 사용된 문장은?
2019 기상직 9급

> **〈보기〉**
> 내가 당신에게서 넥타이를 빌렸을 때, 그 때 내가 당신 물건을 어떻게 다뤘었소? 소중하게 다루었소. 빌렸던 것이니까 소중하게 아꼈다가 되돌려 드렸지요. 이처럼 내가 이 세상에서 그대를 빌리는 동안에 아끼고 사랑하고 그랬다가 언젠가 이별의 시간이 되면 소중하게 되돌려 줄 것이오.

① 공부는 등산과는 다른 것이다. 공부는 머리로 하는 행위이고 등산은 몸으로 하는 행위이기 때문이다.

② '원숭이 엉덩이는 빨개. 빨가면 사과'라는 노랫말은 원숭이와 사과의 유사한 점을 바탕으로 한 것이다.

③ 우리말을 제대로 세우지 않고 영어를 들여오는 일은 우리 토종 물고기를 돌보지 않은 채 외래종 물고기를 들여온 우(憂)를 또다시 범하는 것이다.

④ 오늘날 고리타분한 전통에만 집착하는 것은 현대 문명의 편리하고 신속한 생활을 무시하는 것이나 마찬가지이다.

**해설**

익숙하고 친숙한 '넥타이'를 빌렸다가 돌려줬던 일에 빗대어 '나'가 생각하는 '사랑'의 개념을 표현하고 있다. 따라서 〈보기〉에는 '유추(유비 추리)'의 방식이 쓰였다. 이처럼 '유추'의 방식이 쓰인 것은 ③이다. 외래종 물고기가 우리 토종 물고기를 몰아냈던 것에 빗대어, 외래어가 우리말을 몰아낼 수 있음을 표현하고 있다.

**정답** ③

### ➕ TIP

'유추'는 '귀납적 추론'과 '비유'에 속한다.

### ⭐ 비교 vs 대조 vs 유추

| 비교 | 대조 | 유추 |
|---|---|---|
| 같은 범주 | | 다른 범주 |
| 공통점 | 차이점 | 공통점 |
| 1:1 | | |

**TIP**

문두의 '논증 방식'이라는 낱말에 주의해야 한다.

**01**

해설

'운동선수가 뜀틀을 향해 달려가는 것'이라 는 익숙한 현상에 빗대어, '기존의 틀을 벗어나려면 변화하고자 하는 의지도 필요하다는 것'을 설명하고 있다. 즉 제시된 글에 사용된 논증의 방식은 '1:1, 공통점, 다른 범주'의 '유추'다.

③은 '도관을 통한 물의 흐름'이라는 익숙한 현상에 빗대어, (눈에 보이지 않는) 전선을 통한 전기의 흐름을 설명하고 있다.

오답

①, ② 일반적 사실이나 원리를 전제로 하여 개별적인 특수한 사실이나 원리를 결론으로 이끌어 내고 있기 때문에 논증 방식은 '연역법'이다.

④ 개별적 사실들을 바탕으로 '문화는 우리 생활 구석구석에 스며들어 있다.'란 결론을 내리고 있기 때문에 논증 방식은 '귀납법'이다.

정답  ③

**01** 다음 글과 논증 방식⊕이 가장 가까운 것은?                2017 국가직 7급 추가

> 기존의 틀을 벗어나려면 새로운 가치가 필요하다. 운동선수가 뜀틀을 넘으려면 도약대가 있어야 하듯, 낡은 사고, 인습, 그리고 변화에 저항하는 틀을 뛰어넘기 위해서는 믿고 따를 분명한 디딤판이 필요하다. 또한, 기존의 틀을 벗어나려면 운동선수가 뜀틀을 향해 달려가는 것처럼 변화하고자 하는 의지도 필요하다. 도전하려는 의지가 수반될 때에 뜀틀 너머의 새로운 사회를 만날 수 있다.

① 미국 헌법은 미국 시민의 투표권을 보장한다. 미국 여성은 미국 시민이다. 그러므로 미국 헌법은 미국 여성의 투표권을 보장한다.

② 나는 유해한 모든 일을 피하려고 한다. 전자파가 유해하다는 것은 널리 알려진 사실이다. 전자레인지는 전자파를 방출하는 대표적인 기기이다. 따라서 나는 전자레인지 사용을 자제하려고 한다.

③ 전선을 통한 전기의 흐름은 도관을 통한 물의 흐름과 유사하다. 지름이 큰 도관은 지름이 작은 도관에 비해 많은 양의 물을 전달할 수 있다. 따라서 큰 지름의 전선은 작은 지름의 전선보다 많은 양의 전기를 전달할 수 있을 것이다.

④ 주말이면 동네에서 크고 작은 문화 행사를 한다. 박물관에는 다양한 문화재들이 항상 전시되어 있으며, 대학로의 소극장이나 예술의 전당 같은 문화 공간에서는 다양한 공연이 열리고 있다. 문화는 우리 생활 구석구석에 스며들어 있다.

**02**

해설

'문학'이 구축하는 세계는 실제 생활과 다르다는 것을 설명하기 위해, '건축가'가 재료를 이용해 건물을 짓는 것에 빗대어 설명하고 있다.

[문학 : 실제 생활 = 건축(건물) : 재료]

[인생 = 마라톤]

즉 제시된 글은 다른 범주의 두 개의 비슷한 사물이나 사실에서, 한쪽이 어떤 성질이나 관계를 가질 경우, 다른 사물도 그와 같은 성질이나 관계를 가질 것이라고 추리하는 방법인 '유추'의 전개 방식이 적용되었다. 이처럼 '유추'의 전개 방식이 적용된 것은 ③이다. ③은 '인생'에 목적을 가지고 살아야 하는 이유를 설명하기 위해, 비슷한 속성의 '마라톤'을 가져와 설명하고 있다.

정답  ③

**02** 다음 글의 주된 설명 방식이 적용된 것으로 가장 적절한 것은?          2018 국가직 9급

> 문학이 구축하는 세계는 실제 생활과 다르다. 즉 실제 생활은 허구의 세계를 구축하는 데 필요한 재료가 되지만 이 재료들이 일단 한 구조의 구성 분자가 되면 그 본래의 재료로서의 성질과 모습은 확연히 달라진다. 건축가가 집을 짓는 것을 떠올려 보자. 건축가는 어떤 완성된 구조를 생각하고 거기에 필요한 재료를 모아서 적절하게 집을 짓게 되는데, 이때 건물이라고 하는 하나의 구조를 완성하게 되면 이 완성된 구조의 구성 분자가 된 재료들은 본래의 재료와 전혀 다른 것이 된다.

① 르네상스 시대의 화가들은 원근법을 사용하여 세상을 향한 창과 같은 사실적인 그림을 그렸다. 현대 회화를 출발시켰다고 평가되는 인상주의자들이 의식적으로 추구한 것도 이러한 사실성이었다.

② 소설을 구성하는 요소는 물론 많지만 그중에서도 인물, 배경, 사건을 들 수 있다. 인물은 사건의 주체, 배경은 인물이 행동을 벌이는 시간과 공간, 분위기 등이고, 사건은 인물이 배경 속에서 벌이는 행동의 세계이다.

③ 목적을 지닌 인생은 의미 있다. 목적 없이 살아가는 사람은 험난한 인생의 노정을 완주하지 못한다. 목적을 갖고 뛰어야 마라톤에서 완주가 가능한 것처럼 우리의 인생에서도 목표를 가지고 꾸준히 노력하는 사람이 성공한다.

④ 신라의 육두품 출신 가운데 학문적으로 출중한 자들이 많았다. 가령, 강수, 설총, 녹진, 최치원 같은 사람들은 육두품 출신이었다. 이들은 신분적 한계 때문에 정계보다는 예술과 학문 분야에 일찌감치 몰두하게 되었다.

**03** 다음 글에 사용된 논증 방법으로 적절하지 않은 것은?  2016 소방직 9급

> 지표면에서 발화되는 열은 대기층에 있는 수증기나 온실 기체에 의해 흡수된다. 흐린 날에는 맑은 날보다 훨씬 무더워 사람들의 밤잠을 설치게 한다. 흐린 날에는 대기 중에 수증기가 많아 지표면에서 방출되는 열이 많이 흡수되기 때문이다. 마찬가지로 탄산가스, 메탄, 프레온, 일산화이질소 등의 기체는 지표면에서 방출되는 열을 흡수하기 때문에 대기 중에 이러한 온실 기체의 양이 늘어나면 지구의 기온이 그만큼 높아지게 된다. 따라서 여름밤에는 열대야 현상이 일어난다.

① 일반적인 원칙을 전제로 하여 특정 사례에 대해 구체적인 주장을 하는 논증 방식을 취하고 있다.

② 전제에 오류가 있으면 논증 자체가 성립하지 않는 논증 방식을 취하고 있다.

③ 두 사건이나 사물의 유사한 속성을 근거로 하는 논증 방식을 취하고 있다.

④ 연역적 논증 방식을 취하고 있다.

해설 ①, ②가 모두 '연역적 논증'에 대한 설명이므로, 선택지만으로도 정답에 근접할 수 있다.
③의 유추는 크게 '귀납적 논증'에 속한다.
'두 사건이나 사물의 유사한 속성을 근거로 하는 논증 방식'을 '유추(1: 1, 공통점, 다른 범주)'라 한다.
그런데 제시된 글에서 '유추'의 방식은 사용되지 않았다.

오답 ① "지표면에서 발화되는 열은 대기층에 있는 수증기나 온실 기체에 의해 흡수된다."는 일반적인 원칙을 전제로, '열대야 현상'이 일어나는 근거로 제시하고 있다.

② "지표면에서 발화되는 열은 대기층에 있는 수증기나 온실 기체에 의해 흡수된다."는 전제를 근거로 '열대야 현상'을 설명하고 있기 때문에, 전제에 오류가 있으면 논증 자체는 성립할 수 없다.

④ '연역적 논증 방식'이란 일반적인 사실이나 원리를 전제로 하여 개별적인 사실이나 보다 특수한 다른 원리를 이끌어 내는 방식이다. "지표면에서 발화되는 열은 대기층에 있는 수증기나 온실 기체에 의해 흡수된다."는 전제를 근거로 '열대야 현상'을 설명하고 있기 때문에 적절한 설명이다.

정답 ③

## 2 추론의 오류 – 심리적 오류, 자료적 오류, 언어적 오류

### 1. 심리적 오류

#### (1) 개념

어떤 논지에 대하여 논리적으로 타당한 근거를 들지 않고 상대방을 심리적으로 설득시키려 할 경우 범하게 되는 오류이다.

#### (2) 오류의 종류

① **인신공격의 오류:** 주장하는 사람의 인품, 직업, 과거 정황의 비난받을 만한 점을 트집 잡아 주장 자체를 비판하는 것

> • 얘, 너는 그 아이의 말을 믿니? 그 아이는 며칠 전에 교무실에 가서 혼났잖아.
> • 그는 훌륭한 선생님이라고 할 수 없어. 왜냐하면 그가 중학교 때 가출한 적이 있기 때문이야.

② **역공격의 오류(피장파장의 오류):** 자신이 비판받는 바가 상대방에게도 역시 적용될 수 있음을 내세워 공격함으로써 범하는 오류

> • 내가 뭘 잘못했다고 그래! 내가 보니까 오빠는 더하더라 뭐.

③ **정황에 호소하는 오류:** 어떤 사람이 처한 정황을 비난하거나 논리의 근거로 내세움으로써 자신의 주장이 타당하다고 믿게 하려는 오류

> • 얘, 빨리 일어나. 고등학생이 되어 가지고 일요일이라고 이렇게 늦잠을 자도 되는 거니?

④ **동정에 호소하는 오류:** 상대방의 동정심이나 연민의 정을 유발하여 자신의 주장을 정당화하려는 오류

> • 선생님, 딱 한 번만 봐주세요. 제가 벌 받느라 집에 늦게 가면 부모님들께서 걱정하세요.

⑤ **공포(위력)에 호소하는 오류:** 상대방을 윽박지르거나 증오심을 표현하여 자신의 주장을 받아들이게 하여 범하는 오류

> • 떠들지 마! 시끄럽게 떠들면 죽어!
> • 우리의 요구를 받아들이지 않으면, 불행한 사태가 발생해도 책임질 수 없소.

⑥ **쾌락, 유머에 호소하는 오류:** 사람의 감정이나 쾌락, 재미 등을 내세워 논지를 받아들이게 하여 범하는 오류

> • 인류가 원숭이로부터 진화해왔다고 하시는데, 그렇다면 당신네 조상은 원숭이입니까? (깔깔깔)

⑦ **사적 관계에 호소하는 오류:** 개인적인 친분 관계를 내세워 자신의 논지를 받아들이게 하여 범하는 오류

> • 내가 그렇게 야단 맞는데도 보고만 있니? 그러고도 네가 친한 친구야?

⑧ **아첨에의 호소:** 아첨에 의하여 논지를 받아들이게 하여 범하는 오류

> • 야, 네가 나가서 항의해 봐. 너만큼 똑똑한 사람이 아니면 누가 그걸 항의하니?

⑨ **군중에 호소하는 오류:** 타당한 근거를 제시하지 않으면서, 많은 사람이 그렇게 행동하거나 생각한다고 내세워 군중 심리를 자극하여 범하는 오류

> • 야, 영화 〈베테랑〉 보러 가자. 아직까지 〈베테랑〉 못 본 사람은 거의 없다더라.

📝 **기출 확인**

다음 예문과 같은 유형의 논리적 오류가 나타난 것은?     2017 서울시 9급

> 이 식당은 요즘 SNS에서 굉장히 뜨고 있어. 그러니까 엄청 맛있을 거야.

① 이 식당 음식을 꼭 먹어보도록 해. 만나는 사람들마다 이 집 이야기를 하는 걸 보니 맛이 괜찮은가 봐.

② 누구도 이 식당이 맛없다고 말한 사람은 없어. 그러니까 엄청 맛있는 집이란 소리지.

③ 여기는 유명한 개그맨이 맛있다고 한 식당이니까 당연히 맛있겠지. 그러니까 꼭 여기서 먹어야 해.

④ 이번에는 이 식당에서 밥을 먹자. 내가 얼마나 여기서 먹어 보고 싶었는지 몰라. 꼭 한번 오게 되기를 간절하게 바랐어.

**해설**

SNS에서 '많은' 사람들이 언급하는 식당이기 때문에 음식의 맛이 괜찮을 거라 생각하는 것은 '군중에의 호소'하는 오류를 범한 것이다. 즉 타당한 근거를 제시하지 않으면서, '많은' 사람이 그렇게 행동하거나 생각함을 내세워 '군중에의 호소' 오류를 범한 것이다. 이와 같은 유형의 오류를 범한 것은 ①이다. ① 역시 '많은' 사람들이 이야기하는 식당이기 때문에 맛이 괜찮을 거라 생각하고 있기 때문이다.

**오답**

② 이 식당이 맛없다고 말한 사람이 없다는 것을 근거로, 이 식당의 음식이 맛있다는 주장을 하고 있다. 따라서 '무지에의 호소' 오류를 범했다.

③ '개그맨이 유명한 것'과 '식당의 음식 맛'은 직접적인 관련이 없다. 그런데도 유명한 개그맨이 맛있다고 했기 때문에 그 식당의 음식 맛이 좋을 거라 판단하고 있다. 따라서 '부적합한 권위에 호소' 오류를 범했다.

④ 이 식당에서 밥을 먹기를 간절히 바랐다는 말을 하면서 상대를 설득하고 있다. 따라서 '동정에의 호소' 오류를 범했다.

**정답** ①

⑩ **부적합한 권위에 호소하는 오류:** 논지와 직접적인 관련이 없는 권위자의 견해를 근거로 들거나 논리적인 타당성과는 무관하게 권위자의 견해라는 것을 내세워 주장의 타당성을 입증하려는 오류

> • 현재의 양자 역학의 불확정성 이론에는 문제가 있어요. 왜냐하면 아인슈타인도 신이 이 우주와 함께 주사위 놀이를 하리라고는 믿을 수 없다고 하면서 그것에 반대했기 때문이오.
> • 교황이 천동설이 옳다고 했다. 따라서 천체들이 지구를 돌고 있음에 틀림없다.

⑪ **원천 봉쇄의 오류(우물에 독 뿌리기):** 자신의 주장에 반론의 가능성이 있는 요소를 비난하여 반론 자체를 원천적으로 봉쇄하는 오류

> • 혜원아, 이제 가 자라. 일찍 자야 착한 어린이지.
> • 산타클로스 할아버지는 분명 있어. 하지만 그걸 믿지 않는 아이에겐 선물을 안 주신대.

⑫ **거짓 원인의 오류:** 어떤 사건이나 사물의 원인이 아닌 것을 그것의 원인으로 여김으로써 발생하는 오류

> • 시험에 붙은 것은 아침에 미역국을 먹지 않았기 때문이야.

## 2. 자료적 오류

### (1) 개념

논거로 든 어떤 자료에 대해 잘못 판단하여 결론을 이끌어 내거나, 원래 적합하지 못한 것임을 알면서도 의도적으로 논거로 삼아 범하게 되는 오류이다.

### (2) 오류의 종류

① **우연과 원칙 혼동의 오류:** 일반적으로 적용되므로 특수한 경우에도 적용될 수 있다고 생각해서 빚어지는 오류. 상황에 따라 적용되어야 할 원칙이 다른데도 이를 혼동해서 생기는 오류

> • 거짓말은 죄악이다. 의사는 환자를 안심시키려고 거짓말을 하였다.
> 그러므로 의사는 죄악을 범했다.
> • 본능대로 산다. 사람은 동물이다.
> 그러므로 사람은 본능대로 산다.

② **성급한 일반화의 오류(= 귀납의 오류):** 제한된 정보, 부적합한 증거, 대표성을 결여한 사례 등을 근거로 이를 성급하게 일반화한 오류

> • 아버님은 커피를 아주 즐기셨는데, 백 살까지 사셨어. 그러니 커피는 장수의 비결임에 틀림없어.
> • 하나를 보면 열을 안다고, 너 지금 행동하는 것을 보니 형편없는 애로구나.

③ **잘못된 유추의 오류:** 일부분이 비슷하다고 해서 나머지도 비슷할 것이라고 생각하는, 즉 유추를 잘못해서 생기는 오류

> • 컴퓨터와 사람은 유사한 점이 많아. 그러니 컴퓨터도 사람처럼 감정이 있을 거야.
> • 법률가는 일을 할 때 마음대로 법률 서적을 참고할 수 있다. 누구에게나 책을 참고할 권리가 있다. 따라서 학생이 시험 볼 때 책을 마음대로 참고할 수 있어야 한다.

④ **무지에 호소하는 오류:** 어떤 사실을 증명할 수 없거나 알 수 없다는 것을 근거로 그것이 참 혹은 거짓이라고 주장하는 오류

> • 백 년 뒤에 이 지구가 멸망할 것이라는 제 말이 거짓이라고요? 그렇지 않다면 어디 그렇지 않다는 증거를 대 보세요.

📋 **기출 확인**

논증의 과정에서 범할 수 있는 오류와 그 예를 연결한 것으로 적절하지 않은 것은?
2017 기상직 9급

① 정선, 김홍도, 신윤복, 강희안, 장승업 등은 모두 탁월한 화가들이다. 그러므로 한 민족은 세계에서 가장 뛰어난 미술적 재능을 지닌 민족이다.
→ 성급한 일반화의 오류

② 지난 학기에 학사 경고를 받은 학생은 모두 26명이다. 그중 남학생이 18명이고 여학생이 8명이다. 그러므로 남학생들이 여학생들보다 학업에 소홀했다.
→ 원천 봉쇄의 오류

③ 참된 능력은 언제나 드러나기 마련이다. 능력 있는 자는 자신이 내세우지 않아도 그 재능을 인정받는다. 그러므로 능력 있는 자는 자신의 재능을 알리려고 애쓸 필요가 없다.
→ 순환 논증의 오류

④ 우리 사회 특히 산업 현장에서는 대학이 유능한 전문 기능인을 길러 주기를 원한다. 다시 말해 전인 교육보다 기능 교육이 중시되기를 사회는 대학에게 요청하고 있다. 그러나 대학이 기능 교육만을 담당할 수는 없다. 대학은 학문을 하는 곳이며, 학문이란 진리를 탐구하는 일이다. 대학이 진리 탐구를 포기하고 권력의 시녀가 되었을 때 상아탑의 이념은 없어지고 만다.
→ 논점 일탈의 오류

[해설]
②는 '성급한 일반화의 오류'를 범한 사례이다.

[정답] ②

⑤ **의도 확대의 오류:** 의도하지 않은 결과에 대하여 원래는 의도를 갖고 있기 때문에 책임이 있다고 판단하여 생기는 오류

> • 그 사람이 무단 횡단하는 바람에 그 사람을 피하려던 차가 교통사고를 내서 두 사람이 죽었다. 그 사람은 살인자이다.

⑥ **잘못된 인과 관계의 오류:** 전혀 인과 관계가 없는 것을 인과 관계가 있는 것으로 잘못 판단하여 범하는 오류

> • 넌 경기장에 오지 마라. 네가 경기를 관전하면 우리 팀이 꼭 지잖아.

⑦ **발생학적 오류:** 어떤 사실의 기원이 갖는 속성을 그 사실도 그대로 지니고 있다고 잘못 생각하는 오류

> • 부전자전이라는 말도 몰라. 그 친구는 직장마다 말썽을 부렸어. 그런 친구의 아들을 채용하다니. 분명히 그 아들도 말썽을 부릴 거야.

⑧ **합성의 오류(결합의 오류):** 개체로서 진실인 것이 다만 그 이유만으로 개체의 집합인 전체에서도 진실이라고 봄으로써 발생하는 오류

> • 연수는 국어를 잘한다. 준하도 국어를 잘한다. 연수와 준하로 구성된 모둠은 국어를 잘할 것이다.

⑨ **분할의 오류(분해의 오류):** 어떤 대상에 대하여 집단적으로 진실인 것을 그 부분이나 구성 요소에 대해 그대로 적용함으로써 발생하는 오류

> • 일류 대학으로 알려져 있는 S대학에 입학했으니, 영희도 공부 잘하는 훌륭한 학생이다.

📝 **기출 확인**

〈보기〉와 같은 유형의 논리적 오류에 해당하는 것은?                                    2018 서울시 9급(3월)

┌─〈보기〉─────────────
│ 네가 내게 한 약속을 지키지 않은 것은
│ 곧 나를 사랑하지 않는다는 증거야.
└──────────────────

① 항상 보면 이등병들이 말썽이더라.
② 내 부탁을 거절하다니. 넌 나를 싫어하는구나.
③ 김씨는 참말만 하는 사람이다. 왜냐하면 그는 거짓말을 하지 않는 사람이기 때문이다.
④ 거짓말을 하는 것은 죄악이다. 그러므로 의사가 환자에게 거짓말을 하는 것은 당연히 죄악이다.

[해설]
〈보기〉에서 '약속을 지키지 않는 것 = 나를 사랑하지 않는 것'으로 보고 있다. 즉 이분법적으로 사고하는 '흑백 사고의 오류'를 범하고 있다. 이와 동일한 오류를 범한 것은 ②이다.

[오답]
① '성급한 일반화의 오류(=귀납의 오류)'를 범한 예이다.
③ '순환 논증의 오류(=선결 문제 요구의 오류)'를 범한 예이다.
④ '우연과 원칙 혼동의 오류'를 범한 예이다.

[정답] ②

⑩ **흑백 사고의 오류:** 어떤 집합의 원소가 두 개밖에 없다고 생각하여 이것 아니면 저것이라고 단정적으로 추론하는 오류로 중간 항을 허용하지 않아 생기는 오류

> • 그동안 왜 한 번도 전화를 안 한 거야? 내가 싫어진 거지?
> • 남을 위해 자신을 희생하면서 살아 봐야 고생스럽기만 해. 난 이제부터 나만을 위해 살겠어.

⑪ **복합 질문의 오류:** 둘 이상으로 나누어야 할 것을 하나로 묶어 질문함으로써, 대답 여하에 관계없이 수긍하고 싶지 않은 사실도 수긍할 수밖에 없는 오류

> • 너 요즘은 담배 안 피우지?

⑫ **순환 논증의 오류(선결 문제 요구의 오류):** 주장에 대한 근거가 충분하지 못하여 발생하며, 같은 내용을 되풀이하게 되어 범하는 오류. 즉 결론에서 주장하는 바를 논거로 제시하는 경우가 해당됨.

> • 그가 하는 말은 도무지 믿을 수가 없어. 왜냐하면, 그는 믿을 수 없는 말만 하기 때문이야.

⑬ **논점 일탈의 오류:** 주장을 뒷받침하기 위해 관계없는 논거를 가져와 제시해서 생기는 오류

> • 이번 시험은 틀림없이 어려울 거야. 왜냐하면 선생님이 항상 수학은 어렵다고 말했기 때문이야.

⑭ **공통 원인의 오류:** 발생한 두 사건의 공통 원인이 따로 있는데도 어느 한 사건이 다른 사건의 원인이라고 생각하는 오류

> • 아기가 홍역을 앓더니 열이 나고 몸에 반점이 생겼다. 반점이 생기는 것은 열이 났기 때문이니 해열제를 먹여야겠다.
> • 숯이 타서 붉게 변하면 고기가 익는다. 따라서 숯의 붉은색은 고기를 익게 한다.

## 3. 언어적 오류

### (1) 개념

어떤 개념에 대해서 잘못 이해하는 데서 발생하는 오류이다.

### (2) 오류의 종류

**① 애매어의 오류:** 두 가지 이상의 의미를 가진 말을 동일한 의미의 말인 것처럼 애매하게 사용하여 발생하는 오류

> • 모든 죄인은 감옥에 가야 돼. 그러므로 우리 모두는 감옥에 가야 돼. 목사님께서 인간은 모두 죄인이라고 하셨거든.

**② 모호한 문장의 오류:** 문법 구조 때문에 뜻이 모호해짐으로써 발생하는 오류

> • 예쁜 순이의 옷을 보았다. ('예쁜'이 수식하는 것이 '순이'인지, '옷'인지 모호)

**③ 강조의 오류:** 문장의 어느 한 부분을 강조함으로써 발생하는 오류

> • 원수를 사랑하라고 했는데, 너는 원수가 아니니 나는 너를 사랑할 수가 없다.
> • "법정에서 위증하지 마시오."
>   "법정 밖에서는 위증해도 되나요?"
>   "위증만 안 하고 소란을 피워도 되지요?"

**④ 은밀한 재정의의 오류:** 용어의 의미를 자의적으로 재정의하여 사용함으로써 생기는 오류

> • 정신이 나가지 않고서야 어떻게 교장 선생님께 말대꾸를 할 수 있니? 그런 녀석은 정신병자니까 정신병원으로 보내야 돼.

**⑤ 범주의 오류:** 단어의 범주를 혼동하는 데서 생기는 오류

> • 교실도 봤고, 운동장도 봤는데, 왜 학교는 안 보여 주니?
> • 엄마, 나는 교사보다는 초등학교 선생님이 되고 싶어.

## 4. 간접 추론에 관한 오류

### (1) 개념

연역법이나 귀납법의 규칙을 위반할 때 생기는 오류이다.

### (2) 오류의 종류

**① 전건 부정의 오류:** 가언적 삼단 논법에서 대전제의 전건을 부정하는 소전제를 바탕으로 결론을 내려 범하는 오류. 명제 'p → q(p이면 q이다.)'의 이(裏)인 '~p → ~q'에 해당

> • 근면하면 성공한다.
>   그는 근면하지 못하다.
>   그는 성공하지 못할 것이다.

**② 후건 긍정의 오류:** 가언적 삼단 논법에서 대전제의 후건을 긍정하는 소전제를 바탕으로 결론을 내려 범하는 오류. 명제 'p → q'의 역(逆)인 'q → p'에 해당

> • 비가 오면 땅이 젖는다.
>   땅이 젖었다.
>   그렇다면 비가 왔음이 틀림없다.

**③ 선언지 긍정의 오류:** 선언적 삼단 논법에서 선언지가 서로 배타적이지 않거나 선언지가 불완전한데 어느 한 선언지를 긍정했다는 이유로 나머지를 부정하는 결론을 내려 범하는 오류. 선언적 삼단 논법의 전제가 이미 중복되어 오류가 됨.

> • 그녀는 얼굴이 예쁘거나 두뇌가 우수할 것이다.
>   그녀는 얼굴이 예쁘다.
>   그녀는 두뇌가 우수하지 못할 것이다.

---

📝 기출 확인

**㉠~㉣의 예를 추가할 때 가장 적절한 것은?**
2018 국가직 9급

> 논리학에서 비형식적 오류 유형에는 우연의 오류, 애매어의 오류, 결합의 오류, 분해의 오류 등이 있다.
> 우선 ㉠ 우연의 오류란 거의 대부분의 경우에 적용되는 일반적인 원리나 규칙을 우연적인 상황으로 인해 생긴 예외적인 특수한 경우에까지도 무차별적으로 적용할 때 생기는 오류이다. 그 예로 "인간은 이성적인 동물이다. 중증 정신 질환자는 인간이다. 그러므로 중증 정신 질환자는 이성적인 동물이다."를 들 수 있다. ㉡ 애매어의 오류는 동일한 단어가 한 논증에서 맥락마다 서로 다른 의미를 지니는 것으로 사용될 때 생기는 오류를 말한다. "김 씨는 성격이 직선적이다. 직선적인 모든 것들은 길이를 지닌다. 고로 김 씨의 성격은 길이를 지닌다."가 그 예이다. 한편 각각의 원소들이 개별적으로 어떤 성질을 지니고 있다는 내용의 전제로부터 그 원소들을 결합한 집합 전체도 역시 그 성질을 지니고 있다는 결론을 도출하는 경우가 ㉢ 결합의 오류이고, 반대로 집합이 어떤 성질을 지니고 있다는 내용의 전제로부터 그 집합의 각각의 원소들 역시 개별적으로 그 성질을 지니고 있다는 결론을 도출하는 경우가 ㉣ 분해의 오류이다. 전자의 예로는 "그 연극단 단원들 하나하나가 다 훌륭하다. 고로 그 연극단은 훌륭하다."를, 후자의 예로는 "그 연극단은 일류급이다. 박 씨는 그 연극단 일원이다. 그러므로 박 씨는 일류급이다."를 들 수 있다.

① ㉠ - 모든 사람은 죽는다. 소크라테스는 사람이다. 그러므로 소크라테스는 죽는다.

② ㉡ - 부패하기 쉬운 것들은 냉동 보관해야 한다. 세상은 부패하기 쉽다. 고로 세상은 냉동 보관해야 한다.

③ ㉢ - 미국 아이스하키 선수단이 이번 올림픽에서 금메달을 차지했다. 그러므로 미국 선수 각자는 세계 최고 기량을 갖고 있다.

④ ㉣ - 그 학생의 논술 시험 답안은 탁월하다. 그의 답안에 있는 문장 하나하나가 탁월하기 때문이다.

**해설**

'부패(腐敗)하다'에는 '정치, 사상, 의식 따위가 타락하다.'라는 의미와 '미생물에 의하여 불완전 분해를 하여 악취가 나고 유독성 물질이 생기다.'라는 의미가 있다. 그런데 ②의 경우에 이 두 가지 의미를 동일한 의미로 이해하여 첫 번째 문장 "부패하기 쉬운 것들은 냉동 보관해야 한다."에서는 두 번째 의미(미생물 분해)로, 두 번째 문장 '세상은 부패하기 쉽다.'에서는 첫 번째 의미(타락하다)로 사용하여 언어적 오류가 발생했다. ②는 '부패하다'라는 말을 애매하게 사용하여 발생한 '애매어의 오류'로 적절하다.

**오답**

① "모든 사람은 죽는다. 소크라테스는 사람이다. 그러므로 소크라테스는 죽는다."는 논리적 오류를 범한 사례로 적절하지 않다. 이는 '연역적 추론(정언적 삼단 논법)'에 의해 바르게 논리를 전개한 것이다.

③ '미국 아이스하키 선수단'이라는 '집단'의 기량이 뛰어나다는 전제로부터, 개별 선수들 역시 기량이 뛰어날 것이라는 결론을 도출하고 있다. 따라서 이는 ㉢ '결합의 오류'가 아닌 ㉣ '분해의 오류'의 사례에 해당한다.

④ 답안의 문장 하나하나가 뛰어나다는 '개별적' 전제로부터, 그 문장이 결합한 답안 전체의 내용 역시 뛰어날 것이라는 결론을 도출하고 있다. 따라서 이는 ㉣ '분해의 오류'가 아닌 ㉢ '결합의 오류'의 사례에 해당한다.

**정답** ②

**〈보기〉에서 보이는 오류의 유형과 같은 오류가 있는 것은?** 2015 서울시 7급

─〈보기〉─

"그놈은 나쁜 놈이니 사형을 당해야 해. 사형을 당하는 걸 보면 나쁜 놈이야."

① 분열은 화합으로 극복할 수 있다. 그러므 로 우리는 분열을 치유하기 위해 모두가 하나 되는 사회를 만들어야 한다.

② 국민의 67%가 사형 제도에 찬성했다. 그 러므로 사형 제도는 정당하다.

③ 하나를 보면 열을 안다고, 국어 성적이 좋은 걸 보니 혜림이는 공부를 잘하는 학 생이구나.

④ 이번 학생 회장 선거에서 나를 뽑지 않 은 것으로 보아 너는 나를 아주 싫어하 는구나.

해설 결론에서 주장하는 바를 근거로 들고 있기 때문에 '순환논증'의 오류를 범했다.

오답 ② 대중(다수)에 호소하는 오류

③ 성급한 일반화의 오류

④ 흑백 사고의 오류

정답 ①

### ? ✓ Quiz

**다음에서 범하고 있는 논리적 오류의 유형을 밝히시오.**

① 내 부탁을 거절하다니, 너는 나를 싫어하는구나.

② 철수야, 너 요즘도 술 자주 마시니?

③ 모든 사람에게 표현의 자유를 무제한 허용하는 것은 언제나 사회 전체에 이익이 된다. 왜 냐하면 개개인이 자신의 감정을 표현할 자유를 완전히 누리는 것은 공동체의 이익을 증 진하기 때문이다.

④ 그는 시립 도서관 옆에 산다. 그러니 그는 책과 가까이 지내는 사람이다. 그러므로 그는 매 우 학식이 풍부한 사람일 것이다.

⑤ ○○화장품은 세계 여성이 애용하고 있습니다. 아름다운 여성의 필수품. ○○화장품을 소 개합니다.

⑥ 그것은 외국의 권위자들이 다 주장하는 것이니 섣불리 의심하지 말라.

⑦ 당신이 계속해서 당신의 주장을 굽히지 않으면 당신은 공산주의자라고 할 수밖에 없다.

⑧ 철수는 오늘 약속 시간을 지키지 못했다. 철수는 신의가 없는 친구이다.

⑨ 저 사람 말은 믿을 수 없어. 그는 전과자이니까.

⑩ 나트륨이나 염소는 유독성 물질이야. 그러니 염화나트륨도 유독성 물질이다.

⑪ 나의 의견은 옳다. 나에게 동의하지 않으면 누구든 잡아넣어 버린다!

⑫ 우리 업소 관할 구청장이 우리학교 선배야. 그러므로 우리가 심야 영업을 해도 별 탈이 없 을 것이다.

⑬ "선생님을 험담하면 안 돼요." "그러면 부모님을 험담해도 되나요?"

⑭ 귀신은 분명히 있어. 지금까지 귀신이 없다는 것을 증명한 사람이 없으니까.

⑮ 그 야구팀이 올해 우승을 차지했으니 그 팀 선수들은 모두 야구를 잘하는 선수들일 거야.

⑯ 사장님, 제가 해고를 당하면 저희 식구들은 굶어 죽습니다.

정답 ① 흑백 사고의 오류  ② 복합 질문의 오류  ③ 순환 논증의 오류  ④ 애매어의 오류
⑤ 군중에 호소하는 오류  ⑥ 부적합한 권위에 호소하는 오류  ⑦ 원천 봉쇄의 오류
⑧ 성급한 일반화의 오류  ⑨ 인신공격의 오류  ⑩ 합성의 오류  ⑪ 공포(위력)에 호소하는 오류
⑫ 사적 관계에 호소하는 오류  ⑬ 강조의 오류  ⑭ 무지에 호소하는 오류  ⑮ 분할의 오류
⑯ 동정에 호소하는 오류

# 02 추론의 실제

## 1절 | 명제를 활용한 추론

### 1 명제와 논증

#### 1. 명제

'참', '거짓'이 판별이 가능한 문장으로, 'p이면 q이다.'로 표현된다.

명제의 타당성을 판별하기 위해 'A ○ → B ○' 또는 ' p → q'와 같이 명제를 단순화하여 정리하면, 문제를 푸는 데 용이하다. 자신이 알아볼 수 있는 단어나 기호를 사용해도 되지만, 일반적으로 명제를 기호화하는 데 사용하는 다섯 가지 기호의 의미는 다음과 같다.

| 기호 | 의미 | 표현 |
|---|---|---|
| → | 조건 | p이면 q이다.<br>(p → q) |
| ~ | 부정 | p가 아니다(거짓이다).<br>(~p) |
| ∧ | 연언(그리고) | p 그리고 q<br>(p∧q) |
| ∨ | 선언(또는) | p 또는 q<br>(p∨q) |
| ↔ | 필요충분조건 | p일 때, 그리고 오직 그때만 q이다.<br>(p ↔ q) |

#### 2. 논증: 전제와 결론으로 구성된 명제의 집합이다.

> 예) ㉠ 사과는 건강에 좋다.
> ㉡ 바나나는 건강에 좋다.
> ㉢ 과일은 건강에 좋다.
> ⇨ '㉠과 ㉡'은 '㉢'을 뒷받침한다. 즉 '㉠과 ㉡'으로부터 '㉢'을 추론할 수 있다. 따라서 '㉠과 ㉡'은 '전제', '㉢'은 '결론'이다.

#### 3. 역·이·대우: 명제가 참이라면, 그 명제의 '대우'도 항상 참이 된다.

한편, 명제가 참이더라도, 그 명제의 '역', '이'의 참과 거짓은 확신할 수 없다.

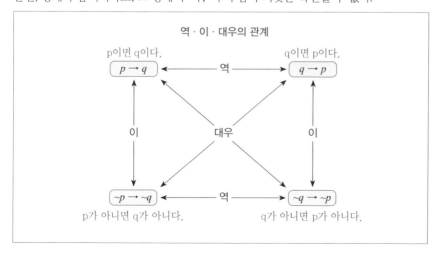

역 · 이 · 대우의 관계

### ★ 명제가 아닌 것
· 감탄문, 의문문
  → 명제는 평서문
· 개인적인 생각
  예) 나는 신이 없다고 생각한다.

### ★ 전제와 결론을 판단할 때는 접속 조사를 잘 살피자. '따라서, 그러므로' 이후의 문장이 '결론'이고, 그 앞의 문장들은 '전제'이다.

### ★ 'p → q(p이면 q이다.)'가 참일 때
· 대우 '~q → ~p': 반드시 참이다 .
· 역 'q → p': 참일수도 거짓일수도 있다
· 이(역의 대우) '~p → ~q': 참일수도 거짓일수도 있다

**01** 다음 진술이 모두 참일 때 반드시 참인 것은?　　　　　　　　2025 국가직 9급

> ○ 갑이 제주도 출장을 가면, 을은 제주도 출장을 가지 않는다.
> ○ 을이 제주도 출장을 가지 않으면, 병은 휴가를 내지 않는다.
> ○ 병이 휴가를 낸다.

① 갑이 제주도 출장을 가지 않는다.
② 을이 제주도 출장을 가지 않는다.
③ 갑이 제주도 출장을 가고 병은 휴가를 낸다.
④ 을이 제주도 출장을 가고 병은 휴가를 내지 않는다.

해설 첫 번째 진술과 두 번째 진술과 그 대우를 정리하면 다음과 같다.

|  | 명제 | 대우 |
| --- | --- | --- |
| 진술 1. | 갑: 제주 출장 → 을: ~제주 출장 | 을: 제주 출장 → 갑: ~제주 출장 |
| 진술 2. | 을: ~제주 출장 → 병: ~휴가 냄 | 병: 휴가 냄 → 을: 제주 출장 |

세 번째 진술에서 '병이 휴가를 낸다.'라고 하였다.
<병: 휴가 냄 → 을: 제주 출장 → 갑: ~제주 출장>에 따라 제시된 진술이 참일 때, 반드시 참인 것은
'갑이 제주도 출장을 가지 않는다.'이다.

정답　①

**02** 다음 진술이 모두 참일 때 반드시 참인 것은?　　　　　　　9급 출제기조 전환 예시 1차

> ○ 오 주무관이 회의에 참석하면, 박 주무관도 참석한다.
> ○ 박 주무관이 회의에 참석하면, 홍 주무관도 참석한다.
> ○ 홍 주무관이 회의에 참석하지 않으면, 공 주무관도 참석하지 않는다.

① 공 주무관이 회의에 참석하면, 박 주무관도 참석한다.
② 오 주무관이 회의에 참석하면, 홍 주무관은 참석하지 않는다.
③ 박 주무관이 회의에 참석하지 않으면, 공 주무관은 참석한다.
④ 홍 주무관이 회의에 참석하지 않으면, 오 주무관도 참석하지 않는다.

해설 제시된 진술을 ㄱ~ㄷ으로 두고 기호화한다면 다음과 같다.

|  | 명제 | 대우 |
| --- | --- | --- |
| ㄱ | 오○ → 박○ | ~박○ → ~오○ |
| ㄴ | 박○ → 홍○ | ~홍○ → ~박○ |
| ㄷ | ~홍○ → ~공○ | 공○ → 홍○ |

이를 통해 다음의 내용을 이끌어낼 수 있다.

> ~홍○ → ~박○ → ~오○

즉 ㄴ의 대우, ㄱ의 대우를 연결하면 ④의 진술이 참임을 알 수 있다.

정답　④

## 4. 논리적 동치 관계: 한 명제가 참이면 반드시 참이고, 한 명제가 거짓이면 반드시 거짓인 관계, 즉 논리값이 같은 관계를 서로 동치 관계라고 한다. 대표적인 것이 (3)에서 설명한 '대우'이다.

### (1) 대우

$$P \to Q \equiv \mathord{\sim}Q \to \mathord{\sim}P$$

예 '만약 내가 학생이라면 너는 선생이다.'의 대우인 '네가 선생이 아니면 나는 학생이 아니다.'는 논리적 동치이다.

### (2) 이중 부정: 한 명제를 부정한 것의 부정은 원래 명제와 진릿값이 같다.

$$P \equiv \mathord{\sim}(\mathord{\sim}P)$$

예 '나는 학생이다.'의 이중 부정인 '나는 학생이 아닌 것이 아니다.'는 논리적 동치이다.

### (3) 드모르간(De Morgan) 법칙

$$\mathord{\sim}(P \lor Q) \equiv \mathord{\sim}P \land \mathord{\sim}Q$$

예 '1등이거나 꼴찌이다.'의 부정은 '1등도 아니고 꼴찌도 아니다.'와 논리적 동치이다.

$$\mathord{\sim}(P \land Q) \equiv \mathord{\sim}P \lor \mathord{\sim}Q$$

예 '예쁘고 친절하다.'의 부정은 '예쁘지 않거나 친절하지 않다.'와 논리적 동치이다.

### (4) 결합 규칙

$$P \cdot (Q \cdot R) \equiv (P \cdot Q) \cdot R$$
$$P \lor (Q \lor R) \equiv (P \lor Q) \lor R$$

### (5) 분배 규칙

$$P \cdot (Q \lor R) \equiv (P \cdot Q) \lor (P \cdot R)$$
$$P \lor (Q \cdot R) \equiv (P \lor Q) \cdot (P \lor R)$$

### (6) 자리 바꾸기

$$P \cdot Q \equiv Q \cdot P$$
$$P \lor Q \equiv Q \lor P$$

### (7) 전건 규칙

$$(P \cdot Q) \to R \equiv P \to (Q \to R)$$

예 '갑은 서울에 살고 을은 부산에 살면 병은 제주도에 산다.'와 '갑이 서울에 살 때, 을이 부산에 살면 병은 제주도에 산다.'는 논리적 동치이다.

### (8) 조건문의 선언화

$$P \to Q \equiv \mathord{\sim}P \lor Q$$

예 철수가 교사이면 영수는 학생이다.'와 '철수가 교사가 아니거나 영수는 학생이다.'는 논리적 동치이다.

### (9) 선언문의 조건화

$$P \to Q \equiv \mathord{\sim}(P \cdot \mathord{\sim}Q)$$

예 '고양이가 물고기가 아니거나 돌고래는 새다.'와 '만약 고양이가 물고기이면 돌고래는 새다.'는 논리적 동치이다.

---

★ 논리적 추론과 관련된 문제들을 해결하는 데 '논리적 동치 관계'를 활용하는 것은 아주 유용하다.

★ 연쇄 논법

추론 형식과 논리적 동치를 이용하여 복잡한 문장을 보다 빠르게 추론할 수 있다.

**1. $P \to (Q \cdot R) \equiv (P \to Q) \cdot (P \to R)$**

| | |
|---|---|
| $\equiv \mathord{\sim}P \lor (Q \cdot R)$ | 조건문의 선언화 |
| $\equiv (\mathord{\sim}P \lor Q) \cdot (\mathord{\sim}P \lor R)$ | 분배규칙 |
| $\equiv (P \to Q) \cdot (P \to R)$ | 선언문의 조건화 |

**2. $P \to (Q \lor R) \equiv (P \to Q) \lor (P \to R)$**

| | |
|---|---|
| $\equiv \mathord{\sim}P \lor (Q \lor R)$ | 조건문의 선언화 |
| $\equiv (\mathord{\sim}P \lor Q) \lor (\mathord{\sim}P \lor R)$ | 결합규칙 |
| $\equiv (P \to Q) \lor (P \to R)$ | 선언문의 조건화 |

**3. $(P \cdot Q) \to R \equiv (P \to R) \lor (Q \to R)$**

| | |
|---|---|
| $\equiv \mathord{\sim}(P \cdot Q) \lor R$ | 조건문의 선언화 |
| $\equiv (\mathord{\sim}P \lor \mathord{\sim}Q) \lor R$ | 드모르간 법칙 |
| $\equiv (\mathord{\sim}P \lor R) \lor (\mathord{\sim}Q \lor R)$ | 결합규칙 |
| $\equiv (P \to R) \lor (Q \to R)$ | 선언문의 조건화 |

**4. $(P \lor Q) \to R \equiv (P \to R) \cdot (Q \to R)$**

| | |
|---|---|
| $\equiv \mathord{\sim}(P \lor Q) \lor R$ | 조건문의 선언화 |
| $\equiv (\mathord{\sim}P \cdot \mathord{\sim}Q) \lor R$ | 드모르간 법칙 |
| $\equiv (\mathord{\sim}P \lor R) \cdot (\mathord{\sim}Q \lor R)$ | 분배규칙 |
| $\equiv (P \to R) \cdot (Q \to R)$ | 선언문의 조건화 |

PART 2 논리 해커스공무원 해원국어 올인원 기본서

· '어-모-어', '모-모-어'는 자주 나오는 형태이기 때문에, 형태를 익혀서 문제 풀이 시간을 줄이자.

· '어떤'이 들어간 명제는 개념의 순서가 바뀌어도 상관이 없다. '어떤 A는 B이다.'의 벤다이어그램은 '어떤 B는 A이다.'의 벤다이어그램과 동일하다.

· '모든', '어떤'이 직접적으로 제시되어 있지 않더라도, 적절한 말을 넣어서 푸는 연습을 해야 한다.
  예 · 학생들은 다 청소년이다.
      → 모든 학생들은 청소년이다.
    · 학생들 중 일부는 청소년이다.
      → 어떤 학생은 청소년이다.

## 5. '어떤'과 '모든'이 포함된 명제 ➕

### (1) 유형 1 : 어-모-어

| 전제 1 | 전제 2 | 전제 3 |
|---|---|---|
| 어떤 A는 B이다. | 모든 A는 C이다. | 어떤 C는 B이다.<br>(= 어떤 B는 C이다.) |
| | | |

### (2) 유형 2 : 모-모-어

| 전제 1 | 전제 2 | 전제 3 |
|---|---|---|
| 모든 A는 B이다. | 모든 A는 C이다. | 어떤 C는 B이다.<br>(= 어떤 B는 C이다.) |
| | | |

### 📋 기출 확인

**01** (가)와 (나)를 전제로 결론을 이끌어 낼 때, 빈칸에 들어갈 말로 가장 적절한 것은?

9급 출제기조 전환 예시 2차

> (가) 축구를 잘하는 사람은 모두 머리가 좋다.
> (나) 축구를 잘하는 어떤 사람은 키가 작다.
> 따라서 _____

① 키가 작은 어떤 사람은 머리가 좋다.
② 키가 작은 사람은 모두 머리가 좋다.
③ 머리가 좋은 사람은 모두 축구를 잘한다.
④ 머리가 좋은 어떤 사람은 키가 작지 않다.

[해설] 제시된 전제들을 통해 '머리 좋은 사람'과 '키가 작은 사람' 사이의 관계를 추론해 낼 수 있다. 전제 1은 '모두'이고, 전제 2는 '어떤'이다. '어-모-어' 유형에 속하기 때문에 결론에는 '어떤'이 포함된 '키가 작은 어떤 사람은 머리가 좋다.'가 들어가야 한다.

[정답] ①

**02** 다음 결론을 이끌어내기 위해 추가해야 할 전제는?

> (가) 빨간 맛인 어떤 캔디는 스트로베리 맛인 캔디이다.
> (나) _____
> 따라서 스트로베리 맛인 어떤 캔디는 여름의 맛인 캔디이다.

① 빨간 맛인 어떤 캔디는 여름의 맛인 캔디이다.
② 여름의 맛인 어떤 캔디는 빨간 맛인 캔디이다.
③ 빨간 맛인 모든 캔디는 여름의 맛인 캔디이다.
④ 여름의 맛이 아닌 어떤 캔디는 빨간 맛인 캔디이다.

[해설] 전제 1은 '어떤'이고, 결론도 '어떤'이다. '어-모-어' 유형에 속하기 때문에 전제 2에는 '모든'에 해당하는 '빨간 맛인 모든 캔디는 여름의 맛인 캔디이다.'가 들어가야 한다.

[정답] ③

**03** 다음 글의 밑줄 친 결론을 이끌어내기 위해 추가해야 할 것은? 　9급 출제기조 전환 예시 1차

> 문학을 좋아하는 사람은 모두 자연의 아름다움을 좋아하는 사람이다. 자연의 아름다움을 좋아하는 어떤 사람은 예술을 좋아하는 사람이다. 따라서 예술을 좋아하는 어떤 사람은 문학을 좋아하는 사람이다.

① 자연의 아름다움을 좋아하는 사람은 모두 문학을 좋아하는 사람이다.
② 문학을 좋아하는 어떤 사람은 자연의 아름다움을 좋아하는 사람이다.
③ 예술을 좋아하는 어떤 사람은 자연의 아름다움을 좋아하는 사람이다.
④ 예술을 좋아하지만 문학을 좋아하지 않는 사람은 모두 자연의 아름다움을 좋아하는 사람이다.

해설 자연의 아름다움을 좋아하는 사람을 P, 예술을 좋아하는 사람을 Q, 문학을 좋아하는 사람을 R이라고 할 때, 두 번째 전제와 결론을 정리하면 다음과 같다.

| 전제 | 어떤 P는 Q이다. |
| --- | --- |
| 추가할 전제 | |
| 결론 | 어떤 Q는 R이다. |

'어-모-어' 유형에 속하기 때문에 추가해야 할 전제는 '모든 P는 Q이다.'에 해당하는 '자연의 아름다움을 좋아하는 사람은 모두 문학을 좋아하는 사람이다.'가 들어가야 한다.

정답 ①

**6. 관계 추론:** 수학의 함수 개념을 도입한 것으로, 주어진 관계를 통해 새로운 관계를 추론하는 것이다.

**(1) 동등 관계 추론:** 동등 관계를 반영하는 판단으로 구성된 추론

| | |
| --- | --- |
| A = B | A와 B는 같다. |
| B = C | B와 C는 같다. |
| ∴ A = C | ∴ A와 C는 같다. |

**(2) 정도 관계 추론:** 정도 관계를 반영하는 판단으로 구성된 추론

| | |
| --- | --- |
| A > B | A는 B보다 크다. |
| B > C | B는 C보다 크다. |
| ∴ A > C | ∴ A는 C보다 크다. |

## 01

해설

**01** (가)~(다)를 전제로 할 때 빈칸에 들어갈 결론으로 가장 적절한 것은? 2025 국가직 9급

> (가) 인공일반지능이 만들어지거나 인공지능 산업이 쇠퇴한다.
>
> (나) 인공일반지능이 만들어지면, 인간의 생활이 편리해지는 동시에 많은 사람이 직장을 잃는다.
>
> (다) 인공지능 산업이 쇠퇴하면, 많은 사람이 직장을 잃는 동시에 세계 경제가 침체된다.
>
> 따라서 _____

① 세계 경제가 침체된다.
② 인간의 생활이 편리해진다.
③ 많은 사람이 직장을 잃는다.
④ 인간의 생활이 편리해지고 세계 경제가 침체된다 .

**[해설]**

'인공일반지능이 만들어지다.'를 p 라고 하고, '인공지능 산업이 쇠퇴한다.'를 q라고 할 때, (가)~(다)를 정리하면 다음과 같다.

| 1단계 | (가) | p∨q |
| | (나) | p → 인간 생활 편리 ∧ 많은 사람 실업 |
| | (다) | q → 많은 사람 실업 ∧ 세계 경제 침체 |
| 2단계 | | (가)에서 p 또는 q라고 하였다. p를 가정하든, q를 가정하든 공통적으로 '많은 사람 실업'이 일어나는 것은 반드시 발생하게 된다. |
| 3단계 | | 따라서 빈칸에 들어갈 결론으로는 '많은 사람이 직장을 잃는다.'가 가장 적절하다. |

**[정답]** ③

**02** <보기>의 내용에 대한 이해로 가장 옳지 않은 것은? 2022 서울시 9급(2월)

> <보기>
>
> 　참, 거짓을 판단할 수 있는 문장을 명제라고 한다. 문장이 나타내는 명제가 실제 세계의 사실과 일치하면 참이고 그렇지 않으면 거짓이다. 가령, '사과는 과일이다.'는 실제 세계의 사실과 일치하므로 참인 명제지만 '새는 무생물이다.'는 실제 세계의 사실과 일치하지 않으므로 거짓인 명제이다. 이와 같이 명제가 지닌 진리치가 무엇인지 밝혀주는 조건을 진리 조건이라고 한다. 명제 논리의 진리 조건을 간략하게 살펴보면 다음과 같다. 모든 명제는 참이든지 거짓이든지 둘 중 하나여야 하며 참도 아니고 거짓도 아니거나 참이면서 거짓인 경우는 없다. 명제 P가 참이면 그 부정 명제 ~P는 거짓이고 ~P가 참이면 P는 거짓이다. 명제 P와 Q는 AND로 연결되는 P∧Q는 P와 Q가 모두 참일 때에만 참이다. 명제 P와 Q가 OR로 연결되는 P∨Q는 P와 Q 둘 중 적어도 하나가 참이기만 하면 참이 된다. 명제 P와 Q가 IF … THEN으로 연결되는 P→Q는 P가 참이고 Q가 거짓이면 거짓이고 나머지 경우에는 모두 참이 된다.

① 명제 논리에서 '모기는 생물이면서 무생물이다.'는 성립하지 않는다.
② 명제 논리에서 '파리가 새라면 지구는 둥글다.'는 거짓이다.
③ 명제 논리에서 '개가 동물이거나 컴퓨터가 동물이다.'는 참이다.
④ 명제 논리에서 '늑대는 새가 아니고 파리는 곤충이다.'는 참이다.

**[해설]** '파리가 새라면 지구는 둥글다.'는 'A라면 B이다'의 구조이므로, <보기>의 "P→Q는 P가 참이고 Q가 거짓이면 거짓이고 나머지 경우에는 모두 참이 된다."와 관련이 있다. '파리'는 '새'가 아니므로, '파리는 새이다.'는 거짓이다. 한편, '지구는 둥글다.'는 참이다. 즉 P는 거짓이고 Q는 참이다. <보기>에서 "P→Q는 P가 참이고 Q가 거짓이면 거짓이고 나머지 경우에는 모두 참이 된다."라고 하였기 때문에, '거짓'이 아니라 '참'이라고 해야 옳은 이해이다.

**[오답]** ① <보기>에서 "모든 명제는 참이든지 거짓이든지 둘 중 하나여야 하며 ~ 참이면서 거짓인 경우는 없다."라고 하였다. '모기는 생물이다.'를 참으로 봤을 때, '모기는 무생물이다.'는 거짓이 된다. 따라서 '모기는 생물이면서 무생물이다.'는 성립하지 않는다는 이해는 옳다.

③ 'A거나 B이다'의 구조이므로, <보기>의 "명제 P와 Q가 OR로 연결되는 P∨Q는 P와 Q 둘 중 적어도 하나가 참이기만 하면 참이 된다."와 관련이 있다. P를 '개가 동물이다.'로, Q를 '컴퓨터가 동물이다.'로 놓았을 때, 둘 중 하나만 참이면 참이라고 하였다. '개가 동물이다.'는 참이기 때문에, '개가 동물이거나 컴퓨터가 동물이다.'가 참이라는 이해는 옳다.

④ 'A 아니고 B이다.'의 구조이므로, <보기>의 "명제 P와 Q는 AND로 연결되는 P∧Q는 P와 Q가 모두 참일 때에만 참이다."와 관련이 있다. P를 '늑대는 새가 아니다.'로, Q를 '파리는 곤충이다.'로 놓았을 때, 둘 모두가 참이어야 참이라고 하였다. '늑대는 새가 아니다.'와 '파리는 곤충이다.'는 모두 참이기 때문에, '늑대는 새가 아니고 파리는 곤충이다.'는 참이라는 이해는 옳다.

**[정답]** ②

**03** 다음 글에서 추론한 내용으로 가장 적절한 것은?                    2022 지방직 9급

> 논리실증주의자들에 따르면, 만약 어떤 것이 과학일 경우 거기에서 사용되는 문장은 유의미하다. 그들은 유의미한 문장의 기준으로 소위 '검증 원리'라고 불리는 것을 제안했다. 검증 원리란, 경험을 통해 참이나 거짓을 검증할 수 있는 문장은 유의미하고 그렇지 않은 문장은 유의미하지 않다는 것이다. 다음 두 문장을 예로 생각해 보자.
> (가) 달의 다른 쪽 표면에 산이 있다.
> (나) 절대자는 진화와 진보에 관계하지만, 그 자체는 진화하거나 진보하지 않는다.
> 위 두 문장 중 경험을 통해 검증할 수 있는 것은 무엇인가? 비록 현실적으로 큰 비용이 들기는 하지만 (가)는 분명히 경험을 통해 진위를 밝힐 수 있다. 즉 우리는 (가)의 진위를 확정하기 위해서 무엇을 경험해야 하는지 알고 있다는 것이다. 이런 점에 근거하여 논리실증주의자들은 (가)는 검증할 수 있고, 유의미한 문장이라고 판단한다. 그럼 (나)는 어떠한가? 우리는 무엇을 경험해야 (나)의 진위를 확정할 수 있는가? 논리실증주의자들은 그런 것은 없다고 주장하고, 이에 (나)는 검증할 수 없고 과학에서 사용될 수 없는 무의미한 문장이라고 말한다.

① 논리실증주의자들에 따르면 무의미한 문장을 사용하는 것은 과학이 아니다.
② 논리실증주의자들에 따르면 과학의 문장들만이 유의미하다.
③ 검증 원리에 따르면 아직까지 경험되지 않은 것을 언급한 문장은 무의미하다.
④ 검증 원리에 따르면 거짓인 문장은 무의미하다.

**해설** 1문단에서 "논리실증주의자들에 따르면, 만약 어떤 것이 과학일 경우 거기에서 사용되는 문장은 유의미하다."라고 하였다. 여기에서 '어떤 것이 과학이라면(p) 거기에 사용되는 문장은 유의미하다(q).'라는 명제를 확인할 수 있다. 명제와 그 명제의 '대우'는 참, 거짓을 함께한다. 해당 명제의 '대우'는 '문장이 유의미하지 않다면(~q), 과학이 아니다(~p).'이다. 문장이 유의미하지 않다는 것은 결국 무의미하다는 것이다. 따라서 ①의 내용을 추론할 수 있다.

**오답** ② 제시된 글을 통해 '과학의 문장'이 유의미하다는 것은 확인할 수 있다. 그러나 오직 '과학의 문장'만이 유의미한지는 추론할 수 없다.

③ '달의 다른 쪽 표면에 산이 있다.'는 문장은 아직 경험하지 않은 것임에도 '유의미한 문장'이라고 판단하고 있다. 따라서 무의미하다는 추론은 적절하지 않다.

④ 1문단에서 "검증 원리란, 경험을 통해 참이나 거짓을 검증할 수 있는 문장은 유의미하고 그렇지 않은 문장은 유의미하지 않다는 것이다."라고 하였다. 따라서 '거짓'을 검증할 수 있는 문장은 유의미하다고 봐야 한다.

**정답** ①

**04** 다음 글의 (가)와 (나)에 들어갈 말로 적절한 것은?                    2024 국가직 9급 ●→ **04**

> 채식주의자는 고기, 생선, 유제품, 달걀 섭취 여부에 따라 다섯 가지로 나뉜다. 완전 채식주의자는 이들 모두를 섭취하지 않으며, 페스코 채식주의자는 고기는 섭취하지 않지만 생선은 먹으며, 유제품과 달걀은 개인적 선호에 따라 선택적으로 섭취한다. 남은 세 가지 채식주의자는 고기와 생선 모두를 먹지 않되 유제품과 달걀 중 어떤 것을 먹느냐의 여부로 결정된다. 이들의 명칭은 라틴어의 '우유'를 의미하는 '락토(lacto)'와 '달걀'을 의미하는 '오보(ovo)'를 사용해 정해졌는데, 예를 들어, 락토오보 채식주의자는 고기와 생선은 먹지 않으나 유제품과 달걀은 먹는다. 락토 채식주의자는 ____(가)____ 먹지 않으며, 오보 채식주의자는 ____(나)____ 먹지 않는다.

① (가): 달걀은 먹지만 고기와 생선과 유제품은
   (나): 고기와 생선과 달걀은 먹지만 유제품은
② (가): 달걀은 먹지만 고기와 생선과 유제품은
   (나): 유제품은 먹지만 고기와 생선과 달걀은
③ (가): 유제품은 먹지만 고기와 생선과 달걀은
   (나): 고기와 생선과 유제품은 먹지만 달걀은
④ (가): 유제품은 먹지만 고기와 생선과 달걀은
   (나): 달걀은 먹지만 고기와 생선과 유제품은

**해설**

| 1단계 | 남은 세 가지 채식주의자는 고기와 생선 모두를 먹지 않는 것을 전제한다고 하였다. 따라서 '고기'와 '생선'을 먹지 않는 건 포함이 되어야 한다. (~고기∧~생선) |
|---|---|
| 2단계 | '락토'는 '우유'를 먹는 경우, '오보'는 '달걀'을 먹는 경우이다. 바꿔 말하면 '락토'는 '달걀'을 먹지 않고, '오보'는 '우유'를 먹지 않는다. |
| | **(가)** '락토'는 '우유'이므로, '유제품을 먹고 나머지는 먹지 않는 경우이다. 따라서 (가)에는 '유제품은 먹지만 고기와 생선과 달걀은' 먹지 않는 경우이다. = 우유∧~달걀∧(~고기∧~생선) |
| | **(나)** '오보'는 '달걀'이므로, '달걀'을 먹고 나머지는 먹지 않는 경우이다. 따라서 (나)에는 '달걀은 먹지만 고기와 생선과 유제품'은 먹지 않는 경우이다. = 달걀∧~우유∧(~고기∧~생선) |

**정답** ④

**05** 다음 글의 빈칸에 들어갈 내용으로 가장 적절한 것은?　　　　2021 국가직 5급

> 　민간 문화 교류 증진을 목적으로 열리는 국제 예술 공연의 개최가 확정되었다. 이번 공연이 민간 문화 교류 증진을 목적으로 열린다면, 공연 예술단의 수석대표는 정부 관료가 맡아서는 안 된다. 만일 공연이 민간 문화 교류 증진을 목적으로 열리고 공연 예술단의 수석대표는 정부 관료가 맡아서는 안 된다면, 공연 예술단의 수석대표는 고전음악 지휘자나 대중음악 제작자가 맡아야 한다. 현재 정부 관료 가운데 고전음악 지휘자나 대중음악 제작자는 없다. 예술단에 수석대표는 반드시 있어야 하며 두 사람 이상이 공동으로 맡을 수도 있다. 전체 세대를 아우를 수 있는 사람이 아니라면 수석대표를 맡아서는 안 된다. 전체 세대를 아우를 수 있는 사람이 극히 드물기에, 위에 나열된 조건을 다 갖춘 사람은 모두 수석대표를 맡는다.
> 　누가 공연 예술단의 수석대표를 맡을 것인가와 더불어, 참가하는 예술인이 누구인가도 많은 관심의 대상이다. 그런데 아이돌 그룹 A가 공연 예술단에 참가하는 것은 분명하다. 왜냐하면 만일 갑이나 을이 수석대표를 맡는다면 A가 공연 예술단에 참가하는데, ☐☐☐☐☐ 때문이다.

① 갑은 고전음악 지휘자이며 전체 세대를 아우를 수 있기
② 갑이나 을은 대중음악 제작자 또는 고전음악 지휘자이기
③ 갑과 을은 둘 다 정부 관료가 아니며 전체 세대를 아우를 수 있기
④ 을이 대중음악 제작자가 아니라면 전체 세대를 아우를 수 없을 것이기
⑤ 대중음악 제작자나 고전음악 지휘자라면 누구나 전체 세대를 아우를 수 있기

[해설] 제시문을 명제 형식으로 정리하면 다음과 같다.

> ㉠ 수석대표 → ~정부관료(≡ 정부관료 → ~수석대표)
> ㉡ 수석대표 → 고전음악 지휘자 ∨ 대중음악 제작자
> ㉢ 수석대표 → 전체 세대(≡ ~전체 세대 → ~수석대표)

즉 '수석대표 → ㉡∧㉢'이어야 한다. 따라서 빈칸에는 ①이 들어가는 것이 가장 적절하다.

[정답]　①

## ❷ 필요조건과 충분조건

### 1. 필요조건, 충분조건, 필요충분조건

| | |
|---|---|
| **충분조건** | p라는 조건(원인)하에서 q라는 결과(현상)가 반드시 발생한다면, 이때의 p를 충분조건이라 한다. |
| **필요조건** | p라는 조건(원인)하에서 q라는 결과(현상)가 발생할 필연성이 아니라 가능성만 있거나, p라는 조건(원인)이 없으면 절대로 q라는 결과(현상)가 발생할 수 없을 때, 이러한 p를 필요조건이라 한다.<br>※ p가 q의 충분조건일 경우, 'p → q'로 나타낼 수 있다. 즉 p는 충분조건이고, q는 필요조건이다. |
| **필요충분조건** | p와 q가 동치를 이루는 경우, 필요충분조건이라 한다. 이 경우 p는 q에 대해 필요하고도 충분한 조건이 되고, q는 p에 대해 충분하고도 필요한 조건이 된다.<br>※ 필요충분조건일 경우, 'p ↔ q' 또는 'p ≡ q'로 나타낼 수 있다. |

> p: 충분조건, q: 필요조건
>
> $$p \rightarrow q \equiv \sim q \rightarrow \sim p$$

## 2. 'p: 충분조건, q: 필요조건'을 나타내는 표현법

| | |
|---|---|
| p일 때 q이다. | (오직) q일 때만 p이다. |
| p가 성립하면 q가 성립한다. | q가 성립하지 않으면 p가 성립하지 않는다. |
| p인 한 q이다. | q에 한하여 p이다. |
| p는 q이기 위해 충분한 조건이다. | q는 p이기 위해 필요한 조건이다. |

※ '(오직) A일 때만 B한다.'는 'B가 아니라면 A하지 않는다.'와 같은 표현이다.

### 📋 기출 확인

**01** 다음 글에서 추론할 수 있는 것만을 <보기>에서 모두 고르면?　2022 지방직 9급

> 컴퓨터에는 자유의지가 있을까? 나아가 컴퓨터에 도덕적 의무를 귀속시킬 수 있을까? 컴퓨터는 다양한 전기회로로 구성되어 있고, 물리법칙, 프로그래밍 방식, 하드웨어의 속성 등에 따라 필연적으로 특정한 초기 상태로부터 다음 상태로 넘어간다. 마찬가지로 두 번째 상태에서 세 번째 상태로 이동하고, 이러한 과정이 계속해서 이어진다. 즉 컴퓨터는 결정론적 법칙의 지배를 받는 시스템이라는 것이다. 그럼 이러한 시스템에는 자유의지가 있을까?
>
> 결정론적 법칙의 지배를 받는 시스템의 중요한 특징은 주어진 조건에 따라 결과가 하나로 고정된다는 점이다. 다시 말해, 이러한 시스템에는 항상 하나의 선택지만 있을 뿐이다. 그런 뜻에서 결정론적 지배를 받는다는 것과 자유의지를 가진다는 것은 양립할 수 없음이 분명하다. 어떤 선택을 할 때 그것과 다른 선택을 할 수도 있다는 것은 자유의지의 필요조건이기 때문이다. 결국 결정론적 법칙의 지배를 받는 시스템은 자유의지를 가지지 않는다. 또한 자유의지를 가지지 않는 시스템에 도덕적 의무를 귀속시킬 수 없음은 당연하다.

─<보기>─
ㄱ. 컴퓨터는 자유의지를 가지지 않으며 도덕적 의무의 귀속 대상일 수도 없다.
ㄴ. 도덕적 의무를 귀속시킬 수 있는 시스템은 결정론적 법칙의 지배를 받지 않는다.
ㄷ. 어떤 선택을 할 때 그것과 다른 선택을 할 수 없는 시스템은 자유의지를 가지지 않는다.

① ㄱ, ㄴ　　　② ㄱ, ㄷ　　　③ ㄴ, ㄷ　　　④ ㄱ, ㄴ, ㄷ

해설 ㄱ. 2문단의 "자유의지를 가지지 않는 시스템에 도덕적 의무를 귀속시킬 수 없음은 당연하다."를 볼 때, 적절한 추론이다.

　ㄴ. ㄴ이 옳은 추론이라면, 그 '대우'도 옳다. ㄴ '도덕적 의무를 귀속시킬 수 있는 시스템은(p) 결정론적 법칙의 지배를 받지 않는다(q).'의 '대우'는 '결정론적 법칙의 지배를 받으면(~q) 도덕적 의무를 귀속시킬 수 없다(~p).'가 된다. 2문단에서 "결정론적 법칙의 지배를 받는 시스템은 자유의지를 가지지 않는다. 또한 자유의지를 가지지 않는 시스템은 도덕적 의무를 귀속시킬 수 없음은 당연하다."라고 하였다. 이는 ㄴ의 '대우'와 부합하는 내용이므로, ㄴ은 옳은 추론이다.

　ㄷ. p→q가 참일 때, p는 q이기 위한 충분조건이라 하고 q는 p이기 위한 필요조건이라 한다. 2문단에서 "어떤 선택을 할 때 그것과 다른 선택을 할 수도 있다는 것은 자유의지의 필요조건이기 때문이다."라고 하였다. 즉 '자유의지가 있으면(p), 어떤 선택을 할 때 그것과 다른 선택을 할 수 있다(q).'는 명제가 성립된다. 명제가 참이면, 그 명제의 '대우'도 참이 된다. 즉 '어떤 선택을 할 때 그것과 다른 선택을 할 수 없으면(~q), 자유의지가 없다(~p).'도 참이 된다. 따라서 ㄷ은 적절한 추론이다.

정답 ④

**02** 다음 글에 대한 이해로 적절하지 않은 것은?                          2022 국회직 8급

> 정신에 대한 전통적인 설명에 따르면, 인간의 육체는 비물질적 실체인 영혼으로 가득 차 있으며 그 영혼이 때때로 유령이나 귀신의 모습으로 나타난다. 그러나 이 이론은 극복할 수 없는 문제에 부딪힌다. 그 유령이 어떻게 유형의 물질과 상호 작용하는가? 무형의 비실체가 어떻게 번쩍이고 쿡 찌르고 삑 소리를 내는 외부 세계에 반응하고 팔다리를 움직이게 만드는가? 그뿐 아니라 정신은 곧 뇌의 활동임을 보여 주는 엄청난 증거들도 극복할 수 없는 문제. 오늘날 밝혀진 바에 따르면, 비물질적이라 생각했던 영혼도 칼로 해부되고, 화학물질로 변질되고, 전기로 나타나거나 사라지고, 강한 타격이나 산소 부족으로 인해 소멸되곤 한다. 현미경으로 보면 뇌는 풍부한 정신과 완전히 일치하는 대단히 복잡한 물리적 구조를 갖고 있다.
>
> 정신을 어떤 특별한 형태의 물질에서 발생하는 것으로 보는 견해도 있다. 피노키오는 목수 제페토가 발견한, 말하고 웃고 움직이는 마법의 나무에서 생명력을 얻는다. 그러나 애석한 일이지만 그런 신비의 물질은 어디에서도 발견되지 않았다. 우선 뇌 조직이 그 신비의 물질이 아닌가 생각해 볼 수 있다. 다윈은 뇌가 정신을 '분비한다'고 적었고, 최근에 철학자 존 설은 유방의 세포조직이 젖을 만들고 식물의 세포 조직이 당분을 만드는 것처럼, 뇌 조직의 물리화학적 특성들이 정신을 만들어 낸다고 주장했다. 그러나 뇌종양 조직이나 접시 안의 배양 조직은 물론이고 모든 동물의 뇌 조직에도 똑같은 종류의 세포막, 기공, 화학물질들이 존재한다는 사실을 생각해 보라. 그 모든 신경세포 조직이 동일한 물리화학적 특성들을 갖고 있지만, 그것들 모두가 인간과 같은 지능을 보이진 않는다. 물론 인간 뇌를 구성하는 세포 조직의 어떤 측면이 우리의 지능에 필수적인 것은 사실이지만, 그 물리적 특성들로는 충분하지 않다. 벽돌의 물리적 특성으로는 음악을 설명하기에 불충분한 것과 같다. 중요한 것은 신경세포 조직의 '패턴' 속에 존재하는 어떤 것이다.

① 다윈과 존 설은 뇌 조직이 인간 정신의 근원이라고 주장했다.

② 인간의 뇌를 구성하는 세포 조직의 물리적 특성은 인간 지능의 필요충분조건이다.

③ 지능에 대한 전통적 설명 방식은 내적 모순으로부터 자유롭지 않다.

④ 뇌의 물리적 특성보다 신경세포 조직의 '패턴' 속에 존재하는 어떤 것이 중요하다.

⑤ 뇌와 정신이 밀접하게 연결되어 있음을 시각적으로 확인할 수 있는 물리적 증거가 있다.

**해설** 2문단에서 "물론 인간 뇌를 구성하는 세포 조직의 어떤 측면이 우리의 지능에 필수적인 것은 사실이지만, 그 물리적 특성들로는 충분하지 않다."라고 하였다. 따라서 뇌를 구성하는 세포 조직의 물리적 특성은 인간 지능의 필요충분조건이라는 이해는 적절하지 않다.

**오답** ① 2문단의 "다윈은 뇌가 정신을 '분비한다'고 적었고, 최근에 철학자 존 설은 ~ 뇌 조직의 물리화학적 특성들이 정신을 만들어 낸다고 주장했다." 부분을 통해 알 수 있다.

③ 1문단의 "정신에 대한 전통적인 설명에 따르면, 인간의 육체는 비물질적 실체인 영혼으로 가득 차 있으며 그 영혼이 때때로 유령이나 귀신의 모습으로 나타난다. 그러나 이 이론은 극복할 수 없는 문제에 부딪힌다." 부분을 통해 알 수 있다.

④ 2문단의 "중요한 것은 신경세포 조직의 '패턴' 속에 존재하는 어떤 것이다." 부분을 통해 알 수 있다.

⑤ 1문단의 "현미경으로 보면 뇌는 풍부한 정신과 완전히 일치하는 대단히 복잡한 물리적 구조를 갖고 있다." 부분을 통해 알 수 있다.

**정답** ②

---

### 3 논증의 강화와 약화(반박)

**1. 논증의 강화:** 자신의 논지, 즉 결론을 보다 그럴듯하게 만드는 것이다.

논증의 강화 방법으로는 ① 전제가 참이라는 것을 입증시키거나, ② 그 전제와 결론의 관련성을 강조하거나, ③ 전제가 사실적 참임을 보충하는 추가적인 근거를 제시하면 된다.

**2. 논증의 약화(반박):** 논증의 근거나 전제가 틀렸음을 밝히거나 반대로 논증의 전제나 근거가 참이라고 할 때 그 전제나 근거에서 결론이 도출되지 않거나 틀렸다는 것을 입증하는 것을 말한다.

논증의 약화 방법으로는 ① 논증의 전제를 공격하는 방법, ② 논거를 반박하는 방법, ③ 논증 방식을 반박하는 방법이 있다.

---

★ 선지가 논지와 방향성이 같다면 '강화', 다르다면 '약화'이다.

★ '강화, 약화' 문제의 가장 중요한 포인트는 글의 '주장'을 아는 것이다. 그 주장과 일치하면 강화의 근거가 되고, 그 주장과 불일치하면 약화의 근거가 된다.

★ 선지에 '강화'도, '약화'도 아닌 내용이 제시될 수도 있다. 이처럼 '강화'도 아니고, '약화'도 아닌 것을 '중립'이라고 한다. 전제나 결론과는 무관한 정보일 경우 '중립'으로 생각하면 된다.

예 '장발장은 건강하다'는 '장발장은 무죄이다.'라는 주장과 관련이 없는 정보이다. 따라서 이는 '장발장은 무죄이다.'라는 주장을 강화하지도, 약화하지도 않는다.

**01 다음 글의 논지를 강화하는 것으로 가장 적절한 것은?** 2025년 국가직 9급

> A국은 도시 이외 지역의 초중고 교사가 부족하다. 이 상황을 심각하게 받아들인 A국 정부는 도시 이외 지역의 교사 충원율을 높이기 위해, 도시 이외 지역의 교사 연봉을 10% 인상하고 교사 양성 프로그램을 확대하는 정책을 제시했다. 하지만 이 정책은 근본적인 해결책이 되기 어렵다. 문제를 해결하기 위해서는, 단기간에 교사의 수를 늘리거나 교사의 연봉을 인상하기보다는 도시 이외의 지역에서 근무할 수 있는 충분한 교육 환경과 사회 기반 시설을 확보하는 것이 급선무이다. 현직 교사들뿐 아니라 교사를 지망하는 대학 졸업 예정자들 다수는 교육 환경과 사회 기반 시설이 열악한 도시 이외의 지역에서 일하기를 꺼리기 때문이다.

① A국은 정부의 교육 예산이 풍부해서 도시 이외 지역의 교육 환경과 도시의 교육 환경에 별 차이가 없다는 것이 밝혀졌다.

② A국에서 도시 이외의 지역에 근무하던 사회 초년생들이 연봉을 낮추어서라도 도시로 이직한 주된 이유는 교통 시설의 부족으로 밝혀졌다.

③ A국과 유사한 상황이었던 B국에서는 교사 연봉을 5% 인상한 후, 도시 이외 지역의 학생 1인당 교사 비율이 크게 증가했다.

④ A국과 유사한 상황이었던 C국에서는 교사 양성 프로그램을 확대한 이후에 도시뿐 아니라 도시 이외의 지역에서 교사의 수가 크게 증가했다.

해설 제시된 글에서는 도시 이외 지역의 교사 수급률을 높이는 것은 '연봉과 양성프로그램'이 아니라, '충분한 교육환경과 사회 기반시설 확보'라고 하였으므로 '연봉과 양성프로그램'을 말하면 불일치 즉 (주장) 약화의 근거가 되고, '충분한 교육환경과 사회 기반 시설 확보'를 주장하면 제시된 글과 일치 즉 (주장) 강화의 근거가 된다.
글쓴이는 "문제를 해결하기 위해서는 ~ 도시 이외의 지역에서 근무할 수 있는 <충분한 교육 환경>과 <사회 기반 시설>을 확보하는 것이 급선무이다."라고 하였다. 따라서 ②에서처럼 도시로 이직의 주된 이유가 사회 '교통 시설의 부족' 즉 <사회 기반 시설>의 부족 때문이라면 도시 이외의 지역의 근무 여건을 위해 <사회 기반 시설을 확보>하라는 글쓴이의 주장과 일치하는 것으로 글의 논지를 강화하는 근거가 될 수 있다.

오답 ① 도시 이외 지역의 교육 환경과 도시의 교육 환경에 별 차이가 없다는 것이 밝혀졌다면, 제시된 글에서 주장하고 있는 것과 반대로 수급률의 초점이 '교육 환경이 아니다.'의 뜻이 되므로 제시된 주장과 불일치가 된다. 따라서 글의 주장은 약화될 것이다.

③ 글쓴이는 교사의 연봉 인상은 문제 해결에 도움이 되지 않는다고 하였다. 그런데 선택지는 연봉 인상 후 교사의 비율이 증가하였다고 했으므로 제시된 글의 내용과 불일치이고, 글의 주장은 약화될 것이다.

④ 글쓴이는 '교사 양성 프로그램을 확대하는 정책'이 근본적인 해결책이 되기 어렵다는 입장이다. 그런데 선택지의 경우 교사 양성 프로그램을 확대한 이후에 도시뿐 아니라 도시 이외의 지역에서 교사의 수가 크게 증가했다고 하였으므로 제시된 내용과 불일치이고, 글쓴이의 주장은 약화될 것이다.

정답 ②

**02 다음 글의 ㉠과 ㉡에 대한 평가로 올바른 것은?** 9급 출제기조 전환 예시 2차

> 기업의 마케팅 프로젝트를 평가할 때는 유행지각, 깊은 사고, 협업을 살펴본다. 유행지각은 유행과 같은 새로운 정보를 반영했느냐, 깊은 사고는 마케팅 데이터의 상관관계를 분석해서 최적의 해결책을 찾아내었느냐, 협업은 일하는 사람들이 해결책을 공유하며 성과를 창출했느냐를 따진다. ㉠ 이 세 요소 모두에서 목표를 달성하는 것은 마케팅 프로젝트가 성공적이기 위해 필수적이다. 하지만 ㉡ 이 세 요소 모두에서 목표를 달성했다고 해서 마케팅 프로젝트가 성공한 것은 아니다.

① 지금까지 성공한 프로젝트가 유행지각, 깊은 사고 그리고 협업 모두에서 목표를 달성했다면, ㉠은 강화된다.

② 성공하지 못한 프로젝트 중 유행지각, 깊은 사고 그리고 협업 중 하나 이상에서 목표를 달성하는 데 실패한 사례가 있다면, ㉠은 약화된다.

③ 유행지각, 깊은 사고 그리고 협업 중 하나 이상에서 목표를 달성하는 데 실패했지만 성공한 프로젝트가 있다면, ㉡은 강화된다.

④ 유행지각, 깊은 사고 그리고 협업 모두에서 목표를 달성했지만 성공하지 못한 프로젝트가 있다면, ㉡은 약화된다.

---

**02**

해설 의견이 같다면 '강화'로, 의견이 다르다면 '약화'로 풀 수 있다.
㉠을 바꿔 표현하면, "'3가지 요소 모두에서 목표를 달성하는 것'은 '마케팅 프로젝트 성공'의 필수조건이다."가 된다. 따라서 3가지 요소 모두에서 목표를 달성했다면 ㉠은 강화될 것이다.

오답 ② ㉠은 마케팅 프로젝트가 성공적이기 위해서는 세 요소 모두 목표를 달성하는 것이 필수이라고 하였다. 따라서 셋 중 하나 이상의 목표를 달성하는 데 실패했다면, ㉠을 강화한다.

③ ㉡은 세 요소 모두에서 목표를 달성했다고, 반드시 그 프로젝트가 성공적인 것은 아니라고 하였다. 따라서 목표를 달성하지 못했음에도 성공한 프로젝트가 있다면 ㉡은 약화된다.

④ ㉡은 세 요소 모두에서 목표를 달성했다고, 반드시 그 프로젝트가 성공적인 것은 아니라고 하였다. 따라서 목표를 달성했지만 성공하지 못한 프로젝트가 있다면 ㉡은 강화된다.

정답 ①

**기출 확인**

**03** 다음 글의 ㉠을 강화하는 것만을 <보기>에서 모두 고르면?　　9급 출제기조 전환 예시 2차

> 신석기시대에 들어 인류는 제대로 된 주거 공간을 만들게 되었다. 인류의 초기 주거 유형은 특히 바닥을 어떻게 만드느냐에 따라 구분된다. 이는 지면을 다지거나 조금 파고 내려가 바닥을 만드는 '움집형'과 지면에서 떨어뜨려 바닥을 설치하는 '고상(高床)식'으로 나뉜다.
>
> 중국의 고대 문헌에 등장하는 '혈거'와 '소거'가 각각 움집형과 고상식 건축이다. 움집이 지붕으로 상부를 막고 아랫부분은 지면을 그대로 활용하는 지붕 중심 건축이라면, 고상식 건축은 지면에서 오는 각종 침해에 대비해 바닥을 높이 들어 올린 바닥 중심 건축이라 할 수 있다. 인류의 주거 양식은 혈거에서 소거로 진전되었다는 가설이 오랫동안 지배했다. 바닥을 지면보다 높게 만드는 것이 번거롭고 어렵다고 여겼기 때문이다. 그런데 1970년대에 중국의 허무두에서 고상식 건축의 유적이 발굴되면서 새로운 ㉠ 주장이 제기되었다. 그것은 혈거와 소거가 기후에 따라 다른 자연환경에 적응해 발생했다는 것이다.

> ─<보기>─
> ㄱ. 우기에 비가 넘치는 산간 지역에서는 고상식 주거 건축물 유적만 발견되었다.
> ㄴ. 움집형 집과 고상식 집이 공존해 있는 주거 양식을 보여 주는 집단의 유적지가 발견되었다.
> ㄷ. 여름에는 고상식 건축물에서, 겨울에는 움집형 건축물에서 생활한 집단의 유적이 발견되었다.

① ㄱ, ㄴ　　　② ㄱ, ㄷ　　　③ ㄴ, ㄷ　　　④ ㄱ, ㄴ, ㄷ

[해설] 기존 가설은 '인류의 주거 양식은 혈거에서 소거로 진전되었다.'는 것이고, ㉠은 '혈거와 소거가 기후에 따라 다른 자연환경에 적응해 발생했다.'는 것이다.
㉠을 강화하는 것은 '기후'와 같은 자연환경에 맞는 건축물 유적이 발견되었다는 ㄱ과 ㄷ이다.

[오답] ㄴ. 한 지역에 두 양식 공존해 있다는 것은 '기후'와 같은 자연환경에 적응해 발생했다는 ㉠을 강화하는 사례로 보기 어렵다.

[정답]　②

**04** ㉠을 평가한 내용으로 적절한 것만을 <보기>에서 모두 고르면?

9급 출제기조 전환 예시 1차

> 흔히 '일곱 빛깔 무지개'라는 말을 한다. 서로 다른 빛깔의 띠 일곱 개가 무지개를 이루고 있다는 뜻이다. 영어나 프랑스어를 비롯해 다른 자연언어들에도 이와 똑같은 표현이 있는데, 이는 해당 자연언어가 무지개의 색상에 대응하는 색채 어휘를 일곱 개씩 지녔기 때문이라고 할 수 있다.
>
> 언어학자 사피어와 그의 제자 워프는 여기서 어떤 영감을 얻었다. 그들은 서로 다른 언어를 쓰는 아메리카 원주민들에게 무지개의 띠가 몇 개냐고 물었다. 대답은 제각각 달랐다. 사피어와 워프는 이 설문 결과에 기대어, 사람들은 자신의 언어에 얽매인 채 세계를 경험한다고 판단했다. 이 판단으로부터, "우리는 모국어가 그어놓은 선에 따라 자연 세계를 분단한다."라는 유명한 발언이 나왔다. 이에 따르면 특정 현상과 관련한 단어가 많을수록 해당 언어권의 화자들은 그 현상에 대해 심도 있게 경험하는 것이다. 언어가 의식을, 사고와 세계관을 결정한다는 이 견해는 ㉠ <u>사피어-워프 가설</u>이라 불리며 언어학과 인지과학의 논란거리가 되어왔다.

─<보기>─
ㄱ. 눈[雪]을 가리키는 단어를 4개 지니고 있는 이누이트족이 1개 지니고 있는 영어 화자들보다 눈을 넓고 섬세하게 경험한다는 것은 ㉠을 강화한다.
ㄴ. 수를 세는 단어가 '하나', '둘', '많다' 3개뿐인 피라하족의 사람들이 세 개 이상의 대상을 모두 '많다'고 인식하는 것은 ㉠을 강화한다.
ㄷ. 색채 어휘가 적은 자연언어 화자들이 색채 어휘가 많은 자연언어 화자들에 비해 색채를 구별하는 능력이 뛰어나다는 것은 ㉠을 약화한다.

① ㄱ        ② ㄱ, ㄴ        ③ ㄴ, ㄷ        ④ ㄱ, ㄴ, ㄷ

해설 ㉠은 '언어'가 '의식, 사고'에 영향을 준다는 견해이다. 따라서 언어가 사고에 영향을 주는 사례는 ㉠을 강화할 것이고, 그렇지 않은 사례는 ㉠을 약화할 것이다.

　ㄱ. '눈'을 가리키는 단어를 더 많이 지니고 있는 쪽이 눈을 더 넓고 섬세하게 경험한다는 내용이다. 언어가 사고에 영향을 주는 것을 보여준 사례라는 점에서 ㉠을 강화할 것이다.

　ㄴ. 수를 세는 단어가 3개뿐인 부족 사람들은 3개 이상의 대상을 모두 '많다'고 인식한다는 내용이다. 언어가 사고에 영향을 준 사례이므로 ㉠을 강화할 것이다.

　ㄷ. 색채 어휘가 적은 화자들이 그 반대인 경우보다 색채를 구별하는 능력이 뛰어나다는 내용이다. 이는 언어가 사고에 영향을 준다는 견해와는 상반된 사례이기 때문에, ㉠을 약화할 것이다.

정답 ④

▼ 언어와 사고

150쪽 참조

PART 2 논리 해커스공무원 혜원국어 올인원 기본서

# PART 3
# 올바른 언어생활

# 출제 경향 한눈에 보기

구조도

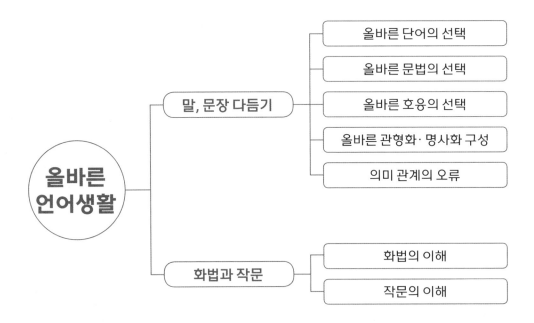

## 영역별 학습 목표

1. 바른 문장과 올바른 문장을 구별하고, 올바르지 못한 문장을 바르게 수정할 수 있다.
2. 토의와 토론의 개념, 종류, 특징을 이해할 수 있다.
3. 대화의 원리(협력의 원리, 공손성의 원리)를 이해하고 대화 상황에 적용할 수 있다.
4. 개요 및 자료를 분석하고, 글에서 수정이 필요한 부분을 고쳐 쓸 수 있다.

## 최신 3개년 기출 목록(국가직, 지방직 기준)

| 말, 문장 다듬기 | 다르다, 틀리다, 바람, 지양하다, 지향하다, 계시겠습니다, 있으시겠습니다, 있겠습니다, 다수, 소수, 익명성, 동시성, 인한, 인하여, 납부, 수납 |
|---|---|
| 화법과 작문 | 연설, 대화, 건의문, 토의, 공손성의 원리 |

## 출제 유형 분석

### 1. 2024년 국가직 9급

| 번호 | 출제 영역 분석 | 세부 내용 |
|---|---|---|
| 2번 | 1 말, 문장 다듬기 | 화법 |
| | 2 화법과 작문 | - 세 사람의 대화 내용 및 방식 분석 |
| 3번 | 1 말, 문장 다듬기 | 표준어 |
| | 2 화법과 작문 | - 허구한, 통째로, 하마터면, 잘록하게 |
| 5번 | 1 말, 문장 다듬기 | 화법 |
| | 2 화법과 작문 | - 진행자의 말하기 방식 분석 |
| 9번 | 1 말, 문장 다듬기 | 한자어 구별 |
| | 2 화법과 작문 | - 도외시/백안시, 식언/첨언, 모순/복안 |
| 18번 | 1 말, 문장 다듬기 | 작문 |
| | 2 화법과 작문 | - 고쳐 쓰기 |

### 2. 2024년 지방직 9급

| 번호 | 출제 영역 분석 | 세부 내용 |
|---|---|---|
| 2번 | 1 말, 문장 다듬기 | 단어의 표기 |
| | 2 화법과 작문 | - 옥죄다, 쇠다, 들르다, 짜깁기 |
| 11번 | 1 말, 문장 다듬기 | 작문<br>- 고쳐 쓰기 |
| | 2 화법과 작문 | * 의미의 중복(괴로운 고난 → 고난)과 문장 성분의 호응도 함께 출제되었다. |
| 12번 | 1 말, 문장 다듬기 | 화법 |
| | 2 화법과 작문 | - 강연자의 말하기 방식 분석 |
| 20번 | 1 말, 문장 다듬기 | 화법 |
| | 2 화법과 작문 | - 네 사람의 대화 내용 분석 |

### 3. 2024년 지방직 7급

| 번호 | 출제 영역 분석 | 세부 내용 |
|---|---|---|
| 1번 | 1 말, 문장 다듬기 | 화법 |
| | 2 화법과 작문 | - 강연자의 말하기 방식 분석 |
| 2번 | 1 말, 문장 다듬기 | 화법 |
| | 2 화법과 작문 | - 네 사람의 대화 내용 분석 |
| 6번 | 1 말, 문장 다듬기 | 작문 |
| | 2 화법과 작문 | - 개요의 빈칸 채우기 |
| 7번 | 1 말, 문장 다듬기 | 작문 |
| | 2 화법과 작문 | - 고쳐 쓰기 |
| 13번 | 1 말, 문장 다듬기 | 한자어 구별 |
| | 2 화법과 작문 | - 산재, 어차피, 일체, 부양 |

### 4. 2023년 국가직 9급

| 번호 | 출제 영역 분석 | 세부 내용 |
|---|---|---|
| 1번 | 1 말, 문장 다듬기 | 작문<br>- 조건에 맞는 표현 찾기 |
| | 2 화법과 작문 | * 설의법과 비유법 |
| 2번 | 1 말, 문장 다듬기 | 화법 |
| | 2 화법과 작문 | - 세 사람의 대화 내용 및 방식 분석 |
| 9번 | 1 말, 문장 다듬기 | 한글 맞춤법<br>- 무정타, 선발토록, 섭섭지, 생각건대 |
| | 2 화법과 작문 | * 준말 |
| 15번 | 1 말, 문장 다듬기 | 표준어 |
| | 2 화법과 작문 | - 숫염소, 위층, 아지랑이, 으레 |
| 16번 | 1 말, 문장 다듬기 | 작문 |
| | 2 화법과 작문 | - 고쳐 쓰기 |

### 5. 2023년 지방직 9급

| 번호 | 출제 영역 분석 | 세부 내용 |
|---|---|---|
| 1번 | 1 말, 문장 다듬기 | 화법 |
| | 2 화법과 작문 | - 두 사람의 대화 방식 분석 |
| 7번 | 1 말, 문장 다듬기 | 작문<br>- 고쳐 쓰기 |
| | 2 화법과 작문 | * 한자어 구별(지양/지향)도 함께 출제되었다. |
| 11번 | 1 말, 문장 다듬기 | 화법 |
| | 2 화법과 작문 | - 세 사람의 대화 방식 분석 |
| 13번 | 1 말, 문장 다듬기 | 단어의 쓰임 |
| | 2 화법과 작문 | - 부치다/붙이다, 아름/알음,<br>  닫치다/닫히다, 걷잡다/겉잡다 |

※ 8번의 경우 '독해-빈칸' 유형으로 출제되었지만, 내용상 '작문'에 해당한다.

### 6. 2023년 지방직 7급

| 번호 | 출제 영역 분석 | 세부 내용 |
|---|---|---|
| 1번 | 1 말, 문장 다듬기 | 화법 |
| | 2 화법과 작문 | - 발표자의 말하기 방식 분석 |
| 2번 | 1 말, 문장 다듬기 | 화법 |
| | 2 화법과 작문 | - 세 사람의 대화 방식 분석 |
| 6번 | 1 말, 문장 다듬기 | 작문<br>- 고쳐 쓰기 |
| | 2 화법과 작문 | * 신유형의 <공문서 고쳐 쓰기>와 유사한 형태로 출제되었다. |
| 16번 | 1 말, 문장 다듬기 | 한자어 구별 |
| | 2 화법과 작문 | - 작열/작렬, 갱신/경신, 개재/게재 |

※ 15번의 경우 '표기'이지만, 불규칙 용언의 활용(붓다-부어, 붙다-불어)으로 볼 수도 있기 때문에 따로 다루지 않았다.

## 1절 | 올바른 단어의 선택

### 1 혼용되지만 각기 다른 뜻을 가진 어휘

| | |
|---|---|
| 가르치다 | 지식이나 이치 등을 깨닫게 하거나 익히게 하다.<br>예 저는 초등학교에서 어린아이들을 가르치고 있습니다. |
| 가리키다 | 어떤 방향이나 대상을 지적하거나 알리다.<br>예 시곗바늘이 이미 오후 네 시를 가리키고 있었다. |
| 개발 | 지식이나 재능 따위를 발달하게 함. 토지나 천연자원 따위를 유용하게 만듦.<br>→ 정신적 + 물질적 예 신 제품 개발 |
| 계발 | 슬기, 재능, 사상 따위를 일깨워 줌. → 정신적 예 외국어 능력 계발 |
| 갱신(更新)➕ | 기간을 연장하여 계약 등이 유효한 상태가 되게 함. *更: 다시 갱 예 여권 갱신을 받다. |
| 경신(更新) | 종전의 기록을 깨 뜨림. *更: 고칠 경 예 세계 기록 경신 |
| 거치다 | 어떤 장소를 지나가거나 잠깐 들르다. 경유하다. 예 대구를 거쳐 부산으로 갔다. |
| 걷히다¹ | 없어지다. 예 안개가 걷히다. |
| 걷히다² | ① 늘어진 것이 말아 올려지다. 예 그물이 걷히다.<br>② 널거나 깐 것이 다른 곳으로 치워지다. 예 이불이 걷히다. |
| 걷히다³ | 모집하다('걷다'의 피동). 예 이번에는 회비가 잘 걷히는 편이다. |
| 결재(決裁) | 결정할 권한이 있는 상관이 부하가 제출한 안건을 검토하여 허가하거나 승인하다.<br>예 부장님께 결재를 올렸다. |
| 결제(決濟) | 증권 또는 대금을 주고받아 매매 당사자 사이의 거래 관계를 끝맺는 일<br>예 물품 대금은 나중에 예치금에서 자동으로 결제가 된다. |
| 껍질➕ | 물체의 겉을 싸고 있는 단단하지 않은 물질 예 양파의 껍질을 벗기다. |
| 껍데기 | 달걀이나 조개 따위의 겉을 싸고 있는 단단한 물질, 알맹이를 빼고 겉에 남은 물건<br>예 달걀 껍데기를 까다. / 과자 껍데기 |
| 너머 | 높은 것의 저쪽을 뜻하는 명사 예 산 너머 남촌 |
| 넘어 | 넘어가는 동작을 나타내는 동사. 목적어를 취함. 예 산을 넘어 여기까지 왔다. |
| 너비 | 평면이나 넓은 물체의 가로로 건너지른 거리 예 도로 너비를 재다. |
| 넓이 | 일정한 평면에 걸쳐 있는 공간이나 범위의 크기 예 책상 넓이만 한 지도 |
| 다르다 | 같지 않다[different]. 예 모양은 달라도 가격은 같다. |
| 틀리다 | 맞지 않다[wrong]. 예 계산이 틀리다. |
| 두껍다 | ① 두께가 보통의 정도보다 크다. 예 이불이 두껍다.<br>② 층을 이루는 사물의 높이나 집단의 규모가 보통보다 크다. 예 지지층이 두껍다. |
| 두텁다 | 신의, 믿음, 관계, 인정 따위가 굳고 깊다. 예 정이 두텁다. |
| 드러내다 | 감추어져 있거나 보이지 않던 것을 밖으로 내어 두드러지게 하다.<br>예 이제야 본색을 드러내는군. |
| 드러나다 | ① 가려 있거나 보이지 않던 것이 보이게 되다. 예 구름이 걷히고 산봉우리가 드러났다.<br>② 알려지지 않은 사실이 널리 밝혀지다. 예 진실은 반드시 드러난다. |
| 들어내다 | 들어서 밖으로 옮기다. 예 책상까지 전부 들어냅시다. |
| 드리다 | 윗사람에게 무엇인가를 주다. 정성을 바치다. 윗사람을 위해 동작하다.<br>예 부모님께 선물을 드리다. / 편히 쉬게 해 드리겠습니다. |
| 들이다 | 들어가게 하다. 예 친구를 방에 들이다. |
| 들리다 | 위로 올려지다('들다'의 피동). / '듣다'의 피동 / '들다'의 사동 / 병에 걸리다.<br>예 순식간에 몸이 번쩍 들렸다. / 새소리가 들린다. / 꽃을 들려 보내다. / 감기가 들리다. |
| 들르다 | 지나는 길에 잠깐 거치다. 예 꼭 고모님 댁에 들렀다 오너라. |
| 마치다 | 끝내다. 완수하다. 예 일과를 모두 마쳤다. |
| 맞히다 | 적중하다. / 몸에 무엇이 닿게 하다. / 정답을 고르거나 말하다.<br>예 과녁에 화살을 맞히다. / 주사를 맞히다. / 정답을 맞히다. |

➕ TIP

'이미 있던 것을 고쳐 새롭게 함.'을 뜻하는 경우에는 '갱신'과 '경신' 중 어떤 것을 써도 옳다.

➕ TIP

'조개'는 '껍질 + 껍데기' 모두 가능

### 🖉 기출 확인

다음 중 밑줄 친 단어의 사용이 옳지 않은 것은?　　　　　2017 국회직 8급
① 달걀 껍데기를 깨다.
② 바위에 굴 껍데기가 닥지닥지 붙어 있다.
③ 처음으로 돼지 껍데기를 구워 먹었다.
④ 조개껍질을 모아서 목걸이를 만들었다.
⑤ 나무껍질을 벗겨서 삶아 먹었다.

[해설]
· 껍데기: 달걀이나 조개 따위의 겉을 싸고 있는 단단한 물질
· 껍질: 물체의 겉을 싸고 있는 단단하지 않으나 질긴 물질
③은 '돼지 껍질'이다. '껍데기'는 단단한 물질을 '껍질'은 단단하지 않은 물질을 이를 때 쓴다. '돼지'의 겉을 둘러싸고 있는 물질은 딱딱하지 않기 때문에 껍질을 써야 한다.

[오답]
④ '조개껍질'과 '조개껍데기'는 복수 표준어로 사전에 등재된 합성어로 붙여 쓴다.
⑤ '나무껍질'은 '나무의 껍질, 목피'로 사전에 등재되었으며 붙여 쓴다.

[정답] ③

| 맞추다 | ① 마주 대다. 예 입을 맞추다.<br>② 정도에 알맞게 하다. 예 엄마가 찌개의 간을 맞추고 있다.<br>③ 물건을 만드는 일을 약속해 부탁하다. 예 구두를 맞추다. |
|---|---|
| 띠다 | 표면에 나타내다. / 몸에 지니다. / 사명이나 직책을 맡다.<br>예 홍조를 띠다. / 허리에 띠를 띠었다. / 사명을 띠다. |
| 떼다 | 붙어 있는 것을 떨어지게 하다. 예 이번 일에서 손을 떼시오. |
| 띄다¹ | '뜨이다('뜨다'의 피동)'의 준말 예 보기 드물게 눈에 띄는 미인이로군. |
| 띄다² | '띄우다'의 준말 예 두 줄을 띄고 써라. |
| 뜨이다 | 눈에 보이다. 예 낯익은 얼굴이 눈에 뜨인다. |
| 띄우다 | '뜨다'의 사동 예 배를 띄우다. / 편지를 띄우다. / 간격을 띄워서 나무를 심는다. |
| 매기다 | 일정한 기준에 따라 사물의 값이나 등수 따위를 정하다. 예 과일에 등급을 매기다. |
| 메기다 | 두 편이 노래를 주고받고 할 때 한편이 먼저 부르다. 예 앞소리를 메기다. |
| 박이다 | 버릇, 생각, 태도 따위가 깊이 배다. 예 버릇이 몸에 박이다. |
| 박히다 | 속에 틈을 내고 들어가 꽂히다. 예 벽에 박힌 못을 빼내다. |
| 벌이다 | 일을 시작해 펼쳐 놓다. / 물건을 늘어놓다. / 시설을 차리다.<br>예 잔치를 벌이다. / 신발을 벌여 놓다. / 사업을 벌이다. |
| 벌리다 | 공간을 넓히다. / 열어서 속의 것을 드러내다. 예 팔을 벌리다. / 자루를 벌린다. |
| 비치다 | 빛이 나서 환하게 되다. 예 어둠 속에 달빛이 비치다. |
| 비추다 | 빛을 보내어 무엇을 밝게 하다. 예 손전등으로 지하실을 비추다. |
| 생소리 | ① 이치에 맞지 아니하는 엉뚱한 말 예 그런 생소리로 사람 잡지 마시오.<br>② 노래를 할 때에 가다듬어서 내는 소리가 아니라 목에서 나오는 대로 소리를 냄. 또는 그런 소리 예 노래방에서 목이 쉬도록 생소리로 노래를 불렀다. |
| 신소리**+** | 상대편의 말을 슬쩍 받아 엉뚱한 말로 재치 있게 넘기는 말<br>예 구경꾼들은 신소리를 해 대며 웃었다. |
| 산소리 | 어려운 가운데서도 속은 살아서 남에게 굽히지 않으려고 하는 말<br>예 아버지는 가난했지만 늘 산소리를 했다. |
| 썩이다 | 걱정이나 근심 따위로 마음이 몹시 괴로운 상태가 되게 만들다.('썩다'의 사동)<br>예 이제 부모 속 좀 작작 썩여라. |
| 썩히다 | ① 부패하게 하다.('썩다'의 사동) 예 음식을 썩혀 거름을 만들다.<br>② 쓰여야 할 곳에 제대로 쓰이지 못하고 내버려진 상태로 있게 하다.('썩다'의 사동)<br>예 그는 시골구석에서 재능을 썩히고 있다.<br>③ (속되게) 본인의 의사와 관계없이 어떤 곳에 얽매이게 하다.('썩다'의 사동)<br>예 감옥에 넣어 썩힐 수가 있었다. – 이병주,《지리산》 |
| 일절(一切)**+** | 전혀, 도무지, 통 *切: 끊을 절 예 출입을 일절 금한다. |
| 일체(一切)**+** | 모든 것 *切: 모두 체 예 기술 개발에 따른 비용 일체는 저희 회사가 부담하겠습니다. |
| 젖히다 | 안쪽이 겉면으로 나오게 하다. / 몸의 윗부분을 뒤로 기울게 하다.<br>예 커튼을 걷어 젖히다. / 의자를 뒤로 젖히다. |
| 제치다 | 어떤 대상이나 범위에서 빼거나 신경 쓰지 않다. 예 그 문제는 제쳐 놓고 얘기하자. |
| 좇다 | 목표, 이상, 행복 따위를 추구하다. 예 명예를 좇다. |
| 쫓다 | ① 어떤 대상을 잡거나 만나기 위하여 뒤를 급히 따르다. 예 쫓고 쫓기는 숨막히는 추격전<br>② 어떤 자리에서 떠나도록 몰다. 예 귀신을 쫓다.<br>③ 졸음, 잡념 따위를 물리치다. 예 팔뚝을 꼬집으며 잠을 쫓았다. |
| 한참 | 시간이 상당히 지나는 동안 예 한참이 지나 그가 왔다. |
| 한창 | 어떤 일이 가장 활기 있고 왕성하게 일어나는 때. 또는 어떤 상태가 가장 무르익은 때<br>예 공사가 한창이다. |
| 헌칠하다 | 키나 몸집 따위가 보기 좋게 어울리도록 크다. 예 그는 키가 헌칠하고 잘생겼다. |
| 훤칠하다 | ① 길고 미끈하다. 예 달빛에 비친 키가 훤칠하게 커 보였다.<br>② 막힘없이 깨끗하고 시원스럽다. 예 평야가 훤칠하게 펼쳐진다. |
| -므로 | 까닭, 이유 예 그는 부지런하므로 성공할 것이다. |
| -ㅁ으로 | 수단, 방법 예 그는 부지런함으로 인정받으려 한다. |
| -박이 | 무엇이 박혀 있는 사람, 짐승, 물건 / 무엇이 박혀 있는 곳을 나타낼 때<br>예 점박이, 차돌박이, 장승박이, 붙박이 |
| -배기 | 나이를 먹은 아이 / 그런 물건 / 그것이 들어 있거나 차 있다.<br>예 한 살배기 / 진짜배기 / 나이배기 |

**➕ TIP**

쉰소리(×)

흰소리: 터무니없이 자랑으로 떠벌리거나 거드럭거리며 허풍을 떠는 일

**➕ TIP**

일절 vs 일체

· 일절(一切)+부정, 금지, 끊다
· 일체(一切)+긍정

**📋 기출 확인**

밑줄 친 말의 쓰임이 옳지 않은 것은?

2022 국가직 9급

① 그는 아까운 능력을 썩히고 있다.

② 음식물 쓰레기를 썩혀서 거름으로 만들었다.

③ 나는 이제까지 부모님 속을 썩혀 본 적이 없다.

④ 그들은 새로 구입한 기계를 창고에서 썩히고 있다.

**해설**

썩혀 → 썩여: 부모님의 속을 '괴롭게 만들어' 본 적이 없다는 의미이다. 따라서 '걱정이나 근심 따위로 마음이 몹시 괴로운 상태가 되다.'라는 의미를 가진 '썩다'에 사동 접미사 '-이-'를 붙인 '썩이다'가 어울린다.

**오답**

①, ④ '물건이나 사람 또는 사람의 재능 따위가 쓰여야 할 곳에 제대로 쓰이지 못하고 내버려진 상태에 있다.'라는 의미를 가진 '썩다'에 사동 접미사 '-히-'를 붙인 '썩히다'의 쓰임은 적절하다.

② '유기물이 부패 세균에 의하여 분해됨으로써 원래의 성질을 잃어 나쁜 냄새가 나고 형체가 뭉개지는 상태가 되다.'라는 의미를 가진 '썩다'에 사동 접미사 '-히-'를 붙인 '썩히다'의 쓰임은 적절하다.

**정답** ③

## 2 문맥에 따라 구별되는 단어와 어구 +

| 단어 | 뜻 |
|---|---|
| 감소하다 | 양이나 수치가 줄다. 또는 양이나 수치를 줄이다.<br>⑩ 수출이 감소하고 수입이 늘어서 나라 살림이 어려워지고 있다. |
| 내리다 | 값이나 수치, 온도, 성적 따위가 이전보다 떨어지거나 낮아지다. 또는 그렇게 하다. ⑩ 체온이 내렸다. |
| 가리다 | 잘잘못이나 좋은 것과 나쁜 것 따위를 따져서 분간하다.<br>⑩ 검찰은 사건의 진상을 가리기 위하여 용의자들을 심문하였다. |
| 밝히다 | 진리, 가치, 옳고 그름 따위를 판단하여 드러내 알리다. ⑩ 진실이 밝혀지다. |
| 고명딸 | 아들 많은 집의 외딸<br>⑩ 그 집 막내는 고명딸로 태어나 오빠들 틈에서 귀염을 독차지하며 자랐다. |
| 외동딸 | '외딸'을 귀엽게 이르는 말. ⑩ 무남독녀 외동딸이라 귀하다. |
| 고르다 | 여럿 중에서 가려내거나 뽑다. ⑩ 그중에서 네 마음에 드는 것을 하나 골라라. |
| 바르다 | 뼈다귀에 붙은 살을 걷거나 가시 따위를 추려 내다.<br>⑩ 생선의 가시를 발라내다. |
| 굉장히 | 아주 크고 훌륭하게<br>⑩ 그 건물은 굉장히 으리으리해서 흡사 왕조 시대의 궁궐을 연상하게 했다. |
| 무척 | 다른 것과 견줄 수 없이 ⑩ 저 성은 무척 작아 보인다. |
| 기리다 | 뛰어난 업적이나 바람직한 정신, 위대한 사람 따위를 칭찬하고 기억하다.<br>⑩ 그들은 고인을 기리는 문학상을 만들기로 결정했다. |
| 위로하다 | 따뜻한 말이나 행동으로 괴로움을 덜어 주거나 슬픔을 달래 주다.<br>⑩ 태풍으로 인해 희생된 사람들의 넋을 위로하기 위해 이 행사를 마련했습니다. |
| 꼬리 | 동물의 꽁무니나 몸뚱이의 뒤 끝에 붙어서 조금 나와 있는 부분. 짐승에 따라 조금씩 모양이 다르다. ⑩ 고양이가 꼬리를 흔든다. |
| 꽁지 | 새의 꽁무니 +에 붙은 깃 ⑩ 저 새는 꽁지가 매우 길다. |
| 주위(周圍) | 어떤 사물이나 사람을 둘러싸고 있는 것 또는 그 환경<br>⑩ 그녀는 두리번거리며 주위를 살펴보았다. |
| 주의(注意) | 어떤 한 곳이나 일에 관심을 집중하여 기울임. ⑩ 주의가 산만한 학생들이 많다. |
| 문득 | 생각이나 느낌 따위가 갑자기 떠오르는 모양이나, 어떤 행위가 갑자기 이루어지는 모양 ⑩ 문득 고개를 들어 하늘을 올려다보았다. |
| 갑자기 | 미처 생각할 겨를도 없이 급히 ⑩ 어디선가 갑자기 소리가 들렸다. |
| 배웅하다 | 떠나가는 손님을 일정한 곳까지 따라 나가서 작별하여 보내다.<br>⑩ 선생님을 정거장까지 배웅해 드리고 돌아서니 서운한 마음에 발길이 무거웠다. |
| 마중하다 | 오는 사람을 나가서 맞이하다.<br>⑩ 오랜만에 고향에 돌아오는 친구를 마중하러 공항에 나갔다. |
| 값 | 사고파는 물건에 일정하게 매겨진 액수 ⑩ 물건의 값을 깎다. |
| 삯 | 일한 데 대한 품값으로 주는 돈이나 물건 / 어떤 물건이나 시설을 이용하고 주는 돈 ⑩ 서울에서 뉴욕까지 비행기 삯이 얼마입니까? |
| 빌미 | 재앙이나 탈 따위가 생기는 원인 ⑩ 독재자는 이 사건을 탄압의 빌미로 삼았다. |
| 원인 | 어떤 사물이나 상태를 변화시키거나 일으키게 하는 근본이 된 일이나 사건<br>⑩ 그 사건이 원인이 되어 출세 가도를 달리게 되었다. |
| 안절부절못하다 + | 마음이 초조하고 불안하여 어찌할 바를 모르다.<br>⑩ 마음이 초조하여 안절부절못했다. |
| 양해 | 남의 사정을 잘 헤아려 너그러이 받아들임.<br>⑩ 고객 여러분께 진심으로 양해를 구합니다. |
| 유명세 + | 세상에 이름이 널리 알려져 있는 탓으로 당하는 불편이나 곤욕<br>⑩ 영화배우 김 씨는 이번 스캔들로 유명세를 톡톡히 치렀다. |
| 인기 | 어떤 대상에 쏠리는 대중의 높은 관심이나 좋아하는 기운<br>⑩ 그는 친구가 배우가 되어 얻은 인기를 부러워했다. |
| 양복장이 | 양복을 만드는 일을 직업으로 하는 사람 ⑩ 그는 뛰어난 양복장이이다. |
| 쳐다보다 | 위를 향하여 올려 보다. ⑩ 단상 위의 교장 선생님을 쳐다보다. |
| 내려다보다 | 위에서 아래를 향하여 보다.<br>⑩ 집이 높은 데 있어서 아래 들판을 내려다보는 즐거움은 이루 말할 수 없다. |

## 3 문맥에 따라 구별해야 하는 한자어

| | |
|---|---|
| 가능성(可能性) | 앞으로 실현될 수 있는 성질이나 정도 예 가능성을 점치다. |
| 개연성(蓋然性) | 절대적으로 확실하지 않으나 아마 그럴 것이라고 생각되는 성질<br>예 문학은 일어났던 사실은 아니지만 일어날 만한 개연성이 충분히 있는 일반 사항들에 대해 이야기한다. |
| 개량(改良) | 나쁜 점을 보완하여 더 좋게 고침. 예 농사 방법의 개량에 힘쓰다. |
| 개선(改善) | 잘못된 것이나 부족한 것, 나쁜 것 따위를 고쳐 더 좋게 만듦.<br>예 팔당호의 수질 개선 대책은 무엇인가? |
| 거절(拒絕) | 상대편의 요구, 제안, 선물, 부탁 따위를 받아들이지 않고 물리침.<br>예 그녀의 거절에 나는 자존심이 상했다. |
| 거부(拒否) | 요구나 제의 따위를 받아들이지 않고 물리침.<br>예 노동조합의 요구 조건을 사용자 측은 계속 거부하고 있다. |
| 공동(共同) | 둘 이상의 사람이나 단체가 함께 일을 하거나, 같은 자격으로 관계를 가짐.<br>예 우리는 공동 관심사가 있다. |
| 공통(共通) | 둘 또는 그 이상의 여럿 사이에 두루 통하고 관계됨.<br>예 만국 공통의 언어가 있다면 얼마나 좋을까 |
| 관습(慣習) | 어떤 사회에서 오랫동안 지켜 내려와 그 사회 성원들이 널리 인정하는 질서나 풍습 예 관습을 따르다. |
| 인습(因習) | 이전부터 전하여 내려오는 습관<br>예 현재의 문화 창조에 이바지할 수 있다고 생각되는 것만을 전통이라고 할 수 있다는 점에서 인습과 전통은 구별된다. |
| 난이도(難易度) | 어려움과 쉬움의 정도 예 난이도에 따라 단계적으로 교육하다. |
| 난도(難度) | 어려움의 정도 예 출제자들은 이번 시험의 난도가 크게 낮아졌다고 말했다. |
| 난잡(亂雜)하다 | 사물의 배치나 사람의 차림새 따위가 어수선하고 너저분하다.<br>예 현관에는 개구쟁이들이 벗어 놓은 신발짝이 난잡하게 널려 있다. |
| 난삽(難澁)하다 | 글이나 말이 매끄럽지 못하면서 어렵고 까다롭다.<br>예 수식어가 필요 이상으로 많으면 난삽한 글이 된다. |
| 동등(同等) | 등급이나 정도가 같음. 또는 그런 등급이나 정도 예 동등의 학력을 가지다. |
| 평등(平等) | 권리, 의무, 자격 등이 차별 없이 고르고 한결같음.<br>예 언어는 의식주보다도 민중 전체가 평등하게 가지는 문화물이다. |
| 무식(無識) | 배우지 않은 데다 보고 듣지 못하여 아는 것이 없음. 예 무식이 드러나다. |
| 무지(無知) | 아는 것이 없음. 예 아는 것은 과학이고 안다고 믿는 것은 무지이다. |
| 발견(發見) | 미처 찾아내지 못하였거나 아직 알려지지 아니한 사물이나 현상, 사실 따위를 찾아냄. 예 신대륙을 발견하다. |
| 발명(發明) | 아직까지 없던 기술이나 물건을 새로 생각하여 만들어 냄.<br>예 중국에서 처음 발명되었던 화약과 나침반이 유럽에 전해져 실제 생활에 쓰였다. |
| 발전(發展) | 더 낫고 좋은 상태나 더 높은 단계로 나아감. 예 과학의 발전에 기여하다. |
| 발달(發達) | 신체, 정서, 지능 따위가 성장하거나 성숙함.<br>예 태어나서 처음 3년 동안에 아기의 뇌는 급격히 발달한다. |
| 보상(補償)⊞ | 어떤 것에 대한 대가로 갚음. 예 노고에 대해 보상을 받다. |
| 배상(賠償)⊞ | 남의 권리를 침해한 사람이 그 손해를 물어 주는 일<br>예 관리 사무소의 부주의로 인한 단전사태에, 주민들이 배상을 요구하고 나섰다. |
| 보수(保守) | 새로운 것이나 변화를 적극적으로 받아들이기보다는 전통적인 것을 옹호하며 유지하려 함. 예 그들은 보수 세력이다. |
| 수구(守舊) | 옛 제도나 풍습을 그대로 지키고 따름.<br>예 민주적 가치를 모두 부정하려는 수구 세력에 의해 민주주의가 무너질 위험이 커지고 있다. |
| 불가결(不可缺) | 없어서는 아니 됨. 예 그 조건은 필수 불가결이다. |
| 불가피(不可避) | 피할 수 없음. 예 우리의 인생에서 경쟁은 불가피하다. |
| 상승(上昇) | 낮은 데서 위로 올라감. 예 물가가 상승하다. |
| 향상(向上) | 실력, 수준, 기술 따위가 나아짐. 또는 나아지게 함.<br>예 성적이 향상됐으면 좋겠어요. |
| 수납(收納) | 돈이나 물품 따위를 받아 거두어들임.<br>예 경기 침체로 조세 수납에 차질을 빚고 있다. |
| 납부(納付) | 세금이나 공과금 따위를 관계 기관에 냄.<br>예 공과금을 기한 내에 은행 등 지정 기관에 납부하지 않으면 연체료를 내야 한다. |

### ⊞ TIP

다만 '보상'과 '배상'은 '남에게 끼친 손해를 갚음.'의 의미로 사용할 수 있다.
예 피해 보상/손해 배상

★ '접수(接受)'는 '받다'의 의미로만 사용하고 '주다'의 의미로는 사용할 수 없다.
예 나는 학교에 원서를 접수했다.(×)

### 📑 기출 확인

(가)~(라)의 고쳐쓰기 방안으로 적절하지 않은 것은? 2021 지방직 9급

> (가) 현재 우리 구청 조직도에는 기획실, 홍보실, 감사실, 행정국, 복지국, 안전국, 보건소가 있었다.
> (나) 오늘은 우리 시청이 지양하는 '누구나 행복한 ○○시'를 실현하기 위한 추진 방안을 논의합니다.
> (다) 지난달 수해로 인한 준비 기간이 짧았기 때문에 지역 축제는 예년보다 규모가 줄어들었다.
> (라) 공과금을 기한 내에 지정 금융 기관에 납부하지 않으면 연체료를 내야 한다.

① (가): '있었다'는 문맥상 시제 표현이 적절하지 않으므로 '있다'로 고쳐 쓴다.
② (나): '지양'은 어떤 목표로 뜻이 쏠리어 향한다는 의미인 '지향'으로 고쳐 쓴다.
③ (다): '지난달 수해로 인한'은 '준비 기간'을 수식하는 절이 아니므로 '지난달 수해로 인하여'로 고쳐 쓴다.
④ (라): '납부'는 맥락상 금융 기관이 돈이나 물품 따위를 받아 거두어들인다는 '수납'으로 고쳐 쓴다.

**해설**

'납부(納付)'는 '세금이나 공과금 따위를 관계 기관에 냄.'이라는 의미이고, '수납(收納)'은 '돈이나 물품 따위를 받아 거두어들임.'이라는 의미이다. (라)에서는 문맥상 공과금을 '내지' 않으면 연체료를 내야 한다는 의미이다. 따라서 '냄'의 의미를 가진 '납부'를 그대로 써야 한다. 그러므로 '수납'으로 고쳐 쓴다는 방안은 적절하지 않다.

**오답**

① '현재'와 과거 시제 선어말 어미 '-었-'을 쓴 '있었다'는 호응하지 않는다. 따라서 '현재'에 맞춰 '있다'로 고쳐 쓴 것은 적절하다.
② '지양'은 '더 높은 단계로 오르기 위하여 어떠한 것을 하지 아니함.'이라는 의미이다. 그런데 (나)는 문맥상 '누구나 행복한 ○○시'를 추구한다는 의미이므로 '지양'을 '지향'으로 고쳐 쓴 것은 적절하다.
③ 수해의 영향으로 준비 기간이 짧았다는 의미이다. 따라서 '지난달 수해로 인하여'로 고쳐 쓴 것은 적절하다.

정답 ④

| | |
|---|---|
| 심문(審問) | 법원이 당사자나 그 밖에 이해관계가 있는 사람에게 서면이나 구두로 개별적으로 진술할 기회를 주는 일. 예 심문을 통해 답을 받아내다. |
| 신문(訊問) | 법원이나 기타 국가 기관이 어떤 사건에 관하여 증인, 당사자, 피고인 등에게 말로 물어 조사하는 일 예 변호인의 반대 신문이 시작됐다. |
| 와중(渦中) | 일이나 사건 따위가 시끄럽고 복잡하게 벌어지는 가운데<br>예 많은 사람이 전란의 와중에 가족을 잃었다. |
| 도중(途中) | 일이 계속되고 있는 과정이나 일의 중간<br>예 직원들이 조용히 근무하는 도중에 갑자기 전화벨이 울렸다. |
| 완성(完成) | 완전히 다 이룸. 예 결혼은 사랑의 완성이다. |
| 완수(完遂) | 뜻한 바를 완전히 이루거나 다 해냄.<br>예 국제 경쟁력 강화는 단기간에 완수될 수 없는 과제이다. |
| 위험(危險) | 해로움이나 손실이 생길 우려가 있거나 그런 우려가 발생한 상태<br>예 폭풍으로 배가 위험에 빠졌다. |
| 위태(危殆) | 어떤 형세가 마음을 놓을 수 없을 만큼 위험함.<br>예 중환자실에 누워 있는 그의 목숨은 실로 바람 앞에 등불처럼 위태했다. |
| 의의(意義) | 말이나 글의 속뜻 예 그 말의 의의를 알다. |
| 이의(異議) | 다른 의견이나 논의 예 저는 위원장님 말씀에 이의 있습니다. |
| 이용(利用) | 대상을 필요에 따라 이롭게 씀. 예 자원을 효율적으로 이용하다. |
| 활용(活用) | 도구나 물건 따위를 충분히 잘 이용함.<br>예 마을 주민들은 빼어난 풍광과 전통적인 농촌 가옥들 자체를 관광자원으로 활용하고 있다. |
| 임대(賃貸) | 돈을 받고 자기의 물건을 남에게 빌려줌. 예 임대 가격을 싸게 해주다. |
| 임차(賃借) | 돈을 내고 남의 물건을 빌려 씀.<br>예 은행 돈을 빌려 사무실을 임차해서 쓰고 있습니다. |
| 재원(才媛)➕ | 재주가 뛰어난 젊은 여자 예 그녀는 미모와 폭넓은 교양을 갖춘 재원이다. |
| 재자(才子)➕ | 재주가 뛰어난 젊은 남자 예 그의 사위는 우리 회사의 뛰어난 재자이다. |
| 차선(車線) | 자동차 도로에 주행 방향을 따라 일정한 간격으로 그어 놓은 선<br>예 차선을 지키다. |
| 차로(車路) | 사람이 다니는 길 따위와 구분하여 자동차만 다니게 한 길<br>예 버스 전용 차로를 이용해서는 안 된다. |
| 체제(體制) | 사회를 하나의 유기체로 볼 때에, 그 조직이나 양식, 또는 그 상태를 이르는 말<br>예 냉전 체제가 지속되다. |
| 체계(體系) | 일정한 원리에 따라서 낱낱의 부분이 짜임새 있게 조직되어 통일된 전체<br>예 교통 신호 체계만 바꾸어도 사고를 줄일 수 있다. |
| 치료(治療) | 병이나 상처 따위를 잘 다스려 낫게 함.<br>예 이 병은 치료 기간이 길기 때문에 예방이 중요하다. |
| 치유(治癒) | 치료하여 병을 낫게 함.<br>예 자연은 스트레스로 시달리는 우리 영혼을 치유하는 데 큰 도움이 된다. |
| 혼돈(混沌)➕ | 마구 뒤섞여 있어 갈피를 잡을 수 없음. 또는 그런 상태<br>예 외래문화의 무분별한 수입은 가치관의 혼돈을 초래하였다. |
| 혼동(混同) | 구별하지 못하고 뒤섞어서 생각함.<br>예 종교적 신조를 과학적인 정보와 혼동해서는 안 된다. |
| 회피(回避) | 꾀를 부려 마땅히 져야 할 책임을 지지 아니함.<br>예 책임을 회피하다. |
| 기피(忌避) | 꺼리거나 싫어하여 피함.<br>예 그 식당은 음식 맛이 너무 형편 없어서 사원들에게 기피 대상 1순위이다. |
| 여지(餘地) | 어떤 일을 하거나 어떤 일이 일어날 가능성이나 희망<br>예 우리에게는 선택의 여지가 남아 있지 않다. |
| 여유(餘裕) | 물질적·공간적·시간적으로 넉넉하여 남음이 있는 상태<br>예 놀 만한 시간적 여유가 없다. |
| 임산부(姙産婦) | 임부와 산부를 아울러 이르는 말 예 산부인과가 임산부로 북적이다. |
| 임신부(姙娠婦) | 아이를 밴 여자 예 임신부는 태교를 위해 말과 행동, 음식 등을 조심해야 한다. |
| 피로(疲勞) | 과로로 정신이나 몸이 지쳐 힘듦. 또는 그런 상태<br>예 피로가 쌓여 결국 몸살에 걸렸다. |
| 원기(元氣) | 본디 타고난 기운 예 원기 회복을 위해 비타민 음료를 마셨다. |

➕ TIP

인재(人才)
재주가 있는 뛰어난 사람

➕ TIP

· 혼돈하다(형용사)
· 혼동하다(동사)

## 2절 올바른 문법의 선택

### 1 높임 표현의 올바른 사용

① 할머니께서 너 한번 보시재☐. → 보자셔 ◑ '보시재': 보시자고 해 / '보자셔': 보자고 하셔

② 아버지, 형님이 집에 오셨어요. → 왔어요.
　◑ 청자가 주체보다 높은 경우 압존법을 쓴다(가족 간이나 사제 간).

③ 부장님께서 회의가 계시어 자리에 안 계십니다. → 있으셔서
　◑ '있다'의 직접 높임은 '계시다'이고 간접 높임은 '있으시다'이다.

④ 고객님, 주문하신 커피가 나오셨습니다. → 나왔습니다. ◑ '커피'는 간접 높임의 대상이 아니다.

☐ TIP

**기억해야 할 '준말'**
・-재. → -자고 해.
　-대. → -다고 해. ⎤ 간접 인용
　-래. → -라고 해. ⎦
・-데. → -더라.

### 2 조사의 올바른 사용

#### 1. '에', '에게'☐ / '에', '에서', '에도'

① 정부는 일본에게 강력히 항의해야 한다. → 일본에

② 버릇없고 참을성 없는 요즘 어린이들에 초등학교에서 생활 습관 교육을 실시한다고 한다.
　→ 어린이들에게

③ 건축 면적은 설계도에 정한 기준에 따라 산정한다. → 설계도에서
　◑ 부사격 조사 '에서'는 처소, 출발점, 근거, 기준점, 출처의 의미로 쓰임이 가능하다.

④ 제안서 및 과업 지시서는 참가 신청자에게 한하여 교부한다. → 신청자에
　◑ '어떤 조건, 범위에 제한되거나 국한되다.'의 의미로 조사 '에'를 취한다.

☐ TIP

'에'는 무정 명사에, '에게'는 유정 명사에 붙는 조사이다.

#### 2. '로써'와 '로서'

'-(으)로써'는 '수단, 기구, 방법, 도구, 셈의 한계'를 나타내고, '-(으)로서'는 '대표, 자격, 일의 출발점' 등을 나타낸다.

① 이곳은 그동안 합격의 산실로써 많은 역할을 해 왔다. → 산실로서

② 말로서 천 냥 빚을 갚는다고 한다. → 말로써

③ 이 문제는 너로서 시작되었어. → 너로써

④ 오늘로서 우리 만난 지 100일이야. → 오늘로써

#### 3. '고/라고', '는/라는'☐

간접 인용을 나타낼 때는 보조사 '고'를, 직접 인용을 나타낼 때는 '하고'나 조사 '라고'를 쓴다.

① 친구가 나에게 국회의원 선거에 나가겠느냐라고 물었다. → 나가겠느냐고
　◑ 간접 인용이므로 '고'를 써야 한다.

② 삼촌은 나만 보면 "커서 뭐가 되겠느냐"고 묻곤 하셨다.
　→ "~되겠느냐"라고/"~되겠느냐"∨하고
　◑ 직접 인용이므로 '하고'나 '라고'를 써야 한다. 위 문장을 간접 인용으로 바꾸면 '삼촌은 나만 보면 커서 뭐가 되겠느냐고 묻곤 하셨다.'이다.

③ 가장 괴로웠던 것은 친한 친구와 헤어져 있어야 했다라는 것이었습니다. → 했다는

④ 그는 "신기록 제조기다."는 평을 받고 있습니다. → "신기록 제조기다."라는/∨하는

#### 4. 서술어에 따른 조사의 쓰임

① 아직도 선생님의 생생한 목소리가 나의 귓전에 울린다. → 귓전을 울린다. / 귀에 울린다.

② 그도 인간이기에 감정이 이끌렸지만, 이성적으로 행동해야 했다. → 감정에

③ 약은 약사와, 진료는 의사와 문의합시다. → 약사에게, 의사에게

④ 그는 어제 술이 취해서 어떻게 집으로 갔는지 기억을 못한다고 했다. → 술에

☐ TIP

**직접 인용과 간접 인용**
・직접 인용: 라고, 라는, 하고, 하는
　＊ '라고(조사), 라는('라고 하는'의 준말) 은 앞말에 붙여 쓰고 '하고, 하는'은 앞 말과 띄어 쓴다.
・간접 인용: 고, 는
　＊ 서술격 조사 '이다'의 간접 인용은 '이다고'가 아니라 '이라고'이다.

📝 **기출 확인**

**문장 쓰기 어법이 가장 옳은 것은?**
2018 서울시 9급

① 한국 정부는 독도 영유권 문제에 대하여 일본에 강력히 항의하였다.

② 경쟁력 강화와 생산성의 향상을 위해 경영 혁신이 요구되어지고 있다.

③ 이것은 아직도 한국 사회가 무사안일주의를 벗어나지 못했다는 생각이 든다.

④ 냉정하게 전력을 평가해 봐도 한국이 자력으로 16강 티켓 가능성은 높은 편이다.

해설

우선, 주어 '한국 정부는'과 서술어 '항의하였다'가 호응한다. 또한 '일본'은 유정 명사가 아니므로 부사격 조사 '에'의 쓰임은 적절하다. 따라서 ①은 어법에 맞는 문장이다.
〈한국 정부가 / 항의하다 / 일본에 / 독도 영유권 문제에 대하여〉
＊ 무정 명사 + '에' / 유정 명사 + '에게'

정답 ①

PART 3 올바른 언어생활 해커스공무원 해원국어 올인원 기본서

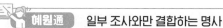

| 조사 | 용례 |
|---|---|
| 의 | 불굴(不屈)의, 재래(在來)의, 불가분(不可分)의, 미증유(未曾有)의 |
| 에 | 미연(未然)에, 천만(千萬)에, 졸지(猝地)에, 극비리(極祕裡)에, 노파심(老婆心)에, 탓에, 중에, 터에, 홧김에, 단박에, 때문에, 바람에 |
| 이다 | 가관(可觀)이다, 고무적(鼓舞的)이다 |

## 3 어미의 올바른 사용

① 저 모형 비행기가 잘 날라가지 않습니까? → 날아가지

　◑ '날다 + 가다'의 합성어로 '날아가지'의 형태로 활용하는 것이 알맞다.

② 어머님, 올해도 건강하세요. → 건강하게 지내세요. / 건강하시길 빕니다.

　◑ 형용사는 현재 시제를 표시하는 관형사형 어미 '-는', 명령형 어미, 청유형 어미를 쓸 수 없다.

③ 다음 지문을 읽고 알맞는 답을 고르세요. → 알맞은

　◑ '알맞다'는 형용사이므로 현재 시제를 표시하는 관형사형 어미 '-는'과 쓰일 수 없다.

④ 어디에서 공부하던지 열심히만 하면 된다. → 공부하든지

　◑ '-던'은 과거 회상을 나타낸다. 선택을 나타낼 때는 '-든'을 사용한다.

## 4 사동과 피동의 올바른 사용

① 공장의 폐수를 분리하도록 한 것은 환경 보호를 위한 조치를 강화시킨 대표적인 예로 들 수 있다. → 강화한

　◑ '~시키다'를 '~하다'로 바꾸어도 의미의 변화가 없으면 과도한 사동 표현이다.

② 내가 1등이라니 믿겨지지가 않아! → 믿기지가 / 믿어지지가

　◑ 믿겨지다(믿-+-기-+-어지다)는 이중 피동 표현이다.

### 1. 이중 피동

| 개념 | 피동 접미사가 붙은 말에, 피동의 뜻을 나타내는 '-어지다'를 다시 붙인 말로, 우리말 어법에 맞지 않는 표현이다. |
|---|---|
| 용례 | · 잊혀지다(×) → 잊히다(○)<br>· 쓰여지다(×) → 쓰이다(○)<br>· 찢겨지다(×) → 찢기다(○) |

### 2. 우리말 '시키다'의 쓰임

· 본동사

　例 엄마가 심부름을 <u>시키다</u>(→ 하게 하다). / 짜장면을 <u>시키다</u>(→ 주문하다).

· 접사: '사동'의 의미를 더하는 접사

　例 교육<u>시키다</u> / 등록<u>시키다</u> / 오염<u>시키다</u> / 복직<u>시키다</u> / 입원<u>시키다</u> / 화해<u>시키다</u>

· let, make 등으로 잘못 사용 주의!

　例 여자 친구 소개<u>시켜</u> 줄게.(×) → 소개<u>해</u> 줄게.(○)

　*접사의 '시키다'를 '하다'로 바꾸어도 문맥이 통하면 과도한 사용이다. '소개하다'로 충분한 문장이다.

---

**★** · 날다 – 날고 – 날아
　· 나르다 – 나르고 – 날라

가장 자연스러운 문장은?

2022 서울시 9급 1차

① 지금부터 회장님의 말씀이 계시겠습니다.

② 당신이 가리키는 곳은 시청으로 보입니다.

③ 푸른 산과 맑은 물이 흐르는 계곡으로 가자!

④ 이런 곳에서 생활한다는 것이 믿겨지지 않았다.

**해설**

방향을 나타낼 때는 '가리키다'이고, 피동의 의미일 때는 '보이다'가 적절하다.

**오답**

① 말씀이 계시겠습니다. → 말씀이 있(으시)겠습니다. / 말씀하시겠습니다.

③ 서술어가 잘못 생략된 문장이다. '푸른 산이 있고 맑은 물이 흐르는'으로 고쳐야 한다.

④ '믿겨지지'는 이중 피동이므로 '믿기지'로 고쳐야 한다.

정답 ②

## 3절 | 올바른 호응의 선택

### ① 문장 성분의 호응

#### 1. 생략된 문장 성분 보충

① 본격적인 공사가 언제 시작되고,˅언제 개통될지 모른다.
[도로가]

➠ '개통되다'의 주체에 해당하는 주어가 생략되어 있으므로 적절한 주어를 넣어 주어야 한다.

② 인간은 자연을 지배하기도 하고˅복종하기도 한다.
[,자연에]

➠ '복종하다'라는 동사에 알맞은 부사어(자연에)를 넣어야 한다.

③ 중국은 땅과➕ 인구가 많다. → 땅이 넓고, 인구가 많다.

➠ '땅'에 대한 서술어가 없으므로 '넓다'라는 서술어를 넣어 주어야 한다.

#### 2. 문장 성분간 호응

① 내가 그를 존경하는 이유는 그가 겸손하다. → 겸손하기 때문이다.

➠ 주어와 서술어의 호응

② 내 취미는 영화와 음악을 듣는 거야. → 영화를 보거나

➠ 목적어와 서술어의 호응

③ 너는 모름지기 열심히 공부를 한다. → 공부해야 한다.

➠ 부사어와 서술어의 호응

---

#### 혜원通 부사어와 서술어의 호응

1. 왜냐하면 ~하기 때문이다.

2. 다만(오직, 오로지) ~할 뿐(따름)이다.

3. 반드시(기필코, 마땅히) ~ 해 , 하지 않을 수 없다, 하지 않으면 안 된다.

4. 결코(절대로) ~아니(하)다(못하다, 없다).

5. 하물며 ~하랴(하겠느냐)?

6. 아무래도 ~하기 어려울(쉬울) 것이다.

7. 여간 + 부정

   예 • 여간 예쁘지 않다. → '예쁘다'의 의미
   　• 아이를 혼자 키우는 일은 여간 어려운 일이 아니다. → '어렵다'는 의미

8. 차마 ~할 수가 없다.

9. 비록 ~할지라도

10. 아마 ~할 것이다.

11. 좀처럼 ~하지 않다.

12. ┌ 과연 + 평서형, 감탄형(긍정) 예 과연 소문대로 훌륭하다.
　　└ 과연 + 의문형 예 과연 취직 시험에 합격할 수 있을까?

---

📝 **기출 확인**

**문장 성분의 호응이 자연스러운 것은?**
2020 국가직 9급

① 내가 강조하고 싶은 점은 우리가 고유 언어를 가졌다.

② 좋은 사람과 대화하며 함께한 일은 즐거운 시간이었다.

③ 내 생각은 집을 사서 이사하는 것이 좋겠다고 결정했다.

④ 그는 내 생각이 옳지 않다고 여러 사람 앞에서 말을 하였다.

[해설]

"그는 내 생각이 옳지 않다고 여러 사람 앞에서 말을 하였다."에는 문장 성분의 호응, 특별히 주어와 서술어의 호응이 자연스럽다. 제시된 문장은 "그가(주어) 여러 사람 앞에서(부사어구) 말을(목적어) 하였다(서술어)."의 문장과 "내 생각이(주어구) 옳지 않다(서술어구)"의 문장이 간접 인용절로 안겨 있다.

[오답]

① 내가 강조하고 싶은 점은~가졌다. → 내가 강조하고 싶은 점은~가졌다는 것이다.: 주어 '내가 강조하고 싶은 점은'과 서술어 '가졌다'와의 호응이 자연스럽지 않은 문장이다.
　"우리가(주어) 고유 언어를(목적어구) 가졌다(서술어)."는 호응 관계가 바르다. 다만 "내가 강조하고 싶은 점은(주어구)"에 대한 서술어가 제시되어 있지 않다.

② ~일은 즐거운 시간이었다. → ~일은 즐거운 경험이었다.: '일'과 '시간'의 호응이 자연스럽지 않다. '일'에 맞춰 '경험'으로 수정해야 호응이 자연스러운 문장이다. 혹은 '일' 대신에 '그 때'로 바꾸면 '시간'과 호응할 수 있다.
　"좋은 사람과(부사어구) 대화하다(서술어)+좋은 사람과(부사어구) 함께하다(서술어)."의 호응 관계는 바르다. 다만 의미상 "일이(주어) 시간이다(서술어)."의 호응이 적절하지 않다.

③ 내 생각은~좋겠다고 결정했다. → 내 생각은~좋겠다는 것이다./나는~결정했다.: → 주어 '내 생각은'과 서술어 '결정했다'의 호응이 자연스럽지 않다.
　"(내가, 주어) 집을(목적어) 사서(서술어)/이사하는 것이(주어구) 좋겠다(서술어)."의 짜임은 호응이 적절하다. 다만 "내 생각은(주어) 결정했다(서술어)"의 호응이 어색하다.

[정답] ④

## 1 관형화 구성

여러 개의 관형어가 이어질 경우, 부자연스러운 문장이 될 수 있으므로 적절히 끊어서 표현해야 한다.

예 그 그림은 세계적인 유명한 화가의 작품이다. → 세계적으로 유명한

---

**혜원通**    '관형어+체언+체언'의 의미

**1. 의미가 모호한 구성**

    예 예쁜 혜원의 신발 → '예쁜'이 수식하는 것이 '혜원'인지 '신발'인지 모호하다.

**2. 모호성의 해소**

    ① 쉼표( , )를 넣는다.

        예 예쁜 혜원의, 신발 → '혜원'이 예쁘다. / 예쁜, 혜원의 신발 → '신발'이 예쁘다.

    ② 순서를 바꾼다.

        예 혜원의 예쁜 신발 → '신발'이 예쁘다.

    ③ 다른 말을 첨가한다.

        예 예쁜 혜원의 낡은 신발 → '혜원'이 예쁘다.

---

## 2 명사화 구성

과도하게 명사구를 쓰면 어색한 문장이 되므로, 서술어로 풀어 쓴다.

예 여름이 되면 수해 방지 대책 마련에 철저를 가해야 한다.

    → 수해를 방지할 대책을 마련하는 데

## 5절 의미 관계의 오류

### 1 모호한 표현

① 별로 잘 살지 못하는 나라가 많다. → 국민 소득이 높지 않은
  ◑ '잘'의 기준이 구체적이고 명확하지 않다. 의미를 한정해서 명확하게 써야 한다.

② 어머니는 소설책과 문제집 두 권을 사 주셨다.
  → 소설책과, 문제집 두 권 / 문제집 두 권과 소설책 / 소설책 한 권과 문제집 한 권 / 소설책과 문제집 각각 한 권씩
  ◑ 소설책과 문제집을 합쳐서 두 권인지, 소설책 한 권과 문제집 두 권인지가 불분명하므로 쉼표를 넣거나 단어의 순서를 바꾸거나 각각의 수를 밝혀 의미를 명백히 한다.

### 2 중의적 표현

① 손님이 다 오지 않았다. → 손님의 일부만 왔다. / 손님이 아무도 오지 않았다.
  ◑ 부사 '다'의 의미가 모호한 문장이므로 의미를 한정해서 명확하게 써야 한다.

② 멋진 소녀의 그림을 보아라.
  → 소녀를 그린 그림 / 소녀가 그린 그림 / 소녀가 소유하고 있는 그림
  ◑ 관형격 조사 '의'의 의미에 의해 모호한 문장이 되었으므로 뜻을 한정시킨다.

③ 그녀는 나보다 야구를 더 좋아한다.
  → 그녀는 내가 좋아하는 것보다 야구를 더 좋아한다. / 그녀는 나를 좋아하는 것보다 야구를 더 좋아한다.

#### 예원通 모호한 문장의 유형

**1. 어휘로 인한 모호성**
  ① 동음이의어의 모호성 예 저기 굴이 있다. → 동굴[窟]인지, 굴[貝]인지
  ② 다의어의 모호성 예 수지는 손이 크다. → 신체인지, 씀씀이인지

**2. 문장의 구조적 모호성**
  ① 수식의 모호성 예 용감한 그의 아버지 → 용감한 것이 '그'인지, '아버지'인지
  ② 비교 구문의 모호성
     예 남편은 나보다 게임을 더 좋아한다.
       → '나<게임(단순 비교)'인지, '나♥게임<남편♥게임(정도 비교)'인지
  ③ 병렬 구문의 모호성 예 사과과 귤 두 개 → 1+1인지, 1+2인지
  ④ 의존 명사 구문의 모호성 예 걸음을 걷는 것이 이상하다. → 모습인지, 상황인지
  ⑤ 부정문의 모호성 예 손님이 다 오지 않았어. → 0명 온 것인지, 일부만 온 것인지

**3. 비유적 표현의 모호성**
  • 비유적 표현으로 인한 모호성 예 미친 개를 만났다. → 광견인지, 성격 나쁜 사람인지

### 3 중복된 표현

① 미리 자료를 예비한 분은 별도의 자료를 만들 필요가 없습니다. → 미리, 준비한
  ◑ 부사 '미리'와 '예비'의 '예(豫)'가 의미상 중복되므로 '예비'를 '준비'로 고쳐 써야 한다.

② 과반수 이상의 국회 의원이 찬성하여 법안이 통과되었다. → 과반수의
  ◑ '과반수(過半數)'는 '반이 넘는 수'라는 의미이므로 '이상(以上)'과 의미가 중복된다. 따라서 '이상'을 삭제해야 한다.

### 4 문맥상 비논리적인 문장

① 우리 회사에서는 정화시킨 오염 폐수만을 내보낸다. → 오염된 폐수를 꼭 정화하여
  ◑ 정화시킨 물은 폐수가 아니다.

② 커피 한 잔➕은 되지만 한 잔 이상 마시면 해롭습니다. → 두 잔 이상
  ◑ '~이상'에는 ~도 포함된다.

★ **잉여적 표현**
· 역전(驛前) 앞
· 넓은 광장(廣場)
· 높은 고온(高溫)
· 청천(晴天) 하늘*
· 피해(被害)를 입다*
· 박수(拍手)를 치다*
· 음모(陰謀)를 꾸미다*
· 뼛골(骨)*
· 같은 동포(同胞)
· 남은 여생(餘生)
· 방학 기간(期間) 동안

* 는 국립국어원 《표준 국어 대사전》에 표제어 혹은 예문으로 등재된 것이므로 잉여적 표현이나, 비문이 아닌 것으로 본다.

➕ **TIP**
**커피 한 잔**
'한 잔의 커피'는 영어의 'a cup of coffee'의 직역 투 표현이므로, '커피 한 잔(체언+관형사+의존 명사)'의 구성이 더 자연스럽다.

PART 3

## 📑 기출 확인

다음 토의에 대한 설명으로 적절하지 않은 것은?                                    2021 국가직 9급

사회자: 오늘의 토의 주제는 '통일 시대의 남북한 언어가 나아갈 길'입니다. 먼저 최 ○○ 교수님께서 '남북한 언어 차이와 의사소통'이라는 제목으로 발표해 주시겠습니다.
최교수: 남한과 북한의 말은 비슷하지만 다른 점이 있습니다. 남한과 북한의 어휘 차이가 대표적입니다. 남한과 북한의 어휘 차이를 분석한 결과, 〈중략〉 앞으로도 남북한 언어 차이에 대한 연구가 지속되어야 합니다.
사회자: 이로써 최 교수님의 발표를 마치겠습니다. 다음은 정○○ 박사님의 '남북한 언어의 동질성 회복 방안'에 대한 발표가 있겠습니다.
정박사: 앞으로 통일을 대비해 남북한 언어의 다른 점을 줄여 나가는 노력이 필요합니다. 실제로도 남한과 북한의 학자들로 구성된 '겨레말큰사전 편찬위원회'에서는 남북한 공통의 사전인 《겨레말큰사전》을 만들며 서로의 차이를 이해하고 받아들이기 위한 노력을 하고 있습니다. 〈중략〉
사회자: 그러면 질의응답이 있겠습니다. 시간상 간략하게 질문해 주시기 바랍니다.
청중 A: 두 분의 말씀 잘 들었습니다. 남북한 언어의 차이와 이를 극복하는 방안을 말씀하셨는데요. 그렇다면 통일 시대에 대비한 언어 정책에는 무엇이 있을까요?

① 학술적인 주제에 대해 발표 형식으로 진행되고 있다.
② 사회자는 발표자 간의 이견을 조정하여 의사결정을 유도하고 있다.
③ 발표자는 주제에 대한 자신의 견해를 밝혀 청중에게 정보를 제공하고 있다.
④ 청중 A는 발표자의 발표 내용을 확인하고 주제와 관련된 질문을 하고 있다.

[해설]
사회자는 발표자 간의 이견을 조정하고 있지도 않고, 의사결정을 유도하고 있지도 않다.

[오답]
① '통일 시대의 남북한 언어가 나아갈 길'이라는 학술적인 주제에 대해, '최 교수'와 '정 박사'의 발표 형식으로 진행되고 있다.
③ 발표자 '최 교수'는 "앞으로도 남북한 언어 차이에 대한 연구가 지속되어야 합니다."라는 견해를, '정 박사'는 "앞으로 통일을 대비해 남북한 언어의 다른 점을 줄여 나가는 노력이 필요합니다."라는 견해를 밝힘과 동시에 청중에게 정보를 제공하고 있다.
④ "남북한 언어의 차이와 이를 극복하는 방안을 말씀하셨는데요. 그렇다면 통일 시대에 대비한 언어 정책에는 무엇이 있을까요?"라는 '청중 A'의 말을 볼 때, 청중 A가 발표자의 발표 내용을 확인하고 주제와 관련된 질문을 하고 있음을 알 수 있다.

[정답]  ②

## 1절  화법의 이해

### ① 토의와 토론

#### 1. 토의
두 사람 이상이 모여서 공동의 주제나 문제에 대하여 집단 사고의 과정을 거쳐 문제의 해결을 목적으로 하는 논의의 형태이다.

#### (1) 토의에서 사회자의 역할
① 주제의 방향이 벗어나지 않게 한다.
② 토의의 원만한 진행이 되도록 한다.
③ 최선의 결론을 유도한다.
④ 참가자 전원에게 공정한 발표 기회를 부여한다.
* 사회자에게는 '판단력, 지도성, 유머' 등이 필요하다.

#### (2) 토의의 종류
① 심포지엄(symposium) – 전문성

| | |
|---|---|
| 개념 | 고대 그리스 로마에서 담화 또는 좌담 형식으로 토의하는 방법으로, 어떤 주제에 대해 학문적으로 이야기를 나누는 교양인의 모임을 의미한다.<br>예 현행 대학 입시 제도의 개선 방안 |
| 절차 및 특징 | · 주제에 대해 전문적인 지식을 가진 사람들이 모여 각기 다른 입장에서 의견을 발표한다.<br>· 동일 문제를 각 분야 전문가의 입장에서 검토하는 것으로, 강연과 유사한 형태로 진행된다.<br>· 사회자, 강연자, 청중 모두가 토의 주제에 대한 전문 지식이나 경험을 갖고 있다.<br>· 전문적이고 학술적인 내용에 적합하다.<br>· 청중은 문제 전체에 대한 체계적이고 권위적인 설명을 들을 수 있다는 장점이 있다. |
| 사회자 역할 | · 토의할 문제를 소개하여 청중들이 주제를 잘 파악할 수 있도록 한다.<br>· 토의 요점을 간략하게 정리하여 청중의 이해를 돕는다. |

② 포럼(forum) – 개방성

| | |
|---|---|
| 개념 | 개방된 장소에서 공공의 문제에 대해 청중과 질의응답하는 공개 토의이다.<br>예 학교 주변의 유해 환경 대처 방안 |
| 절차 및 특징 | · 공청회와 형식이 유사하며 간략한 주제 발표가 있을 뿐 강연이나 연설은 하지 않는다.<br>· 처음부터 청중이 주도하는 형식이다.<br>· 다른 토의 형식에 비해 사회자의 비중이 크다. |
| 사회자 역할 | · 질의응답의 규칙을 청중에게 미리 설명하고, 질문 시간을 조정해야 한다.<br>· 청중으로부터 질문을 이끌어 낼 수 있는 능력을 가져야 한다. |

③ 패널(panel) 토의 – 대표성

| 개념 | 배심원(4~8명)이 청중 앞에서 각자의 지식, 견문, 정보를 교환하고 여러 가지 의견을 제시해 조정하는 과정을 통해 해결책을 모색하는 공동 토의이다. '배심 토의'라고도 한다. 예 서울시 녹지 공원의 조성 방안 |
|---|---|
| 절차 및 특징 | • 배심원단이 순서나 형식에 얽매이지 않고 자유로이 의견을 발표한다.<br>• 배심원단 토의가 끝난 후 청중이 참여하는 전체 토의가 이루어진다.<br>• 의회나 일반 회의의 이견 조정 수단으로 자주 쓰이고, 시사 문제 또는 전문적 문제의 해결에 적합하다. |
| 사회자 역할 | 토의 내용에 전문성이 있어야 한다. |

④ 원탁 토의(round table discussion) – 평등성, 민주성

| 개념 | 4~10명의 구성원이 테이블 주위에 둘러앉아서 좌담 형식으로 자유로이 발언하며 청중과의 대화를 나누는 비공식적 형식의 토의이다. 예 학급 문고 설치 방안 |
|---|---|
| 절차 및 특징 | • 일상생활, 정치, 경제, 사회적인 문제까지 논제의 범위가 넓고 개방적이다.<br>• 참가자가 토의에 익숙하지 못하면 산만해지고, 시간의 낭비를 초래할 수 있다.<br>• 사회자가 없는 것이 일반적이나 편의상 의장을 따로 정할 수 있다. |

⑤ 기타 토의

| 세미나 | 연구자가 학술 논문을 발표한 뒤 참석자와 질의응답 방식으로 자유롭게 의견을 나누는 토의이다. |
|---|---|
| 브레인스토밍<br>(Brainstorming)➕,<br>브레인라이팅(Brainwriting) | 집단적·창의적 발상 기법으로 집단 구성원이 자발적으로 자연스럽게 아이디어를 제시하고 특정 문제의 해결책을 찾고자 노력하는 방식이다. 농담을 포함한 모든 의견의 내용을 종합한다. |
| 좌담회 | 일정한 주제에 대해 참석자들이 의견이나 느낌을 진술하는 형식으로, 결론에 도달하지 않아도 무방한 토의이다. |
| 공청회 | 국가 및 공공 기관이 중요 안건을 의결하기 전에, 이해 당사자 또는 전문가 등으로부터 공개적으로 의견을 듣는 형식의 공개적 토의이다. '포럼'과 유사하다. |

## 2. 토론

어떤 문제에 대하여 찬성하는 쪽과 반대하는 쪽으로 나뉘어, 상대의 주장이 잘못된 것이고 자신의 주장이 옳다는 것을 보여 상대방을 설득하는 논의의 형태이다. 토의와 달리 찬성과 반대의 의견 대립이 명확한 주제를 다룬다.

### (1) 토론의 종류

| 2인 토론 | • 두 명의 토론자와 한 명의 사회자에 의해 진행된다.<br>• 짧은 시간에 논리에 맞는 쪽을 선택하려는 것이다. |
|---|---|
| 직파 토론 | • 2~3인이 짝을 이루어 대항하는 형식의 토론이다.<br>• 한정된 시간에 논리에 맞는 쪽을 선택하려는 것이다. |
| 반대 신문식 토론 | • 토론의 형식에 법정의 반대 신문을 첨가한 것이다.<br>• 토론의 논제에 내해 찬성 측과 반대 측이 서로 질문을 하여 상대방의 논거를 반박함으로써 승부를 가리는 토론 형식이다.<br>• 유능하고 성숙한 토론자들에게 효과적이며 청중의 관심을 얻기에 좋다. |
| 집단 토론 | 20~30명 정도의 사람들이 주어진 토론 주제에 대하여 자유롭게 자신의 의견을 주장하며 토론한다. |

★ '청중'의 역할에 따른 차이점

| 심포지엄 | 연사가 먼저 강연한 후 청중이 질의응답에 참여함. |
|---|---|
| 포럼 | 처음부터 청중이 참여하며, 주도함. |

➕ TIP
**브레인스토밍의 원칙**
• 자유로운 분위기
• 질보다 양
• 비판 금지
• 결합과 개선

### 📑 기출 확인

**01** '초·중등학교에서 한자 교육 어떻게 해야 하나'라는 주제에 대하여 사회자의 진행으로 각 전문가나 대표자들이 의견을 발표하고 공동의 결론을 이끌어 내고자 할 경우에 가장 효과적인 회의 방식은?
2007 국가직 7급

① 토론　　　　② 심포지엄
③ 패널 토의　　④ 원탁 토의

해설
사회자의 진행으로 각 전문가나 대표자가 학술적인 주제를 다루면 심포지엄, 특정 문제에 대한 지식 견문 정보를 교환해 의견을 조정하면서 공동의 결론을 이끌어 내면 패널 토의이다.

정답 ③

**02** 다음의 여러 조건에 가장 잘 맞는 토론 논제는?
2019 국가직 9급

> • 긍정 평서문으로 제시되어야 한다.
> • 찬성과 반대의 대립이 분명하게 나타나야 한다.
> • 쟁점이 하나여야 한다.
> • 찬성이나 반대 어느 한 편에 유리하게 작용하는 정서적 표현을 사용해서는 안된다.

① 징병제도는 유지해야 한다.
② 정보통신망법을 개선할 수는 없다.
③ 야만적인 두발 제한을 폐지해야 한다.
④ 내신 제도와 논술 시험을 개혁해야 한다.

해설
제시된 여러 조건을 모두 충족한 토론 논제는 ①의 '징병제도는 유지해야 한다.'이다. 조건에 맞는지 살펴보면 다음과 같다.
• 긍정 평서문 '유지해야 한다.'가 제시되어 있다. •'유지'와 '폐지'라는 대립이 분명하게 나타난다.
• 쟁점은 '징병제도 유지 여부'로 1개이다.
• 어느 한 편에 유리하게 작용하는 정서적 표현이 쓰이지 않았다.

오답
② '개선할 수는 없다.'에서 긍정의 평서문으로 제시되어야 한다는 첫 번째 조건에 어긋난다.
③ '야만적(野蠻的)인'이라는 표현에서 어느 한 편에 유리한 정서적인 표현을 사용하면 안 된다는 네 번째 조건에 어긋난다.
④ 쟁점은 '내신 제도'와 '논술 시험'으로 2개이다. 따라서 쟁점은 하나여야 한다는 세 번째 조건에 어긋난다.

정답 ①

## (2) 토론의 요건

### ① 논제의 성격

ㄱ 긍정 측과 부정 측의 입장이 명확히 구분되어야 하며, 진술문 형식으로 표현되어야 한다.

ㄴ 논제는 현상을 바꾸는 쪽으로 정의되어야 하며, 중립적 단어를 사용해야 한다.

### ② 논제의 종류

| 사실 논제 | 어떤 현상이나 현상의 존재 유무나 특정한 사안의 참과 거짓을 둘러싼 논제<br>예 독도는 한국의 영토이다. |
|---|---|
| 가치 논제 | 어떤 사실이나 사안과 관련해 무엇이 옳고 그른지에 대한 가치 판단을 다루는 논제 예 동물원의 동물들은 야생의 동물보다 행복하다. |
| 정책 논제 | 문제에 대한 해결 방안이나 구체적인 실행 방안을 다루는 논제<br>예 청소년의 인권은 개선되어야 한다. |

### ③ 유의점

| 참가자 | 사회자 |
|---|---|
| ① 각 주장의 대립점을 분명히 인식하고 있어야 한다.<br>② 논거를 충실히 검토하고 논리적 질서를 갖추어 발표한다.<br>③ 감정에 치우치지 말고 침착하게 토론에 임해야 한다.<br>④ 상대방 주장을 꺾기 위해서 논리적인 전개와 단정적인 말투를 써야 한다. | ① 논제와 그 대립점을 선명하게 밝히고, 토론이 논점에서 벗어나지 않도록 유도한다.<br>② 객관적, 중립적인 태도를 잃지 말아야 한다.<br>③ 발언 내용을 요약, 정리해 토론자의 주의를 환기시키며 개인적인 의견이나 발언은 가능한 삼간다.<br>④ 마무리 발언을 통해 토론의 의의, 결과 등을 사실대로 간략히 정리, 보고한다.<br>⑤ 토론의 내용, 규칙을 미리 알려주어야 한다. |

## ② 대화의 원리

### 1. 대화: 두 사람이 대면하여 서로의 생각과 느낌을 이야기하는 상호 교섭적인 활동

### 2. 대화의 원리

#### (1) 협력의 원리

① 필요한 만큼의 내용을 자신이 진실하다고 믿는 대로, 전후 맥락에 맞게 간단명료하게 표현하는 것

| 양의 격률 | 필요한 만큼의 정보를 제공하라.<br>예 혜원: 어디에서 근무하세요? / 자은: 언니는 해커스에서, 저는 혜원국어에서 일해요. |
|---|---|
| 질의 격률 | 타당한 근거를 들어 진실을 말하라.<br>・상위 격률: 진실한 정보만을 제공하라.<br>・하위 격률: 거짓이라고 생각되는 말은 하지 마라(증거가 불충분한 말은 하지 마라.).<br>예 친구: 대승아, 국어 좀 가르쳐 주라. / 대승: (알고 있으면서) 글쎄. 나도 잘 모르겠는데. |
| 관련성의 격률 | 대화의 목적이나 주제와 관련된 말을 하라.<br>예 혜선: 내일 영화 보러 갈래? / 지민: 이번 주에 중요한 시험이 있어서 밤새야 해. |
| 태도의 격률 | 모호한 표현이나 중의적인 표현을 피하고 간결하고 조리 있게 말하라.<br>・상위 격률: 명료하게 말하라.<br>・하위 격률: 모호한 표현, 중의적 표현을 피하라. 간결하게, 조리있게 말하라.<br>예 미리: 우리 점심 뭐 먹을까? / 서현: 피자가 좋을까, 아니 중식이 좋나, 아니다 일식이…. |

② 대화상의 함축: 대화에 직접 나타나지는 않지만 대화 속에 숨어 있는 의도. 말해진 것과는 구별되는 것으로 사람들이 어떤 의도를 암시하거나 함의할 때 전달되는 지식이다. 하위 격률 중 어떤 격률을 본의 아니게 위반하거나 의도적으로 따르지 않겠다고 결정할 때 발생한다.

**(2) 공손성의 원리:** 상대방에게 공손하지 않은 표현은 최소화하고, 공손한 표현은 최대화하여 표현하는 것

| 요령의 격률 | 상대방에게 부담이 되는 표현은 최소화하고 상대방에게 이익이 되는 표현을 극대화하라. 예 A: 이 짐 좀 옮겨라.(×) → 미안하지만 손 좀 잠깐 빌려줄 수 있을까?(O) |
|---|---|
| 관용의 격률 | 화자 자신에게 혜택을 주는 표현은 최소화하고 자신에게 부담을 주는 표현을 최대화하라. 예 A: (수업을 들으며) 선생님, 좀 크게 말하세요. 하나도 안 들려요.(×)<br>　　→ 죄송하지만 제가 귀가 안 좋아서 그런데, 조금만 더 크게 말씀해 주시겠어요?(O) |
| 찬동 (칭찬)의 격률 | 다른 사람에 대한 비방은 최소화하고 칭찬을 극대화하라. 예 A: 어쩜 이렇게 깔끔하게 정리해 놓으셨어요? 대단하시네요.<br>　　B: 뭘요, 그렇게 말씀해 주시니 고맙습니다. |
| 겸양의 격률 | 자신에 대한 칭찬은 최소화하고 비방을 극대화하라. 예 A: 이번 시험에 합격했다며? 대단하다!<br>　　B: 아니야, 난 머리가 별로 안 좋아서, 남들보다 훨씬 노력해야만 했는걸. |
| 동의의 격률 | ① 반대 의견을 제시하는 경우에는 상대와 의견이 일치하는 부분을 먼저 제시하고, ② 궁극적으로는 자신의 의견과 다른 사람의 의견 사이의 다른 점은 최소화하고 일치점을 극대화하라. 예 A: 점심 먹고 영화나 보러 갈까?<br>　　B: 영화? 좋지. 그런데 오늘 날씨가 너무 좋은데, 우리 사육신공원까지 산책하는 건 어때?<br>　　A: 맞아, 오늘 날씨가 정말 좋네. 오랜만에 산책하는 것도 좋겠다. |

## 3. 공감적 듣기

**(1) 개념:** 상대의 말을 분석하거나 비판하기보다는 상대의 관점에서 문제를 바라보고 이해하려고 노력하는 것

**(2) 효과:** 대화 상대방으로 하여금 신뢰와 친밀감을 갖게 하여 원활한 대화를 진행할 수 있다.

**(3) 공감적 듣기를 위한 태도**

　① 비판적인 분위기보다는 수용적인 분위기 조성
　② 상대의 말에 집중하고 상대로 하여금 자신의 이야기를 더 많이 할 수 있도록 격려

📝 **기출 확인**

다음 중 '을'이 '동의의 격률'에 따라 대화를 한 것은? 　　　2022 군무원 9급

① 갑: 저를 좀 도와주실 수 있어요?
　을: 무슨 일이지요? 지금 급히 해야 할 일이 있어요.

② 갑: 글씨를 좀 크게 써 주세요.
　을: 귀가 어두워서 잘 들리지 않는데 좀 크게 말씀해 주세요.

③ 갑: 여러 모로 부족한 점이 많은데, 앞으로 잘 부탁합니다.
　을: 저는 매우 부족한 사람이라서 제대로 도와드릴 수 있을지 걱정입니다.

④ 갑: 여러 침대 중에 이것이 커서 좋은데 살까요?
　을: 그 침대가 크고 매우 우아해서 좋군요. 그런데 좀 커서 우리 방에 들어가지 않을 것 같아요.

해설
④의 '을'은 갑과의 의견 차이를 최소화하기 위해 우선은 '그 침대가 크고 매우 우아해서 좋군요.'이라고 한 후에, '그런데 좀 커서 우리 방에 들어가지 않을 것 같아요.'라며 자신의 의견을 밝힘으로써 '동의의 격률'을 사용하였다.

오답
① '갑'과 '을'은 요령의 격률을 지킨 표현으로 볼 수 있다.
② '을'이 관용의 격률을 지킨 표현이다.
③ '갑'과 '을'은 겸양의 격률을 지킨 표현으로 볼 수 있다.

정답 ④

### ➕ TIP

**고쳐쓰기의 3원칙**

1. **첨가의 원칙**
   부족하거나 빠진 내용 등을 첨가, 보충해야 한다.

2. **삭제의 원칙**
   불필요한 부분이나 반복되는 부분, 잘못된 부분 등을 삭제해야 한다.

3. **재구성의 원칙**
   문장이나 문단의 순서가 잘못된 부분 등을 바로잡아야 한다.

## 1 고쳐쓰기[퇴고(推敲)]

글의 목적과 독자를 고려하면서 내용 조직이나 표현 등을 수정하는 과정이다.

일반적으로 고쳐쓰기의 단계는 '글 전체 → 문단 → 문장 → 단어'의 순서로 진행된다.

| 글 수준 | 글의 제목, 소제목의 적절성, 글의 흐름, 중요한 부분의 위치 조정 등 |
|---|---|
| 문단 수준 | 통일성·일관성·완결성 등을 고려한 배열 순서 조정, 문단의 분량·나누기의 적절성 등 |
| 문장 수준 | 접속사·지시어의 조정, 문장의 길이 조정, 문장 성분의 호응, 불필요한 피동 표현, 이중 피동 표현, 높임법과 시제의 적절성 등 |
| 구나 절 수준 | 구나 절의 이동, 삭제, 대체, 첨가, 확장 등 |
| 단어 수준 | 단어 선택의 적절성, 의미 중복, 맞춤법(띄어쓰기), 표준어의 정확성 등 |

### 📝 기출 확인

**01 ⊙~⊜을 문맥에 맞게 수정하는 방안으로 적절한 것은?** 2023 국가직 9급

> 난독(難讀)을 해결하려면 정독을 해야 한다. 여기서 말하는 정독은 '뜻을 새겨 가며 자세히 읽음', 즉 '정교한 독서'라는 뜻으로 한자로는 '精讀'이다. '精讀'은 '바른 독서'를 의미하는 '正讀'과 ⊙ 소리는 같지만 뜻이 다르다. 무엇이 정교한 것일까? 모든 단어에 눈을 마주치면서 제대로 인식하는 것이다. 이와 같은 ⓒ 정독(精讀)의 결과로 생기는 어문 실력이 문해력이다. 문해력이 발달하면 결국 독서 속도가 빨라져, '빨리 읽기'인 속독(速讀)이 가능해진다. 빨리 읽기는 정독을 전제로 할 때 빛을 발한다. 짧은 시간에 같은 책을 제대로 여러 번 읽을 수 있기 때문이다. 그래서 문해력의 증가는 '정교하고 빠르게 읽기', 즉 ⓒ 정속독(正速讀)에서 일어나게 되어 있다. 정독이 생활화되면 자기도 모르게 정속독의 경지에 오르게 된다. 그런 경지에 오른 사람들은 뭐든지 확실히 읽고 빨리 이해한다. 자연스레 집중하고 여러 번 읽어도 빠르게 읽으므로 시간이 여유롭다. ⊜ 정독이 빠진 속독은 곧 빼먹고 읽는 습관, 즉 난독의 일종임을 잊지 말아야 한다.

① ⊙을 '다르게 읽지만 뜻이 같다'로 수정한다.
② ⓒ을 '정독(正讀)'으로 수정한다.
③ ⓒ을 '정속독(精速讀)'으로 수정한다.
④ ⊜을 '속독이 빠진 정독'으로 수정한다.

> **해설** '즉'은 '다시 말하여'라는 의미를 가진 접속 부사로, 바로 앞의 말을 다시 말할 때 쓴다. '즉' 바로 앞에 '정교하고 빠르게 읽기'가 있기 때문에 ⓒ을 '정속독(精速讀: 자세할 정, 빠를 속, 읽을 독)'으로 수정한 것은 적절하다.

> **오답** ① '정독(精讀)'과 '정독(正讀)'은 동음이의어이다. 즉 소리는 같지만 뜻이 다른 말이므로, 그대로 써야 한다.
> ② "무엇이 정교한 것일까? ~ 이와 같은 정독의 결과"라는 문맥을 볼 때, ⓒ의 '정독'은 그대로 '정독(精讀: 자세할 정, 읽을 독)'을 써야 한다.
> ④ '곧'은 '바꾸어 말하면', '다른 아닌 바로'라는 의미를 가진 접속 부사이다. '곧' 뒤에 '빼먹고 읽는 습관'을 볼 때, 정교하게 읽지 않았다는 의미이다. 따라서 그대로 '정독(精讀)이 빠진 속독'을 써야 한다.

[정답] ③

### 📝 기출 확인

다음의 개요를 기초로 하여 글을 쓸 때, 주제문으로 가장 적절한 것은? 2012 지방직 9급

> 서론: 최근의 수출 실적 부진 현상
> 본론: 수출 경쟁력의 실태 분석
>   1. 가격 경쟁력 요인
>      ⊙ 제조 원가 상승
>      ⓒ 고금리
>      ⓒ 환율 불안정
>   2. 비가격 경쟁력 요인
>      ⊙ 기업의 연구 개발 소홀
>      ⓒ 품질 개선 부족
>      ⓒ 판매 후 서비스 부족
>      ⊜ 납기의 지연
> 결론: 분석 결과의 요약 및 수출 경쟁력 향상 방안 제시

① 정부가 수출 분야 산업을 적극 지원해야 한다.
② 내수 시장의 기반을 강화하는 데 역량을 모아야 한다.
③ 기업이 연구 개발비 투자를 늘리고 품질 향상에 많은 노력을 기울여야 한다.
④ 수출 경쟁력을 좌우하는 요인을 분석한 후 그에 맞는 방안을 마련해야 한다.

[정답] ④

**02** ㉠~㉣ 중 어색한 곳을 찾아 수정하는 방안으로 가장 적절한 것은? 2023 지방직 9급

> 조선 후기에 서학으로 불린 천주학은 '학(學)'이라는 말에서도 짐작할 수 있듯이 ㉠ 종교적인 관점에서보다 학문적인 관점에서 받아들여졌다. 당시의 유학자 중 서학 수용에 적극적인 이들까지도 서학을 무조건 따르고 ㉡ 주장하지는 않는데, 서학은 신봉의 대상이 아니라 분석의 대상이었기 때문이다. 그들은 조선 사회를 바로잡고 발전시키기 위해 새로운 학문과 지식이 필요하다고 생각했지만, 외부에서 유입된 사유 체계에는 양명학이나 고증학 등도 있어서 서학이 ㉢ 유일한 대안은 아니었다. 그들은 서학을 검토하며 어떤 부분은 수용했지만, 반대로 어떤 부분은 ㉣ 지향했다.

① ㉠: '학문적인 관점에서보다 종교적인 관점에서'로 수정한다.

② ㉡: '주장하였는데'로 수정한다.

③ ㉢: '유일한 대안이었다'로 수정한다.

④ ㉣: '지양했다'로 수정한다.

[해설] '어떤 부분은 수용했지만, 반대로 어떤 부분은'이라는 문맥을 볼 때, ㉣에는 '수용하지 않았다'는 내용이 어울린다. 그런데 '지향하다'는 '어떤 목표로 뜻이 쏠리어 향하다.'라는 의미이므로, 그 쓰임이 적절하지 않다. 따라서 '더 높은 단계로 오르기 위하여 어떠한 것을 하지 아니하다.'라는 의미를 가진 '지양하다'로 수정해야 한다는 방안은 적절하다.

[오답] ① "'학(學)'이라는 말에서도 짐작할 수 있듯이" 부분을 볼 때, ㉠ 그대로 사용하는 것이 더 적절하다.

② '서학은 신봉의 대상이 아니라 분석의 대상이었기 때문이다.'를 볼 때, ㉡ 그대로 사용하는 것이 더 적절하다.

③ '양명학이나 고증학 등도 있어서'를 볼 때, ㉢ 그대로 사용하는 것이 더 적절하다.

[정답] ④

**03** ㉠~㉣의 고쳐쓰기 방안으로 적절하지 않은 것은? 2020 국가직 9급

> ㉠ 공사하는 기간 동안 안전사고가 일어나지 않도록 유의해 주십시오.
> ㉡ 오늘 오후에 팀 전체가 모여 회의를 갖겠습니다.
> ㉢ 비상문이 열려져 있어 신속하게 대피할 수 있었다.
> ㉣ 지난밤 검찰은 그를 뇌물 수수 혐의로 구속했다.

① ㉠: '기간'과 '동안'은 의미가 중복되므로 '공사하는 기간 동안'은 '공사하는 동안'으로 고쳐 쓴다.

② ㉡: '회의를 갖겠습니다'는 번역 투이므로 '회의하겠습니다'로 고쳐 쓴다.

③ ㉢: '열려져'는 '-리-'와 '-어지다'가 결합한 이중 피동 표현이므로 '열려'로 고쳐 쓴다.

④ ㉣: 동작의 대상에게 행위의 효력이 미친다는 의미를 제시해야 하므로 '구속했다'는 '구속시켰다'로 고쳐 쓴다.

[해설] ㉣에서 구속하는 주체는 '검찰'이다. 따라서 '구속했다'를 사동의 '구속시켰다(구속시키었다)'로 고쳐 쓰는 것은 적절하지 않다.

동사 "구속하디(행동이나 의사의 자유를 제한하거나 속박하다.)"의 능동 표현으로 검찰의 동작이 대상인 그에게 행위의 효력이 미친다는 의미로 충분하다.

[오답] ① '기간(期間, 어느 때부터 다른 어느 때까지의 동안)'과 '동안'은 의미가 유사하기 때문에 둘을 같이 사용하면 의미 중복이 된다. 그렇기 때문에 '공사하는 기간 동안'을 '공사하는 동안' 또는 '공사 기간'으로 수정해야 자연스러운 문장이 된다. 따라서 '공사하는 동안'으로 고치는 방안은 적절하다.

② '회의를 갖다'는 'have a meeting'의 영어식 번역 투 표현이다. 따라서 '회의하겠습니다'로 고치는 방안은 적절하다. 영어식 번역 투를 비롯한 다른 언어의 번역 투는 자연스러운 문장이 아니다.

③ 이중 피동은 문법에서 바른 표현이 아니다. '(문을) 열다'의 피동사 '(문이) 열리다'에 다시 피동의 뜻을 더하는 보조 용언 '-어지다'를 결합하여 만들어진 '열려지다'는 어법에 어긋난 표현이다. 따라서 '열리다' 혹은 '열어지다'를 활용하여 '열려(열리어)' 혹은 '열어져(열어지어)'로 고치는 방안은 적절하다.

[정답] ④

PART 3

올바른 언어생활 해커스공무원 해원국어 올인원 기본서

**04** 다음의 ㉠~㉢을 고쳐 쓰기 위한 방안으로 적절하지 않은 것은?　　　　2018 교행직 9급

> 청소년의 과도한 스마트폰 ㉠ 사용이 유발되는 악영향이 사회적 문제가 되고 있다. 최근 들어 안구 건조증과 신체적 무기력증을 호소하는 청소년이 급증하고 있다. 스마트폰 화면을 장시간 집중해서 들여다보면 눈 깜빡임 ㉡ 회수가 줄어들어 안구가 건조해진다. ㉢ 그런데 스마트폰 화면에서 나오는 짧은 파장의 청색 빛은 숙면을 방해하기 때문에 무기력증에 ㉣ 시달릴 수 밖에 없다.

① ㉠은 바로 뒤의 말과 어울리지 않으므로 '사용으로'로 수정한다.

② ㉡은 맞춤법에 어긋나므로 '횟수'로 수정한다.

③ ㉢은 앞뒤 문장의 연결 관계를 고려하여 '그러나'로 수정한다.

④ ㉣은 띄어쓰기가 잘못되었으므로 '시달릴 수밖에'로 수정한다.

[해설] ㉢의 앞뒤 문장은 청소년의 과도한 스마트폰 사용으로 인한 문제점을 열거하고 있으므로 대등하게 연결되는 접속사인 '그리고/또한'이 적절하다. '그런데'는 화제를 전환하는 접속사이고, '그러나'는 역접의 접속사로 ㉢과는 어울리지 않는다.

[오답] ① '유발되다'는 부사어를 필요로 하는 서술어이므로 '사용'은 주격 조사가 아닌 부사격 조사와 결합하여 부사어의 역할을 수행해야 한다. 그러므로 '사용이'를 '사용으로'로 수정한다는 설명은 옳다.

② 한자어의 합성어 중 '곳간(庫間), 셋방(貰房), 찻간(車間), 숫자(數字), 툇간(退間), 횟수(回數)'는 사이시옷을 받쳐 적어야 하므로 '회수'를 '횟수'로 수정한다는 설명은 옳다.

④ '밖에'는 주로 부정어와 함께 쓰이면서, '그것 말고는', '그것 이외에는', '기꺼이 받아들이는', '피할 수 없는'의 뜻을 나타내는 보조사로 기능하는 낱말이다. 그러므로 앞말에 붙여 써야 한다는 설명은 옳다.

\* '밖에'를 앞말과 띄어 쓸 때는 '밖'이 'outside'의 의미로 명사로 쓰이는 경우이다.

[예] 밖을 내다보다. / 이 선 밖으로 나가시오. / 그녀는 기대 밖의 높은 점수를 얻었다. / 밖에 나가서 놀아라.

[정답]　③

## ② 공문서 고쳐 쓰기

### 1. 공문서

**(1) 공문서의 개념:** 행정 기관 내부 또는 상호 간이나 대외적으로 공무상 작성 또는 시행되는 문서(도면, 사진, 디스크, 테이프, 필름, 슬라이드, 전자 문서 등의 특수 매체 기록을 포함) 및 행정 기관이 접수한 모든 문서

**(2) 구성:** 대표적인 형태인 기안문과 시행문은 크게 두문, 본문, 결문으로 구성된다.

**(3) 공문서의 작성 원칙**

    ① **정확성:** 육하원칙에 의하여 정확하게 작성하며, 애매모호하거나 과장된 표현은 피한다.

    ② **신속성:** 문장은 짧게 끊어서 쓰고, 복잡한 내용은 결론을 먼저 내고 이유는 뒤에 설명한다.

    ③ **용이성:** 읽기 쉽고 알기 쉬운 말을 사용한다. 문서 1건의 내용은 1매에 끝나는 것이 좋다.

    ④ **경제성:** 문서 용지의 크기나 종이의 질, 문서의 양식을 통일한다.

**(4) 공문서의 표기법**

| | |
|---|---|
| **날짜** | 날짜의 표기는 숫자로 하되, 연, 월, 일의 글자는 생략하고 그 자리에 온점(.)을 찍어 표기하되 마지막에 반드시 온점을 찍는다.<br>예 2023년 12월 11일 → 2023. 12. 11. |
| **시각** | 시·분의 표기는 24시각제에 따라 숫자로 하되, '시', '분'의 글자는 생략하고 쌍점(:)을 찍어 구분한다.<br>예 오후 2시 25분 → 14:25 |
| **금액** | 아라비아 숫자로 표기하고, 변조의 위험을 막기 위해서 괄호 안에 한글로 기재한다.<br>예 금 1,234,123원(금 일백이십삼만 사천일백이십삼 원) |

### 2. 공문서 고쳐 쓰기

**(1) 공공언어 바로 쓰기 원칙**

| | |
|---|---|
| **단어** | ① 정확한 용어를 선택할 것.<br>② 다듬은 말(순화어)을 사용할 것.<br>③ 어문 규범을 지킬 것. |
| **문장** | ① 간결하고 명료한 문장을 사용할 것.<br>   ㉠ 주어와 서술어를 호응시킬 것.<br>   ㉡ 능동과 피동의 관계를 정확히 할 것.<br>   ㉢ 지나치게 긴 문장을 삼갈 것.<br>   ㉣ 여러 뜻으로 해석되는 표현을 삼갈 것.<br>   ㉤ 수식어와 피수식어의 관계를 분명하게 표현할 것.<br>   ㉥ 조사와 어미, '-하다' 등을 지나치게 생략하지 말 것.<br>   ㉦ '-고', '-며', '와/과' 등으로 접속되는 말에는 구조가 같은 표현을 사용할 것.<br>② 외국어 번역 투 삼가기<br>   ㉠ 영어 번역 투 어색한 피동 표현 '~에 의해 ~되다'는 '~가 ~하다'로 수정할 것.<br>   ㉡ 일본어 번역 투 '~에 있어시'는 '~에 관하여(대하여)', '~에서'로 수정할 것. |
| **단락** | ① 뒷받침하는 이유가 충분히 제시되도록 할 것.<br>② 한 편의 글 안에서는 주제와 관련된 내용들을 유기적으로 서술할 것.<br>③ 앞뒤 문장의 의미 관계를 고려하여 정확한 접속 표현을 사용할 것. |

★ **공문서 작성 방법**

· **공문서의 끝 표시와 첨부 표시**

  - 끝 표시: 본문이 끝나면 한 자(커서 두 번) 띄우고 '끝.'이라고 쓴다.

    예 …… 요청합니다. 끝.

  - 첨부 표시: 본문에 밝힐 필요가 있는 문서 등이 첨부될 때는 첨부의 표시를 한 다음 한 칸 띄우고 '끝.' 자를 쓴다.

    예 …… 요청합니다.

      붙임: 1. 혜원기업 대차대조표 1부.

          2. 혜원기업 요청 세부 내용 1부. 끝.

· **공문서의 기안과 결재**

  - 기안: 공문서 문안의 작성 → 전자 문서가 원칙이나 특별한 사정이 있으면 종이 문서로 기안 가능

  - 대결: 결재권자 부재 시 대리자가 행하는 결재

  - 사후 보고: 대결 문서 중 중요한 부분은 결재권자에게 사후에 보고함.

## (2) 공문서의 실제

### ① 기안문

<table>
<tr><td colspan="2" align="center">국 립 국 어 원</td></tr>
<tr><td>수신자</td><td>수신자 참조</td></tr>
<tr><td>(경유)</td><td></td></tr>
<tr><td>제목</td><td>전문가 초청 워크숍 참가 안내</td></tr>
</table>

1. 우리 원은 문화 예술 관련 기관·단체 소속 실무자 및 예술 교육 ① <u>담당자를 위한 문화 예술 전문 역량 강화를 위해</u> 다양한 교육과정을 기획·운영하고 있습니다.

2. ② <u>동 사업의 일환으로</u> ○○필하모닉 교육 부서와 연계하여 오는 10.5.에 '예술교육 음악으로 다가가기'를 주제로 전문가 초청 ③ <u>워크샵</u>을 다음과 같이 개최하오니, 각 기관에서는 ④ <u>참석(최소 1인 이상)에 적극적으로 협조하여 주시기 바랍니다.</u>

3. 아울러, 정부 중앙 청사의 열린 문화 공간 조성 및 근무 환경 개선을 위해 귀 기관으로부터 미술품을 대여하고자 하오니 협조하여 주시기 바랍니다.

- 다음 -

가. **교육명:** ○○필하모닉 교육 부서 연계 전문가 초청 ③ 워크샵
나. **교육 목적:** 6.3 민주화 운동 정신을 계승하여 한일 ⑤ <u>과거사를 극복하고 미래지향적인 양국 간 관계 발전을 위한</u> 전문가 양성 및 상호 교류
다. **교육 일시:** 2009. 10. 5.(월), 15:00~19:00
라. **교육 대상:** 문화 행정 인력, 정부 부처·지방자치단체 공무원
　　　※ 접수 인원이 많으면, 문화 관련 업무 담당자 우선 선정 예정
마. **주최:** 한국○○진흥원
바. **후원:** 문화체육관광부, 국민체육진흥공단, ○○필하모닉오케스트라

① **담당자를 위한 문화 예술 전문 역량 강화를 위해 → 담당자의 문화 예술 전문 역량 강화를 위해**
문장 전체가 '~ 위한 ~위해 ~'구성이어서 자연스럽지 않으므로 '담당자를 위한'을 '담당자의'로 다듬는다.

② **동 사업의 일환으로 → 이러한 사업의 하나로**
'동(同)'이나 '일환(一環)' 같은 어려운 한자말을 피하고 쉬운 말을 쓴다.

③ **워크샵 → 워크숍**
외래어 표기법에 따라 '워크숍'으로 쓴다.

④ **참석(최소 1인 이상)에 적극적으로 협조하여 주시기 바랍니다 → 최소 1인 이상 참석하여 주시기 바랍니다**
문장 표현을 좀 더 간결하게 다듬는다.

⑤ **과거사를 극복하고 미래지향적인 양국 간 관계 발전을 위한 → 과거사를 극복하고 미래지향적인 양국 간 관계를 발전시키기 위한**
접속은 같은 성분끼리 해야 한다. '극복하고'와 '발전을 위한'이 호응하지 않으므로 '발전시키기 위한'으로 바꾼다.

② 보도자료

---

### ○○시, 전국 최초 녹색 성장 로드맵 마련
- 녹색 사회 구축, 녹색 산업 육성, 녹색 생활 등 종합 ① 로드맵 마련 -

○○시는 녹색 성장 선도 도시로서의 위상을 강화해 나가고자 전국 최초로 ② 마스터플랜을 마련, 시정 각 분야에 적극적으로 접목해 나가기로 했다.

시는 저탄소 녹색 성장과 미래 성장 동력 확충, 시민의 녹색 생활화를 녹색 성장의 3대 분야로 ③ 설정 5개 자치구와 공사·공단, 관계 기관이 공동으로 추진해 나갈 계획이다.

미래 성장 동력 분야는 ④ 솔라시티 건설, 태양광·수소연료 전지 ⑤ 클러스터 조성, 광산업을 기반으로 한 ⑥ LED 산업 육성, 친환경 자동차 부품 산업 ⑤ 클러스터 조성 등을 통해 신성장 동력을 창출한다는 전략이다.

녹색 생활 분야는 녹색 교통 체계 구축, 녹색 건축물 확대, 녹색 소비 활성화, 1000만 그루 나무 심기, 도시 생태 공원 조성 등을 시행하여 ⑦ 시민의 삶의 질 개선과 도시 위상 강화 방향을 추진해 나간다.

시는 녹색 성장 종합 계획의 중요성을 고려하여 ○○발전연구원의 환경, 경제, 문화 등 박사급 연구진과 공동으로 국내외 동향 분석, 전망 및 목표 선정, 추진 전략 도출, ⑧ 녹색 성장을 통한 변화되는 모습 및 기대 효과 분석 등을 실시할 계획이다.

또한, ⑨ 계획 수립 과정에 녹색 성장 관련 전문가 그룹인 녹색성장위원회 및 녹색 성장 기획 연구단을 통해 자문과 의견을 수렴하고, 시민, 학계, 경제계 등 각계각층이 참여한 공청회를 개최하여 의견 수렴 등을 통해 효율적인 ○○광역시 녹색 성장 종합 추진 계획을 확정할 계획이다.

---

① 로드맵 → 청사진
  '로드맵'은 '밑그림, 청사진, 길잡이, 단계별 이행안'으로 순화했으니 상황에 맞게 선택해서 쓴다.

② 마스터플랜을 마련 → (종합 계획을/기본 설계를) {마련하여/ 마련하고}
  · '마스터플랜'은 다듬은 말로 바꿔 쓴다.
  · 문장을 자연스럽게 이으려면 적절한 어미가 필요하다.

③ 설정 → 설정하고
  동사로 바꾸어서 문장을 자연스럽게 연결한다.

④ 솔라시티 → 햇살 도시/태양 에너지 도시
  태양 에너지 도시, 햇살 도시로 순화했으니 순화한 말로 바꿔 쓰는 것이 좋다.

⑤ 클러스터 → 연합(지구)
  공공언어에서 외래어를 남용하는 것은 바람직하지 않으므로 적절히 우리말로 다듬어 쓰는 노력이 필요하다.

⑥ LED → 발광 다이오드(LED)
  외국 문자를 써서는 안 되고, 외래어 표기법에 따라 한글로 적거나 다듬은 우리말로 적는다. 꼭 필요하다면 괄호 안에 외국 문자를 쓸 수 있다.

⑦ 시민의 삶의 질 개선과 도시 위상 강화 방향을 추진해 나간다 → 시민의 삶의 질을 개선하고 도시 위상을 강화해 나간다
  '개선을 추진하다'와 '방향을 추진하다'가 '과'로 이어진 구조인데 호응이 맞지 않는다. 조사나 동사를 적절히 써서 문장을 다듬는다.

⑧ 녹색성장을 통한 변화되는 모습 및 기대 효과 분석 등을 실시할 계획이다. → 녹색 성장을 통해 변화되는 모습과 기대 효과를 분석하는 등의 일을 할 계획이다.
  서로 대등하지 않은 요소가 및으로 연결되어 있어 비문법적이다.

⑨ 계획 수립 과정에 녹색 성장 관련 전문가 그룹인 녹색성장위원회 및 녹색 성장 기획 연구단을 통해 자문과 의견을 수렴하고 → 계획 수립 과정에서 녹색 성장 관련 전문가 그룹인 녹색성장위원회와 녹색 성장 기획 연구단에 자문하고
  자문(諮問)이라는 말이 의견을 묻는다는 뜻이므로 뒤따르는 '의견을 수렴하고'는 '자문'이라는 말과 의미상 중복되어 불필요한 표현이다.

③ 참고자료

---

**한미 동맹을 위한 공동 비전(동맹 미래 비전) 참고자료**

1. 개요
   - **명칭**: 한미 동맹을 위한 공동 ① 비젼

2. 주요 경과
   - 한미 양국은 2008년 4월 캠프데이비드에서 개최된 이명박 대통령- ② Bush ③ 대통령간 한미 정상회담에서 한·미 동맹을 21세기 전략 동맹으로 발전 시켜 나가기로 합의
   - 2008년 8월 ② Bush 미 ④ 대통령 방한 시 개최된 한미 ⑤ 정상회담 계기 공동성명을 통해 전략동맹 발전의 원칙과 방향 제시
     ※ 2008. 8. 6. 한미 정상회담 공동성명 관련 부분
     - "양 정상은 한미 동맹이 공동의 가치와 신뢰를 기반으로 안보 협력뿐 아니라 정치·경제·사회·문화 협력까지 포괄하도록 ⑥ 협력의 범위가 확대·심화되어 나가야 하며, 지역 및 세계적 차원의 평화와 번영에도 ⑦ 기여하는 방향으로 발전해 나가야 ⑧ 한다는데 의견을 같이 하였다."
   - 2009. 4. 2. 런던 ⑨ G20 정상 회의 계기에 ⑩ Obama 미 대통령 ⑪ 취임후 처음으로 개최된 한미 정상회담에서 양 정상은 한·미 동맹의 미래지향적 발전 방향을 ⑫ 구체화시켜 나가기로 합의

3. 배경 및 의의
   - 한미 동맹은 지난 ⑬ 50여년간 한반도 및 동북아의 평화·번영의 근간으로서 성공적으로 ⑭ 발전해 온 바, 이와 같은 발전상 및 새로운 환경과 수요를 반영한 미래 발전 방향의 정립 필요성 대두
   - 21세기 안보·경제 환경의 변화 및 세계화의 진전

---

① 비젼 → 비전 → 이상/전망
   '비전'이 바른 외래어 표기이고, 문맥에 따라 '이상'이나 '전망'으로 바꿔 쓰도록 한다.

② Bush → 부시
   외국 문자를 쓰지 않고 외래어 표기법에 따라 한글로 적는다.

③ 대통령간 → 대통령 간
   '사이'를 나타내는 '간(間)'은 앞말과 띄어 쓴다.

④ 대통령 방한 시 → 대통령이 방한했을 때
   '시(時)'를 순우리말 '때'로 바꿔 쓰고 서술어를 넣어서 쉽게 표현한다.

⑤ 정상회담 계기 공동성명을 통해 → 정상회담을 계기로 공동성명을 발표하여
   조사를 지나치게 생략하지 않는 것이 우리말답다.

⑥ 협력의 범위가 확대·심화되어 나가야 하며 → 협력의 범위를 확대·심화해 나가야 하며
   피동보다는 능동으로 표현하는 것이 우리말답다.

⑦ 기여하는 → 이바지하는
   될 수 있으면 한자말보다는 이해하기 쉬운 순우리말을 살려 쓴다.

⑧ 한다는데 의견을 같이 하였다 → 한다는 데 의견을 같이하였다
   - '데'가 '곳'이나 '장소', '일'이나 '것', '경우'의 뜻을 나타낼 때는 띄어 쓴다.
     ※ 뒤에 '에' 등의 조사가 결합할 수 있으면 앞말과 띄어 쓰고, 결합할 수 없으면 붙여 쓴다.
   - '어떤 뜻을 동일하게 지니다.'의 뜻인 '같이하다'는 한 단어이므로 붙여 쓴다.

⑨ G20 정상 회의 계기에 → 주요 20개국(G20) 정상 회의를 계기로
   적절한 조사를 사용하여 표현한다.

⑩ Obama → 오바마
   외국 문자를 쓰지 않고 외래어 표기법에 따라 한글로 적는다.

⑪ 취임후 → 취임 후
   '후(後)'와 '전(前)'은 앞말과 띄어 쓴다.

⑫ 구체화시켜 → 구체화해
   '-하다'로 표현할 수 있는데도 불필요하게 '-시키다'를 써서 표현하는 것은 우리말답지 않다.

⑬ 50여년간 → 50여 년간
   해를 세는 단위인 '년(年)'은 앞말과 띄어 쓰고, '동안'을 뜻하는 '간(間)'은 앞말에 붙여 쓴다.

⑭ 발전해 온 바 → 발전해 온바
   '발전해 온바'는 '발전해 왔으므로'와 가까운 뜻이다. 이처럼 과거의 어떤 상황을 제시 하는 데 쓰는 '바'는 앞말에 붙여 쓴다. 이때 쓰이는 '바'에는 조사를 붙일 수 없다.

**기출 확인**

**01** <공공언어 바로 쓰기 원칙>에 따라 <공문서>의 ⊙~@을 수정한 것으로 적절하지 않은 것은?

2025 국가직 9급

---

<공공언어 바로 쓰기 원칙>

○ 생소한 외래어나 외국어는 우리말로 다듬을 것.

○ 주어와 서술어의 관계를 명확하게 표현할 것.

○ 문맥에 맞는 정확한 어휘를 사용할 것.

○ 지나친 명사 나열을 피하고 적절한 조사와 어미를 활용하여 문장을 구성할 것.

---

<공문서>

□□개발연구원

수신  수신처 참조
제목  종합 성과 조사 협조 요청

---

1. 귀 기관의 무궁한 발전을 기원합니다.
2. 본원은 디지털 교육 ⊙ <u>마스터플랜</u> 수립을 위해 종합 성과 조사를 실시합니다. 본 조사의 대상은 지난 3년간 □□개발연구원의 주요 사업을 수행한 ⓒ <u>기업을 대상으로 합니다.</u>
3. 별도의 전문 평가 기관에 조사를 ⓒ <u>위탁하며,</u> 이 조사 결과를 바탕으로 @ <u>학교 현장 교수 학습 환경 개선 정책 개발</u> 및 디지털 교육 문화를 정착시키는 데에 기여하고자 합니다. 귀 기관의 협조를 부탁드립니다.

---

① ⊙: 기본 계획

② ⓒ: 기업입니다

③ ⓒ: 수주하며

④ @: 학교 현장의 교수 학습 환경을 개선하는 정책을 개발하고

해설 <공공언어 바로 쓰기 원칙>에서 문맥에 맞는 정확한 어휘를 사용하라고 하였다. '위탁(委 맡길 위, 託 부탁할 탁)하다'는 '맡기다'라는 의미이고, '수주(受 받을 수, 注 물댈 주)하다'는 '주문을 받다.'라는 의미이다. 문맥상 조사를 별도의 전문 기관에 '맡기다'라는 의미이므로, '위탁하다'를 '수주하다'로 고친 것은 적절하지 않다.

오답 ① '마스터플랜'은 '기본이 되는 계획. 또는 그런 설계.'를 의미한다. <공공언어 바로 쓰기 원칙>에서 외래어나 외국어는 우리말로 다듬으라고 하였다. 따라서 '마스터플랜'을 '기본 계획'으로 수정한 것은 적절하다.

② <공공언어 바로 쓰기 원칙>에서 주어와 서술어의 관계를 명확하게 하라고 하였다. ⓒ의 주어는 '본 조사의 대상은'이다. 따라서 주어에 맞춰 서술어를 '기업입니다'로 수정한 것은 적절하다.
  * 제시된 문장은 <조사 대상은 ~ 대상으로 합니다.>라는 모호한 구성이다.

④ <공공언어 바로 쓰기 원칙>에서 지나친 명사 나열을 피하고 적절한 조사와 어미를 활용하여 문장을 구성하라고 하였다. @에서 지나치게 명사를 나열하고 있기 때문에, 적절한 조사와 어미를 활용하여 수정한 '학교 현장의 교수 학습 환경을 개선하는 정책을 개발하고'는 적절하다.

정답 ③

**02** **<공공언어 바로 쓰기 원칙>에 따라 수정한 것으로 적절하지 않은 것은?**

9급 출제기조 전환 예시 2차

---

<공공언어 바로 쓰기 원칙>

○ 주어와 서술어의 호응
  - ㉠ 능동과 피동의 관계를 정확하게 사용함.

○ 여러 뜻으로 해석되는 표현 삼가기
  - ㉡ 중의적인 문장을 사용하지 않음.

○ 명료한 수식어구 사용
  - ㉢ 수식어와 피수식어의 관계를 분명하게 표현함.

○ 대등한 구조를 보여 주는 표현 사용
  - ㉣ '- 고', '와/과' 등으로 접속될 때에는 대등한 관계를 사용함.

---

① "이번 총선에서 국회의원 ○○○명을 선출되었다."를 ㉠에 따라 "이번 총선에서 국회의원 ○○○명이 선출되었다."로 수정한다.

② "시장은 시민의 안전에 관하여 건설업계 관계자들과 논의하였다."를 ㉡에 따라 "시장은 건설업계 관계자들과 시민의 안전에 관하여 논의하였다."로 수정한다.

③ "5킬로그램 정도의 금 보관함"을 ㉢에 따라 "금 5킬로그램 정도를 담은 보관함"으로 수정한다.

④ "음식물의 신선도 유지와 부패를 방지해야 한다."를 ㉣에 따라 "음식물의 신선도를 유지하고, 부패를 방지해야 한다."로 수정한다.

해설 수정한 문장 "시장은 건설업계 관계자들과 시민의 안전에 관하여 논의하였다."는 다음과 같이 두 가지 의미로 해석될 수 있다.

| 해석 1. | 시장은 건설업계 관계자들을 만나 시민의 안전에 관하여 논의하였다. |
|---|---|
| 해석 2. | 시장은 건설업계 관계자들을 비롯한 시민의 안전에 관하여 논의하였다. |

따라서 ㉡의 원칙에 따라 수정한 내용으로 보기 어렵다.

오답 ① '선출되다'는 '여럿 가운데서 골라지다.'라는 의미를 가진 피동사이다. 피동사이기 때문에 '○○○명을'을 '○○○명이'로 수정한 것은 적절하다.
  ※ '○○○명을'을 쓰려면, 서술어가 '선출하였다'가 되어야 한다.

③ "5킬로그램 정도의 금 보관함"은 '5킬로그램 정도의'의 수식을 받는 대상, 즉 피수식어가 '금'인지, '금 보관함'인지 모호하다. 따라서 수식어와 피수식어 관계를 분명하게 표현하기 위해, "금 5킬로그램 정도를 담은 보관함"으로 수정한 것은 적절하다.

④ "음식물의 신선도 유지와 부패를 방지해야 한다."는 접속 부사 '와'로 연결되어 있다. 그 관계가 대등해야 하기 때문에 "음식물의 신선도를 유지하고, 부패를 방지해야 한다."로 수정한 것은 적절하다.

정답 ②

**03** <공공언어 바로 쓰기 원칙>에 따라 <공문서>의 ㉠~㉣을 수정한 것으로 적절하지 않은 것은? 9급 출제기조 전환 예시 1차

---

<공공언어 바로 쓰기 원칙>

○ 중복되는 표현을 삼갈 것.

○ 대등한 것끼리 접속할 때는 구조가 같은 표현을 사용할 것.

○ 주어와 서술어를 호응시킬 것.

○ 필요한 문장 성분이 생략되지 않도록 할 것.

---

<공문서>
**한국의약품정보원**

**수신** 국립국어원

(경유)

**제목** 의약품 용어 표준화를 위한 자문회의 참석 ㉠ 안내 알림

---

1. ㉡ 표준적인 언어생활의 확립과 일상적인 국어 생활을 향상하기 위해 일하시는 귀원의 노고에 감사드립니다.
2. 본원은 국내 유일의 의약품 관련 비영리 재단법인으로서 의약품에 관한 ㉢ 표준 정보가 제공되고 있습니다.
3. 의약품의 표준 용어 체계를 구축하고 ㉣ 일반 국민도 알기 쉬운 표현으로 개선하여 안전한 의약품 사용 환경을 마련하기 위해 자문회의를 개최하니 귀원의 연구원이 참석해 주시기를 바랍니다.

---

① ㉠: 안내
② ㉡: 표준적인 언어생활을 확립하고 일상적인 국어 생활의 향상을 위해
③ ㉢: 표준 정보를 제공하고 있습니다.
④ ㉣: 의약품 용어를 일반 국민도 알기 쉬운 표현으로 개선하여

해설 ㉡은 'A와 B'를 위해라는 구조를 가지고 있는 것을 볼 때, 두 번째 원칙은 '대등한 것끼리 접속할 때는 구조가 같은 표현을 사용할 것.'을 고려하여 수정해야 한다. 따라서 명사로 끝나는 앞부분의 '확립'에 맞춰 뒷부분을 '향상'으로 수정하든지, '향상하기'라는 명사형으로 끝나는 뒷부분에 맞춰 앞부분을 '확립하기'로 수정해야 한다. 그런데 ②의 수정 방안은 앞뒤 문장의 구조가 같지 않다는 점에서 수정이 바르지 않다고 할 수 있다.

오답 ① '안내'와 '알림' 모두 '알게 한다'는 의미를 가지고 있다. 따라서 '안내'와 '알림'을 함께 사용하는 것은 첫 번째 원칙 '중복되는 표현을 삼갈 것.'을 고려할 때, '안내'로 수정한 것은 적절하다.

③ '2.'의 주어는 '본원은'이다. 세 번째 원칙 '주어와 서술어를 호응시킬 것.'을 고려할 때, 주어에 '본원은'에 맞춰 서술어를 '표준 정보를 제공하고 있습니다.'로 수정한 것은 적절하다.

④ ㉣에는 개선의 대상인 '무엇을'이 빠져 있다. 따라서 네 번째 원칙 '필요한 문장 성분이 생략되지 않도록 할 것.'을 고려할 때, 적절한 목적어 '의약품 용어를'을 추가한 것은 적절하다.

정답 ②

# 심화편

# PART 1
# 현대 문학

# 출제 경향 한눈에 보기

## 구조도

## 영역별 학습 목표

1. 문학 일반론을 토대로 갈래별 작품을 올바르게 해설할 수 있다.

2. 작품을 감상하는 방법을 익히고, 관점에 따라 작품을 감상할 수 있다.

## 핵심 개념

| 비평 방법 | 내재적 관점 | 작품 내적 요소(시어, 운율, 상징 등) |
|---|---|---|
| | 외재적 관점 | ① 반영론(시대)  ② 표현론(작가)  ③ 효용론(독자) |
| 문예 사조 | | ① 고전주의  ② 낭만주의  ③ 사실주의<br>④ 자연주의  ⑤ 유미주의  ⑥ 실존주의 등 |
| 발상법 | | ① 감정 이입  ② 주객전도  ③ 패러디  ④ 추상적 관념의 사물화 |
| 표현법 | 비유법 | ① 직유법  ② 은유법  ③ 의인법  ④ 활유법<br>⑤ 대유법  ⑥ 풍유법  ⑦ 중의법 |
| | 변화법 | ① 도치법  ② 설의법  ③ 문답법  ④ 생략법<br>⑤ 돈호법  ⑥ 역설법  ⑦ 반어법 |
| | 강조법 | ① 과장법  ② 영탄법  ③ 반복법  ④ 점층법<br>⑤ 연쇄법  ⑥ 대조법  ⑦ 비교법  ⑧ 미화법 |
| 소설의 구성 | 구성 3요소 | ① 인물  ② 사건  ③ 배경 |
| 인물 제시 방법 | | ① 직접적 제시  ② 간접적 제시 |
| 소설의 시점 | 1인칭 | ① 1인칭 주인공 시점  ② 1인칭 관찰자 시점 |
| | 3인칭 | ③ 3인칭 관찰자 시점  ④ 전지적 작가 시점 |
| 희곡의 요소 | 형식 요소 | ① 해설  ② 대사  ③ 지문 |
| | 내용 요소 | ① 인물  ② 사건  ③ 배경 |
| 시나리오의 요소 | | ① 장면  ② 대사  ③ 지시문  ④ 해설(내레이션) |

## 최신 4개년 기출 작품 목록

| 구분 | 현대 시 | 현대 소설 |
|---|---|---|
| 2024년 | 박용래의 <울타리 밖>, 장만연의 <달·포도(葡萄)·잎사귀> | 박태원의 <소설가 구보 씨의 일일>, 오정희의 <불의 강> |
| 2023년 | 박재삼의 <매미의 울음 끝에>, 함민복의 <광고의 나라>, 김선우의 <단단한 고요>, 이병연의 <조발>, 이육사의 <절정>, 윤동주의 <쉽게 씌어진 시>, 김소월의 <진달래꽃>, 천양희의 <그 사람의 손을 보면>, 김수영의 <어느 날 고궁을 나오면서>, 김기택의 <풀벌레들의 작은 귀를 생각함> | 김승옥의 <무진기행>, 현진건의 <운수 좋은 날>, 오정희의 <소음공해>, 전혜린의 <먼 곳에의 그리움>, 채만식의 <논 이야기>, 이상의 <날개>, 이호철의 <나상> |
| 2022년 | 신동엽의 <봄은>, 장만영의 <달, 포도, 잎사귀>, 신경림의 <가난한 사랑 노래>, 김광균의 <데생>, 변영로의 <논개>, 한용운의 <님의 침묵>, 이상의 <지비>, 함형수의 <해바라기의 비명>, 김소월의 <산유화> | 채만식의 <태평천하>, 이규보의 <이옥설>, 이태준의 <패강랭>, 최인훈의 <광장>, 최명희의 <혼불>, 이강백의 <파수꾼> |
| 2021년 | 조병화의 <나무의 철학>, 나희덕의 <그 복숭아나무 곁으로> | 강신재의 <젊은 느티나무>, 박경리의 <토지>, 김훈의 <수박>, 이상의 <권태>, 김정한의 <산거족>, 채만식의 <미스터 방>, 현진건의 <운수 좋은 날><br>※ 극: 이강백의 <느낌, 극락 같은> |
| 2020년 | 이육사의 <절정>, 정현종의 <들판이 적막하다>, 함민복의 <그 샘> | 박완서의 <사랑의 입김>, 이청준의 <흰 철쭉>, 오정희의 <중국인 거리>, 양귀자의 <비 오는 날이면 가리봉동에 가야 한다>, 조세희의 <난쟁이가 쏘아 올린 작은 공> |

※ 예시 문제에 이육사의 <절정>과 최인훈의 <광장>이 출제되었다.

## 1절 문학의 이해

### 1 한국 문학의 미적 범주

| | 있어야 할 것(이상) | | |
|---|---|---|---|
| 융합 | 숭고미 | 비장미 | 상반 |
| | 우아미 | 골계미 | (갈등) |
| | 있는 것(현실) | | |

| 미의식 | 지향 | 결합 방식 | 결과 | 표현의 예 |
|---|---|---|---|---|
| 숭고미 | 이상 추구 | 이상과 현실의 조화 | 이상이 현실 극복 | 충, 진리 추구 |
| 우아미 | 현실 추구 | | 이상과 현실의 일체 | 자연 친화 |
| 비장미 | 이상 추구 | 이상과 현실의 갈등 | 이상과 현실의 갈등 | 현실에 불만, 억압 |
| 골계미 | 현실 추구 | | 이상 파괴, 부정적 현실 수용 | 풍자, 해학 |

| | |
|---|---|
| **숭고미** | * '있어야 할 것(이상)'을 중심으로 '있는 것(현실)'을 융합시키면서 나타나는 미의식<br>화자가 경건한 분위기 속에서 높은 이상을 추구할 때 느껴지는 아름다움<br><br>까만 눈동자 살포시 들어<br>먼 하늘 한 개 별빛에 모두오고 //<br>복사꽃 고운 뺨에 아롱질 듯 두 방울이야<br>세사에 시달려도 번뇌는 별빛이라.　　　　　– 조지훈, 〈승무〉<br>→ 속세의 괴로움을 종교적으로 승화하고자 하는 화자의 모습에서 숭고미가 느껴진다. |
| **우아미** | * '있는 것(현실)'을 중심으로 '있어야 할 것(이상)'이 융합된 상태에서 나타나는 미의식<br>조화롭고 질서가 있는 분위기 속에서 아름다운 모습을 그리거나 화자가 자연에 동화되었을 때 느껴지는 아름다움<br><br>말 업슨 청산(靑山)이오 태(態) 업슨 유수(流水)로다<br>갑 업슨 청풍(淸風)이오 님ᄌ 업슨 명월(明月)이로다<br>이 즁에 병(病) 업슨 이 몸이 분별(分別) 업시 늘그리라.　　– 성혼<br>→ '청산, 유수, 청풍, 명월'의 자연과 더불어 살아가려는 화자의 모습에서 우아미가 느껴진다. |
| **비장미** | * '있어야 할 것(이상)'이 '있는 것(현실)'의 벽에 부딪혀 좌절되면서 느껴지는 미의식<br>슬프거나 한이 느껴지는 비극적인 분위기 속에서 화자가 외부 세계에 의해서 좌절할 때 느껴지는 아름다움<br><br>임이여 물을 건너지 마오<br>임은 그예 물을 건너시네.<br>물에 빠져 돌아가시니<br>가신 임을 어이할꼬.　　　　　– 〈공무도하가〉<br>→ 화자는 임과의 이별을 거부하며, 물을 건너지 말라고 만류한다. 그럼에도 화자의 만류를 뿌리친 채 물에 빠져 죽은 임을 잃은 슬픔이 드러나기 때문에 비장미가 느껴진다. |
| **골계미** | * '있는 것(변화된 현실)'의 입장에서 '있어야 할 것(기존의 질서)'을 거부하는 데서 생기는 웃음의 미의식<br>풍자나 해학 등을 통해서 우스꽝스러운 모습이 나타날 때 느껴지는 아름다움<br><br>시아버니 호랑새요 시어머니 꾸중새요,<br>동세 하나 할림새요 시누 하나 뾰죽새요,<br>시아지비 뾰중새요 남편 하나 미련새요,<br>자식 하난 우는 새요 나 하나만 썩는 샐세.　　– 작자 미상, 〈시집살이 노래〉<br>→ 여러 시댁 식구와 자신을 새에 비유하며 해학적으로 표현하여 골계미가 느껴진다. |

## 1. 작품과 세계의 개입 정도에 따라(4분법)

| 서정(시) | · 작품 외적 세계의 개입 없이 이루어지는 **세계의 자아화** <br> · 종류: 시조, 현대시 |
|---|---|
| 서사(소설) | · 작품 외적 자아의 개입으로 이루어지는 **자아와 세계의 대결** <br> · 종류: 설화, 고전 소설, 현대 소설 |
| 극(희곡) | · 작품 외적 자아의 개입 없이 이루어지는 **자아와 세계의 대결** <br> · 종류: 희곡, 시나리오 |
| 교술(수필) | · 작품 외적 세계의 개입으로 이루어지는 **자아의 세계화** <br> · 종류: 수필, 경기체가, 가사 등 |

## 2. 문학 작품 접근 방법

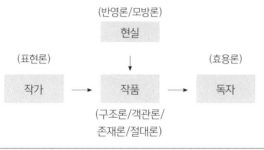

☆ 한용운의 〈님의 침묵〉에서 '님 (임)'의 의미

| 감상 관점 | 내용 | '임'의 의미 |
|---|---|---|
| 내재적(절대적) 관점 | 이별의 슬픔을 노래함. | 연인 |
| 반영론적 관점 | 일제강점기에 창작됨. | 빼앗긴 조국, 광복 |
| 표현론적 관점 | 작가인 한용운은 승려임. | 부처, 절대적 진리 |
| 효용론적 관점 | | 독자의 상황에 따라 다양하게 해석 |

### 기출 확인

〈보기〉에 나타난 작품 감상의 관점으로 가장 옳은 것은? 2018 서울시 9급

┌─〈보기〉─
나는 지금도 이광수의 〈무정〉 작품을 읽으면 가슴이 뜨거워지는 것을 느껴. 특히 결말 부분에서 주인공 이형식이 "옳습니다. 우리가 해야지요! 우리가 공부하러 가는 뜻이 여기 있습니다. 우리가 지금 차를 타고 가는 돈이며 가서 공부할 학비를 누가 주나요? 조선이 주는 것입니다. 왜? 가서 힘을 얻어 오라고, 지식을 얻어 오라고, 문명을 얻어 오라고 …… 그래서 새로운 문명 위에 튼튼한 생활의 기초를 세워 달라고 …… 이러한 뜻이 아닙니까?"라고 부르짖는 부분에 가면 금방 내 가슴도 울렁거려 나도 모르게 "네, 네, 네"라고 대답하고 싶단 말이야. 이 작품은 이 소설이 나왔던 1910년대 독자들의 가슴만이 아니라 아직 강대국에 싸여 있는 21세기 우리 시대 독자들에게도 조국을 생각하는 마음에 큰 감동을 주고 있다고 생각해.

① 반영론적 관점
② 효용론적 관점
③ 표현론적 관점
④ 객관론적 관점

해설 〈보기〉는 이광수의 〈무정〉을 읽은 독자(나, 1910년대 독자들, 21세기 독자들)의 감동에 초점을 두고 쓴 글이다. 따라서 문학 작품을 통해 독자가 얻게 되는 즐거움과 교훈에 대해 쓴 글로, ②의 '효용론적 관점'을 취하고 있다.

정답 ②

★ 이미지의 종류
· 시각적 이미지: 모양, 색깔, 형태 등으로
  표현된다. 예 빨간 사과
· 청각적 이미지: 구체적인 소리나 의성어
  등으로 표현된다. 예 아삭아삭한 사과
· 후각적 이미지: 냄새, 향기 등으로 표현
  된다. 예 향긋한 사과
· 촉각적 이미지: 피부에 닿는 느낌으로 표
  현된다. 예 부드러운 사과
· 미각적 이미지: 혀로 느끼는 감각으로 표
  현된다. 예 달콤한 사과

★ 복합적 이미지와 공감각적 이
미지
복합적 이미지는 표현하려는 대상이 둘 이
상으로, 단순하게 두 이미지를 나열한 것뿐
이다. 반면 공감각적 이미지는 표현하려는
대상이 하나인데, 대상이 본래 지니고 있는
이미지가 아닌 다른 이미지로 전이하여 나
타낸 것이다.

★ 정서 vs 정조 vs 태도

| 정서<br>(情緒) | 시적 상황을 매개로 형성되는 감<br>정, 분위기, 기분 등 |
| --- | --- |
| 정조<br>(情調) | 어떠한 대상에서 풍기는 독특한<br>분위기·감각에 따라 일어나는 단<br>순한 감정 |
| 태도<br>(態度) | 화자가 자신이 처해 있는 상황을<br>대하는 마음가짐 또는 대응 양식 |

➕ TIP
감정 이입을 통해 시적 화자의 정서나 사상
을 나타내 주는 역할을 하는 대상물을 '객
관적 상관물'이라 한다.

📍 객관적 상관물 ⊇ 감정 이입

★ 시적 허용(비문법적 진술)
· 일상 언어의 규범에 어긋난 방식으로 진
  술=시적 자유, 시적 파격
  예 문법이나 맞춤법에 어긋난 표현, 옛
     말을 사용하거나 아무도 쓰지 않는
     말을 만들어 사용
· 시적 허용의 기능: 다양한 정서와 미묘
  한 사상을 표현한다.

어머니,
당신은 그 먼 나라를 알으십니까?
  -신석정, <먼 나라를 알으십니까>
→ '알으십니까'는 '아십니까'의 시적 허
   용이다.

## 1절 시의 이해

### 1 시의 분석

#### 1. 방법
① 시적 화자 찾기
② 화자의 처지(정서) 이해하기
③ 시적 대상 찾기
④ 화자의 태도 알기
⑤ 시의 표현 방법 확인하기

### 2 이미지

#### 1. 복합적 이미지: 두 가지 이상의 감각이 나열된다. 예 빨간 쟁반에 담긴 향긋한 사과

#### 2. 공감각적 이미지: 하나의 감각이 다른 감각으로 전이된다.

> ① 이것은 소리 없는 아우성 (시각의 청각화)　　　　　　　　－ 유치환, <깃발>
> ② 분수처럼 흩어지는 푸른 종소리 (청각의 시각화)　　　　　－ 김광균, <외인촌>
> ③ 금으로 타는 태양의 즐거운 울림 (시각의 청각화)　　　　　－ 박남수, <아침 이미지>

### 3 발상 및 표현

#### 1. 발상

① 감정 이입: 자신의 감정을 대상 속에 이입시켜 마치 대상이 그렇게 느끼고 생각하는
  것처럼 표현하는 방법

> 붉은 해는 서산 마루에 걸리었다. / 사슴의 무리도 슬피 운다.
> 떨어져 나가 앉은 산 위에서 / 나는 그대의 이름을 부르노라.　　－ 김소월, <초혼(招魂)>

② 추상적 관념의 사물화: 추상적인 관념을 감각적으로 사물화(구체화)하여 표현하는 기법

> 동짓달 기나긴 밤을 한 허리를 베어 내어
> 춘풍 이불 안에 서리서리 넣었다가
> 어론 님 오신 날 밤이어든 굽이굽이 펴리라.　　　　　　　　－ 황진이 시조

#### 2. 표현

(1) **비유법**: 표현하고자 하는 대상을 다른 사물에 빗대어 표현하는 수사법. 이때 원관념과
  보조 관념 사이의 유사성을 전제로 한다.

① 직유법: '～ 처럼', '～ 같이', '～듯이' 등의 연결어를 써서 원관념과 보조 관념을 직접 연결

> 길은 한 줄기 넥타이처럼 풀어져
> 일광(日光)의 폭포 속으로 사라지고　　　　　　　　　　　－ 김광균, <추일서정>

② 은유법: 연결어를 통해 직접 연결하지 않고 두 대상이 마치 동일한 것처럼 간접적으로 연결. 원관념이 표면적으로 드러나지 않는 경우도 있다.

> 사랑하는 나의 하나님, 당신은
> 늙은 비애다. 푸줏간에 걸린 커다란 살점이다.　　　　　　　－ 김춘수, 〈나의 하느님〉

*사은유(死隱喩): 이미 굳어져 발생 당시의 신선감이나 생명감을 상실한 은유
예 '꿈'(희망)·'소'(우직한 사람)·'찰거머리'(들러붙어 괴롭히는 사람)

③ 의인법*: 사물이나 관념에 인격을 부여해서 인간적인 요소를 지니게 하는 표현 방법

> 조국을 언제 떠났노. / 파초의 꿈은 가련하다.　　　　　　　　　－ 김동명, 〈파초〉

④ 활유법: 무생물에 생물적 특성을 부여하여 살아 있는 생물처럼 나타내는 표현 방법

> 어둠은 새를 낳고, 돌을 / 낳고, 꽃을 낳는다.　　　　　　　　　－ 박남수, 〈아침 이미지〉

⑤ 대유법: 대상의 어느 한 부분이나 속성만으로 전체를 대신하는 표현 방법. 제유법과 환유법이 있다.

> 껍데기는 가라 한라에서 백두까지
> 　　　　'우리나라'의 대유
> 향그러운 흙가슴만 남고 그, 모오든 쇠붙이는 가라.　　　　　－ 신동엽, 〈껍데기는 가라〉

⑥ 풍유법: 원관념은 숨긴 채 특정 대상을 은근히 비꼬아 속뜻을 짐작하여 깨닫도록 하는 표현 방법
예 속담, 격언 등을 이용

> 야, 이눔아, / 뿌리가 없으면 썩는겨
> 귀신 씨나락 까먹는 소리 허지두 말어.　　　　　　　　－ 김진경, 〈뿌리가 없으면 썩는겨〉
> 　속담

⑦ 중의법: 한 단어나 문장에 두 가지 뜻을 포함시키는 표현 방법

> 청산리 벽계수야 수이감을 자랑 마라.　　　　　　　　　　　　　　　－ 황진이 시조

(2) 변화법: 문장에 변화를 주어서 독자의 주의를 불러일으키고, 지루한 느낌을 없애는 수사법

① 도치법: 정상적인 문장 성분의 배열 순서나 문장 자체의 순서를 바꾸어 놓는 표현 방법
*강조의 초점은 주로 뒤에 있다.

> 나는 아직 기다리고 있을 테요, 찬란한 슬픔의 봄을.　　　－ 김영랑, 〈모란이 피기까지는〉
> 　　　　　　　　　　　문장 순서를 뒤바꾸어 강한 인상을 주고 강조함.

② 설의법: 의문문의 형식으로서, 내용상으로는 의문이 아니고 반어적(反語的)인 표현으로써 상대방을 납득시키는 방법. 읽는 이가 분명히 알 수 있는 결론을 의문형 종결어미로 표현함으로써 주장하는 바를 강력하게 전달한다.

> 어디 닭 우는 소리 들렸으랴.　　　　　　　　　　　　　　　　　－ 이육사, 〈광야〉
> 　'아무 소리도 없었다.'는 의미

③ 문답법: 스스로 묻고, 답하는 형식을 빌려 문장을 전개해 나가는 표현 방법

> 아희야 무릉이 어디오. 나는 옌가 하노라.　　　　　　　　　　　　　　　　－ 조식
> 　　　　　문　　　　　　　　답

④ 대구법: 문장 구조가 서로 같거나 비슷한 두 문장을 짝을 지어 나란히 배열하는 표현 방법
* 의미가 서로 조응되면서 상호 보완되거나 두 구절 사이의 구문상의 묘미나 운율상의 가락을 조화 있게 나타내는 표현 방법

> 봄이 오면 꽃이 피고, 여름이 오면 새가 운다.

PART 1 현대 문학 해커스공무원 해원국어 올인원 기본서

**TIP**
은유의 형태
· A는 B다.
· A의 B
· B

★ 의인법 vs. 활유법

활유법
의인법

**TIP**
제유법·환유법

| 제유법 | 대상의 일부를 통해 전체를 나타내는 방법<br>예 사람은 빵만으로 살 수 없다. (빵 → 식량) |
|---|---|
| 환유법 | 대상과 밀접하게 관련된 다른 사물이나 속성을 대신 들어 나타내는 방법<br>예 펜은 칼보다 강하다.<br>[펜 → 문(文), 칼 → 무(武)] |

**기출 확인**

㉠과 같은 표현 방법에 해당하지 않는 것은?
2020 소방직

> 매운 계절(季節)의 채찍에 갈겨
> 마침내 북방(北方)으로 휩쓸려오다.
>
> 하늘도 그만 지쳐 끝난 고원(高原)
> 서릿발 칼날진 그 위에 서다
>
> 어데다 무릎을 꿇어야 하나?
> 한 발 재겨 디딜 곳조차 없다.
>
> 이러매 눈 감아 생각해 볼밖에
> ㉠ 겨울은 강철로 된 무지갠가 보다.
> 　　　　　　　　　　　－ 이육사, 〈절정〉

① 두 볼에 흐르는 빛이 / 정작으로 고와서 서러워라　　－ 조지훈, 〈승무〉
② 아아 님은 갔지만 나는 님을 보내지 아니하였습니다　　－ 한용운, 〈님의 침묵〉
③ 나는 아직 기다리고 있을 테요 찬란한 슬픔의 봄을　　－ 김영랑, 〈모란이 피기까지는〉
④ 나 보기가 역겨워 / 가실 때에는 / 죽어도 아니 눈물 흘리우리다
　　　　　　　　　　　－ 김소월, 〈진달래꽃〉

**해설**

화자는 극한 상황에서 참된 삶을 추구하는 의지와 희망을 회복하는 화자의 현실 인식을 '겨울은 강철로 된 무지개'로 표현하고 있다.
이처럼 '역설적인 표현'이 쓰이지 않은 것은 ④이다. ④에는 실제로는 울고 있지만 "죽어도 아니 눈물 흘리우리다"라고 말하고 있으므로 겉뜻과 속뜻이 반대인 '반어적 표현'이 나타난다.

정답 ④

⑤ **생략법**: 글의 간결성, 압축성, 긴밀성 등을 위하여 일부를 생략하는 표현 방법 → '여운'을 주어 표현의 효과를 높인다.

> 학, 학 나무를, 학 나무를…….
> — 이범선, 〈학마을 사람들〉

⑥ **돈호법**: 갑자기 사람이나 사물의 이름을 불러 읽는 이의 주의를 환기시키는 표현 방법

> 아이야, 우리 식탁엔 은쟁반에
> 하이얀 모시 수건을 마련해 두렴.
> — 이육사, 〈청포도〉

⑦ **역설법**: 표면적으로는 현실의 논리에 어긋나 모순되어 보이는 진술이지만 내면적으로는 진리와 진실을 담고 있는 표현 방법

> • 아아, 님은 갔지마는 나는 님을 보내지 아니하였습니다.  — 한용운, 〈님의 침묵〉
> • 괴로웠던 사나이 / 행복한 예수 그리스도에게 / 처럼.  — 윤동주, 〈십자가〉

⑧ **반어법** 🔁: 진술된 것과 진술의 의도가 상반되는 표현 방법. '속뜻'이 자주 생략된다.

> 죽어도 아니 눈물 흘리우리다(겉뜻: 울지 않겠음. ↔ 속뜻: 이미 울고 있음.)  — 김소월, 〈진달래꽃〉

⑨ **인용법**: 자기의 이론을 증명하거나 주장을 강조하기 위하여 남의 말이나 글을 따오는 표현 방법

> • 갈릴레이는 "그래도 지구는 돈다."라고 말했다. → 직접 인용(명인법)
> • 갈릴레이는 그래도 지구는 돈다고 말했다. → 간접 인용(암인법)

**(3) 강조법**: 내용을 더욱 뚜렷이 전달하고자 강렬한 느낌을 주는 수사법

① **과장법**: 실제보다 더 확대(향대 과장)하거나 축소(향소 과장)하여서 의미를 강조하는 표현 방법

> 모란이 지고 말면 그뿐, 내 한 해는 가고 말아,
> 삼백 예순날 하냥 섭섭해 우웁내다.
> — 김영랑, 〈모란이 피기까지는〉

② **영탄법**: 감정을 강조하여 나타내는 표현 방법. 감탄사, 감탄형 어미, 수사 의문문 형식 등으로 표현한다.

> 아! 바람 소리와 함께 부서지고 싶어라, 죽고 싶어라…….
> └감탄사         └감탄형 어미┘

③ **반복법**: 같거나 비슷한 단어나 어절, 또는 구·절·문장을 되풀이함으로써 뜻의 강조가 이루어지게 하는 표현 방법

> 가시리 가시리잇고, 바리고 가시리잇고.

④ **점층법**: 사상, 감정, 사물을 짧고 작고 낮고 약한 것부터 시작해서 길고 크고 높고 강한 것으로 점차 고조시키는 표현 방법

> 주인도 취하고 나그네도 취하고 산도 하늘도 모두 취했다.

⑤ **연쇄법**: 앞 구절의 끝 부분을 다음 구절의 머리에서 다시 되풀이하는 표현 방법

> 닭아, 닭아, 우지 마라. 네가 울면 날이 새고, 날이 새면 나 죽는다.
>              울다              날이 새다.

⑥ **대조법**: 대립되는 의미, 또는 정도가 다른 단어나 어절을 사용하는 표현 방법

> 인생은 짧고, 예술은 길다. [짧다 ↔ 길다]

＊의미의 대조 외에도 '단어, 색상, 감각'의 대조도 포함된다.

---

⑦ 비교법: 두 가지의 사물이나 내용을 서로 비교하여 그 차이로써 어느 한 쪽을 강조하는 표현 방법

> 강낭콩꽃보다도 더 푸른 / 그 물결 위에
> 양귀비꽃보다도 더 붉은 / 그 마음 흘러라.
> — 변영로, 〈논개〉

⑧ 미화법: 대상을 실제보다 아름답게 나타내는 표현 방법. 일반적이거나 추한 대상을 아름답고 좋게 표현한다.

> • 양상군자(梁上君子) → '도둑'을 '대들보 위에 있는 군자'로 표현

⑨ 억양법: 우선 누르고 후에 올리거나, 우선 올리고 후에 누르는 방식으로 문세(文勢)에 기복을 두어 효과를 노리는 표현 방법

> 그는 모자라지만 착실한 사람이다.
>     누르고 올림

⑩ 현재법: 과거나 미래의 사실, 또는 눈앞에 없는 사실을 마치 눈앞에 있는 것처럼 나타내는 표현 방법

> 이 도령은 춘향 앞에 섰다. 춘향은 얼굴을 붉히고 돌아선다.

**(4) 언어유희**: 문자나 말의 음성적 유사성을 이용하여 해학적으로 나타내는 표현 방법

> "너의 서방인지 남방인지 걸인 하나가 내려왔다."
> — 〈춘향전〉

# 4 시상 전개 방식

## 1. 종류

① 기승전결(起承轉結): 한시(漢詩)에서 시구를 구성하는 방식. '시상의 제시[起: 일어날 기] → 시상의 반복·심화[承: 이을 승] → 시적 전환[轉: 구를 전] → 중심 생각·정서의 제시[結: 맺을 결]'로 이루어져 완결성과 안정감을 준다.

② 선경후정(先景後情): 한시(漢詩)의 전형적인 전개 방식으로 앞에서는 풍경을 그리듯이 보여 주고, 뒤에서는 시적 화자의 정서를 표현하는 방식

③ 수미상관(首尾相關): 시의 처음(머리)과 끝(꼬리)을 유사하거나 동일한 시구로 구성하는 방법. 균형미와 안정감을 주고 강조의 효과도 있다.

**예원通** 대표적인 관습적·원형적 상징의 예

| 단어 | 상징 의미 | 단어 | 상징 의미 |
|---|---|---|---|
| 소나무 | 절개, 지조 | 겨울 | 신비, 죽음, 시련, 우울 |
| 대나무 | 절개, 지조, 곧음 | 구름 | 허망, 떠돎 |
| 등대 | 지향, 구원 | 강물 | 세월, 변화, 무상, 불변 |
| 풀 | 끈질김, 민중, 소시민 | 눈 | 순수, 순결, 정화(淨化) |
| 봄 | 약동, 부활, 소생, 동적 이미지 | 새벽, 아침 | 희망, 새 출발, 생동감 |

**언어유희의 방법**

· 동음이의어 활용
  예 개잘량이라는 '양'자에 개다리소반이라는 '반'자를 쓰는 양반이 나오신단 말이오. — 〈봉산탈춤〉

· 비슷한 음운 활용
  예 아, 이 양반이 허리 꺾어 절반인지, 개다리소반인지, 꾸레미전에 백반인지. — 〈봉산탈춤〉

· 말의 배치를 바꿔서 활용
  예 어 추워라. 문 들어온다, 바람 닫아라. 물마르다, 목 들여라. — 〈춘향전〉

· 발음의 유사성 활용
  예 술 먹고 수란(水卵) 먹고, 갓 쓰고 갓모(갓 위에 쓰는 덮개) 쓰네. — 〈춘향전〉

**운율의 종류**

· 두운: 시행의 첫머리나 어절의 첫소리 위치에서 특정한 말소리가 반복되는 압운

· 요운: 시행의 가운데에서 일정한 말소리가 규칙적으로 반복되는 압운

· 각운: 시행의 끝에서 일정한 말소리가 규칙적으로 반복되는 압운

**운율 형성의 방법**

① 동일 음운의 반복
② 동일 음절의 반복
③ 동일 시어의 반복
④ 일정한 음수와 음보의 반복
⑤ 동일한 통사 구조의 반복
⑥ 음성 상징어(의성어, 의태어)의 반복
⑦ 연과 행의 규칙적 배열 및 배열 모습의 규칙적 반복

## 1 절정 | 이육사

| | |
|---|---|
| ▌갈래 | 자유시, 서정시 |
| ▌성격 | 의지적, 지사적, 역설적, 초월적, 상징적 |
| ▌어조 | 남성적 어조, 비장하고 절제된 의지적 어조 |
| ▌주제 | 극한적 상황을 초극하려는 의지 |
| ▌특징 | ① 역설적 표현으로 주제를 효과적으로 형상화함.<br>② '기승전결'의 한시 구성 방식과 유사한 형식을 취함.<br>③ 현재형 시제의 사용으로 긴박감을 더하고 대결 의식을 형상화함.<br>④ 강렬한 시어와 남성적 어조로 강인한 의지를 표출함. |
| ▌출전 | 《문장》(1940) |

### ♀ 이해와 감상

이 작품은 일제 강점기의 대표적 저항시로, 일제 강점기라는 억압된 현실 속에서도 좌절하지 않는 화자의 강인한 의지를 노래하고 있다. 화자는 '북방'-'고원'-'서릿발 칼날진 그 위'에 '한 발 제겨디딜(발끝으로 땅을 디딜) 곳조차' 없는 상황에 처해 있다. 그러나 화자는 현재의 이러한 극한 상황 속에서 오히려 강철과 같은 의지와 신념을 확인하고 초극적 의지와 신념을 드러내고 있다.

또한 이 작품은 '매운, 채찍, 갈겨, 칼날진'과 같은 강렬한 이미지를 가진 시어들을 사용하여 화자의 극한 상황을 표현하고 있으며, 남성적 어조, 의지적 어조를 통해 그 상황을 극복하려는 강인한 지사적 의지와 신념을 드러내고 있다.

---

<sub>탄압, 시련 – 일제의 탄압</sub>
**매운 계절의 채찍에 갈겨**
<sub>냉혹한 현실, 일제강점기(감각적 표현)</sub>

**마침내 북방으로 휩쓸려 오다.**    □: 극한 상황의 점층적 전개    ➡ 냉혹한 현실의 한계 상황(수평적)(기)
<sub>극한적 공간(수평적) – 우리 민족이 유랑하던 만주나 북간도 등지(일제강점하로 북방으로 쫓겨난 우리 민족)</sub>

**하늘도 그만 지쳐 끝난 고원(高原)**
<sub>극한적 공간(수직적)</sub>

**서릿발 칼날진 그 위에 서다.**    ➡ 극한적 현실의 한계 상황(수직적)(승)
<sub>극한의 상황. 생존의 극한으로 절정의 상황임.</sub>

**[어데다 무릎을 꿇어야 하나**
<sub>[ ]: 절대적 존재에게 구원을 바랄 수도 없는 극한의 상황에 직면한 화자가 그것을 타개할 방법이 없음을 인식하고 있음.</sub>

**한 발 재겨 디딜 곳조차 없다.]**    ➡ 절망적이며 극한적 상황에 대한 인식(전)
<sub>절망적 현실 인식</sub>

**이러매 눈 감아 생각해 볼밖에**
<sub>시상의 전환</sub>

**겨울은 강철로 된 무지갠가 보다.**    ➡ 극한 상황에 대한 초극적 의지(결)
<sub>역설법. '겨울'로 상징되는 차가운 현실, 절망을 생명과 희망을 상징하는 '무지개'로 역전시켜 자신의 상황을 초극하고자 하는 의지를 드러내고 있다.</sub>

---

**다음 글을 이해한 내용으로 가장 적절한 것은?**  9급 출제기조 전환 예시 1차

이육사의 시에는 시인의 길과 투사의 길을 동시에 걸었던 작가의 면모가 고스란히 담겨 있다. 가령, 「절정」은 크게 두 부분으로 나누어지는데, 투사가 처한 냉엄한 현실적 조건이 3개의 연에 걸쳐 먼저 제시된 후, 시인이 품고 있는 인간과 역사에 대한 희망이 마지막 연에 제시된다.

우선, 투사 이육사가 처한 상황은 대단히 위태로워 보인다. 그는 "매운 계절의 채찍에 갈겨 / 마침내 북방으로 휩쓸려" 왔고, "서릿발 칼날진 그 위에 서" 바라본 세상은 "하늘도 그만 지쳐 끝난 고원"이어서 가냘픈 희망을 품는 것조차 불가능해 보인다. 이러한 상황은 "한발 제겨디딜 곳조차 없다"는 데에 이르러 극한에 도달하게 된다. 여기서 그는 더 이상 피할 수 없는 존재의 위기를 깨닫게 되는데, 이때 시인 이육사가 나서면서 시는 반전의 계기를 마련한다.

마지막 4연에서 시인은 3연까지 치달아 온 극한의 위기를 담담히 대면한 채, "이러매 눈감아 생각해" 보면서 현실을 새롭게 규정한다. 여기서 눈을 감는 행위는 외면이나 도피가 아니라 피할 수 없는 현실적 조건을 새롭게 반성함으로써 현실의 진정한 면모와 마주하려는 적극적인 행위로 읽힌다. 이는 다음 행, "겨울은 강철로 된 무지갠가보다"라는 시구로 이어지면서 현실에 대한 새로운 성찰로 마무리된다. 이 마지막 구절은 인간과 역사에 대한 희망을 놓지 않으려는 시인의 안간힘으로 보인다.

① 「절정」에는 투사가 처한 극한의 상황이 뚜렷한 계절의 변화로 드러난다.
② 「절정」에서 시인은 투사가 처한 현실적 조건을 외면하지 않고 새롭게 인식한다.
③ 「절정」은 시의 구성이 두 부분으로 나누어지면서 투사와 시인이 반목과 화해를 거듭한다.
④ 「절정」에는 냉엄한 현실에 절망하는 시인의 면모와 인간과 역사에 대한 희망을 놓지 않으려는 투사의 면모가 동시에 담겨 있다.

해설 3문단의 "마지막 4연에서 시인은 3연까지 치달아 온 극한의 위기를 담담히 대면한 채, "이러매 눈감아 생각해" 보면서 현실을 새롭게 규정한다." 부분을 볼 때, 적절한 이해이다.

오답 ① '겨울'이라는 하나의 계절만 제시된다는 점에서, 계절의 변화가 뚜렷하다는 이해는 적절하지 않다.

③ 1문단의 "「절정」은 크게 두 부분으로 나누어지는데" 부분을 볼 때, 시의 구성이 두 부분으로 나누어진다는 이해는 옳다. 그러나 투사와 시인이 반목과 화해를 거듭한다는 이해는 적절하지 않다.

④ 냉엄한 현실은 등장하지만, 그 현실에 절망하는 모습은 드러나지 않는다.

정답 ②

PART 1

현대 문학 해커스군무원 혜원국어 올인원 기본서

## 1 소설의 구성

### 1. 구성의 단계

| 발단<br>(發端, exposition) | · 작품의 도입 단계<br>· 등장인물의 소개, 배경의 제시, 사건의 실마리 제시, 독자의 흥미 유발 |
| --- | --- |
| 전개<br>(展開, development) | · 사건이 본격적으로 전개되는 단계<br>· 사건이 복잡하게 얽히고 갈등과 분규가 일어남.<br>· 인물의 성격이 변화·발전됨.<br>· 복선(伏線), 암시(暗示), 생략, 서스펜스(Suspense) 등의 기교가 요구되는 단계 |
| 위기<br>(危機, crisis) | · 사건이 절정에 이르는 계기가 되는 단계<br>· 사건의 극적 반전을 가져오는 계기가 나타나는 부분 |
| 절정<br>(絕頂, climax) | · 갈등과 분규가 가장 격렬해지고 사건이 최고조에 이르는 단계인 동시에 사건 해결의 분기점이 되는 단계<br>· 작품 전체의 의미가 제시되며 위기가 반전됨. |
| 결말<br>(結末, resolution) | · 사건이 마무리되며, 모든 갈등과 분규가 해결되고 주인공의 운명이 결정되는 단계 |

### 2. 구성의 유형

#### (1) 사건의 진행 방식에 따른 분류

| 평면적 구성 | 사건이 과거, 현재, 미래의 시간적 흐름에 따라 진행되는 구성<br>= 순행적 구성, 진행적(進行的) 구성, 일대기적(一代記的) 구성★<br>예 고전 소설 |
| --- | --- |
| 입체적 구성 | 사건의 전개를 시간적 순서에 따라 전개하지 않고, 순서를 바꾸어 진행하는 구성<br>= 역순행적 구성, 분석적(分析的) 구성<br>예 현대 소설(특히 심리주의 소설에서 주로 나타남.) |

★ **일대기적 구성**

태어나면서부터 죽을 때까지의 전 생애를 시간 순서대로 기록하는 방식

#### (2) 액자식(額子式) 구성 : 한 작품이 '내부 이야기'와 '외부 이야기'로 이루어지는 구성 방식

 **액자식 구성**

**1. 액자식 구성의 특징**
· '내부 이야기'가 핵심 내용인 경우가 많다.
· 내·외부 이야기의 시점이 바뀌는 경우가 많고, 특히 내부 이야기는 신빙성을 위해 서술자와의 거리를 유지하고 사건 자체를 객관화한다.

**2. 액자식 구성의 유형**

| 순환적 액자 구성 | 하나의 액자 속에 여러 내부 이야기가 있는 것<br>예 〈데카메론〉, 〈천일 야화〉 등 |
| --- | --- |
| 단일 액자 구성 | 하나의 액자 속에 하나의 내부 이야기가 있는 것<br>예 김동인의 〈배따라기〉, 김동리의 〈무녀도〉, 〈등신불〉 등 |

**예원通** 피카레스크식 구성(picaresque plot) vs. 옴니버스식 구성(omnibus plot)

| 구분 | 피카레스크식 구성 | 옴니버스식 구성 |
|---|---|---|
| 개념 | 각각의 독립된 이야기가 동일한 주제 아래 사건이 연속적으로 전개되는 구성 | 서로 다른 인물들이 등장하여 각각 독립된 이야기를 전개하나 동일한 주제를 표현하는 구성 |
| 유래 | 17c 스페인에서 성행한 악당 소설에 등장하는 유명한 악당의 이름 '피카레스크'에서 유래 | '옴니버스'는 '합승 마차'의 뜻으로 승객과 목적지는 각각 다르지만 같은 방향을 향해 달린다는 점에서 유래 |
| 특징 | ① 개별적 이야기는 전체적으로는 하나의 이야기 틀에 속함.<br>② 등장인물과 배경의 변화가 없음. | ① 개별적 이야기는 인물과 사건이 별개로 구성되어 서로 아무런 상관이 없음.<br>② 등장인물과 배경이 각각 다름. |
| 작품 | 조세희의 〈난쟁이가 쏘아 올린 작은 공〉, 박태원의 〈천변풍경〉 | 〈봉산 탈춤〉 |

## 2 소설의 인물

### 1. 인물의 제시 방법 = 성격화(characterization)⊕

#### (1) 직접적 방법(말하기, telling)

| 개념 | 서술자가 인물의 성격을 직접 요약적으로 제시하는 방법<br>= 분석적 방법, 해설적 방법, 설명적 방법, 편집자적 방법 |
|---|---|
| 장점 | ·서술자가 직접 인물의 성격을 제시하기 때문에 독자는 이해하기 쉬움.<br>·서술자는 인물의 성격이나 심리를 상세하고 정확하게 제시할 수 있음. |
| 단점 | 인물의 제시가 추상적일 경우 사건의 진행을 방해함. |

#### (2) 간접적 방법(보여주기, showing)

| 개념 | 서술자가 인물의 행동이나 대화로 인물의 성격을 간접적으로 제시하는 방법<br>= 극적(劇的) 방법 |
|---|---|
| 장점 | 인물을 생생하게 묘사하고 독자의 상상적인 참여가 가능함. |
| 단점 | ① 표현에 한계가 존재하기 때문에, 서술자의 견해가 분명하지 않을 수 있음.<br>② 서술자가 직접 인물의 성격을 제시하지 않기 때문에 독자는 대화와 행동을 통해 유추해야 함. |

➕ **TIP**

**초보적인 성격화 방법**

· 명명(命名, 이름 짓기)
  예 장빛나 → 잘나가는 주인공
     무정한 → 냉정한 상사

· 외양 묘사
  예 〈B 사감과 러브레터〉의 B 사감의 외양 → 엄격하고 괴팍한 성격 제시

⭐ **직접 제시와 간접 제시**

| 직접적 방법 | 간접적 방법 |
|---|---|
| 말하기(telling) | 보여 주기(showing) |
| 설명 위주 | 묘사 위주 |
| 서사, 서술 | 행동, 대화, 장면 묘사 |
| 성격, 심리의 직접적 분석 방법 | 성격, 심리의 간접적 분석 방법 |
| 작가의 견해를 나타내는 데 알맞음. | 작가의 견해를 나타내는 데 불편함. |
| 추상적으로 흐르기 쉬움. | 구체적, 감각적으로 제시함. |

**TIP**

서술자

서술자는 작가가 작품의 이야기를 독자에게 중개해 주기 위해 창조한 허구적 대리인
작가 ≠ 서술자

## 3 소설의 시점(視點)

### 1. 시점(視點, point of view)의 개념
소설에서 대상·사건을 바라보는 서술자[+]의 시각이나 관점

### 2. 시점의 종류

| 서술자의 위치 ＼ 서술자의 태도 | 사건을 주관적으로 분석 (서술자가 인물의 내부에 주목) | 사건을 객관적으로 관찰 (서술자가 인물의 외부에서 관찰) |
|---|---|---|
| 이야기 속의 등장인물 | 1인칭 주인공 시점 | 1인칭 관찰자 시점 |
| 이야기 속의 등장인물 ✕ | 전지적 작가 시점 | 3인칭 관찰자 시점 |

**TIP**

1인칭 주인공 시점

'1인칭 주인공 시점'은 주인공이나 사건을 객관적으로 서술할 때 제약을 받는다.
→ 객관적 서술이 어렵다.

### (1) 1인칭 주인공 시점[+]

| 개념 | 주인공이 자신의 이야기를 하는 서술 시점 |
|---|---|
| 장점 | · 주인공의 내면 심리를 효과적으로 제시함.<br>· 서술자가 자신에 대해 이야기하므로, 독자와의 신뢰감·친근감을 형성함. |

> 김 군! 그러나 나의 이상은 물거품에 돌아갔다. 간도에 들어서서 한 달이 못 되어서부터 거친 물결은 우리 세 생령 앞에 기탄없이 몰려왔다. 나는 농사를 지으려고 밭을 구하였다. 빈 땅은 없었다.
>                             – 최서해, 〈탈출기〉

### (2) 1인칭 관찰자 시점

| 개념 | 1인칭 서술자가 서술자 자신의 시각으로 주인공의 이야기를 하는 서술 시점 = 주도적 시점 |
|---|---|
| 특징 | 인물의 성격이나 심리에 개입할 수 없고 해설이나 평가 없이 그대로 제시됨. |
| 장점 | · 관찰하는 인물에 따라 소설의 효과가 달라질 수 있음.<br>· 주인공의 내면이 드러나지 않기 때문에 긴장감을 조성함. |
| 단점 | 관찰된 내용만 제시되므로, 주인공과 세계에 대한 깊이 있는 이해가 어려움. |

> 하루는 밤에 아저씨 방에서 놀다가 졸려서 안방으로 들어오려고 일어서니까 아저씨가 하아얀 봉투를 서랍에서 꺼내어 내게 주었습니다.
> "옥희, 이거 갖다가 엄마 드리고 지난간 달 밥값이라구, 응?"
> 나는 그 봉투를 갖다가 어머니에게 드렸습니다. 어머니는 그 봉투를 받아 들자 갑자기 얼굴이 파랗게 질렸습니다. 그 전날 달밤에 마루에 앉았을 때보다도 더 새하얗다고 생각되었습니다. 어머니는 그 봉투를 들고 어쩔 줄을 모르는 듯이 초조한 빛이 나타났습니다.
>                             – 주요섭, 〈사랑 손님과 어머니〉

## (3) 작가 관찰자 시점

| 개념 | 작가가 외부의 관찰자의 위치에서 이야기하는 서술 시점 |
|---|---|
| 특징 | 서술자와 인물의 거리가 가장 멂. |
| 장점 | 대화, 행동 등을 관찰하며 진행되므로 극적인 효과를 줌. |
| 단점 | • 작가가 자신의 사상, 인생관 등을 덧붙일 수 없으므로 주제는 암시적으로 제시됨.<br>• 인물들의 사상, 감정, 심리 등을 직접 표현하지 않기 때문에 파악에 어려움이 있음. |

> 복녀는 열심으로 송충이를 잡았다. 소나무에 사다리를 놓고 올라가서는, 송충이를 집게로 집어서 약물에 잡아 넣고, 그의 통은 잠깐 새에 차고 하였다. 하루에 삼십이 전씩의 공전이 그의 손에 들어왔다.
> 그러나 대엿새 하는 동안에 그는 이상한 현상을 하나 발견하였다. 그것은 다른 것이 아니라, 젊은 여인부 한 여남은 사람은 언제나 송충이는 안 잡고 아래서 지절거리며 웃고 날뛰기만 하고 있는 것이었다. 뿐만 아니라, 그 놀고 있는 인부의 공전은 일하는 사람의 공전보다 팔 전이나 더 많이 내어 주는 것이다.
> – 김동인, 〈감자〉

## (4) 전지적 작가 시점

| 개념 | 전지적, 분석적인 작가가 전지전능한 위치에서 이야기하는 서술 시점 |
|---|---|
| 특징 | • 서술자가 등장인물의 행동과 심리까지 분석, 설명함.<br>• 서술자의 위치를 자유롭게 이동시켜 인생의 모습을 다각적으로 그림.<br>• 작가가 작품 속에 직접 개입하여 사건을 진행시키고 인물을 논평함. |
| 단점 | • 서술자가 지나치게 논평을 할 경우 객관성의 확보가 어려워짐.<br>• 서술자가 모든 것을 해설하기 때문에 독자의 역할이 수동적으로 됨. |

> "그것을 누가 하나요?"
> 하고 세 처녀를 골고루 본다. 세 처녀는 아직도 경험하여 보지 못한 듯 말할 수 없는 정신의 감동을 깨달았다. 그리고 일시에 소름이 쪽 끼쳤다. 형식은 한 번 더,
> "그것을 누가 하나요?" / 하였다.
> "우리가 하지요!"
> 하는 대답이 기약하지 아니하고 세 처녀의 입에서 떨어진다. 네 사람의 눈앞에는 불길이 번쩍하는 듯하였다. 마치 큰 지진이 있어서 온 땅이 떨리는 듯하였다.
> – 이광수, 〈무정〉

### 혜원通　거리와 시점

| 기준＼거리감 | 먼 느낌 | 가까운 느낌 |
|---|---|---|
| 서술 방법 | 'telling(말하기)'에 의해 사건이 요약됨. | 'showing(보여 주기)'에 의해 장면이 제시됨. |
| 서술 시점 | • 1인칭 주인공 시점➕<br>• 전지적 작가 시점 | • 1인칭 관찰자 시점<br>• 작가 관찰자 시점(3인칭 관찰자 시점) |
| 거리 | 가깝다　　　가깝다<br>인물 – 서술자 – 독자<br>멀다 | 멀다　　인물<br>서술자〈　　　가깝다<br>　　　　멀다　독자 |

🔹 TIP

1인칭 주인공 시점은 인물과 서술자가 일치한다.
→ 인물과 서술자의 거리가 가장 가깝다.
인물 = 서술자 – 독자

## 1 광장 | 최인훈

### 핵심정리

| | |
|---|---|
| **갈래** | 중(장)편 소설, 사회 소설, 관념 소설, 분단 소설 |
| **배경** | ① 시간: 8·15 해방에서 6·25 종전 사이<br>② 공간: 남한과 북한　　현재의 공간적 배경: 인도로 가는 타고르호(號) 선상<br>　　　　　　　　　　　　　　　　　　　　　　　　　　　(船上)<br>　　　　　　　　　　회상 속의 배경: 6·25 전쟁 당시의 남한과 북한 |
| **문체** | 과거 회상의 독백체와 관념적 문체 |
| **주제** | 분단 이데올로기 속의 바람직한 삶과 사회의 추구 / 분단 이데올로기 속의 존재에 대한 근원적 의미 추구 |
| **성격** | 관념적, 철학적 |
| **시점** | 전지적 작가 시점 |
| **구성** | 복합 구성, 분석적 구성 |
| **표현** | ① 전체적으로 회상 형식<br>② 철학, 사회학 용어의 빈번한 사용<br>③ 부분적으로 의식의 흐름 기법 사용 |
| **출전** | 《새벽》(1960) |

**가** 〈…… 펼쳐진 부채가 있다. 부채의 끝 넓은 테두리 쪽을, 철학과 학생 이명준이 걸어간다.
<sub>삶의 자취</sub>　　<sub>과거 회상 ①: 남한에서의 대학생 시절</sub>
가을이다. 겨드랑이에 낀 대학 신문을 꺼내 들여다본다. 약간 자랑스러운 듯이. 여자를 깔
보지는 않아도, 알 수 없는 동물이라고 여기고 있다. / 책을 모으고, 미라를 구경하러 다닌다.
정치는 경멸하고 있다. 그 경멸이 실은 강한 관심과 아버지 일 때문에 그런 모양으로 나타
<sub>해방 직후 남한의 혼란스럽고 부패한 정치에 대한 비판 의식과 월북한 아버지</sub>
난 것인 줄은 알고 있다. 다음에, 부채의 안쪽 좀 더 좁은 너비에, 바다가 보이는 분지가 있다.
<sub>과거 회상 ②: 월북했던 때</sub>
거기서 보면 갈매기가 날고 있다. 윤애에게 말하고 있다. 윤애 날 믿어 줘. 알몸으로 날 믿어
<sub>남한에서의 연인</sub>
줘. 고기 썩는 냄새가 역한 배 안에서 물결에 흔들리다가 깜빡 잠든 사이에, 유토피아의 꿈을
<sub>월북의 이유</sub>
꾸고 있는 그 자신이 있다. 조선인 콜호스 숙소의 창에서 불타는 저녁놀의 힘을 부러운 듯이
<sub>과거 회상 ③: 북한에서의 삶</sub>
바라보고 있는 그도 있다. 구겨진 바바리코트 속에 시래기처럼 바랜 심장을 하고 은혜가 기다
<sub>절망</sub>　　　　　　　　　　　<sub>북한에서의 연인</sub>
리는 하숙으로 돌아가고 있는 9월의 어느 저녁이 있다. 도어에 뒤통수를 부딪히면서 악마도
<sub>「: 북한에서의 삶에 적응하지 못한 자신에 대한 조소</sub>
되지 못한 자기를 언제까지나 웃고 있는 그가 있다.〉
〈 〉: 의식의 흐름 기법. 현실에 적극적으로 대응하지 못하는 자신을 비웃음. → 자조(自嘲)

**나** 그의 삶의 터는 부채꼴, 넓은 데서 점점 안으로 오므라들고 있었다. 마지막으로 은혜와 둘
이 안고 뒹굴던 동굴이 그 부채꼴 위에 있다. 사람이 안고 뒹구는 목숨이 꿈이 다르지 않으니.
<sub>과거 회상 ④: 전쟁 와중에 은혜와 재회하는 장면</sub>
어디선가 그런 소리도 들렸다. 그는 지금, ㉠ 부채의 사북 자리에 서 있다. 삶의 광장은 좁아지
<sub>접부채의 접히는 부분 → 더 이상 갈등을 피할 수 없는 곳</sub>
다 못해 끝내 그의 두 발바닥이 차지하는 넓이가 되고 말았다. 자 이제는? 모르는 나라, 아무
<sub>이상 세계를 찾지 못한 결과. 자신이 존재할 공간이 없음을 인식</sub>
도 자기를 알 리 없는 먼 나라로 가서, 전혀 새사람이 되기 위해 이 배를 탔다. 사람은, 모르는
<sub>자문자답. 중립국을 선택한 이유. 소극적 성격. 과거의 부정</sub>
사람들 사이에서는, 자기 성격까지도 마음대로 골라잡을 수도 있다고 믿는다. 성격을 골라잡
다니! 모든 일이 잘 될 터이었다. 다만 한 가지만 없었다면. 그는 두 마리 새들을 방금까지 알
<sub>은혜와 딸</sub>
아보지 못한 것이었다. 무덤 속에서 몸을 푼 여자의 용기를, 방금 태어난 아기를 한 팔로 보
듬고 다른 팔로 무덤을 깨뜨리고 하늘 높이 치솟는 여자를, 그리고 마침내 그를 찾아내고야
만 그들의 사랑을.

---

### ⌖ 〈광장〉의 문학사적 의의

· 남북 분단의 문제를 정면에서 다룬 최초의 작품: 〈광장〉은 최초로 남북한 양쪽의 이데올로기를 비판적으로 고찰한 작품으로, 이는 주인공 이명준이 남도 북도 아닌 제3의 중립국을, 그리고 종국에는 죽음을 택하는 결론을 통해 드러남.

· 남북한의 문제를 '밀실'과 '광장'이라는 인간의 본래적 존재의 문제와 연결함.: 인간에게는 누구나 자기 고유의 '밀실'과 타인과 교섭하며 공동체적 삶을 누릴 '광장' 모두가 필요함을 주장

---

### ★ 부채의 기능 → '명준의 삶' 상징

① ~③: 과거회상
④ 중립국행 배에서
⑤ 명준의 죽음

---

### ? Quiz

이 글 **가**~**다**의 서술상 특징과 효과로 적절하지 않은 것은?

① 주인공의 회상을 통하여 과거와 현재가 연결되고 있다.

② 상징적 기법을 통해 인물의 고뇌를 형상화하였다.

③ '의식의 흐름' 기법을 통해 주인공의 내면 세계를 서술하였다.

④ 풍자적인 언어 사용이 작품의 비극성을 악화시키고 있다.

### 해설

이 글은 분단 이데올로기 속에서 바람직한 삶과 사회를 추구하는 한 지식인의 갈등을 다룬, 최인훈의 소설 〈광장(廣場)〉의 일부이다. 이 글에 부정적 인물을 비판하는 풍자적 어조는 나타나지 않으며 비극성이 악화되고 있지도 않으므로, ④는 잘못된 서술이다. '부채'를 매개로 과거를 회상하며 과거와 현재를 연결하고 있으며, '부채꼴 사북자리', '갈매기', '푸른 광장' 등에서 상징적 기법이 나타나 있다. 또한 인물의 생각과 감정, 기억 그리고 비논리적이고 예측할 수 없는 연상이 추상적이고 단편적인 사고와 뒤섞여 서술되고 있으므로 '의식의 흐름' 기법이 나타나 있다. 따라서 ①, ②, ③의 해석은 적절하다고 할 수 있다.

정답 ④

**다** 돌아서서 마스트를 올려다본다. 그들은 보이지 않는다. 바다를 본다. 큰 새와 꼬마 새는 바
다를 향하여 미끄러지듯 내려오고 있다. 바다. 그녀들이 마음껏 날아다니는 광장을 명준은 처
<sub>은혜   딸</sub>
음 알아본다. 부채꼴 사북까지 뒷걸음질 친 그는 지금 핑그르르 뒤로 돌아선다. ⓒ 제정신이
<sub>삶의 전환점. 즉 삶에 대한 인식의 변화</sub>
든 눈에 비친 푸른 광장이 거기 있다. ⓐ 죽음. 삶의 광장과 대척점. 현실에서의 패배를 의미. ⓒ 명준이 찾고자 했던 이상 세계
<sub>□: 바다 →</sub>
자기가 무엇에 홀려 있음을 깨닫는다. 그 넉넉한 뱃길에 여태껏 알아보지 못하고, 숨바꼭질
을 하고, 피하려 하고 총으로 쏘려고까지 한 일을 생각하면, 무엇에 씌었던 게 틀림없다. 큰 새
<sub>유토피아를 찾다가 끝내는 남과 북 모두에 환멸을 느끼고, 중립국을 선택했던 자신에 대한 뉘우침.</sub>
작은 새는 좋아서 미칠 듯이, 물속에 가라앉을 듯, 탁 스치고 지나가는가 하면, 되돌아오면
서, 그렇다고 한다.

무덤을 이기고 온, 못 잊을 고운 각시들이, 손짓해 본다. 내 딸아.
<sub>주인공의 죽음 암시</sub>
비로소 마음이 놓인다. 옛날, 어느 벌판에서 겪은 신내림이, 문득 떠오른다. 그러자, 언젠가
전에, 이렇게 이 배를 타고 가다가, 그 벌판을 지금처럼 떠올린 일이, 그리고 딸을 부르던 일
이, 이렇게 마음이 놓이던 일이 떠올랐다. 거울 속에 비친 남자는 활짝 웃고 있다.
<sub>비로소 자신이 추구하던 '사랑과 자유가 충만한 광장'을 발견한 데에서 오는 기쁨의 웃음</sub>

**라** 밤중.

선장은 문을 두드리는 소리에 잠자리에서 몸을 일으켰다. 얼른 손목에 찬 야광 시계를 보았
다. 마카오에 닿자면 아직 일렀다.

"무슨 일이야?" / "석방자가 한 사람 행방불명이 됐습니다."

"응?" / "지금 같은 방에 있는 사람이 신고해 와서, 인원을 파악해 봤습니다만, 배 안에는 보
이지 않습니다."

선장은 계단을 내려가면서 물었다.

"누구야 없다는 게?" / "미스터 리 말입니다."

이튿날.

타고르호는, 흰 페인트로 말쑥하게 칠한 삼천 톤의 몸을 떨면서, 한 사람의 손님을 잃어버
린 채 물체처럼 빼곡이 들어찬 남지나 바다의 훈김을 헤치며 미끄러져 간다.

흰 바다새들의 그림자는 보이지 않는다. 마스트에도, 그 언저리 바다에도.

---

### 예원通  〈광장〉에 등장하는 공간들의 상징적 의미

| | | |
|---|---|---|
| 광장 | 개인과 공동체가 함께하는 공간 | 명준이 추구한 이상적 공간 |
| 밀실 | 공동체는 없고 개인만 존재하는 개인주의적, 물질주의적 공간 | 명준의 눈에 비친 남한 사회 |
| 텅 빈 광장 | 공동체의 이념만 남아있고 개인은 사라져 버린 전체주의적 공간 | 명준이 파악한 북한 사회 |
| 동굴 | 부활의 공간. 이상적 공간이 좌절된 사회의 피난처 | 명준과 은혜가 함께 도피한 공간 |
| 중립국 | 극한의 상황에서 체념적으로 선택한 제3의 공간. 도피처 | 남도 북도 선택하지 않은 명준<br>→ 남과 북 모두에 대한 비판 인식 |
| 푸른 광장 | 바다. 이상적 공간의 상실로 결국 '죽음'에 이르게 됨. | 명준의 현실에 대한 패배<br>→ 현실 비판 |

＊ 자살은 중립국의 선택이 적극적 의미의 선택(이상의 실현을 위한 실천)이라기보다는 소극적, 부정적 의미의 선택(절망 속의 체념)이었음을 의미

**다음 글의 ㉠~㉢에 들어갈 말을 적절하게 나열한 것은?**　　　　9급 출제기조 전환 예시 1차

> 　　소설과 현실의 관계를 온당하게 살피기 위해서는 세계의 현실성, 문제의 현실성, 해결의 현실성을 구별해야 한다. 우리가 살고 있는 이 입체적인 시공간에서 특히 의미 있는 한 부분을 도려내어 서사의 무대로 삼을 경우 세계의 현실성이 확보된다. 그 세계 안의 인간이 자신을 둘러싼 세계와 고투하면서 당대의 공론장에서 기꺼이 논의해볼 만한 의제를 산출해낼 때 문제의 현실성이 확보된다. 한 사회가 완강하게 구조화하고 있는 '가능한 것'과 '불가능한 것'의 좌표를 흔들면서 특정한 선택지를 제출할 때 해결의 현실성이 확보된다.
>
> 　　최인훈의 「광장」은 밀실과 광장 사이에서 고뇌하는 주인공의 모습을 통해 '남(南)이냐 북(北)이냐'라는 민감한 주제를 격화된 이념 대립의 공론장에 던짐으로써　㉠　을 확보하였다. 작품의 시공간으로 당시 남한과 북한을 소설적 세계로 선택함으로써 동서 냉전 시대의 보편성과 한반도 분단 체제의 특수성을 동시에 포괄할 수 있는　㉡　도 확보하였다. 「광장」에서 주인공이 남과 북 모두를 거부하고 자살을 선택하는 결말은 남북으로 상징되는 당대의 이원화된 이데올로기를 근저에서 흔들었다. 이로써　㉢　을 확보할 수 있었다.

|  | ㉠ | ㉡ | ㉢ |
|---|---|---|---|
| ① | 문제의 현실성 | 세계의 현실성 | 해결의 현실성 |
| ② | 문제의 현실성 | 해결의 현실성 | 세계의 현실성 |
| ③ | 세계의 현실성 | 문제의 현실성 | 해결의 현실성 |
| ④ | 세계의 현실성 | 해결의 현실성 | 문제의 현실성 |

해설　㉠ 1문단에서 "그 세계 안의 인간이 자신을 둘러싼 세계와 고투하면서 당대의 공론장에서 기꺼이 논의해볼 만한 의제를 산출해낼 때 문제의 현실성이 확보된다."라고 하였다. 따라서 민감한 주제를 격화된 이념 대립의 공론장에 던짐으로써 '문제의 현실성(㉠)'을 확보한 것이다.

㉡ 1문단에서 "우리가 살고 있는 이 입체적인 시공간에서 특히 의미 있는 한 부분을 도려내어 서사의 무대로 삼을 경우 세계의 현실성이 확보된다."라고 하였다. 따라서 작품의 시공간으로 당시 남한과 북한을 소설적 세계로 선택함으로써 '세계의 현실성(㉡)'도 확보한 것이다.

㉢ 1문단에서 "한 사회가 완강하게 구조화하고 있는 '가능한 것'과 '불가능한 것'의 좌표를 흔들면서 특정한 선택지를 제출할 때 해결의 현실성이 확보된다."라고 하였다. 따라서 「광장」에서 주인공이 남과 북 모두를 거부하고 자살을 선택하는 결말은 '해결의 현실성(㉢)'을 확보한 것이다.

정답　①

## 1 희곡

### 1. 희곡의 개념
① 무대 상연을 전제로 한 연극의 대본
② 배우들의 말과 행동을 통해 직접적으로 관객에게 보여 주기 위해 작가가 꾸며 낸 이야기

### 2. 희곡의 제약 ＊희곡이 무대 상연을 전제하고 있다는 점에서 비롯됨.
① 시간과 공간의 제약: 장면의 전환이 어렵다.
② 서술자 개입의 제약: 서술자의 묘사나 해설이 아닌, 등장인물의 말과 행동을 통해 진행된다.
③ 심리 표현의 제약: 대사만으로 이루어지기 때문에 내면 심리나 정신세계를 표현하기 어렵다.
④ 등장인물 수의 제약: 무대라는 공간의 크기가 한정적이다.

## 2 수필

### 1. 수필의 개념
인생에 대한 관조와 체험을 개성적인 문체로 표현하여 붓 가는 대로 자연스럽게 쓴 글

### 2. 수필의 특징
① 개성의 문학: 수필은 허구가 아닌 '나'를 드러내어 작가가 직접 독자에게 자신의 이야기를 전달하는 자기 고백의 문학임.
② 무형식의 문학: 수필은 다른 어느 문학의 갈래보다 형식의 구애를 받지 않는 자유로운 형식의 문학 → '무형식'의 형식을 가진다.
③ 비전문적인 문학: 대중적인 문학 갈래

---

★ **희곡과 소설**
· **공통점**: 허구적 사건을 다루는 산문 문학이다.
· **차이점**: 제시 방법

| 희곡 | 소설 |
|------|------|
| 대화와 행동 | 묘사 + 대화와 행동 |

★ **대사의 종류**
· **대화**: 등장인물끼리 주고받는 말
· **독백**: 상대방 없이 한 사람 혼자 하는 말
· **방백**: 관객에게는 들리나 무대 위의 상대방에게는 들리지 않는 것으로 약속하고 하는 말

★ **희곡과 시나리오의 공통점과 차이점**
· **공통점**
– 극 갈래
– 갈등의 문학
– 행동과 대사가 중요함.
– 직접적인 심리 묘사가 불가능 → 간접적 묘사
– 작품의 길이에 제한을 받음

· **차이점**

| 희곡 | 시나리오 |
|------|----------|
| 연극의 대본 (연극 공연) | 영화의 대본 (영화 상영) |
| 시간·공간의 제한을 받음. | 시간·공간의 제한을 덜 받음. |
| 등장인물의 수에 제한 | 등장인물의 수에 제한 없음. |
| 막과 장이 단위 | 시퀀스(sequence)와 신(scene)이 단위 |
| 집약미(集約美)를 추구 | 유동미(流動美)를 추구 |
| 입체적 | 평면적 |

# PART 2
# 고전 문법

**CHAPTER 01**　한글과 국어

# 출제 경향 한눈에 보기

**구조도**

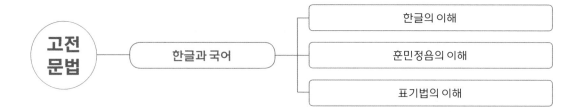

**영역별 학습 목표**

1. 한글 자모의 명칭, 한글 명칭의 변화를 이해한다.
2. 훈민정음의 제자 원리, 표기법 등을 이해한다.
3. 국어의 다양한 표기법을 이해한다.

**핵심 개념**

| | | |
|---|---|---|
| **제자 원리** | **초성** | ① 상형  ② 가획  ③ 이체 |
| | **중성** | ① 상형  ② 합성(합용) |
| | **종성** | 종성부용초성 |
| **운용법** | ① 연서(連書)  ② 병서(竝書)  ③ 부서(附書)  ④ 성음법(成音法)  ⑤ 사성(四聲) | |

## 출제 유형 분석

### 1. 2024년

| 출처 | 출제 영역 분석 | 세부 내용 |
|---|---|---|
| 법원직 9급 | 1 한글의 이해<br>2 훈민정음의 이해<br>3 표기법의 이해 | - 중세 국어 조사의 의미<br>- 현대국어와의 비교<br>* 14번, 15번 |

### 2. 2023년

| 출처 | 출제 영역 분석 | 세부 내용 |
|---|---|---|
| 군무원 7급 | 1 한글의 이해<br>2 훈민정음의 이해<br>3 표기법의 이해 | 훈민정음으로 표기된 작품인 '용비어천가'<br>* 22번 |
| 서울시 9급 | 1 한글의 이해<br>2 훈민정음의 이해<br>3 표기법의 이해 | 한글과 훈민정음을 제재로 한 글의 이해<br>* 16번 |

※ • 국회직 9급(17번)에서 '중세 국어와 근대 국어의 특징'을 묻는 유형이 출제되었다.
 • 군무원 9급(12번)에서 '중세 국어의 특징'을 묻는 유형이 출제되었다.
 • 법원직 9급(16번)에서 '중세 국어의 특징'을 추론의 형식으로 묻는 유형으로 출제되었다.

### 3. 2022년

| 출처 | 출제 영역 분석 | 세부 내용 |
|---|---|---|
| 서울시 9급 | 1 한글의 이해<br>2 훈민정음의 이해<br>3 표기법의 이해 | 훈민정음 창제 초기 문헌을 제재로 한 글의 이해<br>* 16번 |

※ • 법원직 9급에서 중세 국어의 '의문문(9번)'과 '관형격 조사(15번)'의 특징을 묻는 유형이 출제되었다.
 • 서울시 9급(9번)에서 '용비어천가'의 일부를 본문으로 제시하고, 조사 포함 여부를 묻는 유형이 출제되었다.
 • 국회직 8급(10번)에서 국어의 단모음 변화를 묻는 유형이 출제되었다.

### 4. 2021년

| 출처 | 출제 영역 분석 | 세부 내용 |
|---|---|---|
| 지방직 7급 | 1 한글의 이해<br>2 훈민정음의 이해<br>3 표기법의 이해 | 문장 성분 파악 유형의 제재로 '훈민정음'을 제시<br>* 6번 |
| 서울시 9급 | 1 한글의 이해<br>2 훈민정음의 이해<br>3 표기법의 이해 | 한글 창제의 원리<br>* 5번 |
| 국회직 8급 | 1 한글의 이해<br>2 훈민정음의 이해<br>3 표기법의 이해 | 훈민정음의 제자 원리<br>* 20번 |
| 소방직 9급 | 1 한글의 이해<br>2 훈민정음의 이해<br>3 표기법의 이해 | 훈민정음의 이해<br>* 8번 |

※ • 경찰 2차(6번)에서 '용비어천가'의 일부를 본문으로 제시하고, 문법(품사, 단어의 개수)을 묻는 유형이 출제되었다.
 • 법원직 9급(20번)에서 '중세 국어의 목적어'의 특징과 관련하여 추론 유형이 출제되었다.

### 5. 2020년

| 출처 | 출제 영역 분석 | 세부 내용 |
|---|---|---|
| 국가직 7급 | 1 한글의 이해<br>2 훈민정음의 이해<br>3 표기법의 이해 | 한글(훈민정음)을 제재로 한 글의 이해<br>* 9번 |
| 지방직 7급 | 1 한글의 이해<br>2 훈민정음의 이해<br>3 표기법의 이해 | 한글을 제재로 한 글의 '전개 순서' 파악<br>* 3번 |
| 해경 1차 | 1 한글의 이해<br>2 훈민정음의 이해<br>3 표기법의 이해 | 훈민정음 제자 원리<br>* 4번 |

※ • 경찰 2차(4번)에서 '중세 국어의 특징'을 묻는 유형이 출제되었다.
 • 소방직 9급(2번)에서 '용비어천가'의 일부를 본문으로 제시하고, 중세 국어의 특징을 묻는 유형이 출제되었다.
 • 국회직 8급에서 '중세 국어의 특징(5번)', '근대 국어의 현대어 풀이(18번)' 유형이 출제되었다.

**➕ TIP**

**《훈몽자회》**

· 《훈몽자회》의 자음·모음 배열 순서:

| 초성 | | |
|---|---|---|
| ㄱㄴㄷㄹㅁㅂㅅㅇ<br>ㅋㅌㅍㅈㅊㅿㆁㅎ (16자) | | |
| 아음(牙音) | ㄱ | ㅋ |
| 설음(舌音) | ㄴㄷㄹ | ㅌ |
| 순음(脣音) | ㅁㅂ | ㅍ |
| 치음(齒音) | ㅅ | ㅈㅊㅿ |
| 후음(喉音) | ㆁ | ㅇㅎ |

▨ : 초성종성통용8자  ☐ : 초성독용8자

| 중성 | |
|---|---|
| ㅏㅑㅓㅕㅗㅛㅜㅠㅡㅣ | |

· 《훈몽자회》의 자음(초성) 명칭(16세기):

| ㄱ | ㄴ | ㄷ | ㄹ |
|---|---|---|---|
| 기역<br>其役 | 니은<br>尼隱 | 디귿<br>池(末) | 리을<br>梨乙 |
| ㅁ | ㅂ | ㅅ | ㅇ |
| 미음<br>眉音 | 비읍<br>非邑 | 시옷<br>時(衣) | 이응<br>異凝 |
| ㅋ | ㅌ | ㅍ | ㅈ |
| 키<br>箕 | 티<br>治 | 피<br>皮 | 지<br>之 |
| ㅊ | ㅿ | ㅇ | ㅎ |
| 치<br>齒 | 싀<br>而 | 이<br>伊 | 히<br>屎 |

* 'ㄷ'과 'ㅅ'은 '음차 + 훈차'하여 읽는다.

**➕ TIP**

**한글 명칭의 변화**
훈민정음(訓民正音), 정음(正音) → 언문(諺文), 언자(諺字) → 반절(反切) → 암글, 중글(한글을 낮추어 부른 표현) → 국문 → 한글

## 1절 한글의 이해

### 1 한글 자모의 명칭과 순서

한글 자모의 명칭이 처음 제시된 것은 중종 22년(1527) 최세진의 《훈몽자회(訓蒙字會)》➕로 현재의 명칭과 순서는 1933년 〈한글 맞춤법 통일안〉 제정 때 정해졌다.

#### 1. 한글 자모의 명칭(현재)

| 자음 | ㄱ<br>(기역) | ㄴ<br>(니은) | ㄷ<br>(디귿) | ㄹ<br>(리을) | ㅁ<br>(미음) | ㅂ<br>(비읍) | ㅅ<br>(시옷) |
|---|---|---|---|---|---|---|---|
| | ㅇ<br>(이응) | ㅈ<br>(지읒) | ㅊ<br>(치읓) | ㅋ<br>(키읔) | ㅌ<br>(티읕) | ㅍ<br>(피읖) | ㅎ<br>(히읗) |

* 자음의 명칭은 단독으로 쓰일 경우, 첫음절에 'ㅣ', 두 번째 음절에 'ㅡ'를 붙여 발음함.

예 니은 리을

cf 기역, 디귿, 시옷 → 최세진의 《훈몽자회》에서 시작

#### 2. 사전에 등재된 한글 자모의 순서

| 초성자 | ㄱㄲㄴㄷㄸㄹㅁㅂㅃㅅㅆㅇㅈㅉㅊㅋㅌㅍㅎ |
|---|---|
| 중성자 | ㅏㅐㅑㅒㅓㅔㅕㅖㅗㅘㅙㅚㅛㅜㅝㅞㅟㅠㅡㅢㅣ |
| 종성자 | ㄱㄲㄳㄴㄵㄶㄷㄹㄺㄻㄼㄽㄾㄿㅀㅁㅂㅄㅅㅆㅇㅈㅊㅋㅌㅍㅎ |

### 2 '한글' 명칭의 변천➕

#### 1. 훈민정음(訓民正音)
창제 당시에 세종이 붙인 정식 이름, '백성을 가르치는 바른 소리'

#### 2. 정음(正音)
훈민정음을 줄여서 부른 이름

#### 3. 언문(諺文)
훈민정음을 낮추어 부른 이름

#### 4. 반절(反切)
최세진(崔世珍)의 《훈몽자회(訓蒙字會)》 범례(凡例)에 "언문자모는 세속에서 일컫는 바의 반절(反切) 27자다"라고 한데서 비롯된 이름

#### 5. 국문(國文)
갑오개혁 이후 국어의 존엄성을 자각하게 된 뒤부터 생긴 이름

#### 6. 한글
주시경이 붙인 이름 '하나의 글', '바른 글', '위대한 글'이라는 뜻

## 2절 훈민정음의 이해

### 1 훈민정음(訓民正音) 어지

**핵심정리**

▌작자　　세종대왕과 정인지를 비롯한 집현전 학사

▌제작 연대　　'예의'는 세종 25년(1443), '해례'와 '정인지 서'는 세종 28년(1446)에 제작
　　　　① 창제: 세종 25년(1443) 12월에 '예의' 완성
　　　　② 반포: 세종 28년(1446) 9월에 '훈민정음 해례본' 간행

▌제작 동기　　백성들의 문자 생활을 편리하게 하기 위해 한자음 개정과 함께 이루어짐.

▌취지　　① 어지(御旨)에서 밝힌 자주(自主), 애민(愛民), 실용(實用) 정신의 구현
　　　② 우리나라 한자음의 정리와 우리말의 표기법 통일

▌표기상 특징　　① 표음적 표기법, 이어 적기(연철)
　　　　② 모음 조화 엄격히 적용
　　　　③ 성조가 엄격히 적용됨.
　　　　④ 동국정운식 한자음 표기
　　　　⑤ 8종성법 적용
　　　　⑥ 'ㆁ, ㆆ'와 어두 자음군이 사용됨.

---

#### 《훈민정음 언해본》

世·솅 宗종 御·엉 製·젱 訓·훈民민正·졍 音흠
　국정운식 한자음 표기, '世솅宗종' → 세종 사후임을 보여 주는 표현

나·랏: 말ᄊᆞ·미 中듕國·귁·에 달·아
　　　　　　　　　비교 부사격

文문字·ᄍᆞ·와로 서르 ᄉᆞᄆᆞᆺ·디 아니ᄒᆞᆯ·ᄊᆡ,　　　　　　　➡ 자주(自主) 정신
　공동 부사격　　통하지, 通(8종성법 표기), 기본형 – ᄉᆞᄆᆞᆺ다

·이런 젼·ᄎᆞ·로 어·린百·빅姓·셩·이
　이유, 까닭 [故]　어리석은 [愚]

니르·고·져·홇·배이·셔·도
　　　　하는 바가: ᄒᆞ(어간) + 오 + ㄿ(관형사형 어미) + 바 + ㅣ(주격 조사)

ᄆᆞᆺ·ᄎᆞᆷ:내 제·ᄠᅳ·들 시·러 펴·디
　　　　　　능히 [得]

:몯 홇·노·미 하니·라.★
　사람이: 놈+이 많으니라 [多]

·내·이·ᄅᆞᆯ 爲·윙·ᄒᆞ·야: 어엿·비 너·겨
　　　　　　　　불쌍히 [憫]

·새·로·스·믈 여·듧 字·ᄍᆞ·ᄅᆞᆯ 밍·ᄀᆞ노·니　　　　　　➡ 애민(愛民) 정신
　　　　　　　　밍ᄀᆞᆯ(어간) + ᄂᆞ(현재 시제) + 오(1인칭 주체 표시) + 니, 기본형 – 밍ᄀᆞᆯ다 [制]

:사ᄅᆞᆷ:마다 :ᄒᆡ·ᅇᅧ: 수·ᄫᅵ 니·겨·날·로·ᄡᅮ·메★
　　　　하여금 [使]　　　　사용함에 [用]

便뼌安한·킈 ᄒᆞ·고·져 홇 ᄯᆞᄅᆞ·미니·라.　　　　　　➡ 실용(實用) 정신
　　　　　　　　ᄯᆞ롬 + 이니라 [耳]

(우리)나라 말이 중국과 달라 / 한자와는 서로 통하지 아니하여서(않기 때문에)
이런 까닭으로 어리석은 백성이 말하고자 하는 바가 있어도 / 마침내 제 뜻을 능히 펴지 못하는 사람이 많다.
내가 이것을 가엾게 생각하여 새로 스물여덟 글자를 만들었으니,
모든 사람들로 하여금 쉽게 익혀서 날마다 쓰는 데 편하게 하고자 할 따름이다.

---

**♀ 감상**

1446년(세종 28년)에 창제하신 글자를 반포하기 위하여 만든 한문본 《훈민정음(訓民正音)》을 세종 사후에 언해(諺解)하여 〈세종 어제 훈민정음〉이라 하였다. 전자를 '해례본', 후자를 '언해본'이라 한다.

**♀ 체제: 예의 + 해례 + 정인지 서**

· 예의: 개론적 설명 부분, 언해된 부분
　– 어지(御旨): 창제의 취지, 세종대왕의 서문
　– 글자와 소리값: 초성, 중성, 종성 글자의 소리값을 설명
　– 글자의 운용: 나란히 쓰기, 이어 쓰기, 붙여쓰기, 음절 이루기, 점 찍기의 용법을 설명

· 해례: 구체적 해설 부분, 언해되지 않은 부분(제자해, 초성해, 중성해, 종성해, 합자해, 용자례의 5해 1례)

· 정인지 서: 훈민정음을 제작한 경위 설명

**★ 하다 vs. ᄒᆞ다**

하다: 多(많다)
↔ ᄒᆞ다: 行(행위를 하다)

**★ ᄡᅳ다 vs. 쓰다**

ᄡᅳ다: 用(사용하다), 苦(맛이 쓰다), 冠(머리에 쓰다)
↔ 쓰다: 書(글을 쓰다)

**♀ 〈훈민정음 어지〉에 나타난 사어(死語)**

→ ᄉᆞᄆᆞᆺ다, 젼차

중세 국어와 현대 국어의 차이점

| 구분 | 중세 국어 | 현대 국어 | 차이점 |
|------|-----------|-----------|--------|
| 음운 | 니르고져 | 이르고자 | 두음 법칙에 의해 두음의 'ㄴ'이 탈락<br>어미의 양성화 경향에 따라 '-고져'가 '-고자'로 바뀜. |
|      | 뜨들 | 뜻을 | 어두 자음군 소실. 대개 된소리로 바뀜. |
|      | 펴디 | 펴지 | 근대 국어 시기에 구개음화가 이루어짐에 따라 '-디'가 '-지'로 바뀜. |
|      | 스믈 | 스물 | 'ㅁ'의 원순성을 닮아 'ㅡ'가 'ㅜ'로 바뀌는 원순 모음화가 이루어짐. |
| 문법 | 듕귁에 | 중국과 | 비교나 기준을 나타내는 부사격 조사가 '애/에'에서 '와/과'로 바뀜. |
| 어휘 | 어린(어리석은) | 나이가 어린 | 의미 이동 |
|      | 노미(보통 사람) | 놈이('사내'의 낮춤) | 의미 축소 |
|      | 어엿비(불쌍히) | 어여쁘게 | 의미 이동 |

**02** 다음 글에서 필자가 말하고 있는 내용으로 옳은 것은?　　　　　2010 지방직 7급

> 訓民正音의 창제는 국어의 전면적 문자화라는 오랜 민족적 소망을 달성한 것이었다. 이 소망이 漢字와는 본질적으로 다른 음소적 문자 체계로 실현된 것은 하나의 역사적 必然이었다고 할 수 있다. 이로써 입으로 말하는 국어를 그대로 만족스럽게 적을 수 있는 길이 열리게 된 것이다.
>
> 훈민정음에 관련된 기록들은 한결같이 世宗의 親製를 말하고 있다. 이것은 으레 있을 수 있는 과장된 표현으로 돌리기 쉽다. 그러나 세종 25년 12월 이후에 훈민정음에 관계한 유신들의 행적을 조사해 보면 그 이전에 훈민정음에 관련된 일을 했음직한 사람은 없는 것 같으니 훈민정음은 세종의 개인적 업적이었다고 결론지을 수 있다.
>
> 훈민정음의 가장 두드러진 특징은 그 독창성과 과학성이다. 세계의 여러 나라에서 자국어를 문자화하려는 소망은 이미 존재하는 문자 체계를 채택하여 다소 손질함으로써 달성되는 것이 보통이다. 古代의 漢字에 의한 국어 표기법의 발달도 이러한 一例에 지나지 않는다. 그 결과 오늘날 지구상에서 사용하고 있는 문자들은 그들의 기원에 거슬러 올라가 보면 크게 몇 계통이 있을 뿐이다. 그런데 훈민정음은 그 어느 계통에도 속하지 않는 독창적인 것이다.
>
> 훈민정음이 창제되기는 했으나 이미 굳어진 한문의 지위는 좀처럼 흔들리지 않았다. 훈민정음은 창제 당초부터 諺文이라 불리어 한문의 重壓 밑에 놓이게 되었다. 士大夫 계층은 여전히 한문을 썼고 그중의 소수만이 諺文에 관심을 보였는데, 이런 사람들도 특수한 경우에만 이것을 사용하였다. 즉 그 사용은 주로 詩歌의 表記, 漢文 典籍의 飜譯 등에 국한되어 있었다.

① 훈민정음은 문자의 계통상 예외적인 존재이다.
② 훈민정음이 창제되면서 곧바로 언문일치가 실현되었다.
③ 세종은 학자들의 도움을 받아서 훈민정음을 창제하였다.
④ 훈민정음이 창제된 후 한문의 영향력이 바로 줄어들었다.

해설 3문단 마지막 문장인 "훈민정음은 그 어느 계통에도 속하지 않는 독창적인 것이다."에서 보면 ①의 내용은 유추할 수 있다.

오답 ② 4문단에서 "훈민정음이 창제되기는 했으나 이미 굳어진 한문의 지위는 좀처럼 흔들리지 않았다. 사대부 계층은 여전히 한문을 썼고 그중의 소수만이 언문(諺文)에 관심을 보였는데 ~"에서 곧바로 언문일치가 실현되지 않았음을 알 수 있다.

③ 글쓴이는 2문단에서 훈민정음을 세종의 개인적 업적으로 결론짓고 있다.

④ 4문단 첫 문장인 "훈민정음이 창제되기는 했으나 이미 굳어진 한문의 지위는 좀처럼 흔들이지 않았다."를 통해 ④의 내용이 상반됨을 알 수 있다.

정답 ①

★ 표기법 관계

## 1 향찰 표기

일반적으로 향가의 표기에 사용된 것을 가리킨다. 한자의 음(소리)과 새김(뜻, 훈)을 이용하여 한국어를 표기한 것이다. 일반적으로 체언, 용언의 어간과 같이 단어의 실질적 부분은 훈독자가 사용되며, 조사나 어미 등 단어의 문법적 의미를 맡는 부분은 음독자가 사용된다.

## 2 서기체 표기

1934년에 발견된 '임신서기석'에서 유래한 표기법으로, 문장을 지을 때 한자를 우리말의 순서대로 배열하던 한자 차용 표기법이다. 조사나 어미 따위의 표기는 없었으며, 뒤에 이두(吏讀)로 발전하였다.

## 3 이두 표기

넓은 의미로는 한자 차용 표기법 전체를 가리키는 말로 쓰이나, 좁은 의미로는 한자를 국어의 문장 구성법에 따라 고치고 이에 토를 붙인 것만을 가리켜 향찰·구결 등과는 다른 의미로 사용된다. 공문서에 주로 사용되었으며, 조선 시대까지 사용된 것이 특징이다.

→ 乙(을), 矣(의), 乙良(으란), 必于(비록), 爲去乃(하거나), 是良置(이라두), 亦(이), 爲昆(하곤)

예 必于七出乙 犯爲去乃 三不出有去乙
　　비록　　　을　　하거나　　　　　잇거늘

## 4 구결 표기

한문을 읽을 때 그 뜻이나 독송(讀誦)을 위하여 각 구절 아래에 달아 쓰던 문법적 요소를 통틀어 이르는 말. '隱(은, 는)', '伊(이)' 따위와 같이 한자를 쓰기도 하였지만, 'イ(伊의 한 부)', 'ㄏ(厓의 한 부)' 따위와 같이 한자의 일부를 떼어 쓰기도 하였다.

다음 글에 대한 이해로 적절한 것은?                                          2013 국가직 7급

> 한자를 빌려 우리말을 표기한 유형과 방식은 대체로 다음의 네 가지로 분류된다.
>
> 첫째, 한자를 수용하여 그대로 사용하되 우리말의 순서대로 배열한 것을 흔히 서기체 표기라 한다. 서기체 표기는 우리말의 어순에 따라 한자가 배열되고 한자의 뜻이 모두 살아 있으므로, 우리말의 문법 형태소를 보충하면 전체적인 의미를 파악할 수 있다.
>
> 둘째, 이두체 표기로, 어휘 형태소와 문법 형태소가 구분되어 표기된다. 즉 어휘 형태소는 중국식 어휘가 그대로 사용되고 문법 형태소는 훈독, 훈차, 음독, 음차 등 다양한 방법으로 표기된다. 그리고 구나 절은 한문이 그대로 나타나기도 한다.
>
> 셋째, 어휘 형태소와 문법 형태소를 가리지 않고, 훈독, 훈차, 음독, 음차 등의 다양한 방법으로 표기되어 있는 것을 향찰체 표기라 한다. 국어 문장의 모습을 그대로 보여 주는 대표적인 차자 표기 방식이라 하겠다.
>
> 넷째, 한문 문장을 그대로 두고 필요한 곳에 구결(입곁)을 달아 이해의 편의를 도모한 문장이 있다. 이를 흔히 구결문이라고 한다.

① '서기체 표기'는 문법 형태소를 반영하였다.
② '이두체 표기'는 문법 형태소가 표기되지 않는다.
③ '향찰체 표기'는 중국어 어순에 따라 어휘가 배열된다.
④ '구결문'은 구결(입곁)이 없어도 문장의 의미를 파악할 수 있다.

해설  구결(입곁)은 '필요한 곳에 달아 이해의 편의를 도모'하는 표기이므로 없어도 문장의 의미를 이해하는 것은 가능하다는 의미가 된다. 따라서 ④의 이해는 적절하다.

오답  ① "서기체 표기는 문법 형태소를 보충하면 전체적인 의미를 파악할 수 있다."고 하였으므로 문법 형태소가 반영되지 않은 표기이다.

② "이두체 표기는 문법 형태소가 다양한 방법으로 표기된다."고 하였다. 따라서 문법 형태소가 표기되지 않았다는 설명은 틀렸다.

③ "향찰체 표기는 국어 문장의 모습을 그대로 보여 주는 표기"이므로 중국어가 아닌 '우리말 어순'에 따른 표기이다.

정답  ④

PART 2  고전문법  해커스공무원 해원국어 올인원 기본서

## 1 용비어천가(龍飛御天歌)

- **연대** 조선 세종 27년(1445)에 정인지, 안지, 권제 등이 지어 세종 29년(1447)에 간행
- **내용** 악장의 하나로 조선을 세우기까지 목조·익조·도조·환조·태조·태종의 사적(史蹟)을 중국 고사(古事)에 비유하여 그 공덕을 기리어 지은 노래
- **특징** ① 표의적 표기, 예외적 표기
  ② 모음 조화를 철저하게 지킴.
  ③ 사잇소리에 'ㄱ, ㄷ, ㅂ, ㆆ, ㅅ, ㅿ'을 사용
  ④ 종성부용초성 적용
- **의의** 훈민정음으로 쓴 최초의 작품

---

### 가 〈제1장〉

海東(해동) 六龍(육룡)이 ㄴㄹ샤 일마다 天福(천복)이시니.

古聖(고성)이 同符(동부)ㅎ시니.

우리나라에 여섯 성인이 웅비(雄飛)하시어, (하시는) 일마다 모두 하늘이 내린 복이시니,
(이것은) 중국 고대의 여러 성군(聖君)이 하신 일과 부절을 맞춘 것처럼 일치하십니다.

- 형식: 1절 3구(형식상 파괴)
- 주제: 조선 창업의 정당성
- 성격: 송축가, 개국송(開國頌)
- 명칭: 해동장(海東章)

### 나 〈제2장〉

불휘 기픈 남ᄀᆞᆫ ᄇᆞᄅ매 아니 뮐씨 곶 됴코 여름 하ᄂᆞ니.

ᄉᆡ미 기픈 므른 ᄀᆞᄆᆞ래 아니 그츨씨 내히 이러 바ᄅᆞ래 가ᄂᆞ니.

뿌리가 깊은 나무는 바람에 흔들리지 아니하므로, 꽃이 찬란하게 피고 열매가 많습니다.
원천이 깊은 물은 가뭄에도 끊지지 아니하므로 내를 이루어 바다로 흘러갑니다.

- 형식: 2절 4구, 대구
- 주제: 조선 왕조의 운명
- 성격: 송축가, 개국송(開國頌)
- 명칭: 근심장(根深章)

### 다 〈제4장〉

狄人(적인)ㅅ 서리예 가샤 狄人(적인)이 ᄀᆞᆯ외어늘, 岐山(기산) 올ᄆᆞ샴도 하ᄂᆞᆯ ᄠᅳ디시니.

野人(야인)ㅅ 서리예 가샤 野人(야인)이 ᄀᆞᆯ외어늘, 德源(덕원) 올ᄆᆞ샴도 하ᄂᆞᆯ ᄠᅳ디시니.

(주나라 태왕 고공단보가) 북쪽 오랑캐 사이에 사시는데, 오랑캐가 침범하므로 기산으로 옮기심도 하늘의 뜻입니다.
(익조가 목조 때부터 살던) 여진족 사이에 사시는데, 여진족이 침범하므로 덕원으로 옮기심도 하늘의 뜻입니다.

- 형식: 2절 4구, 대구
- 주제: 조상 때부터 천명이 내림.
- 성격: 송축가, 사적찬(事蹟讚)

---

1. **뛰어난 비유**: 조선 창업의 정당성과 왕조의 운명이 영원할 것임을 대구와 비유법을 통해 밝힘.

   - 불휘 기픈 남ᄀᆞᆫ → 국기(國基)가 튼튼함.
   - 곶 됴코 여름 하ᄂᆞ니 → 문화가 융성함.
   - ᄉᆡ미 기픈 므른 → 유서가 깊음.
   - 내히 이러 바ᄅᆞ래 가ᄂᆞ니 → 무궁한 발전

2. 〈용비어천가〉 125장 중 가장 문학성이 뛰어나다는 평가를 받음.
   * 중국 고사가 쓰이지 않았고, 고유어만으로 지음.

---

## 왼쪽 여백

세종(世宗) 27년(1445)에 왕명(王命)을 받은 정인지, 권제, 안지 등이 편찬한 악장으로 국조 창업(國祖創業)의 정당성과 천명성(天命性)을 강조한 총 125장으로 된 장편 서사시이다. 대체로 2절 4구의 대구 형식을 취하고 있고 6조의 위업을 담았다. 훈민정음으로 기록된 최초의 국문 서사시이며, 악장 문학의 대표작이라는 점에서 문학적 가치가 높다.

전절: 중국 역대 제왕의 위대한 사적

후절: 조선 6조의 위대한 업적
→ 중국과 대등함 강조
→ 조선 건국의 정당성

주나라 태왕 고공단보의 고사에 견주어 익조의 고사를 대비시킨 것으로, 후손 이성계가 나라를 세울 것이므로 그 조상 때부터 천심이 내리고 인심이 모이고 있다는 것을 강조했다.

**나**에 대한 설명으로 바르지 못한 것은?
2006 서울시 9급

① 고유어의 사용이 매우 뛰어나다.
② 왕조의 번성을 위해 후대 왕들에게 경각심(警覺心)을 불러일으키고 있다.
③ 고도의 비유와 상징성을 띠고 있다.
④ 대구와 반복을 통해 내용을 강조하고 있다.

**[해설]**

〈용비어천가〉 제2장은 새 왕조의 운명이 밝다고 주장하고 이를 백성들에게 확신시킴으로써 그들의 마음을 조정에 귀순하게 하려는 의도를 담고 있다. 후대 왕들에게 경각심을 갖도록 유도하고 있다는 설명은 적절치 않다.

**[오답]**

글 전체가 순수한 고유어로 되어 있고, 적절한 비유와 상징에 의한 표현을 구사하여 참신성과 함축성을 높이고 있다. 아울러 전후절 대구와 '기픈', '아니 ~ㄹ씨', '~ᄂᆞ니' 등의 반복 구조를 통해 내용을 강조하고 정제미와 운율감을 살리고 있다.

**[정답]** ②

**라** 〈제48장〉

굴허에 ᄆᆞᆯ를 디내샤 도ᄌᆞ기 다 도라가니, ¾(반) 길 노펀ᄃᆞᆯ 년기 디나리잇가.
<small>구령. 골[谷]. 골목</small>
石壁(석벽)에 ᄆᆞᆯ를 올이샤 도ᄌᆞᆨ글 다 자ᄇᆞ시니, 현 번 ᄠᅱ운ᄃᆞᆯ ᄂᆞ미 오ᄅᆞ리잇가.
<small>몇(관형사)</small>

(금 태조가) 구렁에 말을 지나게 하시어 도둑이 다 돌아가니, 반 길의 높이인들 다른 사람이 지나가겠습니까?
(이 태조가) 석벽에 말을 올리시어 도적을 다 잡으시니, 몇 번 뛰어오르게 한들 남이 오르겠습니까?

| | |
|---|---|
| · 형식: 2절 4구, 대구 | · 성격: 송축가, 사적찬(事蹟讚) |
| · 주제: 태조의 초인간적 용맹 | · 핵심어: 石壁(석벽)에 ᄆᆞᆯ를 올이샤 |

**마** 〈제67장〉

ᄀᆞᄅᆞᆳ ᄀᆞ새 자거늘 밀므리 사ᄋᆞ리로ᄃᆡ 나거ᅀᅡ ᄌᆞ므니이다.

셤 안해 자싫 제 한비 사ᄋᆞ리로ᄃᆡ 뷔어ᅀᅡ ᄌᆞ므니이다.

(원나라 백안(伯顔)의 군사가 송나라를 치려고) 전당강 가에 진을 치고 자는데, 밀물이 사흘이나 이르지 않다가 떠난 뒤에야 그 자리가 물속에 잠기었습니다.
(이 태조가) 위화도에서 묵으실 때, 큰 비가 사흘이나 계속되다가, (이 태조가) 회군한 뒤에야 온 섬이 물속에 잠기었습니다.

| | |
|---|---|
| · 형식: 2절 4구 | · 성격: 송축가, 사적찬(事蹟讚) |
| · 주제: 천우신조(天佑神助) | · 핵심어: 뷔어ᅀᅡ ᄌᆞ므니이다 |

**바** 〈제125장〉

千世(천세) 우희 미리 定(정)ᄒᆞ샨 漢水(한수) 北(북)에 累仁開國(누인개국)ᄒᆞ샤

卜年(복년)이 ᄀᆞᆺ업스시니,
<small>점쳐서 정한 왕조의 운수</small>
聖神(성신)이 니ᅀᆞ샤도 敬天勤民(경천근민)ᄒᆞ샤ᅀᅡ 더욱 구드시리이다.
<small>위대한 후대 왕들</small>
님금하, 아ᄅᆞ쇼셔. 落水(낙수)예 山行(산행)가 이셔 하나빌 미드니잇가.

천 세 전부터 미리 정하신 한양에, 어진 덕을 쌓아 나라를 여시어, 나라의 운명이 끝이 없으시니,
성스러운 임금이 이으시어도 하늘을 공경하고 백성을 부지런히 돌보셔야 더욱 굳으실 것입니다.
임금이시여, 아소서. 낙수에 사냥 가 있으며 할아버지를(조상의 공덕만을) 믿었습니까(믿겠습니까)?

| | |
|---|---|
| · 형식: 내용상 3절 9구(형식상 파괴) | · 성격: 송축가, 계왕훈(戒王訓) |
| · 주제: 후왕(後王)에 대한 경계 | · 핵심어: 경천근민(敬天勤民) |

 **예원通** 〈용비어천가〉 제125장

**1. 내용적 특징**

- 총결사(總結詞): 조상의 어진 덕으로 개국한 나라의 운명은 영원하리라는 국운(國運)의 송축과 전체의 내용을 함축
- 왕조의 무궁한 발전을 위해서 후대 왕들은 하늘을 공경하고 백성을 다스리는 데 게을리하지 말아야 한다는 것을 하(夏)나라 태강왕(太康王)의 고사를 인용, 타산지석(他山之石)으로 삼도록 권계(勸戒)

**2. 형식적 특징**

- 다른 장과 달리 중국 고사가 후절에 인용됨.
- 형식의 파격을 보임. 형식상으로는 절의 구분이 없음.
- '여민락(與民樂), 치화평(致和平), 취풍형(醉豊亨)' 등 궁중 음악에도 활용됨.

**? Quiz**

**바**에 사용된 의사소통 방법에 대한 설명으로 가장 적절한 것은?

① 화자의 정서를 구체적인 자연물에 이입하여 전달 효과를 높이고 있다.
② 대상이 지닌 속성이나 부분을 이용하여 의미를 드러내고 있다.
③ 겉으로 모순인 표현을 사용하여 함축적 의미를 강조하고 있다.
④ 대비적 상황을 바탕으로 반문하여 전달하려는 의미를 강화하고 있다.

**해설**

(바)에서는 '옛 사람이 행한 잘못을 되풀이할 것인가'라고 반문하여 의미를 강화하고 있다. 즉, 말하고자 하는 바와 대비되는 설의적 표현을 사용하여, 태강왕의 전철을 밟지 않아야 한다는 당부의 의미를 강조하고 있다.

**정답** ④

### 1. '용비어천가'의 명칭
- '용비어천(龍飛御天)'은 '용이 날아서 하늘을 제어(制御 = 통제하여 바른 길로 나아가게 함.)하였다.'라는 의미이다.
- '용'은 힘과 권력의 상징으로 제왕을 의미한다.
- 〈용비어천가〉는 '왕들이 태어난 나라(조선)를 세운 이야기를 담은 노래'라는 뜻이다.

### 2. 창작 동기

| 내적 동기 | 조선 건국의 합리화(合理化): 역성혁명(易姓革命)이 하늘의 뜻임을 알려 이반된 민심(民心) 조정<br>후대 왕에 대한 권계: 왕통(王統)의 확립, 경천근민(敬天勤民)의 정신 자세 권계 |
|---|---|
| 외적 동기 | 훈민정음의 시험: 훈민정음의 실용성 여부 시험<br>국자(國字)의 권위 부여: 국가의 존엄한 문헌을 한글로 기록함으로써 존엄성을 확보하고자 하는 의도 |

### 3. 전편의 체재(體裁)
- 전 10권 5책 125장
- 각 장은 2절, 각 절은 4구체의 대구(對句) 형식(제1장, 제125장 등 10여 장은 제외)

| 전절 | 중국 역대 성왕의 사적 | 사적 대비 |
|---|---|---|
| 후절 | 조선 왕조의 사적 | |

\* 본문은 국문에 한자를 섞어 쓰고, 그 뒤에 한시(漢詩)와 배경 설화를 한문으로 적어 주해하여 국주 한종의 원칙을 따름.

### 4. 내용 구성: 조선 왕조의 역대 조종인 목조, 익조, 도조, 환조, 태조, 태종 등의 창업 사적을 찬양하고, 후대의 왕(王)에게 왕업의 수호를 권계한다.

| 서사(序辭) | 제1장, 제2장 – 개국송(開國頌)<br>제1장: 조선조 창업의 천명성과 당위성 강조<br>제2장: 조선조 창업의 근원(根源)의 심원성과 국기의 튼튼함과 번영(繁榮)의 영원성, 송축(頌祝) |
|---|---|
| 본사(本辭) | 제3장~제109장<br>– 사적찬(事籍讚) |
| 결사(結辭) | 제110장 ~ 제125장 – 계왕훈(戒王訓)<br>후왕에 대한 권계<br>물망장(勿忘章) 또는 무망기(無忘記) |

### 5. 〈용비어천가〉의 가치

| 문학(文學)적 가치 | 훈민정음으로 된 최초의 악장 문학이자 악장 문학의 대표작<br>우리나라의 장편 영웅 서사시 |
|---|---|
| 어학(語學)적 가치 | 훈민정음으로 기록된 최초의 문헌<br>사용된 옛말이 풍부하여 중세 국어 연구에 귀중한 자료<br>표기법이 엄정하여 음운 등 고어(古語) 연구에 귀중한 문헌 |
| 사학(史學)적 가치 | 여말 선초의 여진족과의 관계를 밝혀 주는 사료(史料)<br>당시의 지리 연구에 귀중한 자료 |

---

### 📝 기출 확인

다음 중 〈용비어천가〉에 대한 설명으로 잘못된 것은?　2006 서울시 9급

① 최초의 국문 악장이다.
② 훈민정음으로 기록된 최초의 작품이다.
③ 전체의 구성은 서사, 본사, 결사 125장으로 이루어져 있다.
④ 한문으로 된 본가에 국역시를 덧붙이고, 국문의 주해를 단 체제이다.
⑤ 세종 27년인 1445년에 완성되었고, 주해와 간행은 세종 29년인 1447년에 이루어졌다.

[해설]
훈민정음으로 쓴 최초의 작품 〈용비어천가〉는 조선 6조의 사적을 중국 고사에 비유하여 공덕을 송축하는 노래로, 먼저 우리말 노래를 싣고 그에 대한 한역시를 뒤에 붙였다.

[정답] ④

# PART 3
# 국어 문법

# 출제 경향 한눈에 보기

## 구조도

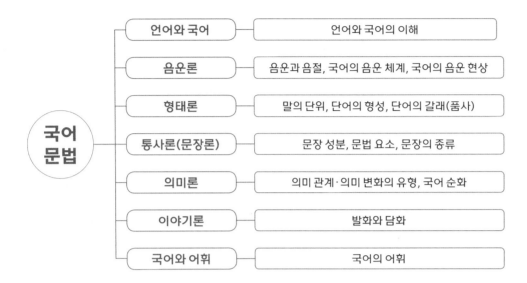

## 영역별 학습 목표

1. **언어와 국어**: 언어의 기능과 특성을 이해할 수 있다.

2. **음운론**: 음운과 음절, 자음과 모음 체계, 음운 현상 등을 이해할 수 있다.

3. **형태론**: 형태소 분석, 단어 형성 방법(파생/합성), 품사의 분류와 품사별 특징을 이해할 수 있다.

4. **통사론**: 문장의 성분과 종류, 문법 요소(높임, 사동과 피동, 시간, 종결 표현 등), 문장의 종류에 관해 정확하게 이해할 수 있다.

5. **의미론**: 단어 간의 의미 관계, 국어 순화어 등을 익히며, 다양한 의미 현상을 이해할 수 있다.

6. **이야기론**: 발화 상황과 이야기 장면에 대해 이해할 수 있다.

7. **국어와 어휘**: 최신 기출 유형의 주제별 어휘, 한자어, 한자 성어를 정복할 수 있다.

## 연도별 출제 영역

※ 진한 표시는 2회 이상 출제된 영역

| 2024년 | [9급] 형태론(단어의 형성), 의미론(다의어)<br>[예시] 통사론(높임법) |
|---|---|
| 2023년 | [9급] 이야기론(발화와 담화), 형태론(품사)<br>[7급] 음운론(음운 변동), 형태론(단어의 형성) |
| 2022년 | [9급] 의미론(의미의 변화), 이야기론(지시어), 국어와 어휘(한자 성어, 올바른 한자 표기)<br>[7급] 형태론(어미의 종류), 의미론(다의어), 형태론(품사), 통사론(안긴문장) |
| 2021년 | [9급] 언어와 국어(언어와 사고), 형태론(불규칙 활용), 국어와 어휘(한자 성어, 올바른 한자 표기)<br>[7급] 의미론(다의어) |
| 2020년 | [9급] 형태론(용언의 활용), 통사론(안긴문장), 국어와 어휘(한자 성어, 올바른 한자 표기)<br>[7급] 형태론(불규칙 활용), 통사론(관형절을 안은 문장), 의미론(다의어) |
| 2019년 | [9급] **음운론(음운 변동)**, 형태론(품사), 의미론(다의어, 반의 관계), 국어와 어휘(한자 성어, 올바른 한자 표기)<br>[7급] 형태론(용언의 기본형, 접미사), **통사론(높임 표현)** |

※ • 예시 문제의 경우 형태론(합성어), 통사론(높임 표현)이 출제되었다.
　• 2025년 국가직 9급의 경우 언어와 국어(언어의 특성)가 출제되었다.

## 핵심 개념

| | | | |
|---|---|---|---|
| **1. 언어와 국어** | 언어의 특성 | | ① 기호성 ② 체계성 ③ 자의성 ④ 사회성 ⑤ 역사성 ⑥ 분절성 ⑦ 추상성 ⑧ 개방성 |
| | 국어의 특질 | **음운** | ① 삼중 체계 ② 마찰음 수 적음 ③ 모음 조화 |
| | | **어휘** | ① 삼중 체계 ② 친족어와 높임어 발달 ③ 이차적 조어법 발달 |
| | | **문법** | ① 첨가어 ② 주어 - 목적어 - 서술어 어순 ③ 높임법 발달 |
| **2. 음운론** | 음운 개념 | | 말의 뜻을 변별하는 소리의 최소 단위 *음절: 발음할 때 한 번에 소리 낼 수 있는 소리의 단위 |
| | 음운 체계 | **음소** | ① 자음 ② 모음 |
| | | **운소** | ① 소리의 길이 ② 소리의 높낮이 |
| | 음운 변동 | **교체** | ① 음절의 끝소리 규칙 ② 비음화 ③ 유음화 ④ 구개음화 |
| | | **탈락** | ① 자음 탈락 ② 모음 탈락 |
| | | **첨가** | ① 'ㄴ' 첨가 ② 'ㅅ' 첨가 |
| | | **축약** | ① 자음 축약 ② 모음 축약 |
| **3. 형태론** | 형태소 | **개념** | 더 이상 분석하면 의미를 잃어버리는 가장 작은 말의 단위 |
| | 단어 | **개념** | 최소 자립 형식. 또는 최소 자립 형식과 쉽게 분리되는 말 |
| | 단어 종류 | **단일어** | 어근 |
| | | **복합어** | ① 합성어(어근 + 어근) ② 파생어(어근 + 접사, 접사 + 어근) |
| | 품사 종류 | **체언** | ① 명사 ② 대명사 ③ 수사 |
| | | **용언** | ④ 동사 ⑤ 형용사 |
| | | **수식언** | ⑥ 관형사 ⑦ 부사 |
| | | **관계언** | ⑧ 조사 |
| | | **독립어** | ⑨ 감탄사 |
| **4. 통사론** | 문장 | **주성분** | ① 주어 ② 서술어 ③ 목적어 ④ 보어 |
| | | **부속 성분** | ⑤ 관형어 ⑥ 부사어 |
| | | **독립 성분** | ⑦ 독립어 |
| | | * 서술어의 자릿수: 문장이 성립되기 위해 서술어가 갖추어야 할 문장 성분의 수 | |
| | 문법 요소 | **사동·피동** | ① 사동(↔ 주동) ② 피동(↔ 능동) |
| | | **시간 표현** | ① 과거·현재·미래 ② 동작상 |
| | | **종결 표현** | ① 평서문 ② 의문문 ③ 명령문 ④ 청유문 ⑤ 감탄문 |
| | | **높임 표현** | ① 주체 높임법 ② 객체 높임법 ③ 상대 높임법 |
| | | **부정 표현** | ① '안' 부정문 ② '못' 부정문 |
| | 문장 구조 | **홑문장** | 주어와 서술과 관계 1회 |
| | | **겹문장** | 주어와 서술어 관계 2회 이상 ① 안은문장 ② 이어진문장 |
| **5. 의미론** | 의미 관계 | | ① 유의 관계 ② 반의 관계 ③ 상하 관계 ④ 다의 관계 ⑤ 동음이의 관계 |
| **6. 이야기론** | 발화 기능 | | ① 정보 전달 ② 명령 ③ 질문 ④ 요청 ⑤ 위로 ⑥ 경고 ⑦ 선언 ⑧ 약속 ⑨ 칭찬 ⑩ 축하 ⑪ 제안 |
| **7. 국어와 어휘** | 어휘 | | ① 주제별 어휘 ② 한자어 ③ 한자 성어 |

## 1절 언어의 이해

### 1 언어의 특성

#### 1. 기호성(記號性)

언어는 기호의 한 종류로, 전달하고자 하는 '내용'과 그것을 실어 나르는 '형식'이 결합되어 나타난다.

#### 2. 자의성(恣意性)

언어 기호의 '형식(음성/문자)'과 '내용(의미)'은 필연적·절대적 관계가 아니라 임의적·관습적·자의적 관계이다.

#### 3. 사회성(社會性) = 불가역성(不可逆性), 불역성(不逆性)

언어 기호는 자의적 약속이지만, 사회적 약속으로 수용되면 개인이 바꿀 수 없다.

㉠ "나는 이제 '멍멍' 짖는 동물을 '개' 말고 '소'라고 부를래."라고 해도 '개'가 '소'가 될 수 없다.

#### 4. 역사성(歷史性) = 가역성(可逆性)

사회적 약속인 언어는 시간의 흐름에 따라 변화한다.

① 신생(新生)

② 성장(成長)

③ 사멸(死滅)

#### 5. 분절성(分節性) = 불연속성(不連續性)

언어는 연속적으로 이루어져 있는 자연 세계를 불연속적으로 끊어서 표현한다.

| ① 개념(의미)의 분절성 | ㉠ 방위(동, 서, 남, 북), 계절(봄, 여름, 가을, 겨울) |
|---|---|
| ② 기호의 분절성 | ㉠ 철수가 밥을 먹는다.: 문장 1개, 어절 3개, 단어 5개, 형태소 7개 |

#### 6. 창조성(創造性)

사고의 범위는 무한하기 때문에 표현도 무한히 할 수 있다.

#### 7. 추상성(抽象性)

많은 구체적인 대상으로부터 공통의 속성만을 추출하는 '추상화 과정'을 통하여 개념을 형성한다.

#### 8. 규칙성(規則性) = 법칙성(法則性)

언어는 음운, 단어, 문장 등을 만들 때 일정한 규칙의 적용을 받는다.

---

★ 언어와 기호

| | 형식 | 음성(말)/문자(글) | [꼳]/꽃 |
|---|---|---|---|
| 언어기호 | | | |
| | 내용 | 의미 | |

---

📝 기출 확인

언어의 특성에 대한 설명으로 적절하지 않은 것은?　　2016 경찰 1차

① 언어의 자의성: 언어 형식과 내용의 관계가 반드시 고정된 것이 아니다.

② 언어의 역사성: 언어는 고정되어 불변하는 것이 아니라 시간의 흐름에 따라 의미나 형태가 변화하기도 한다.

③ 언어의 사회성: 언어 내용과 형식이 일단 한 사회 속에서 약속으로 굳어지면 아무나 마음대로 바꿀 수 없다.

④ 언어의 분절성: 음운, 단어, 문장, 담화 단위에 이르기까지 각 단위 혹은 단위 사이에 특정한 규칙이 존재한다.

정답 ④

**01** 다음 글에서 추론한 내용으로 가장 적절한 것은?                    2025 국가직 9급

> 언어에는 중요한 몇 가지 특징이 있다. 첫째, 언어의 형식인 말소리와 언어의 내용인 의미 간에는 필연적 관계가 없다. 이를 언어의 '자의성'이라 한다. 즉 어떤 내용을 나타내는 형식은 약속으로 정할 뿐이라는 것이다. 둘째, 언어에서 형식과 내용의 관계에 대한 사회적 약속은 한번 정해지면 개인이 쉽게 바꿀 수가 없다. 이를 언어의 '사회성'이라 한다. 셋째, 언어는 시간의 흐름에 따라 사회 구성원이 바뀌면서 끊임없이 변화한다. 이를 언어의 '역사성'이라 한다. 넷째, 하나의 언어 형식은 수많은 구체적 대상이 가진 공통적인 속성을 개념화하여 표현한 것이다. 예컨대 우리는 세상에 존재하는 여러 책상들의 공통적 속성을 추출하여 하나의 언어 형식인 '책상'으로 표현한다. 이를 언어의 '추상성'이라 한다.

① 같은 언어 안에도 다양한 방언 형태가 존재한다는 것은 언어의 자의성을 보여주는 사례이다.

② 가족과 대화할 때는 직장 동료와 대화할 때와 다른 표현을 사용한다는 것은 언어의 사회성을 보여주는 사례이다.

③ 유명인이 개인적으로 사용한 유행어가 시간이 지나도 표준어로 인정되지 않는다는 것은 언어의 역사성을 보여주는 사례이다.

④ 새로운 줄임말이 끊임없이 만들어지고 있다는 것은 언어의 추상성을 보여주는 사례이다.

해설  제시된 글에서 "언어의 형식인 말소리와 언어의 내용인 의미 간에는 필연적 관계가 없다. 이를 언어의 '자의성'이라 한다."라고 하였다. 같은 언어 안에 다양한 방언 형태가 존재한다는 것(예 동일한 '내용'의 식물에 대해 서울에서는 '부추'라는 '형식'을 사용하고, 지역에서는 '정구지', 혹은 '솔'의 '형식'을 사용함)은 언어의 형식(말소리)과 언어의 내용(의미) 간에 필연적 관계가 없음(형식과 내용이 절대적이지 않음)을 보여주는 사례이므로 적절한 추론이다.

오답  ② "사회적 약속은 한번 정해지면 개인이 쉽게 바꿀 수가 없다."는 '사회성'의 예시가 될 수 없다.
③ "시간의 흐름에 따라 사회 구성원이 바뀌면서 끊임없이 변화한다."는 '역사성'의 예시가 될 수 없다.
④ "공통적 속성을 추출하여 하나의 언어 형식으로 표현한다."는 '추상성'의 예시가 될 수 없다.

정답  ①

**02** 다음 글을 바탕으로 추론한 생각 중 적절하지 않은 것은?          2018 국가직 7급

> 소쉬르는 언어를, 기호의 형식에 상응하는 기표(記標)와 기호의 의미에 상응하는 기의(記意)의 기호적 조합이라고 전제한다. 예를 들어 '흑연과 점토의 혼합물을 구워 만든 가느다란 심을 속에 넣고, 겉은 나무로 둘러싸서 만든 필기도구'라는 의미를 표시하는 기표는 한국어에서 '연필'이다. 그런데 '연필'의 기의에 대응되는 영어 기표는 'pencil'이다. 각기 다른 기표가 동일한 기의를 표현한 것이다. 소쉬르는 이처럼 하나의 기의가 서로 다른 기표에 대응되는 것을 두고 기호적 관계가 자의적이라고 주장하는 한편, 이러한 자의성은 사회적 약속과 문화적 약호(code)에 따라 조율된다고 보았다.

① 표준어로 '부추'에 상응하는 표현이 지역에 따라 달리 나타나는 현상에서 기호의 자의성을 엿볼 수 있겠군.

② 어떤 개념을 새롭게 표현한 단어가 널리 쓰이려면 그 개념을 쓰는 사회 성원들의 공통된 합의가 필요하겠군.

③ 같은 종교를 믿으면서 문화적 약호가 유사한 지역에서는 같은 기표에 대응되는 개념이 비슷할 가능성이 높겠군.

④ 사랑이나 진리와 같이 사회 문화적으로 보편적인 개념을 지시하는 각각의 기표들에서 유사한 형식을 도출할 수 있겠군.

해설  '기의'는 '기표'와 자의적인 관계를 맺으므로 아무리 보편적인 개념(기의)이라도 각각의 기표들 사이에서 유사성을 도출할 수 있다는 것은 자의성에 어긋나므로 ④는 잘못된 추론이다.

오답  ① "소쉬르는 이처럼 하나의 기의가 서로 다른 기표에 대응되는 것을 두고 기호적 관계가 자의적이라고 주장하는 한편" 부분을 바탕으로 추론할 수 있는 내용이다.
② "이러한 자의성은 사회적 약속과 문화적 약호(code)에 따라 조율된다고 보았다." 부분을 바탕으로 추론할 수 있는 내용이다.
③ "자의성은 사회적 약속과 문화적 약호(code)에 따라 조율된다고 보았다." 부분을 바탕으로 추론할 수 있는 내용이다.

정답  ④

| 언어 우위론 | 언어 없이는 사고가 불가능하다. 반면 사고 과정 없이도 언어는 존재한다.<br>→ 언어로 명명하여야만 사고할 수 있다는 관점<br>・사고 과정 없이 언어가 존재하는 경우<br>　예 ・아이들이 뜻도 모르면서 어른의 말을 흉내 내기도 한다.<br>　　　・가사의 의미를 전혀 모르는 외국 노래를 따라 부르고 감상한다. |
|---|---|
| 사고 우위론 | 언어 없이도 사고는 가능하다. 다만 표현하기 어려울 뿐이다.<br>→ 명명의 과정 없이도 사고는 존재할 수 있다는 관점<br>・생각을 언어로 표현하기 어려운 경우<br>　예 몹시 기쁘지만 그 기분을 말로 다 표현할 수 없는 경우도 있다. |
| 상호 의존설<br>(종합적 관점) | 인간은 언어를 통해 사고를 확장하고, 사고 확장을 통해 언어를 확대·변화시킨다.<br>→ '사고' 없는 '언어'는 생각할 수 없고, '언어' 없는 '사고'도 불완전하다는 관점<br>　예 ㉮ 여기저기, 이것저것, 조만간, 국내외 – 자연스러운 표현<br>　　　㉯ 저기여기, 저것이것, 만조간, 국외내 – 부자연스러운 표현<br>　　　→ 인간은 자신에게 '가깝고' 시간적으로 '이른' 것들을 먼저 인식한다.<br>즉 이처럼 언어에는 우리의 사고가 반영되어 있으며(자기중심적), 언어를 통하여 인간의 사고 방식이나 사고의 경향을 추적할 수 있다. |

### 기출 확인

**01** 다음 글의 사례로 적절하지 않은 것은?　　　　　　　　　2021 국가직 9급

> 인간은 언어를 사용하며 언어는 인간의 사고, 사회, 문화를 반영한다. 인간의 지적 능력이 발달하게 된 것은 바로 언어를 사용하기 때문이다.
>
> 언어와 사고는 기본적으로 상호작용을 한다. 둘 중 어느 것이 먼저 발달하고 어떻게 영향을 주는지는 알 수 없다. 그러나 언어와 사고가 서로 깊은 관계를 맺고 있다는 사실은 여러 가지 근거를 통해서 뒷받침된다.

① 영어의 '쌀(rice)'에 해당하는 우리말에는 '모', '벼', '쌀', '밥' 등이 있다.

② 어떤 사람은 산도 파랗다고 하고, 물도 파랗다고 하고, 보행 신호의 녹색등도 파랗다고 한다.

③ 일상생활에서 어떠한 사물의 개념은 머릿속에서 맴도는데도 그 명칭을 떠올리지 못할 때가 있다.

④ 우리나라는 수박(watermelon)은 '박'의 일종으로 보지만 어떤 나라는 '멜론(melon)'에 가까운 것으로 파악한다.

해설　③의 머릿속의 개념(사고)을 말(언어)로 표현하지 못하는 경우는, 언어가 없이도 사고할 수 있다는 의미로 '사고 우위론'의 사례이다. 따라서 언어에 사고, 사회, 문화 등이 반영되어 있다는 제시된 글의 사례로는 적절하지 않다.

오답　① 우리는 '농경문화'가 발달하여 영어로 'rice'에 해당하는 말이 세분화된다. 따라서 언어가 문화를 반영하는 사례로 적절하다.

　　② '산, 물, 녹색 등'의 색을 두고 다 '파랗다'라고 표현하는 사람은, 모두 '파랗다'라고 생각하기 때문이다. 따라서 언어가 사고(생각)를 반영하는 사례로 적절하다.

　　④ 우리는 수박을 '박'의 일종으로 보고 '수박'으로 표현하지만, 어떤 나라에서는 '멜론(melon)'의 일종으로 보고 'watermelon'으로 표현한다. 사회에 따라 같은 계열이라고 생각하는 과일이 다르기 때문에, 표현도 다른 것이다. 따라서 언어가 사회를 반영하는 사례로 적절하다.

정답　③

**02 필자의 견해로 볼 수 없는 것은?**
2017 국가직 9급

> 우리는 우리가 생각한 것을 말로 나타낸다. 또 다른 사람의 말을 듣고, 그 사람이 무슨 생각을 가지고 있는가를 짐작한다. 그러므로 생각과 말은 서로 떨어질 수 없는 깊은 관계를 가지고 있다.
>
> 그러면 말과 생각이 얼마만큼 깊은 관계를 가지고 있을까? 이 문제를 놓고 사람들은 오랫동안 여러 가지 생각을 하였다. 그 가운데 가장 두드러진 것이 두 가지 있다. 그 하나는 말과 생각이 서로 꼭 달라붙은 쌍둥이인데 한 놈은 생각이 되어 속에 감추어져 있고 다른 한 놈은 말이 되어 사람 귀에 들리는 것이라는 생각이다. 다른 하나는 생각이 큰 그릇이고 말은 생각 속에 들어가는 작은 그릇이어서 생각에는 말 이외에도 다른 것이 더 있다는 생각이다.
>
> 이 두 가지 생각 가운데서 앞의 것은 조금만 깊이 생각해 보면 틀렸다는 것을 즉시 깨달을 수 있다. 우리가 생각한 것은 거의 대부분 말로 나타낼 수 있지만, 누구든지 가슴 속에 응어리진 어떤 생각이 분명히 있기는 한데 그것을 어떻게 말로 표현해야 할지 애태운 경험을 가지고 있을 것이다. 이것 한 가지만 보더라도 말과 생각이 서로 안팎을 이루는 쌍둥이가 아님은 쉽게 판명된다.
>
> 인간의 생각이라는 것은 매우 넓고 큰 것이며 말이란 결국 생각의 일부분을 주워 담는 작은 그릇에 지나지 않는다. 그러나 아무리 인간의 생각이 말보다 범위가 넓고 큰 것이라고 하여도 그것을 가능한 한 말로 바꾸어 놓지 않으면 그 생각의 위대함이나 오묘함이 다른 사람에게 전달되지 않기 때문에 생각이 형님이요, 말이 동생이라고 할지라도 생각은 동생의 신세를 지지 않을 수가 없게 되어 있다. 그러니 말을 통하지 않고는 생각을 전달할 수가 없는 것이다.

① 말은 생각보다 범위가 좁다.
② 말은 생각을 나타내는 매개체이다.
③ 말과 생각은 불가분의 관계에 놓여 있다.
④ 말을 통하지 않고도 얼마든지 생각을 전달할 수 있다.

[해설] 글쓴이는 제시문의 마지막 문단, 마지막 문장에서 "말을 통하지 않고는 생각을 전달할 수가 없는 것이다."라고 말했다. 따라서 말을 통하지 않고도 얼마든지 생각을 전달할 수 있다는 ④는 글쓴이의 견해와 상반된다.

[오답] ① 두 번째 문단의 "생각이 큰 그릇이고 말은 생각 속에 들어가는 작은 그릇이어서 생각에는 말 이외에도 다른 것이 더 있다."라는 문장과 마지막 문단의 첫 번째 문장에서 '말'을 생각을 주워 담은 작은 그릇에 비유하고 있다. 이를 볼 때, 글쓴이는 '말'을 '생각'보다 범위가 좁은 것으로 보고 있다.

② 1문단의 첫 번째 문장 "우리는 우리가 생각한 것을 말로 나타낸다."를 볼 때, '말'이 생각을 나타내는 매개체임을 알 수 있다.

③ 1문단의 마지막 문장 "생각과 말은 서로 떨어질 수 없는 깊은 관계를 가지고 있다." 부분을 통해 '말'과 '생각'이 불가분(不可分)의 관계에 놓여 있음을 알 수 있다.

[정답]  ④

## 1 국어의 특징

### 1. 음운상의 특징

① **삼중 체계:** 파열음과 파찰음이 '예사소리 – 된소리 – 거센소리'로 되어 있다.

② 마찰음의 수가 적은 편이다.　예 마찰음: ㅅ, ㅆ, ㅎ / 파열음: ㄱ, ㄲ, ㅋ, ㄷ, ㄸ, ㅌ, ㅂ, ㅃ, ㅍ

③ 단모음의 수가 10개로, 다른 언어에 비해 많은 편이다.

④ **음절의 끝소리 규칙:** 음절 끝소리는 7개의 자음(ㄱ, ㄴ, ㄷ, ㄹ, ㅁ, ㅂ, ㅇ)으로만 발음된다.

⑤ 음상(音相)의 차이로 어감이 달라지거나, 의미가 분화(分化)된다.

⑥ 어두(語頭)에는 둘 이상의 자음이 오지 않는다.　예 꼿(×)

### 2. 어휘상의 특징

① 고유어, 한자어, 외래어의 삼중 체계이다.

② 고유어 중 색채어와 감각어가 발달했다.

③ 음성 상징어가 발달되어 있다.
　예 ・반짝반짝(모양), 풍덩풍덩(소리)
　　・춘풍 이불 아래 서리서리 너헛다가 / 어론님 오신 날 밤이어든 구뷔구뷔 펴리라(의태어)

④ 한국어에는 성(性)의 구분이 없고, 수(數)의 구별이 뚜렷하지 않다.

⑤ 접속사, 관사, 관계 대명사 등이 없다.

### 3. 형태상의 특징

① 조사와 어미를 첨가하여 다양한 문법적 기능을 수행한다.
　→ 첨가어·교착어로서의 특징

② 단어 형성법이 발달하였다.

### 4. 통사적 특징

① '주어 – 목적어 – 서술어'의 어순이며, 서술어 외 다른 성분들은 어순이 자유로운 편이다. 그러나 수식어는 항상 피수식어 앞에 위치한다.

② 겹문장의 경우 주어가 잇달아 나타날 수도 있다.

### 5. 화용적 특징

① 높임법이 발달되어 있다. → 주체 높임, 객체 높임, 상대 높임

② '보조사'와 '보조 용언'이 발달하였다.

③ 실제 담화에서 주어와 목적어가 생략되는 경우가 많다.

---

**기출 확인**

국어 문법의 특징으로 옳지 않은 것은?　　2022 국회직 9급

① 어미가 발달되어 있다.

② 이중 주어 구문이 발달되어 있다.

③ 비교적 어순이 자유로운 언어에 속한다.

④ 공손성을 표현하는 수단이 발달했다.

⑤ 꾸미는 말이 꾸밈을 받는 말 뒤에 온다.

해설 국어는 꾸미는 말(수식어)은 꾸밈을 받는 말(피수식어) '앞'에 온다.
　예 새(꾸미는 말) 신발(꾸밈을 받는 말)

정답 ⑤

## 1절 음운과 음절

### 1 음운

말의 뜻을 구별해 주는 소리의 최소 단위로, 관념적·추상적·심리적인 말소리이다.

| 분절 음운 | 모음 21 + 자음 19 = 총 40개 |
|---|---|
| 비분절 음운 | 장단, 억양, 연접, 성조 |
| 장애음 | 공기의 흐름이 장애를 입을 때 만들어짐. |
| 닿소리 | 홀소리(모음)에 닿아야 발음됨. |
| 비장애음 | 공기가 장애를 받지 않고 순조롭게 나옴. |
| 홀소리 | 자음 없이 홀로 쓰일 수 있음. |
| 유성음 | 발음될 때 목청이 떨려 울림. |
| 성절음 | 혼자서 음절을 이룰 수 있는 소리 |

### 2 음절(音節)

① 발음할 때 한 번에 낼 수 있는 소리의 단위, 소리마디이다.

② '(자음)+모음+(자음)'의 구조로, 모음이 있어야만 음절이 형성된다(음절의 수 = 모음의 수).

## 2절 국어의 음운 체계

| 자음 | 모음 |
|---|---|
| 장애음, 닿소리 | 비장애음, 홀소리, 유성음(울림소리), 성절음 |

### 1 자음의 분류

▶ 자음 체계표

| 조음 위치 / 조음 방법 | | | 순음 (脣音) 입술소리 | 치조음 (齒槽音) 혀끝소리 | 경구개음 (硬口蓋音) 센입천장 소리 | 연구개음 (軟口蓋音) 여린입천장 소리 | 후음 (喉音) 목청소리 |
|---|---|---|---|---|---|---|---|
| 안울림 소리 | 파열음 (破裂音) | 예사소리 | ㅂ | ㄷ | | ㄱ | |
| | | 된소리 | ㅃ | ㄸ | | ㄲ | |
| | | 거센소리 | ㅍ | ㅌ | | ㅋ | |
| | 파찰음 (破擦音) | 예사소리 | | | ㅈ | | |
| | | 된소리 | | | ㅉ | | |
| | | 거센소리 | | | ㅊ | | |
| | 마찰음 (摩擦音) | 예사소리 | | ㅅ | | | ㅎ |
| | | 된소리 | | ㅆ | | | |
| 울림 소리 | 비음(鼻音) | | ㅁ | ㄴ | | ㅇ | |
| | 유음(流音) | | | ㄹ | | | |

### ★ 음운

| 음소 | 운소 |
|---|---|
| = 분절 음운 | = 비분절 음운 |
| = 음절 음운 | = 소리의 길이, |
| = 자음, 모음 | 억양 |
| = 낱소리 | |

### ➕ TIP

**자음의 조음 위치**

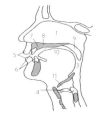

| ① 고안 | ② 입안 |
|---|---|
| ③ 목안 | ④ 목청 |
| ⑤ 입술 | ⑥ 이 |
| ⑦ 윗잇몸 | ⑧ 센입천장 |
| ⑨ 여린입천장 | ⑩ 혀 |
| ⑪후두 | |

### ➕ TIP

'ㅎ(히읗)'을 기존에는 예사소리로 분류하였으나 2020년을 기준으로 국립국어원에서는 특별한 구분 없이 제시하고 있다.

## 1. 소리 나는 위치에 따라

| 종류 | 의미 | 예 |
|---|---|---|
| 입술소리<br>(순음) | 두 입술이 붙었다가 떨어지면서 소리 나는 자음 | ㅂ, ㅃ, ㅍ, ㅁ |
| 혀끝소리<br>(치조음) | 혀끝이 윗잇몸에 닿았다가 떨어지면서 소리 나는 자음 | ㄷ, ㄸ, ㅌ, ㅅ, ㅆ,<br>ㄴ, ㄹ |
| 센입천장소리<br>(경구개음) | 혓바닥이 센입천장에 닿았다가 떨어지면서 소리 나는 자음 | ㅈ, ㅉ, ㅊ |
| 여린입천장소리<br>(연구개음) | 혀 뒤가 여린입천장에 닿았다가 떨어지면서 소리 나는 자음 | ㄱ, ㄲ, ㅋ, ㅇ |
| 목청소리<br>(후음) | 목청 사이에서 소리 나는 자음 | ㅎ |

## 2. 소리의 성질에 따라

| 종류 | 의미 | 예 |
|---|---|---|
| 울림소리<br>(유성음) | 발음할 때 목청의 울림이 일어나는 소리 | 비음(ㅁ, ㄴ, ㅇ), 유음(ㄹ) |
| 안울림소리<br>(무성음) | 발음할 때 목청의 울림이 일어나지 않는 소리 | 비음과 유음을 제외한 자음 |

## 3. 소리 내는 방법에 따라

| 종류 | 의미 | 예 |
|---|---|---|
| 파열음 | 공기의 흐름을 일단 막았다가 그 막은 자리에서 터뜨리면서 내는 소리. 폐쇄음 | ㅂ, ㅃ, ㅍ, ㄷ, ㄸ,<br>ㅌ, ㄱ, ㄲ, ㅋ |
| 파찰음 | 파열과 마찰의 두 가지 성질을 다 가지는 소리 | ㅈ, ㅉ, ㅊ |
| 마찰음 | 입안이나 목청 사이의 통로를 좁히고 공기를 틈 사이로 내어 마찰을 일으키면서 내는 소리 | ㅅ, ㅆ, ㅎ |
| 비음 | 연구개를 낮춤으로써 공기가 코로 들어가도록 하여 내는 소리 | ㄴ, ㅁ, ㅇ |
| 유음 | 혀끝을 잇몸에 대었다가 떼거나, 잇몸에 댄 채 공기를 그 양옆으로 흘려보내면서 내는 소리 | ㄹ |

## 2 모음의 분류

모음은 혀의 위치와 입술 모양의 변화 유무에 따라 '단모음'과 '이중 모음'으로 나뉜다.

### 1. 단모음

발음할 때 입술이나 혀가 고정되어 움직이지 않으면서 나는 소리

| ㅏ, ㅐ, ㅓ, ㅔ, ㅗ, ㅚ, ㅜ, ㅟ, ㅡ, ㅣ (10개) |
|---|

▶ 단모음 체계표

| 개구도 | 혀의 앞뒤 / 입술 모양 / 혀의 높이 | 전설 모음 | | 후설 모음 | |
|---|---|---|---|---|---|
| | | 평순 모음 | 원순 모음 | 평순 모음 | 원순 모음 |
| 폐(閉)모음 | 고모음 | ㅣ | ㅟ | ㅡ | ㅜ |
| 반개(半開)/ 반폐(半閉)모음 | 중모음 | ㅔ | ㅚ | ㅓ | ㅗ |
| 개(開)모음 | 저모음 | ㅐ | | ㅏ | |

* 'ㅟ, ㅚ'는 이중 모음 발음을 허용함. ▨ : 15세기에는 이중 모음으로 구별하였으나 현대에는 단모음으로 분류

### 2. 이중 모음(반모음＋단모음)

발음할 때 입술 모양이나 혀의 위치가 변하는 모음

| ㅑ, ㅒ, ㅕ, ㅖ, ㅘ, ㅙ, ㅛ, ㅝ, ㅞ, ㅠ, ㅢ (11개) |
|---|

이중 모음을 길게 끌어서 발음하면 결국 단모음으로 끝나게 된다.

예 ㅑ → ㅏ, ㅖ → ㅔ, ㅘ → ㅏ

| 종류 | 의미 | 원리 | 예 |
|---|---|---|---|
| 상향 이중 모음 | 반모음+단모음 | 반모음 'ㅣ'+단모음 | ㅑ, ㅒ, ㅕ, ㅖ, ㅛ, ㅠ |
| | | 반모음 'ㅗ/ㅜ'+단모음 | ㅘ, ㅙ, ㅝ, ㅞ |
| 하향 이중 모음 | 단모음+반모음 | 단모음 'ㅡ'+반모음 'ㅣ' | ㅢ |

**PART 3 국어 문법** 해커스공무원 해권국어 올인원 기본서

★ '반모음'은 홀로 음절을 이루지 못하고 다른 모음에 붙어야 음절을 이루어 발음될 수 있기 때문에 반자음이라 불리기도 한다. 'ㅑ, ㅕ, ㅛ, ㅠ'와 같은 이중 모음에서 나는 'j' 소리와 'ㅘ, ㅝ, ㅙ, ㅞ'에서 나는 'w' 소리를 가리킨다.

---

### 기출 확인

다음 중 설명이 옳지 않은 것은?                          2017 국가직 9급

① 'ㄴ, ㅁ, ㅇ'은 유음이다.

② 'ㅅ, ㅆ, ㅎ'은 마찰음이다.

③ 'ㅡ, ㅓ, ㅏ'는 후설 모음이다.

④ 'ㅟ, ㅚ, ㅗ, ㅜ'는 원순 모음이다.

해설  국어의 '유음'은 'ㄹ'뿐이다. 'ㄴ, ㅁ, ㅇ'은 '유음'이 아니라 '비음'이다.

오답  ② '마찰음'은 입안이나 목청 사이의 통로를 좁히고 공기를 그 좁은 틈 사이로 내어 마찰을 일으키면서 내는 소리이다. 제시된 'ㅅ, ㅆ, ㅎ'은 모두 마찰음이 맞다.

③ 혀의 전후 위치에 따라 전설 모음(前舌母音)과 후설 모음(後舌母音)으로 나눌 수 있는데, 제시된 'ㅡ, ㅓ, ㅏ'는 후설 모음이다.

④ 발음할 때 입술의 모양이 둥근 모음을 '원순 모음(圓脣母音)'이라 한다. 제시된 'ㅟ, ㅚ, ㅗ, ㅜ'는 원순 모음이 맞다.

정답  ①

★ 음운의 변화 원인

· 조음 편리화의 원리(경제성)
 : 동화, 탈락, 축약

· 표현 효과의 원리(명확성)
 : 이화, 첨가, 사잇소리 현상

음운의 변동(≒ 음운의 변화, 음운 현상)은 어떤 음운이 환경에 따라 다른 음운으로 변하여 발음이 달라지는 현상을 말한다.

→ '동화'를 '교체'에 포함시켜 교체, 축약, 탈락, 첨가, (이화)로 분류하기도 함.          '이화'는 생략되기도 함.←

| 교체(대치) | 동화 | 축약 | 탈락 | 첨가 | 이화 |
|---|---|---|---|---|---|
| XAY → XBY | | XABY → XCY | XAY → XØY | XØY → XAY | – |
| 한 음운이 발음하는 중에 다른 음운으로 바뀌는 현상 | 한쪽의 음운이 다른쪽 음운의 성질을 닮는 현상 | 두 음운이 하나로 줄어드는 현상 | 두 음운 중 하나가 사라지는 현상 | 새로운 음운이 덧붙는 현상 | 두 음운이 같거나 비슷하여 한 음운을 다른 소리로 바꾸는 현상 |
| · 음절의 끝소리 규칙<br>· 된소리되기 (경음화)<br>· 두음 법칙 | · 자음 동화(비음화, 유음화)<br>· 구개음화<br>· 모음 동화<br>· 모음 조화 | · 자음 축약(거센소리되기)<br>· 모음 축약 | · 자음 탈락<br>· 모음 탈락<br>· 자음군 단순화 | · 'ㄴ' 첨가<br>· 'ㅅ' 첨가 | · 자음 이화<br>· 모음 이화 |

### 기출 확인

**다음 글에 대한 이해로 적절하지 않은 것은?**                    2013 국가직 7급

음소들이 결합하여 음절이 되고, 이것들이 다시 결합하여 단어가 되고 문장이 되면서 언어의 주요 기능인 의미 전달이 이루어진다. '음소들이 결합될 때 음소들의 음성적 특성, 즉 음성 자질들의 특성에 따라 앞뒤 음소들이 변하게 되는데' 이것을 음운의 변동이라고 한다. 그런데 이렇게 소리가 변하는 원인 중 가장 중요한 것은 '노력 경제'와 '표현 효과' 두 가지이다. 즉 소리는 발음할 때 힘이 덜 드는 방향으로 바뀌거나 아니면 표현을 더 효과적으로 할 수 있는 방향으로 변한다는 것이다.

가까운 조음 위치나 비슷한 조음 방법의 소리가 연속된 경우엔 그렇지 않은 경우에 비해 발음할 때 힘이 덜 들게 된다. 그래서 상이한 소리들이 비슷한 위치나 방법의 소리들로 닮아 가게 되는데 이것을 '동화'라고 한다. 곧 동화는 노력 경제에 부합하기 때문에 일어나는 현상이다.

이와 달리 음운의 변동에 '노력 경제'와는 상반된 심리 작용이 작동하기도 한다. 비슷한 특성을 가진 음소의 연결로 청각 효과가 약하다고 인지될 경우, 오히려 공통성이 적은 다른 음소로 바뀔 수 있다. 이처럼 발음상 힘이 더 들더라도 청각 효과를 높이는 방향으로 변동하는 현상을 '이화'라고 하며, 이에는 모음 조화 파괴 현상과 사잇소리 현상 등이 있다.

① '노력 경제'와 '표현 효과'는 음운 변동의 주요한 원인이다.
② 음운의 변동이 일어날 때에는 심리적 원인이 개입될 수 있다.
③ '표현 효과'를 높이기 위해서는 동화의 이점을 포기해야 한다.
④ 가까운 조음 위치나 비슷한 조음 방법을 사용할 경우 청각적 효과가 높아진다.

해설 3문단의 "비슷한 특성을 가진 음소의 연결로 청각 효과가 약하다고 인지될 경우 오히려 공통성이 적은 다른 음소로 바뀔 수 있다."를 통해 비슷한 조음 위치나 방법을 사용한 경우에 청각 효과가 약해짐을 알 수 있다. 따라서 ④는 제시문의 내용과 일치하지 않는다.

오답 ① "이렇게 소리가 변하는 원인 중 가장 중요한 것은 '노력 경제'와 '표현 효과' 두 가지이다."를 통해 확인할 수 있다.

② "음운의 변동에 '노력 경제'와는 상반된 심리 작용이 작동하기도 한다."를 통해 확인할 수 있다.

③ "발음상 힘이 더 들더라도 청각 효과를 높이는 방향으로 변동하는 현상을 '이화'라고 하며"를 통해 확인된다.

정답 ④

# 1 교체(대치)

## 1. 음절의 끝소리 규칙(= 음절 말 중화 현상, 말음 법칙, 받침 규칙)

음절의 끝소리가 될 수 있는 자음은 'ㄱ, ㄴ, ㄷ, ㄹ, ㅁ, ㅂ, ㅇ'의 일곱 소리뿐으로, 이외의 자음 글자가 끝소리에 오면 위의 일곱 소리 중 어느 하나로 바뀐다는 규칙이다.

| 받침(끝소리) | 발음 | 용례 |
|---|---|---|
| ㄱ, ㄲ, ㅋ | [ㄱ] | 각[각] 밖[박], 동녘[동녁] |
| ㄴ | [ㄴ] | 산[산] |
| ㄷ, ㅅ, ㅆ, ㅈ, ㅊ, ㅌ, ㅎ | [ㄷ] | 낟[낟] 낫[낟], 났[낟], 낮[낟], 낯[낟], 낱[낟], 놓치다[녿치다] |
| ㄹ | [ㄹ] | 살[살] |
| ㅁ | [ㅁ] | 힘[힘] |
| ㅂ, ㅍ | [ㅂ] | 밥[밥] 앞[압] |
| ㅇ | [ㅇ] | 형[형] |

* 좁은 의미에서는 '받침이 그대로 소리 나는 경우'인 '각[각], 산[산], 낟[낟], 살[살], 힘[힘], 밥[밥], 형[형]'은 '음절의 끝소리 규칙'으로 보지 않는다.

cf 연음화(모음으로 시작하는 형식 형태소와 결합)에는 '음절의 끝소리 규칙'이 적용되지 않는다.

예 · 밭에 → [바테], 읽어 → [일거], 밟아 → [발바]
　　· 옷이 → [오시](연음화)
　　　　　형식
　　· 옷 안 → [옫안](음절의 끝소리 규칙) → [오단](연음화)
　　　　　실질

## 2. 된소리되기[= 경음화(硬音化)]

**(1)** 예사소리가 된소리로 바뀌는 현상을 말한다.

**(2) 유형**

① 
| 앞말 받침 [ㄱ, ㄷ, ㅂ] | + | 초성 ㄱ, ㄷ, ㅂ, ㅅ, ㅈ | → | 초성 [ㄲ, ㄸ, ㅃ, ㅆ, ㅉ] |

예 책도[책또], 국밥[국빱]

* 앞말의 받침이 거센소리, 겹자음일 때: '음절의 끝소리 규칙(교체)'과 '자음군 단순화(탈락)'가 먼저 적용된 후에 '된소리되기'가 일어난다.

　옆집 → [엽집] → [엽찝]　　　　읊조리다 → [읊조리다] → [읍조리다] → [읍쪼리다]
　음절의 끝소리 규칙　된소리되기　　자음군 단순화　음절의 끝소리 규칙　　된소리되기

② 
| 어간 받침 ㄴ(ㄵ), ㅁ(ㄻ) | + | 어미 초성 ㄱ, ㄷ, ㅅ, ㅈ | → | 어미 초성 [ㄲ, ㄸ, ㅆ, ㅉ] |

예 신고[신 : 꼬], 더듬지[더듬찌], 앉고[안꼬], 젊지[점 : 찌], 감다[감 : 따]
* 피동, 사동 접미사 '-기-'는 된소리로 발음되지 않는다. 예 안기다[안기다], 굶기다[굼기다]
* 체언과 조사의 결합에서는 된소리로 발음되지 않는다. 예 산과 → [산과], 바람도 → [바람도]

③ 
| 어간 받침 ㄼ, ㄾ | + | 어미 초성 ㄱ, ㄷ, ㅅ, ㅈ | → | 어미 초성 [ㄲ, ㄸ, ㅆ, ㅉ] |

예 넓게[널께], 핥다[할따], 훑소[훌쏘]

④ 
| 한자어 앞말 받침 ㄹ | + | 초성 ㄷ, ㅅ, ㅈ | → | 초성 [ㄸ, ㅆ, ㅉ] |

예 갈등(葛藤)[갈뜽], 몰상식(沒常識)[몰쌍식], 몰살(沒殺)[몰쌀], 불세출(不世出)[불쎄출]

⑤ 
| 관형사형 -ㄹ | + | 초성 ㄱ, ㄷ, ㅂ, ㅅ, ㅈ | → | 초성 [ㄲ, ㄸ, ㅃ, ㅆ, ㅉ] |

예 할 것이다 → [할껏이다] → [할꺼시다], 만날 사람[만날싸람], 갈 데가[갈떼가]

**'맛있다', '멋있다'의 발음**
· 원칙: [마딛따/머딛따]
· 허용: [마싣따/머싣따]

**'ㅎ'은 연음하지 않는다.**
예 · 좋아[조하](×) → 조아(○)]
　· 넣어[너허](×) → 너어(○)]

**경음화**
〈표준 발음법〉 제23항~제28항 233~234쪽 참조

된소리되기는 보편적이고 필연적인 현상이지만, 사잇소리 현상은 수의적(자기의 마음대로 하는)인 현상이다.

📍 **두음 법칙**

〈한글 맞춤법〉 제10항~제12항 239~241쪽 참조

⭐ **'欄'과 '量'의 표기**

- 한자어 뒤 → 란/량
  - 예 · 비고란(備考欄)
    · 수출량(輸出量)
- 고유어와 외래어 뒤 → 난/양
  - 예 · 어린이난, 가십(gossip)난
    · 쓰레기양, 소스(sauce)양

## 3. 두음 법칙

**(1)** 'ㄹ, ㄴ'이 한자어 첫머리(두음)에 오는 것을 꺼려 'ㄴ, ㅇ'으로 바꾸어 발음하고 표기하는 현상을 말한다.

예 녀자 → 여자, 량심 → 양심, 년세 → 연세, 력사 → 역사, 뉴대 → 유대, 로인 → 노인

**(2) 두음 법칙이 적용되는 조건**

① 한자음 '녀, 뇨, 뉴, 니', '랴, 려, 례, 료, 류, 리' → '여, 요, 유, 이', '야, 여, 예, 요, 유, 이'

예 년세 → 연세, 닉명 → 익명, 량심 → 양심, 례의 → 예의

② 한자음 '라, 래, 로, 뢰, 루, 르' → '나, 내, 노, 뇌, 누, 느'

예 락원 → 낙원, 루각 → 누각, 뢰성 → 뇌성, 로인 → 노인, 래일 → 내일

③ 모음 또는 'ㄴ' 받침 뒤 '렬, 률' → '열, 율'

예 할인율, 실패율, 규율, 비율

**(3) 예외**

① 외래어, 외국어에는 적용 ×

예 라디오(radio), 니스(Nice, 프랑스 지명)

② 4글자 한자 성어는 '2-2' 구성으로 보아, 세 번째 글자에 적용

예 부화-뢰동 → 부화뇌동, 사상-루각 → 사상누각

③ 접두사처럼 쓰이는 한자가 결합된 단어는 두 번째 글자에 적용

예 실-낙원, 반-나체, 중-노인

## 2 동화 * '동화'를 '교체'에 포함시키기도 한다.

### 1. 자음 동화

**(1)** 자음이 다른 자음과 만날 때 영향을 받아 같거나 비슷한 자음으로 바뀌는 현상을 말한다.

**(2) 종류:** 비음화, 유음화, 연구개음화, 양순음화

📍 **자음동화**

〈표준 발음법〉 제18항~제19항 231~232쪽 참조

⭐ '조음 방법 동화(비음화, 유음화)'는 표준 발음이지만, '조음 위치 동화(연구개음화, 양순음화)'는 표준 발음이 아니다.

▶ **자음 동화의 원리**

| 조음 방법 \ 조음 위치 | | | 순음 (脣音) | 치조음 (齒槽音) | 경구개음 (硬口蓋音) | 연구개음 (軟口蓋音) | 후음 (喉音) |
|---|---|---|---|---|---|---|---|
| | | | 입술소리 | 혀끝소리 | 센입천장 소리 | 여린입천장 소리 | 목청소리 |
| 안울림 소리 | 파열음 | 예사소리 | ㅂ | ㄷ | | ㄱ | |
| | | 된소리 | ㅃ | ㄸ | 구개음화 | ㄲ | |
| | | 거센소리 | ㅍ | ㅌ | | ㅋ | |
| | 파찰음 | 예사소리 | | | ㅈ | | |
| | | 된소리 | 비음화 ⓐ | 비음화 ⓐ | ㅉ | 비음화 ⓐ | |
| | | 거센소리 | | | ㅊ | | |
| | 마찰음 | 예사소리 | | ㅅ | | | |
| | | 된소리 | | ㅆ | | | ㅎ |
| 울림 소리 | 비음(鼻音) | | ㅁ | ㄴ | | ㅇ | |
| | 유음(流音) | | | ㄹ | | | |

유음화 / 비음화 ⓑ

### (3) 비음화(鼻音化)➕

① ⓐ

| 파열음 ㄱ, ㄷ, ㅂ | + | 비음 ㅁ, ㄴ | → | 비음 [ㅇ, ㄴ, ㅁ] |
|---|---|---|---|---|

예 국물 → [궁물], 받는다 → [반는다], 짖는 → [짇는] → [진는]

② ⓑ

| 비음 ㅁ, ㅇ | + | 유음 ㄹ | → | 비음 [ㄴ] |
|---|---|---|---|---|

예 담력 → [담:녁], 남루 → [남:누], 침략 → [침:냑], 종로 → [종노], 강릉 → [강능],
항로 → [항:노]

③ ⓐ+ⓑ

| 파열음 ㄱ, ㄷ, ㅂ | + | 유음 ㄹ | → | 비음 [ㅇ, ㄴ, ㅁ] | + | 비음 [ㄴ] |
|---|---|---|---|---|---|---|

예 섭리 → [섭니] → [섬니], 백로 → [백노] → [뱅노], 협력 → [협녁] → [혐녁],
막론 → [막논] → [망논]

### (4) 유음화(流音化)

| 비음 ㄴ | + | 유음 ㄹ | → | 유음 [ㄹ] |
|---|---|---|---|---|
| 유음 ㄹ | + | 비음 ㄴ | → | 유음 [ㄹ] |

예 · 광한루 → [광:할루], 대관령 → [대:괄령], 선릉 → [설릉], 신라 → [실라], 난로 → [날:로]
· 칼날 → [칼랄], 설날 → [설:랄], 물난리 → [물랄리]

## 2. 구개음화♀ * '구개음화'는 항상 '역행 동화'이면서, '부분 동화'이다.

(1) 앞말의 받침이 'ㄷ, ㅌ'인 형태소가 모음 'ㅣ'나 반모음 'y(ㅣ)'로 시작하는 형식 형태소를 만나 경구개음인 'ㅈ, ㅊ'으로 바뀌는 현상을 말한다.

(2) 유형

① 

| 앞말의 받침 ㄷ, ㅌ | + | 'ㅣ' / 반모음 'ㅣ' (형식 형태소) | → | 앞말의 받침 [ㅈ, ㅊ] |
|---|---|---|---|---|

예 굳이 → [구디] → [구지], 해돋이 → [해도디] → [해도지],
곧이듣다 → [고디듣따] → [고지듣따], 미닫이 → [미: 다디] → [미: 다지],
같이 → [가티] → [가치], 벼훑이 → [벼훌티] → [벼훌치]

② 

| 앞말의 받침 ㄷ | + | 접미사 '히' | = | [티] | → | [치] |
|---|---|---|---|---|---|---|

예 굳히다 → [구티다] → [구치다], 닫히다 → [다티다] → [다치다]

---

➕ TIP

비음화와 유음화는 조음 위치는 그대로 있고 조음 방법만 변한 것이다.
→ 조음 방법 동화

♀ 구개음화
〈표준 발음법〉 제17항 231쪽 참조,
〈한글 맞춤법〉 제6항 238쪽 참조

★ 구개음화가 일어나지 않는 경우
· 한 형태소 안: 잔디, 디디다, 느티나무
· 복합어

| 홑-이불 → [혿이불] → [혿니불] → [혼니불] |
|---|
| 음·끝        'ㄴ'첨가      비음화 |
| 밭-이랑 → [받이랑] → [받니랑] → [반니랑] |
| 음·끝        'ㄴ'첨가      비음화 |

cf '이랑'이 형식 형태소(조사)일 때는 구개음화가 나타난다.

| 밭이랑 논이랑 팔다. |
|---|
| [바치랑] |

### 📝 기출 확인

밑줄 친 ㉠과 ㉡의 음운 변동에 대한 설명으로 옳은 것은?　　　2022 국회직 9급

한 단어 내의 음운 변동은 여러 유형이 함께 나타날 수도 있다. ㉠ 따뜻하다[따뜨타다]와 ㉡ 삯일[상닐]에 일어나는 음운 변동에는 공통점과 차이점이 존재한다.

① ㉠과 ㉡ 중 ㉠에만 음운의 탈락 현상이 일어난다.
② ㉠과 ㉡ 중 ㉠에만 음운의 첨가 현상이 일어난다.
③ ㉠과 ㉡ 모두 음운의 축약 현상이 일어난다.
④ ㉠과 ㉡ 모두 음운의 대치 현상이 일어난다.
⑤ ㉠과 ㉡ 모두 음운 변동을 거치며 음운의 개수가 줄어든다.

해설

| ㉠ 따뜻 하다 | '따뜻하다'는 [따뜻하다 → (음절의 끝소리 규칙) → 따뜯하다 → (자음 축약) → 따뜨타다]의 과정을 거쳐 발음된다. '음절의 끝소리 규칙'은 '대치(교체)', '자음 축약'은 '축약'이다. |
|---|---|
| ㉡ 삯일 | '삯일'은 [삯일 → (자음군단순화) → 삭일 → (ㄴ첨가) → 삭닐 → (비음화) → 상닐]의 과정을 거쳐 발음된다. '자음군단순화'는 '탈락', 'ㄴ첨가'는 '첨가', '비음화'는 '대치(교체)'이다. |

㉠에는 '음절의 끝소리 규칙'이, ㉡에는 '비음화'가 확인되기 때문에, ㉠과 ㉡ 모두 음운의 대치 현상이 일어난다는 설명은 옳다.

오답

① 음운의 탈락 현상은 ㉡에서만 확인할 수 있다.
② 음운의 첨가 현상은 ㉡에서만 확인할 수 있다.
③ 음운의 축약 현상은 ㉠에서만 확인할 수 있다.
⑤ ㉠은 '축약'이 일어났기 때문에, 음운의 개수가 하나 줄어들었다. 그런데 ㉡은 '첨가'가 일어났기 때문에, 음운의 개수는 하나 늘어났다. 따라서 음운의 개수가 줄어든 것은 ㉠뿐이다.

정답 ④

## 3. 모음 동화

**(1)** 두 모음이 서로 같거나 닮은 소리로 변하는 현상을 말한다.

**(2) 종류:** 'ㅣ' 모음 역행 동화, 'ㅣ' 모음 순행 동화(이중 모음화), 원순 모음화, 전설 모음화

**(3) 유형** * 'ㅣ' 모음 역행 동화와 'ㅣ' 모음 순행 동화(이중 모음화)를 모두 '반모음(y)' 첨가로 볼 수 있다.

① **'ㅣ' 모음 역행 동화[= 전설 모음화, 움라우트(Umlaut)]:** 뒷말의 'ㅣ'에 동화되어 앞말의 후설 모음이 전설 모음으로 바뀌는 현상 <sup>+</sup> * 비표준 발음, 표기 허용 ×

| 후설 모음 | + | | → | 전설 모음 |
|---|---|---|---|---|
| ㅏ, ㅓ, ㅗ, ㅜ | | ㅣ | | ㅐ, ㅔ, ㅚ, ㅟ |

예 아기 → [애기], 아비 → [애비], 고기 → [괴기], 손잡이 → [손잽이] → [손재비],
잡히다 → [잽히다] → [재피다] 속이다 → [쇡이다] → [쇠기다], 죽이다 → [쥑이다] → [쥐기다]

cf 아주 변하여 굳어진 단어들은 표준어로 인정 예 -내기, 냄비, 동댕이치다, 멋쟁이, 담쟁이덩굴

② **이중 모음화(= 'ㅣ' 모음 순행 동화):** 용언에서 'ㅣ' 모음으로 끝나는 용언의 어간 뒤에 후설 모음 'ㅓ, ㅗ'가 오면 'ㅣ'의 영향으로 각각 'ㅕ, ㅛ'로 바뀌는 현상

* 모음 충돌을 피하기 위한 'ㅣ' 모음을 삽입하였기에 동화 현상이면서 반모음 첨가 현상이다.

ⓐ

| ㅣ | + | 후설 모음 | → | 이중 모음 |
|---|---|---|---|---|
| | | ㅓ, ㅗ | | ㅕ, ㅛ |

예 기어 → [기어/기여], 당기시오 → [당기시오/당기시요]
* 체언에서는 일어나지 않는다. 예 오리알[오리알](○)/[오리얄](×)

ⓑ **표준 발음으로 인정하나 표기 허용 ×**

* 〈표준 발음법〉에 '되어[되어(원칙)/되여(허용)], 피어, 이오, 아니오'만 [ㅕ], [ㅛ]를 허용하는 것처럼 나와 있으나 국립국어원 《표준국어대사전》은 모든 용언에서 허용한다고 게재하고 있다. 따라서 용언의 이중 모음화는 표준 발음이다.

모음 조화

〈한글 맞춤법〉 제16항 243쪽 참조

★ 모음의 구분

· 양성 모음('ㅏ, ㅗ' 계열)
ㅏ, ㅗ, ㅑ, ㅛ/ㅐ, ㅒ, ㅘ, ㅙ, ㅚ
· 음성 모음('ㅓ, ㅜ' 계열)
ㅓ, ㅜ, ㅕ, ㅠ/ㅔ, ㅖ, ㅝ, ㅞ, ㅟ, ㅡ, ㅢ
· 중성 모음(→ 음성화): ㅣ

* 'ㅣ' 아래에 받침이 있으면 보통 음성 모음으로 취급한다.

## 4. 모음 조화 * 넓은 범주에서는 '모음 조화'를 '동화'로 간주한다.

**(1)** 양성 모음은 양성 모음끼리, 음성 모음은 음성 모음끼리 어울리는 현상을 말한다.

① **양성 모음:** 밝고 경쾌하고 가볍고 빠르고 날카롭고 작은 느낌 예 고와, 알록달록

② **음성 모음:** 어둡고 무겁고 크고 둔탁하고 느린 느낌 예 서러워, 얼룩덜룩

**(2)** 모음 조화는 중세 국어에서는 엄격히 지켜졌으나, 'ㆍ' 모음의 소실로 점차 문란해지고 있다.

**(3) 나타나는 경우(실현)**

① 음성 상징어(의성어, 의태어) 예 알록달록/얼룩덜룩, 팔짝팔짝/펄쩍펄쩍 등

예외 보슬보슬, 깡충깡충, 몽실몽실, 산들산들, 남실남실, 자글자글, 대굴대굴, 생글생글, 오순도순<sup>+</sup>등

② 어간+어미 예 막다(막아 – 막아라 – 막았다) / 먹다(먹어 – 먹어라 – 먹었다)

⊕ TIP

'ㅣ'모음 역행 동화의 원리

| 구분 | 전설 모음 | | 후설 모음 | |
|---|---|---|---|---|
| | 평순 | 원순 | 평순 | 원순 |
| 고모음 | ㅣ | ㅟ | ㅡ | ㅜ |
| 중모음 | ㅔ | ㅚ | ㅓ | ㅗ |
| 조모음 | ㅐ | | ㅏ | |

### ? ✓ Quiz

**빈칸에 들어갈 음운 현상을 쓰시오.**

① 해돋이 → (      ) → [해도지]

② 값도 → ('자음군 단순화') → [갑도] → (      ) → [갑또]

③ 가을일 → ('ㄴ' 첨가) → [가을닐] → (      ) → [가을릴]

④ 옷고름 → (      ) → [옫고름] → (      ) → [옫꼬름]

⑤ 실락원(失樂園) → (      ) → 실낙원

⑥ 집일 → (      ) → [집닐] → (      ) → [짐닐]

정답 ① 구개음화 ② 된소리되기 ③ 유음화 ④ 음절의 끝소리 규칙, 된소리되기 ⑤ 두음 법칙
⑥ 'ㄴ' 첨가, 비음화

## 3 축약

두 음운이 하나로 줄어드는 현상을 말한다.
\* 음운이 줄어들되 하나가 완전히 사라지는 것이 아니라 그 특성은 살아 있다.
- 예 축하[추카] → 'ㄱ+ㅎ'이 'ㅋ'으로 축약, 'ㄱ'과 'ㅋ'은 조음 위치와 조음 방법이 같은 연구개 파열음으로 동일한 성질을 갖고 있다.

### 1. 자음 축약♀(= 거센소리되기, 음운의 축약) * 표기 반영 ×

| ㄱ, ㄷ, ㅂ, ㅈ | + | ㅎ | → | [ㅋ, ㅌ, ㅍ, ㅊ] |
|---|---|---|---|---|

- 예 좋다[조ː타], 먹히다[머키다], 놓다[노타], 잡히다[자피다], 꽂히다[꼬치다], 밟혀[발펴]

### 2. 모음 축약(= 형태소의 축약, 음절의 축약) * 표기 반영 ○ (표준어로 인정)

두 형태소가 만날 때, 앞뒤 형태소의 두 음소나 음절이 한 음소나 음절로 줄어드는 현상을 말한다.

\* 축약의 동기: 모음 연쇄를 피하기 위해
- 예 파+이다 → 패다, 그리+어 → 그려, 다치+어 → 다쳐, 뜨+이다 → 띄다, 오+아 → 와, 오+아서 → 와서, 보+아라 → 봐라, 되+어 → 돼

## 4 탈락

두 음운이 만나면서 한 음운이 없어지는 현상을 말한다.

### 1. 종류: 자음 탈락, 모음 탈락, 음절 탈락, 자음군 단순화

### 2. 자음 탈락

(1) 동음 탈락    예 간+난 → 가난, 목+과 → 모과, 출렴(出斂) → 추렴, 밥보 → 바보, 움물 → 우물

(2) 'ㄹ' 탈락(규칙)
  ① 단어 형성 시
      예 활+살 → 화살, 쌀+전 → 싸전, 울(다)+짖다 → 우짖다, 딸+님 → 따님, 솔+나무 → 소나무
  ② 활용 시('ㄴ, ㄹ, ㅂ, 시, 오' 앞에서 탈락)
      예 놀다 → 노니, 노는, 놉니다, 노시오 / 살다 → 사는, 삽니다

(3) 'ㅅ' 탈락(불규칙, '-아/-어' 앞에서 탈락)    예 낫+아 → 나아, 긋+어 → 그어    예외 벗어(규칙)

(4) 'ㅎ' 탈락(불규칙)➕
  ① 발음상    예 낳아[나아], 놓아[노아], 좋아[조ː아]
  ② 표기상    예 하양+아 → 하얘, 빨강+아 → 빨개    예외 형용사 '좋다' - 좋아서

(5) 자음군 단순화
  ① ㄳ, ㄵ, ㄼ➕, ㄽ, ㄾ, ㅄ: 첫째 자음 발음    예 삯[삭], 넋[넉], 넋과[넉꽈], 앉다[안따], 여덟[여덜]
  ② ㄻ, ㄿ: 둘째 자음 발음    예 닭고[담ː꼬], 삶[삼ː], 젊다[점ː따], 읊고[읍꼬]
  ③ ㄺ➕: 둘째 자음 [ㄱ] 발음    예 닭[닥], 흙과[흑꽈], 읽지[익찌], 늙다[늑따]

### 3. 모음 탈락

(1) 동음 탈락    예 가+아 → 가, 서+어서 → 서서, 켜+었다 → 켰다

(2) 'ㅡ' 탈락('-아/-어' 앞에서 탈락)    예 담그+아 → 담가, 쓰+어 → 써, 따르+아 → 따라

(3) 'ㅜ' 탈락    예 푸+어 → 퍼

(4) 그 밖에 'ㅏ' 탈락(예 흔+하지 → 흔치), 'ㅓ' 탈락(예 캐+어 → 캐)➕ 등

### 4. 음절 탈락

형태소가 결합할 때, 두 음절이 한 음절로 줄어드는 현상을 말한다.
- 예 생각하지 → 생각지, 이러하니 → 이러니

♀ 자음 축약
〈표준 발음법〉 제12항 229쪽 참조

♀ 음운 축약
〈한글 맞춤법〉 제35항~제38항 256쪽 참조

★ 'ㅏ, ㅗ, ㅜ, ㅡ'로 끝나는 어간 뒤에 '-이어'가 결합하여 모음 축약이 일어날 때, 두 가지 형태로 줄 수 있다.

- ㅏ, ㅗ, ㅜ, ㅡ + 이어
  → ㅐ어, ㅚ어, ㅟ어, ㅢ어
- ㅏ, ㅗ, ㅜ, ㅡ + 이어
  → ㅑ여, ㅛ여, ㅠ여, ㅕ여

- 예 · 싸이어 → 쌔어/싸여
   · 뜨이어 → 띄어/뜨여
   · 보이어 → 뵈어/보여
   · 쏘이어 → 쐬어/쏘여
   · 누이어 → 뉘어/누여

➕ TIP
'ㅎ' 탈락은 명사에는 적용되지 않는다.
- 예 · 실험 → [시럼](×)/[실험](○)
   · 철학 → [처락](×)/[철학](○)
   · 올해 → [오래](×)/[올해](○)
   · 전화 → [저놔](×)/[전화](○)

➕ TIP
'ㄼ' 발음의 예외
-밟다[밥ː따], 넓죽하다[넙쭈카다]
'밟-' 뒤에 자음이 오거나 '넓-'이 붙은 복합어는 [ㅂ]으로 발음한다.
- 예 밟소[밥ː쏘], 밟지[밥ː찌], 넓둥글다[넙뚱글다], 넓적하다[넙쩌카다]

➕ TIP
'ㄹ' 발음의 예외 – 읽고[일꼬]
'ㄹ(어간) + ㄱ(어미)'는 [ㄹㄲ]으로 발음한다.
- 예 맑게[말께], 묽고[물꼬]

➕ TIP
'ㅓ' 탈락 중 둘 다 허용하는 예
- 예 · 깨 + 어 → 깨어/깨
   · 내 + 었고 → 내었고/냈고
   · 새 + 어 → 새어/새
   · 설레 + 어 → 설레어/설레

### ❓ Quiz

다음 단어의 모음 축약 형태를 쓰시오.

① 가리어     → (        )
② 보이다     → (        )
③ 트이어     → (        )
④ 사이       → (        )
⑤ 두어       → (        )
⑥ 가지어     → (        )
⑦ 여쭈어     → (        )
⑧ 안 되어요   → (        )
⑨ 쓰이어     → (        )

정답 ① 가려 ② 뵈다 ③ 틔어/트여 ④ 새 ⑤ 둬
⑥ 가져 ⑦ 여쭤 ⑧ 안 돼요 ⑨ 씌어/쓰여

# 5 첨가

형태소가 합성이 될 때, 원래 없던 음운이 덧붙여지는 현상을 말한다.

**1. 종류:** 'ㅅ' 첡가♀, 'ㄴ' 첨가

**2. 사잇소리 현상**

**(1)** 두 개의 형태소 또는 단어가 합쳐져 합성 명사를 이룰 때 그 사이에 소리가 덧나는 현상을 말한다.

**(2) 유형**

| 울림소리 | + | 예사소리 | → | ① 된소리⊞ 예 등불[등뿔] |
| | | | | ② ㄴ 예 잇몸[인몸] |
| | | | | ③ ㄴㄴ 예 윗잇몸[윈닌몸] |

**(3) 수의적(임의적) 현상이다.**

\* 사잇소리 현상이 발생하는 음운 환경이 주어지더라도 반드시 사잇소리 현상이 일어나는 것은 아니다.

| 사잇소리 현상 ○ | 사잇소리 현상 × | 사잇소리 현상 ○ | 사잇소리 현상 × |
| --- | --- | --- | --- |
| 아침밥[아침빱] | 김밥[김ː밥/김ː빱]⊞ | 노랫말[노랜말] | 머리말[머리말] |
| | | 혼잣말[혼잔말] | 인사말[인사말] |
| 물고기[물꼬기] | 불고기[불고기] | 존댓말[존댄말] | 반대말[반ː대말] |

**(4) 사잇소리 현상의 유무에 따라 의미가 분화된다.**

| 머리방[-방] | 머릿방[-빵] | 잠자리[-자-] | 잠 + 자리[-짜-] |
| --- | --- | --- | --- |
| 미용실 | 안방 뒤에 딸린 자그마한 방 | 곤충의 이름, 단일어 | 잠을 자는 자리, 합성어 |

**(5) 사이시옷의 표기('ㅅ' 첨가)⊞**

① 사잇소리의 조건을 모두 갖추고, 앞 형태소가 모음으로 끝나고, 둘 중 하나의 어근이 고유어일 때 사이시옷을 표기한다.

② **한자 합성어:** 곳간(庫間), 셋방(貰房), 찻간(車間), 숫자(數字), 툇간(退間), 횟수(回數)

\* 한자 합성어에는 사이시옷을 표기하지 않는 것이 원칙이다. 6개의 한자 합성어만 예외이다.

cf 월세-방(月貰房), 전세-방(傳貰房), 기차-간(汽車間) 등

**(6) 사잇소리 현상의 분류**

| 된소리 되기 | 사이시옷 표기 × | 길+가 → 길가[길까], 등(燈)+불 → 등불[등뿔] | 교체 |
| --- | --- | --- | --- |
| | 사이시옷 표기 ○ | 초+불 → 촛불[초뿔/촏뿔], 귀+병(病) → 귓병[귀뼝/귇뼝] | |
| 'ㄴ' 첨가⊞ | | 코+날 → 콧날[콘날], 양치(養齒)+물 → 양칫물[양친물] | 첨가 |
| 'ㄴㄴ' 첨가⊞ | | 나무+잎 → 나뭇잎[나문닙], 예사(例事)+일 → 예삿일[예ː산닐] | |

**(7) 사이시옷을 표기할 수 없는 경우**

① 거센소리나 된소리가 뒷말에 올 때 예 위쪽(윗쪽 ×), 위층(윗층 ×), 뒤태(뒷태 ×)

② 파생어일 때 예 해님(햇님 ×), 부처님(부첫님 ×)

③ 외래어 합성어일 때 예 피자집(피잣집 ×), 오렌지빛(오렌짓빛 ×)

---

♀ **'ㅅ' 첨가**

〈표준 발음법〉 제28항~제30항 234~235쪽, 〈한글 맞춤법〉 제30항 253~254쪽 참조

★ **사잇소리 현상에 의한 합성어의 의미**

명사 + 명사 (수식 관계)

➕ **TIP**

사잇소리 현상으로 '된소리'로 바뀌었더라도 사이시옷을 표기한 경우만 'ㅅ' 첨가이고, 그렇지 않다면 '된소리되기'이다.

➕ **TIP**

원래 '김밥'은 [김ː밥]만 표준 발음이었으나, 현실 발음을 고려해 2016년 [김ː빱]도 표준 발음으로 인정되었다.

➕ **TIP**

'ㅅ' 첨가는 사잇소리 현상 중 'ㅅ'이 표기되는 낱말에 제한된다.

➕ **TIP**

사잇소리 현상의 'ㄴ' 첨가와 'ㄴㄴ' 첨가는 'ㅅ' 첨가와 동시에 'ㄴ' 첨가가 실현된다.

📝 **기출 확인**

밑줄 친 말의 표기가 잘못된 것은?

2022 군무원 9급

① 배가 고파서 <u>공기밥</u>을 두 그릇이나 먹었다.
② 선출된 임원들이 차례로 <u>인사말</u>을 하였다.
③ 사고 <u>뒤처리</u>를 하느라 골머리를 앓았다.
④ 이메일보다는 손수 쓴 <u>편지글</u>이 더 낫다.

**해설**

공기밥→공깃밥: '공기+밥'의 결합 과정에서 사잇소리가 덧나기 때문에 사이시옷을 받쳐, '공깃밥'으로 표기해야 한다.

**오답**

② '인사+말'의 합성어는 [인사말]로 발음된다. 즉 사잇소리가 덧나기 않기 때문에 사이시옷을 받쳐 적지 않은 '인사말'의 표기는 바르다.
③ 된소리나 거센소리 앞에서는 사이시옷을 받쳐 적지 않는다. 따라서 '뒤+처리'의 합성어는 '뒤처리'이다.
④ '편지+글'의 합성어는 [편ː지글]로 발음된다. 즉 사잇소리가 덧나기 않기 때문에 사이시옷을 받쳐 적지 않은 '편지글'의 표기는 바르다.

**정답** ①

## 혜원通 | 주의가 필요한 사이시옷 표기와 표준 발음

**1. 사잇소리 현상이 일어나지 않는 단어(사이시옷을 표기하면 안 되는 단어)**

- 불장난[불장난]
- 고래기름[고래기름]
- 창구(窓口)[창구]
- 유리잔(琉璃盞)[유리잔]
- 등기(謄記)[등기]
- 반창고(絆瘡膏)[반창고]
- 회수(回收)[회수/훼수]
- 고가도로(高架道路)[고가도로]
  - * 툇간(退間)[퇴:깐/퉫:깐], 횟수(回數)[회수/훼쑤]

**2. 사잇소리 현상 유무 모두가 표준 발음으로 인정되는 단어**

- 김밥[김:밥/김:빱]
- 반값[반:갑/반:깝]
- 관건(關鍵)[관건/관껀]
- 불법(不法)[불법/불뻡]
- 효과(效果)[효:과/효:꽈]
- 교과-서(敎科書)[교:과서/교:꽈서]
- 안-간힘[안깐힘/안간힘]
- 인-기척[인끼척/인기척]

---

### 📋 기출 확인

다음 규정에 근거할 때 옳지 않은 것은?　　　　　　　　　　2022 국가직 9급

> 〈한글 맞춤법〉 제30항
> 사이시옷은 다음과 같은 경우에 받치어 적는다.
> (가) 순우리말로 된 합성어로서 앞말이 모음으로 끝나면서 뒷말의 첫소리가 된소리로 나는 것
> (나) 순우리말과 한자어로 된 합성어로서 앞말이 모음으로 끝나면서 뒷말의 첫소리가 된소리로 나는 것

① (가)에 따라 '아래 + 집'은 '아랫집'으로 적는다.
② (가)에 따라 '쇠 + 조각'은 '쇳조각'으로 적는다.
③ (나)에 따라 '전세 + 방'은 '전셋방'으로 적는다.
④ (나)에 따라 '자리 + 세'는 '자릿세'로 적는다.

**해설** '전세'와 '방'이 합쳐지는 과정에서 뒷말의 첫소리가 된소리로 나 [전세빵]으로 발음한다. 그러나 '전세(傳貰)'와 '방(房)'은 모두 한자어이므로, 순우리말과 한자어로 된 합성어가 아니다. 따라서 (나)에 따라 '전셋방'으로 적는다는 설명은 옳지 않다. 한자 합성어는 사이시옷을 받쳐 적을 수 없기 때문에 '전세방(傳貰房)'으로 적어야 한다.

**오답** ① 순우리말 '아래'와 '집'이 결합해, 뒷말의 첫소리가 된소리로 나기 때문에 '아랫집'으로 적는다.
② 순우리말 '쇠'와 '조각'이 결합해, 뒷말의 첫소리가 된소리로 나기 때문에 '쇳조각'으로 적는다.
④ 순우리말 '자리'와 한자어 '세(貰)'가 결합해, 뒷말의 첫소리가 된소리로 나기 때문에 '자릿세'로 적는다.

**정답** ③

---

## 3. 'ㄴ' 첨가 📍

**〈표준 발음법〉**

| 제29항 | 합성어 및 파생어에서, 앞 단어나 접두사의 끝이 자음이고 뒤 단어나 접미사의 첫 음절이 '이, 야, 여, 요, 유'인 경우에는, 'ㄴ' 음을 첨가하여 [니, 냐, 녀, 뇨, 뉴]로 발음한다. ➕ |
|---|---|

- 솜-이불[솜:니불]
- 홑-이불[혼니불]
- 삯-일[상닐]
- 맨-입[맨닙]
- 남존-여비[남존녀비]
- 늑막-염[능망념]
- 눈-요기[눈뇨기]
- 백분-율[백뿐뉼]

---

★ 단모음 '외'는 [ㅚ]로 발음하는 게 원칙이지만, 이중 모음 [ㅞ]로도 발음할 수 있다.

---

### 📍 'ㄴ' 첨가

〈표준 발음법〉 제29항 234쪽 참조

### ➕ TIP

**복합어(합성어, 파생어)**

받침 + 'ㅣ' 모음 계열(ㅣ, ㅑ, ㅕ, ㅛ, ㅠ) → [니, 냐, 녀, 뇨, 뉴]

* 앞 음절이 자음(받침)으로 끝나고 뒤 음절에 'ㅣ'로 시작하는 모음이 올 때, 'ㄴ' 소리가 첨가된다.

---

### 📋 기출 확인

〈보기〉의 음운 변동 사례 중 옳은 것은?
　　　　　　　　　　2019 서울시 7급(2월)

> **〈보기〉**
> 교체, 탈락, 축약, 첨가의 음운 변동이 일어나는 경우 음운 개수의 변화가 나타나기도 한다. 먼저 ⊙ '집일[짐닐]'은 첨가 및 교체가 일어나 음운의 개수가 늘었다. 그런데 ⓒ '닭만[당만]'은 탈락만 일어나 음운의 개수가 줄었고, ⓒ '뜻하다[뜨타다]'는 축약만 일어나 음운의 개수가 줄었다. 한편 ⓔ '맡는[만는]'은 교체가 두 번 일어나 음운의 개수가 2개 증가하였다.

① ⊙　　　　② ⓒ
③ ⓒ　　　　④ ⓔ

**해설**

| 첨가 및 교체가 일어나 | '집일'은 '집 + 일'의 합성어이다. [집일 → ('ㄴ' 첨가) → 집닐 → (비음화) → 짐닐]의 과정을 거쳐 발음된다. 따라서 첨가 및 교체가 일어났다는 설명은 옳다. |
|---|---|
| 음운의 개수가 늘었다. | 음운의 개수 역시 '5개(ㅈ, ㅣ, ㅂ, ㅣ, ㄹ)'에서 '6개(ㅈ, ㅣ, ㅁ, ㄴ, ㅣ, ㄹ)'로 1개가 늘어났다. 따라서 음운의 개수가 늘었다는 설명 역시 옳다. |

**오답**
ⓒ: 닭만 - [닥만](자음군 단순화 - 탈락) - [당만](비음화 - 교체) → - 1
ⓒ: 뜻하다 - [뜯하다](음절의 끝소리 규칙 - 교체) - [뜨타다](거센소리되기 - 축약) → - 1
ⓔ: 맡는 - [맏는](음절의 끝소리 규칙 - 교체) - [만는](비음화 - 교체) → ± 0

**정답** ①

---

PART 3 국어 문법

해커스공무원 혜원국어 올인원 기본서

# CHAPTER 03 형태론

## 1절 형태소

### 1 형태소의 개념
뜻(의미)을 가진 가장 작은 말의 단위 → 더 분석하면 뜻을 잃어버리는 말의 단위

### 2 형태소의 종류

| 구분 | 종류 | 개념 |
|---|---|---|
| 자립성 유무에 따라 | 자립 형태소 | 다른 형태소와 결합하지 않고, 독립해서 단어가 되는 형태소<br>→ 체언(명사·대명사·수사), 수식언(관형사·부사), 감탄사<br>예 <u>하늘</u>이 <u>참</u> 맑다. |
| | 의존 형태소 | 실질 형태소와 결합하여야만 단어가 되는 형태소<br>→ 조사, 어간, 어미, 접사 　예 하늘<u>이</u> 참 <u>맑</u> <u>다</u>. |
| 의미의 기능 여부에 따라 | 실질 형태소 | 실질적인 의미를 가지고 있는 형태소<br>→ 체언(명사·대명사·수사), 수식언(관형사·부사), 감탄사<br>[자립 형태소], 용언(동사·형용사)의 어간<br>예 <u>하늘</u>이 <u>참</u> <u>맑</u>다. |
| | 형식 형태소 | 형식적(문법적)인 의미를 가지고 있는 형태소<br>→ 조사, 어미, 접사　예 하늘<u>이</u> 참 맑<u>다</u>. |

## 2절 단어

### 1 단어의 개념
① 최소 자립 형식 또는 그와 쉽게 분리되는 말(조사)
② 단어는 띄어 씀을 원칙으로 하되, 조사는 그 앞말에 붙여 쓴다.
③ 단어의 개수 = 어절 수 + 조사 수
④ 단어 분석의 예

| 문장 | 한여름의 밤하늘은 예쁘다. | | | | | | |
|---|---|---|---|---|---|---|---|
| 단어 | 한여름 | | 의 | 밤하늘 | | 은 | 예쁘다 |
| 형태소 | 한- | 여름 | 의 | 밤 | 하늘 | 은 | 예쁘- | -다 |

### 2 단어의 형성
단어의 형성, 즉 짜임은 '형태소'가 기준이 된다.

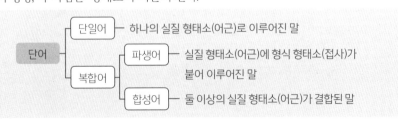

## 1. 파생어: '접두사＋어근' 또는 '어근＋접미사'

### (1) 접사

어근에 붙어 뜻을 더하거나 제한하는 형태소로, 단어의 주변적 부분이다.

#### ① 위치에 따라

| 접두사 | 어근의 앞에 붙는 접사　예 맨손 / 덧버선 |
|---|---|
| 접미사 | 어근의 뒤에 붙는 접사　예 덮개 / 지붕(집+웅) |

#### ② 기능에 따라

| 한정적 접사 | 어근에 붙어 뜻을 더하는 접사<br>예 맨손 / 덧버선 |
|---|---|
| 지배적 접사 | 어근에 붙어 품사나 문법적 기능을 바꾸는 접사<br>예 덮개(동사 → 명사), 넓히다(형용사 → 동사) |

### (2) 접미사에 의한 단어의 파생

접미사는 어근에 붙어 뜻을 더하기도 하고, 어근의 품사나 문법적 기능을 바꾸기도 한다.
　　　　　한정적 접사(어휘적 접사)　　　　　　　　　　　지배적 접사(통사적 접사)

#### ① 명사로 만드는 접미사

| 종류 | 예 |
|---|---|
| -(으)ㅁ | 믿음, 죽음, 웃음, 걸음, 젊음, 수줍음, 꿈, 삶, 앎, 잠, 춤 |
| -기 | 굵기, 달리기, 모내기, 사재기, 크기 |

#### ② 동사로 만드는 접미사

| 종류 | 의미 | 예 |
|---|---|---|
| -하다 | 동작을 나타내는 동사를 만듦. | 운동하다, 공부하다, 씨름하다 |

#### ③ 형용사로 만드는 접미사

| 종류 | 예 |
|---|---|
| -답다 | 꽃답다, 남자답다, 정답다 |
| -스럽다 | 복스럽다, 자랑스럽다 |
| -하다 | 건강하다, 순수하다, 정직하다 |

#### ④ 부사로 만드는 접미사

| 종류 | 예 |
|---|---|
| -이/-히 | 많이, 깨끗이, 높이, 급히, 건강히 |

#### ⑤ 조사로 만드는 접미사

예 조차(좇+아), 부터(붙+어), 같이(같+이), 밖에(밖+에)

## 3. 합성어: 어근＋어근

### (1) 의미 관계에 따른 합성어

| 대등 합성어 | 두 개의 어근이 대등한 연결 관계를 보이는 합성어<br>예 논밭, 앞뒤, 남녀, 오가다, 나들다, 마소(말+소), 우짖다(울다+짖다) |
|---|---|
| 종속 합성어 | 한 어근이 다른 어근을 수식하는 관계를 보이는 합성어<br>예 책가방, 유리병, 등지다, 빌어먹다, 국밥, 걸어가다 |
| 융합 합성어 | 합성 과정에서 제3의 의미가 생겨나는 합성어<br>예 밤낮(항상), 피땀(노력), 쥐뿔(아주 적음), 춘추(나이), 광음(시간), 돌아가다(죽다) |

---

★ **어근-접사 vs 어간-어미**

| 어근<br>(語根) | 단어의 중심 의미(根) | 파생 |
|---|---|---|
| 접사<br>(接辭) | 단어의 부차 의미(接) | (派生) |
| 어간<br>(語幹) | 용언 활용 시 변하지<br>않는 부분 | 활용 |
| 어미<br>(語尾) | 용언 활용 시 변하는<br>부분 | (活用) |

★ **사동사와 피동사를 만드는 접미사**

| 사동<br>접미사 | 먹이다, 입히다, 울리다, 벗기다,<br>피우다, 달구다, 낮추다, 일으키<br>다, 들이키다, 없애다<br>→ -이-/-히-/-리-/-기-/<br>-우-/-구-/-추-/-으키-/<br>-이키-/-애- |
|---|---|
| 피동<br>접미사 | 놓이다, 먹히다, 깔리다, 찢기다<br>→ -이-/-히-/-리-/-기- |

📝 **기출 확인**

**01** 다음 중 파생법으로 만들어진 단어가 아닌 것은?　　　　2022 군무원 9급

① 교육자답다　　② 살펴보다
③ 탐스럽다　　　④ 순수하다

**해설** '파생법'은 실질 형태소에 접사를 붙여 파생어를 만드는 단어 형성 방법이다. 즉 파생법으로 만들어진 단어는 파생어이다. 그런데 '살펴보다'는 어근 '살피다'와 '보다'가 결합한 말로, 어근과 어근의 결합이므로 파생어가 아니라 합성어이다.

**오답** ① 어근 '교육자'와 접미사 '-답다'가 결합한 말로 파생어이다. 명사 '교육자'와 접사가 결합해 형용사 '교육자답다'를 만들었다.

③ 어근 '탐'과 접미사 '-스럽다'가 결합한 말로 파생어이다. 명사 '탐'과 접사가 결합해 형용사 '탐스럽다'를 만들었다.

④ 어근 '순수'와 접미사 '-하다'가 결합한 말로 파생어이다. 명사 '순수'와 접사가 결합해 형용사 '순수하다'를 만들었다.
※ 접사 '-하다'는 형용사를 만들기도 하고, 동사를 만들기도 한다.
예 순수하다(형용사), 공부하다(동사)

**정답** ②

**02** 다음을 참고할 때, 단어의 종류가 같은 것끼리 짝지어진 것은?　　2024 국가직 9급

> 어떤 구성을 두 요소로만 쪼개었을 때, 그 두 요소를 직접구성 요소라 한다. 직접구성요소가 어근과 어근인 단어는 합성어라 하고 어근과 접사인 단어는 파생어라 한다.

① 지우개 – 새파랗다
② 조각배 – 드높이다
③ 짓밟다 – 저녁노을
④ 풋사과 – 돌아가다

**해설** 제시된 설명은 단어의 종류를 '합성어'와 '파생어'로 분류하고 있다. '지우개(지우-+-개)', '새파랗다(새-+파랗다)'는 파생어로, 단어 형성 방법이 동일하다.

**오답** ② '조각배(조각+배)'는 합성어, '드높이다(드높-+-이다)'는 파생어이다.

③ '짓밟다(짓-+밟다)'는 파생어, '저녁노을(저녁+노을)'은 합성어이다.

④ '풋사과(풋-+사과)'는 파생어, '돌아가다(돌다+가다)'는 합성어이다.

**정답** ①

**＋ TIP**

'이슬비(명사 + 명사)'는 통사적 합성어, '부슬비(부사 + 명사)'는 비통사적 합성어이다.

---

**📝 기출 확인**

⊙, ⓒ에 해당하는 단어를 바르게 연결한 것은?
2022 지역 인재 9급

우리 국어의 합성어는 형성 방법에 따라 ⊙ 통사적 합성어와 ⓒ 비통사적 합성어로 나눌 수 있다. 통사적 합성어란 국어의 일반적인 문장 구성 방법과 일치하는 방식으로 형성되는 합성어를 의미하며, 비통사적 합성어는 일반적인 문장 구성 방법과 어긋나는 방법으로 형성되는 합성어를 의미한다.

| | ⊙ | ⓒ |
|---|---|---|
| ① | 굶주리다 | 곧잘 |
| ② | 뛰놀다 | 덮밥 |
| ③ | 큰집 | 굳세다 |
| ④ | 힘들다 | 여름밤 |

[해설]
⊙ 관형어가 체언을 수식하는 것은 우리말의 일반적인 문장 구성 방법과 일치하므로 '큰집'은 통사적 합성어이다.
ⓒ 용언의 어간이 연결 어미 없이 바로 결합하는 것은 우리말의 일반적인 문장 구성 방법에 어긋나므로 '굳세다'는 비통사적 합성어이다.

[오답]
① '굶주리다'는 비통사적 합성어, '곧잘'은 통사적 합성어이다.
② '뛰놀다'와 '덮밥'은 모두 비통사적 합성어이다.
④ '힘들다'와 '여름밤'은 모두 통사적 합성어이다.

[정답] ③

---

[해설]
'흰머리'는 용언 '희다'의 어간 '희-'에 관형사형 어미 '-ㄴ'을 붙인 관형사형 '흰'에 명사 '머리'가 결합한 형태이다. 따라서 용언의 어간과 명사가 결합했다는 추론은 적절하지 않다.

[오답]
① 제시된 글에서 "구성 요소 간의 의미 관계에 따라 대등합성어와 종속합성어로 나누기도 한다."라고 하였다. '큰'과 '아버지'가 결합한 '큰아버지'는 구성 요소 간의 의미 관계가 대등하지 않고, 종속적이기 때문에 '종속합성어'라는 추론은 적절하다.
③ 2문단에서 "'젊은이'는 용언의 관형사형(젊은)+명사(이)로 ~ 구성되어 있다."라고 하였다. '늙은이'도 '젊은이'와 동일한 구성이므로, 어휘 의미를 지닌 두 요소가 결합해 이루어진 단어, 즉 합성어라는 추론은 적절하다.
④ 2문단에서 "용언 어간과 명사의 결합은 국어 문장 구성에 없는 단어 배열법인데 이런 유형은 비통사적 합성어에 속한다."라고 하였다. '먹다'의 어간과 명사가 바로 결합했다는 점에서 '먹거리'가 비통사적 합성어라는 추론은 적절하다.

[정답] ②

---

**(2) 배열 관계(순서 관계)에 따른 합성어**

**① 통사적 합성어:** 우리말의 일반적인 단어 배열과 일치하는 합성어

| 유형 | 예 |
|---|---|
| 명사+명사 | 논밭(논+밭), 이슬비(이슬+비), 손등(손+등) |
| 부사+부사 | 곧잘(곧+잘), 이리저리(이리+저리), 더욱더(더욱+더) |
| 부사+용언 | 못나다(못+나다), 그만두다(그만+두다), 마주서다(마주+서다) |
| 조사 생략 | 힘들다(힘이 들다), 애쓰다(애를 쓰다), 꿈같다(꿈과 같다) |
| 용언의 관형사형+ 명사 | 늙은이(늙-+-은+이), 작은누나(작-+-은+누나), 디딜방아(디디-+-ㄹ+방아) |
| 용언의 어간+ 연결 어미+용언 | 뛰어가다(뛰-+-어+가다), 찾아보다(찾-+-아+보다), 게을러빠지다(게으르-+-어+빠지다) |

**② 비통사적 합성어:** 우리말의 일반적인 단어 배열에 어긋나는 합성어

| 유형 | 예 |
|---|---|
| 부사+명사 | 부슬비＋(부슬+비), 볼록거울(볼록+거울), 척척박사(척척+박사)<br>→ 명사는 관형사가 수식하는 것이 일반적인데, 부사가 명사를 수식함. |
| 용언+(관형사형 어미 생략)+명사 | 덮밥(덮-+밥), 꺾쇠(꺾-+쇠), 검버섯(검-+버섯), 접칼(접-+칼)<br>→ 용언이 바로 명사를 수식할 수 없음. 관형사형 어미를 생략한 채 용언이 명사를 바로 수식함. |
| 용언+(연결 어미 생략)+용언 | 뛰놀다(뛰-+놀다), 검붉다(검-+붉다), 오가다(오-+가다), 오르내리다, 우짖다<br>→ 연결 어미 없이 용언이 이어지는 것은 국어의 일반적인 배열 방식에 어긋남. |
| 우리말과 어순이 다른 한자어 | 독서(讀書: 읽을 독, 책 서), 등산(登山: 오를 등, 산 산)<br>→ 우리말의 어순과 달리 목적어나 부사어가 서술어 뒤에 옴. |

---

**📋 기출 확인**

● 다음 글에서 추론한 내용으로 적절하지 않은 것은?
9급 출제기조 전환 예시 1차

'밤하늘'은 '밤'과 '하늘'이 결합하여 한 단어를 이루고 있는데, 이처럼 어휘 의미를 띤 요소끼리 결합한 단어를 합성어라고 한다. 합성어는 분류 기준에 따라 여러 방식으로 나눌 수 있다. 합성어의 품사에 따라 합성명사, 합성형용사, 합성부사 등으로 나누기도 하고, 합성의 절차가 국어의 정상적인 단어 배열법을 따르는지의 여부에 따라 통사적 합성어와 비통사적 합성어로 나누기도 하고, 구성 요소 간의 의미 관계에 따라 대등합성어와 종속합성어로 나누기도 한다.

합성명사의 예를 보자. '강산'은 명사(강) + 명사(산)로, '젊은이'는 용언의 관형사형(젊은) + 명사(이)로, '덮밥'은 용언 어간(덮) + 명사(밥)로 구성되어 있다. 명사끼리의 결합, 용언의 관형사형과 명사의 결합은 국어 문장 구성에서 흔히 나타나는 단어 배열법으로, 이들을 통사적 합성어라고 한다. 반면 용언 어간과 명사의 결합은 국어 문장 구성에 없는 단어 배열법인데 이런 유형은 비통사적 합성어에 속한다. '강산'은 두 성분 관계가 대등한 관계를 이루는 대등합성어인데, '젊은이'나 '덮밥'은 앞 성분이 뒤 성분을 수식하는 종속합성어이다.

① 아버지의 형을 이르는 '큰아버지'는 종속합성어이다.
② '흰머리'는 용언 어간과 명사가 결합한 합성명사이다.
③ '늙은이'는 어휘 의미를 지닌 두 요소가 결합해 이루어진 단어이다.
④ 동사 '먹다'의 어간인 '먹'과 명사 '거리'가 결합한 '먹거리'는 비통사적 합성어이다.

## 3절  단어의 갈래(품사)

품사는 단어를 형태, 기능, 의미에 따라 나눈 갈래이다.

### 혜원通  품사 분류의 기준

1. **형태**: 단어의 형태가 변하느냐의 여부
2. **기능**: 문장 속에서 단어가 담당하는 역할
3. **의미**: 단어가 지닌 의미의 종류별 공통성

* 이때의 '의미'는 개별 단어의 '어휘적 의미'가 아닌 '형식적 의미'이다.

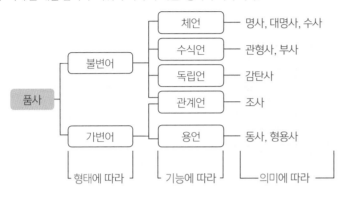

## 1  체언(體言, 명사·대명사·수사)

### 1. 명사 – 구체적 대상의 이름

(1) 자립성 여부에 따른 분류

   ① **자립 명사**: 혼자서 자립적으로 쓰일 수 있는 명사(고유 명사, 보통 명사)  예 하늘, 이름

   ② **의존 명사**: 홀로 쓰이지 못하여 반드시 관형어의 도움을 받는 명사

> **의존 명사의 유형**
> ㉠ 관형어 + 의존 명사  예 갈 데가 없다. / 너를 기다릴 따름이다.
> ㉡ [명사(명사형)/대명사] + 의존 명사  예 일이 많기 때문이다. / 너 때문에 힘들다.

### 2. 대명사 – 명사를 대신하는 말

(1) 지시 대명사

   예 이, 그, 저

(2) 인칭 대명사

(3) 대명사 '우리'의 특이성

> A: ㉠우리 이번 주말에 ㉢우리 삼촌이 하는 노래방에 갈래?
> B: 아니, ㉡우리는 안 갈래.
>
> → ㉠: 화자와 청자 모두
>   ㉡: 청자를 배제하고, 화자를 포함한 여러 사람
>   ㉢: 화자와 친밀한 관계

### 3. 수사 – 사물의 수량(양수사)이나 차례(서수사)를 가리키는 말

---

**TIP**

**체언**

문장에서 주체의 역할을 한다.

**TIP**

**관형어**

체언을 수식하는 문장 성분

**★ 대명사 '당신'의 쓰임**

· 청자를 이르는 말  예 당신이오?
· 상대를 낮잡아 이르는 말
  예 당신이나 제대로 해.
· 부부 사이에 상대편을 높여 이르는 말
  예 당신의 사랑스러운 아내로부터
· 재귀 대명사 '자기'를 높여 이르는 말
  예 할머니는 뭐든지 당신 고집대로 하셨다.
* 1~3은 2인칭, 4는 3인칭

**TIP**

**수사와 명사**

차례를 나타내면 수사이고, 사람을 나타내면 명사이다.
  예 · 첫째, 공부를 잘해야 한다.
       수사
    · 첫째가 벌써 초등학교 5학년이다.
       명사

## 2 수식언(修飾言, 관형사·부사)

### 1. 관형사

　　예 이, 그, 저, 한, 두, 세, 옛, 헌, 새, 온갖, 여느, 어느

　　① 체언(피수식어) 앞에서 체언의 의미를 한정한다.　　예 새 옷

　　② '관형사+체언'의 구조로만 쓰인다.

### 2. 부사

　　① 주로 용언을 수식하며 체언, 관형사, 부사, 문장 전체를 수식하기도 한다.
　　　　예 바로 너!(체언 수식)

　　② 종류

　　　　㉠ **성분 부사**: 문장의 한 성분을 꾸며 주는 부사(위치가 비교적 고정적)
　　　　　　예 빨리, 곧, 잘

　　　　㉡ **문장 부사**: 문장 전체를 꾸미는 부사(양태 부사의 경우 위치가 비교적 자유로움)
　　　　　　예 과연, 설마

## 3 독립언(獨立言, 감탄사)

### 1. 특징

　　① 본능적인 놀람, 느낌, 부름, 대답하는 말을 나타내는 단어로, 의식적이지 않다.
　　　　* 대답의 '네(예)/아니(요)'는 '감탄사'이다.

　　② 독립성이 강해 단독으로 문장을 이룰 수 있다.
　　　　예 불!(놀람), 이랴/워워/구구(동물을 부르는 소리)

## 4 관계언(關係言, 조사)

### 1. 특징

　　① 체언에 붙어 문법적 관계를 표시하거나 의미를 더해 주는 단어이다.

　　② 서술격 조사 '이다'는 다른 조사와 달리 용언처럼 활용한다.

### 2. 종류

**(1) 격 조사** : 선행하는 명사가 문장에서 일정한 자격(문장 성분)을 가지게 하는 조사

| 주격 조사 | 이/가, 께서(존칭), (이)서(사람의 수효), 에서(단체)🔼 | 하늘이 푸르다. / 둘이서 여행을 떠났다. / 당국에서 입시 방침을 발표했다. |
|---|---|---|
| 보격 조사 | 이/가<br>* '되다 / 아니다' 앞에 붙음. | 그것은 지갑이 아니다. / 그는 드디어 의사가 되었다. |
| 목적격 조사 | 을/를 | 나는 서점에서 수험서를 샀다. |
| 서술격 조사 | (이)다<br>* 활용을 하는 것이 특징! | 이 꽃이 민들레다. / 저것은 칠판이다.<br>예 칠판이고 – 칠판이지 – 칠판이구나 |
| 관형격 조사🔼 | 의<br>* 문장에서 중의성을 지님. | · 나의 합격 → 내가 합격했다.(주격)<br>· 평화의 파괴 → 평화를 파괴하다.(목적격)<br>· 납세의 의무 → 납세라는 의무(동격)<br>· 김소월의 작품 → 김소월이 지은 작품(저작)<br>· 시민의 권리 → 시민이 소유한 권리(소유) |
| 부사격 조사 | 에, 에게, 께, 에서, (으)로, 처럼, 한테, 로서, 로써 | 영주는 집에 갔다. / 수지한테 얘기를 들었다. |
| 호격 조사 | 아/야, 여, (이)시여 | 희서야, 빨리 와! / 오, 신이시여. |

**(2) 접속 조사** : 두 단어를 같은 자격(문장 성분)으로 이어 주는 기능을 표시하는 조사
　　'와/과, 에(다), (이)랑, (이)며, (이)다, 하고, (이)나' 등이 있다.
　　예 집이며 논이며 밭이며 모두 물에 잠겼다. / 연습이다 레슨이다 시간이 하나도 없다.

**🔼 TIP**

'단체+에서'가 의미상 '~이/가'로 해석될 때, 이때의 '에서'를 주격 조사로 본다.

**🔼 TIP**

'명사+의+명사'의 의미

주격, 목적격, 동격, 저작, 소유

'와/과'가 단어와 단어 또는 문장과 문장을 잇는 역할을 하면 '접속 조사'이고, 서술어와 이어지면 '부사격 조사'이다.

| 접속 조사 | 예 · 나는 국어와 수학을 잘한다. → '나는 [국어와 수학]을 잘한다.'처럼 '와'가 '국어'와 '수학'을 잇는 역할을 하고 있기 때문에 '접속 조사'이다.<br>· 아버지와 나는 비슷하다. → '[아버지와 나]는 비슷하다.'처럼 '와'가 '아버지'와 '나'를 잇는 역할을 하고 있기 때문에 '접속 조사'이다. |
|---|---|
| 부사격 조사 | 예 나는 아버지와 비슷하다. → '아버지와'는 서술어 '비슷하다'와 이어지기 때문에 이 때 '와'는 '부사격 조사'이다. |

(3) 보조사: 어떤 특별한 뜻(일정한 의미)을 더해 주는 조사

　예 은/는, 도, 만, 까지, 마저, 조차, 부터, 마다, 이야, 이나마, 커녕, 밖에, 든지, 요, 이야말로

① 격 조사와 어울려 쓰기도 하고, 격 조사를 생략시키기도 한다.

　예 · 우리에게는 희망이 있잖아. → 격 조사 '에게'와 보조사 '는'이 결합
　　· 우리는 밥만 먹었다. → '우리가 밥을 먹었다.'에 보조사가 쓰이면서 격 조사 생략

② 모든 문장 성분 뒤에 나타날 수 있고, 자리를 옮기기도 자유롭다.

　예 나는요, 오빠가요 좋은 걸요 어떡해요.

## 5 용언(用言, 동사·형용사)

문장에서 서술어 기능을 한다.

### 1. 동사와 형용사

(1) 동사(動詞): 문장에서 주어의 동작이나 작용을 나타내는 단어

(2) 형용사(形容詞): 문장에서 주어의 성질이나 상태를 나타내는 단어

(3) 동사와 형용사의 구분

| 구분 | 동사 (○) | 형용사 (×) |
|---|---|---|
| 현재 시제 '-ㄴ다/-는다' | 잠을 잔다. | 인형처럼 예쁜다(×) |
| 명령형, 청유형 | 먹어라, 가자 | 젊어라, 젊자(×) |
| '-러'(목적), '-려'(의도) | 자러 가다, 읽으려고 하다 | 예쁘러 한다, 많으려고 한다(×) |
| 관형사형 전성 어미 '-는' | 먹는 사람 | 젊는 사람(×) |

* '맞다'는 동사이고, '걸맞다', '알맞다'는 형용사이다.
　예 걸맞는(×) → 걸맞은(○), 알맞는(×) → 알맞은(○)

(4) 품사의 통용

| 구분 | 동사 | 형용사 |
|---|---|---|
| 크다 | 너 커서 무엇이 되고 싶니? | 몸집이 크다. |
| 밝다 | 새벽이 밝아 온다. | 달이 밝았다, 인사성과 예의가 밝다. |
| 있다 | 가만히 있어라, 이틀만 있으면 설날이다.<br>→ 지속, 시간의 경과 | 증거가 있다.<br>→ 상태, 소유 |
| 늦다 | 약속 시간에 항상 늦는다. | 꽃이 늦게 핀다. |
| 길다 | 머리가 많이 길었다. | 해안선이 길다. |

★ 조사의 특징

· 조사끼리는 붙여 쓴다.

· 주격 조사 '이/가'나 목적격 조사 '을/를'이 '강조'의 의미를 더하는 경우에는 격조사가 아니라 보조사이다.

　예 그는 내 말은 곧이를 듣지 않아요.

★ 자동사

동사가 나타내는 동작이나 작용이 주어에만 미치는 동사

　예 (꽃이) 피다, (해가) 솟다

★ 타동사

동작의 대상인 목적어를 필요로 하는 동사

　예 (밥을) 먹다, (노래를) 부르다

★ '형용사 + -아라/-어라'는 명령형이 아니라 감탄형이다.

　예 가엾어라. / 놀라워라.

★ '없다'는 형용사이지만, 예외적으로 '없는'으로 활용한다.

## 2. 본용언과 보조 용언

**(1) 본용언** : 실질적인 뜻이 담겨 있으며 자립한다.

**(2) 보조 용언** : 본용언에 기대어 그 말의 뜻을 도와주며 자립성이 희박하거나 결여되어 있다.

**(3) 본용언과 보조 용언의 띄어쓰기**

　① **띄어쓰기(원칙), 붙여쓰기(허용)**

　　㉠ '본용언＋-아/-어＋보조 용언' 구성
　　　예 (책을) 읽어ㅅ보다(원칙)/읽어보다(허용)

　　㉡ '관형사형＋보조 용언(의존 명사＋-하다/싶다)' 구성
　　　예 아는ㅅ체하다(원칙)/아는체하다(허용)

　② **예외**

| 반드시 띄어 써야 하는 경우 | 반드시 붙여 써야 하는 경우 |
|---|---|
| ㉠ 본용언이 복합어인 경우<br>　예 떠내려가ㅅ버리다.(○) /<br>　　떠내려가버리다.(×)<br>㉡ 사이에 조사가 붙는 경우<br>　예 잘난ㅅ척하다.(○) / 잘난척하다.(○) /<br>　　잘난ㅅ척을ㅅ하다.(○)<br>㉢ '본용언＋보조 용언' 꼭 띄어 써야 하는 경우: '-(으)ㄴ가, -나, -는가, -(으)ㄹ까, -지' 등의 종결 어미＋보조 용언<br>　예 책상이 작은가ㅅ싶다. / 그가 밥을 먹나ㅅ싶다. / 집에 갈까ㅅ보다. / 아무래도 힘들겠지ㅅ싶었다. | ㉠ '-아/-어 ＋ 지다', '-아/-어 ＋ 하다'<br>　예 예뻐지다, 좋아하다<br>　　단, '-아/-어 ＋ 하다'의 경우 앞의 구(句)와 결합할 때에는 띄어 쓴다.<br>　예 먹고 싶어ㅅ하다.(○) /<br>　　먹고ㅅ싶어하다.(×)<br>㉡ 도와드리다('도와주다'의 높임 표현) |

**(4) 보조 용언의 품사** : 동사 뒤에 보조 형용사가, 형용사 뒤에 보조 동사가 올 수도 있다.

　① 본용언의 품사 구별법과 동일하다.

| 구분 | 관형사형 전성 어미 '-는'과 결합 | 현재 시제 '-ㄴ다/-는다'와 결합 |
|---|---|---|
| 보조 동사 | ○ | ○ |
| 보조 형용사 | × | × |

　② '아니하다', '못하다'는 본용언의 품사에 따라 품사가 결정된다.
　　예 ·가지 못한다.　·예쁘지 못하다.
　　　　　보조 동사　　　　보조 형용사

　③ '하다'와 '보다'는 의미에 따라 품사가 결정된다.

| 구분 | 하다 | 보다 |
|---|---|---|
| 보조 형용사 | 형용사 뒤에서 강조, 긍정, 이유를 의미<br>예 맛이 참 좋기는 <u>하다</u>. | 앞말을 추측하거나 의도, 원인을 의미 [like]<br>예 그가 돌아왔나 <u>보다</u>. |
| 보조 동사 | 나머지<br>예 사람은 그저 건강해야 <u>한다</u>. | 나머지, 주로 시도[try]의 의미<br>예 꼼꼼히 따져 <u>보자</u>. |

## 3. 용언의 활용

용언은 어간과 어미로 이루어져 있는데, 일정한 문법적 관계를 표시하기 위하여 어미가 여러 모양으로 바뀌는 것을 '활용'이라고 한다.

**(1) 어말 어미**

　① **종결 어미**

　　'하십시오체, 하오체, 하게체, 해라체, 해요체, 해체'의 상대 높임법을 실현한다.

**② 연결 어미:** 문장이나 단어를 연결시키는 어미

| 종류 | 기능 | 형태 | 예 |
|---|---|---|---|
| 대등적 연결 어미 | 앞뒤 문장을 대등하게 이어 주는 어미. 앞뒤 문장 교체 ○ | -고, -(으)며, -(으)나, -지만, -든지 | • 산은 높<u>고</u> 물은 맑다.<br>• 중기는 집에 갔<u>지만</u>, 보검이는 남아 있다. |
| 종속적 연결 어미 | 앞뒤 문장을 종속적으로 이어 주는 어미. 앞뒤 문장 교체 × | -아 / -어(서), -(으)니(까), -(으)려고, -게, -면 | • 배가 고파<u>서</u> 식당에 갔다.<br>• 봄이 오<u>면</u> 꽃이 핀다. |
| 보조적 연결 어미 | 본용언과 보조 용언을 이어주는 어미 | -아 / -어, -게, -지, -고 | • 주혁이는 의자에 앉<u>아</u> 있다.<br>• 나는 집에 머무르<u>게</u> 되었다. |

\* 두 문장의 이어짐이 대등적인지, 종속적인지 명확히 구분하기 힘든 경우가 많다.

**③ 전성 어미:** 용언의 어간에 붙어 다른 품사의 기능을 하도록 성격을 바꾸는 어미
\* 성격을 바꿀 뿐 품사 자체를 바꾸지는 않는다.

| 종류 | 기능 | 형태 | 예 |
|---|---|---|---|
| 관형사형 전성 어미 | 한 문장을 관형사처럼 만들어 관형어로 쓰이게 하는 어미 | -(으)ㄴ, -는, -(으)ㄹ, -던 | • 나는 청소하시<u>는</u> 어머니를 도와드렸다.<br>• 내가 해야 <u>할</u>(-ㄹ) 일을 하지 못했다. |
| 명사형 전성 어미 | 한 문장을 명사처럼 만들어 체언과 같은 성분으로 쓰이게 하는 어미 | -(으)ㅁ, -기 | • 사랑이 슬픈 것<u>임</u>(-ㅁ)을 알았다.<br>• 밥을 먹<u>기</u>가 정말 싫었다. |
| 부사형 전성 어미 | 한 문장을 부사처럼 만들어 부사어로 쓰이게 하는 어미 | -게 | • 내 방에는 꽃이 아름답<u>게</u> 피어 있다. |

어미는 품사를 바꾸는 기능이 없기 때문에, 전성 어미가 붙은 말은 ① 부사어의 수식을 받고, ② 서술성을 가진다는 특징이 있다.

예 • 성격이 아주 <u>다른</u> 사람과 살 수 없다. (관형사형)
　• 사람이 정말 <u>많기</u>도 하다.(명사형)
　• 부디 <u>행복하게</u> 살아라.(부사형)

---

📋 **기출 확인**

⊙~㉣을 활용하여 사례의 밑줄 친 부분을 분석한 것으로 옳지 않은 것은?　2022 지방직 7급

> 어간과 결합하는 어미는 다음과 같이 분류될 수 있다. 먼저 실현되는 위치에 따라 ㉠ 선어말 어미와 어말 어미로 나뉜다. 다음으로 어말 어미는 그 기능에 따라 ㉡ 연결 어미, ㉢ 종결 어미, ㉣ 전성 어미로 나뉜다.

| | 사례 | 분석 |
|---|---|---|
| ① | 형이 어머니를 잘 <u>모시겠지만</u> 조금은 걱정돼. | 어간+㉠+㉡ |
| ② | 많은 사람들이 <u>오갔기</u> 때문에 소독을 해야 해. | 어간+㉠+㉣ |
| ③ | 어머니께서 할머니께 전화를 <u>드리셨을</u> 텐데. | 어간+㉠+㉠+㉡ |
| ④ | 아버지께서 지난주에 편지를 <u>보내셨을걸</u>. | 어간+㉠+㉠+㉢ |

해설 '드리셨을'의 형태소 '드리-+-시-+-었-+-을'을 분석하면 다음과 같다.

| 드리- | -시- | -었- | -을 |
|---|---|---|---|
| 어간 | 선어말 어미 | 선어말 어미 | 전성 어미 |

따라서 '어간+㉠+㉠+㉡'이 아니라, '어간+㉠+㉠+㉣'로 분석해야 한다.

오답 ① '모시겠지만'의 형태소 '모시-+-겠-+-지만'을 분석하면 다음과 같다.

| 모시- | -겠- | -지만 |
|---|---|---|
| 어간 | 선어말 어미 | 연결 어미 |

② '오갔기'의 형태소 '오-+가-+-았-+-기'를 분석하면 다음과 같다.

| 오- | 가- | -았- | -기 |
|---|---|---|---|
| | 어간 | 선어말 어미 | 전성 어미 |

④ '보내셨을걸'의 형태소 '보내-+-시-+-었-+-을걸'을 분석하면 다음과 같다.

| 보내- | -시- | -었- | -을걸 |
|---|---|---|---|
| 어간 | 선어말 어미 | 선어말 어미 | 종결 어미 |

정답 ③

## 4. 규칙 활용과 불규칙 활용

**(1) 규칙 활용:** 활용할 때 어간이나 어미의 모습이 바뀌지 않거나(예 먹다 → 먹고, 먹지, 먹어, 먹어라), 바뀌어도 일반적인 음운 규칙으로 설명할 수 있는 것

| 종류 | 특징 | 예 |
|---|---|---|
| 'ㄹ' 탈락 | 어미 'ㄴ, ㄹ, ㅂ, ㅅ, 오' 앞의 'ㄹ' 탈락 | • 울다 → 운, 우네, 울수록, 웁니다, 우시오, 우오<br>• 살다, 낯설다, 베풀다, 머물다, 날다, 살다, 졸다, 놀다 |
| 'ㅡ' 탈락 | 모음 어미 앞의 'ㅡ' 탈락 | • 담그다 → 담가, 담가서, 담갔다, 치르다 → 치러, 치러서, 치렀다<br>• 크다(커), 쓰다(써), 다다르다(다다라) |
| 모음 축약 | 모음의 충돌을 막기 위함. | • 보+아 → 봐, 주+어 → 줘, 먹이+어 → 먹여 |

**(2) 불규칙 활용:** 활용할 때 어간이나 어미의 모습이 바뀌는 것을 일반적인 음운 규칙으로 설명할 수 없는 것

### ① 어간이 바뀌는 경우

| 종류 | 특징 | 예 | 비교(규칙 용언) |
|---|---|---|---|
| 'ㅅ' 불규칙 | 모음 어미 앞의 'ㅅ' 탈락 | • 잇다: 이어(잇-+-어)<br>• 짓다, 붓다, 낫다, 긋다, 젓다 | • 벗다: 벗어(벗-+-어)<br>• 씻다, 웃다 |
| 'ㄷ' 불규칙 | 모음 어미 앞의 'ㄷ'이 'ㄹ'로 교체 | • 듣다: 들어(듣-+-어)<br>• 싣다, 붇다, 묻다[問], 걷다[步] | • 닫다: 닫아(닫-+-아)<br>• 묻다[埋], 걷다[收] |
| 'ㅂ' 불규칙 | 모음 어미 앞의 'ㅂ'이 '오/우'로 교체 | • 돕다: 도와(돕-+-아)<br>• 눕다, 굽다[炙], 줍다, 곱다, 덥다 | • 입다: 입어(입-+-어)<br>• 굽다[曲], 입다, 뽑다 |
| '우' 불규칙 | 모음 어미 앞의 '우'가 탈락 | • 푸다: 퍼(푸-+-어) | • 주다: 주어(주-+-어)<br>• 두다, 쑤다, 꾸다, 부수다 |
| '르' 불규칙 | 모음 어미 앞 '르'의 'ㅡ'가 탈락하고 'ㄹ'이 덧생김. | • 흐르다: 흘러(흐르-+-어)<br>• 오르다, 이르다[무] 부르다, 나르다, (올)바르다, 가파르다, 머무르다 | • 치르다: 치러(치르-+-어)<br>• 우러르다, 따르다, 들르다 |

### ② 어미가 바뀌는 경우

| 종류 | 특징 | 예 | 비교(규칙 용언) |
|---|---|---|---|
| '여' 불규칙 | '하-' 뒤의 모음 어미 '-아/-어'가 아닌 '-여'로 교체 | • 하다: 하여(하 -+-아/-어) | |
| '러' 불규칙 | '르-'로 끝나는 일부 어간이 어미 '-어'가 아닌 '-러'를 취함. | • 푸르다: 푸르러(푸르-+-어)<br>• 이르다[至], 누르다[黃], 노르다[黃] | • 담그다: 담가(담그-+-아)<br>• 치르다, 노느다, 잠그다 |

### ③ 어간과 어미가 바뀌는 경우

| 종류 | 특징 | 예 | 비교(규칙 용언) |
|---|---|---|---|
| 'ㅎ' 불규칙 | 어간과 어미가 모두 바뀔 때: '-아/-어' 앞에서 'ㅎ'이 탈락하고, '-아/-어'는 '-애/-에'로 교체 | • 파랗다: 파래(파랗-+-아)<br>• 노랗다, 커다랗다, 좁다랗다 | • 좋다: 좋아(좋-+-아)<br>• 형용사 '좋다'와 모든 동사 |
| | 어간만 바뀔 때: 'ㄴ, ㄹ, ㅁ, 오' 앞에서 'ㅎ'이 탈락 | • 하얗다: 하얀(하얗-+-ㄴ)<br>• 잗다랗다, 높다랗다, 가느다랗다 | |

★ 'ㄹ' 불규칙은 어간에 피·사동 접미사 '-이-'가 결합하는 경우에도 나타난다.

예 가르다 → 갈리다(가르-+-이-+-다), 부르다 → 불리다(부르-+-이-+-다), 구르다 → 굴리다(구르-+-이-+-다), 오르다 → 올리다(오르-+-이-+-다)

**➕ TIP**

이르다

예 자정에 이르러서야 규칙을 일러 주었다.
　　　'러' 불규칙　　　'르' 불규칙

| 의미 | 활용의 종류 |
|---|---|
| 말하다 ⑧, 빠르다 ⑲ | '르' 불규칙 활용 |
| 도달하다 ⑧ | '러' 불규칙 활용 |

**➕ TIP**

2015년 12월 14일 '푸르다'와 함께 '푸르르다'도 표준어로 인정되었다. 모음 어미가 결합하면 '푸르다'와 활용형은 동일하지만, '푸르다'와 달리 '푸르르다'는 규칙 활용('ㅡ' 탈락)을 한다.

예 푸르르다: 푸르러(푸르르-+-어), 푸르렀다(푸르르-+-었다)

cf 푸르다: 푸르러(푸르-+-어), 푸르렀다(푸르-+-었다)

★ **어간이 '르'로 끝나는 용언의 활용**

| 'ㅡ' 규칙 | 어간의 'ㅡ'만 규칙적으로 탈락<br>예 따르다-따라 |
|---|---|
| '르' 불규칙 | 어간의 'ㅡ'가 탈락하고 'ㄹ'이 첨가<br>예 흐르다-흘러<br>　(흐르-+-어) |
| '러' 불규칙 | 어미 '-어' 대신 '-러'를 취함.<br>예 • 이르다[至]-이르러<br>　　(이르-+-어(×))<br>• 누르다[黃]-누르러<br>　　(누르-+-어(×))<br>• 푸르다-푸르러<br>　　(푸르-+-어(×))<br>• 노르다[黃]-노르러<br>　　(노르-+-어(×)) |

㉠, ㉡의 사례로 옳은 것만을 짝 지은 것은?                          2021 국가직 9급

> 용언의 불규칙활용은 크게 ㉠ 어간만 불규칙하게 바뀌는 부류, ㉡ 어미만 불규칙하게 바
> 뀌는 부류, 어간과 어미 둘 다 불규칙하게 바뀌는 부류로 나눌 수 있다.

| | ㉠ | ㉡ |
|---|---|---|
| ① | 걸음이 <u>빠름</u> | 꽃이 <u>노람</u> |
| ② | 잔치를 <u>치름</u> | 공부를 <u>함</u> |
| ③ | 라면이 <u>불음</u> | 합격을 <u>바람</u> |
| ④ | 우물물을 <u>품</u> | 목적지에 <u>이름</u> |

**해설**

| 품 | '품'의 기본형은 '푸다'이다. '푸다'는 모음으로 시작하는 어미와 결합하면 어간의 'ㅜ'가 탈락한다. 따라서 '품(푸다)'은 어간만 불규칙하게 바뀌는 부류이다. ('ㅜ' 불규칙) |
|---|---|
| 이름 | '이름'의 기본형은 '이르다'이다. '이르다[도착하다]'는 어미 '-어' 대신 '-러' 형태를 취한다. 따라서 '이름(이르다)'은 어미만 불규칙하게 바뀌는 부류이다.('러' 불규칙) |

**오답** ① '빠름(빠르다)'은 '르' 불규칙 용언이기 때문에 ㉠의 예로 적절하다. 그러나 '노람(노랗다)'은 'ㅎ' 불규칙 용언으로, 어간과 어미가 모두 불규칙하게 바뀌는 단어이다. 따라서 ㉡의 예로 적절하지 않다.

② '함(하다)'은 '여' 불규칙 용언이다. 어미 '-어' 대신 '-여'를 취한다는 점에서 ㉡의 예로 적절하다. 한편, '치름(치르다)'은 규칙 활용(ㅡ 탈락)을 하는 용언이기 때문에 ㉠의 예로 적절하지 않다.

③ '불음(붇다)'은 'ㄷ' 불규칙 용언이다. 모음으로 시작하는 어미와 결합할 때, 어간의 'ㄷ'이 'ㄹ'로 교체된다는 점에서 ㉠의 예로 적절하다. 한편, '바람(바라다)'은 규칙 활용을 하는 용언이기 때문에 ㉡의 예로 적절하지 않다.

**정답** ④

PART 3  국어 문법  해커스공무원 해원국어 올인원 기본서

## 1절 문장과 문장 성분

### 1 문장의 이해
문장은 생각이나 감정을 말로 표현할 때 완결된 내용을 나타내는 최소 단위이다.

### 2 문장의 성분

#### 1. 문장 성분의 개념
어느 어절이 다른 어절이나 단어에 대해 갖는 관계를 말한다.
* 문장 성분은 어절 단위로 파악한다.

| | | |
|---|---|---|
| 주성분 | 문장의 골격을 이루는 필수적 성분 | |
| | 주어 | · 문장의 주체가 되는 문장 성분<br>· 체언 + 주격 조사, 체언 + 보조사 |
| | 서술어 | · 주어를 풀이하는 기능을 하는 문장 성분<br>· 동사, 형용사, 체언 + 서술격 조사(이다)<br>· 서술어의 성격에 따라 문장 성분의 개수가 결정됨(서술어의 자릿수). |
| | 목적어 | · 서술어의 대상이 되는 문장 성분<br>· 체언 + 목적격 조사, 체언 + 보조사 |
| | 보어 | · '되다, 아니다'와 같은 서술어의 필수 성분이 되는 문장 성분<br>· 체언 + 보격 조사(이/가) |
| 부속<br>성분 | 주성분의 내용을 꾸며 주는 구실의 수의적 성분 | |
| | 관형어 | · 체언을 수식하는 문장 성분<br>· 관형사, 용언의 관형사형, 체언 + 관형격 조사(의) |
| | 부사어 | · 용언, 부사어 등을 수식하는 문장 성분<br>· 부사, 체언 + 부사격 조사, 용언의 부사형 |
| 독립<br>성분 | 독립어 | · 문장의 어느 성분과도 직접적인 관련이 없는 문장 성분<br>· 감탄사, 체언 + 호격 조사 |

### 3 주성분(주어, 서술어, 목적어, 보어)

#### 1. 주어
① 문장의 동작, 작용, 상태, 성질의 주체로, '무엇이, 누가'에 해당한다.
② '체언(명사구, 명사절) + 주격 조사'로 성립한다.

> 날씨가 덥다. / 그 아이가 움직인다. / 비가 왔음이 분명하다.

③ '에서'가 '이/가'로 해석될 때는 주격 조사이다. 예 <u>우리 학교에서</u> 우승하다.

## 2. 서술어

① 주어의 동작, 성질, 상태 등을 서술하며, '어찌하다, 어떠하다, 무엇이다'에 해당한다.

② 서술어의 자릿수: 서술어가 갖추어야 할 문장 성분의 수

| 구분 | 필요 성분 | 서술어 | 예 |
|---|---|---|---|
| 한 자리 서술어 | 주어 | 자동사, 형용사, '체언+이다' | · (꽃이) <u>핀다</u>.<br>· (꽃이) <u>아름답다</u>.<br>· 내가 <u>꽃이다</u>. |
| 두 자리 서술어 | 주어+목적어 | 타동사 | · (철수가) (밥을) <u>먹는다</u>. |
| | 주어+보어 | 되다(자동사), 아니다(형용사) | · (물이) (얼음이) <u>되었다</u>. |
| | 주어+ 필수적 부사어 | 불완전한 자동사와 형용사<br>*서술어의 불완전성에 의함.<br>(마주치다, 부딪치다, 싸우다, 악수하다, 화해하다, 같다, 닮다, 비슷하다, 다르다, 이별하다 등) | · (나는) (정민과) <u>싸웠다</u>. |
| 세 자리 서술어 | 주어+목적어+ 필수적 부사어 | 이중 타동사, 수여 동사<br>(넣다, 얹다, 주다, 드리다, 바치다, 삼다, 여기다, 간주하다, 가르치다 등) | · (아버지께서) (우리에게)<br>(세뱃돈을) <u>주셨다</u>. |

## 3. 목적어

행위의 대상이 되는 말로, 타동사는 목적어를 반드시 필요로 한다.

예 아이가 우유를 마신다.

## 4. 보어

① '되다, 아니다' 앞에 필수적으로 요구되는 성분으로, 격 조사 '이, 가'가 보어를 만든다.

② 명사(용언의 명사형)+보격 조사 '이/가'+되다/아니다

## 4 부속 성분(관형어, 부사어)

## 1. 관형어

① 체언 앞에만 놓여 체언을 수식하며, '어떤'에 해당한다.

② 관형어의 성립

| 유형 | 예 | 유형 | 예 |
|---|---|---|---|
| 관형사 | <u>헌</u> 신문지 | 용언의 관형사형 | <u>빨간</u> 장미 |
| 체언+ 관형격 조사 '의' | <u>동생의</u> 장난감 | 관형절 | <u>우리가 만난</u> 사실 |
| 체언+체언 | <u>고향</u> 생각 | 체언+접미사 '-적(的)' | <u>문화적</u> 특성 |

③ **관형어 순서:** 지시 관형어 - 수 관형어 - 성상 관형어 예 저 두 젊은 남녀는 부부다.

## 2. 부사어

① 용언, 관형어, 다른 부사어, 문장 전체를 수식하며, '어떻게'에 해당한다.

**TIP**

서술어의 자릿수와 서술어의 수

| 서술어의 자릿수 | 서술어가 필요로 하는 문장 성분의 개수 |
|---|---|
| 서술어의 수 | 본용언의 개수 |

★ 보격 조사와 주격 조사

| 보격 조사 | '되다/아니다' 앞에 오는 '이/가'<br>예 철수는 어른이 되었다/아니다.<br>→ 홑문장 |
|---|---|
| 주격 조사 | 주어가 되는 체언 뒤에 오는 '이/가'<br>예 철수는 키가 크다. → 겹문장 |

② 부사어의 성립

| 유형 | 예 | 유형 | 예 |
|---|---|---|---|
| 부사 | 하늘이 매우 푸르다. | 부사절 | 사랑이 예고도 없이 찾아왔다. |
| 체언 + 부사격 조사 | 아이들이 강에서 헤엄친다. | 용언의 부사형 | 철수는 눈만 뜨면 신이 다 닳도록 돌아다녀요. |
| 의존 명사절 | 옷을 입은 채 잠을 잤다. | 용언의 명사형 + 부사격 조사 | 그 집 떡볶이가 맛있기로 유명하다. |
| 부사 + 보조사 | 어쩜 빨리도 준비했구나. | 인용어 + 인용의 부사격 조사 | 어머니는 내게 늘 "사랑한다."라고 말씀해 주셨다. |
| 접속 부사 | 배가 고팠다. 그래서 빵을 먹었다. | | |

③ 드물게 관형(사)이나 체언을 수식하기도 한다.
  예 아주 새 건물(품사는 부사, 문장 성분도 부사어) * 바로 너!(품사는 부사, 문장 성분은 관형어)

④ 수의적 부사어와 달리, 필수적 부사어는 생략할 수 없어 서술어의 자릿수에 포함한다.

| 서술어 | 필수 부사어 형태 | 예 |
|---|---|---|
| 같다, 다르다, 비슷하다, 닮다, 결혼하다, 싸우다, 바뀌다, 의논하다, 다투다, 상담하다 | 체언 + 와/과 | 이 그림이 실물과 똑같군. |
| 넣다, 드리다, 두다, 던지다, 다가서다, 다니다 | 체언 + 에/에게 | 이 편지를 우체통에 넣어라. |
| 삼다, 변하다, 바뀌다, 일컫다, 여기다, 만들다 | 체언 + (으)로 | 물이 얼음으로 변하다. |

## 5 독립 성분(독립어)

### 1. 독립어의 개념

한 문장 안에서 다른 문장 성분과 직접적인 관계가 없는 성분으로, 생략해도 문장이 성립한다.

### 2. 독립어의 성립

| 유형 | 예 |
|---|---|
| ① 감탄사 | 어머나, 달이 참 밝다. |
| ② 체언 + 호격 조사 | 주한아, 산에 가자. |
| ③ 제시어 | 청춘, 이것은 듣기만 해도 가슴이 설레는 말이다. |
| ④ 접속 부사('및, 또는'은 제외) | 날씨가 흐리다. 그러나 비는 오지 않는다. |
| ⑤ 부르는 말 | 어머니, 어디에 계시나요? |
| ⑥ 대답하는 말 | 아니, 이게 더 좋아. |

### 기출 확인

□~□을 설명한 내용으로 적절하지 않은 것은?                    2023 지방직 9급

○ ⓐ 지원은 자는 동생을 깨웠다.
○ 유선은 도자기를 ⓑ 만들었다.
○ 물이 ⓒ 얼음이 되었다.
○ ⓓ 어머나, 현지가 언제 이렇게 컸지?

① (ⓐ): 동작의 주체를 나타내는 주어이다.
② (ⓑ): 주어와 목적어를 요구하는 서술어이다.
③ (ⓒ): 서술어를 꾸며주는 부사어이다.
④ (ⓓ): 문장의 다른 성분과 직접적으로 관련을 맺지 않는 독립어이다.

해설
'되었다' 앞의 '이'는 보격 조사이다. 따라서 '얼음이'의 문장 성분은 부사어가 아니라, 보어이다.
※ '얼음이' 대신 부사격 조사 '으로'를 사용한 '얼음으로'가 쓰였다면, 이때 '얼음으로'의 문장 성분은 부사어이다.

오답
① '지원'은 동작 '깨우다'의 주체이다. 이처럼 주체를 나타내는 문장 성분은 '주어'이다.
② '만들다'는 타동사이다. 따라서 주어와 목적어를 요구하는 두 자리 서술어이다.
④ '어머나'는 감탄사이다. 따라서 독립어이다.
  ※ 모든 '독립어'는 '감탄사'가 아니지만, 모든 '감탄사'는 '독립어'이다.

정답 ③

## 2절 문법 요소의 기능과 의미

### 1 종결 표현

**1. 평서문:** 진술

**2. 감탄문:** 진술 + 감정

**3. 의문문:** 대답 요구

| 판정 의문문 | '예/아니오'의 대답을 요구, 의문사 없음. 예 혜원이는 예쁘니?(→ 네/아니요.) |
|---|---|
| 설명 의문문 | 구체적 정보를 요구, '언제, 어디서, 무엇을, 어떻게'와 같은 의문사가 나타남. 예 누가 오니?(→ 정수요.) |
| 수사 의문문 | 표현상 효과를 위해 사용, 답변 요구 ×, 강한 긍정 진술, 표면적 의미와 다른 의미 예 반어: 누가 몰라?(다 알아.) / 감탄: 얼마나 좋을까? / 명령: 제대로 안 할 거야? |

**4. 명령문:** 행동 요구(혼자)

① 형용사는 명령·청유형이 불가하다. 예 너도 좀 예뻐라!(×)

  * 감탄형으로 '예뻐라'는 가능하다. 예 꽃이 참 예뻐라!(○)

② 간접 인용절로 안길 때는 종결 어미가 '-(으)라'로 바뀐다.

| 직접 명령문 예 읽어라. | · '-어라, -아라, -너라('오다'에만 결합), -거라(모든 동사와 결합), -(으)오' <br> · 상관적 장면(화자와 청자가 대면하는 발화 상황)에서 주로 사용 <br>   * 허락 명령문: 허락의 의미를 표시하는 특수 형태 '-려무나(-(으)렴)' 예 읽으렴. |
|---|---|
| 간접 명령문 예 읽으라. | · '-(으)라', 주로 문장체에 사용, 높임과 낮춤이 중화된 표현 <br> · 단독적 장면[매체(종이)를 통하여 일방적으로 표현]에서 주로 사용 <br>   예 보라! 꽃 피는 봄을. / 다음 물음에 답하라. / 홍수에 대한 대책을 세우라. |

  * 경계형 어미 '-(으)ㄹ라': 명령문의 일종 예 얘야, 넘어질라.

**5. 청유문:** 행동 요구(같이)

① 동사만 그 형태를 지니며 '우리'와 같이 화자, 청자 합동 주어가 나타난다.

② 대표적인 형태는 '-자'로 상대 높임의 등분을 가진다.

| 해라체 | 하게체 | 하오체 | 합쇼체 |
|---|---|---|---|
| -자 | -세 | -ㅂ(읍)시다 | -시지요/-십시다 |

③ 행동 수행을 제안하거나 약한 명령의 의미로도 쓰인다.

  예 밥 좀 먹자. / 자리에 좀 앉자.(문장의 형식≠문장의 내용)

### 2 높임과 낮춤

**1. 주체 높임법**

문장의 주체(주어)를 높인다.

① 직접 높임과 간접 높임

| 직접 높임 | ① 주체 높임 선어말 어미 '-(으)시-⊞' 붙임. <br> ② 주격 조사 '께서' 사용 <br> ③ 높임 접미사 '-님' 사용 <br> ④ 특수 어휘 사용 | · 어머니께서 들어오시다. <br> · 할아버지께서 방에 계시다. <br> · 교수님께서 말씀하시네. <br> · 고모님께서 편찮으시다. |
|---|---|---|
| 간접 높임⊞ | 높임의 대상과 관계된 일, 소유물이나 신체 부분 등의 서술어에 높임 선어말 어미 '-(으)시-' 붙임. | · 할머니는 귀가 밝으시다. <br> · 선생님은 넥타이가 잘 어울리시다. |

---

★ **형용사의 어간에 보조 용언 '-어/-아지다'가 붙으면 동사가 된다.**

→ 명령형과 청유형이 가능하다.

  예 예뻐지다(예쁘-+-어지다): 예뻐져라(명령형), 예뻐지자(청유형)

---

★ **주체 높임법의 오용**

· 손님, 주문하신 햄버거가 나오셨어요.(×)
  → 나왔습니다(○)
  ⇨ 문장의 주어 '햄버거'를 높임.

· 주례 말씀이 계시겠습니다.(×)
  → 있으시겠습니다.(○)

· 자장면 주문하신 분, 있으세요?(×)
  → 계세요?(○)

**⊞ TIP**

'모시다'에 쓰인 '시'는 주체 높임의 선어말 어미가 아니다.

**⊞ TIP**

간접 높임말의 사용은 상황에 따라 달라진다.

  예 · 선생님께서 손수 진지를 해 잡수신다.
        ('선생님'이 '잡수시는'의 대상임.)

    · 선생님께선 밥도 지어 보셨다고 한다.
        ('선생님'이 '잡수시는' 대상 아님.)

★ 상대 높임법은 종결 어미를 통해 실현 된다는 점에서 우리말의 모든 문장은 상대 높임법이 나타난다고 할 수 있다. 다만, 상 대 높임법에는 '높임'과 '낮춤'이 있음을 기 억해야 한다.

★ 최근 국립국어원은 가정에서 압존법을 쓰지 않는 것을 허용했다. 단, 가족 이외의 사람에게 부모를 말할 때는 늘 높여야 한다.

★ **특수 어휘에 의한 높임법**

잡수시다(먹다), 편찮으시다(아프다), 주무시 다(자다), 드시다(먹다), 계시다(있다), 뵙다 (보다), 여쭈다/여쭙다(묻다), 드리다(주다), 모시다(데리다), 아뢰다/사뢰다(말하다), 진 지(밥), 댁(집) 등

▶ 직접 높임과 간접 높임의 형태가 다른 단어들

| 구분 | 있다 | 없다 | 아프다 |
|---|---|---|---|
| **직접 높임** | 계시다 | 안 계시다 | 편찮으시다 |
| **간접 높임** | 있으시다 | 없으시다 | 아프시다 |

---

📋 **기출 확인**

**다음 글의 ㉠의 사례가 포함되어 있지 않은 것은?**　　9급 출제기조 전환 예시 1차

> 　존경 표현에는 주어 명사구를 직접 존경하는 '직접 존경'이 있고, 존경의 대상과 긴 밀한 관련을 가지는 인물이나 사물 등을 높이는 ㉠ '간접 존경'도 있다. 전자의 예로 "할머니는 직접 용돈을 마련하신다."를 들 수 있고, 후자의 예로는 "할머니는 용돈이 없 으시다."를 들 수 있다. 전자에서 용돈을 마련하는 행위를 하는 주어는 할머니이므로 '마련한다'가 아닌 '마련하신다'로 존경 표현을 한 것이다. 후자에서는 용돈이 주어이지 만 할머니와 긴밀한 관련을 가진 사물이라서 '없다'가 아니라 '없으시다'로 존경 표현을 한 것이다.

① 고모는 자식이 다섯이나 있으시다.
② 할머니는 다리가 아프셔서 병원에 다니신다.
③ 언니는 아버지가 너무 건강을 염려하신다고 말했다.
④ 할아버지는 젊었을 때부터 수염이 많으셨다고 들었다.

解説 제시된 글에서 '존경의 대상과 긴밀한 관련을 가지는 인물이나 사물 등을 높이는 것'을 '간접 존경'이라 고 하였다. 그런데 ③에는 존경의 대상인 '아버지'를 직접 높이고만 있을 뿐, '아버지'와 긴밀한 관련을 가지는 인물이나 사물을 높이는 '간접 존경'이 나타나지 않았다.

오답 ① '고모'를 높이기 위해 '고모'와 관련된 인물인 '고모의 자식'을 높이고 있다.
　　② '할머니'를 높이기 위해 '할머니'의 신체 일부인 '다리'를 높이고 있다.
　　④ '할아버지'를 높이기 위해 '할아버지'의 신체 일부인 '수염'을 높이고 있다.

정답 ③

---

② **압존법**: 문장의 주체가 화자보다 높지만 청자보다는 낮을 경우, 주체를 높이지 않는 것(주체 높임의 예외)

> 　　　　　　말하는 이 < 주체 < 듣는 이
> 　　　　　　　　나　　　아버지　　할아버지
> 例 할아버지, 아버지가 지금 왔습니다. → 주체 높임의 '-시-' 사용 ×

\* 압존법은 주로 '가족이나 사제지간'에 사용하고 직장에서는 사용하지 않는다. 직장에서는 말하는 이가 누구 인지와 상관없이 모든 사람을 높이는 것이 알맞다.

## 2. 객체 높임법

동작의 대상인 객체(목적어, 부사어)를 높일 때에 사용한다.

① 서술어에 객체(목적어, 부사어)를 높이는 특수 어휘[모시다, 뵙다(뵈다), 드리다, 여쭙 다(여쭈다) 등]를 사용한다.

② 부사격 조사 '에게' 대신 '께'를 사용한다.

> 例 ・아버지가 할아버지<u>께</u> 뭔가 <u>드렸</u>습니다. / 부모님<u>께</u> 아침 문안을 <u>여쭙</u>다.(부사어를 높임.)
> 　・제가 할머니를 <u>모셔다</u> 드리겠습니다. / 오늘 나는 <u>선생님을 뵙고</u> 왔다.(목적어를 높임.)

## 3. 상대 높임법

상대방(청자)을 높이거나 낮추는 방법으로 국어의 높임법 중 가장 발달했다.

① **격식체(格式體)**: 청자와의 심리적 거리가 멀 때(공식적, 의례적, 직접적, 단정적)

---

〈보기〉는 우리말 높임법에 관한 설명이다. ( ) 안에 들어갈 용례로 맞지 않는 것은?
　　　　　　　　　　　　　　　2023 군무원 7급

┌─────〈보기〉─────┐
・상대높임법: 말하는 이가 상대, 곧 듣는 이 (청자)를 높이는 높임법. 일정한 종결 어 미의 사용에 의해서 실현됨.
　(1) 격식체: 공식적이고 의례적인 표현으 로, 심리적 거리감을 나타냄
　　① 해라체: 아주 낮춤
　　② 하게체: 예사 낮춤 … ( ㉠ )
　　③ 하오체: 예사 높임 … ( ㉡ )
　　④ 합쇼체: 아주 높임
　(2) 비격식체: 비공식적이며, 부드럽고 친 근감을 나타냄
　　① 해체: 두루 낮춤 …… ( ㉢ )
　　② 해요체: 두루 높임 … ( ㉣ )
└──────────────────┘

① ㉠: 내가 말을 함부로 했던 것 같네.
② ㉡: 이게 꿈인지 생신지 모르겠구려.
③ ㉢: 계획대로 밀고 나가.
④ ㉣: 선생님 안녕히 계십시오.

解説

'계십시오'는 합쇼체이다. ㉣의 적절한 용례는 '선생 님, 안녕히 계세요(계시어요)'이다.

정답 ④

② **비격식체(非格式體):** 청자와 심리적으로 가깝거나 친근감을 표시할 때(비공식적, 비의례적, 비단정적, 주관적)

| 구분 | 격식체 | | | | 비격식체 | |
|---|---|---|---|---|---|---|
| | 하십시오(합쇼)체 | 하오체 | 하게체 | 해라체 | 해요체 | 해체 |
| 평서문 | 합니다 | 하오 | 하네 | 한다 | 해요 | 해 |
| 감탄문 | (평서문+억양, 몸짓) | 하는구려 | 하는구먼 | 하는구나 | 하는군요 | 하는군 |
| 의문문 | 합니까 | 하오 | 하는가 | 하느냐 | 해요 | 해 |
| 명령문 | 하십시오 | 하오 | 하게 | 해라 | 하시지요, 해요 | 해 |
| 청유문 | 하십시다, 하시지요 | 합시다 | 하세 | 하자 | 해요 | 해 |
| 비교 | 청자 높임 | | 청자 낮춤 | | 청자 높임 | 청자 낮춤 |

PART 3 국어 문법 해커스군무원 왜 현국어 올인원 기본서

### 🗐 기출 확인

"숙희야, 내가 선생님께 꽃다발을 드렸다."의 문장을 다음 규칙에 따라 옳게 표시한 것은?

2017 지방직 9급

> 우리말에는 주체 높임, 객체 높임, 상대 높임 등이 있다. 주체 높임과 객체 높임의 경우 높임은 +로, 높임이 아닌 것은 −로 표시하고 상대 높임의 경우 반말체를 −로, 해요체를 +로 표시한다.

① [주체 −], [객체 +], [상대 −]  　② [주체 +], [객체 −], [상대 +]
③ [주체 −], [객체 +], [상대 +]  　④ [주체 +], [객체 −], [상대 −]

해설 ・ 문장의 주체(주어)는 '나'로 높임의 대상이 아니므로 [주체−]로 표시한다.
・ 문장의 객체는 '선생님'이다. '선생님'을 부사격 조사 '께'와 서술어 '주다' 대신 '드리다'를 사용하여 높이고 있기 때문에 [객체+]로 표시한다.
・ 청자인 '숙희'를 부를 때, 손아랫사람이나 짐승 따위를 부를 때 쓰는 격 조사 '야'를 사용했다. 또 종결 어미를 볼 때 반말체(해라체)를 사용하고 있기 때문에 [상대−]로 표시한다.

정답 ①

## 3 사동 표현과 피동 표현

### 1. 사동(使動)

남으로 하여금 어떤 동작을 하도록 하는 것을 나타낸다.

예 엄마가 아이에게 밥을 먹이다. → 엄마가 아이를 먹게 함.

| 파생적 사동문<br>(단형 사동) | 용언의 어근 + 사동 접미사(-이-/-히-/-리-/-기-/-우-/-구-/-추-/-으키-/-이키-/-애-)<br>예 아이가 책을 읽다. → 아이에게 책을 읽히다. |
|---|---|
| 통사적 사동문<br>(장형 사동) | 용언의 어간 + -게 하다<br>예 아이가 책을 읽다. → 아이에게 책을 읽게 하다. |
| 어휘적 사동문 | 시키다, 만들다<br>예 아이가 책을 읽다. → 아이가 책을 읽도록 시키다/만들다. |

 **혜원通** 시키다

#### 접사 '-시키다'의 남용

'-시키다' 자리에 '-하다'를 넣었을 때, 말이 된다면 '-시키다'를 남용한 경우이다.

예 ・소개시키다(×) → 소개하다(○), 최소화시키다(×) → 최소화하다(○)
・가동시키다(×) → 가동하다(○), 개선시키다(×) → 개선하다(○)
・금지시키다(×) → 금지하다(○), 야기시키다(×) → 야기하다(○)
・주차시키다(×) → 주차하다(○)

### ➕ TIP

파생적 사동문은 중의적으로 해석된다.
예 어머니가 아이에게 새 옷을 입히다.
　→ ① 직접 사동 ② 간접 사동
비교 어머니가 아이에게 새 옷을 입게 하다.
　→ 장형 사동문은 '간접 사동'의 의미로만 해석된다.

### 🗐 기출 확인

다음 설명에 해당하지 않는 문장은?

2022 지역 인재 9급

> 사동주가 피사동주로 하여금 어떤 행위를 하게 하거나 어떤 상황에 처하게 하는 표현법을 사동이라 하고, 사동이 표현된 문장을 사동문이라고 한다.

① 도둑이 경찰에게 잡혔다.
② 철호가 몸짓으로 나를 웃겼다.
③ 영애가 민수를 기쁘게 하였다.
④ 어머니가 아이에게 새 옷을 입혔다.

해설

①의 '잡히다'는 '붙들리다'라는 의미로, '잡다'의 피동사이다. 따라서 '도둑이 경찰에게 잡혔다.'는 '사동문'이 아닌 '피동문'이다.

정답 ①

**★ 사동사와 피동사**

접미사 '-이-/-히-/-리-/-기-'는 사동 접미사이기도 하고, 피동 접미사이기도 하다. 따라서 형태만으로는 둘을 구별하기는 어렵다. 이때는 '목적어'의 유무를 통해 둘을 구별할 수 있다. 목적어가 있으면 사동사이고, 목적어가 없으면 피동사이다.

예 • 아이에게 밥을 먹이다. (사동사)
　 – 창자가 꼬이다. (피동사)
• 허리를 굽히다. (사동사)
　 – 이마에 땀이 맺히다. (피동사)
• 하늘로 비행기를 날리다. (사동사)
　 – 깃발이 날리다. (피동사)
• 친구에게 꽃다발을 안기다. (사동사)
　 – 동생이 아버지에 안겨 차에 오르다. (피동사)

cf • 불량배에게 돈을 빼앗기다.
　 → '빼앗기다'는 '빼앗다'의 피동사이다.
• 아이가 행인에게 머리를 부딪혔다.
　 → '부딪히다'는 '부딪다'의 피동사이다.

**★ -여/-혀/-려/-겨지다**

'-여/-혀/-려/-겨지다' 형태에서 '지다'가 생략 가능하다면, 이중 피동 표현이 아니다.

예 (진실이) 밝혀지다, (날이) 흐려지다, (모자가) 벗겨지다 등

**✚ TIP**

발화시

화자가 문장을 말하는 시점. 발화시는 항상 현재이다.

**✚ TIP**

사건시

사건이나 상황이 일어난 시점

## 2. 피동(被動)

### (1) 피동

주어가 동작을 남의 행동을 입어서 행해질 경우

예 쥐가 고양이에게 잡히다. → 쥐가 고양이에게 당함.

| 파생적 피동문 (단형 피동) | ㉠ 용언의 어근 + 피동 접미사(-이-/-히-/-리-/-기-)<br>　예 경찰이 도둑을 잡다. → 도둑이 경찰에게 잡히다.<br>㉡ '어근 + -하다' → '어근 + -되다'<br>　예 경찰이 도둑을 체포하다. → 도둑이 경찰에게 체포되다. |
|---|---|
| 통사적 피동문 (장형 피동) | ㉠ 용언의 어간 + -아/-어지다<br>　예 철수가 오해를 풀다. → 오해가 철수에 의해 풀어지다.<br>　* 의도가 개입되기 어려울 때는 '-아/-어지다'를 잘 쓰지 않는다.<br>　예 고기가 잘 잡히다. → 잡아지다(×)<br>㉡ 용언의 어간 + -게 되다<br>　예 철수가 오해를 풀다. → 철수가 오해를 풀게 되다. |
| 어휘적 피동문 | 되다, 입다, 맞다, 당하다<br>　예 • 그는 포로가 되었다.　　　　　• 내가 손해를 입었다.<br>　　 • 선생님께 야단을 맞다.　　　 • 철수가 사고를 당했다. |

### (2) 잘못된 피동 표현

#### ① 이중 피동 표현

㉠ **유형 1:** 피동 접미사(-이-/-히-/-리-/-기-) + -어지다(×)

예 문제가 잘 풀러지지 않아요. → 풀리지/풀어지지
　　　풀-+-리-+-어지-+-지

㉡ **유형 2:** 어근 + -되- + -어지다(×), 어간 + -어지게 되다(×)

예 • 문제가 이해되어지다. → 이해되다
　　이해+-되-+-어지다
• 학교에 가지게 되다. → 가게 되다
　　가-+-지게 되다

#### ② 존재하지 않는 피동 표현

| | |
|---|---|
| • 목매이다(×) - 목매다(○) | • 목메이다(×) - 목메다(○) |
| • 설레이다(×) - 설레다(○) | • 개이다(×) - 개다(○) |
| • 끼여들다(×) - 끼어들다(○) | • 되뇌이다(×) - 되뇌다(○) |
| • (불에) 데이다(×) - 데다(○) | • (냄새가) 배이다(×) - 배다(○) |
| • (거리를) 헤매이다(×) - 헤매다(○) | • 부숴지다(×) - 부서지다(○) |
| • 부숴뜨리다(×) - 부서뜨리다(○) | |

## 4  시간 표현(시제)

말하는 이의 발화시✚를 기준으로 사건시✚의 앞뒤를 제한하는 것을 말한다.

### 1. 절대 시제와 상대 시제

| 절대<br>시제 | • 발화시를 기준으로 결정되는 시제<br>• 선어말 어미를 통해 용언의 종결 어미에 나타난다.<br>→ 문장의 끝을 봐라. |
|---|---|
| 상대<br>시제 | • 전체 문장의 사건시에 기대어 상대적으로 결정되는 시제<br>• 용언의 관형사형, 연결형에 나타난다.<br>→ 문장의 가운데를 봐라. |

예 • 나는 어제 밥을 먹는 동생을 바라보았다.
　　　　　　　　(상대 시제: 현재)　(절대 시제: 과거)
• 우리는 하루 동안 먹을 수 있는 양식도 없다.
　　　　　　　(상대 시제: 미래)　　　(절대 시제: 현재)
• 미영은 어제 요리를 하시는 어머니를 도와드렸다.
　　　　　　　　(상대 시제: 현재)　　　(절대 시제: 과거)

## 2. 동작상(動作相)

문장 안에서 동작의 양상을 표현한 것

① **표현 방법:** 주로 보조적 연결 어미와 보조 용언에 의해 표현된다.

② **종류**

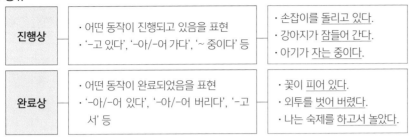

| 진행상 | · 어떤 동작이 진행되고 있음을 표현<br>· '-고 있다', '-아/-어 가다', '~ 중이다' 등 | · 손잡이를 돌리고 있다.<br>· 강아지가 잠들어 간다.<br>· 아기가 자는 중이다. |
|---|---|---|
| 완료상 | · 어떤 동작이 완료되었음을 표현<br>· '-아/-어 있다', '-아/-어 버리다', '-고<br>서' 등 | · 꽃이 피어 있다.<br>· 외투를 벗어 버렸다.<br>· 나는 숙제를 하고서 놀았다. |

### 📋 기출 확인

**01** 〈보기〉는 국어의 시제에 대한 설명이다. 밑줄 친 부분의 예로 가장 적절한 것은?

2020 경찰 1차

---〈보기〉---
　　절대 시제란 발화시를 기준으로 한 시제이고, 상대 시제란 발화시가 아닌 다른 시점을 기준으로 한 시제이다.

① 공원에는 운동하는 사람들이 많이 보였다.
② 철수는 다음 달에 유학을 간다.
③ 넌 이제 큰일 났다.
④ 내일은 비가 오겠다.

| 해설 | '운동하다'가 발화시를 기준으로 하면 '과거'임에도, 현재형 '운동하는'으로 표현했다. 따라서 〈보기〉의 '상대 시제'의 예로 적절하다. |
|---|---|

정답 ①

**02** 밑줄 친 부분에서 선어말 어미 '-겠-'의 기능이 나머지 셋과 다른 하나는?　2019 서울시 7급

① 구름이 몰려오는 것을 보니 조만간 비가 오겠다.
② 지금쯤 철수가 집에 도착하여 밥을 먹겠다.
③ 철수가 이번에는 자기가 가겠다고 하였다.
④ 8시에 출발하면 10시쯤에 도착하겠구나.

| 해설 | ③은 '미래의 일이나 추측'이 아닌 '주체의 의지'를 나타내는 기능을 하고 있다. |
|---|---|

정답 ③

### 🔲 TIP

**동작상의 중의성**

> 넥타이를 매고 있다.

① **진행상:** 넥타이를 매는 중이다.
② **완료상:** 넥타이를 맨 채로 있다.

→ 문맥에 따라 '진행상'과 '완료상' 모두로 해석될 수 있다.

### ⭐ 선어말 어미 '-겠-'

· 미래 시제 표현
　예 내일은 이 일을 꼭 끝내겠다.
· 양태적 의미 표현
　– 추측
　　예 내일도 비가 오겠다.
　– 의지
　　예 내가 먼저 가겠다.(평서문 1인칭, 의문문 2인칭)
　– 가능성
　　예 나도 그것은 알겠다.
· 현재의 사건 추측
　예 지금은 고향에도 벚꽃이 피겠다.
· 과거의 사건 추측
　예 고향에는 벌써 살구꽃이 피었겠다.

## ★ '안' 부정문의 띄어쓰기

· 안 = '아니'의 준말('not'의 의미)
  · 예 안ㅇ벌고, 안ㅇ쓰다, 얼음이ㅇ물이ㅇ 안ㅇ되다.

· 않 = '아니하'의 준말('not'의 의미)
  · 예 먹지ㅇ않다, 예쁘지ㅇ않다
  · cf · 마지않다(보조 동사)
         → 바라 마지않다.
       · 머지않다(형용사)
         → 머지않아 소식이 올 거야.
       · 못지않다(형용사)
         → 실력이 화가 못지않다.

· 안되다(형용사): 섭섭하거나 마음이 언짢다.
  · 예 · 그것 참 안됐군.
       · 마음이 안됐다.

· 안되다(동사)
  – 일, 현상이 좋게 이루어지지 않다.
    · 예 · 농사가 안돼 큰일이다.
         · 공부가 안돼서 쉬고 있다.
  – 사람이 훌륭하게 되지 못하다.
    · 예 자식이 안되기를 바라는 부모는 없다.
  – 일정한 수준·정도에 이르지 못하다.
    · 예 · 이번 시험에서 우리 중 안되어도 세 명은 합격할 것 같다.
         · 안되는 놈은 두부에도 빠라(속담)

## ★ '못' 부정문의 띄어쓰기

· 못('not'의 의미), 부정 부사
  · 예 · 술은 못ㅇ마시다.
       · 잠을 통 못ㅇ자다.
       · 내가 배우가 못ㅇ되다.

· 긴 부정문 '못하다', 보조 용언
  · 예 · 가지ㅇ못하다.(보조 동사)
       · 편안하지ㅇ못하다.(보조 형용사)

· 못하다(동사): 일정 수준에 미칠 능력이 없다.
  · 예 · 공부를 못하다.
       · 노래를 못하다.

· 못되다(형용사): 성질이나 품행이 고약하다.
  · 예 · 못된ㅇ심보
       · 못된ㅇ버릇

* '못생기다, 못나다' 등도 하나의 낱말이다.

## ★ '안' 부정문의 제약

용언이 복합어이거나, 용언의 음절이 길면 짧은 부정문보다는 긴 부정문이 어울린다.
· 예 안 얕보다(×) – 얕보지 않다(○), 안 아름답다(×) – 아름답지 않다(○)

## ★ '안' 부정문과 '못' 부정문은 평서형·감탄형·의문형만 쓰고, 명령형·청유형은 쓸 수 없다. 명령형·청유형은 '말다' 부정문을 쓴다.

## ★ '말다'의 활용

| 합쇼체 | 마십시오 | 해요체 | 마요, 말아요 |
|---|---|---|---|
| 하오체 | 마시오 | | |
| 하게체 | 말게 | 해체 | 마(라), 말아 |
| 해라체 | 말라 | | |

· 직접 명령문
  · 예 · 하지 마/말아.(○)
       · 하지 마라/말아라.(○)
       · 하지 마요/말아요.(○)

· 간접 명령문
  · 예 어머니께서 하지 말라고 하셨다.

---

## 5 부정 표현

### 1. '안' 부정문과 '못' 부정문

| 구분 | 의미 | 짧은 부정문 | 긴 부정문 |
|---|---|---|---|
| '안' 부정문 | 의지에 대한 부정, 단순 부정 | 안(아니)ㅇ용언 | 용언 어간 + '-지ㅇ않다 (아니하다)' |
| '못' 부정문 | 능력에 대한 부정, 외부 원인 | 못ㅇ용언 | 용언 어간 + '-지ㅇ못하다' |

주체의 의지를 나타낼 수 없는 동사에는 '안' 부정문을 쓸 수 없다. → '못' 부정문을 쓴다.
· 예 · 알다, 견디다, 깨닫다 등
     · 안 알다(×), 알지 않다(×), 알지 못하다(○)

### 2. '말다' 부정문

명령문과 청유문을 부정문으로 만들 때는 '-지 마라, -지 말자'의 형태로 쓰인다.
· 예 집에 가지 마라.(명령문) / 학교에 가지 말자.(청유문)

### 예원通  부정 표현과 중의성

#### 1. '안' 부정문과 '못' 부정문의 중의성

| · 철수가 책을 안/못 읽었다. | · 철수가 책을 읽지 않았다/못했다. |
|---|---|

· '철수'에 초점: 철수가 아닌 다른 사람이 책을 읽었다.
· '책'에 초점: 철수가 읽은 것은 책이 아니다.
· '읽다'에 초점: 철수가 책 읽기가 아닌 다른 행위를 했다.

| · 사람들이 다 안/못 왔다. | · 사람들이 다 오지 않았다/못했다. |
|---|---|

· 전체 부정: 사람들이 한 명도 안/못 왔다.
· 부분 부정: 사람들이 몇 명은 오고 일부는 안/못 왔다.

#### 2. '말다' 부정문의 중의성

| 우리 오늘 집에 가지 말자. |
|---|

· '우리'에 초점: 다른 사람은 모르겠고, '우리는' 가지 말자.
· '오늘'에 초점: '오늘' 말고 다른 날 가자.
· '집'에 초점: '집' 말고 다른 곳에 가자.

# 3절 | 문장의 종류

| 홑문장 | 주어와 서술어가 각각 하나씩 있는 문장(1개의 절) * 주어는 생략이 잘 된다. |
|---|---|
| 겹문장 | 서술어가 두 개 이상인 문장(2개 이상의 절) |

## 🔳 안은 문장

### 1. 명사절을 안은 문장

하나의 문장이 전체 문장 속에서 '주어·목적어·부사어' 등의 구실을 한다.

| | | 주어 | 예 철수가 축구에 소질이 있음이 밝혀졌다. |
|---|---|---|---|
| -(으)ㅁ, -기 | 완료 의미 | 목적어 | 예 올해는 네가 합격하기를 빌겠다. |
| | | 부사어 | 예 은주는 민수가 노력하기에 따라 결과가 다를 수 있다고 생각했다. |
| '-ㄴ(-은) / -는 / -ㄹ(을) / -던' + 것 | 미완료 의미 | | 예 학생들이 고민이 많다는 것이 사실이다. |
| '-느냐 / -(으)냐, -는가 / -(으)ㄴ가, -는지 / -(으)ㄴ지' 등의 종결 어미로 끝난 문장이 그대로 명사절이 되어 안김. | | | 예 그들이 정말 그 일을 해내느냐가 문제였다. |

### 2. 서술절을 안은 문장: 주어+(주어+서술어)
                                          서술절

뒤의 '주어와 서술어(하나의 문장)'가 전체 문장 속에서 '서술어' 구실을 한다.

예 토끼가 귀가 크다.

### 3. 관형절을 안은 문장

하나의 문장이 전체 문장 속에서 '관형어' 구실을 하며, 관계 관형절과 동격 관형절이 있다.

① **관계 관형절🔲**: 안긴문장의 문장 성분과 안은문장의 문장 성분이 같을 때 안긴문장의 문장 성분은 생략된다.

예 · 너만 좋아하던 그가 떠났다.

  → '그가 너만 좋아하다.'라는 문장이 '그가 떠났다'를 수식, 주어 '그가' 생략

· 예쁜 꽃이 피었다.(주어 생략)

② **동격 관형절**: 안긴문장이 뒤에 오는 체언과 동일한 의미를 가진다. 모든 성분을 생략 없이 갖춘다.

예 · 그녀는 내가 떠난 사실을 모른다.

  → 안긴문장 '내가 떠나다'가 뒤에 오는 체언 '사실'과 동일한 의미, 안긴문장에 생략된 문장 성분 없음.

· 꽃이 떨어지는 모습이 슬프다.

### 4. 부사절을 안은 문장

하나의 문장이 다른 문장 속에 들어가 전체 문장에서 '부사어' 구실을 한다.

① 전체 문장의 주어 이외에 또 다른 주어가 있어야 부사절이 된다.

예 영희가 소리가 잘 들리게 볼륨을 높였다.

② 종속적 연결 어미가 붙은 경우라도 전체 문장 속에서 부사어 노릇을 하면 부사절로 본다.

예 영희는 소리가 잘 들리도록 볼륨을 높였다.

---

### ⭐ 문장의 종류

```
              문장
         ┌─────┴─────┐
      홑문장        겹문장
              ┌───────┴───────┐
         안은문장         이어진문장
      (내포문, 內包文)    (접속문, 接續文)
                      ┌───────┴───────┐
                  대등하게         종속적으로
                이어진 문장       이어진 문장
```

### ⭐ 서술절과 보어

서술절은 '주어+주어+서술어'의 구조이다. 주격 조사와 보격 조사의 형태는 '이/가'로 동일하기 때문에, 겉보기에는 보어가 포함된 문장과 구조가 유사해 보인다. 그러나 보어는 서술어 '되다/아니다' 앞에서만 나타난다. 더구나 보어가 포함된 문장은 주어와 서술어 관계가 한 번밖에 나타나지 않기 때문에 '홑문장'이고, 서술절을 안은 문장은 '겹문장'이다.

예 · 그는 키가 크다. → 겹문장(서술절을 안은 문장)

· 그는 경찰이 되었다. → 홑문장

### ➕ TIP

관계 관형절에서 생략 가능한 문장 성분은 3개이다.

① 주어 예 예쁜 꽃 → 꽃이 예쁘다.

② 목적어 예 어제 산 빵 → 어제 빵을 사다.

③ 부사어 예 아무도 없는 교실 → 교실에 아무도 없다.

### ❓ Quiz

밑줄 친 부분에서 생략된 문장 성분을 쓰시오.

① 귀가 큰 토끼가 귀를 쫑긋한다.

② 내가 태어났던 해에 해방되었다.

③ 세종이 만든 훈민정음은 세계적으로 인정받는다.

④ 학생들이 공부하는 독서실

정답 ① 주어 ② 부사어 ③ 목적어 ④ 부사어

## ⭐ 간접 인용의 준말 표현

· -대 = -다고 해

· -재 = -자고 해

· -내 = -냐고 해

· -래 = -라고 해

## ⭐ 직접 인용과 간접 인용

| 직접 인용 |
| --- |
| · "나는 간다."라고 말했다. |
| · "나는 사람이다."라고 말했다. |

| 간접 인용 |
| --- |
| · 나는 간다고 말했다. |
| · 나는 사람이라고 말했다. |

## ➕ TIP

### '라고'와 '하고'의 띄어쓰기

| 라고(조사 → 붙여쓰기) |
| --- |
| "밥 먹어."라고 말했다. |

| 하고('하다'의 활용형 → 띄어쓰기) |
| --- |
| "밥 먹어." ∨하고 말했다. |

## 5. 인용절을 안은 문장 * 인용절은 서술어를 수식한다는 점에서 부사절에 포함시키기도 한다.

| 간접<br>인용 | 말하는 사람의 표현으로 바꾸어 인용하는 방법이다. 인용격 조사 '고'에 의해 실현된다.<br>예 · 그녀는 밥을 먹는다고 말했다.<br>· 그녀는 선생님이라고 말했다.<br>* 서술격 조사의 경우 '이라고'의 형태로 나타난다. |
| --- | --- |
| 직접<br>인용 | 문장을 그대로 인용하는 방법이다. 인용격 조사 '라고'에 의해 실현된다.<br>예 · "그녀는 밥을 먹는다."라고 말했다.<br>· "그녀는 선생님이다."라고 말했다.<br>* 억양까지 흉내 낼 때는 '하고'를 쓴다. ➕ |

### 📋 기출 확인

**<보기>에 대한 설명으로 옳지 않은 것은?**                                    2021 소방직

> ──<보기>──
> ㉠ 우리 고양이는 머리가 좋다.
> ㉡ 우리는 그가 옳았음을 깨달았다.
> ㉢ 강아지가 소리도 없이 들어왔다.
> ㉣ 지영이는 나에게 어디를 가냐고 물었다.

① ㉠은 서술절을 안은문장이다.

② ㉡은 명사절을 안은문장이다.

③ ㉢은 관형절을 안은문장이다.

④ ㉣은 인용절을 안은문장이다.

[해설] '소리도 없이'는 부사절이다. 따라서 ㉢은 부사절을 안은문장이다.
㉢ 강아지가(주어1) [소리도(주어2) 없이(서술어2)] 들어왔다(서술어1).

[오답] ① '머리가 좋다.'라는 서술절을 안은문장이다.
㉠ 우리(관형어1) 고양이는(주어1) [머리가(주어2) 좋다(서술어2)](서술어1)

② '그가 옳았음'이라는 명사절을 안은문장이다.
㉡ 우리는(주어1) [그가(주어2) 옳았음(서술어2)]을(목적어1) 깨달았다(서술어1).

④ '어디를 가냐고'라는 인용절을 안은문장이다.
㉣ 지영이는(주어1) 나에게(부사어1) [(너는) 어디를(목적어2) 가냐고(서술어2)] 물었다(서술어1).

[정답] ③

## ⭐ 이어진 문장 앞뒤 절에 같은 말이 있을 경우, 그 말은 대치되거나 생략될 수 있다.

예 언니가 밥을 먹었고, 동생도 밥을 먹었다.
→ 언니가 밥을 먹었고, 동생도 그랬다.

# 2 이어진 문장

연결 어미에 의해 두 문장이 결합된 문장이다.

## 1. 대등하게 이어진 문장

① 대등적 연결 어미에 의하여 대등한 관계로 결합된 문장이다.

| 나열 | 예 · 비가 오고, 바람이 분다.<br>· 이것은 감이며 저것은 사과이다. |
| --- | --- |
| 대조 | 예 · 그는 갔으나, 예술은 살아 있다.<br>· 생긴 건 우습지만 맛은 있다. |
| 선택 | 예 · 술을 마시거나 담배를 피우다.<br>· 집에 가든지 학교에 가든지 해라. |

② 의미상 대칭 구조를 이루는 대칭 관계이다.

→ 선후절의 순서를 바꾸어도 의미가 달라지지 않는다.

예 비가 오고 바람이 분다. → 바람이 불고 비가 온다.(의미 변화 ×)

## 2. 종속적으로 이어진 문장🔼

① 종속적 연결 어미를 붙여 선행절을 후행절에 종속적으로 붙인 문장이다.

② 뒤 절이 주(主)가 되고, 앞 절이 종(從)이 되는 관계이다.

> → 선후절의 순서를 바꾸면 의미가 달라지거나 어색해진다.
>
> 예 그는 말을 하고 / 집을 나섰다. → 그는 집을 나서고 / 말을 했다.(의미 변화 ○)

③ 연결 어미의 종류

| 조건, 가정 | -(으)면, -거든, -더라면 예 비가 오면 가지 말자. |
| --- | --- |
| 이유, 원인 | -아서🔼, -(으)므로, -(니)까 예 그는 성실하니까, 약속을 지킬 거야. |
| 결과가 예상의 반대임. | -(으)나, -아도, -지마는, -라도 예 그가 부자라도, 나는 싫다. |
| 나열 | -고, -(으)며 예 나는 밥을 먹고, 우유를 마셨다. |
| 덧보태거나 더해 감. | -(으)ㄹ수록 예 산은 높이 올라갈수록, 기온이 내려간다. |
| 의도 | -(으)려고🔼, -고자 예 너에게 주려고 나는 선물을 샀다. |
| 어떤 상태에 이르기까지 행위가 미침. | -도록, -듯이, -게 예 밤이 깊도록 나는 잠을 이루지 못했다. |
| 한 일이 끝나고 동시에 다른 일이 잇달아 일어남. | -(어서)자🔼 예 그가 방으로 들어서자 모두 입을 다물어 버렸다. |
| 다른 일로 옮아감. | -다, -다가 예 바람이 불다가 지금은 잠잠해졌다. |
| 목적 | -(으)러 예 나는 밥을 먹으러 식당에 간다. |

> 철수는 집에 가서 청소를 했고, 영희는 학교에 남아서 공부를 했다.
> 종속적으로 이어진 문장          종속적으로 이어진 문장
> 대등하게 이어진 문장

### 📝 기출 확인

**안긴 문장이 없는 것은?**                                    2020 국가직 9급

① 나는 동생이 시험에 합격하기를 고대한다.

② 착한 영호는 언제나 친구들을 잘 도와준다.

③ 해진이는 울산에 살고 초희는 광주에 산다.

④ 아버지께서는 나에게 내일 가족 여행을 가자고 말씀하셨다

> 해설 하나의 문장 성분 자리에 '주어 + 서술어'가 쓰인 것을 '절' 혹은 '안긴 문장'이라고 하고, 이러한 절을 포함하는 전체 문장을 '안은 문장'이라고 한다. 제시된 ③에는 안긴 문장이 없다. ③은 "해진이는(주어) 울산에(부사어) 산다(서술어)."와 "초희는(주어) 광주에(부사어) 산다(서술어)."라는 두 문장이 나란히 이어진 형태이다.
>
> \* ③은 '이어진 문장'이다. 1) 의미상 and, but, or 가운데 and로 연결되고, 2) 두 문장의 선후 관계를 바꿔도 의미상 변화가 없기 때문에 '대등하게 이어진 문장'에 속한다.

> 오답 ① "나는 [동생이 시험에 합격하기]를 고대한다."로 분석할 수 있다. 즉 '동생이(주어) 시험에(부사어) 합격하다(서술어).'라는 명사절이 안겨 있다.
> \* 용언 자리에 '-ㅁ/-음, -기'가 있다면 '명사절'이 확실하다.
>
> ② "[(영호가) 착한] 영호는 언제나 친구들을 잘 도와준다."로 분석할 수 있다. 즉 '(영호가, 주어) 착하다(서술어).'라는 주어가 생략된 관계 관형절이 안겨 있다.
> \* 용언 자리에 '-ㄴ/-은, -는, -ㄹ/-을, -던'이 있다면 '관형절'이 확실하다.
>
> ④ "아버지께서는 나에게 [내일 가족 여행을 가자] 고 말씀하셨다."로 분석할 수 있다. 즉 '(우리가, 주어) 내일(부사어) 가족 여행을(목적어) 가자 (서술어).'라는 인용절이 안겨 있다.
> \* 용언 다음에 간접 인용의 '고', 직접 인용의 '라고, 하고'가 제시되어 있다면 '인용절'이 확실하다.

정답 ③

### 🔲 TIP

**종속적 vs 부사절**

> ㉠ 비가 와서, 길이 질다.
> ㉡ 길이 [비가 와서] 질다.

학교 문법에서는 ㉠은 종속적으로 이어진 문장으로, ㉡은 부사절을 안은 문장으로 인정한다.

> → 이렇게 부사절은 경계가 모호하며 이어진문장과도 겹치는 부분이 있다.

★ 연결 어미 '-고', '-지만'이 이어진 문장이라도 앞뒤 문장을 바꿨을 때 의미가 변하면 '종속적으로 이어진 문장'이다.

### 🔲 TIP

**-아서 / -어서**

명령·청유문에 쓸 수 없다.
예 배가 *고파서 식당에 가자.(×)

### 🔲 TIP

**어미 '-(으)려고', '-(으)러'**

- '-(으)려고' → 의도
  - 예 · 너는 여기서 살려고 생각했니?
    - 내일은 일찍 일어나려고 한다.
- '-(으)러' → 목적
  - 예 · 점심을 먹으러 집에 간다.
    - 그는 요즘 뱀을 잡으러 다닌다.

### 🔲 TIP

**-자**

앞뒤 절의 두 사건이 동시에 일어남을 뜻하기 때문에 시제 선어말 어미와 결합하지 않는다.
예 그가 집에 *들어섰자 비가 오기 시작했다.(×)

## 3 문장과 이야기

### 1. 우리말의 특성

① 우리말의 문장은 앞에 있는 문장과 관련시켜야만 그 기능과 의미가 분명해지는 일이 많다.

② 장면이나 말하는 사람의 생각에 따라 의미가 달라지기도 한다.

\* 이야기: 한 문장이 실현되는 구체적 맥락의 단위. 이야기의 실질적인 의미나 기능을 파악하는 것이 필요하다.

### 2. 우리말의 문법적인 특색➕

① 주어의 생략이 쉽다. 관용적 표현에는 주어가 없다.

② 목적어의 생략도 가능하다.

예 점심 안 먹니? → (점심을) 먹을게.

③ 보조사를 사용하여 말하는 이의 생각을 담는다.

예 밥을 먹는다. → 밥만 먹는다.(유일)

④ 보조 동사를 사용하여 말하는 이의 생각을 담는다.

예 ・영숙이는 어제 떠나 버렸다.(떠나 없어서 섭섭함.)
・할머니께 책을 읽어 드린다.(봉사)
・어려운 일을 잘 참아 왔다.(진행)

⑤ 문법적 관계(조사, 어미)를 나타내는 말이 발달되어 있다.

⑥ 꾸미는 말(수식어)은 꾸밈을 받는 말(피수식어) 앞에 온다.

⑦ '주어 + 목적어 + 서술어'의 어순으로, 서술어가 맨 끝에 온다.

⑧ 문장 구성 요소의 자리 옮김이 비교적 자유롭다.

예 나는 요즘 하루하루가 즐겁다. / 요즘 나는 하루하루가 즐겁다. / 하루하루가 나는 요즘 즐겁다.

⑨ 단어 형성법이 발달되어 있는데, 평면적 결합이 두드러진다.

예 팔목(팔 + 목), 오르내리다(오르다 + 내리다)

### 3. 문장의 호응

| 주어와 서술어의 호응 | 주어와 그에 어울리는 서술어가 오는 것<br>예 중국은 땅과 인구가 많다.(×) → 중국은 땅이 넓고 인구가 많다.(○) |
|---|---|
| 부사어와 서술어의 호응 | 특수한 부사와 그에 어울리는 말이 오는 것<br>예 ・너는 별로 아는 것이 없구나.　　　・절대로 나쁜 짓을 하지 마라.<br>・여간 좋은 것이 아니다.　　　・만약 아프면 약을 먹어라.<br>・비록 패배하더라도 울지 마라.　　・마치 천사처럼 아름답다. |
| 시간 부사어와 선어말 어미의 호응 | 시간을 나타내는 부사와 서술어가 일치하는 것<br>예 어제 비가 많이 내린다.(×) → 어제 비가 많이 내렸다.(○) |

**TIP**

**그 밖의 문법적 특색**

・말하는 이와 듣는 이를 중심으로, 지시어를 사용하여 이야기가 이루어지는 장면에 존재하는 대상을 가리킨다.

– '이, 그'는 앞선 문장의 내용을 지시한다.
예 이 이야기는 비밀이야.

\* 이때 지시 관형사 '저'는 쓰일 수 없다.

– '그'는 상대방의 이야기에 언급된 내용을 지시한다.
예 A: 어머닌 저를 조금도 귀여워하지…….
B: 그런 말을 하면 못쓴다.

\* 이때 지시 관형사 '이'는 쓰일 수 없다.

– 자신의 이야기에 나오는 내용을 가리킬 때는 '이, 그'를 사용하나, 자신만 알고 있는 내용일 때는 '이'만 쓴다.
예 ・영아가 이번 시험에 일등 했어. 이/그 말을 오해하지 마.
・너 이걸 알고 있어야 해. 영아는 성실한 아이야.

・긍정이나 부정의 물음에 긍정·부정의 대답이 모두 가능하다. 긍정을 가정한 부정 의문문은 인도·유럽어의 유형과 유사하다.
예 ・영이 왔니?
─ 예, 왔어요.
─ 아니요, 오지 않았어요.
・영이 안 왔니?
─ 예, 안 왔어요.
─ 아니요, 왔어요.
・이 소나무가 산호 같지 않니?
─ 예, 산호 같아요.
─ 아니요, 산호 같지 않은데요.

# CHAPTER
## 05 의미론

 **예원通** 문제 풀이 공식

**1. 동음이의어⁺ 문제 풀이 공식**

→ 영어로 번역해 본다!

- 글씨를 <u>쓰다</u>.: write
- 모자를 <u>쓰다</u>.: put
- 문서 작성에 컴퓨터를 <u>쓰다</u>.: use
- 공동묘지에 무덤을 <u>쓰다</u>.: make
- 커피가 맛이 <u>쓰다</u>.: bitter

**2. 의미론 문제 풀이 공식**

- 밑줄이 체언이면 → 용언에 주목
- 밑줄이 용언이면 → 체언에 주목
- 〈보기〉의 핵심어를 선택지에, 선택지의 핵심어를 〈보기〉에 각각 대입해 본다.
- 의미상 무게감이 같은 단어를 찾는다.
- 의미의 긍정, 부정으로 분류되는지 확인한다.

**➕ TIP**

**동음이의 관계**

둘 이상의 단어가 서로 소리는 같으나 의미는 다른 경우로, 동음이의어가 여기에 속한다.

예 · 배: 배가 맛있다. / 배가 아프다. / 배에 오르다.
  · 타다: 불에 <u>타다</u>. / 버스에 <u>타다</u>. / 속이 <u>타다</u>. / 커피에 물을 <u>타다</u>.

---

**기출 확인**

**01 밑줄 친 단어가 다음에서 설명한 동음어⁺로 묶인 것은?**　　2017 국가직 7급

> 동음어는 의미상 서로 관련이 없거나 역사적으로 기원이 다른데 소리만 우연히 같게 된 말들의 집합이며, 국어사전에는 서로 다른 표제어로 등재된다.

① 지수는 빨래를 할 때 합성세제를 <u>쓰지</u> 않는다.
   이 일은 인부를 <u>쓰지</u> 않으면 하기 어렵다.
② 새로 구입한 의자는 <u>다리</u>가 튼튼하다.
   박물관에 가려면 한강 <u>다리</u>를 건너야 한다.
③ 이 방은 너무 <u>밝아서</u> 잠자기에 적당하지 않다.
   그는 계산에 <u>밝은</u> 사람이다.
④ 그 영화는 <u>뒤</u>로 갈수록 재미가 없었다.
   너의 일이 잘될 수 있도록 내가 <u>뒤</u>를 봐주겠다.

**해설** ②의 첫 번째 '다리[脚]'와 두 번째 '다리[橋]'는 소리가 '다리'로 동일할 뿐 의미상 서로 관련이 없거나 역사적 기원이 다르기 때문에 국어사전에 서로 다른 표제어로 등재되어 있다. 따라서 제시문에서 설명한 '동음어'의 예로 적절하다.

**오답** ②를 제외한 나머지는 '다의어'로, 국어사전에 하나의 표제어로 등재되어 있다.

　① '쓰다[用, use]'의 의미이다.
　　　※ '쓰다'의 동음어로는 '쓰다[苦]', '쓰다[書]' 등이 있다.
　③ 첫 번째 '밝다'는 '불빛 따위가 환하다.'의 의미이고, 두 번째 '밝다'는 '어떤 일에 대하여 잘 알아 막히는 데가 없다.'라는 의미이다. 의미적 관련성을 가진다는 점에서 하나의 표제어로 올라 있다.
　④ '뒤[後, after]'의 의미이다.

　　　　　　　　　　　　　　　　　　　　　　　　　**정답** ②

**➕ TIP**

동음어는 소리만 동일하기 때문에 의미적 관련성이 없다.

## 02 밑줄 친 표현이 문맥상 ➕ ㉠의 의미와 가장 가까운 것은?

9급 출제기조 전환 예시 2차

> 방각본 출판은 책을 목판에 새겨 대량으로 찍어내는 방식이다. 이 경우 소수의 작품으로 많은 판매 부수를 올리는 것이 유리하다. 즉, 하나의 책으로 500부를 파는 것이 세 권의 책으로 합계 500부를 파는 것보다 이윤이 높다. 따라서 방각본 출판업자는 작품의 종류를 늘리기보다는 시장성이 좋은 작품을 집중적으로 출판하였다. 또한 작품의 규모가 커서 분량이 많은 경우에는 생산 비용이 ㉠ 올라가 책값이 비싸지기 때문에 자연스럽게 분량이 적은 작품을 선호하였다. 이에 따라 방각본 출판에서는 규모가 큰 작품을 기피하였으며, 일단 선택된 작품에도 종종 축약적 윤색이 가해지고는 하였다.

① 습도가 올라가는 장마철에는 건강에 유의해야 한다.
② 내가 키우던 반려견이 하늘나라로 올라갔다.
③ 그녀는 승진해서 본사로 올라가게 되었다.
④ 그는 시험을 보러 서울로 올라갔다.

해설 ㉠의 '올라가다'는 '값이나 통계 수치, 온도, 물가가 높아지거나 커지다.'라는 의미이다. 이와 의미가 유사한 것은 ①이다.

오답 ② '죽다'를 비유적으로 이르는 말이다.
③ '지방 부서에서 중앙 부서로, 또는 하급 기관에서 상급 기관으로 자리를 옮기다.'라는 의미이다.
④ '지방에서 중앙으로 가다.'라는 의미이다.

정답 ①

## 03 ㉠의 문맥적 의미와 가장 가까운 것은?

2021 법원직 9급

> 이렇게 장기간에 걸친 우주 비행을 위해서는 물이나 식료품, 산소뿐 아니라 화성에서 사용할 기지, 화성에 이착륙하기 위한 로켓, 귀환용 우주선 등도 필요하다. 나사 탐사 시스템 부서의 더글러스 쿡에 따르면 그 무게의 합계는 470톤이나 된다. 나사의 우주 탐사 설계사인 게리 마틴은 "이 화물의 운반이 화성 유인 비행에서 가장 큰 ㉠ 문제일 것이다."라고 말했다.

① 문제의 영화가 드디어 오늘 개봉된다.
② 그는 어디를 가나 문제를 일으키곤 했다.
③ 출산율 감소는 우리나라만의 문제가 아니다.
④ 연습을 반복하면 어려운 문제도 척척 풀게 된다.

해설 ㉠의 '문제'는 문맥상 '(해결해야 할) 논의 대상', '일' 등과 바꿔 쓸 수 있다. 이와 의미가 가장 유사한 것은 ③이다.

오답 ① 문맥상 '문제'는 '논란거리', '이야깃거리'의 의미로 쓰였다.
② 문맥상 '문제'는 'trouble'의 의미로 쓰였다.
④ 문맥상 '문제'는 '해답을 요구하는 물음'의 의미로 쓰였다.

정답 ③

➕ TIP

문맥적 의미는 밑줄 친 앞뒤 문장 성분에 주목하자.

**단어 간의 의미 관계**

## ① 반의 관계

### 1. 개념

둘 이상의 단어에서 의미가 서로 짝을 이루어 대립하는 단어의 관계이다.

### 2. 반의 관계의 유형

① **상보 반의어**: 개념 영역을 서로 다른 두 구역으로 양분하여 표현한다. 중간항이 없기 때문에 반의 관계의 단어를 동시에 긍정하거나 부정할 수 없다.
   예 남성 : 여성, 참 : 거짓, 합격 : 불합격, 삶 : 죽음, 있다 : 없다, 성공 : 실패

② **정도(등급) 반의어**: 중간항이 존재한다. 반의 관계의 단어를 동시에 긍정하거나 부정할 수 있다.

| 척도 반의어 | 예 길다 : 짧다, 멀다 : 가깝다, 빠르다 : 느리다, 크다 : 작다, 최고 : 최저 |
|---|---|
| 평가 반의어 | 예 좋다 : 나쁘다, 부지런하다 : 게으르다, 선하다 : 악하다, 아름답다 : 추하다 |
| 정감 반의어 | 예 덥다 : 춥다, 달다 : 쓰다, 기쁘다 : 슬프다, 뜨겁다 : 차갑다 |

③ **방향 반의어**: 두 단어가 상대적 관계를 형성하며 단어들이 일정한 방향성(위치, 방향, 이동, 관계)을 갖는다.

| 대칭어 | 방향 대립의 극단(위치)을 나타내는 대립어, 대척 관계<br>예 꼭대기 : 밑바닥, 남극 : 북극, 머리 : 발끝, 요람 : 무덤, 시작 : 끝 |
|---|---|
| 대응어 | 동일한 상태에서 방향이 맞선 경우의 대립어, 대응 관계<br>예 언덕 : 구렁, 암나사 : 수나사, 볼록 거울 : 오목 거울, 공격 : 방어, 판매 : 구매 |
| 역동어 | 맞선 방향으로 이동이나 변화를 나타내는 대립어, 역행 관계<br>예 오르다 : 내리다, 전진하다 : 후퇴하다, 열다 : 닫다, 길어지다 : 짧아지다, 시상 : 수상 |
| 역의어 | 축을 중심으로 두 대상 간의 관계를 나타내는 대립어, 역의 관계<br>예 조상 : 후손, 부모 : 자식, 형 : 동생, 스승 : 제자, 남편 : 아내 |

---

★ '반의 관계'는 상호 공통된 속성을 바탕으로 한 가지 속성만 반대일 때 성립한다.

예 **할아버지** [+사람][+남성(-여성)][+늙음] - **할머니** [+사람][-남성(+여성)][+늙음]
→ '여성'과 '남성'이라는 성별 요소만 반대. 반의 관계 성립

**할아버지** [+사람][+남성(-여성)][+늙음] - **소녀** [+사람][-남성(+여성)][-늙음]
→ 2개 이상의 의미 요소(성별, 나이)가 다름. 반의 관계 성립 ×

---

다음 중 반의 관계의 성격이 다른 하나는?
2017 서울시 9급

① 살다 - 죽다
② 높다 - 낮다
③ 늙다 - 젊다
④ 뜨겁다 - 차갑다

**해설**

'반의어'는 크게 '상보 반의어'와 '정도 반의어'로 나뉜다. '정도 반의어'와 달리 '상보 반의어'는 중간항이 없는 것이 특징이다. 따라서 두 단어를 모두 긍정하거나 부정할 수 없다. 즉 '살다'와 '죽다' 사이에 중간항은 없기 때문에 ①은 '상보 반의어'에 해당한다.

**오답**

②, ③, ④ 정도 반의어

**정답** ①

## 1 의미 변화의 유형 ⊞

**TIP**

의미 변화의 유형

· 의미 영역의 변화
  – 의미 축소(의미의 특수화)
  – 의미 확대(의미의 일반화)
  – 의미 이동
· 의미 평가의 변화
  – 개선적 변화(긍정적 의미 발생)
    예 장인: 물건 만드는 사람 → 예술가
  – 타락적 변화(부정적 의미 발생)
    예 마누라: 극존칭 → '아내'의 낮춤말

| | |
|---|---|
| 의미의 확장 | 단어의 의미 영역이 확대된 경우<br>예 · **겨레**: 종친 → 동포 · 길: 도로 → 방법, 도리<br>· 놀부: 사람의 이름 → 욕심과 심술이 많은 사람<br>· **다리**: 사람이나 짐승의 다리 → 무생물의 다리 포함<br>· 머리: 머리 → 머리카락, 앞, 위 · 먹다: 먹다 → 마시다, 먹다, 피우다<br>· 목숨: 목으로 쉬는 숨 → 생명 · 박사: 학위 → 전문가, 숙달가<br>· **세수**: 손을 씻다. → 얼굴을 씻다. · **식구**: 입 → 가족, 사람<br>· 아저씨: 숙부 → 남자 어른 · 약주: 약효가 있는 술 → 술을 높인 말<br>· **양반**: 문반과 무반 → 점잖은 사람 · **온**: '百'의 옛말 → 모든<br>· 왕초: 거지 두목 → 깡패의 두목이나 직장 상사<br>· 방석: 앉을 때 밑에 까는 네모난 작은 깔개 → 둥근 깔개까지도 포함<br>· **선생**: 성균관 교무 직원의 호칭 → 학생을 가르치는 사람 → 남에 대한 존칭<br>· **영감**: 정삼품과 종이품의 벼슬아치를 이르던 말 → 나이가 많아 중년이 지난 남자<br>· **지갑**: 종이로 만든 것 → 가죽, 비닐, 옷감 등으로 만든 것<br>· 핵: 씨를 감싸는 껍데기 → 요점, 중심, 알맹이 |
| 의미의 축소 | 단어의 의미 영역이 축소된 경우<br>예 · **계집**: 여성 일반 → 낮춰 부르고자 하는 여성 · 공갈: 무섭게 위협함. → 거짓말<br>· **놈**: 사람 일반 → 낮춰 부르고자 하는 남성 · 뫼: 밥, 진지 → 제삿밥<br>· **미인**: 아름다운 사람 → 아름다운 여인 · **얼굴**: 형체 → 顏(얼굴 안)<br>· 음료수: 마시는 물 → 제품화되어 나온 마실 물<br>· 짓: 모양과 동작 → 부정적 동작 · **중생**: 생물 전체 → 짐승<br>· 학자: 학문을 하는 모든 사람 → 학문을 깊게 연구하는 전문가 |
| 의미의 이동 | 한 단어의 의미가 새로운 다른 의미로 바뀐 경우<br>예 · **감투**: 벼슬아치가 쓰는 모자 → 벼슬 · 내외: 안과 밖 → 부부<br>· 두꺼비집: 두꺼비의 집 → 전기 개폐기<br>· **방송**: 석방(釋放) → 라디오, 텔레비전 등의 방송(放送)<br>· 배우: 천한 직업을 가진 사람 → 선망의 대상 · 씩씩하다: 엄하다 → 용감하다<br>· **어리다**: 어리석다 → 나이가 적다. · **어엿브다**: 불쌍하다 → 예쁘다<br>· **인정**: 뇌물 → 사람 사이의 정 · 에누리: 실제보다 값을 더 보태는 일 → 값을 깎는 일<br>· 젊다: 나이가 어리다. → 혈기가 한창 왕성하다.<br>· **주책**: 일정한 생각 → 일정한 줏대가 없이 되는대로 하는 짓<br>cf · **사랑하다**: 생각하다[思], 그리다 → 사랑하다[愛]<br>  * '사랑하다'에 대해서는 '의미 이동'과 '의미 축소'의 두 견해가 존재한다.<br>· 수작: 술잔을 건네다. → 말을 주고받는 것<br>  * '수작'에 대해서도 '의미 이동'과 '의미 확대'의 두 견해가 존재한다. |

### 📋 기출 확인

〈보기〉의 어휘들은 통시적으로 변화된 양상을 보여 준다. 이들에 대한 설명으로 가장 옳지 않은 것은?                                    2019 서울시 7급

─〈보기〉─
(가) 놈: '사람 평칭' → '남자의 비칭'　　　(나) 겨레: '종친, 친척' → '민족, 동족'
(다) 아침밥> 아침　　　　　　　　　　　(라) 맛비> 장맛비

① (가)는 시대의 변화에 따라 의미가 축소된 예이다.

② (나)는 시대의 변화에 따라 의미가 확대된 예이다.

③ (다)는 형태의 일부가 생략된 후 나머지에 전체 의미가 잔류한 예이다.

④ (라)는 형태의 일부가 덧붙여진 후에도 전체 의미가 변하지 않은 예이다.

해설 '맛비'는 '장마'의 옛말로, 장마는 '여름철에 여러 날을 계속해서 비가 내리는 현상이나 날씨. 또는 그 비'를 말한다. '장맛비'는 '장마 때에 오는 비'를 말하는 것이므로 의미가 변화했다고 볼 수 있다.

정답 ④

## 1 국어 순화의 이해

민족 문화의 발전과 국어 개량 및 언어 활동의 개선, 사회 정화를 위해 우리말을 다듬는 일로, '외국어나 외래어를 고유어로 바꾸는 것', '비속하거나 틀린 말을 바르게 쓰는 것', '어려운 말을 쉬운 말로 고쳐 쓰는 것' 등이 포함된다.

## 2 국어 순화의 대상⊕

### 1. 일본어⊕

(*은 표기 인정)

- 곤색 → 감색, 어두운 남색
- 구루마 → 손수레, 달구지
- <u>기라성</u>* → 빛나는 별
- 기스 → 흠, 흠집
- 노가다 → 막일, 막일꾼
- 다꾸앙 → 단무지
- 다마 → 구슬
- 다마네기 → 양파
- 단도리 → 채비, 단속

- 닭도리탕 → 닭볶음탕
- 도합* → 모두, 합계
- 사시미 → 생선회
- 시다 → 보조원
- 아나고 → 붕장어
- 앗사리 → 깨끗이, 산뜻이, 아예
- 야끼만두 → 군만두
- 오뎅 → 어묵
- 오봉 → 쟁반

- 오야지 → 책임자, 우두머리
- 와리바시 → 나무젓가락
- 와사비 → 고추냉이
- 요지 → 이쑤시개
- 우동 → 가락국수
- <u>지라시</u>* → 선전지
- 후로쿠 → 엉터리

### 2. 서구어 계열

(외래어의 표기는 인정)

- 게스트 → 손님, 특별 출연자
- 디스카운트 → 에누리, 할인
- 마스터플랜 → 종합 계획, 기본 계획, 기본 설계
- 메이크업 → 화장
- 바로미터 → 척도, 잣대, 지표
- 바캉스 → 여름휴가
- 버튼 → 단추, 누름 쇠
- 서클 → 동아리, 모임

- 쇼핑백 → 장바구니
- 앨범 → 사진첩 / 음반
- 어드바이스 → 충고
- 에러 → 실수, 잘못
- 에티켓 → 예의, 예절
- 엠티 → 수련 모임
- 이모티콘 → 그림말
- 컨디션 → 조건, 형편
- 타월 → 수건

- 트레이닝 → 연습, 훈련
- 포스트잇 → 붙임쪽지
- 프리미엄 → 웃돈, 덤
- 하모니 → 조화
- 헤게모니 → 주도권
- 헤드라인 → 표제기사, 머리기사, 기사 제목
- 헤어스타일 → 머리 모양

### 3. 얼치기 외래어

- 데모 → 시위
- 마이크 → 마이크로폰
- 매스컴 → 대중 언론, 대중 전달 기관
- 메모 → 기록, 비망록, 쪽지 기록
- 백미러 → 뒷거울

- 센티하다 → 감상적인 특성이 있다
- 아마 → 아마추어 / 비전문가
- 에어컨 → 냉난방기, 공기 조절기
- 오버 → 외투
- 인플레 → 물가 오름세

- 커닝 → 부정행위
- 콘도 → 콘도미니엄
- 콘사이스 → 휴대용 사전, 소형 사전
- 프로 → 프로그램 / 전문가, 직업
- 호치키스 → 종이찍개

### 4. 고유어로 순화할 수 있는 한자어

(한자어의 표기는 인정)

- 단언(斷言)하다 → 잘라 말하다
- 방조(傍助) → 도움
- 불매(不買) → 안 사기
- 상승세(上昇勢) → 오름세
- 시종(始終) → 늘, 항상

- 신장(身長) → 키
- 잔반(殘飯) → 대궁
- 자초지종(自初至終) → 처음부터 끝까지의 과정
- 체중(體重) → 몸무게

- 탑승(搭乘)하다 → 타다
- 편부(偏父), 편모(偏母) → 한 부모
- 포착(捕捉)하다 → 잡다
- 하자(瑕疵) → 흠
- 함구(緘口)하다 → 입을 다물다

---

**TIP**

**국어 순화의 범위**

- 음운 면: 〈표준 발음법〉에 어긋난 경우
- 어휘 면: 남용되는 외국어, 외래어, 은어, 비어, 속어, 욕설, 복잡하고 어려운 말, 차별적인 표현
- 통사 면: 높임법과 시제의 잘못, 문장 성분의 잘못된 호응
- 의미 면: 어휘 선택의 잘못, 중의적 표현

**TIP**

**일본식 한자 접사**

- 접두사 '가(假)-, 공(空)-, 생(生)-' 등
  - 예) · 가건물(假建物) → 임시 건물
    - 공수표(空手票) → 부도 수표
    - 생방송(生放送) → 현장 방송
- 접미사 '-고(高), -구(口), -계(屆), -선(先), -원(元)' 등
  - 예) · 매상고(賣上高) → 판매액
    - 비상구(非常口) → 비상문
    - 결석계(缺席屆) → 결석 신고서
    - 거래선(去來先) → 거래처
    - 제조원(製造元) → 제조 회사

➕ TIP

강-(접사)
· '다른 것이 섞이지 않고 그것만으로 이루
  어진'의 뜻을 더해 주는 접사
  예 · 강굴 : 물이나 그 밖의 다른 어떤 것
    도 섞이지 않은 굴의 살
    cf 나는 초장에 찍어 강굴을 먹었
    다.(×)
  · 강소주 : 안주 없이 먹는 소주
· 마른, 물기가 없는
  예 · 강기침, 강서리, 강된장
· 억지스러운
  예 · 강울음, 강호령

★ 논리적으로 적합하지 않은 말
· 피로회복(疲勞回復)
  → 원기회복, 피로해소
· 전쟁 기념관 → 전쟁 박물관
· 촬영 단속 지역
  → 과속 금지 구역, 과속 단속 지역

## 5. 품위가 없거나 거센 말

| | | | |
|---|---|---|---|
| · 귀때기 → 귀 | · 꽈 → 과 | · 몸뚱이 → 몸 | · 이빨 → 이 |
| · 깡소주 → 강➕소주 | · 낯짝 → 낯 | · 볼때기 → 볼 | · 주둥이, 아가리 → 입 |
| · 깡술 → 강술 | · 눈깔 → 눈알 | · 싸랑 → 사랑 | · 짜식 → 자식 |
| · 꼬락서니 → 모습 | · 대가리 → 머리 | · 쏘주 → 소주 | · 쪼르다 → 조르다 |
| · 꽁짜 → 공짜 | · 모가지 → 목 | · 이마빡 → 이마 | · 코빼기 → 코 |

## 6. 중복되는 말

| | |
|---|---|
| · 뇌물 수뢰 혐의 → 뇌물 받은 혐의 / 수뢰 혐의 | · 식사를 먹다 → 식사를 하다 / 밥을 먹다 |
| · 따뜻한 온정 → 따뜻한 정 | · 신년 새해를 맞아 → 신년을 맞아 / 새해를 맞아 |
| · 뜨거운 열정 → 열정 | · 앞으로 전진하다 → 전진하다 / 앞으로 나아가다 |
| · 모래사장 → 모래밭 / 사장 | · 일찍이 조실부모하고 → 일찍이 부모를 여의고 |
| · 미리 예방하다 → 예방하다 / 미리 대비하다 | · 축복을 빈다 → 복을 빈다 / 축복하다 |
| · 새로 나온 신곡 → 새로 나온 곡 / 선을 보인 신곡 | · 피해를 입다 → 손해를 입다 / 피해를 받다 |
| · 속내의, 겉외투 → 내의, 외투 | · 한강교 다리 → 한강 다리 / 한강교 |
| · 스스로 자각하다 → 자각하다 / 스스로 깨닫다 | · 해변가 → 바닷가 / 해변 |

## 7. 차별, 비하어

(표기는 모두 인정)

### (1) 직업 비하

| | |
|---|---|
| · 간호부 → 간호원 → 간호사 | · 우체부 → 우편집배원 |
| · 구두닦이 → 구두미화원 | · 운전수 → 운전사 |
| · 군바리 → 군인 | · 점쟁이 → 역술가 |
| · 딴따라 → 연예인 | · 중매쟁이 → 중매인 |
| · 막노동꾼 → 막노동자 | · 집달리 → 집행관 |
| · 봉급쟁이 → 봉급생활자 | · 짭새 → 경찰관 |
| · 세리 → 세무 공무원 | · 청소부 → 환경미화원 |
| · 수위 → 경비원 | · 파출부, 식모 → 가사도우미 |
| · 신문팔이 → 가두 신문 판매원 | · 환쟁이 → 화가 |

### (2) 장애인 비하

| | |
|---|---|
| · 귀머거리 → 청각 장애인 | · 앉은뱅이, 절름발이 → 지체 장애인 |
| · 맹인, 소경, 장님, 애꾸눈, 외눈박이, 사팔뜨기 → 시각 장애인 | · 저능아, 정신박약아 → 지적 장애아 |
| | · 정상인 → 비장애인 |
| · 문둥이 → 나환자, 한센인 | · 정신병자 → 정신 장애인 |
| · 벙어리, 언청이, 째보 → 언어 장애인 | |

### (3) 인종 차별

| | | |
|---|---|---|
| · 검둥이 → 흑인 | · 코쟁이 → 서양 사람 | · 터키탕 → 증기탕 |
| · 살색 → 살구색, 연주황색 | · 탈북자 → 새터민 | · 튀기 → 혼혈인 |
| · 조선족 → 중국 동포 | | |

### (4) 성 차별

| | |
|---|---|
| · 가오 마담 → 대리 사장, 명의 사장 | · 여의사 → 의사 |
| · 권력의 시녀(侍女) → 권력의 앞잡이 | · 자(子) → 자녀(子女) |
| · 김 여사 → 운전이 미숙한 운전자 | · 처녀비행 → 첫 비행 |
| · 남자 간호사 → 간호사 | · 처녀작(處女作) → 첫 작품 |
| · 미망인(未亡人) → 고(故) ○○○ 씨의 부인(夫人) | · 처녀 출전 → 첫 출전 |
| · 사모님식 투자 → 주먹구구식 투자 | · 하느님의 아들 → 하느님의 자녀 |
| · 여류 작가 → 작가 | · 학부형(學父兄) → 학부모(學父母) |

📝 기출 확인

다음 중 차별적 언어 표현이 나타나지 않은
것은?                          2012 국가직 7급
① 그것은 학교에서 학부형들에게 직접 설명
  해야 할 일인 것 같군요.
② 이 소설은 작가의 처녀작으로, 당시 문단
  의 호응이 매우 컸던 작품입니다.
③ 살구색 옷은 잘못 입으면 착시 효과를 불
  러일으키므로, 주의해서 입어야 합니다.
④ 복지 정책이 날로 더 발전하고 있으니, 미
  망인의 문제도 곧 해결되리라 믿습니다.

정답 ③

## 8. 법률 용어

- 加一層(가일층): 정도 따위가 한층 더함.
- 改悛(개전): 뉘우침
- 溝渠(구거): 개골창, 도랑
- 均分(균분): 똑같이 나누는 것
- 貸切(대절): 전세
- 買占(매점): 사재기
- 蒙利(몽리): 이익을 얻음. 또는 덕을 봄.
- 拇印(무인): 손도장, 지장(指章)
- 深掘(심굴): 깊이 파는 것
- 讓渡(양도): 넘겨주는 것 ↔ 讓受(양수)
- 委棄(위기): 버리고 돌보지 않음.
- 隱秘(은비): 숨겨서 비밀로 하는 것
- 賃借人(임차인): 빌려 쓰는 사람 ↔ 賃貸人(임대인)
- 抵觸(저촉)되다: 법률/규칙에 위반되거나 거슬리다.
- 竊取(절취)하다: 훔치다
- 擲柶(척사): 윷놀이
- 觸手(촉수): 사물에 손대는 것
- 催告(최고): 재촉하는 통지를 하는 것
- 閉塞(폐색): 닫혀서 막힘. 운수가 막힘.
- 貶毀(폄훼): 남을 깎아 내려서 헐뜯음.
- 懈怠(해태): 기일 내에 하지 않음. 또는 게으름
- 饗應(향응): 특별히 융숭하게 대접을 받음.

**발화와 담화**

발화(發話)란 일정한 상황 속에서 문장 단위로 실현된 말이다. 이러한 발화(發話)들이 모여서 이루어진 유기적인 통일체를 담화(談話)라고 한다.

## 1 직접 발화와 간접 발화

| 직접 발화 | 간접 발화 |
|---|---|
| ① 종결 어미의 유형과 발화 의도가 일치<br> ⒲ 창문 좀 닫아라.<br> → 명령형 어미를 사용하여 '명령' 행위를 하고 있음.<br>② 상황보다 의도가 우선 고려됨. | ① 종결 어미의 유형과 발화 의도가 불일치<br> ⒲ 창문 좀 닫을래?<br> → 의문형 어미를 사용하였으나 실제 의도는 '명령' 행위를 하고 있음.<br>② 의도를 상황에 맞춰 표현함. |

### 기출 확인

다음 글의 내용과 부합하지 않는 것은?                                    2015 국가직 9급

> 글의 기본 단위가 문장이라면 구어를 통한 의사소통의 기본 단위는 발화이다. 담화에서 화자는 발화를 통해 '명령', '요청', '질문', '제안', '약속', '경고', '축하', '위로', '협박', '칭찬', '비난' 등의 의도를 전달한다. 이때 화자의 의도가 직접적으로 표현된 발화를 직접 발화, 암시적으로 혹은 간접적으로 표현된 발화를 간접 발화라고 한다.
>
> 일상 대화에서도 간접 발화는 많이 사용되는데, 그 의미는 맥락에 의존하여 파악된다. '아, 덥다.'라는 발화가 '창문을 열어라.'라는 의미로 파악되는 것이 대표적인 예이다. 방 안이 시원하지 않다는 상황을 고려하여 청자는 창문을 열게 되는 것이다. 이처럼 화자는 상대방이 충분히 그 의미를 파악할 수 있다고 판단될 때 간접 발화를 전략적으로 사용함으로써 의사소통을 원활하게 하기도 한다.
>
> 공손하게 표현하고자 할 때도 간접 발화는 유용하다. 남에게 무언가를 요구하려는 경우 직접 발화보다 청유 형식이나 의문 형식의 간접 발화를 사용하면 공손함이 잘 드러나기도 한다.

① 발화는 구어를 통한 의사소통의 기본 단위이다.
② 간접 발화의 의미는 언어 사용 맥락에 기대어 파악된다.
③ 간접 발화가 직접 발화보다 화자의 의도를 더 잘 전달한다.
④ 요청할 때 청유문이나 의문문을 사용하면 더 공손해 보이기도 한다.

해설 2문단의 "일상 대화에서도 간접 발화는 많이 사용되는데, 그 의미는 맥락에 의존하여 파악한다."와 "이처럼 화자는 상대방이 충분히 그 의미를 파악할 수 있다고 판단될 때 간접 발화를 전략적으로 사용함으로써~하기도 한다."를 통해 간접 발화가 직접 발화보다 화자의 의도를 더 잘 전달할 수 있는 것은 아님을 알 수 있다. 따라서 ③은 이 글과 부합하지 않는 내용이다.

오답 ① "글의 기본 단위가 ~ 발화이다." 부분을 통해 확인된다.

② "일상 대화에서도 ~ 파악된다." 부분을 통해 확인된다.

④ "남에게 무언가를 ~ 드러나기도 한다." 부분을 통해 확인된다.

정답 ③

## 2 담화 표지

### 1. 언어적 담화 표지의 종류

#### ① 접속 표현

| 선후 | 우선, 먼저, 다음으로, 마지막처럼 | 추가 | 그리고, 게다가, 또, 뿐만 아니라 |
|---|---|---|---|
| 인과 | 왜냐하면 ~ 때문입니다. | 재진술 | 즉, 다시 말해 |
| 열거 | 첫째, 둘째, 셋째 | | |

#### ② 지시어

| 이 | • 말하는 이에게 가까이 있거나 말하는 이가 생각하고 있는 대상을 가리킬 때 쓰는 말<br>예 이 아이가 네 아들이니?<br>• 바로 앞에서 이야기한 대상을 가리킬 때 쓰는 말<br>예 노력하는 사람은 실패하지 않는다. 이 점을 우리는 명심해야 한다. |
|---|---|
| 그 | • 듣는 이에게 가까이 있거나 듣는 이가 생각하고 있는 대상을 가리킬 때 쓰는 말<br>예 그 책 이리 좀 줘 봐.<br>• 앞에서 이미 이야기한 대상을 가리킬 때 쓰는 말<br>예 오늘 가게에서 예쁜 구두를 봤다. 돈을 모아 그 구두를 사고 싶다.<br>• 확실하지 아니하거나 밝히고 싶지 아니한 일을 가리킬 때 쓰는 말<br>예 그 무엇인가를 알아내고자 했지만….|
| 저 | 말하는 이와 듣는 이로부터 멀리 있는 대상을 가리킬 때 쓰는 말<br>예 저 둘 중에 하나를 선택해라. |

# CHAPTER

# 07 국어와 어휘

## 1절 국어의 어휘

### 1 동음이의 한자어

| | | | |
|---|---|---|---|
| ☐☐ 加工 더할 가, 장인 공 | | 가공 | 원자재나 반제품을 인공적으로 처리하여 새로운 제품을 만들거나 제품의 질을 높임. 예 加工品(가공품) |
| ☐☐ 可恐 옳을 가, 두려울 공 | | | 두려워하거나 놀랄 만함. 예 언론의 위력은 可恐할 만하다. |
| ☐☐ 架空 시렁 가, 빌 공 | | | ① 어떤 시설물을 공중에 가설함. ② 이유나 근거가 없이 꾸며 냄. 또는 사실이 아니고 거짓이나 상상으로 꾸며 냄. 예 架空索道(가공 삭도) / 架空人物(가공 인물) |
| ☐☐ 感情 느낄 감, 뜻 정 | | 감정 | 어떤 현상이나 일에 대하여 일어나는 마음이나 느끼는 기분 예 복받치는 感情을 억누르다. |
| ☐☐ 憾情 섭섭할 감, 뜻 정 | | | 원망하거나 성내어 언짢게 여기는 마음 예 憾情의 앙금들을 토해 내었다. |
| ☐☐ 鑑定 거울 감, 정할 정 | | | 사물의 특성이나 참과 거짓, 좋고 나쁨을 분별하여 판정함. 예 보석 전문가의 鑑定이 끝났다. |
| ☐☐ 勘定 헤아릴 감, 정할 정 | | | 헤아려 정함. 예 그는 勘定해야 하는 도회관 임무를 소홀히 했다. |
| ☐☐ 戡定 이길 감, 정할 정 | | | 적을 물리치어 난리를 평정함. 예 화란을 戡定하는 것을 무(武)라 한다. |
| ☐☐ 感想 느낄 감, 생각 상 | | 감상 | 마음속에서 일어나는 느낌이나 생각 예 일기에 하루의 感想을 적다. |
| ☐☐ 感傷 느낄 감, 다칠 상 | | | 하찮은 일에도 쓸쓸하고 슬퍼져서 마음이 상함. 또는 그런 마음 예 돌아가신 어머니에 대한 感傷의 눈물이 흘렀다. |
| ☐☐ 鑑賞 거울 감, 상 줄 상 | | | 주로 예술 작품을 이해하여 즐기고 평가함. 예 음악 鑑賞 |
| ☐☐ 改正 고칠 개, 바를 정 | | 개정 | 주로 문서의 내용 따위를 고쳐 바르게 함. 예 언론 악법의 改正 |
| ☐☐ 改定 고칠 개, 정할 정 | | | 이미 정하였던 것을 고쳐 다시 정함. 예 맞춤법 改定 |
| ☐☐ 改訂 고칠 개, 바로잡을 정 | | | 글자나 글의 틀린 곳을 고쳐 바로잡음. 예 초판본을 改訂 보완했다. |
| ☐☐ 開廷 열 개, 조정 정 | | | 법정을 열어 재판을 시작하는 일 예 판사가 開廷을 선언했다. |
| ☐☐ 固辭 굳을 고, 말씀 사 | | 고사 | 제의나 권유 따위를 굳이 사양함. 예 회장을 맡지 않겠다는 固辭의 뜻을 밝히다. |
| ☐☐ 故事 연고 고, 일 사 | | | ① 유래가 있는 옛날의 일. 또는 그런 일을 표현한 어구 ② 옛날부터 전해 오는 규칙이나 정례(定例) 예 마라톤 경기는 고대 아테네의 마라톤 전투의 故事에서유래한 경기이다. |
| ☐☐ 枯死 마를 고, 죽을 사 | | | 풀이나 나무 따위가 말라 죽음. 예 공해로 수목들이 枯死의 위기를 맞고 있다. |
| ☐☐ 考査 생각할 고, 조사할 사 | | | ① 자세히 생각하고 조사함. ② 학생들의 학업 성적을 평가하는 시험 예 월말 考査 |

| | | | | |
|---|---|---|---|---|
| ☐ 公有 | 공평할 공, 있을 유 | 공유 | 국가나 지방 자치 단체의 소유 예 민영 기업을 公有로 이전할 수 없다. | |
| ☐ 共有 | 함께 공, 있을 유 | | 두 사람 이상이 한 물건을 공동으로 소유함. 예 정보의 共有는 매우 중요한 것이다. | |
| ☐ 工程 | 장인 공, 한도 정 | | 일이 진척되는 과정이나 정도 예 공사가 90%의 工程을 보이고 있다. | |
| ☐ 公正 | 공평할 공, 바를 정 | 공정 | 공평하고 올바름. 예 公正 보도 | |
| ☐ 公定 | 공평할 공, 정할 정 | | 정부·공론에 의해 정함. 예 公定가격 | |
| ☐ 恐怖 | 두려울 공, 두려워할 포 | | 두렵고 무서움. 恐怖를 느끼다. | |
| ☐ 公布 | 공평할 공, 베 포 | 공포 | 일반 대중에게 널리 알림. 예 정부는 公布했다. | |
| ☐ 空砲 | 빌 공, 대포 포 | | 실탄을 넣지 않고 소리만 나게 하는 총질 예 空砲를 쏘다. | |
| ☐ 過程 | 지날 과, 한도 정 | 과정 | 일이 되어 가는 경로 예 발달 過程 | |
| ☐ 課程 | 공부할 과, 한도 정 | | ① 과업의 정도 ② 학과의 내용과 분량 예 대학 課程 | |
| ☐ 校庭 | 학교 교, 뜰 정 | 교정 | 학교의 마당이나 운동장 예 쓸쓸한 校庭 | |
| ☐ 矯正 | 바로잡을 교, 바를 정 | | ① 틀어지거나 잘못된 것을 바로잡음. ② 교도소나 소년원 따위에서 재소자의 잘못된 품성이나 행동을 바로잡음. 예 척추 矯正 / 갱생을 위한 矯正 프로그램 | |
| ☐ 敎正 | 가르칠 교, 바를 정 | | 가르쳐서 바르게 함. 예 요가 선생님이 나의 동작을 敎正해 주기 위해 시범을 보였다. | |
| ☐ 機能 | 틀 기, 능할 능 | 기능 | 하는 구실이나 작용을 함. 예 사회적 機能 | |
| ☐ 技能 | 재주 기, 능할 능 | | 사람의 기술에 관한 능력, 재능 예 技能 대학 / 技能을 닦다. | |
| ☐ 奇想 | 기이할 기, 생각 상 | | 기발하고 별난 생각 예 그의 생각이 하도 奇想천외해서 우리는 잠시 할 말을 잊었다.<br>* 기상천외(奇想天外)하다: 형 기발하고 엉뚱하다. | |
| ☐ 氣象 | 기운 기, 코끼리 상 | 기상 | 대기 중에서 일어나는 물리적 현상 예 氣象 변화 | |
| ☐ 氣像 | 기운 기, 모양 상 | | 사람이 타고난 기개나 마음씨 예 진취적인 氣像 | |
| ☐ 起牀 | 일어날 기, 평상 상 | | 잠자리에서 일어남. 예 起牀 시간 | |
| ☐ 端整 | 끝 단, 가지런할 정 | | 깨끗이 정리되어 가지런함. 예 端整한 모습 | |
| ☐ 斷定 | 끊을 단, 정할 정 | 단정 | 분명한 태도로 결정하고 판단을 내림. 예 斷定을 짓다. | |
| ☐ 單政 | 홀 단, 정사 정 | | 나라의 일부 지역에서 단독으로 구성한 정부 예 남한과 북한이 각각 單政을 수립했다. | |
| ☐ 答辭 | 대답할 답, 말씀 사 | 답사 | ① 회답을 함. 또는 그런 말 ② 축사나 환송사 따위에 답함. 또는 그런 말 예 송사와 答辭 | |
| ☐ 踏査 | 밟을 답, 조사할 사 | | 현장에 가서 직접 보고 조사함. 예 현장 踏査 | |
| ☐ 枚數 | 낱 매, 셀 수 | | 종이나 유리처럼 장(張)으로 세는 물건의 수 예 그의 소설은 枚數가 너무 많다. | |
| ☐ 買收 | 살 매, 거둘 수 | 매수 | ① 금품 따위로 남을 꾀어 자기편으로 만듦. ② 물건을 사들임. 예 심사위원을 買收하였다. | |
| ☐ 買受 | 살 매, 받을 수 | | 물건을 사서 넘겨받음. 예 그가 이 토지에 대한 買受 의향을 밝혔다. | |

| | | | |
|---|---|---|---|
| □□ 賣場 | 팔 매, 마당 장 | | 상품을 판매하는 곳 예 상품 **賣場** |
| □□ 埋葬 | 묻을 매, 장사 지낼 장 | 매장 | ① 시체나 유골을 땅에 묻음. ② 어떤 사람을 사회적으로 활동하지 못하게 하거나 용납하지 못하게 함. 예 시체 **埋葬** |
| □□ 埋藏 | 묻을 매, 감출 장 | | ① 광물 따위가 묻혀 있음. ② 묻어서 감춤. 예 석유 **埋藏**量(매장량) |
| □□ 補給 | 기울 보, 줄 급 | 보급 | 물품을 계속하여 공급함. 예 식량 **補給** |
| □□ 普及 | 넓을 보, 미칠 급 | | 널리 퍼뜨려 권장함. 예 선진 문물 **普及** |
| □□ 事象 | 일 사, 코끼리 상 | | 관찰할 수 있는 사물과 현상 예 인생의 갖가지 **事象** |
| □□ 思想 | 생각 사, 생각 상 | 사상 | 어떠한 사물에 대한 구체적인 사고나 생각 예 언어는 인간의 정신과 **思想**을 표현하는 도구이다. |
| □□ 捨象 | 버릴 사, 코끼리 상 | | 유의할 필요가 있는 현상의 특징 이외의 다른 성질을 버리는 일 예 본질을 의도적으로 **捨象**시켜 핵심을 회피하였다. |
| □□ 事典 | 일 사, 법 전 | 사전 | 해설을 붙인 책 예 百科**事典**(백과사전) |
| □□ 辭典 | 말씀 사, 법 전 | | 언어의 발음·의미·용법·어원을 해설한 책 예 국어 **辭典** |
| □□ 收用 | 거둘 수, 쓸 용 | | 거두어들여 씀. 예 공장 부지로 **收用**하다. |
| □□ 受用 | 받을 수, 쓸 용 | 수용 | 받아들여 이용함. 예 장기 이식 심장 **受用**者(수용자) |
| □□ 受容 | 받을 수, 얼굴 용 | | 어떠한 것을 받아들임. 예 외래문화 **受容** |
| □□ 收容 | 거둘 수, 얼굴 용 | | 일정한 장소나 시설에 모아 넣음. 예 포로 **收容**所(수용소) |
| □□ 拾得 | 주울 습, 얻을 득 | 습득 | 물건을 주워서 얻음. 예 **拾得**物(습득물) |
| □□ 習得 | 익힐 습, 얻을 득 | | 학문이나 기술 따위를 배워서 몸에 익힘. 예 언어 **習得** 능력은 어린이가 어른보다 훨씬 뛰어나다. |
| □□ 心思 | 마음 심, 생각 사 | | ① 사람, 사물에 대해 일어나는 감정이나 생각 ② 마음에 맞지 않아 어깃장을 놓고 싶은 마음 예 누나는 시험에 떨어져 **心思**가 편하지 않다. |
| □□ 深思 | 깊을 심, 생각 사 | 심사 | 깊이 생각함. 또는 깊은 생각 예 고개를 숙이고 **深思**와 묵도를 하였다. |
| □□ 審査 | 살필 심, 조사할 사 | | 자세하게 조사하여 등급이나 당락 따위를 결정함. = 審考(심고) 예 공정한 **審査**를 받다. |
| □□ 留學 | 머무를 유(류), 배울 학 | 유학 | 외국에 머물면서 공부함. 예 **留學** 생활 |
| □□ 遊學 | 놀 유, 배울 학 | | 타향에 가서 공부함. 예 제주도에서 온 **遊學**生(유학생) |
| □□ 移動 | 옮길 이, 움직일 동 | 이동 | 물체를 옮기어 움직임. 예 장소 **移動** |
| □□ 異動 | 다를 이, 움직일 동 | | 직책이나 부서가 달리 바뀌는 것 예 인사**異動** |
| □□ 異狀 | 다를 이, 형상 상 | | 평소와 다른 상태 예 "근무 중 **異狀** 무!" |
| □□ 異常 | 다를 이, 항상 상 | 이상 | 정상적인 것과 다른 상태나 현상 예 정신 **異常** |
| □□ 以上 | 써 이, 위 상 | | 그것을 포함하여 그것보다 많거나 위임. 예 만 20세 **以上** |
| □□ 理想 | 다스릴 이(리), 생각 상 | | 생각할 수 있는 범위 안에서 가장 완전하다고 여겨지는 상태 예 높은 **理想**을 품다. |

| | | | |
|---|---|---|---|
| ☐☐ 移行 옮길 이, 다닐 행 | 이행 | 다른 상태로 옮아감. 예 시장 경제 체제로의 移行 과정 |
| ☐☐ 履行 밟을 이(리), 다닐 행 | | 어떤 일을 실제로 행함. 예 의무의 履行 |
| ☐☐ 專貰 오로지 전, 세낼 세 | 전세 | 계약에 의하여 일정 기간 동안 그 사람에게만 빌려주어 다른 사람의 사용을 금하는 일 예 專貰 버스 |
| ☐☐ 傳貰 전할 전, 세낼 세 | | 부동산을 일정한 기간 빌려 줌. 또는 그 돈 예 傳貰房(전세방) |
| ☐☐ 戰勢 싸울 전, 기세 세 | | 전쟁, 경기 따위의 형세나 형편 예 戰勢가 역전되다. |
| ☐☐ 銓衡 저울질할 전, 저울대 형 | | 사람의 됨됨이나 재능을 시험하여 뽑음. 예 수시 銓衡 |
| ☐☐ 典型 법 전, 모형 형 | 전형 | ① 기준이 되는 형 ② 같은 부류의 특징을 가장 잘 나타내고 있는 본보기 예 하회는 안동 문화의 한 典型을 보여 준다. |
| ☐☐ 全形 온전할 전, 모양 형 | | ① 완전한 모양 ② 사물 전체의 모습이나 형상 예 거리가 점점 가까워짐에 따라 그 물체의 全形이 드러나기 시작했다. |
| ☐☐ 折衷 꺾을 절, 속마음 충 | 절충 | 서로 다른 사물이나 의견, 관점 따위를 알맞게 조절하여 서로 잘 어울리게 함. = 折中(절중) 예 折衷案(절충안) |
| ☐☐ 折衝 꺾을 절, 찌를 충 | | 이해관계가 다른 상대와 교섭하거나 담판함. 예 외교적 折衝 / 막판 折衝 |
| ☐☐ 正統 바를 정, 거느릴 통 | 정통 | ① 바른 계통 ② 사물의 중심이 되는 요긴한 부분 예 중국의 正統 요리를 맛보다. |
| ☐☐ 精通 정할 정, 통할 통 | | 어떤 사물에 대하여 깊고 자세히 통하여 앎. 예 문장에 능하고 지리에 精通하였다. |
| ☐☐ 造作 지을 조, 지을 작 | 조작 | 어떤 일을 사실인 듯이 꾸며 만듦. 예 사건 造作 |
| ☐☐ 操作 잡을 조, 지을 작 | | 기계 따위를 일정한 방식대로 움직임. 예 기계 操作이 서툴다. |
| ☐☐ 朝廷 아침 조, 조정 정 | | 임금과 신하들이 모여 나라의 정치를 의논하고 집행하는 곳 예 임금 계신 朝廷 |
| ☐☐ 調停 고를 조, 머무를 정 | 조정 | 중간에서 분쟁을 화해시킴. 예 의견 調停 |
| ☐☐ 調整 고를 조, 가지런할 정 | | 어떤 기준이나 실정에 맞게 정돈함. 예 구조 調整 |
| ☐☐ 漕艇 배로 실어 나를 조, 거룻배 정 | | 배를 저어 승부를 겨루는 경기 예 미사리 漕艇 경기장 |
| ☐☐ 眞正 참 진, 바를 정 | | 참되고 바름. 예 眞正 기쁩니다. |
| ☐☐ 鎭靜 진압할 진, 고요할 정 | 진정 | ① 몹시 소란하던 일을 가라앉힘. ② 격앙된 심리 상태나 통증 따위를 가라앉힘. 예 사태가 鎭靜되다. |
| ☐☐ 陳情 베풀 진, 뜻 정 | | 실정이나 사정을 진술함. 예 陳情書(진정서) |
| ☐☐ 眞情 참 진, 뜻 정 | | ① 왜곡되지 않은 참되고 애틋한 마음 ② 참된 사정 예 나는 眞情으로 그녀를 사랑했소. |
| ☐☐ 陣痛 진 칠 진, 아플 통 | 진통 | ① 일을 마무리하거나 사물을 완성하기 직전에 겪는 어려움 ② 아이를 낳을 때 느끼는 복부 통증 예 오랜 陣痛 끝에 안건이 통과되었다. / 아내는 새벽부터 陣痛을 시작했다. |
| ☐☐ 鎭痛 진압할 진, 아플 통 | | 아픔이나 통증을 가라앉힘. 예 이 주사는 鎭痛 효과가 있다. |
| ☐☐ 出捐 날 출, 버릴 연 | 출연 | 금품을 내어 도와줌. 예 실직자를 위한 기금 出捐 |
| ☐☐ 出演 날 출, 펼 연 | | 연기, 공연, 연설 따위를 하기 위하여 무대나 연단에 나감. 예 찬조 出演 |

| 現狀 나타날 현, 형상 상 | 현상 | 나타나 보이는 현재의 상태 예 現狀을 파악하다. |
|---|---|---|
| 現想 나타날 현, 생각 상 | | 어떤 것을 보고 듣는 데 관련되어 일어나는 생각 예 現想의 차이 |
| 現象 나타날 현, 코끼리 상 | | 인간이 지각할 수 있는, 사물의 모양과 상태 예 피부 노화 現象 / 핵가족화 現象 |
| 現像 나타날 현, 모양 상 | | ① 노출된 필름이나 인화지에 찍힌 상(像)이 눈에 보이도록 함. ② 어떠한 형상으로 나타냄. 예 필름을 現像하다. |

## 2 필수 한자어

| 醵出 추렴할 갹, 날 출 | 갹출 | 한 목적에 대하여 여러 사람이 각기 금품을 냄.<br>예 사람들이 醵出하여 구제 기금을 마련하였다. |
|---|---|---|
| 缺乏 이지러질 결, 모자랄 핍 | 결핍 | 있어야 할 것이 없어지거나 모자람. 예 체내에 산소가 缺乏되면 생명이 위험해진다. |
| 敬虔 공경할 경, 삼갈 건 | 경건 | 공경하며 삼가고 엄숙한 상태 예 敬虔한 자세 |
| 掛念 걸 괘, 생각 념 | 괘념 | 마음에 두고 걱정하거나 잊지 않음. 예 그 일은 掛念 마시고 마음 편히 가지십시오. |
| 矜持 자랑할 긍, 가질 지 | 긍지 | 자신의 능력을 믿음으로써 가지는 자랑 예 그는 자신이 경찰인 것에 矜持를 가지고 있다. |
| 嗜好 즐길 기, 좋을 호 | 기호 | 즐기고 좋아함. 예 각자 嗜好에 맞는 음식을 고르다. |
| 懶怠 게으를 나(라), 게으를 태 | 나태 | 게으르고 느림. 예 懶怠에 빠지다. / 懶怠를 부리다. |
| 拿捕 붙잡을 나, 사로잡을 포 | 나포 | ① 죄인을 붙잡음. ② 사람이나 배, 비행기 등을 사로잡음.<br>예 외국 어선이 우리 해경에 拿捕되었다. |
| 難澁 어려울 난, 떫을 삽 | 난삽 | (말이나 글 따위가) 매끄럽지 못하면서 이해하기 어렵고 까다로움.<br>예 難澁한 문장 / 글이 難澁하다. |
| 爛商 빛날 난(란), 장사 상 | 난상 | 충분히 의논함. 또는 그런 의논 예 시장은 시민들과 爛商했다. |
| 捏造 꾸밀 날, 지을 조 | 날조 | 사실이 아닌 것을 사실인 것처럼 거짓으로 꾸미는 것 예 捏造 기사 |
| 遝至 뒤섞일 답, 이를 지 | 답지 | 한군데로 몰려듦. 예 모금함에 온정의 물결이 遝至하다. |
| 陶冶 질그릇 도, 불릴 야 | 도야 | ① 도기를 만드는 일과 주물을 만드는 일 ② 심신을 닦아 기름. 예 인격을 陶冶하다. |
| 淘汰/陶汰 쌀 일 도/질그릇 도, 사치할 태 | 도태 | ① 물건을 물에 넣고 일어서 좋은 것만 골라내고 불필요한 것을 가려서 버림.<br>② 여럿 중에서 불필요하거나 부적당한 것을 줄여 없앰.<br>예 경쟁 사회에서 淘汰/陶汰되지 않도록 해야 한다. |
| 瀆職 더럽힐 독, 벼슬 직 | 독직 | 공무원이 지위나 직무를 남용하여 비행을 저지르는 일 예 세무 공무원의 瀆職 사건 |
| 獨擅 홀로 독, 멋대로 할 천 | 독천 | 혼자서 마음대로 일을 처리함. 예 그는 무슨 일이든 獨擅한다. |
| 罵倒 욕할 매, 넘어질 도 | 매도 | 몹시 꾸짖음. 심히 욕함. 예 원인 제공자로 罵倒하다. |
| 反芻 돌이킬 반, 꼴 추 | 반추 | ① 어떤 일을 되풀이하여 음미하거나 생각함. ② 한번 삼킨 먹이를 다시 게워 내어 씹음.<br>예 그 시절의 영광에 대한 反芻 |
| 頒布 펼 반, 펼 포 | 반포 | 널리 펴서 알게 함. 예 《경국대전》의 頒布 |
| 厖大/尨大 두터울 방/삽살개 방, 큰 대 | 방대 | 규모가 크고 커다란 것. 대단히 큰 것 예 유라시아 대륙은 厖大/尨大하다. |

| 漢字 | 뜻 | 讀音 | 意味 |
|---|---|---|---|
| 賠償 | 물어줄 배, 갚을 상 | 배상 | 남의 권리를 침해한 사람이 그 손해를 물어 주는 일<br>예 피해자 쪽에서 賠償을 금전으로 요구해 왔다. |
| 敷衍/敷演 | 펼 부, 넓을 연/펼 연 | 부연 | 덧붙여 알기 쉽게 자세히 설명을 늘어놓음. 예 과정을 敷衍/敷演하여 설명하였다. |
| 粉碎 | 가루 분, 부술 쇄 | 분쇄 | ① 여지없이 공격하여 무찌름. ② 단단한 물체를 잘게 부스러뜨림.<br>예 지하 세력을 粉碎하다. |
| 不朽 | 아닐 불, 썩을 후 | 불후 | 영원토록 변하거나 없어지지 아니함. 예 不朽의 업적을 이루다. |
| 些少 | 적을 사, 적을 소 | 사소 | 매우 적음. 하찮음. 예 些少한 시비가 큰 싸움으로 번지다. |
| 撒布 | 뿌릴 살, 베 포 | 살포 | 액체나 기체 상태의 물질이나 약품을 공중으로 뿜어서 뿌림. 예 농약 撒布 |
| 逝去 | 갈 서, 갈 거 | 서거 | 죽어서 세상을 떠남. '사거(死去)'의 높임말 예 조모의 逝去가 못 견디게 슬프지는 않았다. |
| 誓約 | 맹세할 서, 맺을 약 | 서약 | 맹세하고 약속함. 예 그는 다시는 지각을 안 하겠다고 誓約했다. |
| 羨望 | 부러워할 선, 바랄 망 | 선망 | 부러워하여 바람. 예 많은 젊은이에게 羨望되는 직업 |
| 攝理 | 잡을 섭, 다스릴 리 | 섭리 | ① 아프거나 병든 몸을 잘 조리함. ② 대신 처리하고 다스림.<br>③ 자연계를 지배하는 원리와 법칙 예 자연의 攝理 |
| 洗滌 | 씻을 세, 씻을 척 | 세척 | 깨끗이 씻음. 예 이 세제는 洗滌 효과가 뛰어나다. |
| 洗濯 | 씻을 세, 씻을 탁 | 세탁 | ① 주로 기계를 이용하여 더러운 옷이나 피륙 따위를 빠는 일<br>② 자금, 경력 따위를 필요에 따라 여러 가지 방법으로 탈바꿈하는 일<br>예 깔끔하게 洗濯된 옷 / 과거를 洗濯하다. |
| 蘇生/甦生 | 되살아날 소, 날 생 | 소생 | 거의 죽어 가다가 다시 살아남. 예 꺼져 가는 생명이 蘇生/甦生되기를 바랐다. |
| 騷擾 | 떠들 소, 어지러울 요 | 소요 | 여러 사람이 떠들썩하게 들고 일어남. 예 騷擾의 틈을 타 강도가 창궐하다. |
| 贖罪 | 속죄할 속, 허물 죄 | 속죄 | 공을 세워 지은 죄를 비겨 없앰. 예 국가의 사면으로 이 죄는 贖罪되지 않는다. |
| 受注 | 받을 수, 물댈 주 | 수주 | 주문을 받음. 예 국내 건설업체들의 건설 공사 受注가 활기를 띠고 있다. |
| 隘路 | 좁을 애, 길 로 | 애로 | ① 일의 진행을 방해하는 장애 ② 좁고 험한 길<br>예 한라산까지 들어가기엔 적잖은 隘路가 있었다. |
| 誤謬 | 그릇될 오, 그릇될 류 | 오류 | 그릇되어 이치에 어긋남. 예 誤謬를 범하다. |
| 歪曲 | 비뚤 왜, 굽을 곡 | 왜곡 | 사실과 다르게 해석하거나 그릇되게 함. 예 역사 歪曲 |
| 搖亂/擾亂 | 흔들 요/어지러울 요, 어지러울 란 | 요란 | 시끄럽고 떠들썩함. 예 코를 搖亂/擾亂하게 골다. |
| 義捐金 | 옳을 의, 버릴 연, 쇠 금 | 의연금 | 사회적 공익이나 자선을 위하여 내는 돈 예 수재 義捐金 |
| 罹災民 | 걸릴 이(리), 재앙 재, 백성 민 | 이재민 | 재해를 입은 사람 예 이번 호우로 수많은 罹災民이 발생하였다. |
| 因襲 | 인할 인, 엄습할 습 | 인습 | 예전의 풍습, 습관, 예절 따위를 그대로 따름. 예 전통과 因襲은 구별되어야 한다. |
| 委託 | 맡길 위, 부탁할 탁 | 위탁 | ① 남에게 사물이나 사람의 책임을 맡김. 예 주인에게 그 물건을 委託을 받고 보관 중이다.<br>② 법률 행위나 사무의 처리를 다른 사람에게 맡겨 부탁하는 일. |
| 掌握 | 손바닥 장, 쥘 악 | 장악 | 무엇을 마음대로 할 수 있게 됨을 이르는 말 예 정권 掌握 |

| | 遮斷 막을 차, 끊을 단 | 차단 | ① 막아서 멈추게 함. ② 다른 것과의 관계나 접촉을 막거나 끊음.<br>예 이 물질은 태양 광선 遮斷에 탁월한 효과를 발휘한다. |
|---|---|---|---|
| | 錯覺 섞일 착, 깨달을 각 | 착각 | 어떤 현상을 실제와 다른 대상으로 잘못 보거나 듣거나 느낌.<br>예 그가 날 좋아하는 줄 알았는데 錯覺이었어. |
| | 燦爛/粲爛 빛날 찬/정미 찬, 빛날 란 | 찬란 | ① 빛이 매우 밝고 강렬함. ② 빛깔이나 모양이 매우 화려하고 아름다움.<br>예 태양이 燦爛/粲爛하게 빛나다. |
| | 斬新/嶄新 벨 참/높을 참, 새 신 | 참신 | 새롭고 산뜻함. 예 斬新/嶄新한 생각이구나. |
| | 參酌 참여할 참, 술 따를 작 | 참작 | 이리저리 비추어 보아서 알맞게 고려함. 예 패륜아에겐 參酌이 있을 수 없다. / 정상(情狀) 參酌 |
| | 懺悔 뉘우칠 참, 뉘우칠 회 | 참회 | 과거의 죄악을 깨달아 뉘우쳐 고침. 예 불효를 懺悔하다. |
| | 闡明 열 천, 밝을 명 | 천명 | 사건의 진실이나 개인의 의사가 명확하게 드러남. 예 개혁의 의지를 闡明하다. |
| | 聰明 귀 밝을 총, 밝을 명 | 총명 | ① 슬기롭고 도리에 밝음. ② 눈과 귀가 예민함. 예 그 아이는 참 聰明하다. |
| | 贅言 혹 췌, 말씀 언 | 췌언 | 하지 않아도 좋은 군더더기 말 예 贅言을 줄여야 한다. |
| | 趣旨 달릴 취, 뜻 지 | 취지 | 어떤 일의 근본이 되는 목적이나 긴요한 뜻 예 趣旨를 밝히다. |
| | 綻露 터질 탄, 드러낼 로 | 탄로 | 숨긴 일이 드러남. 예 비밀이 綻露가 나다. |
| | 耽溺 즐길 탐, 빠질 닉 | 탐닉 | 어떤 일을 몹시 즐겨서 거기에 빠짐. 예 노름에 대한 耽溺 |
| | 頹廢 무너질 퇴, 폐할 폐 | 퇴폐 | 도덕이나 풍속, 문화 따위가 어지러워짐. 예 심야 頹廢 영업 |
| | 把握 잡을 파, 쥘 악 | 파악 | ① 손으로 잡아 쥠. ② 어떤 대상의 내용이나 본질을 확실하게 이해함. 예 사건의 진상 把握 |
| | 跛行 절룩거릴 파, 다닐 행 | 파행 | ① 절뚝거리며 걸음. ② 일이나 계획 따위가 순조롭지 못하고 이상하게 진행됨.<br>예 정기 국회 跛行의 책임 |
| | 覇權 으뜸 패, 권세 권 | 패권 | 우두머리나 으뜸의 자리를 차지하여 누리는 공인된 권리와 힘<br>예 그는 전국 대회 覇權을 노렸으나 실패하고 말았다. |
| | 褒貶 기릴 포, 낮출 폄 | 포폄 | 옳고 그름이나 선하고 악함을 판단하여 결정함. 예 수령의 장부는 감사의 褒貶에 달려 있다. |
| | 風靡 바람 풍, 쓰러질 미 | 풍미 | 사회적 현상이나 사조가 널리 사회에 퍼짐. 예 사실주의 기법이 세계를 風靡했다. |
| | 絢爛 무늬 현, 빛날 란 | 현란 | ① 눈이 부시도록 찬란함. ② 시나 글에 수식이 많아서 문체가 화려함.<br>예 그야말로 絢爛을 극한 정오다. |
| | 毁損 헐 훼, 덜 손 | 훼손 | ① 체면이나 명예를 손상함. ② 헐거나 깨뜨려 못 쓰게 만듦.<br>예 이번 사건으로 그의 명예가 크게 毁損됐다. |
| | 詰難 꾸짖을 힐, 어려울 난 | 힐난 | 트집을 잡아 거북할 만큼 따지고 듦. 예 그 시선에는 성난 詰難이 담겨 있었다. |

## 3 바꿔 쓰기

| | | | |
|---|---|---|---|
| **가지다** | 보유(保有)하다 | 가지고 있거나 간직하고 있다. 예 세계 기록을 보유한 선수. | |
| | 소유(所有)하다 | 가지고 있다. 예 토지를 소유하다. | |
| | 소지(所持)하다 | 물건을 지니고 있다. 예 총기를 불법으로 소지하다. | |
| | 차지하다 | ① 사물이나 공간, 지위 따위를 자기 몫으로 가지다. 예 농토를 차지하다.<br>② 비율, 비중 따위를 이루다. 예 이번 선거에서 여당은 다수 의석을 차지하는 데 실패했다. | |
| **나누다** | 구분(區分)하다 | 일정한 기준에 따라 전체를 몇 개로 갈라 나누다. 예 열차의 좌석을 흡연석과 금연석으로 구분해 놓았다. | |
| | 구별(區別)하다 | 성질이나 종류에 따라 갈라놓다. 예 공과 사를 구별하다. | |
| | 분리(分離)하다 | 서로 나누어 떨어지게 하다. 예 소유와 경영을 분리하다. | |
| | 분배(分配)하다 | ① 몫몫이 별러 나누다. =배분하다. 예 소를 잡아 그 고기를 각 집에 고르게 분배했다.<br>② 『경제』 생산 과정에 참여한 개개인이 생산물을 사회적 법칙에 따라서 나누다.<br> 예 사원들에게 이익을 분배하다. | |
| | 가르다 | 쪼개거나 나누어 따로따로 되게 하다. 예 수박을 다섯 조각으로 갈라 나누어 먹었다. | |
| **나아지다** | 개선(改善)되다 | 잘못된 것이나 부족한 것, 나쁜 것 따위가 고쳐져 더 좋게 되다. 예 무역 수지가 개선되다. | |
| | 발전(發展)하다 | ① 더 낫고 좋은 상태나 더 높은 단계로 나아가다. 예 경제가 발전하다.<br>② 일이 어떤 방향으로 전개되다. 예 규모가 큰 촌락이 도시 국가로 발전한다. | |
| | 진보(進步)하다 | 정도나 수준이 나아지거나 높아지다. 예 진보하는 과학 기술. | |
| | 향상(向上)되다 | 실력, 수준, 기술 따위가 나아지다. 예 향상된 국제적 지위. | |
| | 좋아지다 | 좋게 되다. 예 끊임없이 기술 개발을 한 결과 우리 제품의 품질이 많이 좋아졌다. | |
| **널리 퍼지다** | 만연(蔓延/蔓衍)하다 | (비유적으로) 전염병이나 나쁜 현상이 널리 퍼지다. 식물의 줄기가 널리 뻗는다는 뜻에서 나온 말이다. 예 우리 사회에 만연해 있는 상호 간의 불신감. | |
| | 유행(流行)하다 | ① 전염병이 널리 퍼져 돌아다니다. 예 언제부턴가 마을에는 괴질이 유행하기 시작하였다.<br>② 특정한 행동 양식이나 사상 따위가 일시적으로 많은 사람의 추종을 받아서 널리 퍼지다.<br> 예 학생들 사이에 유행하는 노래. | |
| | 창궐(猖獗)하다 | 못된 세력이나 전염병 따위가 세차게 일어나 걷잡을 수 없이 퍼지다. 예 도적이 창궐하다. | |
| | 확산(擴散)되다 | 흩어져 널리 퍼지게 되다. 예 전쟁이 확산되다. | |
| **막다** | 방해(妨害)하다 | 남의 일을 간섭하고 막아 해를 끼치다. 예 공부를 방해하지 마라. | |
| | 차단(遮斷)하다 | ① 액체나 기체 따위의 흐름 또는 통로를 막거나 끊어서 통하지 못하게 하다. 예 햇볕을 차단하다.<br>② 다른 것과의 관계나 접촉을 막거나 끊다.<br> 예 아이를 외부와 차단한 채 집에서만 기른다면 아이는 온전한 사회인이 되기 어려울 것이다. | |
| | 금지(禁止)하다 | 법이나 규칙이나 명령 따위로 어떤 행위를 하지 못하도록 하다. 예 입산을 금지하다. | |
| | 통제(統制)하다 | ① 일정한 방침이나 목적에 따라 행위를 제한하거나 제약하다. 예 출입을 통제하다.<br>② 권력으로 언론·경제 활동 따위에 제한을 가하다. 예 언론을 통제하다. | |
| | 억제(抑制)하다 | ① 감정이나 욕망, 충동적 행동 따위를 내리눌러서 그치게 하다. 예 분노를 억제하다.<br>② 정도나 한도를 넘어서 나아가려는 것을 억눌러 그치게 하다. 예 물가를 억제하다. | |

| | | |
|---|---|---|
| ☐☐ 많다 | 즐비(櫛比)하다 | 빗살처럼 줄지어 빽빽하게 늘어서 있다.  예 지금 그곳은 고층 아파트들이 즐비하게 들어섰다. |
| | 지천(至賤)이다 | ① 더할 나위 없이 천하다.<br>② 매우 흔하다  예 마을 뒷산에는 산나물이 지천이다. |
| | 막대(莫大)하다 | 더할 수 없을 만큼 많거나 크다.  예 막대한 손실. |
| | 수두룩하다 | 매우 많고 흔하다.  예 그 일을 할 수 있는 사람은 이 분야에 수두룩하다. |
| | 허다하다 | 수효가 매우 많다.  예 정부에서 발표한 정책은 허다한 문제를 안고 있다. |
| ☐☐ 보내다 | 발송(發送)하다 | 물건, 편지, 서류 따위를 우편이나 운송 수단을 이용하여 보내다.<br>예 질의 서한을 참고인에게 발송하였다. |
| | 파견(派遣)하다 | 일정한 임무를 주어 사람을 보내다.  예 사건 해결을 위해 처리 요원을 현장에 파견하였다. |
| | 송달(送達)하다 | 편지, 서류, 물품 따위를 보내어 주다.<br>예 저희 택배 회사는 소량의 물품이라도 신속·안전·정확하게 수신인에게 송달합니다. |
| ☐☐ 비슷하다 | 유사(類似)하다 | 서로 비슷하다.  예 그는 식성이 아버지와 유사하다. |
| | 흡사(恰似)하다 | 거의 같을 정도로 비슷하다.  예 그의 눈빛은 자기 아버지의 눈빛과 매우 흡사하다. |
| | 상당(相當)하다 | 일정한 액수나 수치, 정도 따위에 이르다.  예 100달러면 우리 돈으로 11만 원에 상당한다. |
| | 방불(彷佛)하다 | ① 거의 비슷하다.  예 임 선달의 옛날 영웅호걸과 방불한 것이 적지 않은 위로가 되었던 것이다.<br>② 무엇과 같다고 느끼게 하다.  예 붕괴 현장은 전쟁터를 방불케 했다. |
| | 오십보백보(五十步百步)이다 | 조금 낫고 못한 정도의 차이는 있으나 본질적으로는 차이가 없다.<br>예 49등이나 50등이나 오십보백보이다. |
| ☐☐ 있다 | 존재(存在)하다 | 현실에 실재하다.  예 이 세상에는 신이 존재한다. |
| | 개재(介在)하다 | 어떤 것들 사이에 끼여 있다.  예 그와 나 사이에는 아무런 선입견도 개재하지 않는다. |
| | 편재(偏在)하다 | 한곳에 치우쳐 있다.  예 문화 시설 대부분이 서울에 편재해 있다. |
| | 편재(遍在)하다 | 널리 퍼져 있다. |
| | 산재(散在)하다 | 여기저기 흩어져 있다.  예 중국 대륙에 산재하여 독립운동에 참여하던 수많은 청년들. |
| ☐☐ 죽다 | 운명(殞命)하다 | 사람의 목숨이 끊어지다.  예 할아버지께서는 80세를 일기로 운명하셨습니다. |
| | 별세(別世)하다 | 윗사람이 세상을 떠나다.  예 은사께서 지병으로 별세하셨다. |
| | 귀천(歸天)하다 | 사람이 죽다. 넋이 하늘로 돌아간다는 뜻에서 나온 말이다. |
| | 유명(幽明)을 달리하다 | '죽다'를 완곡하게 이르는 말.  예 그가 과로로 쓰러져 유명을 달리했다. |
| | 돌아가다 | '죽다'의 높임말.  예 할아버지께서 돌아가셨다. |

※ Daum 검색창에 '혜원국어'를 입력해 주세요. 혜원국어 카페에서 더 많은 어휘 자료를 확인하실 수 있습니다.
(https://cafe.daum.net/hwkor)

# PART 4
# 국어 규범

# 출제 경향 한눈에 보기

구조도

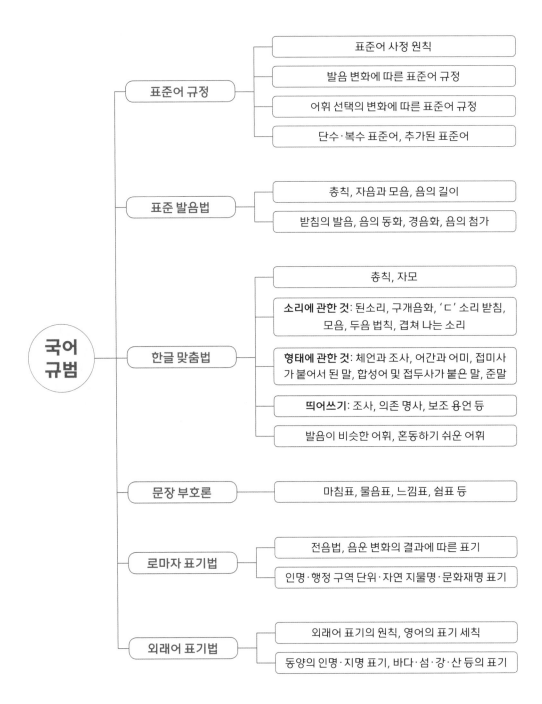

## 영역별 학습 목표

'① 표준어 규정, ② 표준 발음법, ③ 한글 맞춤법, ④ 띄어쓰기, ⑤ 개정 문장 부호, ⑥ 외래어 표기법, ⑦ 로마자 표기법' 등과 같은 기본적인 언어 규범 및 생활 문법에 대해 이해할 수 있다.

## 최신 3개년 기출 목록(국가직, 지방직 기준)

| | |
|---|---|
| 1. 표준어 규정 | 숫염소, 위층, 아지랑이, 으레, 무정타, 섭섭지, 선발토록, 생각건대, 부치다, 알음, 닫히다, 겉잡다, 가엽다, 배냇저고리, 감감소식, 검은엿, 눈짐작, 세로글씨, 푸줏간, 가물, 상관없다, 외눈박이, 덩굴, 귀퉁배기, 겉창, 뚱딴지, 툇돌, 들랑날랑, 며칠, 웬일, 박이다, 꼼꼼히, 당당히, 섭섭히, 오랫동안, 재작년, 띄는, 띠는, 받아들이는, 닦달하다, 통째, 발자국, 구레나룻, 귀띔, 핼쑥하다, 지양, 지향, 적잖은, 하마터면, 웃어른, 사흗날, 베갯잇, 시퍼렇다, 새하얗다, 가팔라서, 불살라서, 올발라서, 구한, 통째로, 하마터면, 잘록하게 |
| 2. 표준 발음법 | 국민, 금융, 샛길, 나뭇잎, 이죽이죽, 권력, 내일, 돕는다, 미닫이, 부엌일, 익숙지, 정결타, 흔타, 신문, 물난리, 밟는다, 한여름, 가을일, 텃마당, 입학생, 흙먼지, 태권도, 홑이불, 홑옷, 공권력, 마천루, 생산력, 결단력 |
| 3. 한글 맞춤법 | 구시렁거리다, 들이켜다, 곰기다 개살구, 돌미나리, 군소리, 짚신, 숫양, 수키와, 수평아리, 수탕나귀, 수퇘지, 수은행나무, 수캉아지, 수탉, 썩이다, 썩히다, 갈음, 가름, 부문, 부분, 구별, 구분, 흡입량, 구름양, 정답란, 칼럼난, 꼭짓점, 돌나물, 페트병, 낚시꾼, 딱따구리, 오뚝이, 싸라기, 법석, 화병(火病), 찻간(車間), 셋방(貰房), 곳간(庫間), 전세방, 아랫집, 쇳조각, 자릿세, 깨나, 곤욕, 곤혹, 곯아떨어지다, 결제, 결재, 겉잡다, 걷잡다, 인사말, 노랫말, 순댓국, 하굣길 |
| 4. 로마자 표기법 | 한라산, 다락골, 국망봉, 낭림산, 순대, 광희문, 왕십리, 정릉, 가평군, 갈매봉, 마천령, 백령도 |
| 5. 외래어 표기법 | 보닛, 브러시, 보트, 그래프, 플래카드, 케이크, 초콜릿, 캐비닛, 스케줄, 플래시, 커피숍, 리더십, 파마, 심포지엄, 바리케이드, 콘센트, 콘텐츠, 파카, 도트, 플랫, 코러스, 선루프, 스펀지, 리모컨, 버튼, 알코올, 트로트, 콘퍼런스, 글라스 |

## ★ 표준어의 기능
· 통일의 기능　· 우월의 기능
· 준거의 기능　· 독립의 기능

**❶ 표준어 사정 원칙**
① 사회적 기준에 관한 규정(①)
　→ 우월의 기능과 관련된다.
② 시대적 기준에 관한 규정(②)
　→ 역사성을 갖고 있으며 시대에 따라 변한다.
③ 지역적 기준에 관한 규정(③)
　→ 수도의 방언이 표준어가 되는 경우가 많으나 서울말로만 표준어로 삼은 것은 아니다.

**❷ 녘**
1. '쪽'의 의미 → 붙여 쓴다.
　예 북녘/서녘/윗녘/아랫녘/앞녘/
　　 왼녘
2. '어떤 때의 무렵'의 의미 → 띄어 쓴다.
　예 아침∨녘/황혼∨녘/날∨샐∨
　　 녘/동틀∨녘/해∨질∨녘
3. **주의!**
　예 새벽녘/저물녘/저녁녘/어슬녘

**❸ 간(間): 관습적인 표현**
예 초가삼간, 윗간, 아랫간, 뒷간, 마구간, 방앗간, 외양간, 푸줏간, 헛간, 수라간(水刺間)
cf 칸: 공간의 구획이나 넓이
　예 한 칸, 앞 칸, 아래 칸

**❹ 고삿:** 초가지붕을 일 때 쓰는 새끼
cf 고샅: 시골 마을의 좁은 골목길

**❺ 울력성당:** 떼 지어 으르고 협박함.
= 완력성당

**❻ 갓모:** 사기 만드는 물레 밑 고리
cf 갈모: 갓 위에 쓰는, 유지로 만든 우비

**❼ 말곁:** 남이 말하는 옆에서 덩달아 참견하는 말

**❽ 적이:** 꽤 어지간한 정도로

**❾** '빌다'는 '간청하다, 바라다', '용서를 구하다.', '공짜로 달라고 호소하다.'의 의미이다.

**❿ 열두째(관형사, 수사):** 순서가 열두 번째가 되는 차례
예 이 책의 열두째 줄을 잘 보렴.
cf 열둘째(명사): 맨 앞에서부터 세어 모두 열두 개째가 됨을 이르는 말
　예 이 채점 답안지는 열둘째이다.

**⓫ 수꿩 ↔ 암꿩:** 까투리

**⓬** '수'와 '암' 뒤에서 거센소리가 나는 이유는 중세 국어의 '수ㅎ', '암ㅎ'의 자취가 남아 있기 때문이다.

**⓭** '수평아리'와 달리 '수벌'은 '수펄'로 표기하지 않는다.
예 · 수벌(○), 수펄(×)
　· 암벌(○), 암펄(×)

**⓮ 수키와:** 두 암키와 사이를 엎어 있는 기와

**⓯ 수톨쩌귀:** 문짝에 박아서 문설주에 있는 암톨쩌귀에 꽂게 되어 있는 돌쩌귀

---

## 1절　표준어 규정

### 1 총칙

| | |
|---|---|
| 제1항 | 표준어는 ① 교양 있는 사람들이 두루 쓰는 ② 현대 ③ 서울말로 정함을 원칙으로 한다.❶ |
| 제2항 | 외래어는 따로 사정한다. |

### 2 발음 변화에 따른 표준어 규정

#### 제1절 자음

| | |
|---|---|
| 제3항 | 다음 단어들은 거센소리를 가진 형태를 표준어로 삼는다.<br>끄나풀, 나팔꽃, 동녘, 새벽녘❷, 부엌, 살쾡이, 털어먹다, 칸막이, 일등칸, 빈칸, 방 한 칸<br>예외 초가삼간, 윗간❸ |
| 제4항 | 다음 단어들은 거센소리로 나지 않는 형태를 표준어로 삼는다.<br>가을갈이, 거시기, 분침(分針) |
| 제5항 | 어원에서 멀어진 형태로 굳어져 널리 쓰이는 것은, 그것을 표준어로 삼는다.<br>강낭콩, 고삿❹, 사글세, 울력성당❺<br><br>다만, 어원적으로 원형에 더 가까운 형태가 아직 쓰이고 있는 경우에는, 그것을 표준어로 삼는다.<br>　갈비, 갓모❻, 굴젓, 말곁❼, 물수란, 밀뜨리다, 적이❽ |
| 제6항 | 다음 단어들은 의미를 구별함이 없이, 한 가지 형태만을 표준어로 삼는다.<br>돌, 둘째, 셋째, 넷째, 빌리다❾<br><br>다만, '둘째'는 십 단위 이상의 서수사에 쓰일 때에 '두째'로 한다.<br>　열두째❿, 스물두째 |
| 제7항 | 수컷을 이르는 접두사는 '수-'로 통일한다.<br>수- 수꿩⓫, 수나사, 수놈, 수사돈, 수은행나무<br><br>다만 1. 다음 단어에서는 접두사 다음에서 나는 거센소리를 인정한다. 접두사 '암-'이 결합되는 경우에도 이에 준한다.⓬<br>수-+거센소리 수탉, 수평아리⓭, 수캐, 수캉아지, 수키와⓮, 수톨쩌귀⓯, 수퇘지, 수탕나귀, 수컷<br><br>다만 2. 다음 단어의 접두사는 '숫-'으로 한다.<br>숫- 숫양, 숫염소, 숫쥐<br>비교 '더럽혀지지 않아 깨끗한'의 의미를 갖는 접두사 '숫-'과 별개이다.<br>　예 숫눈, 숫백성, 숫사람, 숫처녀, 숫총각 등 |

## 제2절 모음

| | |
|---|---|
| 제8항 | 양성 모음이 음성 모음으로 바뀌어 굳어진 다음 단어는 음성 모음 형태를 표준어로 삼는다.<br><br>깡충깡충, 오순도순('오손도손'도 인정), 막둥이, 검둥이, 바람둥이❶, 발가숭이, 뻗정다리, 봉죽(奉足)❷, 아서라, 오뚝이❸, 주춧돌(柱礎)<br><br>다만, 어원 의식이 강하게 작용하는 다음 단어에서는 양성 모음 형태를 그대로 표준어로 한다.<br><br>부조(扶助), 사돈(查頓), 삼촌(三寸)<br><br>**📋 기출 확인**<br><br>다음 중 표준어가 아닌 것은?　　　　　　　　　　2022 군무원 9급<br><br>① 발가숭이　② 깡총깡총　③ 뻗정다리　④ 오뚝이<br><br>[해설] 깡총깡총 → 깡충깡충: '짧은 다리를 모으고 자꾸 힘 있게 솟구쳐 뛰는 모양'을 이르는 표준어는 '깡충깡충'으로, 모음조화가 지켜지지 않은 형태가 표준어인 경우이다.　　[정답] ② |
| 제9항 | 'ㅣ' 역행 동화 현상에 의한 발음은 원칙적으로 표준 발음으로 인정하지 아니하되, 다만 다음 단어들은 그러한 동화가 적용된 형태를 표준어로 삼는다.<br><br>서울내기, 신출내기, 풋내기, 냄비, 동댕이치다　[예외] 아지랑이<br><br>[붙임 2] 기술자에는 '-장이', 그 외에는 '-쟁이'가 붙는 형태를 표준어로 삼는다.<br><br>・ 미장이❹, 유기장이, 옹기장이, 양복장이, 칠장이, 간판장이, 땜장이<br>・ 멋쟁이, 빵쟁이, 점쟁이, 침쟁이, 소금쟁이, 담쟁이덩굴(넝쿨), 골목쟁이❺, 발목쟁이❻, 양복쟁이<br>　* '갓장이, 양복장이'는 갓이나 양복을 만드는 사람을 뜻하고, '갓쟁이, 양복쟁이'는 갓을 쓰거나 양복을 입은 사람을 낮추어 부르는 말이다.<br>　* 다만, '점쟁이, 관상쟁이, 그림쟁이, 이발쟁이, 침쟁이' 등은 관용적으로 '-쟁이'를 인정한다. |
| 제10항 | 다음 단어는 모음이 단순화한 형태를 표준어로 삼는다.<br><br>괴팍하다❼, 잘했구먼, 미루나무, 미륵보살, 여느❽, 온달(꽉 찬 달), 으레❾, 케케묵다, 허우대❿, 허우적거리다 |
| 제11항 | 다음 단어에서는 모음의 발음 변화를 인정하여, 발음이 바뀌어 굳어진 형태를 표준어로 삼는다.<br><br>잘했구려, 깍쟁이⓫, 나무라다, 미숫가루, 바람[望]⓬, 상추, 주책⓭, 지루하다, 허드레⓮, 호루라기 |
| 제12항 | '웃-' 및 '윗-'은 명사 '위'에 맞추어 '윗-'으로 통일한다.<br><br>[윗-] '위와 아래'로 구분할 때, '위'라는 뜻<br><br>윗넓이, 윗눈썹, 윗니, 윗당줄, 윗덧줄, 윗도리, 윗동아리, 윗막이, 윗머리, 윗목, 윗몸, 윗바람, 윗배, 윗벌, 윗변, 윗사랑, 윗세장, 윗수염, 윗입술, 윗잇몸, 윗자리, 윗중방, 윗부분, 윗글, 윗말<br>　* '아랫-'이 붙은 말이 없더라도 '윗-'이 의미상 '아랫-'과 반대되는 의미를 나타내는 경우에는 '윗-'으로 쓸 수 있다. [예] 윗넓이(O), 아랫넓이(×)<br><br>다만 1. 된소리나 거센소리 앞에서는 '위-'로 한다.<br><br>[위-] 위짝, 위쪽, 위채, 위층, 위치마, 위턱, 위팔<br><br>다만 2. '아래, 위'의 대립이 없는 단어는 '웃-'으로 발음되는 형태를 표준어로 삼는다.<br><br>[웃-] 웃국⓯, 웃기⓰, 웃돈⓱, 웃비⓲, 웃어른, 웃옷, 웃거름<br><br>**📋 기출 확인**<br><br>밑줄 친 단어가 표준어 규정에 맞게 쓰인 것은?　　　　2023 국가직 9급<br><br>① 저기 보이는 게 암염소인가, <u>수염소</u>인가?<br>② 오늘 <u>윗층</u>에 사시는 분이 이사를 가신대요.<br>③ 봄에는 여기저기에서 <u>아지랭이</u>가 피어오른다.<br>④ 그는 수업을 마치면 <u>으레</u> 친구들과 운동을 한다.<br><br>[해설] 원래 '의례(依例)'에서 '으례'가 되었던 것인데 '례'의 발음이 '레'로 바뀌었으므로 '으레'를 표준어로 삼는다. 따라서 '으레'는 표준어 규정에 맞게 쓰인 것이다.　　[정답] ④ |

---

❶ **-둥이**: 어원은 '동(童)'이지만, '-둥이'를 표준어로 삼았다.
　[예] 귀염둥이, 막둥이, 쌍둥이, 바람둥이, 흰둥이
　[비교] 쌍둥밤(O), 쌍둥밤(×)
　* 옴포동이(O), 옴포동하다(O), 옴포동이(×)

❷ **봉죽**: 일을 꾸려 나가는 사람을 곁에서 거들어 도와줌.

❸ **오뚝이**: '-하다'나 '-거리다'가 붙는 어근에 '-이'가 붙어서 명사가 된 것은 그 원형을 밝히어 적는다. 이에 따라, '오뚝이'가 옳다.
　[cf] ・오뚝이(부사, 명사)
　　　[예] ・그의 콧날은 오뚝이 도드라졌다.
　　　　　・오뚝이처럼 벌떡 일어나 다시 달려 보렴.
　　　　　・오뚝(부사)　[예] 오뚝 솟은 코
　　　　　・오뚝하다(형용사)
　　　　　[예] 바위가 오뚝하다.
　* 우뚝하다(O), 우뚝이 = 우뚝(O), 오뚝하다(×)

❹ **미장이**: 건축 공사에서 벽이나 천장, 바닥 따위에 흙, 회, 시멘트 따위를 바르는 일을 직업으로 하는 사람

❺ **골목쟁이**: 골목에서 좀 더 깊숙이 들어간 좁은 곳

❻ **발목쟁이**: 발모가지. '발' 혹은 '발목'을 속되게 이르는 말

❼ **괴팍하다**: 붙임성이 없이 까다롭고 별나다.

❽ **여느**: 그 밖의 예사로운

❾ **으레**: 두말할 것 없이 당연히

❿ **허우대**: 겉으로 드러난 보기 좋은 체격

⓫ '깍정이'는 '깍쟁이'의 의미로는 비표준어이지만, '밤나무 따위의 열매를 싸고 있는 술잔 모양의 받침'의 의미로 쓰일 때는 표준어이다.
　[cf] 서울깍쟁이: 까다롭고 인색한 서울 사람

⓬ '바라다[望]'의 명사형은 '바람'이다.
　* '모자라다, 나무라다, 바라다, 자라다'는 활용의 양상이 동일하다.

⓭ **주책**
　1. 일정하게 자리 잡힌 주장이나 판단력
　2. 일정한 줏대가 없이 되는대로 하는 짓
　* '주책없다'의 비표준형으로 규정해 온 '주책이다'도 2016년 12월 추가된 표준어에 따라 표준형으로 인정하였다.

⓮ **허드레**: 그다지 중요하지 아니하고 허름하여 함부로 쓸 수 있는 물건

⓯ **웃국**: 간장이나 술 따위를 담가서 익힌 뒤에 맨 처음에 떠낸 진한 국

⓰ **웃기**: 떡, 포, 과일 따위를 굄 위에 모양을 내기 위하여 얹는 재료

⓱ **웃돈**: 본래의 값에 덧붙이는 돈

⓲ **웃비**: 아직 우기(雨氣)는 있으나 한참 내리다가 그친 비
　[cf] 웃비걷다: 좍좍 내리던

→ [오답] ① 수염소 → 숫염소: '양, 염소, 쥐'에는 접두사 '숫-'을 쓴다.
② 윗층 → 위층: 된소리나 거센소리 앞에는 사이시옷을 받쳐 적지 않는다.
③ 아지랭이 → 아지랑이: 'ㅣ' 모음 역행 동화가 일어나지 않은 '아지랑이'가 표준어이다.

| 제13항 | 한자 '구(句)'가 붙어서 이루어진 단어는 '귀'로 읽는 것을 인정하지 아니하고, '구'로 통일한다. |
| --- | --- |
| | 구 구법(句法), 구절(句節), 구점(句點), 결구(結句), 경구(警句), 경인구(警人句), 난구(難句), 단구(短句), 단명구(短命句), 대구(對句), 문구(文句), 성구(成句), 시구(詩句), 어구(語句), 연구(聯句), 인용구(引用句), 절구(絶句) |
| | 다만, 다음 단어는 '귀'로 발음되는 형태를 표준어로 삼는다. |
| | 귀 귀글, 글귀 |

## 제3절 준말

| 제14항 | 준말이 널리 쓰이고 본말이 잘 쓰이지 않는 경우에는, 준말만을 표준어로 삼는다. |
| --- | --- |

| | | | |
| --- | --- | --- | --- |
| 귀찮다 | 김(김매다) | 똬리(또아리×) | 무(무우×) |
| 미다❶ | 뱀 | 뱀장어 | 빔❷ |
| 샘❸ | 생쥐(새앙쥐×) | 솔개 | 온갖 |
| 장사치(장사아치×)❹ | | | |

**예원通  보상적 장모음화**

준말이 표준어인 것 중에 2음절이 1음절로 줄어들게 되면 '보상적 장모음화'가 일어난다.
예 똬리[똬:리], 뱀[뱀:], 온갖[온:갇], 김[김:], 무[무:], 미다[미:다], 생쥐[생:쥐] 등
그러나 '귀찮다, 장사치, 솔개'의 경우에는 '보상적 장모음화'가 일어나지 않는다.

| 제15항 | 준말이 쓰이고 있더라도, 본말이 널리 쓰이고 있으면 본말을 표준어로 삼는다. |
| --- | --- |

| | | | |
| --- | --- | --- | --- |
| 경황없다❺ | 궁상떨다❻ | 귀이개(귀지개×, 귀개×) | |
| 낌새 | 낙인찍다 | 내왕꾼 | 돗자리 |
| 뒤웅박 | 뒷물대야 | 마구잡이 | 맵자하다❼ |
| 모이 | 벽돌 | 부스럼❽ | 살얼음판 |
| 수두룩하다 | 암죽 | 어음 | 일구다 |
| 죽살이❾ | 퇴박맞다 | 한통치다 | |

* 다만, '다음 → 담', '마음 → 맘'의 경우에는 모두 표준어로 인정한다.

[붙임] 다음과 같이 명사에 조사가 붙은 경우에도 이 원칙을 적용한다.

아래 -로(○)/알-로(×)

* 다만, '이리로 → 일로', '그리로 → 글로', '저리로 → 절로', '요리로 → 욜로', '고리로 → 골로', '조리로 → 졸로'의 경우에는 준말 형태가 표준어로 인정된다.

| 제16항 | 준말과 본말이 다 같이 널리 쓰이면서 준말의 효용이 뚜렷이 인정되는 것은, 두 가지를 다 표준어로 삼는다. |
| --- | --- |

| | | |
| --- | --- | --- |
| 거짓부리/거짓불 | 노을/놀❿ | 막대기/막대 |
| | | 망태기/망태 |
| 머무르다/머물다 | | 시누이/시뉘/시누 |
| 서두르다/서둘다 | 석새삼베/석새베⓬ | 오누이/오뉘/오누 |
| 서투르다/서툴다⓫ | | |
| 외우다/외다⓭ | 이기죽거리다/이죽거리다 | 찌꺼기/찌끼(찌꺽지×) |

---

❶ **미다**
1. 털이 빠져 살이 드러나다.
2. 찢어지다.

❷ **빔:** 명절이나 잔치 때에 새 옷을 차려입음.

❸ **샘:** 남의 처지나 물건을 탐냄.
cf · **샘바르다:** 샘이 심하다.
· **샘바리:** 샘이 많아서 안달하는 사람

❹ '장사아치'는 '장사치'로만 쓰고 나머지는 접사 '-아치'가 붙은 것이 표준어이다.
예 벼슬아치, 반빗아치, 구실아치, 동냥아치, 양아치

❺ **경황없다:** 몹시 괴롭거나 바빠서 다른 일을 생각할 겨를이나 흥미가 전혀 없다.

❻ **궁상떨다:** 궁상이 드러나 보이도록 행동하다.

❼ **맵자하다:** 모양이 제격에 어울려서 맞다.

❽ 정월 보름에 쓰는 '부럼'은 표준어이다.

❾ **죽살이:** 생사(生死)

❿ · 저녁노을(○), 저녁놀(○)
· 까치노을(×), 까치놀(○)

⓫ · 머물러(○), 머물어(×)
· 서둘러(○), 서둘어(×)
· 서툴러(○), 서툴어(×)
→ 자음 어미가 올 때는 본말과 준말 둘다 활용할 수 있지만, 모음 어미가 연결될 때, 준말은 활용할 수 없다.
* 그러나 모음 어미가 연결될 때 준말의 활용형을 인정하지 않는 것이 모든 어휘에 해당하는 것은 아니다.
예 · 외다('외우다'의 준말), 외어(○)
· 걷다('거두다'의 준말), 걷어(○)

⓬ **석새삼베:** 성글고 굵은 베

⓭ **외우다:** 외우 + 어 → 외워(○)
**외다:** 외 + 어 → 외어(○) = 왜(○)
cf '날씨가 개다'의 '개다'는 '개이다(×)'를 복수 표준어로 인정하지 않는다.

## 제4절 단수 표준어

| 제17항 | 비슷한 발음의 몇 형태가 쓰일 경우, 그 의미에 아무런 차이가 없고, 그중 하나가 더 널리 쓰이면, 그 한 형태만을 표준어로 삼는다. |
|---|---|

| 바른 표기(○) | 틀린 표기(×) | 비고 |
|---|---|---|
| 거든-그리다 | 거둥-그리다 | 1. 거든하게 거두어 싸다.<br>2. 작은말은 '가든-그리다'임. |
| 구어-박다 | 구워-박다 | 사람이 한군데에서만 지내다. |
| 귀-고리 | 귀엣-고리 | 귀고리(○), 귀걸이(○), 귀거리(×) |
| 귀-띔 | 귀-틤 | |
| 귀-지 | 귀에-지 | |
| 까딱-하면 | 까땍-하면 | |
| 꼭두-각시 | 꼭둑-각시 | 인형, 남의 조종에 따라 움직이는 사람이나 조직 |
| 내색 | 나색 | 감정이 나타나는 얼굴빛 |
| 내숭-스럽다❶ | 내흉-스럽다 | |
| 냠냠-거리다 | 얌냠-거리다 | 냠냠-하다 |
| 냠냠-이 | 얌냠-이 | |
| 서[三], 너[四] | 세/석, 네 | ~ 돈, ~ 말, ~ 발, ~ 푼 |
| 석[三], 넉[四] | 세, 너/네 | ~ 냥, ~ 되, ~ 섬, ~ 자 |
| 다다르다 | 다닫다 | |
| 댑-싸리❷ | 대-싸리 | |
| 더부룩-하다 | 더뿌룩-하다/듬뿌룩-하다 | |
| -던(가/걸/고/데/지) (회상) | -든❸(가/걸/고/데/지) | |
| -(으)려고❹ | -(으)ㄹ려고/-(으)ㄹ라고 | |
| -(으)려야❺ | -(으)ㄹ려야/-(으)ㄹ래야 | |
| 망가-뜨리다 | 망그-뜨리다 | |
| 멸치 | 머루치/메리치 | |
| 반빗-아치❻ | 반비-아치 | '반빗' 노릇을 하는 사람. 찬비(饌婢) '반비'는 밥 짓는 일을 맡은 계집종 |
| 보습❼ | 보십/보섭 | |
| 본새❽ | 뽄새 | |
| 봉숭아 | 봉숭화 | '봉선화'도 표준어임. |
| 뺨-따귀 | 뺌-따귀/뺨-따구니 | '뺨'의 비속어임. |
| 뻐개다[斫] | 뻐기다 | 두 조각으로 가르다. |
| 뻐기다[誇] | 뻐개다 | 뽐내다 |
| 사자-탈 | 사지-탈 | |
| 상-판대기 | 쌍-판대기 | |
| 설령(設令) | 서령 | |
| -습니다 | -읍니다 | |
| 시름-시름❾ | 시늠-시늠 | |
| 씀벅-씀벅❿ | 썸벅-썸벅 | 씀뻑씀뻑(○) |
| 아궁이 | 아궁지 | |
| 아내 | 안해 | |
| 어-중간 | 어지-중간 | [cf] 어지간하다(○), 에지간하다(×) |
| 오금-팽이⓫ | 오금-탱이 | |
| 오래-오래 | 도래-도래 | 돼지 부르는 소리 |

❶ 내숭스럽다: 겉으로는 순해 보이나 속으로는 엉큼한 데가 있다.
[cf] · 내숭떨다(×)
· 내숭(○)
· 내숭을 떨다(○)

❷ 15세기 어원에 근거한 현대어

| 대 + 뿌리 | 댑싸리 |
|---|---|
| 조 + 뿔 | 좁쌀 |
| 이 + 빽 | 입때 |

→ 댑싸리 / 햅쌀, 좁쌀, 멥쌀, 입쌀 / 입때, 접때

❸ 선택, 무관의 뜻을 나타내는 어미는 '-든'이다.
[예] · 가-든(지) 말-든(지)
· 보-든(가) 말-든(가)

❹ · 먹으려고(○), 먹을려고(×)
· 서울에 살려고(×)
· 서울에 살려고(○)

❺ · 가려야(○), 갈려야(×)
· 떼려야 뗄 수 없는(○)
· 뗄래야 뗄 수 없는(×)

❻ 반빗: 예전에 반찬을 만드는 일을 맡아 하던 직책 = 반빗아치

❼ 보습: 농기구. 넓적한 삽 모양의 쇳조각

❽ 본새: 어떤 물건의 본디의 생김새. 어떠한 동작이나 버릇의 됨됨이

❾ 시름시름: 병세가 나아지지 않으면서 오래 끄는 모양

❿ 씀벅씀벅: 눈꺼풀을 움직이며 눈을 자꾸 감았다 떴다 하는 모양
[cf] 썸벅썸벅: '잘 드는 칼에 쉽사리 계속해서 베어지는 모양이나 그 소리'의 의미로는 표준어이다.

⓫ 오금팽이: 오금이나 오목한 곳을 낮잡아 이르는 말
[cf] 오금: 무릎의 구부러지는 오목한 안쪽 부분
[관용] 오금이 쑤시다: 무슨 일을 하고 싶어 가만히 있지 못하다.

❶ **옹골차다:** 매우 옹골지다.

❷ 제16항에서 '머무르다'와 '머물다'를 모두 표준어로 인정한 반면, '짓무르다'는 준말 '짓물다'를 인정하지 않는다. '무르다'를 '물다'로 줄여 쓰지 않는 것과 같은 맥락이다.

❸ **짚북데기:** 짚이 아무렇게나 엉킨 북데기

❹ **천정부지(天井不知):** '천장을 알지 못한다.'의 의미로 물가가 한없이 오름을 비유한 말. '하늘 높은 줄 모름.'으로 순화

❺ **흉업다:** 불쾌할 정도로 언행이 흉하다. (흉업다 - 흉업고 - 흉업지 - 흉어워)

❻ 1. 소의 부위나 소의 특성이 있음을 뜻할 때는 '쇠-', '소-'를 붙인 말 모두 표준어이다. (이때의 '쇠-/소-'는 접사)
　　예 -가죽, -고기, -기름, -머리, -뼈
　2. 이 외에는 '소-'만 표준어이다.
　　예 소띠, 소몰이, 소도둑, 소싸움, 소달구지

❼ 고이어 = 고여 = 괴어 = 괘
　 ≠ 괴여(×) ≠ 괘어(×)

❽ '꼬이다(○)'와 '꼬시다(○)' 모두 표준어이다. '꼬시다'는 2014년 추가된 표준어로 '꾀다'를 속되게 이르는 말.

❾ ・쏘이어 = 쏘여 = 쐬어 = 쐐(○)
　 ≠ 쐬여(×) ≠ 쐐어(×)
　・쏘였다 = 쐬었다 = 쐤다(○)

★❿ **거슴츠레하다:** 졸리거나 술에 취해서 눈이 정기가 풀리고 흐리멍덩함.
　　cf 흐리멍덩하다(○), 흐리멍텅하다(×)

⓫ ・꺼림하다(○), 꺼림직하다(○), 꺼림칙하다(○)
　・께름하다(○), 께름직하다(○), 께름칙하다(○)

⓬ **나부랭이 = 너부렁이**
　1. 종이나 헝겊의 자질구레한 오라기
　2. 어떤 부류의 사람이나 물건을 낮잡아 이르는 말
　* '너부렝이'는 비표준어

| 바른 표기(○) | 틀린 표기(×) | 비고 |
|---|---|---|
| -올시다 | -올습니다 | |
| 옹골-차다❶ | 공골-차다 | |
| 우두커니 | 우두머니 | 작은말은 '오도카니'임. |
| 잠-투정 | 잠-투세/잠-주정 | |
| 재봉-틀 | 자봉-틀 | 발~, 손~ |
| 짓-무르다❷ | 짓-물다 | |
| 짚-북데기❸ | 짚-북세기 | '짚북더기'도 비표준어임. |
| 쪽 | 짝 | 편(便). 이~, 그~, 저~. 다만, '아무-짝'은 '짝'임. |
| 천장(天障) | 천정 | '천정부지(天井不知)'❹는 '천정'임. |
| 코-맹맹이 | 코-맹녕이 | |
| 흉-업다❺ | 흉-헙다 | |

## 제5절 복수 표준어

**제18항** | 다음 단어는 앞을 원칙으로 하고, 뒤도 허용한다.

네/예　　　　　　　　　　쇠-/소-❻　　　　　　　　　(물이) 괴다/고이다❼
(어린애를) 꾀다/꼬이다❽　　(바람을) 쐬다/쏘이다❾　　(나사를) 죄다/조이다
(볕을) 쬐다/쪼이다

* 국어의 음운 현상으로 설명할 수 있거나 두 형태가 모두 널리 쓰일 때 복수 표준어로 인정된다.

★**제19항** | 어감의 차이를 나타내는 단어 또는 발음이 비슷한 단어들이 다 같이 널리 쓰이는 경우에는, 그 모두를 표준어로 삼는다.

거슴츠레하다/게슴츠레하다❿　　　　　고까/꼬까(~신, ~옷)
고린내/코린내(꼬린내×)　　　　　　　교기(驕氣)/갸기(교만한 태도)
구린내/쿠린내(꾸린내×)　　　　　　　꺼림하다⓫/께름하다
나부랭이/너부렁이⓬

## 3 어휘 선택의 변화에 따른 표준어 규정

### 제1절 고어

| 제20항 | 사어(死語)가 되어 쓰이지 않게 된 단어는 고어로 처리하고, 현재 널리 사용되는 단어를 표준어로 삼는다. |
|---|---|

| 바른 표기(○) | 틀린 표기(×) | 바른 표기(○) | 틀린 표기(×) |
|---|---|---|---|
| 난봉❶ | 봉 | 설거지-하다 | 설겆다 / 애닯다 ❸ |
| 낭떠러지 | 낭 | 애달프다 | |
| 오동-나무 | 머귀-나무❷ | 자두 | 오얏 |

### 제2절 한자어

| 제21항 | 고유어 계열의 단어가 널리 쓰이고 그에 대응되는 한자어 계열의 단어가 용도를 잃게 된 것은, 고유어 계열의 단어만을 표준어로 삼는다. |
|---|---|

| 바른 표기(○) | 틀린 표기(×) | 바른 표기(○) | 틀린 표기(×) |
|---|---|---|---|
| 가루-약(--藥) | -약(末藥) | 사래-밭 | 사래-전(--田) |
| 구들-장 | 방-돌(房-) | 삯-말 | 삯-마(-馬) |
| 길품-삯 | 보행-삯(步行-) | 성냥 | 화-곽(火-) |
| 까막-눈 | 맹-눈(盲-) | 솟을-무늬❹ | 솟을-문(--紋) |
| 꼭지-미역 | 총각-미역(總角--) | 외-지다 | 벽-지다(僻-)❺ |
| 나뭇-갓 | 시장-갓(柴場-) | 움-파 | 동-파(冬-) |
| 늙-다리 | 노닥다리(老---) | 잎-담배 | 잎-초(-草) |
| 두껍-닫이 | 두껍-창(--窓) | 잔-돈 | 잔-전(-錢) |
| 떡-암죽(--粥) | 병-암죽(餠-粥) | 조-당수 | 조-당죽(--粥) |
| 마른-갈이 | 건-갈이(乾--) | 죽데기❻ | 피-죽❼ |
| 마른-빨래 | 건-빨래(乾--) | 지겟-다리 | 목-발(木-)❽ |
| 메-찰떡 | 반-찰떡(半--) | 짐-꾼 | 부지-군(負持-) |
| 박달-나무 | 배달-나무 | 푼-돈 | 분-전(分錢)/푼-전(-錢) |
| 밥-소라 | 식-소라(食--) | 흰-말 | 백-말(白-)/부루-말 |
| 사래-논 | 사래-답(--畓) | 흰-죽(-粥) | 백-죽(白粥) |

| 제22항 | 고유어 계열의 단어가 생명력을 잃고 그에 대응되는 한자어 계열의 단어가 널리 쓰이면, 한자어 계열의 단어를 표준어로 삼는다. |
|---|---|

| 바른 표기(○) | 틀린 표기(×) | 바른 표기(○) | 틀린 표기(×) |
|---|---|---|---|
| 개다리-소반(---小盤) | 개다리-밥상 | 수-삼(水蔘) | 무-삼(-蔘) |
| 겸-상(兼床) | 맞-상(-床) | 심-돋우개(心---) | 불-돋우개 |
| 고봉-밥(高捧-) | 높은-밥 | 양-파(洋-) | 둥근-파 |
| 단-벌(單-) | 홑-벌 | 어질-병(--病) | 어질-머리 |
| 마방-집(馬房-) | 마바리-집(馬---) | 윤-달(閏-) | 군-달 |
| 민망-스럽다(憫憫---)/면구-스럽다(面) | 민주-스럽다 | 장력-세다(壯力--)❾ | 장성-세다(壯盛--) |
| 방-고래(房--) | 구들-고래 | 제석(祭席) | 젯-돗 |
| 부항-단지(附缸--) | 뜸-단지 | 총각-무(總角-) | 알-무/알타리-무 |
| 산-누에(山--) | 멧-누에 | 칫-솔(齒-) | 잇-솔 |
| 산-줄기(山--) | 멧-줄기/멧-발 | 포수(砲手) | 총-댕이(銃--) |

❶ 난봉 = 난봉꾼(○)
  허랑방탕한 짓 혹은 그런 사람
❷ '머귀나무'는 '운향과에 딸린 갈잎 작은 큰키나무'의 의미로 쓰일 때에는 표준어이다.
❸ '설겆다'나 '애닯다'는 사어로 현재 쓰이지 않기 때문에 원형을 밝혀 적지 않는다.
  예 · 설겆으니(×), 설겆고(×)
    · 애닯으니(×), 애닯고(×)
  cf · 섧다(○), 서럽다(○)
    설워(○), 서러워(○)
    설운(○), 서러운(○)
  · 가엾다(○), 가엽다(○)
    가엾어(○), 가여워(○)
    가엾은(○), 가여운(○)
  · 애달프다(○), 애닯다(×)
    애달파(○), 애달워(×)
    애달픈(○), 애달운(×)
❹ 솟을무늬: 피륙 따위에 조금 도드라지게 놓은 무늬
❺ cf 산간벽지(○): 산골

❻ 죽데기: 통나무의 표면에서 잘라 낸 널조각. 주로 땔감으로 사용됨.
❼ 피죽: 피로 쑨 죽
❽ 목발: '지겟다리'의 의미로 사용하면 비표준어이지만, '다리가 불편한 사람이 겨드랑이에 끼고 걷는 지팡이'의 의미로는 표준어이다.

❾ 장력세다[장ː녁쎄다]: 씩씩하고 굳세어 무서움을 타지 아니하다.

## 제3절 방언

| 제23항 | 방언이던 단어가 표준어보다 더 널리 쓰이게 된 것은, 그것을 표준어로 삼는다. 이 경우, 원래의 표준어는 그대로 표준어로 남겨 두는 것을 원칙으로 한다. |
| --- | --- |

| 바른 표기(○) | 바른 표기(○) | 바른 표기(○) | 바른 표기(○) |
| --- | --- | --- | --- |
| 멍게 | 우렁쉥이 | 애-순 | 어린-순 [1] |
| 물-방개 | 선두리 | | |

| 제24항 | 방언이던 단어가 널리 쓰이게 됨에 따라 표준어이던 단어가 안 쓰이게 된 것은, 방언이던 단어를 표준어로 삼는다. |
| --- | --- |

| 바른 표기(○) | 틀린 표기(×) | 바른 표기(○) | 틀린 표기(×) |
| --- | --- | --- | --- |
| 귀밑-머리 | 귓-머리 | 생인-손 [2] (생-손) | 생안-손 |
| 까-뭉개다 | 까-무느다 | 역-겹다 | 역-스럽다 |
| 막상 | 마기 | 코-주부 | 코-보 |
| 빈대-떡 | 빈자-떡 | | |

## 제4절 단수 표준어

| 제25항 | 의미가 똑같은 형태가 몇 가지 있을 경우, 그중 어느 하나가 압도적으로 널리 쓰이면, 그 단어만을 표준어로 삼는다. |
| --- | --- |

| 바른 표기(○) | 틀린 표기(×) | 바른 표기(○) | 틀린 표기(×) |
| --- | --- | --- | --- |
| -게끔 [3] | -게시리 | 뒤통수-치다 | 뒤꼭지-치다 |
| 겸사-겸사 | 겸지-겸지/겸두-겸두 | 등-나무 | 등-칡 |
| 고구마 | 참-감자 | 등-때기 | 등-떠리 |
| 고치다 | 낫우다 | 등잔-걸이 | 등경-걸이 |
| 골목-쟁이 | 골목-자기 | 떡-보 | 떡-충이 |
| 광주리 | 광우리 | 똑딱-단추 | 딸꼭-단추 |
| 괴통 | 호구 | 매-만지다 | 우미다 |
| 국-물 | 멀-국/말-국 | 먼-발치 | 먼-발치기 |
| 군-표 | 군용-어음 | 며느리-발톱 | 뒷-발톱 |
| 길-잡이 [4] | 길-앞잡이 | 명주-붙이 | 주-사니 |
| 까치-발 | 까치-다리 | 목-메다 [7] | 목-맺히다 |
| 꼬창-모 | 말뚝-모 | 밀짚-모자 | 보릿짚-모자 |
| 나룻-배 | 나루 | 바가지 | 열-바가지/열-박 |
| 납-도리 | 민-도리 | 바람-꼭지 | 바람-고다리 |
| 농-지거리 [5] | 기롱-지거리 [6] | 반-나절 | 나절-가웃 [8] |
| 다사-스럽다 | 다사-하다 | 반두 | 독대 |
| 다오 | 다구 | 버젓-이 | 뉘연-히 |
| 담배-꽁초 | 담배-꼬투리/ 담배-꽁치/담배-꽁추 | 본-받다 | 법-받다 |
| 담배-설대 | 대-설대 | 부각 | 다시마-자반 |
| 대장-일 | 성냥-일 | 부끄러워-하다 | 부끄리다 |
| 뒤져-내다 | 뒤어-내다 | 부스러기 | 부스럭지 |

---

★ [1] cf 애벌레(○), 어린벌레(×)

[2] cf 새앙손이: 손가락 모양이 생강처럼 생긴 사람(〈표준어 규정〉 제25항)

★ · 까다롭다 = 까탈스럽다'가 복수 표준어로 인정되어 제25항에서 삭제되었다.
· 까탈: 이리저리 트집을 잡아 까다롭게 구는 일. '가탈'의 센말

[3] 뒤탈이 없게끔 마무리를 잘해라.

[4] 길잡이
1. 길을 인도해 주는 사람이나 사물 = 길라잡이
2. 나아갈 방향이나 목적을 실현하도록 이끌어 주는 지침을 비유적으로 이르는 말

[5] 농(弄)지거리[농:찌거리]: 점잖지 아니하게 함부로 하는 장난이나 농담을 낮잡아 이르는 말

[6] 기롱(欺弄)지거리[기롱찌거리]: 남을 속이거나 비웃으며 놀리는 것을 낮잡아 이르는 말

★ [7] 목메다: 기쁨이나 설움 따위에 감정이 북받쳐 솟아올라 목에 엉기다.
(목메다 - 목멘 - 목메어 - 목메었다)
cf · 목매다 : 목매달다
예 나는 그녀에게 목매고 싶지 않다.
· 목마르다 : 물 따위가 몹시 먹고 싶다.(목마르니 - 목말라)
· 목이 메다.
예 밥을 급히 먹으면 목이 멘다.

[8] '나절가웃'은 '하룻낮의 4분의 3쯤 되는 동안'의 뜻으로는 표준어이다.

| 바른 표기(○) | 틀린 표기(×) | 바른 표기(○) | 틀린 표기(×) |
|---|---|---|---|
| 부지깽이 | 부지팽이 | 쏜살-같이 | 쏜살-로 |
| 부항-단지❶ | 부항-항아리 | 아주 | 영판 |
| 붉으락-푸르락 | 푸르락-붉으락 | 안-걸이 | 안-낚시 |
| 비켜-덩이 | 옆-사리미 | 안다미-씌우다 | 안다미-시키다 |
| 빙충-이❷ | 빙충-맞이 | 안쓰럽다 | 안-슬프다 |
| 빠-뜨리다 | 빠-치다 | 안절부절-못하다 | 안절부절-하다 |
| 뻣뻣-하다 | 왜긋다 | 앉은뱅이-저울 | 앉은-저울 |
| 뽐-내다 | 느물다 | 알-사탕 | 구슬-사탕 |
| 사로-잠그다 | 사로-채우다 | 암-내 | 겉땀-내 |
| 살-풀이 | 살-막이 | 앞-지르다 | 따라-먹다 |
| 상투-쟁이 | 상투-꼬부랑이 | 애-벌레 | 어린-벌레 |
| 새앙-손이 | 생강-손이 | 얕은-꾀 | 물탄-꾀 |
| 샛-별 (금성) | 새벽-별 | 언뜻/얼핏 | 펀뜻 |
| 선-머슴 | 풋-머슴 | 언제나 | 노다지❹ |
| 섭섭-하다 | 애운-하다 | 얼룩-말 | 워라-말 |
| 속-말 | 속-소리 | 열심-히 | 열심-으로 |
| 손목-시계 | 팔목-시계/팔뚝-시계 | 입-담 | 말-담 |
| 손-수레 | 손-구루마 | 자배기 | 너벅지 |
| 쇠-고랑 | 고랑-쇠 | 전봇-대 | 전선-대 |
| 수도-꼭지 | 수도-고동 | 쥐락-펴락 | 펴락-쥐락 |
| 숙성-하다 | 숙-지다 | -지만 (-지마는) | -지만서도 |
| 순대 | 골집 | 짓고-땡❺ | 지어-땡/짓고-땡이 |
| 술-고래 | 술-꾸러기/술-부대/술-보/술-푸대 | 짧은-작 | 짜른-작 |
| 식은-땀 | 찬-땀 | 찹-쌀 | 이-찹쌀 |
| 신기-롭다 (신기하다) | 신기-스럽다 | 청대-콩 | 푸른-콩 |
| 쌍동-밤❸ | 쪽-밤 | 칡-범 | 갈-범 |

## 제5절 복수 표준어

| 제26항 | 한 가지 의미를 나타내는 형태 몇 가지가 널리 쓰이며 표준어 규정에 맞으면, 그 모두를 표준어로 삼는다. |
|---|---|

| 복수 표준어 | 복수 표준어 |
|---|---|
| 가는-허리/잔-허리 | 게을러-빠지다/게을러-터지다 |
| 가락-엿/가래-엿 | 고깃-간/푸줏-간❽ |
| 가뭄/가물 | 곰곰/곰곰-이 |
| 가엾다/가엽다❻ | 관계-없다/상관-없다 |
| 감감-무소식/감감-소식 | 교정-보다/준-보다 |
| 개수-통/설거지-통 | 구들-재/구재 |
| 개숫-물/설거지-물 | 귀퉁-머리/귀퉁-배기 |
| 갱-엿/검은❼-엿 | 극성-떨다/극성-부리다 |
| -거리다/-대다 | 기세-부리다/기세-피우다 |
| 거위-배/횟-배 | 기승-떨다/기승-부리다 |
| 것/해 | 깃-저고리/배내-옷/배냇-저고리 |

❶ 부항단지(○)

  cf 사주단자(○): 신부 집으로 신랑의 사주를 적어 보내는 종이

❷ 빙충이: 똘똘하지 못하고 어리석으며 수줍음을 잘 타는 사람

❸ cf 쌍둥이(○)

❹ 노다지(명사): 캐내려 하는 광물이 많이 묻혀 있는 광맥이나 손쉽게 많은 이익을 얻을 수 있는 일감을 비유적으로 이르는 말

  * 부사일 때의 '노다지'는 표준어가 아님.

❺ 짓고-땡

  1. 화투 노름의 하나

  2. 하는 일이 뜻대로 잘되어 가는 것을 속되게 이르는 말

❻ 가엾어[가엽써]/가여워, 가엾은[가엽쓴]/가여운

  cf · 서럽다(○), 섧다(○)

     · 여쭙다(○), 여쭈다(○)

❼ cf · 검정(○), 검은색(○), 검정색(×)

     · 빨강(○), 빨간색(○), 빨강색(×)

     · 하양(○), 하얀색(○), 하양색(×)

❽ '고깃-관, 푸줏-관, 다림-방'은 비표준어이다.

### 📝 기출 확인

01 〈보기〉는 복수 표준어에 대한 설명이다. 이에 따른 표기로 가장 옳지 않은 것은?
2019 서울시 9급(2월)

    ——〈보기〉——
    한 가지 의미를 나타내는 형태 몇 가지가 널리 쓰이며 표준어 규정에 맞으면, 그 모두를 표준어로 삼는다.

① 가는허리/잔허리

② 고깃간/정육간

③ 관계없다/상관없다

④ 기세부리다/기세피우다

해설

'고깃간'과 '푸줏간'은 복수 표준어이고, '정육간'은 표준어가 아니다.

정답 ②

02 표준어끼리 묶인 것으로 가장 옳지 않은 것은?
2018 서울시 9급

① 등물, 남사스럽다, 쌉싸름하다, 복숭아뼈

② 까탈스럽다, 걸판지다, 주책이다, 겉울음

③ 찰지다, 잎새, 꼬리연, 푸르르다

④ 개발새발, 이쁘다, 덩쿨, 마실

해설

덩쿨 → 넝쿨/덩굴: '넝쿨'과 '덩굴'은 표준어이지만, '덩쿨'은 표준어가 아니다.

정답 ④

① 담쟁이덩쿨은 가을에 아름답다.
② 벌러지를 함부로 죽이면 안 돼.
③ 쇠고기는 푸줏관에서 팔고 있다.
④ 아이가 고까옷을 입고 뽐내고 있다.

해설
고까/꼬까/때때(○)

오답
① 담쟁이덩쿨 → 담쟁이넝쿨/담쟁이덩굴
② 벌러지 → 벌레/버러지
③ 푸줏관 → 푸줏간/고깃간/정육점

정답 ④

| 복수 표준어 | 복수 표준어 |
|---|---|
| 꼬까/때때/고까 (~신, ~옷) | 목판-되/모-되 |
| 꼬리-별/살-별 (혜성 ○) | 목화-씨/면화-씨 |
| 꽃-도미/붉-돔 | 무심-결/무심-중 |
| 나귀/당-나귀 | 물-봉숭아/물-봉선화 |
| 날-걸/세-뿔 | 물-부리/빨-부리 |
| 내리-글씨/세로-글씨 | 물-심부름/물-시중 |
| 넝쿨/덩굴 (덩쿨 ×) | 물추리-나무/물추리-막대 |
| 넉/쪽 | 물-타작/진-타작 |
| 눈-대중/눈-어림/눈-짐작 | 민둥-산/벌거숭이-산 |
| 느리-광이/느림-보/늘-보 | 밑-층/아래-층 |
| 늦-모/마냥-모 (← 만이앙-모 ○) | 바깥-벽/밭-벽 |
| 다기-지다/다기-차다 | 바른/오른[右] |
| 다달-이/매-달 | 발-모가지/발-목쟁이 |
| -다마다/-고말고 | 버들-강아지/버들-개지 |
| 다박-나룻/다박-수염 | 벌레/버러지 (벌거지, 벌러지 ×) |
| 닭의-장/닭-장 | 변덕-스럽다/변덕-맞다 |
| 댓-돌/툇-돌 | 보-조개/볼-우물 |
| 독장-치다/독판-치다 | 보통-내기/여간-내기/예사-내기 |
| 동자-기둥/쪼구미 | 볼-따구니/볼-퉁이/볼-때기 |
| 돼지-감자/뚱딴지 | 부침개-질/부침-질/지짐-질 |
| 되우/된통/되게 | 불똥-앉다/등화-지다/등화-앉다 |
| 두동-무니/두동-사니 | 불-사르다/사르다 |
| 뒷-갈망/뒷-감당 | 비발/비용(費用) |
| 뒷-말/뒷-소리 | 뽀두라지/뽀루지 (뽀드락지 ×) |
| 들락-거리다/들랑-거리다 | 살-쾡이/삵 |
| 들락-날락/들랑-날랑 | 삽살-개/삽사리 |
| 딴-전/딴-청❶ | 상두-꾼/상여-꾼 |
| 땅-콩/호-콩 | 상-씨름/소-걸이 |
| 땔-감/땔-거리 | 생/새앙/생강 |
| -뜨리다/-트리다 | 생-뿔/새앙-뿔/생강-뿔 |
| 뜬-것/뜬-귀신 | 생-철/양-철 |
| 마룻-줄/용총-줄 | 서럽다/섧다 (설다 ×)❷ |
| 마-파람/앞-바람 | 서방-질/화냥-질 |
| 만장-판/만장-중(滿場中) | 성글다❸/성기다/상기다 |
| 만큼/만치 | -(으)세요/-(으)셔요❹ |
| 말-동무/말-벗 | 송이/송이-버섯 |
| 매-갈이/매-조미 | 수수-깡/수숫-대 |
| 매-통/목-매 | 술-안주/안주 |
| 먹-새/먹음-새 | -스레하다/-스름하다 |
| 멀찌감치/멀찌가니/멀찍이 | 시늉-말/흉내-말 |
| 멱통/산-멱/산-멱통 | 시새/세사(細沙) |
| 면-치레/외면-치레/체면-치레 | 신/신발 |
| 모-내다/모-심다 | 신주-보/독보(櫝褓) |
| 모쪼록/아무쪼록 | 심술-꾸러기/심술-쟁이 |

❶ '딴지'는 2014년 기존 표준어인 '딴죽'과 별도의 의미를 가진 말로 추가된 표준어로, '일이 순순히 진행되지 못하도록 훼방을 놓거나 어기대는 것'을 의미한다.
예 딴지 걸다./딴지 놓다.
* 딴죽: 약속이나 동의한 일에 딴전(딴청)을 부림.

❷ 설다
1. 열매, 밥, 술이 익지 않다.
예 선 밥
2. 잠이 모자라거나 깊이 들지 않다.
예 잠이 설었다.
3. 익숙하지 못하다.
예 귀에 선 목소리
4. 빈틈이 있고 서투르다.
예 일이 손에 설다.

❸ 성글다: 물건의 사이가 뜨다.
↔ 배다(촘촘하다)

❹ 보시어요 = 보셔요(원형을 밝힌 표기)
cf 보세요(발음을 중시한 표기)

| 복수 표준어 | 복수 표준어 |
|---|---|
| 씁쓰레-하다/씁쓰름-하다❶ | 을러-대다/을러-메다 |
| 아귀-세다/아귀-차다 | 의심-스럽다/의심-쩍다 |
| 아래-위/위-아래 | -이에요/-이어요❾ |
| 아무튼/어떻든/어쨌든/하여튼/여하튼 (아뭏든 ×) | 이틀-거리/당-고금 |
| 앉은-새/앉음-앉음 | 일일-이/하나-하나 |
| 알은-척/알은-체❷ | 일찌감치/일찌거니/일찍이 |
| 애-갈이/애벌-갈이 | 입찬-말/입찬-소리 |
| 애꾸눈-이/외눈-박이 | 자리-옷/잠-옷 (잠자리옷 ×) |
| 양념-감/양념-거리 | 자물-쇠/자물-통 |
| 어금버금-하다/어금지금-하다 | 장가-가다/장가-들다 |
| 어기여차/어여차 | 재롱-떨다/재롱-부리다 |
| 어림-잡다/어림-치다 | 제-가끔/제-각기 |
| 어이-없다/어처구니-없다 (얼척없다 ×) | 좀-처럼/좀-체 |
| 어저께/어제 | 줄-꾼/줄-잡이 |
| 언덕-바지/언덕-배기 | 중신/중매 |
| 얼렁-뚱땅/엄벙-뗑 | 짚-단/짚-뭇 |
| 여왕-벌/장수-벌 | 쪽/편 |
| 여쭈다/여쭙다❸ | 차차/차츰 |
| 여태/입때❹ | 책-씻이/책-거리 |
| 여태-껏/이제-껏/입때-껏❺ | 척/체 |
| 역성-들다/역성-하다 | 천연덕-스럽다/천연-스럽다 |
| 연-달다/잇-달다 | 철-따구니/철-딱서니/철-딱지 |
| 엿-가락/엿-가래 | 추어-주다/추어-올리다/추켜올리다/추켜세우다/치켜올리다/치켜세우다❿ |
| 엿-기름/엿-길금 | 축-가다/축-나다 |
| 엿-반대기/엿-자박 | 침-놓다/침-주다 |
| 오사리-잡놈❻/오색-잡놈 | 통-꼭지/통-젖 |
| 옥수수/강냉이❼ | 파자-쟁이/해자-쟁이 |
| 왕골-기직/왕골-자리 | 편지-투/편지-틀 |
| 외겹-실/외올-실/홑-실 | 한턱-내다/한턱-하다 |
| 외손-잡이/한손-잡이 | 해웃-값/해웃-돈 |
| 욕심-꾸러기/욕심-쟁이 | 혼자-되다/홀로-되다 |
| 우레/천둥❽ | 흠-가다/흠-나다/흠-지다 |
| 우지/울-보 | |

❶ 씁싸래하다(○), 씁싸름하다(○)

❷ **알은척 = 알은체**
어떤 일에 관심을 가지는 듯한 태도를 보임. 혹은 사람을 보고 인사하는 표정을 지음.

❸ **여쭈다 = 여쭙다**
· 여쭈다: 여쭈 + 어 → 여쭈어(○), 여쭤(○)
· 여쭙다: 여쭈 + ㅗ/ㅜ + 어 → 여쭈워(○)

❹ '여직'은 비표준어이다.

❺ '여직 - 껏, 여지껏'은 비표준어이다.

❻ **오사리잡놈:** 온갖 못된 짓을 거침없이 하는 잡놈

❼ **옥수수 = 강냉이**
한자어 '옥촉서(玉蜀黍)'와 '강남이(江南이)'를 어원으로 하지만 현재는 고유어로 처리한다.

❽ 우렛 - 소리(○), 천둥 - 소리(○), 우뢰(×)

❾ **-이에요/-이어요**
1. 체언
   · 받침(有) + 이에요/이어요
   예 · 책이에요(○),
        책이어요(○)
     · 영숙이에요(○),
        영숙이어요(○)
   · 받침(無) + 이에요/이어요/예요/여요
   예 · 사자이에요(○)
        → 사자예요(○),
        사자이어요(○)
        → 사자여요(○)
     · 영숙이이에요(○)
        → 영숙이예요(○),
     · 영숙이이어요(○)
        → 영숙이여요(○)
2. 용언 어간 + 에요/어요
   예 아니에요(○) → 아녜요(○),
      아니어요(○) → 아녀요(○)

❿ 2018년 국립국어원 《표준국어대사전》 개정으로 이들 단어 모두 칭찬의 의미로 사용할 수 있게 되었다.
1. 추어올리다/추켜올리다/치켜올리다
   ① 옷이나 물건, 신체 일부 따위를 위로 가뜬하게 올리다.
      예 그는 땀에 젖어 눌어붙은 머리카락을 손가락으로 추어올렸다.
   ② 실제보다 과장되게 칭찬하다.
      (= 추어주다)
      예 그 애는 조금만 추어올리면 기고만장해진다.
2. 추켜세우다/치켜세우다
   ① 옷깃이나 신체 일부 따위를 위로 가뜬하게 올려 세우다.
      예 그는 눈썹을 추켜세우며 거드름을 피웠다.
   ② 정도 이상으로 크게 칭찬하다.
      예 하찮은 성과에서 그를 이토록 추켜세우는 이유가 무엇일까.

### 추가된 표준어

## 1 같은 뜻의 표준어로 인정

| 현재 표준어 | 추가 표준어 | 현재 표준어 | 추가 표준어 | 현재 표준어 | 추가 표준어 |
|---|---|---|---|---|---|
| ◆ 2011. 8. 31. | | | | | |
| 간질이다 | 간지럽히다 | 묏자리 | 묫자리 | 고운대 | 토란대 |
| 남우세스럽다 | 남사스럽다❶ | 복사뼈 | 복숭아뼈 | 허섭스레기 | 허접쓰레기❸ |
| 목물(등목) | 등물 | 세간 | 세간살이 | 토담 | 흙담 |
| 만날 | 맨날 | 쌉싸래하다 | 쌉싸름하다❷ | | |
| ◆ 2014. 12. 15. | | | | | |
| 구안괘사 | 구안와사 | 눈두덩 | 눈두덩이 | 작장초 | 초장초 |
| 굽실 | 굽신❹ | 삐치다 | 삐지다 | | |
| ◆ 2015. 12. 14. | | | | | |
| 마을❺ | 마실 | 차지다 | 찰지다❻ | -고 싶다 | -고프다 |
| 예쁘다 | 이쁘다 | | | | |
| ◆ 2016. 12. 27. | | | | | |
| 에는 | 엘랑 | 주책없다 | 주책이다 | | |

## 2 별도 표준어로 인정➕

( · 는 현재 표준어, +는 추가 표준어)

| ◆ 2011. 8. 31. | |
|---|---|
| · ~기에: 원인이나 근거를 나타내는 연결 어미<br>+ ~길래: '~기에'를 구어적으로 이르는 말 | · 먹을거리: 먹을 수 있거나 먹을 만한 음식 또는 식품<br>+ 먹거리: 사람이 살아가기 위하여 먹는 온갖 것 |
| · 괴발개발: '고양이의 발과 개의 발'이라는 뜻으로, 글씨를 되는대로 아무렇게나 써 놓은 모양<br>+ 개발새발: '개의 발과 새의 발'이라는 뜻으로, 글씨를 되는대로 아무렇게나 써 놓은 모양 | · 메우다: '메다'의 사동사<br>+ 메꾸다: 시간을 적당히 또는 그럭저럭 보내다. |
| · 날개: 새나 곤충의 몸 양쪽에 붙어서 나는 데 쓰임.<br>+ 나래: 흔히 문학 작품 따위에서 '날개'를 이르는 말 | · 손자: 아들의 아들. 또는 딸의 아들<br>+ 손주: 손자와 손녀를 아울러 이르는 말 |
| · 냄새: 코로 맡을 수 있는 온갖 기운<br>+ 내음❼: 코로 맡을 수 있는 향기롭거나 나쁘지 않은 기운 | · 어수룩하다: '순박함, 순진함'의 뜻이 강함.<br>예 그는 어수룩해서 아무에게나 돈을 잘 빌려준다.<br>+ 어리숙하다: '어리석음'의 뜻이 강함.<br>예 그는 어리숙한 푼수 연기를 잘 소화해 냈다. |
| · 눈초리: 어떤 대상을 바라볼 때 눈에 나타나는 표정이나 눈꼬리<br>예 · 눈초리가 매섭다./ · 눈초리가 올라갔다.<br>+ 눈꼬리: 귀 쪽으로 가늘게 좁혀진 눈의 가장자리<br>예 눈꼬리가 올라갔다. | · 연방: 연속해서 자꾸('연속성' 강조)<br>예 연방 고개를 끄덕이다.<br>+ 연신: 잇따라 자꾸('반복성' 강조)<br>예 연신 눈을 깜박이다. |
| · 떨어뜨리다: 위에 있던 것을 아래로 내려가게 하다.<br>+ 떨구다: 시선을 아래로 향하다. | · 횡허케: '횡하니'를 예스럽게 이르는 말<br>+ 횡하니: 중도에서 지체하지 아니하고 곧장 빠르게 가는 모양 |
| · 뜰: 집 안의 앞뒤나 좌우로 가까이 딸려 있는 빈터<br>+ 뜨락: = 뜰. 또는 앞말이 가리키는 것이 존재하거나 깃들어 있는 추상적 공간을 비유적으로 이르는 말 | · 거치적거리다: 거추장스럽게 자꾸 여기저기 거치거나 닿다.<br>+ 걸리적거리다: = 거치적거리다(어감의 차이 존재) |
| ◆ 2011. 8. 31. | |
| · 끼적거리다¹ = 끄적거리다: 글씨나 그림을 아무렇게나 자꾸 쓰거나 그리다.<br>+ 끼적거리다²: 매우 달갑지 않은 음식을 자꾸 마지못해 굼뜨게 먹다. | · 아옹다옹: 대수롭지 아니한 일로 서로 자꾸 다투는 모양<br>+ 아웅다웅: = 아옹다옹(어감의 차이 존재) |

---

**❶** '남세스럽다, 우세스럽다' 모두 같은 뜻의 표준어이다.

**❷** '쌉쓰레하다, 쌉쓰름하다'도 표준어이다.

**❸** '허접하다', '허접스럽다' 모두 '허름하고 잡스럽다. 혹은 그런 느낌이 있다.'를 의미하는 표준어이다.

**❹** '굽신'이 표준어로 인정됨에 따라, '굽신거리다, 굽신대다, 굽신하다, 굽신굽신, 굽신굽신하다' 등도 표준어로 함께 인정되었다.

**❺ 마을**
1. 주로 시골에서 여러 집이 모여 사는 곳
2. 이웃에 놀러다니는 일
   · 마을꾼: 이웃에 놀러다니는 사람 = 마실꾼
   · 마을방: 마을꾼들이 모여드는 방 = 마실방
   · 마을돌이: 이웃으로 돌면서 노는 일 = 마실돌이
   · 밤마을: 밤에 이웃이나 집 가까운 곳에 놀러가는 일 = 밤마실

**❻** cf 찰조(×), 차조(○)

➕ **TIP**
현재 표준어와 어감이나 뜻의 차이가 있기 때문에 별도로 인정

**❼** '내음'은 주로 문학적 표현에 쓰인다.

| | |
|---|---|
| · 두루뭉술하다 ❶: 모나거나 튀지 않고 둥그스름하다. | · 야멸치다: 자기만 생각하고 남의 사정을 돌볼 마음이 없다. |
| + 두리뭉실하다: = 두루뭉술하다(어감의 차이 존재) | + 야멸차다: = 야멸치다(어감의 차이 존재) |
| · 맨송맨송: 몸에 털이 있어야 할 곳에 털이 없어 반반한 모양 | · 오순도순: 정답게 이야기하거나 의좋게 지내는 모양 |
| + 맨숭맨숭 / 맹숭맹숭: = 맨송맨송(어감의 차이 존재) | + 오손도손: = 오순도순(어감의 차이 존재) |
| · 바동바동: 힘에 겨운 처지에서 벗어나려고 애쓰는 모양 | · 찌뿌듯하다: 몸살이나 감기 따위로 몸이 조금 무겁고 거북하다. |
| + 바둥바둥 ❷: = 바동바동(어감의 차이 존재) | + 찌뿌둥하다: = 찌뿌듯하다(어감의 차이 존재) |
| · 새치름하다: 쌀쌀맞게 시치미를 떼는 태도가 있다. | · 치근거리다: 성가실 정도로 은근히 자꾸 귀찮게 굴다. |
| + 새초롬하다: = 새치름하다(어감의 차이 존재) | + 추근거리다: = 치근거리다(어감의 차이 존재) |

### ◆ 2014. 12. 15.

| | |
|---|---|
| · 개개다: 성가시게 달라붙어 손해를 끼치다.<br>예 비빌 언덕이 따로 있고 능력도 없는 나에게 개갤 거야? | · 사그라지다 ❹: 삭아서 없어지다.<br>+ 사그라들다: 삭아서 없어져 가다. |
| + 개기다: 명령이나 지시를 따르지 않고 버티거나 반항하다.<br>예 지시에 따르지 않고 개기는 자들은 각오해라. | |
| · 꾀다: 그럴듯한 말이나 행동으로 남을 속이거나 부추겨서 자기 생각대로 끌다. | · 섬뜩: 갑자기 소름이 끼치도록 무섭고 끔찍한 느낌이 드는 모양<br>예 어둠 속에서 퍼런 서슬의 칼날이 섬뜩 비쳤다. |
| + 꼬시다: '꾀다'를 속되게 이르는 말 | + 섬찟 ❺: 갑자기 소름이 끼치도록 무시무시하고 끔찍한 느낌이 드는 모양<br>예 나는 그의 시선에서 적개심을 발견하고 섬찟 놀랐다. |
| · 장난감 ❸: 아이들이 가지고 노는 여러 가지 물건 | · 속병: ① 몸속의 병을 통틀어 이르는 말<br>② '위장병'을 일상적으로 이르는 말<br>③ 화가 나거나 속이 상하여 생긴 마음의 심한 아픔 |
| + 놀잇감: 놀이 또는 아동 교육 현장 따위에서 활용되는 물건이나 재료 | + 속앓이: ① 속이 아픈 병. 또는 속에 병이 생겨 아파하는 일<br>② 겉으로 드러내지 못하고 속으로 걱정하거나 괴로워하는 일 |
| · 딴죽: 이미 동의하거나 약속한 일에 대하여 딴전을 부림을 비유적으로 이르는 말<br>예 약속해 놓고 이제서 딴죽을 치면 어떻게 하니? | · 허접스럽다: 허름하고 잡스러운 느낌이 있다.<br>+ 허접하다: 허름하고 잡스럽다. |
| + 딴지: 일이 순순히 진행되지 못하도록 훼방을 놓거나 어기 대는 것<br>예 이번 일에 자꾸 딴지를 걸지 마라. | |

### ◆ 2015. 12. 14.

| | |
|---|---|
| · 가오리연: 가오리 모양으로 만들어 꼬리를 길게 단 연. 띄우면 오르면서 머리가 아래위로 흔들린다.<br>예 가오리연을 띄우고 있다. | · 잎사귀: 낱낱의 잎. 주로 넓적한 잎을 이른다.<br>예 옆집 할머니께서 떡갈나무 잎사귀를 몇 잎 뜯고 있었다. |
| + 꼬리연: 긴 꼬리를 단 연<br>예 행사가 끝날 때까지 하늘을 수놓았던 대형 꼬리연도 비상을 꿈꾸듯 끊임없이 창공을 향해 날아올랐다. | + 잎새: 나무의 잎사귀. 주로 문학적 표현에 쓰인다.<br>예 잎새가 몇 개 남지 않은 나무들이 창문 위로 뻗어 올라 있었다. |
| · 의논(議論) ❻: 어떤 일에 대하여 서로 의견을 주고받음.<br>예 그는 한마디 의논도 없이 자기 멋대로 결정했다. | · 푸르다: 맑은 가을 하늘이나 깊은 바다, 풀의 빛깔과 같이 밝고 선명하다.<br>예 비 온 뒤라 그런지 앞산이 한결 더 푸르러 보인다. |
| + 의론(議論): 어떤 사안에 대하여 각자의 의견을 제기함. 또는 그런 의견<br>예 이러니저러니 의론이 분분하다.<br>* '의론되다, 의론하다'도 표준어로 인정함. | + 푸르르다: '푸르다'를 강조할 때 이르는 말<br>예 겨우내 찌푸리던 잿빛 하늘이 푸르르게 맑아 오고 어디선지도 모르게 흙냄새가 뭉클하니 풍겨 오는 듯한 순간 벌써 봄이 온 것을 느낀다.<br>* '푸르르다'는 '으' 불규칙 용언 ✚으로 분류함. |
| · 이키: 당황하거나 놀랐을 때 내는 소리. '이끼'보다 거센 느낌을 준다. 예 이키, 저게 금덩어리인가? | |
| + 이크: 당황하거나 놀랐을 때 내는 소리. '이키'보다 큰 느낌을 준다.<br>예 이크, 이거 큰일 났구나 싶어 허겁지겁 뛰어갔다. | |

---

★ **두 가지 표기를 모두 표준어로 인정(2011년)**

| 현재 표준어 | 추가된 표준어 |
|---|---|
| 태견 | 택견 |

우리나라 고유의 전통 무예 가운데 하나

| 품세 | 품새 |
|---|---|

태권도에서, 공격과 방어의 기본 기술을 연결한 연속 동작

| 자장면 | 짜장면 |
|---|---|

고기와 채소를 넣어 볶은 중국 된장에 국수를 비벼 먹는 음식

❶ cf 두루뭉수리(명사)
1. 말과 행동이 분명하지 않은 상태
2. 말과 행동이 변변치 못한 사람
* 두리뭉시리(×)

❷ cf 아등바등: 무엇을 이루려고 애를 쓰거나 우겨 대는 모양

❸ 감(명사)
1. 옷감 예 감이 부드럽다.
2. 재료 예 한복감, 양복감
3. 자격을 갖춘 사람
 예 신랑감, 며느릿감, 장군감, 사윗감
4. 도구, 사물, 재료, 사람
 예 구경감, 놀림감, 양념감, 안줏감

❹ 사그러지다(×), 수그라들다(×)
cf 수그러들다 = 수그러지다(○)
1. 안으로 굽어 들다.
2. 형세나 기세가 줄어들다.

❺ '섬찟'이 표준어로 인정됨에 따라, '섬찟하다, 섬찟섬찟, 섬찟섬찟하다' 등도 표준어로 함께 인정됨.
cf · 섬뜩(×)
 · 섬뜩하다, 섬뜩섬뜩, 섬뜩섬뜩하다(○)

❻ **의논**: discuss
**의론**: opinion

➕ **TIP**
국립국어원에서는 'ㅡ' 탈락을 '으' 불규칙 용언으로 분류함.
cf '학교 문법'에서는 'ㅡ' 탈락을 규칙 활용으로 다룸.
* '푸르다'와 '푸르르다'의 모음 활용형은 동일하다.
 · 푸르다: 푸르러(푸르-+-어)
 · 푸르르다: 푸르러(푸르르-+-어)

PART 4 국어 규범 해커스공무원 해권국어 올인원 기본서

| 현재 표준어 | 추가된 표준어 |
|---|---|
| 마 | 말아 |
| 마라 | 말아라 |
| 마요 | 말아요 |

'말다'에 명령형 어미 '-아', '-아라', '-아요' 등이 결합할 때는 어간 끝의 'ㄹ'이 탈락하기도 하고 탈락하지 않기도 한다.

예 · 내가 하는 말 농담으로 듣지 마/말아.
· 얘야, 아무리 바빠도 제사는 잊지 마라/말아라.
· 아유, 말도 마요/말아요.

| 노라네* | 노랗네 |
|---|---|
| 동그라네 | 동그랗네 |
| 조그마네 | 조그맣네 |
| … | … |

· 'ㅎ' 불규칙 용언이 어미 '-네'와 결합할 때는 어간 끝의 'ㅎ'이 탈락하기도 하고 탈락하지 않기도 한다.
· '그렇다, 노랗다, 동그랗다, 뿌옇다, 어떻다, 조그맣다, 커다랗다' 등등 모든 'ㅎ' 불규칙 용언의 활용형에 적용된다.
예 · 생각보다 훨씬 노라네/노랗네.
· 이 빵은 동그라네/동그랗네.
· 건물이 아주 조그마네/조그맣네.
* 결과적으로 종결 어미 '-니/-네/-냐'에 대해서는 두 가지가 모두 가능함.
예 · 노랗니?/노라니?
· 노랗냐?/노라냐?
· 노랗네./노라네.
→ 연결 어미 '-니'는 'ㅎ' 탈락형만 표준어
예 옷이 노라니 예쁘다.

(일부 명사나 어근 뒤에 붙어) 그런 성질이 있음을 더하고 형용사를 만드는 접미사
예 맛나다/별나다

| 표제 항 | 수정 후 |
|---|---|
| 미망인 | 남편을 여읜 여자. 《춘추좌씨전》의 〈장공편(莊公篇)〉에 나오는 말이다. <br> * 아직 따라 죽지 못한 사람이라는 뜻으로, 다른 사람이 당사자를 미망인이라고 부르는 것은 실례가 된다. |
| 한풀 | 어느 정도의 기세나 기운 |

---

◆ 2016. 12. 27.

· 거방지다: ① 몸집이 크다.
② 하는 짓이 점잖고 무게가 있다.
③ = 걸판지다①
+ 걸판지다: ① 매우 푸지다.
예 · 술상이 걸판지다.
· 마침 눈먼 돈이 생긴 것도 있으니 오늘 저녁은 내가 걸판지게 사지.
② 동작이나 모양이 크고 어수선하다.
예 · 싸움판은 자못 걸판져서 구경거리였다.
· 소리판은 옛날이 걸판지고 소리할 맛이 났었지.

· 까다롭다: ① 조건 따위가 복잡하거나 엄격하여 다루기에 순탄하지 않다.
② 성미나 취향 따위가 원만하지 않고 별스럽게 까탈이 많다.
+ 까탈스럽다: ① 조건, 규정 따위가 복잡하고 엄격하여 적응하거나 적용하기에 어려운 데가 있다. '가탈스럽다'보다 센 느낌을 준다.
예 · 까탈스러운 공정을 거치다.
· 규정을 까탈스럽게 정하다.
· 가스레인지에 길들여진 현대인들에게 지루하고 까탈스러운 숯 굽기 작업은 쓸데없는 시간 낭비로 비칠 수도 있겠다.
② 성미나 취향 따위가 원만하지 않고 별스러워 맞춰 주기에 어려운 데가 있다. '가탈스럽다'보다 센 느낌을 준다.
예 · 까탈스러운 입맛
· 성격이 까탈스럽다.
· 딸아이는 사 준 옷이 맘에 안 든다고 까탈스럽게 굴었다.
* 같은 계열의 '가탈스럽다'도 표준어로 인정함.

· 건울음: = 강울음
· 강울음: 눈물 없이 우는 울음, 또는 억지로 우는 울음
+ 겉울음: ① 드러내 놓고 우는 울음
예 꼭꼭 참고만 있다 보면 간혹 속울음이 겉울음으로 터질 때가 있다.
② 마음에도 없이 겉으로만 우는 울음
예 눈물도 안 나면서 슬픈 척 겉울음 울지 마.
* '건-/강-/겉-' 모두 접사

· 실뭉당이: 실을 풀기 좋게 공 모양으로 감은 뭉치
+ 실뭉치: 실을 한데 뭉치거나 감은 덩이
예 · 뒤엉킨 실뭉치
· 실뭉치를 풀다.
· 그의 머릿속은 엉클어진 실뭉치같이 갈피를 못 잡고 있었다.

---

## 2017년《표준국어대사전》수정 [2017. 12. 4.]

### 1 품사 수정

| 표제 항 | 수정 전 | 수정 후 | 표제 항 | 수정 전 | 수정 후 |
|---|---|---|---|---|---|
| 잘생기다 | 형용사 | 동사 | 낡다 | 형용사 | 동사 |
| 잘나다 | 형용사 | 동사 | 빠지다 | 보조 형용사 | 보조 동사 |
| 못나다 | 형용사 | 동사 | 생기다 | 보조 형용사 | 보조 동사 |
| 못생기다 | 형용사 | 동사 | 터지다 | 보조 형용사 | 보조 동사 |

### 2 발음 수정

| 표제 항 | 수정 전 '예사소리' | 수정 후 '된소리' 추가 |
|---|---|---|
| 관건(關鍵) | [관건] | [관건/관껀] |
| 불법(不法) | [불법] | [불법/불뻡] |
| 교과(敎科) | [교:과] | [교:과/교:꽈] |
| 효과(效果) | [효:과] | [효:과/효:꽈] |
| 반값 | [반:갑] | [반:갑/반:깝] |

| 표제 항 | 수정 전 '된소리' | 수정 후 '예사소리' 추가 |
| --- | --- | --- |
| 안간힘 | [안깐힘] | [안깐힘/안간힘] |
| 인기척 | [인끼척] | [인끼척/인기척] |
| 분수(分數) | [분쑤] | [분쑤/분수] |
| 점수(點數) | [점쑤] | [점쑤/점수] |
| 함수(函數) | [함:쑤] | [함:쑤/함:수] |

| 표제 항 | 수정 전 'ㄴ' 첨가 | 수정 후 '연음' 추가 |
| --- | --- | --- |
| 감언이설 | [가먼니설] | [가먼니설/가머니설] |
| 괴담이설 | [괴:담니설/궤:담니설] | [괴:담니설/괴:다미설/궤:담니설/궤:다미설] |
| 밤이슬 | [밤니슬] | [밤니슬/바미슬] |
| 연이율 | [연니율] | [연니율/여니율] |
| 순이익 | [순니익] | [순니익/수니익] |

| 표제 항 | 수정 전 '연음' | 수정 후 'ㄴ' 첨가 추가 |
| --- | --- | --- |
| 강약 | [강약] | [강약/강냑] |
| 영영(永永) | [영:영] | [영:영/영:녕] |
| 의기양양 | [의:기양양] | [의:기양양/의:기양냥] |

## 복수 표준어 정리

| 복수 표준어 | 복수 표준어 | 복수 표준어 |
| --- | --- | --- |
| (으)셔요/(으)세요 | 가는허리/잔허리 | 가락엿/가래엿 |
| 가물거리다/가물대다 | 가뭄/가물 | 가엾다/가엽다 |
| 가위표/가새표 | 감감무소식/감감소식 | 고깃간/푸줏간 |
| 고까신/꼬까신 | 고린내/코린내 | 고종/고종사촌 |
| 골짜기/골짝 | 곰장어/먹장어 | 관계없다/상관없다 |
| 광어/넙치 | 개숫물/설거지물 | -거리다/-대다 |
| 거슴츠레하다/게슴츠레하다 | 거위배/횟배 | 게을러빠지다/게을러터지다 |
| 괴다/고이다 | 굄새/고임새 | 귀퉁머리/귀퉁배기 |
| 귓속말/귀엣말 | 극성떨다/극성부리다 | 금슬/금실➕<br>cf 비파와 거문고 → 금슬 |
| 기세부리다/기세피우다 | 기어코/기어이 | 까까중이/까까중 |
| 까끌까끌/깔끔깔끔 | 깨뜨리다/깨트리다 | 꺼림하다/께름하다➕ |
| 끄적거리다/끼적거리다 | 나귀/당나귀 | 나방/나방이 |
| 나부랭이/너부렁이 | 나침반/나침판 | 내리글씨/세로글씨 |
| 네(감탄사)/예(감탄사) | 넉/쪽 | 눈대중/눈어림/눈짐작 |
| 늑장/늦장 | 다달이/매달 | 단오/단옷날 |
| 닭의장/닭장 | 대다수/다대수 | 댓돌/툇돌 |
| 덥수룩하다/텁수룩하다 | 뒷갈망/뒷감당 | 득실거리다/득시글거리다 |
| 들락날락/들랑날랑 | 들쭉날쭉/들쑥날쑥 | 딴전/딴청 |
| 땅콩/호콩 | 떨어뜨리다/떨어트리다 | 만큼/만치 |
| 맞닥뜨리다/맞다닥뜨리다 | 멀찌감치, 멀찌가니/멀찍이 | 멍게/우렁쉥이 |
| 멧돼지/산돼지 | 모래사장/모래톱 | 모르는 척/모르는 체 |

| 표제 항 | 수정 후 |
| --- | --- |
| 꺼림칙하다 | 마음에 걸려서 언짢고 싶은 느낌이 있다. ≒ 꺼림직하다 |
| 꺼림하다 | 마음에 걸려서 언짢은 느낌이 있다. |
| 께름직하다 | = 께름칙하다 |
| 께름칙하다 | 마음에 걸려서 언짢고 싶은 느낌이 꽤 있다. ≒ 께름직하다 |
| 께름하다 | 마음에 걸려서 언짢은 느낌이 꽤 있다. |
| 추어올리다 | 【…을】① 옷이나 물건, 신체 일부 따위를 위로 가뜬하게 올리다. ≒ 추켜올리다① · 치켜올리다①<br>② 실제보다 과장되게 칭찬하다. ≒ 추어주다 · 추켜올리다② · 치켜올리다② |
| 추켜세우다 | ① 【…을】= 치켜세우다①<br>② 【…을 …으로】【…을 -고】= 치켜세우다②<br>③ 『북한어』잘 안되고 있는 일을 잘되는 상태로 올려세우다. |
| 추켜올리다 | 【…을】① = 추어올리다①<br>② = 추어올리다② |
| 치켜세우다 | ① 【…을】 옷깃이나 신체 일부 따위를 위로 가뜬하게 올려세우다. ≒ 추켜세우다①<br>② 【…을 …으로】【…을 -고】 정도 이상으로 크게 칭찬하다. ≒ 추켜세우다② |
| 치켜올리다 | 【…을】① = 추어올리다①<br>② = 추어올리다② |

### ★ 표기에 주의해야 할 낱말

- 칼치(×) → 갈치(○)
- 아구찜(×) → 아귀찜(○)
- 이면수(×) → 임연수어(○)
- 쭈꾸미(×) → 주꾸미(○)
- 골뚜기(×) → 꼴뚜기(○)
- 창란젓(×) → 창난젓(○)
- 명난젓(×) → 명란젓(○)
- 설농탕(×) → 설렁탕(○)
- 깍뚜기(×) → 깍두기(○)
- 떡보끼(×) → 떡볶이(○)

### ➕ TIP

'부부간의 사랑'을 나타내는 경우에는 한자는 같고, '금슬'과 '금실'을 모두 쓸 수 있다. '금슬'은 거문고와 비파의 음률이 잘 어울린다는 뜻인 '금슬지락(琴瑟之樂)'을 어원으로 한다. 그러나 음운 변화 및 의미 변화를 겪어 현대 국어에서는 '부부간의 사랑'을 나타낼 때 '금실'로도 많이 불리고 있어서 원말인 '금슬'과 함께 '금실'도 표준어로 인정하고 있다. 그러나 거문고와 비파를 나타낼 때는 원래대로 '금슬'을 써야 한다.

### ➕ TIP

- 꺼림하다 = 께름하다
- 꺼림직하다 = 께름직하다
- 꺼림칙하다 = 께름칙하다

| | | |
|---|---|---|
| 모쪼록/아무쪼록 | 민둥산/벌거숭이산 | 바른쪽/오른쪽 |
| 발모가지/발목쟁이 | 버들강아지/버들개지 | 벌레/버러지 |
| 변덕스럽다/변덕맞다 | 보조개/볼우물 | 보통내기, 여간내기/예사내기 |
| 볼따구니, 볼퉁이/볼때기 | 부쩍/부썩 | 뽀두라지/뽀루지 |
| 사레들다/사레들리다 | 산림욕/삼림욕 | 삽살개/삽사리 |
| 서럽다/섧다 | 성글다/성기다 | 소고기/쇠고기 |
| 소나기/소낙비 | 소나무/솔 | 속닥거리다/쏙닥거리다 |
| 수수깡/수숫대 | 신/신발 | 신기롭다/신기하다 |
| 신접살이/신접살림 | 심심풀이/심심파적 | 쌍까풀/쌍꺼풀 |
| 쏟뜨리다/쏟트리다 | 씁쓰레하다/씁쓰름하다/쌉싸래하다/쌉싸름하다 | 아무리/암만 |
| 아무튼/어떻든/어쨌든/하여튼/여하튼 | 알고리듬/알고리즘❶ | 알약/환약 |
| 야밤중/한밤중 cf 야반도주(夜半逃走)➕ | 어두침침/어둠침침 | 어연간하다/엔간하다❷ |
| 어이없다/어처구니없다 | 어저께/어제 | 언덕바지/언덕배기 |
| 얼기설기/얼키설키 | 얼렁뚱땅/엄벙뗑 | 얼큰하다/얼근하다 |
| 얼핏/언뜻 | 엄나무/음나무 | 여왕벌/장수벌 |
| 여태/입때 | 영글다/여물다 | 옥수수/강냉이 |
| 왕파리/쉬파리 | 외갓집/외가 | 우레/천둥 |
| 음매/엄매 | 의심스럽다/의심쩍다 | 이에요/이어요 |
| 이종/이종사촌 | 자물쇠/자물통 | 자치동갑/어깨동갑❸ |
| 재롱떨다/재롱부리다 | 제가끔/제각기 | 제비꽃/오랑캐꽃 |
| 조개껍질/조개껍데기 | 종종걸음/동동걸음 | 쥐불놀이/쥐불놓이 |
| 지지난달/전전달 | 진작/진즉(趁卽)/진작에/진즉에 | 집게손가락/검지 |
| 쪽빛/남빛 | 채비/차비 | 채소/남새/야채 |
| 처갓집/처가 | 천연덕스럽다/천연스럽다 | 청맹과니/당달봉사❹ |
| 초벌/애벌 | 칭칭/친친(부사)❺ | 타작/바심 |
| 해녀/잠녀 | 헛개나무/호깨나무 | 헷갈리다/헛갈리다 |
| 호랑나비/범나비/호접(胡蝶) | 후덥지근하다/후텁지근하다 | 후레아들/후레자식❻ |
| 훗날/뒷날 | 흰곰/북극곰 | |

❶ 알고리듬 = 알고리즘
어떤 문제의 해결을 위하여, 입력된 자료를 토대로 하여 원하는 출력을 유도하여 내는 규칙의 집합

➕ TIP
착각하기 쉬운 말

| ○ | × |
|---|---|
| 야반도주(夜半逃走) | 야밤도주 |
| 풍비박산(風飛雹散) | 풍지박산 |
| 삼수갑산(三水甲山) | 산수갑산 |
| 혈혈단신(孑孑單身) | 홀홀단신 |
| 절체절명(絕體絕命) | 절대절명 |
| 성대모사(聲帶模寫) | 성대모사 |
| 양수겸장(兩手兼將) | 양수겹장 |
| 포복절도(抱腹絕倒) | 포복졸도 |

❷ 어연간하다 = 엔간하다
대중으로 보아 정도가 표준에 꽤 가깝다. ≒ 어지간하다
cf 어지간하다(○), 에지간하다(×)
주의! 어지중간(×), 어중간(○)

❸ 자치동갑 = 어깨동갑
한 살 차이가 나는 동갑

❹ 청맹과니 = 당달봉사
겉으로 보기에는 눈이 멀쩡하나 앞을 보지 못하는 눈. 또는 그런 사람

❺ 칭칭 = 친친(부사)
밧줄로 칭칭(= 친친) 묶다.

❻ 후레아들 = 후레자식
배운 데 없이 제물로 막되게 자라 교양이나 버릇이 없는 사람을 낮잡아 이르는 말

## 1 총칙

| 제1항 | 표준 발음법은 표준어의 실제 발음을 따르되, 국어의 전통성과 합리성을 고려하여 정함을 원칙으로 한다. |
|---|---|

## 2 자음과 모음🔛

| 제2항 | 표준어의 자음은 다음 19개로 한다. |
|---|---|

ㄱ ㄲ ㄴ ㄷ ㄸ ㄹ ㅁ ㅂ ㅃ ㅅ ㅆ
ㅇ ㅈ ㅉ ㅊ ㅋ ㅌ ㅍ ㅎ🔛

| 제3항 | 표준어의 모음은 다음 21개로 한다. |
|---|---|

ㅏ ㅐ ㅑ ㅒ ㅓ ㅔ ㅕ ㅖ ㅗ ㅘ ㅙ
ㅚ ㅛ ㅜ ㅝ ㅞ ㅟ ㅠ ㅡ ㅢ ㅣ

| 제4항 | 'ㅏ ㅐ ㅓ ㅔ ㅗ ㅚ ㅜ ㅟ ㅡ ㅣ'는 단모음(單母音)❶으로 발음한다. |
|---|---|

[붙임] 'ㅚ, ㅟ'는 이중 모음❷으로 발음할 수 있다.

| 제5항 | 'ㅑ ㅒ ㅕ ㅖ ㅘ ㅙ ㅛ ㅝ ㅞ ㅠ ㅢ'는 이중 모음으로 발음한다. |
|---|---|

다만 1. 용언의 활용형에 나타나는 '져, 쪄, 쳐'는 [저, 쩌, 처]로 발음한다.

가지어 → 가져[가저]    찌어 → 쪄[쩌]    다치어 → 다쳐[다처]

다만 2. '예, 례' 이외의 'ㅖ'는 [ㅔ]로도 발음한다.❸

계집[계:집/게: 집]              계시다[계:시다/게:시다]
시계[시계/시게](時計)         연계[연계/연게](連繫)
메별[메별❹/메별](袂別)        개폐[개폐/개페](開閉)
혜택[혜:택/헤:택](惠澤)        지혜[지혜/지헤](智慧)

다만 3. 자음을 첫소리로 가지고 있는 음절의 'ㅢ'는 [ㅣ]로 발음한다.

널리리        닁큼        무늬        띄어쓰기        씌어
틔어          희어        희떱다      희망            유희

다만 4. 단어의 첫음절 이외의 '의'는 [ㅣ]로, 조사 '의'는 [ㅔ]로 발음함도 허용한다.❺🔛

주의[주의/주이]              협의[혀븨/혀비]
우리의[우리의/우리에]         강의의[강:의의/강:이에]

---

🔛 **TIP**

**자모의 순서**

자모의 순서는 일반적인 한글 자모 순서와 국어사전 자모 순서를 함께 고려한 것이다.

▶ 북한의 자모 순서

| 자음 | ㄱ, ㄴ, ㄷ, ㄹ, ㅁ, ㅂ, ㅅ, ㅇ, ㅈ, ㅊ, ㅋ, ㅌ, ㅍ, ㅎ, ㄲ, ㄸ, ㅃ, ㅆ, ㅉ |
|---|---|
| 모음 | ㅏ, ㅑ, ㅓ, ㅕ, ㅗ, ㅛ, ㅜ, ㅠ, ㅡ, ㅣ, ㅐ, ㅒ, ㅔ, ㅖ, ㅚ, ㅟ, ㅢ, ㅘ, ㅝ, ㅙ, ㅞ |

🔛 **TIP**

**'ㅎ'의 지위**

ㅎ'은 학자에 따라 격음으로 보기도 하고 평음으로 보기도 하는데, 국립국어원에서는 'ㅎ'이 다른 자음과 달리 격음이나 평음으로 명확히 구분하기 어렵다는 현실에 근거하여 분류하지 않고 제시하는 방식으로 변경하였다.

❶ **단모음**: 발음할 때 입술 모양이나 혀의 위치가 바뀌지 않고 소리 나는 모음

❷ **이중 모음**: 발음할 때 입술 모양이나 혀의 위치가 바뀌면서 소리 나는 모음

❸ '예, 례'는 반드시 [예, 례]로 발음한다.
예 예절[예절], 연예[여녜], 차례[차례]

❹ **메별(袂別)**: 소매를 잡고 헤어진다는 뜻으로, 섭섭히 헤어짐을 이르는 말

❺ 단어의 첫음절 '의'는 반드시 [의]로 발음한다.
예 의사[의사], 의지[의지], 의미[의:미]

```
가족주의의 의의
①②③④

의의 의:의
이에 의:이

① [의/이] ② [의/에] ④ [의/이]
③은 반드시 [의:]로 발음한다.
```

🔛 **TIP**

· 1st '의' → [의]로만!
  2nd 이하 ┌ '의'(조사) → [의/에]
           └ '의'(조사) → [의/이]
· 자음+'ㅢ' → [ㅣ]로만!
  ∴ 단, 이때 자음에서 'ㅇ'은 제외

다음 글에서 추론한 내용으로 적절하지 않은 것은? 2025 국가직 9급

> 국어의 표준 발음법 규정에서는 이중모음의 발음과 관련한 여러 조항들을 찾을 수 있다. 이중모음은 기본적으로 글자 그대로 발음해야 하지만, 글자와 다르게 발음하는 원칙이 덧붙은 경우도 있다. 이중모음 'ㅢ'의 발음에는 세 가지 원칙이 적용된다. 첫째, 초성이 자음인 음절의 'ㅢ'는 단모음 [ㅣ]로 발음해야 한다. 둘째, 첫음절 이외의 음절에서 'ㅢ'는 이중모음 [ㅢ]로 발음하는 것이 원칙이나 단모음 [ㅣ]로도 발음할 수 있다. 셋째, 조사 '의'는 이중모음 [ㅢ]로 발음하는 것이 원칙이나 단모음 [ㅔ]로도 발음할 수 있다.
>
> 이 세 가지 원칙을 적용하여 발음하려 할 때 원칙 간에 충돌이 발생할 때가 있다. '무늬'의 경우, 첫째 원칙에 따르면 [무니]로 발음해야 하는데 둘째 원칙에 따르면 [무늬]도 가능하고 [무니]도 가능하게 된다. 이렇게 첫째와 둘째가 충돌할 때에는 첫째 원칙을 따른다. 하지만 물어본다는 뜻의 명사 '문의(問議)'처럼 앞 음절의 받침이 뒤 음절의 초성으로 오게 되는 경우에는 첫째 원칙이 적용되지 않고 둘째 원칙이 적용된다. '문의 손잡이'에서의 '문의' 역시 받침이 이동하여 발음되기는 하지만 조사 '의'가 포함되어 있다. 이처럼 둘째와 셋째가 충돌하는 상황에서는 셋째 원칙을 따른다.

① '꽃의 향기'에서 '꽃의'는 두 가지 발음이 가능하다.
② '거의 끝났다'에서 '거의'는 한 가지 발음만 가능하다.
③ '편의점에 간다'에서 '편의점'은 두 가지 발음이 가능하다.
④ '한 칸을 띄고 쓴다'에서 '띄고'는 한 가지 발음만 가능하다.

[해설] 1문단에서 "둘째, 첫음절 이외의 음절에서 'ㅢ'는 이중모음 [ㅢ]로 발음하는 것이 원칙이나 단모음 [ㅣ]로도 발음할 수 있다."라고 하였다. 따라서 '거의'는 [거의]로 발음하는 것이 원칙이지만, [거이]로도 발음할 수 있다. 그러므로 '한 가지 발음만'이 아니라 '두 가지'의 발음이 가능하다.

[오답] ① '꽃의'의 '의'는 관형격 조사이다. 1문단에서 "조사 '의'는 이중모음 [ㅢ]로 발음하는 것이 원칙이나 단모음 [ㅔ]로도 발음할 수 있다."라고 하였기 때문에, '꽃의[꼬츼/꼬체]'가 두 가지 발음이 가능하다는 추론은 적절하다.

③ '편의점'은 2문단의 "하지만 물어본다는 뜻의 명사 '문의(問議)[무늬/무니]'처럼 앞 음절의 받침이 뒤 음절의 초성으로 오게 되는 경우에는 첫째 원칙이 적용되지 않고 둘째 원칙이 적용된다."와 관련이 있다. 이에 따라 '편의점'은 [펴늬점]과 [펴니점] 두 가지로 발음 가능하다.

④ 1문단에서 "첫째, 초성이 자음인 음절의 'ㅢ'는 단모음 [ㅣ]로 발음해야 한다."라고 하였기 때문에, '띄고'는 [띠고]로만 발음해야 한다.

[정답] ②

## 3 음의 길이

| 제6항 | 모음의 장단을 구별하여 발음하되, 단어의 첫음절에서만 긴소리가 나타나는 것을 원칙으로 한다. |
|---|---|

(1) 눈보라[눈:보라]　　　　말씨[말:씨]　　　　밤나무[밤:나무]

　　많다[만:타]　　　　　멀리[멀:리]　　　　벌리다[벌:리다] ❶

(2) 첫눈[천눈]　　　　　　참말[참말]　　　　쌍동밤[쌍동밤]

　　수많이[수:마니]　　　　눈멀다[눈멀다]　　떠벌리다[떠벌리다]

다만, 합성어의 경우에는 둘째 음절 이하에서도 분명한 긴소리를 인정한다.❷

　　반신반의[반:신바:늬/반:신바:니]❸　　　　　재삼재사[재:삼재:사]❹

[붙임] 용언의 단음절 어간에 어미 '- 아/- 어'가 결합되어 한 음절로 축약되는 경우에도 긴소리로 발음한다.➕

　　보아 → 봐[봐:]　　　　기어 → 겨[겨:]　　　　되어 → 돼[돼:]

　　두어 → 둬[둬:]　　　　하여 → 해[해:]

다만, '오아 → 와, 지어 → 져, 찌어 → 쩌, 치어 → 쳐' 등은 긴소리로 발음하지 않는다.

　※ ' 가아 → 가, 서어 → 서, 커어 → 켜'와 같이 같은 모음끼리 만나 모음 하나가 생략된 경우(동음탈락)도 긴소리로 발음하지 않는다.

| 제7항 | 긴소리를 가진 음절이라도, 다음과 같은 경우에는 짧게 발음한다. |
|---|---|

1. 단음절인 용언 어간에 모음으로 시작된 어미가 결합되는 경우➕❺

　감다[감:따] ― 감으니[가므니]　　　　밟다[밥:따] ― 밟으면[발브면]

　신다[신:따] ― 신어[시너]　　　　　알다[알:다] ― 알아[아라]

다만, 다음과 같은 경우에는 예외적이다.❻

　끌다[끌:다] ― 끌어[끄:러]　　　　떫다[떨:따] ― 떫은[떨:븐]

　벌다[벌:다] ― 벌어[버:러]　　　　썰다[썰:다] ― 썰어[써:러]

　없다[업:따] ― 없으니[업:쓰니]

2. 용언 어간에 피동, 사동의 접미사가 결합되는 경우

　감다[감:따] ― 감기다[감기다]　　　　꼬다[꼬:다] ― 꼬이다[꼬이다]

　밟다[밥:따] ― 밟히다[발피다]

다만, 다음과 같은 경우에는 예외적이다.➕

　끌리다[끌:리다]　　　벌리다[벌:리다]　　　없애다[업:쌔다]

[붙임] 다음과 같은 복합어에서는 본디의 길이에 관계없이 짧게 발음한다.

　밀-물　　　　　썰-물　　　　　쏜-살-같이　　　　작은-아버지

---

❶ **벌리다¹**: 둘 사이를 넓히거나 멀게 하다.
　**벌리다²**: '(돈을) 벌다.'의 피동사

❷ 같은 음절이 반복되는 '첩어'의 경우에는 긴소리를 인정하지 않는다.
　예 간간(間間)이[간:가니], 서서(徐徐)히[서:서히], 시시비비(是是非非)[시:시비비], 반반(半半)[반:반]
　→ 첫음절만 장음이다.

❸ **반신반의(半信半疑)**: 얼마쯤 믿으면서도 한편으로는 의심함.

❹ **재삼재사(再三再四)**: 여러 번 되풀이하여

➕ **TIP**
보상적 장모음화
원래 길었던 꼬리를 감추며 긴소리로 꼬리의 흔적을 남겨 두었다고 생각하자.

➕ **TIP**
감추고 있던 꼬리를 표현하게 되어 긴소리가 짧아지게 된다고 생각하자.

❺ 규정 용언
　감다[감:따]/밟다[밥:따]/신다[신:따]/알다[알:다]/꼬다[꼬:다]

❻ 예외 용언
　끌다[끌:다]/떫다[떨:따]/벌다[벌:다]/썰다[썰:다]/없다[업:따]

➕ **TIP**
피동·사동 접미사가 붙어도 긴소리가 유지되는 단어
　· 끌리다[끌:리다]　· 벌리다[벌:리다]
　· 웃기다[욷:끼다]　· 썰리다[썰:리다]
　· 없애다[업:쌔다]

음절의 끝소리 규칙

157쪽 참조

## 4 받침의 발음

| 제8항 | 받침소리로는 'ㄱ, ㄴ, ㄷ, ㄹ, ㅁ, ㅂ, ㅇ'의 7개 자음만 발음한다. |
|---|---|

| 제9항 | 받침 'ㄲ, ㅋ', 'ㅅ, ㅆ, ㅈ, ㅊ, ㅌ', 'ㅍ'은 어말 또는 자음 앞에서 각각 대표음 [ㄱ, ㄷ, ㅂ]으로 발음한다. |
|---|---|

| 닭다[닥따] | 키읔[키윽] | 키읔과[키윽꽈] | 옷[옫] | 웃다[욷:따] |
|---|---|---|---|---|
| 있다[읻따] | 젖[젇] | 빚다[빋따] | 꽃[꼳] | 쫓다[쫀따] |
| 솥[솓] | 뱉다[밷:따] | 앞[압] | 덮다[덥따] | |

| 제10항 | 겹받침 'ㄳ', 'ㄵ', 'ㄼ, ㄳ, ㄾ', 'ㅄ'은 어말 또는 자음 앞에서 각각 [ㄱ, ㄴ, ㄹ, ㅂ]으로 발음한다. |
|---|---|

| 넋[넉] | 넋과[넉꽈] | 앉다[안따] | 여덟[여덜] | 넓다[널따]❶ |
|---|---|---|---|---|
| 외곬[외골]❷ | 핥다[할따] | 값[갑] | 없다[업:따] | |

★다만, '밟-'은 자음 앞에서 [밥]으로 발음하고, '넓-'은 다음과 같은 경우에 [넙]으로 발음한다.

(1) 밟다[밥:따]　　　　밟소[밥:쏘]　　　　밟지[밥:찌]
　　밟는[밥:는 → 밤:는]　밟게[밥:께]　　　　밟고[밥:꼬]
(2) 넓-죽하다[넙쭈카다]　넓-둥글다[넙뚱글다]❸

| 제11항 | 겹받침 'ㄺ, ㄻ, ㄿ'은 어말 또는 자음 앞에서 각각 [ㄱ, ㅁ, ㅂ]으로 발음한다.❹ |
|---|---|

| 닭[닥] | 흙과[흑꽈] | 맑다[막따] | 늙지[늑찌] |
|---|---|---|---|
| 삶[삼:] | 젊다[점:따] | 읊고[읍꼬] | 읊다[읍따] |

다만, 용언의 어간 말음 'ㄺ'은 'ㄱ' 앞에서 [ㄹ]로 발음한다.

맑게[말께]　　　　　　묽고[물꼬]　　　　　　얽거나[얼꺼나]

---

### 혜원通　받침의 발음

1. 같은 조음 위치의 예사소리로 교체되는 경우

| 받침 | 발음 | 예 |
|---|---|---|
| ㄱ, ㄲ, ㅋ | [ㄱ] | 국[국], 깎다[깍따], 키읔[키윽] |
| ㄷ, ㅌ | [ㄷ] | 닫다[닫따], 티읕[티읃] |
| ㅂ, ㅍ | [ㅂ] | 밥[밥], 피읖[피읍] |

2. 겹받침 중 하나가 탈락하는 경우

| 받침 | 발음 | | 예 |
|---|---|---|---|
| ㄳ, ㄵ, ㅄ | 앞의 자음으로 발음 | [ㄱ, ㄴ, ㅂ] | 넋[넉], 앉다[안따], 값[갑] |
| ㄼ➕, ㄳ, ㄾ | | [ㄹ] | 여덟[여덜], 외곬[외골], 핥다[할따] |
| ㄶ, ㅀ | | [ㄴ, ㄹ] | 않네[안네], 닳아[다라] |
| ㄺ➕, ㄻ, ㄿ | 뒤의 자음으로 발음 | [ㄱ, ㅁ, ㅍ] | 닭[닥], 젊다[점:따], 읊고[읍꼬] |

* [ㄹ]로 발음되고 'ㄹ'로 표기하는 경우　예 할짝거리다, 널따랗다, 널찍하다, 말끔하다, 말쑥하다, 말짱하다, 실쭉하다, 실큼하다, 얄따랗다, 얄팍하다, 짤따랗다

3. 겹받침으로 끝난 형태소 + 모음 형태소

| 겹받침으로 끝난 형태소 | + 모음의 형식 형태소 → 연음 | 예 닭 + 을 [달글], 닭 + 이 [달기] |
|---|---|---|
| | + 모음의 실질 형태소 → 대표음화 → 연음 | 예 닭 + 앞에 [닥 + 아페] → [다가페] |

---

❶ 넓네요[널레요]/짧네요[짤레요]
❷ 외곬: 단 하나의 방법이나 방향
　예 외곬으로 생각하다.
　cf 외골수: 단 한 곳으로만 파고드는 사람　예 외골수 학자

❸ · 넓적하다[넙쩌카다]
　· 넓적다리[넙쩍따리]
❹ · 갉작갉작하다[각짝깍짜카다]
　· 갉작거리다[각짝꺼리다]
　· 굵다랗다[국:따라타]
　· 굵직하다[국찌카다]
　· 굵직거리다[극찍꺼리다]
　· 늙수그레하다[늑쑤그레하다]
　· 늙정이[늑쩡이]
　· 얽죽얽죽하다[억쭈걱쭈카다]

**＋TIP**
'ㄼ'의 예외
· '밟-'은 [밥-]으로 발음한다.
　예 밟다[밥따], 밟소[밥쏘], 밟지[밥찌]
· '넓-'은 자음으로 시작하는 복합어일 때 [넙-]으로 발음한다.
　예 넓-죽하다[넙쭈카다], 넓-둥글다[넙뚱글다], 넓-적하다[넙쩌카다]

**＋TIP**
'ㄺ'의 예외
용언의 어간이 'ㄱ'으로 시작하는 어미와 결합할 때 [ㄹ]로 발음한다.
　예 맑게[말께], 묽고[물꼬], 얽거나[얼꺼나]
→ 체언과 조사의 결합은 ×
　예 흙과[흑꽈](○), [흘꽈](×)

| 제12항 | 받침 'ㅎ'의 발음은 다음과 같다. |
|---|---|

1. 'ㅎ(ㄶ, ㅀ)' 뒤에 'ㄱ, ㄷ, ㅈ'이 결합되는 경우에는, 뒤 음절 첫소리와 합쳐서 [ㅋ, ㅌ, ㅊ]으로 발음한다.❶

<table>
<tr><td>놓고[노코]❷</td><td>좋던[조:턴]</td><td>쌓지[싸치]</td><td>많고[만:코]</td></tr>
<tr><td>않던[안턴]</td><td>닳지[달치]</td><td></td><td></td></tr>
</table>

[붙임 1] 받침 'ㄱ(ㄺ), ㄷ, ㅂ(ㄼ), ㅈ(ㄵ)'이 뒤 음절 첫소리 'ㅎ'과 결합되는 경우에도, 역시 두 음을 합쳐서 [ㅋ, ㅌ, ㅍ, ㅊ]으로 발음한다.

<table>
<tr><td>각하[가카]</td><td>먹히다[머키다]</td><td>밝히다[발키다]</td></tr>
<tr><td>맏형[마텽]</td><td>좁히다[조피다]</td><td>넓히다[널피다]</td></tr>
<tr><td>꽂히다[꼬치다]</td><td>앉히다[안치다]</td><td></td></tr>
</table>

[붙임 2] 규정에 따라 'ㄷ'으로 발음되는 'ㅅ, ㅈ, ㅊ, ㅌ'의 경우에도 이에 준한다.

<table>
<tr><td>옷 한 벌[오탄벌]</td><td>낮 한때[나탄때]</td></tr>
<tr><td>꽃 한 송이[꼬탄송이]</td><td>숱하다[수타다]</td></tr>
</table>

* 단어 내부가 아니더라도 자음 축약이 일어날 수 있다.
  단, 끊어서 발음할 때는 격음화✚가 일어나지 않는다.
  예 옷 한 벌[온 한 벌], 꽃 한 송이[꼳 한 송이]

2. 'ㅎ(ㄶ, ㅀ)' 뒤에 'ㅅ'이 결합되는 경우에는, 'ㅅ'을 [ㅆ]으로 발음한다.

<table>
<tr><td>닿소[다:쏘]</td><td>많소[만:쏘]</td><td>싫소[실쏘]</td></tr>
</table>

3. 'ㅎ' 뒤에 'ㄴ'이 결합되는 경우에는, [ㄴ]으로 발음한다.

<table>
<tr><td>놓는[논는]</td><td>쌓네[싼네]</td></tr>
</table>

* 'ㅎ'이 대표음 'ㄷ'으로 바뀐 후 'ㄴ'이 동화되어 [ㄴ]으로 발음되는 것이다. 예 놓는[논는] → [논는]

[붙임] 'ㄶ, ㅀ' 뒤에 'ㄴ'이 결합되는 경우에는, 'ㅎ'을 발음하지 않는다.

<table>
<tr><td>않네[안네]</td><td>않는[안는]</td></tr>
<tr><td>뚫네[뚤네 → 뚤레]</td><td>뚫는[뚤는 → 뚤른]</td></tr>
</table>

* '뚫네[뚤네 → 뚤레], 뚫는[뚤는 → 뚤른]'에 대해서는 제20항 참조

4. 'ㅎ(ㄶ, ㅀ)' 뒤에 모음으로 시작된 어미나 접미사가 결합되는 경우에는, 'ㅎ'을 발음하지 않는다.

<table>
<tr><td>낳은[나은]</td><td>놓아[노아]</td><td>쌓이다[싸이다]</td><td>많아[마:나]</td></tr>
<tr><td>않은[아는]</td><td>닳아[다라]</td><td>싫어도[시러도]</td><td></td></tr>
</table>

* 체언은 'ㅎ'을 탈락시켜 발음하지 않는다.❸ 예 올해[올해], 전화[전:화]

**예원通 음운 축약**

| 앞말의 받침 | | 뒷말의 첫음절 | | 결과 |
|---|---|---|---|---|
| ㅎ, ㄶ, ㅀ | + | ㄱ, ㄷ, ㅈ | + | ㅋ, ㅌ, ㅊ |
| ㄱ(ㄺ), ㄷ, ㅂ(ㄼ), ㅈ(ㄵ) | | ㅎ | | ㅋ, ㅌ, ㅍ, ㅊ |

❶ '싫증'은 용언 어간 '싫-'에 명사 '증'이 결합된 어휘이다. [붙임]의 규정과는 달리 받침 'ㅎ' 뒤에 'ㅈ'이 결합되는 경우이지만, [실쯩]으로 발음된다.

❷ 주의! 놓치다[녿치다]

**➕ TIP**

격음화=자음 축약=거센소리되기

❸ 더불어 한자어나 복합어에서 모음과 'ㅎ' 또는 'ㅁ, ㄴ, ㅇ, ㄹ'과 'ㅎ'이 결합된 경우에는 본음대로 발음함이 원칙이다.
  예 경제학(經濟學), 신학(神學), 임학(林學), 공학(工學), 상학(商學), 경영학(經營學), 피곤하다, 셈하다, 공부하다, 광어회(廣魚膾) 등

**📋 기출 확인**

다음은 받침 'ㅎ'의 발음에 대한 자료이다. 이를 바탕으로 이끌어 낸 규칙으로 옳지 않은 것은? 2023 국회직 8급

| 자료1. | 놓고 → [노코] | 않던 → [안턴] |
|---|---|---|
| | 닳지 → [달치] | |
| 자료2. | 않네 → [안네] | 뚫는→ [뚤는 → 뚤른] |
| 자료3. | 닿소 → [다:쏘] | 많소 → [만:쏘] |
| | 싫소 → [실쏘] | |
| 자료4. | 놓는 → [논는] | 쌓네 → [싼네] |
| 자료5. | 낳은 → [나은] | 않은 → [아는] |
| | 싫어도 → [시러도] | |

① 'ㅎ(ㄶ, ㅀ)' 뒤에 'ㅅ'이 결합되는 경우에는, 'ㅅ'을 [ㅆ]으로 발음한다.
② 'ㄶ, ㅀ' 뒤에 'ㄴ'이 결합되는 경우에는, 'ㅎ'을 발음하지 않는다.
③ 'ㅎ' 뒤에 'ㄴ'이 결합되는 경우에는, 'ㅎ'을 발음하지 않는다.
④ 'ㅎ(ㄶ, ㅀ)' 뒤에 모음으로 시작된 어미나 접미사가 결합되는 경우에는, 'ㅎ'을 발음하지 않는다.
⑤ 'ㅎ(ㄶ, ㅀ)' 뒤에 'ㄱ, ㄷ, ㅈ'이 결합되는 경우에는, 뒤 음절 첫소리와 합쳐서 [ㅋ, ㅌ, ㅊ]으로 발음한다.

해설

'ㅎ' 뒤에 'ㄴ'이 결합되는 경우는 '자료 4'와 관련이 있다. '자료 4'에서 'ㅎ' 뒤에 'ㄴ'이 결합되는 경우, [ㅎㄴ]이 [ㄴㄴ] 형태로 실현된 것을 확인할 수 있다. 'ㅎ'이 사라지고 [ㄴ]만 발음한 것이 아니므로 적절하지 않은 이해이다.

오답

① '자료 3'을 통해 이끌어낼 수 있다.
② '자료 2'를 통해 이끌어낼 수 있다.
④ '자료 5'를 통해 이끌어낼 수 있다.
⑤ '자료 1'을 통해 이끌어낼 수 있다.

정답 ③

PART 4 국어 규범 해커스공무원 혜원국어 올인원 기본서

| 제13항 | 홑받침이나 쌍받침이 모음으로 시작된 조사나 어미, 접미사와 결합되는 경우에는, 제 음가대로 뒤 음절 첫소리로 옮겨 발음한다. |
|---|---|

| 깎아[까까] | 옷이[오시] | 있어[이써] | 낮이[나지] |
|---|---|---|---|
| 꽂아[꼬자] | 꽃을[꼬츨] | 쫓아[쪼차] | 밭에[바테] |
| 앞으로[아프로] | 덮이다[더피다] | | |

❶ 받침 + 모음의 형식 형태소
→ 연음(연이어 발음)한다.
예 낮이[나지], 닭을[달글]

| 제14항 | 겹받침이 모음으로 시작된 조사나 어미, 접미사와 결합되는 경우에는, 뒤엣것만을 뒤 음절 첫소리로 옮겨 발음한다.(이 경우, 'ㅅ'은 된소리로 발음함.)❶ |
|---|---|

| 넋이[넉씨] | 앉아[안자] | 닭을[달글] | 젊어[절머] |
|---|---|---|---|
| 곬이[골씨] | 핥아[할타] | 읊어[을퍼] | 값을[갑쓸] |
| 없어[업ː써] | | | |

❷ 받침 + 모음의 실질 형태소
→ 절음(끊어서 대표음으로 발음)한다.
이후에 연음한다.
예 헛웃음[헏웃슴] → [허두슴]

❸ ・맛있다[마딛따/마싣따](O)
・멋있다[머딛따/머싣따](O)
단, '뜻있다'의 경우 '뜻(실질) + 있다(실질)'이므로 [뜯읻따 → 뜨딛따]만 인정한다.

❹ 값어치[가버치]
'-어치'를 형식 형태소인 접사로 보면, [갑써치]로 발음해야 하지만, 단어로 보아 [가버치]로 발음한다.

| 제15항 | 받침 뒤에 모음 'ㅏ, ㅓ, ㅗ, ㅜ, ㅟ'들로 시작되는 실질 형태소가 연결되는 경우에는, 대표음으로 바꾸어서 뒤 음절 첫소리로 옮겨 발음한다.❷ |
|---|---|

| 밭 아래[바다래] | 늪 앞[느밥] | 젖어미[저더미] | 맛없다[마덥따] |
|---|---|---|---|
| 겉옷[거돋] | 헛웃음[허두슴] | 꽃 위[꼬뒤] | |

다만, '맛있다, 멋있다'는 [마싣따], [머싣따]로도 발음할 수 있다.❸

[붙임] 겹받침의 경우에는, 그중 하나만을 옮겨 발음한다.

| 넋 없다[너겁따] | 닭 앞에[다가페] | 값어치[가버치]❹ | 값있는[가빈는] |
|---|---|---|---|

| 제16항 | 한글 자모의 이름은 그 받침소리를 연음하되, 'ㄷ, ㅈ, ㅊ, ㅋ, ㅌ, ㅍ, ㅎ'의 경우에는 특별히 다음과 같이 발음한다. |
|---|---|

| 디귿이[디그시] | 디귿을[디그슬] | 디귿에[디그세] |
|---|---|---|
| 지읒이[지으시] | 지읒을[지으슬] | 지읒에[지으세] |
| 치읓이[치으시] | 치읓을[치으슬] | 치읓에[치으세] |
| 키읔이[키으기] | 키읔을[키으글] | 키읔에[키으게] |
| 티읕이[티으시] | 티읕을[티으슬] | 티읕에[티으세] |
| 피읖이[피으비] | 피읖을[피으블] | 피읖에[피으베] |
| 히읗이[히으시] | 히읗을[히으슬] | 히읗에[히으세] |

* 자음의 명칭이 정해진 당시(1933년 '한글 마춤법' 통일안 제정 당시) 현실 발음을 고려한 결과이다.

## 5 음의 동화

| 제17항 | 받침 'ㄷ, ㅌ(ㄾ)'이 조사나 접미사의 모음 'ㅣ'와 결합되는 경우에는, [ㅈ, ㅊ]으로 바꾸어서 뒤 음절 첫소리로 옮겨 발음한다. |
|---|---|

곧이듣다[고지듣따]　　　　굳이[구지]　　　　　　미닫이[미ː다지]

땀받이[땀바지]　　　　　　밭이[바치]　　　　　　벼훑이[벼훌치]

[붙임] 'ㄷ' 뒤에 접미사 '히'가 결합되어 '티'를 이루는 것은 [치]로 발음한다.❶

굳히다[구치다]　　　　　닫히다[다치다]　　　　　묻히다[무치다]

　　* 접미사 '히'는 '티'로 먼저 축약된 후, 구개음화가 일어나는 것이다.
　　　예 닫히다[다티다] → [다치다]

### 에원通　구개음화

1. '구개음화'는 'ㅣ'로 시작하는 형식 형태소와의 결합에서만 일어난다. 따라서 그 이외의 환경에서는 그대로 발음한다.

| | ○ | × |
|---|---|---|
| 끝은 | [끄튼] | [끄츤] |
| 끝에 | [끄테] | [끄체] |
| 끝이다 | [끄치다] | [끄티다] |

| 밭 + 이랑❷ |
|---|
| · 형식 형태소 '이랑' → [바치랑] |
| · 실질 형태소 '이랑' → [반니랑] |

2. 현대 국어에서 '구개음화'는 형태소 내부에서 일어나지 않는다.　예 잔디, 느티나무

| 제18항 | 받침 'ㄱ(ㄲ, ㅋ, ㄳ, ㄺ), ㄷ(ㅅ, ㅆ, ㅈ, ㅊ, ㅌ, ㅎ), ㅂ(ㅍ, ㄼ, ㄿ, ㅄ)'은 'ㄴ, ㅁ' 앞에서 [ㅇ, ㄴ, ㅁ]으로 발음한다.📍 |
|---|---|

먹는[멍는]　　　　　　국물[궁물]　　　　　　깎는[깡는]

키읔만[키응만]　　　　몫몫이[몽목씨]　　　　긁는[긍는]

흙만[흥만]　　　　　　닫는[단는]　　　　　　짓는[진ː는]

옷맵시[온맵씨]　　　　있는[인는]　　　　　　맞는[만는]

젖멍울[전멍울]　　　　쫓는[쫀는]　　　　　　꽃망울[꼰망울]

붙는[분는]　　　　　　놓는[논는]　　　　　　잡는[잠는]

밥물[밤물]　　　　　　앞마당[암마당]　　　　밟는[밤ː는]

읊는[음는]　　　　　　없는[엄ː는]

[붙임] 두 단어를 이어서 한 마디로 발음하는 경우에도 이와 같다.

책 넣는다[챙넌는다]　　　흙 말리다[흥말리다]　　　옷 맞추다[온맏추다]

밥 먹는다[밤멍는다]　　　값 매기다[감매기다]

---

📍 **구개음화:** 159쪽 참조

**주의!** · 밭이[바치] → 구개음화
　　　· 밭에[바테] → 연음

❶ '강조'의 뜻을 더하는 접미사 '-치-'가 있기 때문에, 구별해서 알아둘 필요가 있다.
　예 돋치다, 넘치다, 밀치다, 부딪치다, 솟구치다 등
　　· 닫히다[다치다]: 구개음화 ○
　　· 닫치다[닫치다]: 구개음화 ×

❷ 밭 + 이랑
　1. 실질 형태소 + 실질 형태소
　　　　　　　　명사
　　예 밭이랑에는 옥수수와 토마토를 심었다. → [반니랑]
　2. 실질 형태소 + 형식 형태소
　　　　　　　　　　조사
　　예 저기 보이는 논이랑 밭이랑 모두 우리 것이다. → [바치랑]

📍 **자음 동화(비음화)**

비음이 동화주가 되어, 같은 조음 위치의 비음으로 바뀐다. 159쪽 참조

### 📋 기출 확인

<보기>에서 밑줄 친 부분의 발음으로 가장 옳지 않은 것은?　　　2018 서울시 9급

> ─<보기>─
> 손자: 할아버지. 여기 있는 ㉠밭을 우리가 다 매야 해요?
> 할아버지: 응. 이 ㉡밭만 매면 돼.
> 손자: 이 ㉢밭 모두요?
> 할아버지: 왜? ㉣밭이 너무 넓으니?

① ㉠: [바슬]　　② ㉡: [반만]

③ ㉢: [받]　　　④ ㉣: [바치]

**해설**

모음으로 시작하는 형식 형태소(조사, 어미, 접사)가 이어질 때는 앞말의 받침이 연음된다. 따라서 '밭을'의 표준 발음은 [바틀]이 되어야 한다.

　　　　　　　　**정답** ①

| 제19항 | 받침 'ㅁ, ㅇ' 뒤에 연결되는 'ㄹ'은 [ㄴ]으로 발음한다. |
|---|---|

담력[담:녁]　　　　　　침략[침:냑]　　　　　　강릉[강능]

항로[항:노]　　　　　　대통령[대:통녕]

[붙임] 받침 'ㄱ, ㅂ' 뒤에 연결되는 'ㄹ'도 [ㄴ]으로 발음한다.

막론[막논 → 망논]　　　석류[석뉴 → 성뉴]　　　협력[협녁 → 혐녁]

법리[법니 → 범니]

♀ **자음 동화(유음화)**

유음이 동화주가 되어 'ㄴ'이 유음 'ㄹ'로 바
뀐다. 159쪽 참조

| 제20항 | 'ㄴ'은 'ㄹ'의 앞이나 뒤에서 [ㄹ]로 발음한다.♀ |
|---|---|

(1) 난로[날:로]　　　　　신라[실라]　　　　　　천리[철리]

　　광한루[광:할루]　　　대관령[대:괄령]

(2) 칼날[칼랄]　　　　　물난리[물랄리]　　　　줄넘기[줄럼끼]

　　할는지[할른지]

[붙임] 첫소리 'ㄴ'이 'ㅀ', 'ㄾ' 뒤에 연결되는 경우에도 이에 준한다.

닳는[달른]　　　　　　뚫는[뚤른]　　　　　　핥네[할레]

다만, 다음과 같은 단어들은 'ㄹ'을 [ㄴ]으로 발음한다.❶

의견란[의:견난]　　　　임진란[임:진난]　　　　생산량[생산냥]

결단력[결딴녁]　　　　공권력[공꿘녁]❷　　　동원령[동:원녕]

상견례[상견녜]　　　　횡단로[횡단노]　　　　이원론[이:원논]❸

입원료[이붠뇨]　　　　구근류[구근뉴]

❶ '의견-란, 임진-란'과 같이 '2-1'음절
로 의미가 분석되는 낱말은 'ㄹ'이 [ㄴ]
으로 발음되는 유음화의 역현상이 나타
난다.

❷ cf 권력[궐력]

❸ cf 원론[월론]

➕ **TIP**

조음 방법 동화(비음화, 유음화)는 표준 발
음이고, 조음 위치 동화(연구개음화, 양순음
화)는 표준 발음이 아니다.

❹ 연구개음(ㄱ, ㄲ, ㅋ, ㅇ)화,
양순음(ㅂ, ㅃ, ㅍ, ㅁ)화
→ 비표준 발음

| 제21항 | 위에서 지적한 이외의 자음 동화➕는 인정하지 않는다.❹ |
|---|---|

감기[감:기](○) - [강:기](×)　　　　옷감[옫깜](○) - [옥깜](×)

있고[읻꼬](○) - [익꼬](×)　　　　꽃길[꼳낄](○) - [꼭낄](×)

젖먹이[전머기](○) - [점머기](×)　　문법[문뻡](○) - [뭄뻡](×)

꽃밭[꼳빧](○) - [꼽빧](×)

❺ 'ㅣ' 모음 순행 동화

발음의 동화를 인정한 경우
→ 되어, 피어, 이오, 아니오
→ 표기는 인정하지 않음.

★ **~이/가 아니오.**

→ 서술어로 쓰일 때는 [아니오/아니요]로
발음할 수 있다.

★ **네/아니요.**

→ 감탄사로 쓰일 때는 표기도 발음도 '아
니요'로 한다.
예 A: 밥 먹었니?
B: 아니(요).
→ '아니'에 높임의 보조사 '요'가 붙
은 형태

| 제22항 | 다음과 같은 용언의 어미는 [어]로 발음함을 원칙으로 하되, [여]로 발음함도 허용한다.❺ |
|---|---|

되어[되어/되여]　　　　　피어[피어/피여]　　　　cf 희어[히어/히여]

[붙임] '이오, 아니오'도 이에 준하여 [이요, 아니요]로 발음함을 허용한다.

* 'ㅣ' 모음 순행 동화는 'ㅣ' 모음으로 끝나는 **용언의 어간** 뒤에서 나타나는 현상만을 표준 발음으로
인정하며, '반모음(y)' 첨가 현상으로 볼 수 있다.

## 6 경음화

**된소리되기**

예사소리가 된소리로 바뀐다. 157쪽 참조

| 제23항 | 받침 'ㄱ(ㄲ, ㅋ, ㄳ, ㄺ), ㄷ(ㅅ, ㅆ, ㅈ, ㅊ, ㅌ), ㅂ(ㅍ, ㄼ❶, ㄿ, ㅄ)' 뒤에 연결되는 'ㄱ, ㄷ, ㅂ, ㅅ, ㅈ'은 된소리로 발음한다. |
|---|---|

❶ 'ㄼ'의 대표음은 [ㄹ]이지만, 여기서는 [ㅂ]으로 소리 나는 경우를 다룬다.
cf 여덟[여덜]

| | | | |
|---|---|---|---|
| 국밥[국빱] | 깎다[깍따] | 넋받이[넉빠지] | 삯돈[삭똔] |
| 닭장[닥짱] | 칡범[칙뻠] | 뻗대다[뻗때다] | 옷고름[옫꼬름] |
| 있던[읻떤] | 꽂고[꼳꼬] | 꽃다발[꼳따발] | 낯설다[낟썰다] |
| 밭갈이[받까리] | 솥전[솓쩐] | 곱돌[곱똘] | 덮개[덥깨] |
| 옆집[엽찝] | 넓죽하다[넙쭈카다] | 읊조리다[읍쪼리다] | 값지다[갑찌다] |

| 제24항 | 어간 받침 'ㄴ(ㄵ), ㅁ(ㄻ)' 뒤에 결합되는 어미의 첫소리 'ㄱ, ㄷ, ㅅ, ㅈ'은 된소리로 발음한다.❷ |
|---|---|

★ 명사형 전성 어미가 결합될 때도 마찬가지이다.

❷ 두 팔로 안기[안ː끼]에는 둘레가 너무 크다.

| | | | |
|---|---|---|---|
| 신고[신ː꼬] | 껴안다[껴안따] | 앉고[안꼬] | 얹다[언따] |
| 삼고[삼ː꼬] | 더듬지[더듬찌] | 닮고[담ː꼬] | 젊지[점ː찌] |

다만, 피동, 사동의 접미사 '-기-'는 된소리로 발음하지 않는다.❸

❸ 때로는 그의 품에 안기기[안기기]도 했다.

| | | | |
|---|---|---|---|
| 안기다 | 감기다 | 굶기다 | 옮기다 |

| 제25항 | 어간 받침 'ㄼ, ㄾ' 뒤에❹ 결합되는 어미의 첫소리 'ㄱ, ㄷ, ㅅ, ㅈ'은 된소리로 발음한다. |
|---|---|

❹ 제25항 규정을 겹받침에 한정시킨 이유
→ 홑받침 'ㄹ' 다음에서는 '알고[알고], 알더니[알더니], 알지[알지]'와 같이 된소리로 발음되지 않기 때문이다.

| | | | |
|---|---|---|---|
| 넓게[널께] | 핥다[할따] | 훑소[훌쏘] | 떫지[떨ː찌] |

* '체언 + 조사'의 결합에서는 된소리로 발음하지 않는다.
　　예 여덟과[여덜과], 여덟도[여덜도]

| 제26항 | 한자어에서, 'ㄹ' 받침 뒤에 연결되는 'ㄷ, ㅅ, ㅈ'은 된소리로 발음한다. |
|---|---|

| | | | |
|---|---|---|---|
| 갈등[갈뜽] | 발동[발똥] | 절도[절또] | 말살[말쌀] |
| 불소[불쏘](弗素) | 일시[일씨] | 갈증[갈쯩] | 물질[물찔] |
| 발전[발쩐] | 몰상식[몰쌍식] | 불세출[불쎄출] | |

다만, 같은 한자가 겹쳐진 단어의 경우에는 된소리로 발음하지 않는다.

　　허허실실[허허실실](虛虛實實)　　　　절절-하다[절절하다](切切--)

| 제27항 | 관형사형 '-(으)ㄹ'❺ 뒤에 연결되는 'ㄱ, ㄷ, ㅂ, ㅅ, ㅈ'은 된소리로 발음한다. |
|---|---|

❺ 'ㄴ' 받침을 가진 관형사 어미 뒤에서는 된소리로 발음하지 않는다.
　　예 가는 세월[가는세ː월], 간 사람[간ː사람]

| | | | |
|---|---|---|---|
| 할 것을[할꺼슬] | 갈 데가[갈떼가] | 할 바를[할빠를] | 할 수는[할쑤는] |
| 할 적에[할쩌게] | 갈 곳[갈꼳] | 할 도리[할또리] | 만날 사람[만날싸람] |

다만, 끊어서 말할 적에는 예사소리로 발음한다.

[붙임] '-(으)ㄹ'로 시작되는 어미의 경우에도 이에 준한다.

　　할걸[할껄] - 뉘우침　　　　　할밖에[할빠께] - 다른 방법이 없음.　할세라[할쎄라] - 염려

　　할수록[할쑤록] - 정도의 더함.　할지라도[할찌라도] - 가정　　　　할지언정[할찌언정] - 그러나

　　할진대[할찐대] - 이유, 전제

PART 4 국어 규범 해커스공무원 혜원국어 올인원 기본서

❶ 사잇소리는 같은 환경이라도 다르게 나타나는 수의적 현상이다.
예 불고기[불고기] - 사잇소리 ×
　　물고기[물꼬기] - 사잇소리 ○

## ⭐ 된소리 vs 예사소리

· 된소리가 나는 단어들
　┌ 날-짐승[날찜승]
　├ 손-사래[손싸래]
　└ 몰-상식[몰쌍식]

· 된소리가 나지 않는 단어들
　┌ 간단[간단], 등기[등기]
　└ 불장난[불장난], 유리잔[유리잔]

주의! 김밥[김ː밥](○)/[김ː빱](○)
　　　인-기척[인기척](○)/[인끼척](○)
　　　안-간힘[안간힘](○)/[안깐힘](○)
　　　cf 안-간힘: 어떤 일을 이루기 위해 몹시 애쓰는 힘

## ⭐ 의미에 따른 된소리 vs 예사소리

| 된소리 | 예사소리 |
|---|---|
| · 私法[사뻡]<br>　: 개인 사이의 법률 관계<br>· 高價[고까]<br>　: 비싼 가격 | · 司法[사법]<br>　: 국가의 기본 작용<br>· 古家[고ː가]<br>　: 오래된 집<br>高架[고가]<br>　: 도로 |
| · 잠-자리[잠짜리]<br>　: 잠을 자기 위해 사용하는 이부자리 혹은 잠을 자는 자리 | · 잠자리[잠자리]<br>　: 곤충의 일종 |

⭐ 사잇소리 현상 중 사이시옷을 표기한 단어만 'ㅅ' 첨가이고, 그렇지 않은 단어는 '된소리되기'로 다룬다.

## ⚲ 'ㄴ' 첨가

162쪽 참조

❷ '이, 야, 여, 요, 유' → '이'는 단모음이고, '야, 여, 요, 유'는 반모음 'ㅣ'가 첨가된, 'ㅣ' 모음 계열의 모음이다.

❸ 복합어(합성어, 파생어)

받침 + 'ㅣ' 모음 계열(ㅣ, ㅑ, ㅕ, ㅛ, ㅠ)
→ [니, 냐, 녀, 뇨, 뉴]
* 앞 음절이 자음(받침)으로 끝나고 뒤 음절에 'ㅣ'로 시작하는 모음 계열이 올 때, 'ㄴ' 소리가 첨가된다.

⭐ 주의! 열여덟에[열려덜베] 시집가다.

---

★제28항 표기상으로는 사이시옷이 없더라도, 관형격 기능을 지니는 사이시옷이 있어야 할 (휴지가 성립되는) 합성어의 경우에는, 뒤 단어의 첫소리 'ㄱ, ㄷ, ㅂ, ㅅ, ㅈ'을 된소리로 발음한다.❶

| | | |
|---|---|---|
| 눈-동자[눈똥자] | 신-바람[신빠람] | 산-새[산쌔] |
| 손-재주[손째주] | 길-가[길까] | 물-동이[물똥이] |
| 발-바닥[발빠닥] | 굴-속[굴ː쏙] | 술-잔[술짠] |
| 바람-결[바람껼] | 그믐-달[그믐딸] | 아침-밥[아침빱] |
| 잠-자리[잠짜리] | 강-가[강까] | 초승-달[초승딸] |
| 등-불[등뿔] | 창-살[창쌀] | 강-줄기[강쭐기] |

### 예원通　일반적 경음화와 사잇소리 현상의 경음화

| 일반적 경음화 | 사잇소리 현상의 경음화 |
|---|---|
| · 환경: 안울림소리와 안울림소리 사이에서 일어남.<br>예 국밥[국빱], 폭발[폭빨]<br>→ 안울림소리 'ㄱ'과 'ㅂ'이 만나 경음화<br>· 합성어가 아니라도 일어남.<br>· 필수적 현상 → 예외가 없다. | · 환경: 울림소리와 안울림소리 사이<br>예 등불[등뿔], 눈동자[눈똥자]<br>→ 울림소리 'ㅇ'과 안울림소리 'ㅂ, ㅈ'이 만나 경음화<br>· 합성어에서만 일어남.<br>· 수의적 현상 → 예외가 많다.<br>예 물고기[물꼬기], 불고기[불고기] |

## 7 음의 첨가

| 제29항 | 합성어 및 파생어에서, 앞 단어나 접두사의 끝이 자음이고 뒤 단어나 접미사의 첫 음절이 '이, 야, 여, 요, 유'❷인 경우에는, 'ㄴ' 음을 첨가하여 [니, 냐, 녀, 뇨, 뉴]로 발음한다.❸ |
|---|---|

| | | |
|---|---|---|
| 솜-이불[솜ː니불] | 문-고리[문꼬리] | 홑-이불[혼니불] |
| 막-일[망닐] | 삯-일[상닐] | 맨-입[맨닙] |
| 꽃-잎[꼰닙] | 내복-약[내ː봉냑] | 한-여름[한녀름] |
| 남존-여비[남존녀비] | 신-여성[신녀성] | 색-연필[생년필] |
| 직행-열차[지캥녈차] | 늑막-염[능망념] | 콩-엿[콩녇] |
| 담-요[담ː뇨] | 눈-요기[눈뇨기] | 영업-용[영엄뇽] |
| 식용-유[시굥뉴] | 백분-율[백뿐뉼] | 밤-윷[밤ː뉻] |

다만, 다음과 같은 말들은 'ㄴ' 음을 첨가하여 발음하되, 표기대로 발음할 수 있다.

이죽-이죽[이중니죽/이주기죽]　　　야금-야금[야금냐금/야그먀금]
검열[검ː녈/거ː멸]　　　　　　　　　율랑-율랑[율랑놀랑/율랑율랑]
금융[금늉/그뮹]

[붙임 1] 'ㄹ' 받침 뒤에 첨가되는 'ㄴ' 음은 [ㄹ]로 발음한다.

| | | |
|---|---|---|
| 들-일[들ː릴] | 솔-잎[솔립] | 설-익다[설릭따] |
| 물-약[물략] | 불-여우[불려우] | 서울-역[서울력] |
| 물-엿[물렫] | 휘발-유[휘발류] | 유들-유들[유들류들] |

[붙임 2] 두 단어를 이어서 한 마디로 발음하는 경우에도 이에 준한다.

| 한 일[한닐] | 옷 입다[온닙따] | 서른여섯[서른녀섣] |
|---|---|---|
| 3연대[삼년대] | 먹은 엿[머근녇] | |
| 할 일[할릴] | 잘 입다[잘립따] | 스물여섯[스물려섣] |
| 1연대[일련대] | 먹을 엿[머글렫] | |

다만, 다음과 같은 단어에서는 'ㄴ(ㄹ)' 음을 첨가하여 발음하지 않는다.❶

| 6·25[유기오] | 3·1절[사밀쩔] | 송별-연[송:벼련] |
|---|---|---|
| 등-용문[등용문] | 8·15[파리로] | 응용[응:용] |

---

**제30항** | 사이시옷이 붙은 단어는 다음과 같이 발음한다.❷♀

---

1. 'ㄱ, ㄷ, ㅂ, ㅅ, ㅈ'으로 시작하는 단어 앞에 사이시옷이 올 때는 이들 자음만을 된소리로 발음하는 것을 원칙으로 하되, 사이시옷을 [ㄷ]으로 발음하는 것도 허용한다.

※ 발음이 두 개!➕

| 냇가[내:까/낻:까] | 샛길[새:낄/샏:낄] | 빨랫돌[빨래똘/빨랟똘] |
|---|---|---|
| 콧등[코뜽/콛뜽] | 깃발[기빨/긷빨] | 대팻밥[대:패빱/대:팯빱] |
| 햇살[해쌀/핻쌀] | 뱃속[배쏙/밷쏙] | 뱃전[배쩐/밷쩐] |
| 고갯짓[고개찓/고갣찓] | | |

2. 사이시옷 뒤에 'ㄴ, ㅁ'이 결합되는 경우에는 [ㄴ]으로 발음한다.

| 콧날[콛날 → 콘날] | 아랫니[아랟니 → 아랜니] |
|---|---|
| 툇마루[퇻:마루 → 퇸:마루] | 뱃머리[밷머리 → 밴머리] |

3. 사이시옷 뒤에 '이' 음이 결합되는 경우에는 [ㄴㄴ]으로 발음한다.

| 베갯잇[베갣닏 → 베갠닏] | 깻잎[깯닙 → 깬닙] |
|---|---|
| 나뭇잎[나묻닙 → 나문닙] | 도리깻열[도리깯녈 → 도리깬녈]❸ |
| 뒷윷[뒫:뉻 → 뒨:뉻]❹ | |

---

❶ 'ㄴ' 첨가는 수의적 현상이다.
1. 'ㄴ' 첨가가 되지 않는 단어
   예 담임[다밈], 선열[서녈], 굴욕[구룍], 활용[화룡], 함유[하뮤], 금연[그:면], 촬영[촤령], 목요일[모교일], 금요일[그묘일], 월요일[워료일], 절약[저략], 절연[저련], 결연[겨련], 활약[화략], 신용[시:뇽]
2. 'ㄴ' 첨가가 일어나지 않는 경우
   ① 접두사가 결합한 경우
      예 몰인정[모린정], 불일치[부릴치]
   ② 한자 계열의 접미사가 결합한 경우
      예 한국인[한:구긴], 경축일[경:추길]
   ③ 합성어의 경우
      예 독약[도갹], 그림일기[그:리밀기]
   ④ 구 구성의 경우
      예 작품 이름, 아침 인사

♀ 'ㅅ' 첨가
162쪽 참조

⭐❷ 사이시옷이 표기되는 환경
1. 단어와 단어가 합성할 때
2. 앞말의 받침이 없을 때
3. 뒷말의 첫소리가 된소리로 발음되거나, 'ㄴ' 소리나 'ㄴㄴ' 소리가 덧날 때
4. 둘 중 하나가 고유어일 때
→ 모두 만족할 때 'ㅅ'을 붙인다.

➕ TIP
사이시옷을 발음하지 않는 쪽을 원칙으로 삼은 이유
· 합성어를 이루는 뒷말의 첫소리가 경음으로 발음되어 사이시옷을 표기하는 것이지, 음이 첨가되어 사이시옷을 표기하는 것은 아니기 때문이다.
· 현실 발음에서 사이시옷을 [ㄷ]으로 발음하지 않는 형태가 빈번하기 때문이다.

❸ 도리깻열: 곡식의 낟알을 떠는 데 쓰는 농구인 도리깨의 한 부분
❹ 뒷윷: 윷판에서 뒷밭의 네 번째 자리

📝 기출 확인

밑줄 친 단어의 표준 발음으로 옳지 않은 것은? 2019 소방직

① 보름에는 달이 밝다. [박따]
② 마루에 등불이 켜져 있다. [등뿔]
③ 음식이 앞마당에 차려져 있다. [암마당]
④ 여기저기 다니며 막일이라도 하자. [마길]

해설 막일[마길 → 망닐]: 모음으로 시작하는 형식 형태소가 이어질 때 앞말의 받침을 연음해서 발음한다. 그러나 '일'은 형식 형태소가 아니므로 연음해서 [마길]로 발음하는 것은 적절하지 않다. '막일'은 [마길 → ('ㄴ' 첨가) → 막닐 → (비음화) → 망닐]의 과정을 거쳐 발음된다. 즉 '막일'의 표준 발음은 [마길]이 아니라 [망닐]이다.

오답 ① '밝다'는 [밝다 → (자음군 단순화) → 박다 → (된소리되기) → 박따]의 과정을 거쳐 발음된다.
② '등불'은 [등불 → (사잇소리 현상) → 등뿔]의 과정을 거쳐 발음됨.
③ '앞마당'은 [앞마당 → (음절의 끝소리 규칙) → 압마당 → (비음화) → 암마당]의 과정을 거쳐 발음된다.

정답 ④

⊙~⊜에 해당하는 예로 옳지 않은 것은?

〈표준 발음법〉 제29항

  합성어 및 파생어에서, 앞 단어나 접두사의 끝이 자음이고 뒤 단어나 접미사의 첫음절이 '이, 야, 여, 요, 유'인 경우에는, 'ㄴ' 음을 첨가하여 [니, 냐, 녀, 뇨, 뉴]로 발음한다. 예 색-연필[생년필]

- 다만, 다음과 같은 말들은 'ㄴ' 음을 첨가하여 발음하되, 표기대로 발음할 수 있다.·········· ⊙
  예 야금-야금[야금냐금/야그먀금]

- [붙임 1] 'ㄹ' 받침 뒤에 첨가되는 'ㄴ' 음은 [ㄹ]로 발음한다. ······························· ⊙
  예 서울-역[서울력]

- [붙임 2] 두 단어를 이어서 한 마디로 발음하는 경우에도 이에 준한다.····················· ⊙
  예 잘 입다[잘립따]

- 다만, 다음과 같은 단어에서는 'ㄴ(ㄹ)' 음을 첨가하여 발음하지 않는다.·················· ⊜
  예 3·1절[사밀쩔]

① ⊙: 혼합약

② ⊙: 휘발유

③ ⊙: 열여덟

④ ⊜: 등용문

해설 '혼합약'도 'ㄴ' 음을 첨가한 [혼:함냑]으로만 발음할 수 있다. 따라서 'ㄴ' 음을 첨가하여 발음할 수 있고, 표기대로 발음할 수도 있는 ⊙의 예로 옳지 않다.

오답 ② '휘발유(휘발-유)'는 [휘발류]로 발음하기 때문에 ⊙의 예로 적절하다.

③ '열여덟'은 [열려덜]로 발음할 수 있기 때문에 ⊙의 예로 적절하다.

④ '등용문'은 [등뇽문] 또는 [등룡문]으로 발음하지 않고, [등용문]으로 발음하기 때문에 ⊜의 예로 적절하다.

정답 ①

# 02 한글 맞춤법과 문장 부호론

★ 2018년 12월 국립국어원에서 발표한 〈한글 맞춤법〉 해설안을 반영하여 수록하였다.

**❶ 제1항의 원칙과 근거**
〈한글 맞춤법〉은 두 가지 원칙에 따라 음성 언어인 표준어를 표음 문자인 '한글'로 올바르게 적는 방법이다.
1. '표준어를 소리대로 적되'
   → 표음(表音)주의
   → 소리와 표기 일치
   → 소리 중시
   예 설거지, 두루마기, 너무, 자주, 비로소, 누더기 등
2. '어법에 맞도록 함'
   → 표의(表意)주의(원형을 밝힘.)
     * 뜻을 파악하기 쉽게 각 형태소의 본 모양을 밝혀 적는다는 의미
   → 소리와 표기 불일치
   → 의미 중시
   예 오뚝이, 넓적다리, 만듦, 커다랗다, 벼훑이 등
   cf 얽히고설키다
     → '얽히고'는 표의적 표기
     → '설키다'는 표음적 표기

**❷** 조사는 단어이지만 앞말에 붙여 쓴다.

**❸ 한글 자모의 명칭과 순서**
1527년(중종 22) 최세진의 《훈몽자회(訓蒙字會)》에서 처음 명칭을 정하였고 한글 자모의 순서를 정리하였다. 자모의 명칭과 순서는 지금과 유사하다.
→ 한글 창제 당시에는 28자. 다만, 'ㅎ, ㅿ, ㆁ, ㆍ'가 소실되고 현재 24자만 남았다.
cf 북한의 경우 통일성을 근거로 '기윽, 디읃, 시읏'으로 한다.

**❹** 실제로 운용되는 자모의 개수는 40개이다(자음 19, 단모음 10, 이중 모음 11).

## 1절 한글 맞춤법

### 1 총칙

| 제1항 | 한글 맞춤법은 표준어를 소리대로 적되, 어법에 맞도록 함을 원칙으로 한다.❶ |
|---|---|
| 제2항 | 문장의 각 단어는 띄어 씀을 원칙으로 한다.❷ |
| 제3항 | 외래어는 '외래어 표기법'에 따라 적는다. |

### 2 자모

| 제4항 | 한글 자모의 수는 스물넉 자로 하고, 그 순서와 이름은 다음과 같이 정한다.❸ |
|---|---|

| ㄱ(기역) | ㄴ(니은) | ㄷ(디귿) | ㄹ(리을) | ㅁ(미음) |
|---|---|---|---|---|
| ㅂ(비읍) | ㅅ(시옷) | ㅇ(이응) | ㅈ(지읒) | ㅊ(치읓) |
| ㅋ(키읔) | ㅌ(티읕) | ㅍ(피읖) | ㅎ(히읗) | |
| ㅏ(아) | ㅑ(야) | ㅓ(어) | ㅕ(여) | ㅗ(오) |
| ㅛ(요) | ㅜ(우) | ㅠ(유) | ㅡ(으) | ㅣ(이) |

[붙임 1] 위의 자모로써 적을 수 없는 소리는 두 개 이상의 자모를 어울러서 적되, 그 순서와 이름은 다음과 같이 정한다.❹

| ㄲ(쌍기역) | ㄸ(쌍디귿) | ㅃ(쌍비읍) | ㅆ(쌍시옷) | ㅉ(쌍지읒) |
|---|---|---|---|---|
| ㅐ(애) | ㅒ(얘) | ㅔ(에) | ㅖ(예) | ㅘ(와) |
| ㅙ(왜) | ㅚ(외) | ㅝ(워) | ㅞ(웨) | ㅟ(위) |
| ㅢ(의) | | | | |

[붙임 2] 사전에 올릴 적의 자모 순서는 다음과 같이 정한다.

자음(초성): ㄱ ㄲ ㄴ ㄷ ㄸ ㄹ ㅁ ㅂ ㅃ ㅅ ㅆ ㅇ ㅈ ㅉ ㅊ ㅋ ㅌ ㅍ ㅎ

모음(중성): ㅏ ㅐ ㅑ ㅒ ㅓ ㅔ ㅕ ㅖ ㅗ ㅘ ㅙ ㅚ ㅛ ㅜ ㅝ ㅞ ㅟ ㅠ ㅡ ㅢ ㅣ

* 받침(종성): ㄱ, ㄲ, ㄳ, ㄴ, ㄵ, ㄶ, ㄷ, ㄹ, ㄺ, ㄻ, ㄼ, ㄽ, ㄾ, ㄿ, ㅀ, ㅁ, ㅂ, ㅄ, ㅅ, ㅆ, ㅇ, ㅈ, ㅊ, ㅋ, ㅌ, ㅍ, ㅎ

**해설** 시험장이라면 모음의 순서가 'ㅗ, ㅛ, ㅜ, ㅠ'이므로 ㉢이 제일 마지막에 오는 ②, ④를 먼저 선택하고, 그 가운데 ㉠, ㉡의 순서를 구별하여 답을 선택해야 한다.

| 1단계 | ['곬'과 '곳간'의 순서]<br>'곬'과 '곳간'은 '고'는 같고 받침만 다르다. 'ㄽ'와 'ㅅ' 중 사전 등재 순서가 앞에 오는 것은 'ㄽ'이다. |
|---|---|
| 2단계 | ['규탄'과 '광명'의 순서]<br>'규탄'과 '광명'은 초성의 'ㄱ'은 같고 모음만 다르다. 모음 'ㅠ'와 'ㅘ' 중 사전 등재 순서가 앞에 오는 것은 'ㅘ'이다. |
| 3단계 | ['ㅗ'와 'ㅘ'의 순서]<br>모음의 사전 등재 순서는 "ㅏ, ㅐ, ㅑ, ㅒ, ㅓ, ㅔ, ㅕ, ㅖ, ㅗ, ㅘ, ㅙ, ㅚ, ㅛ, ㅜ, ㅝ, ㅞ, ㅟ, ㅠ, ㅡ, ㅢ, ㅣ"이다. 'ㅗ' 뒤에 'ㅘ'가 온다. |

따라서 종합하면 '곬(㉠) → 곳간(㉢) → 광명(㉣) → 규탄(㉡)'으로 배열된다.

**기출 확인**

㉠~㉣을 사전에 올릴 때 '한글 맞춤법 규정'에 따른 순서로 적절한 것은?    2020 국가직 9급

| ㉠ 곬 | ㉡ 규탄 | ㉢ 곳간 | ㉣ 광명 |
|---|---|---|---|

① ㉠ → ㉢ → ㉡ → ㉣
② ㉠ → ㉢ → ㉣ → ㉡
③ ㉢ → ㉠ → ㉡ → ㉣
④ ㉢ → ㉠ → ㉣ → ㉡

**정답** ②

## 3 소리에 관한 것

### 제1절 된소리

| 제5항 | 한 단어 안에서 뚜렷한 까닭 없이 나는 된소리는 다음 음절의 첫소리를 된소리로 적는다. |
|---|---|

1. 두 모음 사이에서 나는 된소리

| | | | |
|---|---|---|---|
| 소쩍새 | 어깨 | 오빠 | 으뜸 |
| 아끼다 | 기쁘다 | 깨끗하다 | 어떠하다 |
| 해쓱하다 | 가끔 | 거꾸로 | 부썩 |
| 어찌 | 이따금 | | |

2. 'ㄴ, ㄹ, ㅁ, ㅇ' 받침 뒤에서 나는 된소리

| | | | |
|---|---|---|---|
| 산뜻하다 | 잔뜩 | 살짝 | 훨씬 |
| 담뿍 | 움찔 | 몽땅 | 엉뚱하다 |
| 단짝 | 번쩍 | 물씬 | 절뚝거리다 |
| 듬뿍 | 함빡 | 껑뚱하다 | 뭉뚱그리다 |

다만, 'ㄱ, ㅂ' 받침 뒤에서 나는 된소리는, 같은 음절이나 비슷한 음절이 겹쳐 나는 경우가 아니면 된소리로 적지 아니한다.

| | | | |
|---|---|---|---|
| 국수 | 깍두기 | 딱지 | 색시 |
| 싹둑(~싹둑) | 법석 | 갑자기 | 몹시 |

\* 같은 음절이나 비슷한 음절이 겹쳐 나는 경우는 예외
예 똑똑하다, 쓱싹쓱싹, 쌉쌀하다, 짭짤하다, 똑딱똑딱, 딱따구리

### 제2절 구개음화

| 제6항 | 'ㄷ, ㅌ' 받침 뒤에 종속적 관계를 가진 '-이(-)'나 '-히-'가 올 적에는, 그 'ㄷ, ㅌ'이 'ㅈ, ㅊ'으로 소리 나더라도 'ㄷ, ㅌ'으로 적는다.❶ |
|---|---|

| | | | |
|---|---|---|---|
| 맏이 | 해돋이 | 굳이 | 같이 |
| 끝이 | 핥이다 | 걷히다 | 닫히다 |
| 묻히다 | | | |

\* 구개음화에 관한 규정이다. 발음은 구개음화가 이루어진 형태로 하지만, 바뀐 발음을 표기에는 반영하지 않는다.
\* 종속적 관계란, 실질 형태소와 형식 형태소(조사, 어미, 접사)의 결합을 의미한다. 형식 형태소는 실질 형태소에 종속되는 요소이기 때문이다.

### 제3절 'ㄷ' 소리 받침

| 제7항 | 'ㄷ' 소리로 나는 받침 중에서 'ㄷ'으로 적을 근거가 없는 것은 'ㅅ'으로 적는다. |
|---|---|

| | | | |
|---|---|---|---|
| 덧저고리 | 돗자리 | 엇셈 | 웃어른 |
| 핫옷 | 무릇 | 사뭇 | 얼핏 |
| 자칫하면 | 뭇[衆] | 옛 | 첫 |
| 헛 | | | |

---

★ 된소리 표기가 바른 경우
깡다구, 찌푸리다, 쌍꺼풀, 쌍까풀, 태껸, 결딴나다, 혼쭐나다, 혼꾸멍나다, 어쭙잖다, 장딴지, 꺼림칙하다, 께름칙하다, 생뚱맞다, 먼지떨이, 재떨이, 널빤지, 붓두껍, 잔뜩, 곱빼기, 일꾼, 일쑤, 옴짝달싹, 털썩, 말짱

★ 예사소리 표기가 바른 경우
철석(鐵石), 시끌벅적, 왁자지껄, 뚝배기, 싹둑, 북적거리다/북적대다, 법석/야단법석/법석거리다/법석대다, 덥석, 육신거리다
cf 문득[문득] [단, 문뜩(○), 무뜩(○)]

❶ · 낱낱이[난ː나치]
· 벼훑이[벼훌치]
· 살붙이[살부치]
· 붙이다[부치다]

★ 소리는 같지만, 표기가 다른 단어
· ┌ 걷히다 : '걷다'의 피동
  └ 거치다 : 꺼리다, 들르다
· ┌ 닫히다 : '닫다'의 피동
  └ 다치다 : 상처를 입다.
· ┌ 묻히다 : '묻다'의 사동·피동
  └ 무치다 : 뒤섞다

## 제4절 모음

| 제8항 | '계, 례❶, 몌, 폐, 혜'의 'ㅖ'는 'ㅔ'로 소리 나는 경우가 있더라도 'ㅖ'로 적는다.❷ |
|---|---|

| 계수(桂樹) | 사례(謝禮) | 연몌(連袂)❸ | 폐품(廢品) |
| 혜택(惠澤) | 계집 | 핑계 | 계시다 |

다만, 다음 말은 본음대로 적는다.❹

| 게송(偈頌) | 게시판(揭示板) | 휴게실(休憩室) |

| 제9항 | '의'나, 자음을 첫소리로 가지고 있는 음절의 'ㅢ'는 'ㅣ'로 소리 나는 경우가 있더라도 'ㅢ'로 적는다.➕ |
|---|---|

| 의의(意義) | 본의(本義) | 무늬[紋] | 보늬❺ |
| 오늬❻ | 하늬바람 | 닐리리❼ | 닁큼 |
| 띄어쓰기 | 씌어 | 틔어 | 희망(希望) |
| 희다 | 유희(遊戲) | | |

## 제5절 두음 법칙❽

| 제10항 | 한자음 '녀, 뇨, 뉴, 니'가 단어 첫머리에 올 적에는, 두음 법칙에 따라 '여, 요, 유, 이'로 적는다.❾ |
|---|---|

| 바른 표기(○) | 틀린 표기(×) | 바른 표기(○) | 틀린 표기(×) |
|---|---|---|---|
| 여자(女子) | 녀자 | 유대(紐帶) | 뉴대 |
| 연세(年歲) | 년세 | 이토(泥土) | 니토 |
| 요소(尿素) | 뇨소 | 익명(匿名) | 닉명 |

다만, 다음과 같은 의존 명사에서는 '냐, 녀' 음을 인정한다.

| 냥(兩) | 냥쭝(兩-) | 년(年)(몇 년) |

*의존 명사로 쓰이지 않을 때는 두음 법칙이 적용된다.❿

[붙임 1] 단어의 첫머리 이외의 경우에는 본음대로 적는다.

| 남녀(男女) | 당뇨(糖尿) | 결뉴(結紐) | 은닉(隱匿) |

[붙임 2] 접두사처럼 쓰이는 한자가 붙어서 된 말이나 합성어에서, 뒷말의 첫소리가 'ㄴ' 소리로 나더라도 두음 법칙에 따라 적는다.⓫

| 신여성(新女性) | 공염불(空念佛) | 남존여비(男尊女卑) |

[붙임 3] 둘 이상의 단어로 이루어진 고유 명사를 붙여 쓰는 경우에도 [붙임 2]에 준하여 적는다.

| 한국여자대학 | 대한요소비료회사 |

❶ '예, 례'는 [예, 례]로만 발음한다. 따라서 해당 항의 설명은 일부 오류를 포함하고 있다.

❷ **주의!** 으례(×)', '케케묵다(×)'는 단모음화한 형태로, '으레', '케케묵다'로 표기하고, [으레/케케묵따]로 발음한다.

❸ **연몌**: 나란히 서서 함께 가거나 옴. 행동을 같이 함.

❹ 偈(쉴 게), 揭(들 게), 憩(쉴 게)
· 偈: 게구(偈句)
· 揭: 게방(揭榜), 게양(揭揚), 게재(揭載), 게판(揭板)(= 게시판)
· 憩: 게류(憩流), 게식(憩息), 게휴(憩休)
cf · 계제(階梯): 사다리. 일의 순서나 단계 혹은 절차
· 계발(啓發): 슬기나 재능, 사상 따위를 일깨워 줌.

➕ **TIP**
'의' 발음
· 첫소리 [ㅢ]
· 2음절 이하 [ㅢ/ㅣ]
· 관형격 조사 [ㅢ/ㅔ]
· 자음 뒤 [ㅣ]

❺ **보늬**: 밤이나 도토리 따위의 속껍질

❻ **오늬**: 화살의 머리를 활시위에 끼도록 에어 낸 부분
cf · 오누이/오누/오뉘(○)
· 시누이/시누/시뉘(○)

❼ **닐리리**: 퉁소, 나발, 피리 따위 관악기의 소리를 흉내낸 소리

❽ **두음 법칙**
→ 표기에 반영된다.

❾ **첫소리에 제한이 있다.**
예 · 녀자(×) → 여자(○)
· 리발(×) → 이발(○)

❿ **명사 '연(年)'**
예 · 연 1회 회비를 납부한다.
· 연 강수량
· 연 12%의 이자율

⓫ **복합어의 경우, 뒷말의 첫소리에도 제한이 있다.**
예 신-녀성(×) → 신-여성(○)
*신년도, 구년도, 내년도
→ '신년-도, 구년-도, 내년-도'의 구조이므로 두음 법칙이 적용되지 않는다.

**★❶** 란(欄), 량(量), 룡(龍), 릉(陵), 뇨(尿)
　　→ 한자어 + '란, 량, 룡, 릉, 뇨'
　　　고유어, 외래어 + '난, 양, 용, 능, 요'

| 한자어 + ☆ | 고유어 + ☆<br>외래어 + ☆ |
|---|---|
| 학습란<br>사회란<br>독자란 | 어머니난<br>가십난<br>토픽난 |
| 노동량<br>수출량 | 일양<br>구름양<br>알칼리양 |
| 쌍룡<br>구룡반도<br>청룡 | 아기용 |
| 왕릉<br>태릉 | 아기능 |
| 당뇨 | 고름요<br>알칼리요 |

**★ 이름과 두음 법칙**
· 이름은 두음 법칙이 적용되는 것이 원칙이다.
· '신립, 최인, 채윤, 하윤'의 경우, 현실 발음인 [실립, 최린, 채륜, 하륜]과 차이가 크기 때문에 예외적으로 '신립, 최린, 채륜, 하륜'을 인정한 것이다.
　cf '金樂'은 '김낙'으로만 적는다.

**❷** 신립(○), 신입(○)

**❸** '국제 연합'은 두 개의 단어로 인식되는 반면, 이것 줄여진 '국련'은 하나의 단어로 인식되기 때문에 뒤 한자의 음은 두음 법칙이 적용되지 않고 본음으로 적는다.

**❹ [붙임 4] 추가 예**
몰-이해(沒理解), 청-요리(淸料理), 생-육신(生六臣), 사-육신(死六臣), 선-이자(先利子), 무실-역행(務實力行), 수학-여행(修學旅行), 불-이행(不履行), 등-용문(登龍門), 과-인산(過燐酸), 총-유탄(銃榴彈)
다만, 발음이 본음대로 굳어진 것은 본음대로 적는다.
　예 수류탄(手榴彈), 파렴치(破廉恥)

---

| 제11항 | 한자음 '랴, 려, 레, 료, 류, 리'가 단어의 첫머리에 올 적에는, 두음 법칙에 따라 '야, 여, 예, 요, 유, 이'로 적는다. ❶ |
|---|---|

| 바른 표기(○) | 틀린 표기(×) | 바른 표기(○) | 틀린 표기(×) |
|---|---|---|---|
| **양심(良心)** | 량심 | **용궁(龍宮)** | 룡궁 |
| **역사(歷史)** | 력사 | **유행(流行)** | 류행 |
| **예의(禮儀)** | 레의 | **이발(理髮)** | 리발 |

다만, 다음과 같은 의존 명사는 본음대로 적는다.

　　리(里): 몇 리냐?　　　　　　　　　　리(理): 그럴 리가 없다.

**[붙임 1]** 단어의 첫머리 이외의 경우에는 본음대로 적는다.

| | | | |
|---|---|---|---|
| 개량(改良) | 선량(善良) | 수력(水力) | 협력(協力) |
| 사례(謝禮) | 혼례(婚禮) | 와룡(臥龍) | 쌍룡(雙龍) |
| 하류(下流) | 급류(急流) | 도리(道理) | 진리(眞理) |

다만, 모음이나 'ㄴ' 받침 뒤에 이어지는 '렬, 률'은 '열, 율'로 적는다.

| | | | |
|---|---|---|---|
| 나열(羅列) | 치열(齒列) | 비열(卑劣) | 규율(規律) |
| 비율(比率) | 실패율(失敗率) | 분열(分裂) | 선열(先烈) |
| 진열(陳列) | 선율(旋律) | 전율(戰慄) | 백분율(百分率) |

**예원通　　모음, 'ㄴ'(받침) + 렬, 률 → '열, 율'**

· 할인 + 률 → 할인율　　　　· 비 + 률 → 비율　　　　· 치 + 렬 → 치열
* 그 이외의 경우: 합격률, 인상률, 기각률, 법률, 저축률, 명중률
cf '방열복(防熱服, '熱'의 원 훈음이 '더울 열')'의 경우와 같이 원음이 '렬, 률'이 아닌 경우에는 이 규칙이 적용되지 않는다.

**[붙임 2]** 외자로 된 이름을 성에 붙여 쓸 경우에도 본음대로 적을 수 있다.

　　신립(申砬)❷　　　　　최린(崔麟)　　　　　채륜(蔡倫)　　　　　하륜(河崙)

**[붙임 3]** 준말에서 본음으로 소리 나는 것은 본음대로 적는다.

　　국련(국제 연합)❸　　　　　　　　한시련(한국 시각 장애인 연합회)

**[붙임 4]** 접두사처럼 쓰이는 한자가 붙어서 된 말이나 합성어에서, 뒷말의 첫소리가 'ㄴ' 또는 'ㄹ' 소리로 나더라도 두음 법칙에 따라 적는다. ❹

　　역이용(逆利用)　　　연이율(年利率)　　　열역학(熱力學)　　　해외여행(海外旅行)

**[붙임 5]** 둘 이상의 단어로 이루어진 고유 명사를 붙여 쓰는 경우나 십진법에 따라 쓰는 수(數)도 [붙임 4]에 준하여 적는다.

　　서울여관　　　　　　　신흥이발관　　　　　　　육천육백육십육(六千六百六十六)

| 제12항 | 한자음 '라, 래, 로, 뢰, 루, 르'가 단어의 첫머리에 올 적에는, 두음 법칙에 따라 '나, 내, 노, 뇌, 누, 느'로 적는다. |
|---|---|

| 바른 표기(○) | 틀린 표기(×) | 바른 표기(○) | 틀린 표기(×) |
|---|---|---|---|
| 낙원(樂園) | 락원 | 뇌성(雷聲) | 리성 |
| 내일(來日) | 래일 | 누각(樓閣) | 루각 |
| 노인(老人) | 로인 | 능묘(陵墓) | 릉묘 |

[붙임 1] 단어의 첫머리 이외의 경우에는 본음대로 적는다.❶

| | | | |
|---|---|---|---|
| 쾌락(快樂) | 극락(極樂) | 거래(去來) | 왕래(往來) |
| 부로(父老) | 연로(年老) | 지뢰(地雷) | 낙뢰(落雷) |
| 고루(高樓) | 광한루(廣寒樓) | 동구릉(東九陵) | 가정란(家庭欄) |

[붙임 2] 접두사처럼 쓰이는 한자가 붙어서 된 단어는 뒷말을 두음 법칙에 따라 적는다.❷

내내월(來來月)　　　상노인(上老人)　　　중노동(重勞動)　　　비논리적(非論理的)

## 제6절 겹쳐 나는 소리

| 제13항 | 한 단어 안에서 같은 음절이나 비슷한 음절이 겹쳐 나는 부분은 같은 글자로 적는다. |
|---|---|

| 바른 표기(○) | 틀린 표기(×) | 바른 표기(○) | 틀린 표기(×) |
|---|---|---|---|
| 딱딱 | 딱닥 | 꼿꼿하다 | 꼿곳하다 |
| 쌕쌕 | 쌕색 | 놀놀하다❹ | 놀롤하다 |
| 씩씩 | 씩식 | 눅눅하다 | 눙눅하다 |
| 똑딱똑딱 | 똑닥똑닥 | 밋밋하다❺ | 민밋하다 |
| 쓱싹쓱싹 | 쓱삭쓱삭 | 싹싹하다 | 싹삭하다 |
| 연연불망(戀戀不忘)❸ | 연련불망 | 쌉쌀하다 | 쌉살하다 |
| 유유상종(類類相從) | 유류상종 | 씁쓸하다 | 씁슬하다 |
| 누누이(屢屢-) | 누루이 | 짭짤하다 | 짭잘하다 |

### 🔲 기출 확인

맞춤법에 맞는 것만으로 묶은 것은?　　　　　　　2021 국가직 9급

① 돌나물, 꼭지점, 페트병, 낚시꾼
② 흡입량, 구름양, 정답란, 칼럼난
③ 오뚝이, 싸라기, 법석, 딱다구리
④ 찻간(車間), 홧병(火病), 셋방(貰房), 곳간(庫間)

[해설] '量(헤아릴 량)', '欄(난간 란)'이 단어 첫머리 이외의 경우는 두음 법칙이 적용되지 않으므로, 본음인 '량', '란'으로 적는다. 한편, 고유어나 외래어 뒤에 결합한 한자어는 독립적인 한 단어로 인식이 되기 때문에 두음 법칙이 적용된다. 따라서 고유어나 외래어 뒤에 올 때는 두음 법칙이 적용되어 각각 '양'과 '난'으로 적는다.한자어 '흡입(吸入)', '정답(正答)'과 결합할 때는 각각 두음 법칙이 적용되지 않은 형태인 '흡입량', '정답란'으로 적는다. 다만, 고유어 '구름'과 외래어 '칼럼'과 결합할 때는 두음 법칙이 적용된 형태인 '구름양', '칼럼난'으로 적는다.
따라서 ②의 '흡입량, 구름양, 정답란, 칼럼난'은 모두 맞춤법에 맞는 표기이다.

[오답] ① 꼭지점 → 꼭짓점 ③ 딱다구리 → 딱따구리 ④ 홧병(火病) → 화병(火病)

[정답] ②

## 4 형태에 관한 것

### 제1절 체언과 조사

❶ 체언과 조사, 어간과 어미를 구별하여 적는 것은 표의적·형태 음소적 표기이다. 이를 통해 단어의 의미를 쉽게 파악할 수 있다.

| 제14항 | 체언은 조사와 구별하여 적는다.❶ |
|---|---|

| | | | | |
|---|---|---|---|---|
| 넋이 | 넋을 | 넋에 | 넋도 | 넋만 |
| 흙이 | 흙을 | 흙에 | 흙도 | 흙만 |
| 삶이 | 삶을 | 삶에 | 삶도 | 삶만 |
| 여덟이 | 여덟을 | 여덟에 | 여덟도 | 여덟만 |
| 곬이 | 곬을 | 곬에 | 곬도 | 곬만 |
| 값이 | 값을 | 값에 | 값도 | 값만 |

### 제2절 어간과 어미

| 제15항 | 용언의 어간과 어미는 구별하여 적는다. |
|---|---|

| | | | |
|---|---|---|---|
| 좇다 | 좇고 | 좇아 | 좇으니 |
| 훑다 | 훑고 | 훑어 | 훑으니 |
| 읊다 | 읊고 | 읊어 | 읊으니 |

[붙임 1] 두 개의 용언이 어울려 한 개의 용언이 될 적에, 앞말의 본뜻이 유지되고 있는 것은 그 원형을 밝히어 적고, 그 본뜻에서 멀어진 것은 밝히어 적지 아니한다.

(1) 앞말의 본뜻이 유지되고 있는 것

| | | | | |
|---|---|---|---|---|
| 넘어지다 | 늘어나다 | 늘어지다 | 돌아가다 | 되짚어가다 |
| 들어가다 | 떨어지다 | 벌어지다 | 엎어지다 | 접어들다 |
| 틀어지다 | 흩어지다 | | | |

❷ [붙임 1-(2)] 추가 예
나타나다, 바라보다, 바라지다[坼], 배라먹다[乞食], 부러지다[折], 자라나다[長], 토라지다[少滯, 조금 체하다.]

❸ 주의! 부숴지다(×), 부서지다(○)
단, 부서뜨리다 = 부서트리다(○)

(2) 본뜻에서 멀어진 것❷

| | | | | |
|---|---|---|---|---|
| 드러나다 | 사라지다 | 쓰러지다 | 부서지다❸ | 불거지다 |
| 자빠지다 | | | | |

[붙임 2] 종결형에서 사용되는 어미 '-오'는 '요'로 소리 나는 경우가 있더라도 그 원형을 밝혀 '오'로 적는다.

| 바른 표기(○) | 틀린 표기(×) | 바른 표기(○) | 틀린 표기(×) |
|---|---|---|---|
| 이것은 책이오. | 이것은 책이요. | 이리로 오시오. | 이리로 오시요. |
| 이것은 책이 아니오. | 이것은 책이 아니요. | | |

[붙임 3] 연결형에서 사용되는 '이요'는 '이요'로 적는다.

| 바른 표기(○) | 틀린 표기(×) |
|---|---|
| 이것은 책이요, 저것은 붓이요, 또 저것은 먹이다. | 이것은 책이오, 저것은 붓이오, 또 저것은 먹이다. |

#### 혜원通 -오 vs -요

| 구분 | 형태 | 용례 |
|---|---|---|
| -오 | 종결 어미(생략 불가) | 이것은 책이오. |
| -요 | 연결 어미(생략 불가) | 이것은 책이요, 저것은 붓이요, 또 저것은 먹이오. |
| | 상대 높임 보조사(생략 가능) | 제가 밑줄 친 부분을 읽어요?/<br>아니요, 그 다음 줄을 읽어요. |

| 제16항 | 어간의 끝음절 모음이 'ㅏ, ㅗ'일 때에는 어미를 '-아'로 적고, 그 밖의 모음일 때에는 '-어'로 적는다. (→ 모음 조화)❶ |
|---|---|

1. '-아'로 적는 경우: 나아, 얇아, 보아, 막아, 돌아

2. '-어'로 적는 경우: 개어, 되어, 쉬어, 주어, 희어, 겪어, 베어, 저어, 피어

| 제17항 | 어미 뒤에 덧붙는 조사 '요'는 '요'로 적는다. |
|---|---|

| 읽어 | 읽어요 | 참으리 | 참으리요 | 좋지 | 좋지요 |
|---|---|---|---|---|---|

| 제18항 | 다음과 같은 용언들은 어미가 바뀔 경우, 그 어간이나 어미가 원칙에 벗어나면➕ 벗어나는 대로 적는다. |
|---|---|

1. 어간의 끝 'ㄹ'이 줄어지는 경우: 'ㄹ' 탈락(규칙), 어간의 끝 'ㄹ'이 'ㄴ, ㄹ, ㅂ, 시, 오' 앞에서 탈락

| 갈다: | 가니 | 간 | 갑니다 | 가시다 | 가오 |
|---|---|---|---|---|---|
| 놀다: | 노니 | 논 | 놉니다 | 노시다 | 노오 |
| 불다: | 부니 | 분 | 붑니다 | 부시다 | 부오 |
| 둥글다: | 둥그니 | 둥근 | 둥급니다 | 둥그시다 | 둥그오 |
| 어질다: | 어지니 | 어진 | 어집니다 | 어지시다 | 어지오 |

[붙임] 다음과 같은 말에서도 'ㄹ'이 준 대로 적는다.➕

| 마지못하다(형용사) | 마지않다(보조 동사) | (하)다마다(= 고말고)(어미) |
|---|---|---|
| (하)자마자(어미) | (하)지 마라❷ | (하)지 마(아) |

* 간접 명령, 간접 인용: '말라' 예 내일을 기대하지 <u>말라</u>.(○)/먹지 <u>말라</u>고 했어.(○)
* 직접 명령, 직접 인용: '마라' 예 떠나지 <u>마라</u>.(○)/"떠나지 <u>마라</u>."라고 했어.(○)

2. 어간의 끝 'ㅅ'이 줄어지는 경우: 'ㅅ' 불규칙

| 긋다: | 그어 | 그으니 | 그었다 | 낫다: | 나아 | 나으니 | 나았다 |
|---|---|---|---|---|---|---|---|
| 잇다: | 이어 | 이으니 | 이었다 | 짓다: | 지어 | 지으니 | 지었다 |

* 'ㅅ' 불규칙 용언: 모음 앞에서 'ㅅ'이 탈락한다. 예 긋다, 낫다, 붓다, 잇다, 잣다, 젓다, 짓다
* 'ㅅ' 규칙 용언: 'ㅅ'이 줄지 않고, 규칙 활용한다. 예 벗다, 빗다, 빼앗다, 솟다, 씻다, 웃다

3. 어간의 끝 'ㅎ'이 줄어지는 경우: 'ㅎ' 불규칙

| 그렇다: | 그러니 | 그럴 | 그러면 | 그러오 |
|---|---|---|---|---|
| 까맣다: | 까마니 | 까말 | 까마면 | 까마오 |
| 동그랗다: | 동그라니 | 동그랄 | 동그라면 | 동그라오 |
| 퍼렇다: | 퍼러니 | 퍼럴 | 퍼러면 | 퍼러오 |
| 하얗다: | 하야니 | 하얄 | 하야면 | 하야오 |

#### 'ㅎ' 불규칙의 예

- 그렇다 – 그렇소 – 그런 – 그래➕ – 그랬다
- 조그맣다 – 조그맣소 – 조그만 – 조그매 – 조그맸다
- 퍼렇다 – 퍼렇소 – 퍼런 – 퍼레 – 퍼렜다
- 하양 + ㅂ니다 = 하얗습니다
- 누렇다 – 누렇소 – 누런 – 누레 – 누렜다 – 누레지다
- 커다랗다 – 커다랗소 – 커다란 – 커다래 – 커다랬다
- 허옇다 – 허옇소 – 허연 – 허예 – 허옜다
- 하양 + 았 + ㅂ니다 = 하얬습니다

* ・형용사는 '좋다'를 제외하면 모두 'ㅎ' 불규칙 용언이다. → 동사는 모두 규칙 활용을 한다.
   ・규칙 활용 예 좋다: 좋으니, 좋은, 좋으면, 좋아
* 종결 어미 '-네, -니, -냐'가 붙으면 '하얗네/하얘네, 하얗니/하야니, 하얗냐/하야냐' 모두 가능

---

❶ 모음 조화는 'ㆍ(아래아)'의 소실로 철저하게 지켜지고 있지는 않으나, 어간과 어미의 결합에서는 비교적 잘 지켜지고 있다.
예 막아(○), 얇아(○), 바빠(○)
→ [먹어](×), [얇어](×), [바뻐](×)

#### ☀ 모음 조화 공식

| ・어간 'ㅏ(ㅑ), ㅗ' + 아 |
|---|
| ・'ㅏ(ㅑ), ㅗ' 이외의 어간 + 어 |

어간이 'ㅏ(ㅑ), ㅗ'인 경우에만 모음 어미 '-아'를 취하고 나머지 어간은 '-어'를 취한다.
📍 160쪽 참조

#### ☀ 연결 어미 '-요'와 보조사 '요' 구별

보조사는 수의적 성분이기 때문에 생략이 가능하다. 따라서 '요'가 없어도 문장이 성립되면 보조사, 그렇지 않으면 연결 어미이다.
예 ・나는요, 과일을요, 먹어요.(보조사)
   ・이것은 책이요, 저것은 사전이요, 모두가 좋구나.(연결 어미)

#### ➕ TIP
**원칙에서 벗어나는 경우**
- 어간의 모양이 달라지는 것
   예 싣다 – 싣는 – 실어
- 어미의 모양이 달라지는 것
   예 하다 – 하고 – 하여
- 어간과 어미의 모양이 달라지는 것
   예 파랗다 – 파래(파랗- + -아)

#### ➕ TIP
**머지않다 vs 못지않다**
- 머지않다(형용사)
   예 머지않아 공무원이 되겠어.
   cf 우리 집이 멀지∨않아.
- 못지않다(형용사)
   예 그림 실력이 화가 못지않다.

❷ '말다'의 활용형
- 말-+-아라(직접 명령형 어미)
   → 마라/말아라
   예 휴지를 함부로 버리지 마라/말아라.
- 말-+-아(직접 명령형 어미) → 마/말아
   예 너무 걱정하지 마/말아.
- 말-+-라(간접 명령형 어미) → 말라
   예 ・나의 일을 남에게 미루지 말라.
      (간접 명령문)
     ・실내에서 떠들지 말라고 했다.
      (간접 인용문)
* '말라'는 구체적으로 청자가 정해지지 않은 간접 명령문, 간접 인용문에서 사용한다.

#### ➕ TIP
'노랗다, 누렇다'는 어미 끝음절 모음에 따라 '-아/-어'와 결합할 때 '노래, 누레'로 활용하지만, '그렇다, 이렇다, 저렇다'는 '그래, 이래, 저래'로 일관되게 활용한다.

#### ☀ 노랗다
- -ㄴ(은) → 노란 ・-(으)니 → 노라니
- -아 → 노래 ・-아지다 → 노래지다
- -네(종결 어미) → 노라네/노랗네
- -니(종결 어미) → 노라니/노랗니
- -냐(종결 어미) → 노라냐/노랗냐
* 연결 어미로 쓰인 '-니'와 결합한 경우에는 '노라니'만 가능하다.
   예 개나리가 <u>노라니</u>(○)/노랗니(×) 봄이로구나.

★ '—'가 나타나지 않는 경우는 'ㄹ' 탈락과 마찬가지로 일정한 환경에서 예외 없이 '—'가 탈락한다는 점에서 다른 불규칙 활용과 차이가 있다. 따라서 '으' 탈락을 일반적으로 규칙 활용으로 본다.
'ㄹ' 탈락, '으' 탈락을 불규칙 활용으로 보는 견해가 일부 존재하나 본 교재는 학교 문법에 준하여 규칙 활용으로 보았다.

★
· 걷다[步] ('ㄷ' 불규칙)
  → 걷다 – 걷고 – 걷지 – 걸어 – 걷는 – 걸으니
└ 걷다[收, 撤] ('ㄷ' 규칙)
  → 걷다 – 걷고 – 걷지 – 걷어 – 걷는 – 걷으니
· 닫다(빨리 뛰어가다) ('ㄷ' 불규칙)
  → 닫다 – 닫고 – 닫지 – 달아 – 닫는 – 달으니
└ 닫다[閉] ('ㄷ' 규칙)
  → 닫다 – 닫고 – 닫지 – 닫아 – 닫는 – 닫으니
· 묻다[問] ('ㄷ' 불규칙)
  → 묻다 – 묻고 – 묻지 – 물어 – 묻는 – 물으니
└ 묻다[埋] ('ㄷ' 규칙)
  → 묻다 – 묻고 – 묻지 – 묻어 – 묻는 – 묻으니

## 4. 어간의 끝 'ㅜ, ㅡ'가 줄어지는 경우: '우' 불규칙, '으' 탈락(규칙)

| 푸다 : | 퍼 | 펐다 | 뜨다 : | 떠 | 떴다 |
| 끄다 : | 꺼 | 껐다 | 크다 : | 커 | 컸다 |
| 담그다 : | 담가 | 담갔다 | 고프다 : | 고파 | 고팠다 |
| 따르다 : | 따라 | 따랐다 | 바쁘다 : | 바빠 | 바빴다 |

### '으' 탈락(규칙 활용)의 예

· 잠그다 – 잠가 – 잠가라 – 잠갔다      · 치르다 – 치러 – 치러라 – 치렀다
· 들르다 – 들러 – 들러라 – 들렀다      · 노느다 – 노나 – 노나라 – 노났다
· 잇따르다 – 잇따라 – 잇따랐다          · 다다르다 – 다다라 – 다다랐다
cf '르' 불규칙: 흐르다 – 흘러, 오르다 – 올라

## 5. 어간의 끝 'ㄷ'이 'ㄹ'로 바뀌는 경우: 'ㄷ' 불규칙

| 걷다[步] : | 걸어 | 걸으니 | 걸었다 | 듣다[聽] : | 들어 | 들으니 | 들었다 |
| 묻다[問] : | 물어 | 물으니 | 물었다 | 싣다[載] : | 실어 | 실으니 | 실었다 |

### 'ㄷ' 불규칙 용언의 예

긷다, 깨닫다, 눋다, 닫다(빨리 뛰다), 내닫다, 붇다, 일컫다
cf 'ㄷ' 규칙 용언: 걷다[收, 撤], 닫다[閉], 돋다, 뜯다, 묻다[埋], 믿다, 받다, 벋다, 뻗다, 얻다, 곧다, 굳다

## 6. 어간의 끝 'ㅂ'이 'ㅜ'로 바뀌는 경우: 'ㅂ' 불규칙

| 깁다 : | 기워 | 기우니 | 기웠다 | 굽다[炙] : | 구워 | 구우니 | 구웠다 |
| 가깝다 : | 가까워 | 가까우니 | 가까웠다 | 괴롭다 : | 괴로워 | 괴로우니 | 괴로웠다 |
| 맵다 : | 매워 | 매우니 | 매웠다 | 무겁다 : | 무거워 | 무거우니 | 무거웠다 |
| 밉다 : | 미워 | 미우니 | 미웠다 | 쉽다 : | 쉬워 | 쉬우니 | 쉬웠다 |

### 'ㅂ' 불규칙의 예

· 가볍다, 간지럽다, 노엽다, 더럽다, 덥다, 메스껍다, 미덥다, 사납다, 서럽다, 아니꼽다, 어둡다, 역겹다, 즐겁다, 지겹다, 차갑다, 춥다 등
· '어근 + – 답다/– 롭다/– 스럽다(접사)' 유형
■ 꽃답다 – 꽃다운 – 꽃다워 – 꽃다우니
■ 슬기롭다 – 슬기로운 – 슬기로워 – 슬기로우니
■ 자연스럽다 – 자연스러운 – 자연스러워 – 자연스러우니
■ 자랑스럽다 – 자랑스러운 – 자랑스러워 – 자랑스러우니
■ 사랑스럽다 – 사랑스러운 – 사랑스러워 – 사랑스러우니
  * 어간의 끝 받침인 'ㅂ'을 탈락시켜 '자랑스런, 사랑스런'처럼 쓰기도 하지만, 이것은 틀린 표기로, 맞춤법에 맞는 표기는 'ㅂ'이 '우'로 변하는 형태인 '자랑스러운, 사랑스러운'이다.

### 'ㅂ' 규칙의 예

· 굽다[曲], 뽑다, 씹다, 업다, 입다, 잡다, 접다, 좁다, 집다 등
예 (허리가) 굽다 – 굽은 – 굽어 – 굽으니

다만, '돕-, 곱-'과 같은 단음절 어간에 어미 '-아'가 결합되어 '와'로 소리 나는 것은 '-와'로 적는다.

| | | | |
|---|---|---|---|
| 돕다[助]: 도와 | 도와서 | 도와도 | 도왔다 |
| 곱다[麗]: 고와 | 고와서 | 고와도 | 고왔다 |

〈한글 맞춤법〉 제34항 [붙임 2] 255쪽 참조

### 모음이 'ㅗ'인 단음절 어간 + '아' → '와'

예 돕다(도와), 곱다(고와)

cf 이외의 경우 → '워' 예 괴롭다(괴로워), 아름답다(아름다워), 정답다(정다워)

---

7. '하다'의 활용에서 어미 '-아'가 '-여'로 바뀌는 경우: '여' 불규칙

하다: 하여(= 해) 하여서(= 해서) 하여도(= 해도) 하여라(= 해라) 하였다(= 했다)

\* '-여'는 '-아/-어'의 형태론적 이형태이다.

8. 어간의 끝음절 '르' 뒤에 오는 어미 '-어'가 '-러'로 바뀌는 경우: '러' 불규칙

| | | | |
|---|---|---|---|
| 이르다[至]: 이르러 | 이르렀다 | 노르다[黃]❶: 노르러 | 노르렀다 |
| 누르다[黃]❷: 누르러 | 누르렀다 | 푸르다[靑]: 푸르러 | 푸르렀다 |

cf '푸르르다'도 표준어다. 다만, '푸르르다 - 푸르르고 - 푸르러('으' 탈락) - 푸르렀다 - 푸르른'으로 활용한다.

❶ **노르다[黃]**: 달걀 노른자위의 빛깔과 같이 밝고 선명하다.

❷ **누르다[黃]**: 황금이나 놋쇠의 빛깔과 같이 다소 밝고 탁하다.

9. 어간의 끝음절 '르'의 'ㅡ'가 줄고, 그 뒤에 오는 어미 '-아/-어'가 '-라/-러'로 바뀌는 경우: '르' 불규칙

| | | | | |
|---|---|---|---|---|
| 누르다(힘이나 무게를 가하다): | | 누르고 | 누르지 | 눌러 | 눌렀다 |
| 이르다(시간상 빠르다, 형용사/남에게 알리다, 동사): | | 이르고 | 이르지 | 일러 | 일렀다 |
| 가파르다: | | 가파르고 | 가파르지 | 가팔라 | 가팔랐다 |

🔲 **TIP**

'르'로 끝나는 어간에 피동·사동 접미사 '-이-'가 결합하는 경우에도 'ㄹ'이 덧붙는 현상이 있다.

예 • 가르다 - 가르-+-이-+다 → 갈리다
 • 부르다 - 부르-+-이-+다 → 불리다
 • 구르다 - 구르-+-이-+다 → 굴리다
 • 오르다 - 오르-+-이-+다 → 올리다

### '르' 불규칙의 예

• 빠르다 – 빠르고 – 빠르지 – 빨라 – 빨랐다
• 흐르다 – 흐르고 – 흐르지 – 흘러 – 흘렀다
• 고르다, 기르다, 너르다, 두르다, 마르다, 모르다, 사르다, 휘두르다, 추스르다, 주무르다, 타이르다, 무르다, 바르다, 올바르다, 가르다, 거르다, 구르다, 벼르다, 부르다, 오르다, 이르다, 지르다

### '-거라/-너라' 불규칙의 소멸

예전에는 '가다'와 '오다'의 명령형은 명령형 어미 '-아라/-어라' 대신에 '-거라/-너라'를 사용한 '가거라', '오너라'만 표준어로 인정했다.

하지만 현재는 '-아라/-어라'와 '-거라/-너라'의 의미와 어감이 다르다고 보아 둘 다 표준어로 인정하였다. 따라서 명령형을 만들 때

• 동사 + ┌ -거라/-아라/-어라 → 직접 명령
　　　　└ -(으)라 → 간접 명령

• 오다 + ┌ -너라/-아라 → 직접 명령
　　　　└ -(으)라 → 간접 명령

예 • 가다 ┌ 가 + 거라 → 가거라 ┐ 직접 명령(O)
　　　　├ 가 + 아라 → 가라 ┘
　　　　└ 가 + 라 → 가라(O) → 간접 명령

• 오다 ┌ 오 + 너라 → 오너라 ┐ 직접 명령(O)
　　　├ 오 + 아라 → 와라 ┘
　　　└ 오 + 라 → 오라(O) → 간접 명령

• 먹다 ┌ 먹 + 거라 → 먹거라 ┐ 직접 명령(O)
　　　├ 먹 + 어라 → 먹어라 ┘
　　　└ 먹 + 으라 → 먹으라(O) → 간접 명령

\* '-거라/-너라'는 '-아라/-어라'에 비해 예스러운 느낌을 준다.

PART 4 국어 규범 해커스공무원 혜원국어 올인원 기본서

## 제3절 접미사가 붙어서 된 말

| 제19항 | 어간에 '-이'나 '-음/-ㅁ'이 붙어서 명사로 된 것과 '-이'나 '-히'가 붙어서 부사로 된 것은 그 어간의 원형을 밝히어 적는다. |
|---|---|

### 1. '-이'가 붙어서 명사로 된 것

| 길-이 | 깊-이 | 높-이 | 다듬-이❶ |
|---|---|---|---|
| 땀-받이 | 달-맞이 | 먹-이 | 미닫-이 |
| 벌-이 | 벼-훑이 | 살림-살이 | 쇠-붙이 |
| 굽이 | 귀걸이 | 귀밝이❷ | 넓이 |
| 놀음놀이 | 더듬이 | 대뚫이 | 물받이 |
| 물뿜이 | 배앓이 | 뱃놀이 | 옷걸이 |
| 점박이 | 해돋이 | 호미씻이 | 휘묻이❸ |

### 2. '-음/-ㅁ'이 붙어서 명사로 된 것

| 걸음❹ | 묶음 | 믿음 | 얼음❺ |
|---|---|---|---|
| 엮음 | 울음 | 웃음 | 졸음 |
| 죽음 | 앎❻ | 갈음 | 계걸음 |
| 고기볶음 | 그을음 | 모질음 | 삶 |
| 솎음 | 수줍음 | 앙갚음 | 용솟음 |
| 판막음 | | | |

### 3. '-이'가 붙어서 부사로 된 것

| 같이 | 굳이 | 길이 | 높이 |
|---|---|---|---|
| 많이 | 실없-이 | 좋이 | 짓궂-이 |
| 곧이 | 끝없이 | 적이❼ | 옳이❽ |

\* '같이'는 부사일 때는 띄어 쓰고, 조사일 때는 붙여 쓴다.

예 ·엄마와 같이 시장에 가다. (부사)
　　·꽃같이 아름다운 얼굴 (조사)

### 4. '-히'가 붙어서 부사로 된 것

| 밝히❾ | 익히 | 작히❿ |
|---|---|---|

다만, 어간에 '-이'나 '-음'이 붙어서 명사로 바뀐 것이라도 그 어간의 뜻과 멀어진 것은 원형을 밝히어 적지 아니한다.

| 굽도리 | 다리[髢] | 목거리(목병) | 무녀리 |
|---|---|---|---|
| 코끼리 | 거름(비료) | 고름[膿] | 노름(도박)⓫ |
| 너비 | 도리깨 | 빈털터리 | |

[붙임] 어간에 '-이'나 '-음' 이외의 모음으로 시작된 접미사가 붙어서 다른 품사로 바뀐 것은 그 어간의 원형을 밝히어 적지 아니한다.

**(1) 명사로 바뀐 것**

| 귀-머거리(귀+먹+어리) | 까마귀(깜+아귀) | 너머(넘+어) |
|---|---|---|
| 뜨더귀(뜯+어귀) | 마감(막+암) | 마개(막+애) |
| 마중(맞+웅) | 무덤(묻+엄) | 비렁-뱅이(빌+엉+뱅이) |
| 쓰레기(쓸+에기) | 올가미(옭+아미) | 주검(죽+엄) |
| 도랑(돌+앙) | 동그라미(동글+아미) | 코-뚜레(코+뚫+에) |
| 불겅-이(붉+엉이) | 나머지(남+어지) | 얼개(얽+애) |
| 우스개(웃+으개) | | |

❶ cf 다듬잇방망이(○)
❷ **귀밝이**: 음력 정월 대보름날 아침에 마시는 술
❸ **휘묻이**: 식물의 가지를 휘어 그 한끝을 땅속에 묻어서 뿌리를 내리게 하는 인공 번식법

★ **어간이 'ㄹ'로 끝나는 말의 명사형**
예 ·살다 → 삶　·알다 → 앎
　·갈다 → 갊　·흔들다 → 흔듦
　·둥글다 → 둥긂　·만들다 → 만듦
　·베풀다 → 베풂　·줄어들다 → 줄어듦

❹ **걸음[步]**: 발을 옮기는 동작
　cf **거름[肥料]**: 땅을 기름지게 하는 물질
❺ **얼음[氷]**: 물이 얼어서 굳어진 물질
　cf **어름[物界]**: 두 사물의 끝이 맞닿은 자리
❻ **앎**: 아는 일
　cf **알음**: 사람끼리 서로 아는 일/지식이나 지혜가 있음.

❼ **적이**: 부사. 꽤 어지간한 정도로
❽ **옳이**: 부사. 사리에 맞고 바르게/격식에 맞아 탓하거나 흠잡을 데가 없게

❾ **밝히**: 부사. 불빛 따위가 환하게/일정한 일에 대하여 똑똑하고 분명하게
❿ **작히**: 부사. '어찌 조금만큼만', '얼마나'의 뜻으로 희망이나 추측을 나타내는 말
⓫ **노름[賭博]**: 돈을 걸고 내기함.
　cf **놀음[遊]**: 즐겁게 노는 일

★ 본뜻을 유지하면 원형을 밝혀 적지만, 본뜻에서 멀어지면 소리대로 적는 것이 원칙이다.

| | 본뜻이 유지됨. | 본뜻에서 멀어짐. |
|---|---|---|
| 걸다 | 목걸이<br>(목에 거는 물건) | 목거리<br>(목이 아픈 병) |
| 놀다 | 놀음(놀이) | 노름(돈내기) |

\* 단 〈불규칙 활용하는 어간+'-이/-음' → 발음이 변한 경우〉에는 발음대로 표기한다.
예 ·쉽- + -이[쉬비(×), 쉬이(○)]
　　→ 쉬이
　·서럽-+-움[서:럽븀(×),서:러움(○)]
　　→ 서러움

## (2) 부사로 바뀐 것

| | | |
|---|---|---|
| 거뭇-거뭇(검+웃) | 너무(넘+우)❶ | 도로(돌+오) |
| 뜨덤-뜨덤(뜯+엄) | 바투(밭+우) | 불긋-불긋(붉+웃) |
| 비로소(비롯+오) | 오긋-오긋(옥+웃) | 자주(잦+우) |
| 차마(참+아)❷ | 주섬-주섬(줏+엄) | 마주(맞+우) |
| 모람-모람(몰+암, 몰아서) | 미처(및+어) | |

## (3) 조사로 바뀌어 뜻이 달라진 것

| | | |
|---|---|---|
| 나마(남+아) | 부터(붙+어) | 조차(좇+아) |

---

**제20항** 명사 뒤에 '-이'가 붙어서 된 말은 그 명사의 원형을 밝히어 적는다. ➕

### 1. 부사로 된 것: 명사 + 명사 + 이 → '명사 + 마다'의 의미

| | | | |
|---|---|---|---|
| 곳곳이 | 낱낱이 | 몫몫이❸ | 샅샅이 |
| 앞앞이 | 집집이 | 간간이 | 겹겹이 |
| 눈눈이 | 땀땀이 | 번번이 | 옆옆이 |
| 줄줄이 | 첩첩이 | 틈틈이 | 다달이 |
| 나날이 | 철철이 | 구구절절이 | 사사건건이 |
| 사람사람이 | 골골샅샅이 | 길길이 | 참참이 |

- 짬짬이(부사): 짬이 나는 그때그때
  짬짜미(명사): 자기들끼리만 짜고 하는 약속
- 푼푼이(부사): 한 푼씩 한 푼씩
  푼푼히(부사): 모자람이 없이 넉넉하게
- 번번이(부사): 매 때마다
  번번히(부사): 번듯하게
- 자자이(부사): 글자 하나하나마다
  자자히(부사): 꾸준하게 부지런히

### 2. 명사로 된 것

| | | | |
|---|---|---|---|
| 곰배팔이 | 바둑이 | 삼발이 | 애꾸눈이 |
| 육손이 | 절뚝발이/절름발이 | | |

#### 품사는 그대로이지만 의미가 바뀐 경우

각설이, 검정이, 고리눈이, 네눈이, 딸깍발이, 맹문이, 안달이, 얌전이, 억척이, 왕눈이, 외톨이, 외팔이, 우걱뿔이, 점잔이, 퉁방울이

예 · 각설(却說)(명사): 말이나 글에서 화제를 다른 쪽으로 돌림.
   · 각설이(却說-)(명사): 장타령꾼

**[붙임]** '-이' 이외의 모음으로 시작된 접미사가 붙어서 된 말은 그 명사의 원형을 밝히어 적지 아니한다.

| | | | |
|---|---|---|---|
| 꼬락서니 | 끄트머리 | 모가치❹ | 바가지 |
| 바깥 | 사타구니 | 싸라기❺ | 이파리 |
| 지붕 | 지푸라기 | 짜개❻ | 고랑 |
| 구렁 | 사태(고기) | 소가지❼ | 소댕 |
| 오라기 | 터럭 | | |

---

❶ **넘어, 너머, 너무**
  · 국경을 넘어 들어가다.
    ('넘다'의 활용형 → 동사)
  · 들창 너머 하늘이 보인다.
    (사물의 저쪽 → 명사)
  · 너무 크다.
    (일정한 한계를 넘어선 상태로 → 부사)
  * 긍정, 부정에 모두 쓸 수 있다.

❷ **참아, 차마**
  · 괴로움을 참아 왔다.
    ('참다'의 활용형 → 동사)
  · 차마 때릴 수는 없었다.
    (부끄럽거나 안타까워서 감히 → 부사)

➕ **TIP**
'-이'가 결합하여 품사나 의미가 바뀌더라도 명사의 원래 의미와 '-이'의 의미는 일정하게 유지되기 때문이다.

❸ **몫몫이[몽목씨]**: 한 몫 한 몫으로

★ **〈명사 + '-아치/-어치'〉의 결합 시 표기 방법**

· **모가치**[← 목('몫'의 옛말)+아치]: 실제 발음 [모가치]에 따라 표기도 '모가치'로 한다.
· **값어치**(← 값+어치): [가버치], 〈한글 맞춤법〉 제20항 [붙임]의 규정에 따르면 '갑서치'로 적어야 하나, 명사 '값'이 독립적으로 쓰이고 '-어치'도 '백 원어치' 등의 형태로 비교적 널리 쓰여 왔다는 점에서 '값어치'로 원형을 밝혀 적는다.
· **벼슬아치**(← 벼슬+아치): 실제 발음은 [버스라치]이나 '-아치'가 비교적 여러 말에 붙을 수 있는 점을 고려하여 '벼슬아치'로 적는다.
· **반빗아치**(← 반빗+아치): 실제 발음이 [반비다치]로 굳어져 있는 것과 '-아치'의 생산성을 고려하여 '반빗아치'로 적는다.
* '값어치, 벼슬아치, 반빗아치'는 '-이'가 아닌 접미사가 붙어서 된 말이지만, 의미를 분명히 드러내기 위해 원형을 밝혀 적는다.

❹ **모가치**: 몫으로 돌아오는 물건
❺ **싸라기**: 부스러진 쌀알
❻ **짜개**: 콩이나 팥 따위를 둘로 쪼갠 것의 한쪽
❼ **소가지**: '심성'의 속어

| 제21항 | 명사나 혹은 용언의 어간 뒤에 자음으로 시작된 접미사가 붙어서 된 말은 그 명사나 어간의 원형을 밝히어 적는다. |
|---|---|

**1. 명사 뒤에 자음으로 시작된 접미사가 붙어서 된 것**

| | | | |
|---|---|---|---|
| 값지다 | 홑지다① | 넋두리② | 빛깔 |
| 옆댕이③ | 잎사귀④ | 꽃답다 | 끝내 |
| 멋지다 | 볕뉘⑤ | 부엌데기 | 빛쟁이 |
| 숯쟁이 | 숲정이⑥ | 앞장 | 옆구리 |
| 옷매 | 흙질⑦ | | |

**2. 어간 뒤에 자음으로 시작된 접미사가 붙어서 된 것**

| | | | |
|---|---|---|---|
| 낚시 | 늙정이⑧ | 덮개 | 뜯게질⑨ |
| 갉작갉작하다 | 갉작거리다 | 뜯적거리다 | 뜯적뜯적하다 |
| 굵다랗다⑩ | 굵직하다 | 깊숙하다 | 넓적하다 |
| 높다랗다 | 늙수그레하다⑪ | 얽죽얽죽하다 | 늙다리⑫ |
| 읊조리다 | | | |

다만, 다음과 같은 말은 소리대로 적는다.

(1) 겹받침의 끝소리가 드러나지 아니하는 것

| | | | |
|---|---|---|---|
| 할짝거리다 | 널따랗다 | 널찍하다 | 말끔하다 |
| 말쑥하다 | 말짱하다 | 실쭉하다 | 실큼하다⑬ |
| 얄따랗다 | 얄팍하다 | 짤따랗다 | 짤막하다 |
| 실컷 | | | |

(2) 어원이 분명하지 아니하거나 본뜻에서 멀어진 것⑭

| | | | |
|---|---|---|---|
| 넙치 | 올무 | 골막하다⑮ | 납작하다 |

### 예원通　넓-, 넙-/납-, 널-

**1. 넓-**

| 넓둥글다 | | 물체의 모양이 넓죽하면서 둥글다. |
|---|---|---|
| 넓죽하다 | [넙-] | 길쭉하고 넓다. |
| 넓적하다 | | 펀펀하고 얇으면서 꽤 넓다. |
| 넓적다리 | | 다리에서 무릎 관절 위의 부분 |

**2. 넙-/**

| 넙죽 | · 말대답을 하거나 무엇을 받아먹을 때 입을 냉큼 벌렸다가 닫는 모양<br>· 몸을 바닥에 너부죽하게 대고 닝큼 엎드리는 모양<br>· 망설이지 않고 선뜻 행동하는 모양 |
|---|---|
| 넙치 | 광어 |
| 납작하다 | 판판하고 얇으면서 좀 넓다. |

**3. 널-**

| 널찍하다 | 꽤 너르다. | 널따랗다 | 꽤 넓다. |
|---|---|---|---|

| 제22항 | 용언의 어간에 다음과 같은 접미사들이 붙어서 이루어진 말들은 그 어간을 밝히어 적는다. |
|---|---|

## 1. '-기-, -리-, -이-, -히-, -구-, -우-, -추-, -으키-, -이키-, -애-'가 붙는 것❶

| | | | |
|---|---|---|---|
| 맡기다 | 옮기다 | 웃기다 | 쫓기다 |
| 뚫리다 | 울리다 | 낚이다 | 쌓이다 |
| 핥이다 | 굳히다 | 굽히다 | 넓히다 |
| 앉히다 | 얽히다❷ | 잡히다 | 돋구다 |
| 솟구다 | 돋우다 | 갖추다 | 곧추다 |
| 맞추다 | 일으키다 | 돌이키다 | 없애다 |

다만, '-이-, -히-, -우-'가 붙어서 된 말이라도 본뜻에서 멀어진 것은 소리대로 적는다.❸

| | | |
|---|---|---|
| 도리다(칼로 ~) | 드리다(용돈을 ~) | 고치다 |
| 바치다(세금을 ~) | 부치다(편지를 ~) | 거두다 |
| 미루다 | 이루다 | |

## 2. '-치-, -뜨리-, -트리-'가 붙는 것❹

| | | | |
|---|---|---|---|
| 놓치다[녿치다] | 덮치다 | 떠받치다 | 받치다 |
| 밭치다 | 부딪치다 | 뻗치다 | 엎치다 |

| | |
|---|---|
| 부딪뜨리다/부딪트리다 | 쏟뜨리다/쏟트리다 |
| 젖뜨리다/젖트리다 | 찢뜨리다/찢트리다 |
| 흩뜨리다/흩트리다 | 부서뜨리다/부서트리다 |

\* 사동, 피동 접미사가 아닌 강조의 의미를 더하는 접미사이다.

### 부딪히다, 부닥치다

┌ • 부딪다: 힘 있게 마주 대다.
│ 예 뱃전에 부딪는 잔물결 소리
└ • 부딪치다: '부딪다'의 강세어(능동)
　 예 • 파도가 바위에 부딪치다.
　　　 • 선수들은 손바닥을 부딪치며 승리의 기쁨을 나눴다.
• 부딪히다: '부딪다'의 피동사
　 예 배가 파도에 쓸려 온 빙산에 부딪히다.
• 부닥치다: '세게' 부딪다.
　 예 • 벽에 부닥치다.(부딪치다, 부딪히다)
　　　 • 난관에 부닥치다.(어려운 문제에 직면하다.)

## [붙임] '-업-, -읍-, -브-'가 붙어서 된 말은 소리대로 적는다.

| | | | |
|---|---|---|---|
| 미덥다 | 우습다 | 미쁘다 | 기쁘다 |
| 나쁘다 | 바쁘다 | 슬프다 | 고프다 |

　\* 미덥다(믿업다), 우습다(웃읍다), 미쁘다(믿브다), 기쁘다(깃브다), 나쁘다(낮브다), 바쁘다(밫브다), 슬프다(슳브다) 고프다(곯브다)
　　→ 지금은 모두 한 단어로 굳어져 분석이 되지 않으므로 소리 나는 대로 적는다.

---

❶ 사동 접미사 '-이우-'
　예 태우다(타+이우+다),
　　 띄우다, 세우다, 씌우다, 채우다, 재우다 등

❷ 얽히고설키다(○)

❸ 도리다 ← 돌[廻]+이다
　 드리다 ← 들[入]+이다
　 고치다 ← 곧[直]+히다
　 바치다 ← 받[受]+히다
　 부치다 ← 붙[附]+이다
　 거두다 ← 걷[撤, 捲]+우다
　 미루다 ← 밀[推]+우다
　 이루다 ← 일[起]+우다

❹ '-뜨리-'와 '-트리-'의 강세 접사는 복수 표준어를 만든다.
　 예 밀뜨리다(○)/밀트리다(○)

**PART 4** 국어 규범 해커스공무원 혜원국어 올인원 기본서

| | | | |
|---|---|---|---|
| 제23항 | \'-하다\'나 \'-거리다\'가 붙는 어근에 \'-이\'가 붙어서 명사가 된 것은 그 원형을 밝히어 적는다. | | |

| 바른 표기(○) | 틀린 표기(×) | 바른 표기(○) | 틀린 표기(×) |
|---|---|---|---|
| 깔쭉이(동전) | 깔쭈기 | 살살이 | 살사리 |
| 꿀꿀이 | 꿀꾸리 | 쌕쌕이❷ | 쌕쌔기 |
| 눈깜짝이 | 눈깜짜기 | 오뚝이 | 오뚜기 |
| 더펄이❶ | 더퍼리 | 코납작이 | 코납자기 |
| 배불뚝이 | 배불뚜기 | 푸석이 | 푸서기 |
| 삐죽이 | 삐주기 | 홀쭉이 | 홀쭈기 |

[붙임] \'-하다\'나 \'-거리다\'가 붙을 수 없는 어근에 \'-이\'나 또는 다른 모음으로 시작되는 접미사가 붙어서 명사가 된 것은 그 원형을 밝히어 적지 아니한다. (＿＿＿은 모양, 나머지는 소리)

| | | | |
|---|---|---|---|
| 개구리(개굴이×) | 귀뚜라미 | 기러기 | 깍두기 |
| 꽹과리 | 날라리 | 누더기 | 동그라미 |
| 두드러기 | 딱따구리 | 매미 | 부스러기 |
| 뻐꾸기(뻐꾹이×) | 얼루기❸ | 칼싹두기❹ | |

| | | | |
|---|---|---|---|
| 제24항 | \'-거리다\'가 붙을 수 있는 시늉말 어근에 \'-이다\'❺가 붙어서 된 용언은 그 어근을 밝히어 적는다. | | |

| 바른 표기(○) | 틀린 표기(×) | 바른 표기(○) | 틀린 표기(×) |
|---|---|---|---|
| 깜짝이다 | 깜짜기다 | 속삭이다 | 속사기다 |
| 꾸벅이다 | 꾸버기다 | 숙덕이다❻ | 숙더기다 |
| 끄덕이다 | 끄더기다 | 울먹이다 | 울머기다 |
| 뒤척이다 | 뒤처기다 | 움직이다 | 움지기다 |
| 들먹이다 | 들머기다 | 지껄이다 | 지꺼리다 |
| 망설이다 | 망서리다 | 퍼덕이다 | 퍼더기다 |
| 번득이다 | 번드기다 | 허덕이다 | 허더기다 |
| 번쩍이다 | 번쩌기다 | 헐떡이다 | 헐떠기다 |

### 혜원通   동음이의어 \'이다\'

| 동사 | 1. 물건을 머리 위에 얹다. ⑩ 머리에 짐을 <u>이다</u>. |
|---|---|
| | 2. 기와나 이엉 따위로 지붕 위를 덮다. ⑩ 노인이 초가지붕을 <u>이고</u> 있다. |
| 조사 | 1. 서술격 조사  ⑩ 이것은 책<u>이다</u>. |
| | 2. 접속 조사  ⑩ 연습<u>이다</u> 레슨<u>이다</u> 시간이 하나도 없다. |
| 접사 | 동사를 만드는 접미사  ⑩ 끄덕<u>이다</u>, 망설<u>이다</u>, 반짝<u>이다</u> |

\'동사 1\'과 \'동사 2\', \'조사 1\'과 \'조사 2\'는 별개의 단어(동음이의어)이다.

❶ 더펄이
1. 성미가 침착하지 못하고 덜렁대는 사람
2. 성미가 스스럼이 없고 붙임성이 있어 꽁하지 않은 사람

❷ ・\'쌕쌕거리다\'와 관련 없는 \'여칫과의 곤충\' – 쌕쌔기
・\'쌕쌕거리다\'와 관련 있는 \'제트기\' – 쌕쌕이

❸ 얼루기: 얼룩얼룩한 점이나 무늬가 있는 짐승이나 물건
cf 얼룩이(×), 얼룩송아지(○)

❹ 칼싹두기: 밀가루 반죽 따위를 조각 지게 썰어서 끓인 음식

❺ \'이다\'는 동사를 만드는 접미사

❻ 숙덕이다 = 쑥덕이다

★ \'간질이다, 깐족이다/깐죽이다, 덜렁이다, 뒤적이다, 들썩이다, 펄럭이다\'도 〈한글 맞춤법〉 제24항에 적용된다.

| 제25항 | '-하다'가 붙는 어근에 '-히'나 '-이'가 붙어서 부사가 되거나, 부사에 '-이'가 붙어서 뜻을 더하는 경우에는 그 어근이나 부사의 원형을 밝히어 적는다. |
|---|---|

## 1. '-하다'가 붙는 어근에 '-히'나 '-이'가 붙는 경우

| | | | |
|---|---|---|---|
| 급히 | 꾸준히 | 도저히 | 딱히 |
| 어렴풋이 | 깨끗이 | 나란히 | 넉넉히 |
| 무던히 | 속히 | 뚜렷이 | 버젓이 |

### 부사화 접미사 '-히', '-이'

1. 한자 어원 + '-히'
   예 급히, 도저히, 정확히, 간절히, 철저히, 과감히, 능히, 민첩히, 용감히
2. '하다' 용언 + '-히'
   예 넉넉히, 가만히, 조용히, 고요히, 꼼꼼히, 딱히, 꾸준히
3. 어근 끝음절이 'ㅅ'인 경우 + '-이'
   예 깨끗이, 따뜻이, 어엿이, 생긋이, 어렴풋이
4. 명사 + 명사 + '-이'
   예 간간이, 겹겹이, 낱낱이, 샅샅이, 층층이, 일일이
5. 그 외 '이'로 적는 경우
   예 가벼이, 새로이, 곰곰이, 가뜩이, 느직이, 해죽이, 가까이, 끔찍이, 깊숙이, 빽빽이, 산산이, 고즈넉이

[붙임] '-하다'가 붙지 않는 경우에는 소리대로 적는다.

| | | | |
|---|---|---|---|
| 갑자기 | 반드시(꼭)❶ | 슬며시 | 지그시❷ |

## 2. 부사에 '-이'가 붙어서 역시 부사가 되는 경우

| | | | |
|---|---|---|---|
| 곰곰이 | 더욱이 | 생긋이 | 오뚝이 |
| 일찍이 | 해죽이 | 오죽이 | |

| 제26항 | '-하다'나 '-없다'가 붙어서 된 용언은 그 '-하다'나 '-없다'를 밝히어 적는다. |
|---|---|

## 1. '-하다'가 붙어서 용언이 된 것

| | | | |
|---|---|---|---|
| 딱하다 | 숱하다 | 착하다 | 텁텁하다 |
| 푹하다❸ | 거북하다 | 깨끗하다 | 눅눅하다 |
| 답답하다 | 섭섭하다 | 솔깃하다 | |

* 접사 '-하다'는 명사, 의존 명사, 의성·의태어 등에 붙어 동사나 형용사로 파생어를 만든다. 다만 '좋아하다, 미워하다' 등과 같이 '좋다 + 하다/밉다 + 하다'의 '용언 + 용언'의 구성에서의 '-하다'는 보조 용언으로 합성어를 만든다.

## 2. '-없다'가 붙어서 용언이 된 것

| | | | | |
|---|---|---|---|---|
| 부질없다 | 상없다❹ | 시름없다 | 열없다❺ | 하염없다 |

* '없다'는 접사가 아니라 형용사이다.

★ 부사에서 어근의 원형을 밝혀 적는 경우
· '-하다'가 붙은 어근 + '-히/-이'
   예 꾸준히, 버젓이
· 부사 + '-이'
   예 곰곰이, 생긋이
· 반복적인 명사 어근 + '-이'
   (〈한글 맞춤법〉 제20항)
   예 곳곳이, 집집이

PART 4

국어 규범 해커스공무원 혜원국어 올인원 기본서

❶ 반듯이 vs 반드시
· 반듯이 서라.
   비뚤어지거나 기울거나 굽지 아니하고 바르게, 부사
· 그는 반드시 돌아온다.
   틀림없이 꼭, 부사

❷ 지긋이 vs 지그시
· 나이가 지긋이 든 반백의 신사
   나이가 비교적 많아 듬직하게, 부사
· 눈을 지그시 감았다.
   슬며시 힘을 주는 모양, 부사

❸ 푹하다: 겨울 날씨가 퍽 따뜻하다.

❹ 상없다(常--): 보통의 이치에서 벗어나 막되고 상스럽다.

❺ 열없다: 겸연쩍고 부끄럽다.

**❶ 새/시, 샛/싯**

| 된소리 · 거센소리 · 'ㅎ' 앞 → 새/시 | |
|---|---|
| 양성 | 음성 |
| 새까맣다 | 시꺼멓다 |
| 새파랗다 | 시퍼렇다 |
| 울림소리 앞 → 샛/싯 | |
| 양성 | 음성 |
| 샛노랗다 | 싯누렇다 |

**📝 기출 확인**

밑줄 친 부분이 바르게 쓰이지 않은 것은?

2021 지방직 9급

① 바쁘다더니 여긴 웬일이야?
② 결혼식이 몇 월 몇 일이야?
③ 굳은살이 박인 오빠 손을 보니 안쓰럽다.
④ 그는 주말이면 으레 친구들과 야구를 한다.

**해설**

몇 일 → 며칠: 국어에서 '몇 일'로 적는 경우는 없으며, 항상 '며칠'로 적는다. 만약 관형사 '몇'과 명사 '일'이 결합된 구성이라면 '일(日)'이 실질 형태소이므로 [며딜]로 소리가 나야 한다. 그런데 [며딜]이 아니라 [며칠]로 소리가 난다. 따라서 소리 나는 대로 '며칠'로 적는 것이 합리적이다.

**정답** ②

**❷ 몇 월 며칠**

'몇 월'을 보고 '몇 일'로 적을 것이라 생각할 수도 있다. 그러나 '몇 일'은 비표준어이다. '며칠'로 적어야 한다.

예 · 오늘이 며칠이지?
· 그는 며칠 동안 아무 말이 없었다.

**❸ 'ㄹ' 탈락 복합어**

· 무논(물 + 논)/무쇠(물 + 쇠)
무더위(물 + 더위)
· 차돌(O), 찰돌(×)
차조(O), 찰조(×)
cf 차지다(O) = 찰지다(O)
· '불(不)'은 'ㄷ, ㅈ'으로 시작하는 한자와 결합하면 '부(不)'가 된다.
예 부당(不當), 부도덕(不道德), 부동(不同, 不凍, 不動), 부득이(不得已), 부등(不等), 부정(不定, 不正, 否定), 부조리(不條理), 부족(不足), 부주의(不注意)
· '부나비 = 불나비 = 부나방 = 불나방', '소나무 = 솔나무'는 복수 표준어로 인정하여 제28항에서 삭제되었다.(2017. 3. 28.)

**❹ 호전 현상(호전 작용)**

끝소리 'ㄹ'이 'ㄷ'으로 소리 나면 바뀐 대로 적는다.
예 · 이틀 + 날
→ 이틄날 → 이틋날 → 이튿날
· 나흘 + 날
→ 나흜날 → 나흣날 → 나흗날

**❺ 잘갈다:** 잘고 곱게 갈다.

**❻ 잘널다:** 음식을 이로 깨물어 잘게 만들다.

**❼ 잘타다:** 팥이나 녹두 따위를 잘게 부서 뜨리다.

---

## 제4절 합성어 및 접두사가 붙은 말

| 제27항 | 둘 이상의 단어가 어울리거나 접두사가 붙어서 이루어진 말은 각각 그 원형을 밝히어 적는다. |
|---|---|

| | | | |
|---|---|---|---|
| 국말이 | 꺾꽂이 | 꽃잎 | 끝장 |
| 물난리 | 밑천 | 부엌일 | 싫증 |
| 옷안 | 웃옷 | 젖몸살 | 첫아들 |
| 칼날 | 팥알 | 헛웃음 | 홀아비 |
| 홑몸 | 흙내 | 값없다 | 겉늙다 |
| 굶주리다 | 낮잡다 | 맞먹다 | 받내다 |
| 벋놓다 | 빗나가다 | 빛나다 | 새파랗다 |
| 샛노랗다 | 시꺼멓다 | 싯누렇다❶ | 엇나가다 |
| 엎누르다 | 엿듣다 | 옻오르다 | 짓이기다 |
| 헛되다 | | | |

[붙임 1] 어원은 분명하나 소리만 특이하게 변한 것은 변한 대로 적는다.

할아버지(← 한아버지, [하라버지])    할아범(← 한아범, [하라범])

[붙임 2] 어원이 분명하지 아니한 것은 원형을 밝히어 적지 아니한다.

| | | | |
|---|---|---|---|
| 골병 | 골탕 | 끌탕 | 며칠❷ |
| 아재비 | 오라비 | 업신여기다 | 부리나케 |

[붙임 3] '이[齒, 虱]'가 합성어나 이에 준하는 말에서 '니' 또는 '리'로 소리 날 때에는 '니'로 적는다.

| | | | |
|---|---|---|---|
| 간니 | 덧니 | 사랑니 | 송곳니 |
| 앞니 | 어금니 | 윗니 | 젖니 |
| 톱니 | 틀니 | 가랑니 | 머릿니 |

| 제28항 | 끝소리가 'ㄹ'인 말과 딴 말이 어울릴 적에 'ㄹ' 소리가 나지 아니하는 것은 아니 나는 대로 적는다.('ㄹ' 탈락)❸ |
|---|---|

| | | |
|---|---|---|
| 다달이(달-달-이) | 따님(딸-님) | 마되(말-되) |
| 마소(말-소) | 무자위(물-자위) | 바느질(바늘-질) |
| 부삽(불-삽) | 부손(불-손) | 싸전(쌀-전) |
| 여닫이(열-닫이) | 우짖다(울-짖다) | 화살(활-살) |
| 나날이(날-날-이) | 무논(물-논) | 무수리(물-수리) |
| 미닫이(밀-닫이) | 아드님(아들-님) | 차돌(찰-돌) |
| 차조(찰-조) | 하느님(하늘-님) | 다디달다(달-디~) |
| 부넘기(불-넘-기) | 무쇠(물-쇠) | |

| 제29항 | 끝소리가 'ㄹ'인 말과 딴 말이 어울릴 적에 'ㄹ' 소리가 'ㄷ' 소리로 나는 것은 'ㄷ'으로 적는다.(호전 현상)❹ |
|---|---|

| | | |
|---|---|---|
| 반짇고리(바느질~) | 사흗날(사흘~) | 삼짇날(삼질~) |
| 섣달(설~) | 숟가락(술~) | 이튿날(이틀~) |
| 잗주름(잘~) | 푿소(풀~) | 섣부르다(설~) |
| 잗다듬다(잘~) | 잗다랗다(잘~) | 나흗날(나흘~) |
| 잗갈다(잘~)❺ | 잗널다(잘~)❻ | 잗타다(잘~)❼ |

| 제30항 | 사이시옷은 다음과 같은 경우에 받치어 적는다. |

1. 순우리말로 된 합성어로서 앞말이 모음으로 끝난 경우

   (1) 뒷말의 첫소리가 된소리로 나는 것

   | | | | |
   |---|---|---|---|
   | 고랫재 | 귓밥❶ | 나룻배 | 나뭇가지 |
   | 냇가 | 댓가지 | 뒷갈망 | 맷돌 |
   | 머릿기름 | 모깃불 | 못자리 | 바닷가 |
   | 뱃길 | 볏가리 | 부싯돌 | 선짓국 |
   | 쇳조각 | 아랫집 | 우렁잇속 | 잇자국 |
   | 잿더미 | 조갯살 | 찻집 | 쳇바퀴 |
   | 킷값 | 핏대 | 햇볕 | 혓바늘 |

   (2) 뒷말의 첫소리 'ㄴ, ㅁ' 앞에서 'ㄴ' 소리가 덧나는 것

   | | | | |
   |---|---|---|---|
   | 멧나물 | 아랫니 | 텃마당 | 아랫마을 |
   | 뒷머리 | 잇몸 | 깻묵 | 냇물 |
   | 빗물 | | | |

   (3) 뒷말의 첫소리 모음 앞에서 'ㄴㄴ' 소리가 덧나는 것

   | | | | |
   |---|---|---|---|
   | 도리깻열 | 뒷윷 | 두렛일 | 뒷일 |
   | 뒷입맛 | 베갯잇 | 욧잇 | 깻잎 |
   | 나뭇잎 | 댓잎 | | |

2. 순우리말과 한자어로 된 합성어로서 앞말이 모음으로 끝난 경우

   (1) 뒷말의 첫소리가 된소리로 나는 것     *_____은 한자어

   | | | | |
   |---|---|---|---|
   | 귓병 | 머릿방 | 뱃병 | 봇둑 |
   | 사잣밥 | 샛강 | 아랫방 | 자릿세 |
   | 전셋집 | 찻잔❷ | 찻종 | 촛국❸ |
   | 콧병 | 탯줄 | 텃세 | 핏기 |
   | 햇수 | 횟가루 | 횟배 | |

   (2) 뒷말의 첫소리 'ㄴ, ㅁ' 앞에서 'ㄴ' 소리가 덧나는 것

   | | | | |
   |---|---|---|---|
   | 곗날 | 제삿날 | 훗날 | 툇마루 |
   | 양칫물❹ | | | |

   (3) 뒷말의 첫소리 모음 앞에서 'ㄴㄴ' 소리가 덧나는 것

   | | | | |
   |---|---|---|---|
   | 가욋일 | 사삿일 | 예삿일 | 훗일 |

3. 두 음절로 된 다음 한자어

   | | | | |
   |---|---|---|---|
   | 곳간(庫間) | 셋방(貰房) | 숫자(數字) | 찻간(車間) |
   | 툇간(退間) | 횟수(回數) | | |

   * '푸줏간(-間)'과 '사글셋방(-房)'은 어원이 한자어(庖廚間, 朔月貰房)이기는 하지만, 어원에서 멀어진 형태가 표준어이므로 사이시옷을 받쳐 적을 수 있다.

---

**사잇소리 현상**

162쪽 참조

❶ 귓밥 = 귓불
귓바퀴의 아래쪽에 붙어 있는 살

★ **사이시옷이 들어가는 예**
- 값: 절댓값(絕對-)[절때깝/절땓깝]
  덩칫값[덩치깝/덩칟깝]
  죗값(罪-)[죄ː깝/줻ː깝]
- 길: 등굣길(登校-)[등교낄/등굗낄]
  혼삿길(婚事-)[혼사낄/혼삳낄]
  고갯길[고개낄/고갣낄]
- 집: 맥줏집(麥酒-)[맥쭈찝/맥쭏찝]
  횟집(膾-)[회ː찝/휃ː찝]
  부잣집(富者-)[부ː자찝/부ː잗찝]
- 빛: 장밋빛(薔薇)[장미삗/장믿삗]
  보랏빛[보라삗/보랃삗]
  햇빛[해삗/핻삗]
- 말: 혼잣말[혼잔말]
  시쳇말(時體-)[시첸말]
  노랫말[노랜말]
- 국: 만둣국(饅頭-)[만두꾹/만둗꾹]
  북엇국(北魚-)[부거꾹/부걷꾹]
  고깃국[고기꾹/고긷꾹]
  순댓국[순대꾹/순댇꾹]

❷ 과거에는 '차[tea]'를 언중들이 한자어로 인식하여 사전 표제어 표기에 '茶'를 넣었으나, 2018년 이후로는 고유어로 인정하며 '茶'는 '차 다'로만 읽는다. 따라서 순우리말 '차'와 한자어 '잔'의 결합 시 사이시옷을 넣어 '찻잔'으로 표기한다. 이러한 예로 '찻방(-房), 찻상(-床), 찻잔(-盞), 찻종(-鍾), 찻주전자(-酒煎子)' 등이 있다.

❸ 초(醋: 한자) + 국(고유어)
= 촛국(초를 친 냉국)
[cf] 초(고유어) + 불(고유어)
= 촛불

❹ '양칫물'의 '양치'는 현재 사전에서는 고유어로 취급하고 있다. 다만, 어원상 '양지(楊枝)'에서 유래했다고 보아 한자어와 순우리말의 용례에서 다루고 있다.

PART 4 국어 규범 해커스군무원 해원국어 올인원 기본서

## 1. 사이시옷 표기의 조건

| 구분 | 합성어 | |
|---|---|---|
| | 순우리말 + 순우리말 | 순우리말 + 한자어 |
| 1 | 뒷말의 첫소리 → 된소리 | |
| | 예 고랫-재[고래째/고랟째] | 예 귓-병(病)[귀뼝/귇뼝] |
| 2 | 뒷말의 첫소리 'ㄴ', 'ㅁ' 앞 → 'ㄴ' 소리가 덧남. | |
| | 예 멧-나물[멘나물] | 예 곗(契)-날[곈ː날/곈ː날] |
| 3 | 뒷말의 첫소리 모음 앞 → 'ㄴㄴ' 소리가 덧남. | |
| | 예 도리깻-열[도리깬녈] | 예 가욋(加外)-일[가왼닐/가웬닐] |

## 2. 사이시옷을 표기하지 않는 경우

★ · 사잇소리가 덧나지 않는 경우
   예 머리글, 머리말, 반대말, 예사말, 인사말, 머리글자, 개구멍, 새집[鳥-], 농사일

· 한자어 합성어➕
   예 초점(焦點), 개수(個數), 시가(市價), 대구(對句), 마구간(馬廐間), 화병(火病), 소주잔(燒酒盞), 기차간(汽車間), 전세방(傳貰房), 외과(外科), 이비인후과(耳鼻咽喉科), 국어과(國語科), 장미과(薔薇科)❶

· 외래어가 포함된 합성어 예 피자집, 오렌지빛

· 뒷말의 첫소리가 된소리나 거센소리인 합성어 예 위팔, 뒤쪽, 뒤치다꺼리, 뒤꽁무니, 나루터, 개펄

· 파생어 예 해님, 나라님, 낚시꾼, 나무꾼

· 도로명(고유 명사)+길 예 소방서길, 경찰서길, 개나리길, 은행나무길

---

### ➕ TIP

사이시옷을 표기하는 한자어 합성어(6개)
곳간, 셋방, 숫자, 찻간, 툇간, 횟수

★ 사이시옷 표기는 합성어에서만 나타남.
(단일어, 파생어에서는 나타나지 않음.)
┌ 햇빛(합성어, 해 + (사이시옷 첨가) + 빛
│  → 햇빛)
└ 해님(파생어, 해 + 님 → 해님)

❶ '한자어+한자어'의 결합인 '장미과(薔薇科)'는 사이시옷이 첨가되지 않지만, '고유어+과(科)'에는 사이시옷이 첨가된다.
예 · 고양이 + 과(科)
      → 고양잇과[고양이꽈/고양읻꽈]
   · 소나무 + 과(科)
      → 소나뭇과[소나무꽈/소나묻꽈]
   · 멸치 + 과(科)
      → 멸칫과[멸치꽈/멸칟꽈]
   · 가지 + 과(科)
      → 가짓과[가지꽈/가짇꽈]

❷ 15세기 어원에 근거
ㅄ리, ㅄ, 씨, ㅄ[싸리, 쌀, 씨, 때]
ㅄ다, 빠다, ㅄ다[뜨다, 싸다, 쓸다]

★ 접두사 '햇-', '해-', '햅-'

| 햇- | 해- | 햅- |
|---|---|---|
| 햇과일 | 해콩 | 햅쌀 |
| 햇감자 | 해팥 | 햅쌀밥 |
| 햇보리 | 해쑥 | |
| 햇병아리 | | |

* '햅쌀'은 어원적으로 '해'와 '쌀'의 합성어로 보는 견해도 있다.

---

| 제31항 | 두 말이 어울릴 적에 'ㅂ' 소리나 'ㅎ' 소리가 덧나는 것은 소리대로 적는다. |
|---|---|

### 1. 'ㅂ' 소리가 덧나는 것❷

| | | | |
|---|---|---|---|
| 댑싸리(대ㅄ리) | 멥쌀(메ㅄ) | 볍씨(벼씨) | 입때(이ㅄ) |
| 입쌀(이ㅄ) | 접때(저ㅄ) | 좁쌀(조ㅄ) | 햅쌀(해ㅄ) |
| 냅뜨다(내ㅄ다) | 부릅뜨다(부르ㅄ다) | 칩떠보다(치ㅄ보다) | 휩싸다(휘ㅄ다) |
| 휩쓸다(휘ㅄ다) | | | |

### 2. 'ㅎ' 소리가 덧나는 것 ('ㅎ' 곡용의 영향)

| | | | |
|---|---|---|---|
| 머리카락(머리ㅎ가락) | 살코기(살ㅎ고기) | 수캐(수ㅎ개) | 수컷(수ㅎ것) |
| 수탉(수ㅎ닭) | 안팎(안ㅎ밖) | 암캐(암ㅎ개) | 암컷(암ㅎ것) |
| 암탉(암ㅎ닭) | | | |

예 · 수캐, 수캉아지, 수탉, 수평아리, 수탕나귀, 수태지, 수컷, 수키와, 수톨쩌귀
   · 암캐, 암캉아지, 암탉, 암평아리, 암탕나귀, 암태지, 암컷, 암키와, 암톨쩌귀

* 수고양이(○)/수코양이(×), 암고양이(○)/암코양이(×), 수벌(○)/수펄(×)

## 제5절 준말

| 제32항 | 단어의 끝모음이 줄어지고 자음만 남은 것은 그 앞의 음절에 받침으로 적는다.❶<br>→ 실질 형태소의 꼴을 밝혀 적는다. |
|---|---|

기러기야 → 기럭아     어제그저께 → 엊그저께     어제저녁 → 엊저녁

가지고, 가지지 → 갖고, 갖지     디디고, 디디지 → 딛고, 딛지

### 가지다, 디디다

| 본말 | 준말 | 본말 | 준말 |
|---|---|---|---|
| 가지다 | 갖다 | 디디다 | 딛다 |
| 가지고 | 갖고 | 디디고 | 딛고 |
| 가지지 | 갖지 | 디디지 | 딛지 |
| 가지어 | 갖어(×) | 디디어 | 딛어(×) |
| 가져 | | 디뎌 | |

→ 모음 어미가 연결될 때, 준말은 활용하지 않는다.

| 제33항 | 체언과 조사가 어울려 줄어지는 경우에는 준 대로 적는다. |
|---|---|

그것은 → 그건     그것이 → 그게     그것으로 → 그걸로

나는 → 난     나를 → 날     너는 → 넌

너를 → 널     무엇을🔢 → 뭣을/무얼/뭘     무엇이 → 뭣이/무에

### 준말의 유형(제33항)

1. 조사만 줄어드는 경우  예 너 + 는 → 넌
2. 음절이 축약되는 경우  예 이것 +이 → 이거 + 이 → 이게
3. 체언과 조사가 모두 바뀌는 경우
   예 그것 + 으로 → 그걸로, 이것 + 으로 → 이걸로, 저것 + 으로 → 저걸로
4. 축약만 일어나는 경우  예 무엇을 → 뭣을
   cf '아래로'의 준말 '알로'는 비표준어이다.

| 제34항 | 모음 'ㅏ, ㅓ'로 끝난 어간에 '-아/-어, -았-/-었-'이 어울릴 적에는 준 대로 적는다.<br>→ 모음 충돌 회피의 결과, 준말만 인정 |
|---|---|

가아 → 가     가았다 → 갔다     나아❷(㉠나다) → 나     나았다❸ → 났다

타아 → 타     타았다 → 탔다     서어 → 서     서었다 → 섰다

켜어❹ → 켜     켜었다 → 켰다     펴어❺ → 펴     펴었다 → 폈다

따아 → 따     따았다 → 땄다     건너어도 → 건너도     건너었다 → 건넜다

[붙임 1] 'ㅐ, ㅔ' 뒤에 '- 어, -었-'이 어울려 줄 적에는 준 대로 적는다. (허용)❻

개어 → 개     개었다 → 갰다     내어 → 내     내었다 → 냈다

베어 → 베     베었다 → 벴다     세어 → 세     세었다 → 셌다

[붙임 2] '하여'가 한 음절로 줄어서 '해'로 될 적에는 준 대로 적는다. (허용)

하여 → 해     하였다 → 했다     더하여 → 더해     더하였다 → 더했다

흔하여 → 흔해     흔하였다 → 흔했다

---

❶ 줄어드는 음절의 첫소리 자음이 받침으로 남는 경우
예 · 어제그저께 → 엊그저께
   · 디디고 → 딛고
   · '어디에다가'의 준말은 '얻다가'
   → ┌ 엇다 대고(×)
      └ 얻다 대고(○)
cf 줄어드는 음절의 받침소리가 받침으로 남는 경우
예 · 어긋 - 매끼다 → 엇매끼다
   · 바깥-벽 → 밭벽
   · 바깥-사돈 → 밭사돈

★ '부사 + 조사'의 결합에서도 준말이 허용된다.
예 · 그리 + 로 → 글로
   · 이리 + 로 → 일로
   · 저리 + 로 → 절로
     * '저절로'의 준말도 '절로'이다.
   · 조리 + 로 → 졸로

🔢 TIP
'무엇(대명사)'을 '무어'로 쓸 수 있고, '무어'의 준말 '뭐'를 구어체 '머'라고 쓸 수 있다.
예 무엇일까?=무어일까?/뭐일까?/머일까?

❷ 불이 나았다(×)/났다(○)
→ 동음 탈락 현상(나+았+다)

❸ 병이 나았다(○)/났다(×)
→ '나았다'의 기본형은 '낫다'로 '병이 완치되었다.'는 뜻이다. 이러한 의미일 때는 '났다'로 줄일 수 없다.(낫+았+다)
예 낫다: 나아, 나아서, 나아도, 나아야, 나았다
cf 젓다: 저어, 저어서, 저어도, 저어야, 저었다

❹ 켜다(○)/키다(×)
예 불을 켜다, 악기를 켜다, 물을 (들이)켜다, 기지개를 켜다.

❺ 펴다(○)/피다(×)
예 책을 펴다, 허리를 펴다, 이불을 펴다, 꿈을 펴다, 계엄령(수사망)을 펴다.

❻ 주의!
1. ㅐ + 어 = ㅐ     ㅐ + 었 = ㅒㅅ
2. ㅔ + 어 = ㅔ     ㅔ + 었 = ㅔㅅ
   예 · 매어 → 매, 매어라 → 매라, 매었다 → 맸다, 매어 두다 → 매 두다
     · 떼어 → 떼, 떼어라 → 떼라, 떼었다 → 뗐다, 떼어 놓다 → 떼 놓다
   * 모음이 줄어서 'ㅐ'가 된 경우 '-어'가 결합하여도 다시 줄어들지 않는다.
     예 · 옷감이 빈틈없이 째어(○)/째(×)
        (← 짜이어) 있다.
        · 도로가 이곳저곳 패어(○)/패(×)
        (← 파이어) 있다.

**❶ 〈한글 맞춤법〉 제35항 적용**

| | |
|---|---|
| · 추어 → 춰 | · 추어서 → 춰서 |
| · 추어야 → 춰야 | · 추었다 → 췄다 |

**❷ 〈한글 맞춤법〉 제35항 [붙임 2]**

| |
|---|
| · 꾀어 → 꽤/꾀었다 → 꽸다 |
| · 외어 → 왜/외었다 → 왰다 |
| · 죄어 → 좨/죄었다 → 좼다 |
| · 쬐어 → 쫴/쬐었다 → 쫬다 |
| · 되뇌어 → 되놰/되뇌었다 → 되놨다 |
| · 사뢰어 → 사뢔/사뢰었다 → 사뢨다 |
| · 선뵈다 → 선봬/선뵈었다 → 선뵀다 |
| · 아뢰어 → 아뢔/아뢰었다 → 아뢨다 |
| · 앳되어 → 앳돼/앳되었다 → 앳됐다 |
| · 참되어 → 참돼/참되었다 → 참됐다 |

**❸ 되다**

· 이러다간 내 꿈이 물거품으로 돼(← 되어) 버릴지도 모른다.
· 이렇게 만나게 돼서(← 되어서) 반갑다.
· 이제 밥이 다 됐다(← 되었다).

**❹ 뵈다**

· 오랜만에 선생님을 봬서(← 뵈어서) 기뻤다.
· 그럼 내일 함께 선생님을 봬요(← 뵈어요).
· 어제 부모님을 뵀다(← 뵈었다).

**❺ 〈한글 맞춤법〉 제36항**

| | |
|---|---|
| · 녹이어 → 녹여 | · 업히어 → 업혀 |
| · 먹이어서 → 먹여서 | · 숙이었다 → 숙였다 |
| · 입히어서 → 입혀서 | · 잡히었다 → 잡혔다 |
| · 굶기어 → 굶겨 | · 굴리어 → 굴려 |
| · 남기어야 → 남겨야 | · 옮기었다 → 옮겼다 |
| · 날리어야 → 날려야 | · 돌리었다 → 돌렸다 |
| · 일으키어 → 일으켜 | · 돌이키어 → 돌이켜 |
| · (짐을) 지어 → 져 | · (손뼉을) 치어 → 쳐 |
| · 다치어 → 다쳐 | |

**❻ 〈한글 맞춤법〉 제37항**

| | |
|---|---|
| · 까이다 → 깨다 | · 차이다 → 채다 |
| · 모이다 → 뫼다 | · 쏘이다 → 쐬다 |
| · 꾸이다 → 뀌다 | · 트이다 → 틔다 |

**❼ 쉽게 쓰인(○)/씌인(×) 시**

'쓰인(쓰이 + ㄴ/쓴)'이 맞는다. '씌인'은 '쓰이 + 이 + ㄴ'의 준말이므로 적절하지 않다.

⭐ 'ㅏ, ㅗ, ㅜ, ㅡ'로 끝나는 어간 뒤에 '-이어'가 결합하여 모음 축약이 일어날 때, 두 가지 형태로 줄 수 있다.

· ㅏ, ㅗ, ㅜ, ㅡ +이어 → ㅐ어, ㅚ어, ㅟ어, ㅢ어
· ㅏ, ㅗ, ㅜ, ㅡ + 이어 → ㅑ여, ㅛ여, ㅠ여, ㅡ여

예) · 까이어 → 깨어/까여
· 꼬이어 → 꾀어/꼬여
· 누이어 → 뉘어/누여
· 뜨이어 → 띄어/뜨여
· 쓰이어 → 씌어/쓰여
· 트이어 → 틔어/트여

**➕ TIP**

'(간격을) 띄다'는 '띄우다'의 준말로 활용형인 '띄어'는 가능하지만 '뜨여'로 쓸 수는 없다.

⭐ **한 단어는 아니지만 동일하게 '잖', '찮'으로 적는 경우**

· ┌ 그렇잖다(← 그렇지 않다)
  └ 두렵잖다(← 두렵지 않다)
· ┌ 편안찮다(← 편안하지 않다)
  └ 허술찮다(← 허술하지 않다)

---

| 제35항 | 모음 'ㅗ, ㅜ'로 끝난 어간에 '-아/-어, -았-/-었-'이 어울려 'ㅘ/ㅝ, ㅘㅆ/ㅝㅆ'으로 될 적에는 준 대로 적는다.❶ |
|---|---|

| | | | |
|---|---|---|---|
| 꼬아 → 꽈 | 꼬았다 → 꽜다 | 보아 → 봐 | 보았다 → 봤다 |
| 쏘아 → 쏴 | 쏘았다 → 쐈다 | 두어 → 둬 | 두었다 → 뒀다 |
| 쑤어 → 쒀 | 쑤었다 → 쒔다 | 주어 → 줘 | 주었다 → 줬다 |

[붙임 1] '놓아'가 '놔'로 줄 적에는 준 대로 적는다.

   * '좋아라'는 '좌라'로 줄어들 수 없지만, '놓아라'는 예외적으로 '놔라'로 줄어들 수 있다.

[붙임 2] 'ㅚ' 뒤에 '-어, -었-'이 어울려 'ㅙ, ㅙㅆ'으로 될 적에도 준 대로 적는다.❷

| | | | |
|---|---|---|---|
| 괴어 → 괘 | 괴었다 → 괬다 | 되어❸ → 돼 | 되었다 → 됐다 |
| 뵈어❹ → 봬 | 뵈었다 → 뵀다 | 쇠어 → 쇄 | 쇠었다 → 쇘다 |
| 쐬어 → 쐐 | 쐬었다 → 쐤다 | | |

### '외우다'와 '외다'

· 단어를 외워(외우 + 어) 보았다.(○)/단어를 외어(외 + 어) 보았다.(○) → 왜(외 + 어)(○)/왜어(×)
· 안 되요(×)/안 돼요(○) → '돼요'가 맞는다. '되어요 = 돼요'로 표기한다.
· 눈에 뵈는(○)/봬는(×) 것이 없다. → '뵈는'이 맞는다. '봬는'은 '보이어는'의 준말이므로 적절하지 않다.

| 제36항 | 'ㅣ' 뒤에 '-어'가 와서 'ㅕ'로 줄 적에는 준 대로 적는다.❺ |
|---|---|

| | | | |
|---|---|---|---|
| 가지어 → 가져 | 가지었다 → 가졌다 | 견디어 → 견뎌 | 견디었다 → 견뎠다 |
| 다니어 → 다녀 | 다니었다 → 다녔다 | 막히어 → 막혀 | 막히었다 → 막혔다 |
| 버티어 → 버텨 | 버티었다 → 버텼다 | 치이어 → 치여 | 치이었다 → 치였다 |

| 제37항 | 'ㅏ, ㅓ, ㅗ, ㅜ, ㅡ'로 끝난 어간에 '-이-'가 와서 각각 'ㅐ, ㅔ, ㅚ, ㅟ, ㅢ'로 줄 적에는 준 대로 적는다.❻ |
|---|---|

| | | |
|---|---|---|
| (안개에) 싸이다 → 쌔다 | (아이를) 누이다 → 뉘다 | (형편이) 펴이다 → 폐다 |
| (눈에) 뜨이다 → 띄다 | (산이) 보이다 → 뵈다 | (고유어가) 쓰이다 → 씌다❼ |

   * '-스럽다'로 끝나는 형용사에 부사를 만드는 접미사 '-이'가 붙어서 '-스레'가 되는 경우에는 줄어든 대로 적는다. 예 새삼스레(← 새삼스럽- + -이)/천연스레(← 천연스럽- + -이)

| 제38항 | 'ㅏ, ㅗ, ㅜ, ㅡ' 뒤에 '-이어'가 어울려 줄어질 적에는 준 대로 적는다. |
|---|---|

| | | |
|---|---|---|
| 싸이어 → 쌔어/싸여 | (눈에) 뜨이어 → 띄어/뜨여➕ | 보이어 → 뵈어/보여 |
| 쓰이어 → 씌어/쓰여 | 쏘이어 → 쐬어/쏘여 | 누이어 → 뉘어/누여 |
| 트이어 → 틔어/트여 | | |

| 제39항 | 어미 '-지' 뒤에 '않-'이 어울려 '-잖-'이 될 적과 '-하지' 뒤에 '않-'이 어울려 '-찮-'이 될 적에는 준 대로 적는다. |
|---|---|

| | |
|---|---|
| 그렇지 않은 → 그렇잖은 | 만만하지 않다 → 만만찮다 |
| 적지 않은 → 적잖은 | 변변하지 않다 → 변변찮다 |

### -지 않- → -잖-/-하지 않- → -찮-

1. **-잖-**: 섭섭잖다, 같잖다, 남부럽잖다, 오죽잖다, 의젓잖다, 두렵잖다, 예사롭잖다, 의롭잖다, 달갑잖다, 마뜩잖다, 시답잖다, 오죽잖다, 올곧잖다
2. **-찮-**: 만만찮다, 당찮다, 대단찮다, 선찮다(시원찮다), 수월찮다, 엔간찮다, 짭짤찮다, 편찮다, 하찮다, 성실찮다, 심심찮다, 평범찮다

| 제40항 | 어간의 끝음절 '하'의 'ㅏ'가 줄고 'ㅎ'이 다음 음절의 첫소리와 어울려 거센소리로 될 적에는 거센소리로 적는다.❶ |
|---|---|

| | |
|---|---|
| 간편하게 → 간편케 | 연구하도록 → 연구토록 |
| 가하다 → 가타 | 가(可)하다 부(不)하다 → 가타부타 |
| 부지런하다 → 부지런타 | 달성하고자 → 달성코자 |
| 청하건대 → 청컨대 | 다정하다 → 다정타 |
| 정결하다 → 정결타 | 흔하다 → 흔타 |
| 무능하다 → 무능타 | 아니하다 → 아니타 |
| 사임하고자 → 사임코자 | 회상하건대 → 회상컨대 |

### 어간의 끝음절 '하'가 줄어드는 기준 - 용언 '하' 앞의 받침의 소리

- '하' 앞의 받침이 [ㄱ, ㄷ, ㅂ]으로 소리 나면 → '하'가 통째로 준다.
  [ㄱ] 넉넉하지 않다 → 넉넉지 않다 → 넉넉잖다
  [ㄷ] 깨끗하지 않다 → 깨끗지 않다 → 깨끗잖다
  [ㅂ] 답답하지 않다 → 답답지 않다 → 답답잖다
- '하' 앞의 받침이 [모음, ㅁ, ㄴ, ㅇ, ㄹ]로 소리 나면 → '하 + 뒤의 자음'을 축약하여 표기한다.
  [모음] 개의하지 → 개의치    [ㅁ] 무심하지 → 무심치    [ㄴ] 결근하고자 → 결근코자
  [ㅇ] 회상하건대 → 회상컨대    [ㄹ] 분발하도록 → 분발토록

### [붙임 1] 'ㅎ'이 어간의 끝소리로 굳어진 것은 받침으로 적는다.❷

| | | | |
|---|---|---|---|
| 않다 | 않고 | 않지 | 않든지 |
| 그렇다 | 그렇고 | 그렇지 | 그렇든지 |
| 아무렇다 | 아무렇고 | 아무렇지 | 아무렇든지 |
| 어떻다 | 어떻고 | 어떻지 | 어떻든지 |
| 이렇다 | 이렇고 | 이렇지 | 이렇든지 |
| 저렇다 | 저렇고 | 저렇지 | 저렇든지 |

### [붙임 2] 어간의 끝음절 '하'가 아주 줄 적에는 준 대로 적는다.❸

| | |
|---|---|
| 거북하지 → 거북지 | 생각하건대 → 생각건대 |
| 생각하다 못해 → 생각다 못해 | 깨끗하지 않다 → 깨끗지 않다 |
| 넉넉하지 않다 → 넉넉지 않다 | 못하지 않다 → 못지않다 |
| 섭섭하지 않다 → 섭섭지 않다 | 익숙하지 않다 → 익숙지 않다 |

### 용언의 어간 중 '하' 바로 앞의 받침이 'ㄱ, ㄷ, ㅂ, ㅈ, ㅅ' + '하' → '하'를 버린다

- 거북하지 - 거북지    · 생각하건대 - 생각건대    · 섭섭하지 - 섭섭지
  cf '서슴다'와 '삼가다'
  · 서슴다 : 서슴고(○), 서슴지(○), 서슴치(×)
  · 삼가다 : 삼가고(○), 삼가지(○), 삼가코(×)

### [붙임 3] 다음과 같은 부사는 소리대로 적는다.

| | | | |
|---|---|---|---|
| 결단코 | 결코 | 기필코 | 무심코 |
| 아무튼 | 요컨대 | 정녕코 | 필연코 |
| 하마터면 | 하여튼 | 한사코 | |

**📋 기출 확인**

밑줄 친 부분이 표준어로 쓰인 것은?                    2024 국가직 9급 ●

① 그 친구는 <u>허구헌</u> 날 놀러만 다닌다.
② 닭을 <u>통째로</u> 구우니까 더 먹음직스럽다.
③ 발을 잘못 디뎌서 <u>하마트면</u> 넘어질 뻔했다.
④ 언니가 허리가 <u>잘룩하게</u> 들어간 코트를 입었다.

❶ 〈한글 맞춤법〉 제40항

- · 감탄하게 → 감탄케
- · 실망하게 → 실망케
- · 당하지 → 당치
- · 무심하지 → 무심치
- · 허송하지 → 허송치
- · 분발하도록 → 분발토록
- · 실천하도록 → 실천토록
- · 추진하도록 → 추진토록
- · 결근하고자 → 결근코자
- · 사임하고자 → 사임코자

❷ 〈한글 맞춤법〉 제40항 [붙임 1]

- · 아니하다 → 않다
- · 그러하다 → 그렇다
- · 아무러하다 → 아무렇다
- · 어떠하다 → 어떻다
- · 이러하다 → 이렇다
- · 저러하다 → 저렇다

### ★ 표기에 주의해야 할 낱말

- · 이렇든(○)/이러튼(×)
- · 저렇든(○)/저러튼(×)
- · 그렇든(○)/그러튼(×)
- · 어떻든(○)/어떠튼(×)
- · 아뭏든(×)/아무튼(○)
- · 하옇든(×)/하여튼(○)

❸ 〈한글 맞춤법〉 제40항 [붙임 2]

- · 갑갑하지 않다 → 갑갑지 않다
  → 갑갑잖다
- · 깨끗하지 않다 → 깨끗지 않다
  → 깨끗잖다
- · 넉넉하지 않다 → 넉넉지 않다
  → 넉넉잖다

**📋 기출 확인**

㉠~㉣ 중 한글 맞춤법에 맞게 쓰인 것만을 모두 고르면?                    2023 국가직 9급

○ 혜인 씨에게 ㉠무정타 말하지 마세요.
○ 재아에게는 ㉡섭섭치 않게 사례해 주자.
○ 규정에 따라 딱 세 명만 ㉢선발토록 했다.
○ ㉣생각컨대 그의 보고서는 공정하지 못했다.

① ㉠, ㉡          ② ㉠, ㉢
③ ㉡, ㉣          ④ ㉢, ㉣

**해설**

'하' 앞의 받침의 소리가 [ㄱ, ㄷ, ㅂ]이면 '하'가 통째로 줄고 그 외의 경우에는 'ㅎ'이 남는다.
㉠ '무정하다'는 '하' 앞의 받침의 소리가 [ㄱ, ㄷ, ㅂ]이 아니므로 'ㅎ'이 남아 '무정타'이다.
㉢ '선발하도록'은 '하' 앞의 받침의 소리가 [ㄱ, ㄷ, ㅂ]이 아니므로 'ㅎ'이 남아 '선발토록'이다.

**오답**

㉡ 섭섭치 → 섭섭지: '섭섭하지'는 '하' 앞의 받침의 소리가 [ㅂ]이므로 '하'가 통째로 줄어 '섭섭지'이다.
㉣ 생각컨대 → 생각건대: '생각하건대'는 '하' 앞의 받침의 소리가 [ㄱ]이므로 '하'가 통째로 줄어 '생각건대'이다.

**정답** ②

**해설**

'나누지 아니한 덩어리 전부.'라는 뜻을 가진 단어 '통째'와 부사격 조사 '로'가 결합한 '통째로'의 표기는 표준어이다.

**오답**

① 허구헌→허구한
③ 하마트면→하마터면
④ 잘룩하게→잘록하게

**정답** ②

❶ 띄어쓰기의 기준
낱말(단어)마다 띄어 쓰되, 조사, 어미, 접사는 붙여 쓴다.
→ 의존 명사는 단어로 취급하여 띄어 쓴다.

# 5 띄어쓰기❶

## 제1절 조사

| 제41항 | 조사는 그 앞말에 붙여 쓴다. |
|---|---|

| 꽃이 | 꽃마저 | 꽃밖에 | 꽃에서부터 | 꽃으로만 |
|---|---|---|---|---|
| 꽃이나마 | 꽃이다 | 꽃입니다 | 꽃처럼 | 어디까지나 |
| 거기도 | 멀리는 | 웃고만 | | |

---

### 조사는 둘 이상 겹쳐질 때도 앞말에 붙여 쓴다

예 집에서처럼/집에서만이라도/여기서부터입니다./거기까지입니까?

---

### 예원通 조사가 아니라고 착각하기 쉬운 말

| 그려 | '느낌'이나 '강조'를 나타내는 보조사 예 그 집 사정이 참 딱하데그려. |
|---|---|
| 라고 | 인용격 조사 혹은 '이른바'의 의미를 더하는 보조사 |
| 마다 | '낱낱이 모두'의 뜻을 더하는 보조사 예 날마다 책을 읽는다. |
| 커녕 | 어떤 사실을 부정하는 것은 물론 그보다 덜하거나 못한 것까지 부정하는 뜻을 나타내는 보조사. 주로 '은/는커녕'의 형태로 쓰인다.<br>예 밥은커녕 죽도 못 먹는다. |
| (이)야말로 | '강조, 확인'을 나타내는 보조사 예 통일이야말로 우리의 소원이다.<br>cf 이야말로(부사): 바로 앞에서 한 말을 강조하는 말<br>예 이야말로 고래 싸움에 새우 등 터지는 격이지. |
| 치고 | '예외 없이', '예외적으로'의 의미로 쓰이는 보조사<br>예 사람치고 돈 싫어하는 사람은 없다./겨울 날씨치고 푸근하다. |

* 보조사는 격 조사와 달리 위치가 비교적 자유롭다.

## 제2절 의존 명사, 단위를 나타내는 명사 및 열거하는 말 등

| 제42항 | 의존 명사는 띄어 쓴다. |
|---|---|

| 아는 것이 힘이다. | 나도 할 수 있다. | 먹을 만큼 먹어라. |
|---|---|---|
| 아는 이를 만났다. | 네가 뜻한 바를 알겠다. | 그가 떠난 지가 오래다. |

### 예원通 한번 vs 한ᐯ번

낱말은 띄어 쓰는 것이 원칙이다. 우리말에는 붙여 쓴 한 단어 '한번'과 띄어 쓴 두 단어 '한ᐯ번'이 있는데, 둘의 의미가 다르다. 붙여 쓴 '한번🔢'은 '시도', '어떤 때', '강조', '일단'의 의미를 가지고, 띄어 쓴 '한ᐯ번'은 '1회'를 의미한다. 즉 '두ᐯ번', '세ᐯ번'으로 바꾸어 뜻이 통하면 '한ᐯ번'으로 띄어 쓰고, 그렇지 않으면 '한번'으로 붙여 쓴다.

| 한번 | 예 제가 일단 한번 해 보겠습니다.<br>→ 시험 삼아 시도함. | 한잔 | 예 오랜만에 소주 한잔 어때? → 간단하게 한 차례 마시는 차나 술 따위 |
|---|---|---|---|
| 한ᐯ번 | 예 한ᐯ번 실패하더라도 두 번, 세 번 도전 하자. | 한ᐯ잔 | 예 우유 한ᐯ잔을 주문하다. |
| 한마디 | 예 그는 내 요구를 한마디로 거절했다. → 짧은 말. 또는 간단한 말 | 한차례 | 예 한차례의 태풍이 농사를 다 망쳐 놓았다. → 어떤 일이 한바탕 일어남을 나타내는 말 |
| 한ᐯ마디 | 예 손가락 한ᐯ마디 길이다. | 한ᐯ차례 | 예 할아버지께서는 암으로 수술을 한ᐯ차례나 받으셨다. |

---

📍 의존 명사
167쪽 참조

➕ TIP
· 한번(명사)
 예 한번은 그런 일도 있었지.
  → 조사를 취함.
· 한번(부사)
 – 시도 예 한번 해 보자.
 – 어떤 때 예 한번 놀러 와요.
 – 강조 예 춤 한번 잘 춘다.
 – 일단 예 한번 물면 놓지 않는다.

📝 기출 확인

밑줄 친 부분의 띄어쓰기가 잘못된 것은?
2022 군무원 9급

① 한번 실패했더라도 다시 도전하면 된다.
② 한번은 네거리에서 큰 사고를 낼 뻔했다.
③ 고 녀석, 울음소리 한번 크구나.
④ 심심한데 노래나 한번 불러 볼까?

해설

한번 → 한ᐯ번: '한번'을 '두 번', '세 번'으로 바꾸어 뜻이 통하면 '한 번'으로 띄어 쓰고 그렇지 않으면 '한번'으로 붙여 쓴다. ①은 '두 번', '세 번'과 바꾸어도 그 뜻이 통한다는 점에서 '한ᐯ번'으로 띄어 써야 한다.

오답

② '한번은 네거리에서 큰 사고를 낼 뻔했다.'의 '한번'은 '지난 어느 때나 기회'라는 의미이므로 붙여 쓴 것은 옳다.
③ '고 녀석, 울음소리 한번 크구나.'의 '한번'은 '어떤 행동이나 상태를 강조하는 뜻'을 나타내는 말이므로 붙여 쓴 것은 옳다.
④ '심심한데 노래나 한번 불러 볼까?'의 '한번'은 '어떤 일을 시험 삼아 시도함'을 나타내는 말이므로 붙여 쓴 것은 옳다.

정답 ①

주로 '관형사(형)∨체언+ 조사'의 형태로 나타난다.

| 만큼 | 대로 |
|---|---|
| · 체언+만큼(조사) → 붙여 쓴다.<br>　예 너만큼/나만큼은/부모님께만큼은<br><br>· 용언의 관형사형∨만큼(의존 명사) → 띄어 쓴다.<br>　예 먹는∨만큼/싫증이∨날∨만큼<br><br>· 부사 → 붙여 쓴다.<br>　예 이만큼/저만큼/그만큼/요만큼 | · 체언+대로(조사) → 붙여 쓴다.<br>　예 생각대로 해라./너대로/나대로<br><br>· 용언의 관형사형∨대로(의존 명사) → 띄어 쓴다.<br>　예 가져오는∨대로/생각한∨대로 |

| 뿐 | 만 |
|---|---|
| · 체언+뿐(조사) → 붙여 쓴다.<br>　예 너뿐이야./둘뿐이다./선생님뿐<br><br>· 용언의 관형사형∨뿐(의존 명사) → 띄어 쓴다.<br>　예 먹을∨뿐/생각할∨뿐/잘∨뿐<br><br>· '-ㄹ뿐더러'(연결 어미) → 붙여 쓴다.<br>　예 꽃이 예쁠뿐더러 향기도 좋다. | · 체언+만(조사) → 붙여 쓴다.<br>　예 너만/놀기만/웃기만<br><br>· 용언의 관형사형∨만(의존 명사) → 띄어 쓴다.<br>　예 지낼∨만하다./볼∨만도∨하다.<br><br>· 시간의 경과 → 띄어 쓴다.<br>　예 3년∨만이다./얼마∨만이니?/열흘∨만에∨왔다.<br><br>· '오랜만에', '오랫동안' → 붙여 쓴다. |

| 지 | 바 |
|---|---|
| · 용언의 관형사형∨지(시간의 경과) → 띄어 쓴다.<br>　예 · 선생님이∨가신∨지∨하루가∨지났다.<br>　　· 그를∨만난∨지∨백 일이다.<br><br>· '-ㄴ지'(연결 어미) → 붙여 쓴다.<br>　예 · 그 사람이 누군지 모른다.<br>　　· 얼마나 부지런한지 세 사람 몫을 한다. | · 용언의 관형사형∨바(의존 명사) → 띄어 쓴다.<br>　예 · 평소에 느끼던∨바를∨말해라.<br>　　· 짐승과 다를∨바가 있겠느냐?<br>　　· 천명하는∨바이다.<br><br>· '-ㄴ바'(연결 어미) → 붙여 쓴다.<br>　예 · 너의 죄가 큰바 벌을 받아야 한다.<br>　　· 이미 정해진바 그에 따를 뿐이다. |

| 데 | 들 |
|---|---|
| · 용언의 관형사형∨데(곳, 장소, 일) → 띄어 쓴다.<br>　예 거긴∨밥∨먹는∨데이다.<br><br>· '-ㄴ데'(연결/종결 어미) → 붙여 쓴다.<br>　예 · 옷이 참 예쁜데. (종결 어미)<br>　　· 옷은 참 예쁜데 비싸다. (연결 어미)<br><br>· 화자가 직접 경험한 일을 나중에 말할 때<br>　→ 붙여 쓴다.<br>　예 옷이 참 예쁘데. | · 복수 접미사 → 붙여 쓴다.<br>　예 아이들이∨있다.<br><br>· 두 개 이상의 사물 열거(의존 명사) → 띄어 쓴다.<br>　예 개구리,∨두꺼비,∨뱀∨들이 있다. |

| 줄 | 수 |
|---|---|
| 어떤 방법이나 셈속(의존 명사) → 띄어 쓴다.<br>　예 그가∨날∨떠날∨줄은∨상상도∨못했다. | 어떤 일을 할 만한 능력이나 어떤 일이 일어날 가능성(의존 명사) → 띄어 쓴다.<br>　예 그는∨나를∨떠날∨수∨없어. |

| 간 | 차 |
|---|---|
| · '사이 관계'의 뜻(의존 명사) → 띄어 쓴다.<br>　예 밥을∨먹든지∨빵을∨먹든지∨간에∨결정해라.<br><br>· 기간 뒤에서 '동안'의 뜻(접미사) → 붙여 쓴다.<br>　예 지난∨한∨달간 | · '어떤 기회에 겸해서'의 뜻(의존 명사) → 띄어 쓴다.<br>　예 마침∨지나가던∨차에∨들렀다.<br><br>· '번, 차례'의 뜻(의존 명사) → 띄어 쓴다.<br>　예 선생님∨댁을∨수십∨차∨방문했다.<br><br>· '목적'의 뜻(접미사) → 붙여 쓴다.<br>　예 인사차/연구차/사업차 |

**📝 기출 확인**

**01** 다음 중 밑줄 친 부분의 띄어쓰기가 적절하지 않은 것은? *2023 군무원 9급*

① 가진 게 없으면 <u>몸이나마</u> 건강해야지.

② 그 책을 다 <u>읽는데</u> 삼 일이 걸렸다.

③ 그는 그런 비싼 차를 살 <u>만한</u> 형편이 못 된다.

④ 그 고통에 비하면 내 <u>괴로움 따위는</u> 아무것도 아니었다.

**해설**

읽는데→읽는∨데: 문맥상 책을 읽기까지 걸린 '시간'이 3일이라는 의미이다. 따라서 '데'는 의존 명사이므로 '읽는∨데'로 띄어 써야 한다.

**오답**

① '이나마'는 어떤 상황이 이루어지거나 어떻다고 말해지기에는 부족한 조건이지만 아쉬운 대로 인정됨을 나타내는 보조사이므로 체언 '몸'과 붙여 쓴 것은 옳다.

③ '살'은 용언의 관형사형이므로 보조 용언 '만하다'와 띄어 쓴 것은 옳다.

④ '따위'는 의존 명사이므로 '괴로움'과 띄어 쓴 것은 옳다.

**정답** ②

**02** 띄어쓰기가 옳지 않은 것은? *2022 국회직 9급*

① 그가∨올∨듯도∨하다.

② 그가∨언제∨오는∨지∨확인했다.

③ 네가∨그∨일을∨했을∨리가∨없다.

④ 서울과∨인천∨간∨국도를∨이용한다.

⑤ 열∨명∨내지∨스무∨명의∨학생들이∨참석했다.

**해설**

오는∨지→오는지: '지'가 '시간의 경과'를 나타낼 때는 의존 명사이기에 앞말과 띄어 쓴다. ②에서는 '시간의 경과'를 나타내지 않는다. ②는 막연한 의문이 있는 채로 그것을 뒤 절의 사실이나 판단과 관련시키는 데 쓰는 연결 어미 '-는지'가 쓰인 경우이다. 따라서 '오는지'와 같이 붙여 써야 한다.

**오답**

① 보조 용언이 '의존 명사+하다'의 구성일 때는 본용언과 붙여 쓸 수 있다. 그러나 그 중간에 조사가 들어갈 적에는 반드시 띄어 써야 한다. 따라서 '올∨듯도∨하다'로 띄어 쓴 것은 바르다.

③ '리'는 '까닭', '이치'의 뜻을 나타내는 의존 명사이다. 따라서 '했을∨리가∨없다'의 띄어쓰기는 바르다.

④ '간'은 '한 대상에서 다른 대상까지의 사이'를 의미하는 의존 명사이다. 따라서 '서울과∨인천∨간'으로 띄어 쓰는 것은 바르다.

⑤ '명'은 사람을 세는 단위를 나타내는 의존 명사이다. 따라서 '열∨명' '스무∨명'의 띄어쓰기는 바르다. 또 '내지'는 '얼마에서 얼마까지'의 뜻을 나타내는 부사이다. 따라서 '열∨명∨내지∨스무∨명'의 띄어쓰기는 바르다.

**정답** ②

## 시(時)

- 명사
  - 예 태어난ˇ시가 언제인가?
- 의존 명사
  - 예 몇ˇ시/5시 30분(5ˇ시)
    - 비행ˇ시/규칙을 어겼을ˇ시
    - 자시/축시/인시/묘시

## 판

- 명사 + 판(명사) → 붙여 쓴다.
  - 예 노름판/씨름판/웃음판
- 관형사/용언의 관형사형ˇ판(의존 명사)
  → 띄어 쓴다.
  - 예 바둑 두ˇ판/씨름 한ˇ판/
    죽고 사는ˇ판

## 접사 '-여, -짜리, -어치, -씩, 제-, -백(白)': 붙여 쓴다.

- 예 · 백여ˇ장
  - 백ˇ원짜리
  - 천ˇ원어치
  - 만ˇ원씩
  - 제일ˇ장/제이장(O)
  - 제ˇ삼장(×)
  - 주인백

❶ '제(第)-'가 생략된 경우에도 차례를 나
타내는 말은 붙여 쓸 수 있다.
  - 예 · (제)일ˇ사단 → 일사단
    · (제)오십칠ˇ회 → 오십칠회

❷ 경(京): 조(兆)의 만 배가 되는 수

TIP
다만 금액을 적을 때에는 변조(變造) 등의
사고를 방지하려는 뜻에서 붙여 쓰는 것이
관례이다.
  - 예 · 일금: 삼십일만오천육백칠십팔원정
    · 돈: 일백칠십육만오천원

❸ cf · 명사일 때: 너희 둘은 좋은 대가
      되는구나.
    · 접두사일 때: 대일(對日) 무역/
      대국민 담화/대중국 정책

📝 기출 확인

밑줄 친 부분의 띄어쓰기가 옳지 않은 것은?
2018 국가직 9급

① 이처럼 좋은 걸 어떡해?
② 제 3장의 내용을 요약해 주세요.
③ 공사를 진행한 지 꽤 오래되었다.
④ 결혼 10년 차에 내 집을 장만했다.

해설
제ˇ3장의 → 제3장의: '제(第)-'는 '그 숫자에 해당
되는 차례'의 뜻을 더하는 접두사이다. 따 라서 '3
(삼)'과 붙여 써야 한다. 다만 순서에 해당하 고 아라
비아 숫자와 함께 쓰고 있으므로 '제3장'이 원칙
이나 '제3장'으로 쓰는 것이 허용된다.

정답 ②

---

### 제43항 | 단위를 나타내는 명사는 띄어 쓴다.

| | | | |
|---|---|---|---|
| 한 개 | 차 한 대 | 금 서 돈 | 소 한 마리 |
| 옷 한 벌 | 열 살 | 조기 한 손 | 연필 한 자루 |
| 버선 한 죽 | 집 한 채 | 신 두 켤레 | 북어 한 쾌 |

#### 단위성 명사 정리

- 바늘 한 쌈: 24개
- 김 한 톳: 100장
- 고등어 한 손: 2마리
- 배추 한 접: 100개
- 굴비 한 두름: 20마리
- 한약 한 제: 20첩
- 오징어 한 축: 20마리
- 오이 한 거리: 50개
- 그릇 한 죽: 10벌

다만, 순서를 나타내는 경우나 숫자와 어울리어 쓰이는 경우에는 붙여 쓸 수 있다.(띄어 쓰는 것
이 원칙, 붙여쓰기 허용)

| | | | |
|---|---|---|---|
| 두시 삼십분 오초 | 제일과 | 삼학년 | 육층 |
| 1446년 10월 9일 | 2대대❶ | 16동 502호 | 제1실습실 |
| 80원 | 10개 | 7미터 | |

* 연월일, 시각 등도 붙여 쓸 수 있다. 다만, 수효를 나타내는 '개년, 개월, 일(간), 시간' 등은 붙여
쓸 수 없다.
  - 예 삼ˇ개년, 몇ˇ개월, 삼ˇ일동안, 한ˇ시간, 수업ˇ시간

### 제44항 | 수를 적을 적에는 '만(萬)' 단위로 띄어 쓴다.(경❷ˇ조ˇ억ˇ만ˇ)

십이억ˇ삼천사백오십육만ˇ칠천팔백구십팔          12억ˇ3456만ˇ7898

칠경ˇ삼천이백사십삼조ˇ칠천팔백육십칠억ˇ팔천구백이십칠만ˇ육천삼백오십사

7경ˇ3243조ˇ7867억ˇ8927만ˇ6354

7경ˇ3천2백4십3조ˇ7천8백6십7억ˇ8천9백2십7만ˇ6천3백5십4

### 제45항 | 두 말을 이어 주거나 열거할 적에 쓰이는 다음의 말들은 띄어 쓴다.

| | | | |
|---|---|---|---|
| 국장 겸 과장 | 열 내지 스물 | 청군 대 백군 | 책상, 걸상 등이 있다. |
| 이사장 및 이사들 | 사과, 배, 귤 등등 | 사과, 배 등속 | 부산, 광주 등지 |

#### 1. 겸, 대, 등, 등등, 등지, 따위: 의존 명사 → 띄어 쓴다 ★

- 아침 겸 점심/강당 겸 체육관/구경도 할 겸 물건도 살 겸
- 한국 대 일본/5 대 3❸
- ㄱ, ㄷ, ㅂ 등은 파열음에 속한다.          · 과자, 과일, 식혜 등등 먹을 것이 많다.
- 충주, 청주, 대전 등지로 돌아다녔다.      · 지나친 흡연은 폐암 등을 일으킨다.
- 배추, 상추, 무 따위(의존 명사), 너 따위(의존 명사)가 감히……

#### 2. 내지, 및, 또는, 혹은: 부사 → 띄어 쓴다

- 비가 올 확률은 50% 내지 60%이다.      · 원서 교부 및 접수
- 집에 있든지 또는 시장에 가든지          · 직접으로 혹은 간접으로

### 제46항 | 단음절로 된 단어가 연이어 나타날 적에는 붙여 쓸 수 있다.

| | | |
|---|---|---|
| 좀더 큰것 | 이말 저말 | 한잎 두잎 |

이 허용 규정은 단음절어인 관형사와 명사, 부사와 부사가 연결되는 경우와 같이, 자연스럽게 의미
적으로 한 덩이를 이룰 수 있는 구조에 가능하고, 의미적 유형이 다른 것끼리는 붙여 쓰지 않는다.

  - 예 · 훨씬 더 큰 새 집 → 훨씬 더큰 새집(×)          · 더 못 간다. → 더못 간다. (×)
      · 더 큰 이 새 책상 → 더큰 이새 책상(×)          · 꽤 안 온다. → 꽤안 온다. (×)

## 제3절 보조 용언

| 제47항 | 보조 용언은 띄어 씀을 원칙으로 하되, 경우에 따라 붙여 씀도 허용한다. |
| --- | --- |

| 원칙(O) | 허용(O) |
| --- | --- |
| 불이 꺼져 간다.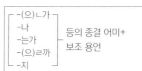❶ | 불이 꺼져간다. |
| 어머니를 도와 드린다. | 어머니를 도와드린다.❷ |
| 비가 올 듯하다. | 비가 올듯하다. |
| 일이 될 법하다. | 일이 될법하다. |
| 잘 아는 척한다. | 잘 아는척한다. |
| 내 힘으로 막아 낸다. | 내 힘으로 막아낸다. |
| 그 일은 할 만하다. | 그 일은 할만하다. |
| 비가 올 성싶다. | 비가 올성싶다. |

다만, ① 앞말에 조사가 붙거나 ② 앞말이 합성 용언인 경우, 그리고 ③ 중간에 조사가 들어갈 적에는 그 뒤에 오는 보조 용언은 띄어 쓴다.

① 잘도 놀아만 나는구나!　　　책을 읽어도 보고…….
② 네가 덤벼들어 보아라.　　　이런 기회는 다시없을 듯하다.
③ 그가 올 듯도 하다.　　　잘난 체를 한다.

**주의!** 본용언∨본용언 → 띄어 쓴다. 例 선물을∨사서∨드렸다.

* 본용언이 합성 용언이거나 파생어일 때도 보조 용언과 띄어 쓴다.

| 바른 표기(O) | 틀린 표기(×) |
| --- | --- |
| 파고들어∨본다<br>합성어 | 파고들어본다 |
| 공부해∨보아라<br>파생어 | 공부해보아라 |

단, 본용언이 합성어나 파생어라도 그 활용형이 2음절인 경우에는 붙여 쓸 수 있다.

例 ┌ 나가∨버렸다(O)　　┌ 빛내∨준다(O)
　　└ 나가버렸다(O)　　　└ 빛내준다(O)

---

### '본용언+보조 용언'의 붙여쓰기를 허용하는 경우

1. '본용언 + -아/-어 + 보조 용언' 구성❸
   例 ┌ 꺼져(꺼지 + 어)∨간다.(O) – 원칙　┌ 막아∨낸다.(O) – 원칙
   　　└ 꺼져간다.(O) – 허용　　　　　　　└ 막아낸다.(O) – 허용

2. '관형사형 + 보조 용언(의존 명사 + -하다/싶다)' 구성: '듯싶다, 성싶다, 듯하다, 척하다, 체하다, 양하다, 만하다, 법하다' 등의 보조 용언과 연결될 때
   例 ┌ 아는∨체하다.(O) – 원칙　┌ 그가∨올∨법하다.(O) – 원칙　┌ 비가∨올∨듯하다.(O) – 원칙
   　　├ 아는체하다.(O) – 허용　├ 그가∨올법하다.(O) – 허용　├ 비가∨올듯하다.(O) – 허용
   　　└ 아는체∨하다.(×)　　　└ 그가∨올법∨하다.(×)　　　└ 비가∨올듯∨하다.(×)

3. '명사형 + 보조 용언' 구성: '직하다' 한 가지이다.(유일)
   例 ┌ 먹었음∨직하다.(O) – 원칙
   　　└ 먹었음직하다.(O) – 허용

* '-아/-어' 뒤에 '서'가 줄어진 형식에서는 뒤의 단어가 보조 용언이 아닌 본용언이므로, 붙여 쓰는 게 허용되지 않는다.
   例 ┌ (시험 삼아) 고기를 잡아∨본다.(O) – 원칙 → 잡아본다.(O) – 허용
   　　└ (맨눈으로) 고기를 잡아(서)∨본다.(O) → 잡아서본다.(×)
   　　· ┌ (그분 대신) 사과를 깎아∨드린다.(O) – 원칙 → 깎아드린다.(O) – 허용
   　　　└ (그분께) 사과를 깎아(서)∨드린다.(O) → 깎아서드린다.(×)

✰* 보조 용언이 거듭되는 경우 앞의 보조 용언만 붙여 쓸 수 있다.
   例 읽어∨볼∨만하다.(O)/읽어볼∨만하다.(O)/읽어볼만하다.(×)

---

❶ '꺼지다'는 어원을 고려하면 '끄다+지다'의 관계인 합성 동사이다. 따라서 '꺼지어∨가다'일 경우는 띄어서 써야 하는 경우이나 '꺼져'로 2음절로 축약되어 붙여 쓸 수 있는 경우가 된다.

❷ 2018년 국립국어원에서는 복합어에 '-주다'가 붙는 경우 이에 준하는 '-드리다'의 경우도 항상 붙여 쓰도록 하였다. 따라서 '도와주다'가 하나의 낱말이므로 '도와드리다'는 붙여 쓰는 것이 원칙이다.

| | 원칙(O) | 허용(O) |
| --- | --- | --- |
| 기존 | 도와∨드리다 | 도와드리다 |
| 현재 | 도와드리다 | × |

☆ '깨뜨려∨버리다'의 경우 종전에는 띄어 쓰는 것을 원칙으로 하되 붙여 쓰는 것을 허용했으나, 추가된 〈한글 맞춤법〉 해설 (2018. 12.)에 따라 '깨뜨리다'가 파생어이므로 반드시 띄어 써야만 한다.

---

★ 반드시 붙여 써야 하는 경우

· '-아/-어 + 지다'
   例 만들어지다(O), 만들어∨지다(×)
· '-아/-어 + 하다'
   例 좋아하다(O), 좋아∨하다(×)
다만, '-아/-어 + 하다'가 앞의 구(句)와 결합할 때는 띄어 쓴다.
   例 먹고∨싶어∨하다(O), 먹고∨싶어하다(×)

❸ '본용언+보조 용언' 꼭 띄어 써야 하는 경우

┌ -(으)ㄴ가 ┐
│ -나 　　　│ 등의 종결 어미+
│ -는가 　　│ 보조 용언
│ -(으)ㄹ까 │
└ -지 　　　┘

例 · 책상이 작은가∨싶다.
   · 그가 밥을 먹나∨싶다.
   · 집에 갈까∨보다.
   · 아무래도 힘들겠지∨싶었다.

**❶** 홍길동 ∨ 씨    홍 ∨ 씨    길동 ∨ 씨
김철수 ∨ 군    김 ∨ 군    철수 ∨ 군
박선영 ∨ 양    박 ∨ 양    선영 ∨ 양
김선숙 ∨ 옹          김 ∨ 옹
민수철 ∨ 교수        민 ∨ 교수
총장 ∨ 정영수 ∨ 박사    사 ∨ 사장
여 ∨ 여사           황희 ∨ 정승

\* 우리 한자음으로 적는 중국 인명에도 이 규정이 적용된다.
예 조맹부(趙孟頫) / 소식(蘇軾) / 왕희지(王羲之)

**✛ TIP**

성과 이름의 경계가 혼동될 여지가 있으면 한 글자의 성도 띄어 쓸 수 있다.
예 선우진 / 선우 ∨ 진('선우'씨인 진) / 선 ∨ 우진('선'씨인 우진)

**★ '용언의 관형사형 + 명사', '명사 + 조사 + 명사' 형식**

→ '고유 명사', '전문 용어' 모두 붙여 쓸 수 있다.

| | 원칙(○) | 허용(○) |
|---|---|---|
| 고유 명사 | 즐거운 ∨ 노래방 | 즐거운노래방 |
| | 부부의 ∨ 날 | 부부의날 |
| 전문 용어 | 따뜻한 ∨ 구름 | 따뜻한구름 |
| | 강조의 ∨ 허위 | 강조의허위 |

**❷ 국어사전에 등재되어 있는 전문 용어**

| 원칙(○) | 허용(○) |
|---|---|
| 무역 ∨ 수지 | 무역수지 |
| 음운 ∨ 변화 | 음운변화 |
| 상대성 ∨ 이론 | 상대성이론 |
| 국제 ∨ 음성 ∨ 기호 | 국제음성기호 |
| 긴급 ∨ 재정 ∨ 처분 | 긴급재정처분 |
| 무한 ∨ 책임 ∨ 사원 | 무한책임사원 |
| 배당 ∨ 준비 ∨ 적립금 | 배당준비적립금 |
| 후천 ∨ 면역 ∨ 결핍증 | 후천면역결핍증 |
| 지구 ∨ 중심설 | 지구중심설 |
| 탄소 ∨ 동화 ∨ 작용 | 탄소동화작용 |
| 해양성 ∨ 기후 | 해양성기후 |
| 무릎 ∨ 대어 ∨ 돌리기 | 무릎대어돌리기 |

**📑 기출 확인**

다음 중 띄어쓰기가 잘못된 것은?

- ① 김양수 씨가 ② 떠난지가 오래다.
- 그가 그렇게 ③ 떠나 버린 것이 믿어지지 않는다.
- 나는 한동안 멍하니 ④ 지낼 수밖에 없었다.

① 김양수 씨         ② 떠난지
③ 떠나 버린 것      ④ 지낼 수밖에

[정답] ②

---

## 제4절 고유 명사 및 전문 용어

| 제48항 | 성과 이름, 성과 호 등은 붙여 쓰고, 이에 덧붙는 호칭어, 관직명 등은 띄어 쓴다.**❶** |
|---|---|

김양수(金良洙)          서화담(徐花潭)          채영신 씨

최치원 선생            박동식 박사            충무공 이순신 장군

\* '채영신 ∨ 씨'를 부를 때는 '채 ∨ 씨'로 이때의 '씨'는 앞말과 띄어 쓰는 의존 명사이고, '채씨 ∨ 부인' 혹은 '채씨 성은 많지 않다.'라고 할 때의 '-씨'는 앞말과 붙여 쓰는 접사이다.

**다만, 성과 이름, 성과 호를 분명히 구분할 필요가 있을 경우에는 띄어 쓸 수 있다. ✛**

남궁억/남궁 억          독고준/독고 준          황보지봉(皇甫芝峰)/황보 지봉

\* '아무개(대명사)'나 '어떤(관형사)'을 뜻하는 '모(某)'의 경우 띄어 쓴다.
예 대명사: 김 모가 말했다./관형사: 모 소식통에 의하면 모 지역으로 이동해야 한다.

\* 다만 '모년(아무 해, 명사), 모월(아무 달, 명사), 모일(아무 날, 명사)'은 한 낱말로 붙여 쓴다.

| 제49항 | 성명 이외의 고유 명사는 단어별로 띄어 씀을 원칙으로 하되, 단위별로 띄어 쓸 수 있다. |
|---|---|

| 원칙(○) | 허용(○) |
|---|---|
| 대한 중학교 | 대한중학교 |
| 한국 대학교 사범 대학 | 한국대학교 사범대학 |

- '부설(附設), 부속(附屬), 직속(直屬), 산하(傘下)' 따위는 고유 명사에 속하는 것이 아니므로, 원칙적으로 앞뒤의 말과 띄어 쓴다. 다만, '부속 학교, 부속 초등학교, 부속 중학교, 부속 고등학교, 부속 병원'과 같이 교육 기관 등에 딸린 학교나 병원은 하나의 단위로 다루어 붙여 쓸 수 있다.
  예 · 한국 ∨ 대학교 ∨ 의과 ∨ 대학 ∨ 부속 ∨ 병원(원칙)
  · 한국대학교 ∨ 의과대학 ∨ 부속병원(허용)
- 산, 강, 산맥, 평야, 고원 등 굳어진 지명은 고유어, 한자어, 외래어 상관없이 모두 붙여 쓴다. 이들은 합성어로서 하나의 단어로 굳어졌다.
  예 · 북한산, 에베레스트산      · 영산강, 미시시피강      · 소백산맥, 알프스산맥
  · 나주평야, 화베이평야      · 개마고원, 티베트고원

| 제50항 | 전문 용어는 단어별로 띄어 씀을 원칙으로 하되, 붙여 쓸 수 있다.**❷** |
|---|---|

| 원칙(○) | 허용(○) |
|---|---|
| 만성 골수성 백혈병 | 만성골수성백혈병 |
| 중거리 탄도 유도탄 | 중거리탄도유도탄 |

1. **-상(上), -하(下): 접미사 → 붙여 쓴다.**
   - 예) ・관계상/미관상/절차상/인터넷상/통신상
     ・식민지하/원칙하/지도하/지배하
   - cf) 기존의 물체의 위, 아래를 의미하는 '상(上), 하(下)'의 경우도 접사로 구분한다.
     - 예) 지구상의 선물/지도상의 한 점/교각하 추락 금지/선박하 적치 금지

2. **중(中): 한 단어로 굳어진 경우가 아니면 언제나 띄어 쓴다.**
   - 예) ・학생v중에/꽃v중의v꽃/회의v중이다/건설v중이다
     ・은연중/무의식중/무언중/무심중/한밤중/부재중/부지중/부지불식중/총망중/그중(한 단어로 굳어진 말)

★3. **내(內), 외(外), 초(初), 말(末): 의존 명사 → 띄어 쓴다.**
   - 예) ・범위v내/건물v내/수일v내로/기간v내에
     ・그v외에/가족v외의/필기도구v외에는
     ・조선v초/20세기v초/내년v초에/학기v초
     ・조선v말/학년v말/학기v말

4. **본(本): 관형사. 말하는 이와 직접 관련되어 있음을 나타내는 말 → 띄어 쓴다.**
   - 예) 본v협회/본v법정/본v연구원/본v변호인
   - cf) 본인, 본고/[접사] 본계약/본뜻/본서방

5. **귀(貴): 관형사. 상대편이나 소속체를 높이는 뜻 → 띄어 쓴다.**
   - 예) 귀v신문사/귀v기관 ↔ [접사] 귀공자/귀금속/귀부인/귀사( ↔ 폐사)

★6. **대(對), 반(反), 친(親), 탈(脫): 접두사 → 붙여 쓴다.**
   - 예) ・대국민 사과문/대북한 전략       ・반비례/반독재/반체제
     ・친부모/친미/친정부/친혁명 세력    ・탈공해/탈냉전/탈대중화

7. **붙여쓰기**
   - 한문에서 온 고사성어나 문구 예) 주마간산, 금수강산, 솔선수범
   - 음식 이름, 재료명 예) 김치찌개, 꽁보리밥, 낙지볶음, 닭볶음탕, 고춧가루
   - 한문식 서명, 사건명 예) 훈민정음, 갑오개혁, 훈몽자회, 임진왜란
   - 화학 물질, 동식물 단위나 품종명 예) 석회질소, 포유동물, 자두나무
   - 그간/그사이/그동안/초등학교/고등학교/충청남도/소백산맥
   - 용언의 어미와 어미처럼 굳어진 표현 예) -ㄹ수록, -ㄹ망정, -뿐더러, -고말고, -다마다

8. **드리다, 시키다, 받다, 당하다**
   '드리다, 시키다, 받다, 당하다'는 문장에서 본용언으로 사용하기도 하지만, 같은 모양이 접사로
   기능하기도 한다. 예) 감사드리다/훈련시키다/오해받다/봉변당하다

   - -드리다: (몇몇 명사 뒤에 붙어) '공손한 행위'의 뜻을 더하고 동사를 만드는 접미사
     - 예) 공양드리다/불공드리다/말씀드리다

   - -시키다: (서술성을 가지는 일부 명사 뒤에 붙어) '사동'의 뜻을 더하고 동사를 만드는 접미사
     - 예) 교육시키다/등록시키다/복직시키다/오염시키다/이해시키다/입원시키다/진정시키다/집합시키다/취소시키다/화해시키다

   - -받다: (몇몇 명사 뒤에 붙어) '피동'의 뜻을 더하고 동사를 만드는 접미사
     - 예) 강요받다/버림받다

   - -당하다: (행위를 나타내는 일부 명사 뒤에 붙어) '피동'의 뜻을 더하고 동사를 만드는 접미사
     - 예) 거절당하다/무시당하다/이용당하다/체포당하다/혹사당하다

---

### ★ 책명과 작품명의 띄어쓰기

- 한자로 된 고전 책명 → 붙여 쓴다.
  - 예) 분류두공부시언해, 동국신속삼강행실도, 번역소학(한문 고전 책명)
- 서양의 고전 책명 ┐ 단어별로
- 현대의 책명/작품명 ┘ 띄어 쓴다.
  - 예) ・베니스의v상인(서양의 고전 작품명)
    ・고용,v이자v및v화폐의v일반v이론(현대의 책명)
    ・바람과v함께v사라지다(서양의 현대 작품명)

### ★ 주의! 붙여 쓰는 한 단어

- 안절부절못하다
- 큰소리치다
- 시집가다/장가가다
- 지난봄/지난여름/지난가을/지난겨울
- 알은체하다/알은척하다
- 보잘것없다
- 마지못하다/못지않다
- 너나없이
- 바른대로
- 봄내/여름내/가으내/겨우내
- 같이하다/함께하다
- 창밖/창외

### 📝 기출 확인

다음 중 띄어쓰기가 가장 옳은 것은?
2019 서울시 9급(2월)

① 열 길 물속은 알아도 한 길 사람의 속은 모른다.
② 데칸고원은 인도 중부와 남부에 위치한 고원이다.
③ 못 본 사이에 키가 전봇대만큼 자랐구나!
④ 이번 행사에서는 쓸모 있는 주머니만들기를 하였다.

오답
② 데칸v고원 → 데칸고원
③ 전봇대v만큼 → 전봇대만큼
④ 주머니만들기 → 주머니v만들기

정답 ①

## 6 그 밖의 것

| 제51항 | 부사의 끝음절이 분명히 '이'로만 나는 것은 '-이'로 적고, '히'로만 나거나 '이'나 '히'로 나는 것은 '-히'로 적는다. |
|---|---|

### 1. '이'로만 나는 것

| | | | | |
|---|---|---|---|---|
| ① 가붓이 | 깨끗이 | 나붓이 | 느긋이 | 둥긋이 |
| 따뜻이 | 반듯이 | 버젓이 | 산뜻이 | 의젓이 |
| ② 가까이 | 고이 | 날카로이 | 대수로이 | 번거로이 |
| ③ 겹겹이 | 번번이 | 일일이 | 집집이 | 틈틈이 |
| ④ 많이 | 적이 | 헛되이 | | |

---

#### '이'로 적는 경우

1. 'ㅅ' 받침 뒤 ······················· ①
   예 기웃이, 나긋나긋이, 남짓이, 뜨뜻이, 번듯이, 지긋이
2. 'ㅂ' 불규칙 용언의 어간 뒤 ····················· ②
   예 가벼이, 괴로이, 기꺼이, 너그러이, 부드러이, 새로이, 쉬이, 외로이, 즐거이
3. ⓝ + ⓝ + 이 → ⓝ 마다 ························ ③
   예 간간이❶, 겹겹이, 번번이, 골골샅샅이, 곳곳이, 길길이, 나날이, 낱낱이, 다달이, 땀땀이, 몫몫이, 샅샅이, 알알이, 앞앞이, 줄줄이, 짬짬이, 철철이
4. '-하다'가 붙지 않는 용언 어간 뒤 ·········· ④
   예 같이, 굳이, 길이, 깊이, 높이, 실없이
5. 부사 뒤
   예 곰곰이, 더욱이, 생긋이, 오뚝이, 일찍이, 히죽이

### 2. '히'로만 나는 것

| | | | | |
|---|---|---|---|---|
| 극히 | 급히 | 딱히 | 속히 | 족히 |
| 특히 | 엄격히 | 정확히 | 작히 | |

---

#### '히'로 적는 경우

1. '-하다'가 붙는 어근 뒤(단, 'ㅅ' 받침 제외)
   예 극히, 급히, 딱히, 속히
2. '-하다'가 붙는 어근에 '-히'가 결합하여 된 부사가 줄어진 형태
   예 (익숙히 →)익히, (특별히 →) 특히
3. '-하다'가 붙지 않는 어근에 부사화 접미사가 결합한 형태로 분석되더라도, 그 어근 형태소의 본뜻이 유지되고 있지 않은 단어의 경우는 익어진 발음 형태대로 '히'로 적는다.
   예 작히(어찌 조그만큼만, 오죽이나)

### 3. '이, 히'로 나는 것

| | | | | |
|---|---|---|---|---|
| 솔직히 | 가만히 | 간편히 | 나른히 | 무단히 |
| 각별히 | 소홀히 | 쓸쓸히 | 정결히 | 과감히 |
| 꼼꼼히 | 심히 | 열심히 | 급급히 | 답답히 |
| 섭섭히 | 공평히 | 능히 | 당당히 | 분명히 |
| 상당히 | 조용히 | 간소히 | 고요히 | 도저히 |

| 제52항 | 한자어에서 본음으로도 나고 속음❶으로도 나는 것은 각각 그 소리에 따라 적는다. |

| 본음으로 나는 것 | 속음으로 나는 것 |
| --- | --- |
| 승낙(承諾) | 수락(受諾), 쾌락(快諾), 허락(許諾) |
| 만난(萬難) | 곤란(困難), 논란(論難) |
| 안녕(安寧) | 의령(宜寧), 회령(會寧) |
| 분노(忿怒) | 대로(大怒), 희로애락(喜怒哀樂) |
| 토론(討論) | 의논(議論)❷ |
| 오륙십(五六十) | 오뉴월, 유월(六月) |
| 목재(木材) | 모과(木瓜) |
| 십일(十日) | 시방정토(十方淨土), 시왕(十王)❸, 시월(十月) |
| 팔일(八日) | 초파일(初八日) |

| 제53항 | 다음과 같은 어미는 예사소리로 적는다. |

-(으)ㄹ거나    -(으)ㄹ걸    -(으)ㄹ게❹    -(으)ㄹ세    -(으)ㄹ세라
-(으)ㄹ수록    -(으)ㄹ시    -(으)ㄹ지    -(으)ㄹ지니라    -(으)ㄹ지라도
-(으)ㄹ지어다    -(으)ㄹ지언정    -(으)ㄹ진대    -(으)ㄹ진저    -올시다

다만, 의문을 나타내는 다음 어미들은 된소리로 적는다.❺

-(으)ㄹ까?    -(스)ㅂ니까?    -(으)리까?    -(으)ㄹ꼬?    -(으)ㄹ쏘냐?

| 제54항 | 다음과 같은 접미사는 된소리로 적는다. |

심부름꾼    익살꾼    일꾼    장꾼    장난꾼
지게꾼    때깔    빛깔    성깔    귀때기
볼때기    판자때기    뒤꿈치    팔꿈치    이마빼기
코빼기    객쩍다    겸연쩍다❻

 **접미사의 표기**

**1. 한 가지 형태로만 쓰이는 경우**
- -군/-꾼 → 꾼(O) 예 결꾼, 낚시꾼, 농사꾼, 말썽꾼, 방해꾼, 사기꾼, 살림꾼, 잔소리꾼, 소리꾼, 이야기꾼, 힘꾼
- -갈/-깔 → 깔(O) 예 맛깔, 태깔(態-)❼
- -대기/-때기 → 때기(O) 예 거적때기, 나무때기, 등때기, 널판때기, 배때기, 송판때기
- -굼치/-꿈치 → 꿈치(O) 예 발꿈치, 발뒤꿈치

**2. 의미에 따라 형태가 다른 경우**
- -배기/-빼기

| -배기 | - [배기]로 발음되는 경우<br>예 귀퉁배기, 나이배기, 대짜배기, 육자배기(六字--), 주정배기(酒酊--), 진짜배기, 포배기<br>- 한 형태소 내부에서, 'ㄱ, ㅂ' 받침 뒤에서 [빼기]로 발음되는 경우<br>예 뚝배기, 학배기[蜻幼蟲], 언덕배기(언덕바지) |
| -빼기 | 다른 형태소 뒤에서 [빼기]로 발음되는 경우 예 고들빼기, 그루빼기, 대갈빼기 |

- -적다/-쩍다

| -적다 | - [적다]로 발음되는 경우<br>예 괘다리적다❽, 괘달머리적다❾, 딴기적다❿, 열퉁적다⓫<br>- '적다[少]'의 의미가 유지되고 있는 합성어의 경우<br>예 맛적다(재미가 없어 싱겁다.) |
| -쩍다 | '적다[少]'의 의미 없이 [쩍다]로 발음되는 경우<br>예 맥쩍다, 멋쩍다, 해망쩍다, 객쩍다, 의심쩍다, 행망쩍다 |

❶ **속음(俗音):** 한자의 음을 읽을 때, 본음과 달리 일부 단어에서 굳어져 쓰이는 음
예 六月: 유월(육월×)

❷ **의논:** 의견을 주고받음.
cf **의론:** 의견을 제기함. 또는 그런 의견

❸ **시왕(十王) = 십왕(十王)**
규정에서는 일반적인 발음에 따라 '시왕'만 인정했지만, 불교 영역에서는 실제로 '십왕'이라고 쓰기 때문에 국립국어원《표준국어대사전》에서는 '십왕'과 '시왕'을 모두 표준어로 인정하였다.

★ **단어에 따라 본음과 속음으로 달리 소리 나는 한자**

| 본음 | 속음 |
| --- | --- |
| 제공(提供)<br>제기(提起) | 보리(菩提)<br>보리수(菩提樹) |
| 도장(道場)<br>(무예를 닦는 곳) | 도량(道場)<br>(도를 얻으려고 수행하는 곳) |
| 공포(公布) | 보시(布施)<br>보싯돈(布施-) |
| 자택(自宅) | 본댁(本宅)<br>시댁(媤宅)<br>댁내(宅內) |
| 단심(丹心)<br>단풍(丹楓) | 모란(牧丹) |
| 동굴(洞窟)<br>동네(洞-) | 통찰(洞察)<br>통촉(洞燭) |
| 당분(糖分)<br>혈당(血糖) | 사탕(砂糖)<br>설탕(雪糖)<br>탕수육(糖水肉) |

❹ '-(으)ㄹ걸, -(으)ㄹ게'는 종결 어미로 반드시 붙여 써야 한다.

❺ **의문을 나타내는 된소리 어미**

| -ㄹ까 | 오늘 어디 갈까? |
| -ㄹ깝쇼 | 점심상 보아 올릴깝쇼? |
| -ㄹ꼬 | 집도 없이 나는 어디로 갈꼬? |
| -ㄹ쏘냐 | 내가 너에게 질쏘냐? |
| -ㄹ쏜가 | 내 마음 아실 이 누구일쏜가? |

❻ 겸연쩍다 = 계면쩍다(O)

★ 농군(農軍) = 농민 = 농병

★ **-배기 vs -박이[접사]**

| -배기 | -박이(← 박다) |
| --- | --- |
| 두 살배기 | 점박이 |
| 다섯 살배기 | 금니박이 |
| 나이배기 | 네눈박이 |
| 알배기 | 차돌박이 |
| 공짜배기 | 장승박이 |
| 대짜배기 | 붙박이 |
| 진짜배기 | |

cf **-빼기:** 그런 특성이 있는 사람이나 물건
예 곱빼기, 밥빼기, 악착빼기, 억척빼기

❼ **태깔(態-):** 모양과 빛깔

❽ **괘다리적다:** 사람됨이 멋없고 거칠다.

❾ **괘달머리적다:** '괘다리적다'의 속된 말

❿ **딴기적다:** 기력이 약하여 앞질러 나서는 기운이 없다.

⓫ **열퉁적다:** 말이나 행동이 조심성이 없고 거칠며 미련스럽다.

## TIP

**맞추다**

'제자리에 맞게 붙이다, 주문하다, 똑바르게 하다, 비교하다'의 의미

예 퍼즐을 <u>맞추다</u>./구두를 <u>맞추다</u>./
줄을 <u>맞추다</u>./기분을 <u>맞추다</u>./
시간을 <u>맞추다</u>./(친구와) 답을 <u>맞추다</u>

## TIP

**뻗치다**

'어떤 방향으로 길게 이어져 가다, 어떤 것에 미치게 길게 내밀다.'의 의미

예 · 태백산맥은 남북으로 길게 <u>뻗쳐</u> 있다.
· 아이는 팔을 <u>뻗쳐</u> 엄마를 잡으려 했다.

❶ '지난봄, 지난여름, 지난가을, 지난겨울'은 모두 합성어로 붙여 쓴다.

❷ **-데**: 어미. 직접 경험의 의미
예 그이가 말을 잘하데.
→ '더라'의 의미
cf **-대**: 어미
1. 놀라거나 못마땅함.
2. 간접 경험의 의미('-다고 해'의 준말)
예 · 왜 이렇게 일이 많데?
· 사람이 아주 똑똑하대.

❸ **갈음**: '일한 뒤나 외출할 때 갈아입는 옷(= 갈음옷)'을 뜻하기도 한다.

❹ · 그러므로+써 → 그러므로써(×)
· 그럼으로+써 → 그럼으로써(○)

### 📖 기출 확인

밑줄 친 단어의 쓰임이 올바르지 않은 것은?
2023 지방직 9급

① 이 일은 정말 힘에 <u>부치는</u> 일이다.
② 그와 나는 전부터 <u>알음</u>이 있던 사이였다.
③ 대문 앞에 서 있는데 대문이 저절로 <u>닫혔다</u>.
④ 경기장에는 <u>겉잡아서</u> 천 명이 넘게 온 듯하다.

**해설**

걷잡아서→겉잡아서: 문맥상 '짐작으로 헤아려' 천 명이 넘게 온 듯하다는 의미이다. 그런데 '걷잡다'는 '한 방향으로 치우쳐 흘러가는 형세 따위를 붙들어 잡다.', '마음을 진정하거나 억제하다.'라는 의미이다. 따라서 '겉으로 보고 대강 짐작하여 헤아리다.'라는 의미를 가진 '겉잡다'를 써야 한다.

**오답**

① '모자라거나 미치지 못하다.'라는 의미이므로 '부치다'의 쓰임은 올바르다.
② '사람끼리 서로 아는 일.'이라는 의미이므로 '알음'의 쓰임은 올바르다.
③ '닫다'의 피동사 '닫히다'의 쓰임은 올바르다.

정답 ④

---

**제55항** 두 가지로 구별하여 적던 다음 말들은 한 가지로 적는다.

| 바른 표기(○) | 틀린 표기(×) |
|---|---|
| **맞추다**➕(입을 맞춘다./양복을 맞춘다.) | 마추다 |
| **뻗치다**➕(다리를 뻗친다./멀리 뻗친다.) | 뻐치다 |

**제56항** '-더라, -던'과 '-든지'는 다음과 같이 적는다.

1. 지난 일을 나타내는 어미는 '-더라, -던'으로 적는다.

| 바른 표기(○) | 틀린 표기(×) |
|---|---|
| 지난겨울❶은 몹시 춥더라. | 지난겨울은 몹시 춥드라. |
| 깊던 물이 얕아졌다. | 깊든 물이 얕아졌다. |
| 그렇게 좋던가? | 그렇게 좋든가? |
| 그 사람 말 잘하던데!❷ | 그 사람 말 잘하든데! |
| 얼마나 놀랐던지 몰라. | 얼마나 놀랐든지 몰라. |

2. 물건이나 일의 내용을 가리지 아니하는 뜻을 나타내는 조사와 어미는 '(-)든지'로 적는다.

| 바른 표기(○) | 틀린 표기(×) |
|---|---|
| 배든지 사과든지 마음대로 먹어라. | 배던지 사과던지 마음대로 먹어라. |
| 가든지 오든지 마음대로 해라. | 가던지 오던지 마음대로 해라. |

**제57항** 다음 말들은 각각 구별하여 적는다.

| | | | |
|---|---|---|---|
| 01 | 가름 | 둘로 <u>가름</u> | 가르다 + ㅁ → 가름, 나눔 |
| | 갈음❸ | 새 책상으로 <u>갈음</u>하였다. | 갈다 + 음 → 갈음, 교체/대체 |
| | 가늠 | 건물의 높이가 <u>가늠</u>이 안 된다. | 사물을 어림잡아 헤아림. |
| 02 | 거름 | 풀을 썩힌 <u>거름</u> | (땅이) 걸다 + 음<br>→ 본뜻에서 멀어져 '비료'를 뜻하는 '거름' |
| | 걸음 | 빠른 <u>걸음</u> | 걷다 + 음 → 걸음 |
| 03 | 거치다 | 영월을 <u>거쳐</u> 왔다./칡덩굴이 발에 <u>거치다</u>. | 들르다, 막히다 |
| | 걷히다 | 외상값이 잘 <u>걷힌다</u>. | '걷다'의 피동사 |
| 04 | 걷잡다 | <u>걷잡을</u> 수 없는 상태 | 1. 한 방향으로 치우쳐 흘러가는 형세 따위를 붙들어 잡다.<br>2. 마음을 진정하다. |
| | 겉잡다 | <u>겉잡아서</u> 이틀 걸릴 일 | 겉으로 보고 대강 짐작하여 헤아리다. |
| 05 | 그러므로(그러니까) | 그는 부지런하다. <u>그러므로</u> 잘 산다. | 그러하기 때문에(이유, 원인, 근거) |
| | 그럼으로(써)❹ | 그는 열심히 공부한다. <u>그럼으로(써)</u> 은혜에 보답한다. | 그렇게 하는 것으로(써)(수단과 방법) |
| 06 | 노름 | <u>노름</u>판이 벌어졌다. | 놀 + 음<br>→ 본뜻에서 멀어져 소리 나는 대로 표기, 도박 |
| | 놀음(놀이) | 즐거운 <u>놀음</u> | 놀 + 음 → 놀음[playing] |

| 07 | 느리다 | 진도가 너무 느리다. | slow |
| | 늘이다 | 고무줄을 늘인다./바짓단을 늘이다. | 길게 하다. |
| | 늘리다 | 수출량을 더 늘린다. | '늘다(수나 분량, 시간 따위가 본디보다 많아지다.)'의 사동사 |
| 08 | 다리다 | 옷을 다린다. | 옷이나 천의 주름살을 다리미로 펴다. |
| | 달이다 | 약을 달인다./간장을 달이다. | 끓여서 진하게 하다. |
| 09 | 다치다 | 부주의로 손을 다쳤다. | |
| | 닫히다 | 문이 저절로 닫혔다. | '닫다'의 피동사 |
| | 닫치다 | 문을 힘껏 닫쳤다. | '닫다'의 강세 |
| 10 | 마치다 | 벌써 일을 마쳤다. | finis |
| | 맞히다❶ | 여러 문제를 더 맞혔다. | '맞다'의 사동사, 알아맞히다, 적중하다 |
| 11 | 목거리 | 목거리가 덧났다. | 목이 붓고 아픈 병 |
| | 목걸이 | 금목걸이, 은목걸이 | 액세서리 |
| 12 | 바치다 | 나라를 위해 목숨을 바쳤다. | give |
| | 받치다 | 우산을 받치고 간다./책받침을 받친다. | 1. 밑에 물체를 대다.<br>2. 우산 등을 펴 들다. |
| | 받히다 | 쇠뿔에 받혔다.(피동)<br>시장 상인에게 고기 백 근을 받히다.(사동) | '받다'의 피동사·사동사 |
| | 밭치다 | 술을 체에 밭친다. | '밭다(액체와 건더기를 거르다.)'의 강세 |
| 13 | 반드시 | 약속은 반드시 지켜라. | surely |
| | 반듯이 | 고개를 반듯이 들어라. | upright |
| 14 | 부딪치다 | 차와 차가 마주 부딪쳤다. | '부딪다'의 강세 |
| | 부딪히다 | 마차가 화물차에 부딪혔다. | '부딪다'의 피동사. 예상 못한 상황에 직면하다. |
| 15 | 부치다 | 힘이 부치는 일이다./편지를 부친다.<br>논밭을 부친다./빈대떡을 부친다.<br>식목일에 부치는 글/회의에 부치는 안건<br>인쇄에 부치는 원고/삼촌 집에 숙식을 부친다. | |
| | 붙이다❷ | 우표를 붙인다./책상을 벽에 붙였다.<br>흥정을 붙인다./불을 붙인다.<br>감시원을 붙인다./조건을 붙인다.<br>취미를 붙인다./별명을 붙인다. | |
| 16 | 시키다 | 일을 시킨다. | |
| | 식히다 | 끓인 물을 식힌다. | |
| 17 | 아름 | 세 아름 되는 레 | 두 팔을 둥글게 모아서 만든 둘레나 두 팔을 둥글게 모아 만든 둘레 안에 들 만한 분량을 세는 단위 |
| | 알음 | 전부터 알음이 있는 사이 | 1. 서로 아는 관계<br>2. 지식이나 지혜가 있음.<br>3. 신의 보호나 신이 보호하여 준 보람 |
| | 앎 | 앎이 힘이다. | 아는 일 |
| 18 | 안치다 | 밥을 안친다. | 밥, 떡, 찌개 따위를 만들기 위하여 그 재료를 솥이나 냄비 따위에 넣고 불 위에 올리다. |
| | 앉히다 | 윗자리에 앉힌다. | '앉다'의 사동사 |
| 19 | 어름 | 두 물건의 어름에서 일어난 현상 | 두 사물의 끝이 맞닿은 자리 |
| | 얼음 | 얼음이 얼었다. | ice |
| 20 | 이따가 | 이따가 오너라. | |
| | 있다가 | 돈은 있다가도 없다. | |
| 21 | 저리다 | 다친 다리가 저린다. | |
| | 절이다 | 김장 배추를 절인다. | |

❶ cf 맞추다: 의미상 '짝'이 있어야 함.
예 · 친구와 답을 맞추다.
  · 주파수를 지역 방송에 맞추다.

❷ cf · 밀어붙이다(밀어부치다×)
여유를 주지 아니하고 계속 몰아 붙이다.
예 상승세를 탄 우리 팀은 끝까지 상대 팀을 밀어붙였다.
· 걷어붙이다(걷어부치다×)
소매나 바짓가랑이 따위를 말아 올리다.
· 몰아붙이다(몰아부치다×)
한쪽 방향이나 상황으로 몰려가게 하다.

### 📝 기출 확인

밑줄 친 동사의 쓰임이 옳지 않은 것은?
2023 국회직 8급

① 씻어 놓은 상추를 채반에 받쳤다.
② 마을 이장이 소에게 받쳐서 꼼짝을 못 한다.
③ 그녀는 세운 무릎 위에 턱을 받치고 앉아 있었다.
④ 양복 속에 두꺼운 내복을 받쳐서 입으면 옷맵시가 나지 않는다.
⑤ 고추가 워낙 값이 없어서 백 근을 시장 상인에게 받혀도 변변한 옷 한 벌 사기가 힘들다.

해설

받쳐서 → 받혀서: 이장이 소에게 '세차게 부딪혔다'라는 의미이다. 따라서 '받다'의 피동사 '받히다'를 써야 한다.

오답

① '구멍이 뚫린 물건 위에 국수나 야채 따위를 올려 물기를 빼다.'라는 의미로, '밭치다'의 쓰임은 옳다.
③ '물건의 밑이나 옆 따위에 다른 물체를 대다.'라는 의미로, '받치다'의 쓰임은 옳다.
④ '옷의 색깔이나 모양이 조화를 이루도록 함께 하다.'라는 의미로, '받치다'의 쓰임은 옳다.
⑤ '한꺼번에 많은 양의 물품을 사게 하다.'라는 의미로, '받다'의 사동사 '받히다'의 쓰임은 옳다.

정답 ②

**❶ 졸이다**
1. 속을 태우다시피 초조해하다.
 예 가슴을 졸이다.
2. '졸다'의 사동사
 예 찌개를 졸이다.

**❷ -느니보다**
 예 마지못해 하느니보다 안 하는 게 낫다.

**❸ -는 이보다**
 예 아는 이보다 모르는 이가 더 많다.

**❹ -(으)리만큼:** '-(으)ㄹ이만큼'으로 적던 것을 '-(으)리만큼'으로 바꾸었다. 사람을 뜻하는 경우에만 의존 명사 '이'를 밝히어 적도록 한다.
 예 싫증이 나리만큼 잔소리를 들었다.

**❺ -(으)ㄹ 이만큼**
 예 반대할 이는 찬성할 이만큼 많지 않을 것이다.

| 22 | 조리다 | 생선을 조린다./통조림, 병조림 | |
| | 졸이다❶ | 마음을 졸인다. | |
| 23 | 주리다 | 여러 날을 주렸다. | 1. 배를 굶다. 2. 아쉬워하다. |
| | 줄이다 | 비용을 줄인다. | 1. '줄다'의 사동사<br>2. 말이나 글의 끝에서 마친다는 의미 |
| 24 | 하노라고(의도) | 하노라고 한 것이 이 모양이다. | |
| | 하느라고(원인) | 공부하느라고 밤을 새웠다. | |
| 25 | -느니보다(어미)❷ | 나를 찾아오느니보다 집에 있거라. | |
| | -는 이보다<br>(의존 명사)❸ | 오는 이가 가는 이보다 많다. | |
| 26 | -(으)리만큼(어미)❹ | 나를 미워하리만큼 그에게 잘못한 일이 없다. | |
| | -(으)ㄹ 이만큼<br>(의존 명사)❺ | 찬성할 이도 반대할 이만큼이나 많을 것이다. | |
| 27 | -(으)러(목적) | 공부하러 간다. | |
| | -(으)려(의도) | 서울 가려 한다. | |
| 28 | -(으)로서(자격) | 사람으로서 그럴 수는 없다. | 자격, 지위, 신분, 출발점 |
| | -(으)로써(수단) | 닭으로써 꿩을 대신했다. | 재료, 수단, 방법, 셈의 한계 |
| 29 | -(으)므로(어미) | 그가 나를 믿으므로 나도 그를 믿는다. | 까닭이나 근거를 나타내는 연결 어미 |
| | (-ㅁ, -음)으로(써)<br>(조사) | 그는 믿음으로(써) 산 보람을 느꼈다. | 1. 어떤 물건의 재료나 원료<br>2. 어떤 일의 수단과 도구<br>3. 어떤 일의 방법이나 방식<br>4. 셈의 한계를 나타내는 격 조사 |

---

**📋 기출 확인**

**밑줄 친 조사의 쓰임이 옳은 것은?**                                      2021 지방직 9급

① 언니는 아버지의 딸<u>로써</u> 부족함이 없다.
② 대화<u>로서</u> 서로의 갈등을 풀 수 있을까?
③ 드디어 오늘<u>로써</u> 그 일을 끝내고야 말았다.
④ 시험을 치는 것이 이<u>로서</u> 세 번째가 됩니다.

**해설** 조사 '(으)로서'와 '(으)로써' 각각의 의미는 다음과 같다.

| (으)<br>로서 | 1. 지위나 신분 또는 자격을 나타내는 격 조사<br>2. (예스러운 표현으로) 어떤 동작이 일어나거나 시작되는 곳을 나타내는 격 조사 |
|---|---|
| (으)<br>로써 | 1. 어떤 물건의 재료나 원료를 나타내는 격 조사<br>2. 어떤 일의 수단이나 도구를 나타내는 격 조사<br>3. 시간을 셈할 때 셈에 넣는 한계를 나타내거나 어떤 일의 기준이 되는 시간임을 나타내는 격 조사 |

**오답** ① 딸로써 → 딸로서: 딸의 '자격'으로 부족함이 없다는 의미이다. 따라서 '로서'를 써야 한다.
② 대화로서 → 대화로써: 대화를 '수단, 도구'로 하여 갈등을 풀 수 있을 것인가라는 의미이다. 따라서 '로써'를 써야 한다.
④ 이로서 → 이로써: 시험을 친 게 세 번째라는 의미이다. 따라서 '로써'를 써야 한다.

**정답** ③

▶ 문장 부호 정리

|  |  |  |  |
|---|---|---|---|
| **.** 마침표 (온점) | • 서술, 명령, 청유<br>• 아라비아 숫자로 연월일 표기 예 1919. 3. 1.<br>• 특정한 의미가 있는 날일 경우 월과 일(아라비아 숫자) 사이에 사용 (가운뎃점 허용) 예 3.1 운동<br>• 장, 절, 항 등 문자나 숫자 다음에 사용 예 가./1.<br>* 제목, 표어에는 쓰지 않음. 예 꺼진 불도 다시 보자 | **" "** 큰따옴표 | • 글 가운데 직접 대화<br>• 말이나 글을 직접 인용<br>예 나는 "유경이 아니냐?" 하는 소리에 깜짝 놀랐다. |
| | | **' '** 작은따옴표 | • 인용한 말 안에 있는 인용한 말<br>예 "여러분! '시작이 반이다.'라는 말 들어 보셨죠?"<br>• 마음속으로 한 말 |
| **?** 물음표 | • 의문문이나 의문을 나타내는 어구<br>• 의심, 빈정거림 등을 표시할 때, 또는 적절한 말을 쓰기 어려울 때<br>예 거참 훌륭한(?) 성적이군.<br>• 모르거나 불확실한 내용일 때 예 최치원(857~?)<br>* 의문의 정도가 약하면 온점 가능<br>* 제목, 표어에는 쓰지 않음. 예 역사란 무엇인가 | **( )** 소괄호 | • 주석이나 보충적인 내용<br>예 니체(독일의 철학자)의 말<br>• 우리말 표기와 원어 표기를 아울러 보일 때<br>예 기호(嗜好)/커피(coffee)<br>• 생략할 수 있는 요소일 때 예 광개토(대)왕<br>• 대화를 적은 글의 동작이나 분위기, 상태<br>예 현우: (가쁜 숨을 내쉬며) 왜 이렇게 빨리 뛰어?<br>• 내용이 들어갈 자리임을 나타낼 때 사용<br>예 우리나라의 수도는 (　　)이다. |
| **!** 느낌표 | • 감탄문이나 감탄사<br>• 특별히 강한 느낌의 어구, 평서문, 명령문, 청유문<br>예 청춘! 가슴이 설레는 말이다./지금 즉시 대답해!<br>• 물음의 말로 놀람이나 항의 예 이게 누구야!<br>• 감정을 넣어 대답하거나 다른 사람을 부를 때 사용<br>예 네!/네, 선생님!/흥부야!/언니! | **{ }** 중괄호 | • 같은 범주의 요소들을 세로로 묶을 때<br>예 국가의 성립 요소 {영토/국민/주권}<br>• 열거된 항목 중 하나가 자유롭게 선택될 수 있을 때<br>예 아이들이 모두 학교{에, 로, 까지} 갔어요 |
| **,** 쉼표 (반점) | • 같은 자격의 어구를 열거<br>• 짝을 지어 구별 예 닭과 지네, 개와 고양이는 상극<br>• 이웃하는 수를 개략적으로 나타낼 때 예 5, 6세기<br>• 부르거나 대답하는 말 뒤<br>예 예은아, 이것 좀 해./응응, 지금 해 줄게.<br>• 문장 앞의 조사 없이 쓰인 제시어나 주제어의 뒤<br>예 돈, 돈이 인생의 전부이더냐?<br>• 한 문장 안에서 앞말을 '곧', '다시 말해' 등과 같은 어구로 다시 설명할 때 앞말 다음에 사용<br>• 바로 다음 말과 직접적인 관계에 있지 않음을 나타낼 때 사용<br>예 지민이는, 울면서 떠나는 정수를 배웅했다.<br>• 문장 중간에 끼어든 어구의 앞뒤에 사용<br>예 난, 솔직히 말하면, 별로야. * 줄표로 대체 가능<br>• 짧게 더듬는 말 예 부, 부정행위라니요? | **[ ]** 대괄호 | • 괄호 바깥의 괄호 예 [윤석중 전집(1988), 70쪽]<br>• 고유어에 대응하는 한자어(한자, 한글)를 함께 보일 때<br>예 손발[手足], 나이[연세]<br>* 고유어나 한자어에 대응하는 외래어나 외국어 표기도 동일<br>예 낱말[word], 자유 무역 협정[FTA]<br>• 원문에 대한 이해를 돕기 위한 설명이나 논평 |
| | | **『 』** 겹낫표 **《 》** 겹화살괄호 | • 책의 제목이나 신문 이름 등을 나타낼 때 사용<br>예 《한성순보》는 우리나라 최초의 근대 신문이다.<br>* 큰따옴표로 대체 가능 |
| | | **「 」** 홑낫표 **〈 〉** 홑화살괄호 | • 소제목, 그림이나 노래와 같은 예술 작품의 제목, 상호, 법률, 규정<br>예 〈한강〉은 사진집 《아름다운 땅》에 실린 작품이다.<br>* 작은따옴표로 대체 가능 |
| **·** 가운뎃점 | • 열거할 어구들을 묶어서 나타낼 때<br>예 민수·영희, 선미·준호가 서로 짝이 되었다.<br>• 짝을 이루는 어구들 사이 예 한(韓)·이(伊) 양국 간<br>• 공통 성분을 줄여서 하나의 어구로 묶을 때 사용<br>예 상·중·하위권 * 쉼표로 대체 가능 | **—** 줄표 | • 부제의 앞뒤 (뒤의 줄표는 생략 가능)<br>예 역사 바로잡기 — 근대의 설정 — |
| | | **~** 물결표 | • 기간이나 거리 또는 범위<br>예 9월 15일~9월 25일, 서울~천안<br>* 붙임표로 대체 가능 |
| **:** 쌍점 | • 표제 다음에 해당 항목을 들거나 설명을 붙일 때<br>• 말하는 이와 말한 내용 사이 예 김 과장: 알겠네.<br>• 시와 분, 장과 절 등을 구별 예 오전 10 : 20<br>• 의존 명사 '대' 자리 예 65 : 60(65 대 60)/청군 : 백군 | **．** 드러냄표, **＿** 밑줄 | • 주의가 미쳐야 할 곳이나 중요한 부분<br>예 중요한 것은 왜 사느냐가 아니라 어떻게 사느냐이다.<br>* 작은따옴표로 대체 가능 |
| **/** 빗금 | • 대비되는 어구들을 묶을 때 예 먹이다/먹히다<br>• 수량과 기준 단위 사이 예 1,000원/개<br>• 시의 행이 바뀌는 부분 예 산에/산에/피는 꽃은<br>* 연이 바뀌는 부분에는 두 번 겹쳐 씀(//) | **○, ×** 숨김표 | • 금기어나 공공연히 쓰기 어려운 비속어<br>예 ×××란 말이 목구멍까지 치밀었다.<br>• 비밀을 유지해야 하거나 밝힐 수 없는 사항<br>예 합격자는 김○영, 이○준, 박○순 등 모두 3명 |
| **……** 줄임표 | • 할 말을 줄였을 때, 말이 없음을 나타낼 때<br>• 문장이나 글의 일부를 생략, 머뭇거림을 보일 때<br>* 점의 개수는 세 개, 여섯 개 가능. 가운데 대신 아래쪽에 찍는 것도 허용(마침표는 생략 불가) | **□** 빠짐표 | • 옛 비문이나 문헌 등에서 글자가 분명하지 않을 때<br>예 大師爲法主□□賴之大□薦<br>• 글자가 들어가야 할 자리를 나타낼 때<br>예 훈민정음의 초성 중 아음(牙音)은 □□□의 석 자다. |

1. 세로쓰기 부호를 제외했다.

| 종전 규정 | | 새 규정 |
|---|---|---|
| 가로쓰기 부호 | 세로쓰기 부호 | 가로쓰기 부호 |
| 온점( . ) | 고리점(。) | 마침표( . ) |
| 반점( , ) | 모점(、) | 쉼표( , ) |
| 큰따옴표(" ") | 겹낫표(『 』) | 큰따옴표(" "), 겹낫표(『 』) |
| 작은따옴표(' ') | 홑낫표(「 」) | 작은따옴표(' '), 홑낫표(「 」) |

2. 허용 폭을 넓혔다.

| 종전 규정 | 새 규정 |
|---|---|
| 12월 10일~12월 30일(○)<br>12월 10일-12월 30일(×) | 12월 10일~12월 30일(원칙)<br>12월 10일-12월 30일(허용) |
| 3·1 운동(○)<br>3.1 운동(×) | 3·1 운동(원칙)<br>3.1 운동(허용) |
| 나폴레옹은 "내 사전에 불가능은 없다."라고 말했다.(○)<br>나폴레옹은 "내 사전에 불가능은 없다"라고 말했다.(×) | 나폴레옹은 "내 사전에 불가능은 없다."라고 말했다.(원칙)<br>나폴레옹은 "내 사전에 불가능은 없다"라고 말했다.(허용) |

3. 컴퓨터 자판에서 바로 입력하기 불편한 부호를 입력이 간편한 부호로 대체해 쓸 수 있게 했다.

| 원칙(○) | 허용(○) |
|---|---|
| 네 말도 옳긴 하지만……. | 네 말도 옳긴 하지만…….<br>네 말도 옳긴 하지만….<br>네 말도 옳긴 하지만.... |
| 금·은·동메달 | 금, 은, 동메달 |
| 베르디가 작곡한 「축배의 노래」<br>베르디가 작곡한 〈축배의 노래〉 | 베르디가 작곡한 '축배의 노래' |
| 1896년에 창간된 『독립신문』<br>1896년에 창간된 《독립신문》 | 1896년에 창간된 "독립신문" |

4. 부호의 이름이 바뀌었다.

| 부호 | 종전 규정 | 새 규정 |
|---|---|---|
| . | 온점 | 마침표(원칙)/온점(허용) |
| , | 반점 | 쉼표(원칙)/반점(허용) |
| 〈 〉 | | 홑화살괄호 |
| 《 》 | | 겹화살괄호 |

5. 문장 부호의 띄어쓰기를 분명하게 제시했다.

| 부호 | 용법 | 띄어쓰기 |
|---|---|---|
| 쌍점 | 때: 2014년 12월 5일 | 앞말에는 붙이고 뒷말과는 띄어 쓴다. |
| | 2:0으로 이기다. | 앞뒤를 붙여 쓴다. |
| 빗금 | 남반구/북반구 | 앞뒤를 붙여 쓰는 것이 원칙이다. |
| | 산에/산에/피는 꽃은 | 앞뒤를 띄어 쓰는 것이 원칙이다. |
| 줄표 | 이번 토론회의 제목은 '역사 바로잡기 ─ 근대의 설정 ─'이다. | 앞뒤를 띄어 쓰는 것이 원칙이다. |
| 물결표 | 9월 15일~9월 25일 | 앞뒤를 붙여 쓴다. |
| 줄임표 | 어디 나하고 한번……. | 앞말에 붙여 쓴다. |
| | 글의 일부를 통째로 생략할 때 | 앞뒤를 띄어 쓴다. |

❖ 주요 변경 사항 정리

| 주요<br>변경 사항 | 종전 규정 | 설명 |
|---|---|---|
| 가로쓰기로<br>통합(24종) | 세로쓰기 부호<br>별도 규정<br>(가로쓰기 20종,<br>세로쓰기 4종) | 세로쓰기 부호인 '고리점(。)'과 '모점(、)'은 개정안에서 제외. '낫표(「 」,『 』)'는 가로쓰기 부호로 용법을 수정하여 유지하고 '화살괄호(〈 〉,《 》)'를 추가 |
| 문장 부호<br>명칭 정리 | '. '는 '온점'<br>', '는 '반점' | 부호 '. '와 ', '를 각각 '마침표'와 '쉼표'라 하고 기존의 '온점'과 '반점'이라는 용어도 쓸 수 있도록 함. |
| | '〈 〉,《 》' 명칭 및 용법 불분명 | 부호 '〈 〉,《 》'를 각각 '홑화살괄호, 겹화살괄호'로 명명하고 각각의 용법 규정 |
| 부호 선택의<br>폭 확대 | 줄임표는<br>'……'만 | 컴퓨터 입력을 고려하여 아래에 여섯 점(......)을 찍거나 세 점(…, ...)만 찍는 것도 가능하도록 함. |
| | 가운뎃점, 낫표,<br>화살괄호 사용<br>불편 | 가운뎃점 대신 마침표( . )나 쉼표( , )도 쓸 수 있는 경우 확대. 낫표(「 」,『 』)나 화살괄호(〈 〉,《 》) 대신 따옴표(' ', " ")도 쓸 수 있도록 함. |
| 항목 수 증가<br>(66개 → 94개) | 항목 수 66개 | 소괄호 관련 항목은 3개에서 6개로, 줄임표 관련 항목은 2개에서 7개로 늘어나는 등 전체적으로 28개 증가 |

## 1절 로마자 표기법

### 1 표기의 기본 원칙

| 제1항 | 국어의 로마자 표기는 국어의 표준 발음법에 따라 적는 것을 원칙으로 한다.➕ |
|---|---|

* 〈표준 발음법〉에서는 원칙 발음과 허용 발음을 제시한 경우가 있는데, 로마자로 적을 때에는 '원칙 발음'으로만 표기한다.

| 제2항 | 로마자 이외의 부호는 되도록 사용하지 않는다. |
|---|---|

### 2 표기 일람

| 제1항 | 모음은 다음 각호와 같이 적는다. |
|---|---|

**1. 단모음**

| ㅏ | ㅓ | ㅗ | ㅜ | ㅡ | ㅣ | ㅐ | ㅔ | ㅚ | ㅟ |
|---|---|---|---|---|---|---|---|---|---|
| a | eo | o | u | eu | i | ae | e | oe | wi |

**2. 이중 모음**

| ㅑ | ㅕ | ㅛ | ㅠ | ㅒ | ㅖ | ㅘ | ㅙ | ㅝ | ㅞ | ㅢ |
|---|---|---|---|---|---|---|---|---|---|---|
| ya | yeo | yo | yu | yae | ye | wa | wae | wo | we | ui |

[붙임 1] 'ㅢ'는 'ㅣ'로 소리 나더라도 'ui'로 적는다. [붙임 2] 장모음의 표기는 따로 하지 않는다.

광희문： Gwanghuimun

| 제2항 | 자음은 다음 각호와 같이 적는다. |
|---|---|

**1. 파열음**

| ㄱ | ㄲ | ㅋ | ㄷ | ㄸ | ㅌ | ㅂ | ㅃ | ㅍ |
|---|---|---|---|---|---|---|---|---|
| g, k | kk | k | d, t | tt | t | b, p | pp | p |

**2. 파찰음**

| ㅈ | ㅉ | ㅊ |
|---|---|---|
| j | jj | ch |

**3. 마찰음**

| ㅅ | ㅆ | ㅎ |
|---|---|---|
| s | ss | h |

**4. 비음**

| ㄴ | ㅁ | ㅇ |
|---|---|---|
| n | m | ng |

**5. 유음**

| ㄹ |
|---|
| r, l |

➕ **TIP**

**국어의 로마자 표기 방식**

→ 발음을 반영한 '전음법'
- 전(음)법: 발음 반영
  - 예 종로[종노] Jongno
- 전(자)법: 표기 반영
  - 예 종로[종노] Jongro

🌟 **전자법**

글자나 부호로 말을 철자대로 적는 방법이다. 로마자 표기는 〈표준 발음법〉에 따라 적는 전음법이 원칙이다.

🌟 **전사법(轉寫法)**

글자나 부호를 이용하여 역시 말소리를 적는 방법. 따라서 〈로마자 표기법〉은 '전사법'에도 속한다.

🌟 **모음표**

| 구분 | ㅏ | ㅓ | ㅐ | ㅔ | ㅗ | ㅜ | ㅣ |
|---|---|---|---|---|---|---|---|
| | a | eo | ae | e | o | u | i |
| 'ㅣ'(y)계열 | ㅑ | ㅕ | ㅒ | ㅖ | ㅛ | ㅠ | ㅡ |
| | ya | yeo | yae | ye | yo | yu | eu |
| 'ㅗ'(w)계열 | ㅘ | ㅝ | ㅙ | ㅞ | ㅚ | ㅟ | ㅢ |
| | wa | wo | wae | we | oe | wi | ui |

▨ : 단모음    ☐ : 이중 모음

[붙임 1] 'ㄱ, ㄷ, ㅂ'은 모음 앞에서는 'g, d, b'로, 자음 앞이나 어말에서는 'k, t, p'로 적는다. ([ ] 안의 발음에 따라 표기함.)

| | | |
|---|---|---|
| 구미 Gumi | 영동 Yeongdong | 백암 Baegam |
| 옥천 Okcheon | 합덕 Hapdeok | 호법 Hobeop |
| 월곶[월곧] Wolgot | 벚꽃[벋꼳] beotkkot | 한밭[한받] Hanbat |

### 예원通  관용적 표기를 인정하는 사례

1. 로마자 표기를 할 때, 'ㄱ, ㄷ, ㅂ'이 어두에 올 때는 무조건 'g, d, b'로 표기할 수밖에 없다. 국어는 중성에 반드시 모음이 있어야 음절이 성립하기 때문이다.
2. 다만, '김치'와 같이 이미 국제적으로 'k, t, p'가 통용되는 경우 'k, t, p'로 쓰기도 한다.
   예 김치(kimchi/gimchi), 태권도(taegwondo/taekwondo)

[붙임 2] 'ㄹ'은 모음 앞에서는 'r'로, 자음 앞이나 어말에서는 'l'로 적는다. 단, 'ㄹㄹ'은 'll'로 적는다.

| | | |
|---|---|---|
| 구리 Guri | 설악 Seorak | 칠곡 Chilgok |
| 임실 Imsil | 울릉 Ulleung | 대관령[대:괄령]🟦 Daegwallyeong |

## 3 표기상의 유의점

| 제1항 | 음운 변화가 일어날 때에는 변화의 결과에 따라 다음 각호와 같이 적는다. |
|---|---|

1. 자음 사이에서 동화 작용이 일어나는 경우🟦

| | |
|---|---|
| 백마[뱅마] Baengma | 신문로[신문노] Sinmunno |
| 종로[종노] Jongno | 왕십리[왕심니] Wangsimni |
| 별내[별래] Byeollae | 신라[실라] Silla |

2. 'ㄴ, ㄹ'이 덧나는 경우

| | |
|---|---|
| 학여울[항녀울] Hangnyeoul | 알약[알략] allyak |

3. 구개음화가 되는 경우🟦

| | | |
|---|---|---|
| 해돋이[해도지] haedoji | 같이[가치] gachi | 굳히다[구치다] guchida |

★4. 'ㄱ, ㄷ, ㅂ, ㅈ'이 'ㅎ'과 합하여 거센소리로 소리 나는 경우

| | |
|---|---|
| 좋고[조코] joko | 놓다[노타] nota |
| 잡혀[자펴] japyeo | 낳지[나치] nachi |

다만, 체언에서 'ㄱ, ㄷ, ㅂ' 뒤에 'ㅎ'이 따를 때에는 'ㅎ'을 밝혀 적는다.

| | |
|---|---|
| 묵호 Mukho | 집현전 Jiphyeonjeon |

[붙임] 된소리되기는 표기에 반영하지 않는다.❶

| | |
|---|---|
| 압구정 Apgujeong | 낙동강 Nakdonggang |
| 죽변 Jukbyeon | 낙성대 Nakseongdae |
| 합정 Hapjeong | 팔당 Paldang |
| 샛별 saetbyeol | 울산 Ulsan |

---

### TIP

국어의 로마자 표기는 〈표준 발음법〉에 따른다고 하였으므로 '대관령'의 발음 [대:괄령]을 표기에 반영하여야 한다. 단, 학술 연구 논문 등 특수 분야에서 한글 복원을 전제로 할 경우에는 발음이 아닌 표기 '대관령'에 따라 적는다.

### ★ 〈로마자 표기법〉과 음운 변동의 반영

| 음운 변동 | | 반영 여부 |
|---|---|---|
| 자음 동화 | | ○ |
| 구개음화 | | ○ |
| 축약 | 체언 | × |
| | 용언 | ○ |
| 된소리되기 | | × |

* 단, 'ㄹㄹ'은 'll'로 표기

### TIP

자음 동화를 표기에 반영한다.

### TIP

구개음화를 표기에 반영한다.

### ❶ 주의!

· 볶음밥[보끔밥] bokkeumbap
· 떡볶이[떡뽀끼] tteokbokki
   → 발음은 [떡뽀끼]이지만, 된소리되기를 반영하지 않으므로 [떡보끼]로 표기한다.

### 기출 확인

01 〈보기〉의 로마자 표기가 옳은 것을 모두 고르면?          2019 서울시 9급(2월)

> ㄱ. 오죽헌 Ojukeon
> ㄴ. 김복남(인명) Kim Bok-nam
> ㄷ. 선릉 Sunneung
> ㄹ. 합덕 Hapdeok

① ㄱ, ㄴ          ② ㄱ, ㄷ
③ ㄴ, ㄹ          ④ ㄷ, ㄹ

오답
ㄱ. Ojukeon → Ojukheon: '오죽헌'은 [오주컨]으로 발음되지만 체언의 자음 축약은 발음의 결과를 로마자 표기에 반영하지 않는다.
ㄷ. Sunneung → Seolleung: '선릉'은 [설릉]으로 발음되고, 이때 'ㄹㄹ'은 'll'로 적어야 한다.

정답 ③

02 표준 발음과 로마자 표기가 모두 옳은 것은?          2017 서울시 9급

① 선릉[선능] – Seonneung
② 학여울[항녀울] – Hangnyeoul
③ 낙동강[낙똥강] – Nakddonggang
④ 집현전[지편전] – Jipyeonjeon

정답 ②

| ★ 제2항 | 발음상 혼동의 우려가 있을 때에는 음절 사이에 붙임표(-)를 쓸 수 있다. |
|---|---|

중앙 Jung-ang      반구대 Ban-gudae

세운 Se-un      해운대 Hae-undae

| 제3항 | 고유 명사⁺는 첫 글자를 대문자로 적는다. |
|---|---|

부산 Busan      세종 Sejong

| 제4항 | 인명은 성과 이름의 순서로 띄어 쓴다. 이름은 붙여 쓰는 것을 원칙으로 하되 음절 사이에 붙임표(-)를 쓰는 것을 허용한다.[( ) 안의 표기를 허용함.] |
|---|---|

민용하 Min Yongha (Min Yong-ha)      송나리 Song Nari (Song Na-ri)

1. 이름에서 일어나는 음운 변화는 표기에 반영하지 않는다.

한복남 Han Boknam (Han Bok-nam)      홍빛나 Hong Bitna (Hong Bit-na)

2. 성의 표기는 따로 정한다.

| 제5항 | '도, 시, 군, 구, 읍, 면, 리, 동'의 행정 구역 단위와 '가'는 각각 'do, si, gun, gu, eup, myeon, ri, dong, ga'로 적고, 그 앞에는 붙임표(-)를 넣는다. 붙임표(-) 앞뒤에서 일어나는 음운 변화는 표기에 반영하지 않는다.❶ |
|---|---|

충청북도 Chungcheongbuk-do      제주도 Jeju-do

의정부시 Uijeongbu-si      양주군 Yangju-gun

도봉구 Dobong-gu      신창읍 Sinchang-eup

삼죽면 Samjuk-myeon      인왕리 Inwang-ri

당산동 Dangsan-dong      봉천 1동 Bongcheon 1(il)-dong

종로 2가 Jongno 2(i)-ga      퇴계로 3가 Toegyero 3(sam)-ga

★ [붙임] '시, 군, 읍'의 행정 구역 단위는 생략할 수 있다.

청주시 Cheongju      함평군 Hampyeong

순창읍 Sunchang

| 제6항 | 자연 지물명, 문화재명, 인공 축조물명은 붙임표(-) 없이 붙여 쓴다. |
|---|---|

남산 Namsan      속리산 Songnisan

금강 Geumgang      독도 Dokdo

경복궁 Gyeongbokgung      무량수전 Muryangsujeon

연화교 Yeonhwagyo      극락전 Geungnakjeon

안압지 Anapji      남한산성 Namhansanseong

화랑대 Hwarangdae      불국사 Bulguksa

현충사 Hyeonchungsa      독립문 Dongnimmun

오죽헌 Ojukheon      촉석루 Chokseongnu

종묘 Jongmyo      다보탑 Dabotap

| 제7항 | 인명, 회사명, 단체명 등은 그동안 써 온 표기를 쓸 수 있다. |
|---|---|

➕ TIP

하회탈 Hahoetal(고유 명사 ○)

거북선 geobukseon(고유 명사 ×)

❶ '대로', '로', '길'의 로마자 표기는 '-daero', '-ro', '-gil'로 통일되었다. (2007. 12. 행안부)

예 · 세종로 Sejongno → Sejong-ro
· 강남대로 Gangnamdaero → Gangnam-daero

· 단, '세종로'가 도로명일 경우 'Sejong-ro'로 적고, 도로명이 아닐 경우 'Sejongno'로 적는다.

· 길 이름에 숫자가 들어간 경우, 숫자 앞에서 띄어 쓴다. 숫자 뒤의 괄호 안에 숫자의 우리말 발음을 로마자로 적는다.

★ 새 주소 쓰기

서울시 종로구 세종대로 209
→ Seoul-si Jongno-gu Sejong-daero 209

★ 주의해야 할 지명 표기

· 국망봉 Gungmangbong
· 낭림산 Nangnimsan
· 다락골 Darakgol
· 왕십리 Wangsimni
· 여의도 Yeouido
· 전라북도 Jeollabuk-do
· 청량리 Cheongnyangni

📑 기출 확인

다음 중 밑줄 친 표기가 국어의 〈로마자 표기법〉 규정에 어긋난 것은?    2023 군무원 9급

① 경기도 의정부시 – Uijeongbu-si

② 홍빛나 주무관님 – Hong Binna

③ 서울시 종로구 종로 2가 – Jongno 2(i)-ga

④ 부석사 무량수전 앞에 서서 – Muryangsujeon

해설

이름에서 일어나는 음운 변화는 표기에 반영하지 않는다. 따라서 '빛나'를 [빈나]로 발음하더라도, 표기는 'Hong Bitna(Hong Bit-na)'로 해야 한다.

정답 ②

· 김밥 Gimbap
· 김치볶음밥 Kimchi-bokkeum-bap
· 돌솥비빔밥 Dolsot-bibimbap
· 제육덮밥 Jeyuk-deopbap
· 회덮밥 Hoe-deopbap
· 주먹밥 Jumeok-bap
· 콩나물밥 Kong-namul-bap
· 전복죽 Jeonbok-juk
· 물냉면 Mul-naengmyeon
· 수제비 Sujebi
· 갈비탕 Galbi-tang
· 떡국 Tteokguk
· 만둣국 Mandu-guk
· 오이냉국 Oi-naengguk
· 육개장 Yukgaejang
· 김치찌개 Kimchi-jjigae
· 곱창전골 Gopchang-jeongol
· 신선로 Sinseollo
· 갈비찜 Galbi-jjim
· 닭볶음탕 Dak-bokkeum-tang
· 묵은지찜 Mugeun-ji-jjim
· 갈치조림 Galchi-jorim
· 불고기 Bulgogi
· 수정과 Sujeonggwa
· 궁중떡볶이 Gungjung-tteok-bokki
· 삼겹살 Samgyeopsal
· 생선회 Saengseon-hoe
· 육회 Yukhoe
· 식혜 Sikhye

→ 조리 방법과 재료명을 구분 지을 수 있도록 붙임표(-)를 사용함.
　예 · 김치찌개 Kimchi-jjigae
　　 · 갈비찜 Galbi-jjim
→ 사이시옷은 표기에 반영하지 않음.
　예 · 만둣국 Mandu-guk
　　 · 순댓국밥 Sundae-gukbap
　　 · 북엇국 Bugeo-guk
→ 음식명의 첫글자를 대문자로 표기함.
　(표제어 기준)

★ '고유 명사+일반 명사'의 로마자 표기

· 일반 명사는 영어로 번역할 수 있다.
· 외래어를 사용할 때는 원어를 밝힌다.
· 띄어쓰기 단위에 따라 적는다.
　예 · 인천 공항(Incheon Airport)
　　 · 올림픽 공원(Olympic park)
→ '역, 공항, 구청, 시청, 병원, 대학교, 운동장, 터미널'은 영어 번역어의 첫 글자를 대문자로 적는다. 반면, '공원, 호수, 계곡'은 영어 번역어의 첫 글자를 소문자로 적는다.

| 제8항 | 학술 연구 논문 등 특수 분야에서 한글 복원을 전제로 표기할 경우에는 한글 표기를 대상으로 적는다. 이때 글자 대응은 제2장을 따르되 'ㄱ, ㄷ, ㅂ, ㄹ'은 'g, d, b, l'로만 적는다. 음가 없는 'ㅇ'은 붙임표(-)로 표기하되 어두에서는 생략하는 것을 원칙으로 한다. 기타 분절의 필요가 있을 때에도 붙임표(-)를 쓴다. |
|---|---|

집 jib　　　　　　 짚 jip　　　　　　 밖 bakk
값 gabs　　　　　 붓꽃 buskkoch　　 먹는 meogneun
독립 doglib　　　 문리 munli　　　　 물엿 mul-yeos
굳이 gud-i　　　　좋다 johda　　　　 가곡 gagog
조랑말 jolangmal　없었습니다 eobs-eoss-seubnida

### 예원通 문화재청 〈문화재 명칭 영문 표기 기준 규칙〉 제정(2013. 1.)

문화재청은 여러 표기가 뒤섞여 혼선을 빚었던 문화재 영문 표기의 기준을 마련한 '문화재 명칭 영문 표기 기준 규칙'을 제정, 고시했다. 이 규칙에 따르면 경복궁처럼 건물 유적 및 명승 문화재는 '궁(gung)'과 'palace'가 의미가 겹치더라도 외국인의 편의를 위해 병기해 표기한다. 또 필요한 경우 괄호 안에 의미를 병기할 수 있도록 했다. 이것은 기존의 〈로마자 표기법〉의 변경이 아니라, 다만 기존 〈로마자 표기법〉과 병기하여 보는 이들의 편의를 도모한 것이다.

| 명칭 | 기존의 로마자 표기 | 추가된 병기 안 |
|---|---|---|
| 숭례문 | Sungnyemun | Sungnyemun Gate |
| 한라산 | Hallasan | Hallasan Mountain |
| 경복궁 | Gyeongbokgung | Gyeongbokgung Palace |
| 삼국유사 | Samgungnyusa | Samgukyusa (Memorabilia of Three Kingdoms) |
| 남한산성 | Namhansanseong | Namhansanseong Fortress |
| 강강술래 | Ganggangsullae | Ganggangsullae(Circle Dance) |

cf '서울역(Seoul Station), 인천 공항(Incheon Int'l Airport), 서울 시청(Seoul City Hall), 동작 구청(Dongjak-gu Office), 김포 대교(Gimpo bridge)' 등은 원래 로마자 표기에서도 영문 표기를 인정한 사례이다.

## 1 표기의 원칙

| 제1항 | 외래어는 국어❶의 현용 24 자모만으로 적는다. |
|---|---|
| 제2항 | 외래어의 1 음운은 원칙적으로 1 기호로 적는다.❷ |
| 제3항 | 받침에는 'ㄱ, ㄴ, ㄹ, ㅁ, ㅂ, ㅅ, ㅇ'만을 쓴다.❸ |
| 제4항 | 파열음 표기에는 된소리를 쓰지 않는 것을 원칙으로 한다.❹ |

| ○ | × | ○ | × |
|---|---|---|---|
| 모차르트 | 모짜르트 | 코냑 | 꼬냑 |
| 르포 | 르뽀 | 취리히 | 쮜리히 |
| 백업 | 빽업 | 잼 | 쨈 |
| 브로치 | 브로찌 | 재즈 | 째즈 |
| 보너스 | 뽀너스 | 콩트 | 꽁트 |
| 서클 | 써클 | 카페 | 까페 |
| 가스 | 까스 | 파리 | 빠리 |
| 테제베 | 떼제베 | 피에로 | 삐에로 |

| 제5항 | 이미 굳어진 외래어는 관용을 존중하되, 그 범위와 용례는 따로 정한다.❺ |
|---|---|

### 📋 기출 확인

다음 글의 주제로 가장 적절한 것은?　　　　　　　　　　　2013 국가직 7급

> 외래어는 원래의 언어에서 가졌던 모습을 잃어버리고 새 언어에 동화되는 속성을 가지고 있다. 외래어의 동화 양상을 음운, 형태, 의미적 측면에서 살펴보자.
>
> 첫째, 외래어는 국어에 들어오면서 국어의 음운적 특징을 띠게 되어 외국어 본래의 발음이 그대로 유지되지 못한다. 자음이든 모음이든 국어에 없는 소리는 국어의 가장 가까운 소리로 바뀌고 만다. 프랑스의 수도 Paris는 원래 프랑스어인데 국어에서는 '파리'가 된다.
>
> 프랑스어 [r] 발음은 국어에 없는 소리여서 비슷한 소리인 'ㄹ'로 바뀌고 마는 것이다. 그 외에 장단이나 강세, 성조와 같은 운율적 자질도 원래 외국어의 모습을 잃어버리고 만다.
>
> 둘째, 외래어는 국어의 형태적인 특징을 갖게 된다. 외래어의 동사와 형용사는 '-하다'가 반드시 붙어서 쓰이게 된다. 영어 형용사 smart가 국어에 들어오면 '스마트하다'가 된다. '아이러니하다'라는 말도 있는데, 이는 명사에 '-하다'가 붙어 형용사처럼 쓰인 경우이다.
>
> 셋째, 외래어는 원래 언어의 의미와 다른 의미로 쓰일 수 있다. 일례로 프랑스어 madame이 국어에 와서는 '마담'이 되는데 프랑스어에서의 '부인'의 의미가 국어에서는 '술집이나 다방의 여주인'의 의미로 쓰이고 있다.

① 외래어의 갈래

② 외래어의 특성

③ 외래어의 변화

④ 외래어의 개념

해설 제시문은 '외래어가 새로운 언어에 동화되는 속성'을 '음운, 형태, 의미적 측면'에서 설명하고 있다. 따라서 ② '외래어의 특성'이 가장 적절한 주제이다.

오답 ① 외래어의 갈래, 즉 '종류'에 대해 설명하고 있지는 않다.

③ 외래어가 음운적, 형태적, 의미적 측면에서 변화가 있음을 소개한 것일 뿐, 외래어 자체의 변화를 설명하고 있지는 않다.

④ 외래어의 '개념'이 아닌 '특징'을 설명한 글이다.

정답 ②

---

❶ **국어:** 고유어, 한자어, 외래어

❷ 어말의 '-et'의 경우 '엣'으로 표기하기도 하고, '잇'으로 표기하기도 한다. 이는 원지음을 고려한 결과이다.
　　• 엣: 슈퍼마켓(supermarket), 헬멧(helmet)
　　• 잇: 팸플릿(pamphlet), 캐비닛(cabinet)

❸ 'ㄷ'이 없음에 주의
cf 음절의끝소리 규칙: ㄱ, ㄴ, ㄷ, ㄹ, ㅁ, ㅂ, ㅇ

★ 모음으로 시작하는 형식 형태소와 결합할 때 [ㄷ]이 아닌 [ㅅ]이 연음되기 때문에 'ㅅ'을 받침으로 적는 것이다.
예 robot을[로보슬](○), [로보들](×)

❹ 된소리 표기가 인정되는 예
　　• 바께쓰[baketsu]
　　• 짬뽕[champon]
　　• 쓰시마섬[Tsushima[對馬]-]
　　　 ← 일본어 원음을 인정

❺ 관용을 존중한 외래어
예 삐라, 모델, 시네마, 악센트, 오렌지, 카메라, 비타민, 시스템, 콘덴서, 마니아, 지르박, 토마토, 가톨릭, 로큰롤, 마네킹, 마라톤, 바겐세일, 샐러리맨, 바이올린, 스태미나, 와이셔츠, 아나운서, 테크놀로지, 파라다이스, 카레라이스, 하이라이스

★ 관용과 규정에 따른 표기가 모두 바른 경우
예 레이다/레이더, 샤쓰/셔츠, 히로뽕/필로폰, 빨치산/파르티잔

★ short 쇼트
예 쇼트 트랙, 쇼트 헤어, 쇼트 커트

★ shot 숏/샷
　• 숏 = 컷(cut): 장면　　• 골프 샷

★ dot 도트/닷
　• 도트: 점, 물방울무늬
　• 닷: dot com(닷 컴)과 같이 웹 명칭을 부를 때

★ 〈외래어 표기법〉 제2장 표기 일람표
국제 음성 기호 및 세계 각 언어의 자모와 한글 대조표를 규정해 둔 부분으로 본 책에서는 생략한다.

★ type[taip]
· 타입: 어떤 부류의 형식이나 형태로, 모
양, 생김새, 유형
· 타이프: 타자기

★ robot 로봇, flat 플랫

⑧ · flute 플루트　　　· cake 케이크
　· knock 노크
⑨ chipmunk: 다람쥐

⑩ bulb: 전구
⑪ lobster: 바닷가재. '로브스터, 랍스터'
　모두 표준어
⑫ kidnap: 납치하다, 유괴하다

❶ bathe: 목욕하다
❷ · shrimp 슈림프
　· milkshake 밀크셰이크
　· Shakespeare 셰익스피어

★ 영어권을 제외한 프랑스어나 독일어,
그 밖의 다른 외국어에서 온 말의 경우 어
말과 자음 앞의 [ʃ]는 모두 '슈'로 적는다.
예 · Einstein 아인슈타인
　· Schweitzer 슈바이처
　· Schröder 슈뢰더
　· Tashkent 타슈켄트
　　(우즈베키스탄의 수도)
다만, '방카쉬랑스(bancassurance)'는 [ʃ]
소리가 아니라 프랑스어의 [sy]를 적은 것
이다.

❸ [ʒ] + 어말·자음 앞 → '지'라고만 하면,
'vision[viʒən]'은 '비젼'이 되지만, 국
어에서는 'ㅈ, ㅊ'이 이미 구개음이므로
'져' → '저'로 발음. 따라서 '쟈, 죠' 표기
는 무의미하다(쟈, 죠, 쥬, 챠, 쵸, 츄→
자, 조, 주, 차, 처, 초, 추).
　cf 맞춤법에서 '가져, 다쳐' 표기는 '가
　　지어, 다치어'의 준말이라는 문법적
　　사실을 보이기 위한 표기

## 2 표기 세칙⑥

### 제1절 영어 표기

'국제 음성 기호'와 한글 대조표에 따라 적되, 다음 사항에 유의하여 적는다.

| 제1항 | 무성 파열음 ([p], [t], [k]) |
| --- | --- |

1. 짧은 모음 다음의 어말 무성 파열음([p], [t], [k])은 받침으로 적는다.⑦

gap[gæp] 갭　　　　　　cat[kæt] 캣　　　　　　book[buk] 북

2. 짧은 모음과 유음·비음([l], [r], [m], [n]) 이외의 자음 사이에 오는 무성 파열음 ([p], [t], [k])
은 받침으로 적는다.

apt[æpt] 앱트　　　　setback[setbæk] 셋백　　　　act[ækt] 액트

3. 위 경우 이외의 어말과 자음 앞의 [p], [t], [k]는 '으'를 붙여 적는다.⑧

stamp[stæmp] 스탬프　　　　　　cape[keip] 케이프
nest[nest] 네스트　　　　　　　part[paːt] 파트
desk[desk] 데스크　　　　　　make[meik] 메이크
apple[æpl] 애플　　　　　　　mattress[mætris] 매트리스
chipmunk[tʃipmʌŋk] 치프멍크⑨　　sickness[siknis] 시크니스

| 제2항 | 유성 파열음([b], [d], [g]) |
| --- | --- |

어말과 모든 자음 앞에 오는 유성 파열음은 '으'를 붙여 적는다.

bulb[bʌlb] 벌브⑩　　　　　　land[lænd] 랜드
zigzag[zigzæg] 지그재그　　　　lobster[lɔbstər] 로브스터/랍스터⑪
kidnap[kidnæp] 키드냅⑫　　　　signal[signəl] 시그널

| 제3항 | 마찰음([s], [z], [f], [v], [θ], [ð], [ʃ], [ʒ]) |
| --- | --- |

1. 어말 또는 자음 앞의 [s], [z], [f], [v], [θ], [ð]는 '으'를 붙여 적는다.

mask[maːsk] 마스크　　　jazz[dʒæz] 재즈　　　graph[græf] 그래프
olive[ɔliv] 올리브　　　thrill[θril] 스릴　　　bathe[beið] 베이드❶

2. ① 어말의 [ʃ]는 '시'로 적고, ② 자음 앞의 [ʃ]는 '슈'로, ③ 모음 앞의 [ʃ]는 뒤따르는 모음에
따라 '샤', '섀', '셔', '셰', '쇼', '슈', '시'로 적는다.❷

① flash[flæʃ] 플래시　② shrub[ʃrʌb] 슈러브
③ shark[ʃaːk] 샤크　　shank[ʃæŋk] 섕크　　fashion[fæʃən] 패션　　sheriff[ʃerif] 셰리프
　shopping[ʃɔpiŋ] 쇼핑　　shoe[ʃuː] 슈　　　shim[ʃim] 심

3. 어말 또는 자음 앞의 [ʒ]는 '지'로 적고, 모음 앞의 [ʒ]는 'ㅈ'으로 적는다.❸

mirage[miraːʒ] 미라지　　　　　vision[viʒən] 비전

| 제4항 | 파찰음([ts], [dz], [tʃ], [dʒ]) |
| --- | --- |

1. 어말 또는 자음 앞의 [ts], [dz]는 '츠', '즈'로 적고, [tʃ], [dʒ]는 '치', '지'로 적는다.

Keats[kiːts] 키츠　　　odds[ɔdz] 오즈　　　switch[switʃ] 스위치
bridge[bridʒ] 브리지　　Pittsburgh[pitsbəːg] 피츠버그　　hitchhike[hitʃhaik] 히치하이크

2. 모음 앞의 [tʃ], [dʒ]는 'ㅊ', 'ㅈ'으로 적는다.

chart[tʃaːt] 차트　　　　　　virgin[vəːdʒin] 버진

| 제5항 | 비음([m], [n], [ŋ]) |
|---|---|

**1. 어말 또는 자음 앞의 비음은 모두 받침으로 적는다.**

steam[stiːm] 스팀          corn[kɔːn] 콘          ring[riŋ] 링

lamp[læmp] 램프          hint[hint] 힌트          ink[iŋk] 잉크

**2. 모음과 모음 사이 [ŋ]은 앞 음절의 받침 'ㅇ'으로 적는다.**

hanging[hæŋiŋ] 행잉          longing[lɔŋiŋ] 롱잉

| 제6항 | 유음([l]) |
|---|---|

**1. 어말 또는 자음 앞의 [l]은 받침으로 적는다.**

hotel[houtel] 호텔          pulp[pʌlp] 펄프

**2. 어중의 [l]이 모음 앞에 오거나, 모음이 따르지 않는 비음([m], [n]) 앞에 올 때에는 'ㄹㄹ'로 적는다. 다만, 비음([m], [n]) 뒤의 [l]은 모음 앞에 오더라도 'ㄹ'로 적는다.**

slide[slaid] 슬라이드          film[film] 필름          helm[helm] 헬름

swoln[swouln] 스월른          Hamlet[hæmlit] 햄릿          Henley[henli] 헨리

| 제7항 | 장모음 |
|---|---|

**모음의 장음은 따로 표기하지 않는다.** ✚

team[tiːm] 팀          route[ruːt] 루트

✚ **TIP**

국어에서 장음에 따라 의미 분화가 있는 어휘가 많지만 따로 표기하지는 않듯이 외래어 표기도 장음 부호를 표기하지 않는다.

예 · 튜울립(×), 튤립(○)
· 터어키(×), 터키(○)

★ · eye shadow 아이섀도
· snow 스노
· yellow 옐로
· window 윈도
· show window 쇼윈도
· arrow 애로
· straw 스트로
· rainbow 레인보

| 제8항 | 중모음([ai], [au], [ei], [ɔi], [ou], [auə]) |
|---|---|

**중모음은 각 단모음의 음가를 살려서 적되, [ou]는 '오'로, [auə]는 '아워'로 적는다.**

time[taim] 타임          house[haus] 하우스          skate[skeit] 스케이트

oil[ɔil] 오일          boat[bout] 보트          tower[tauə] 타워

| 제9항 | 반모음([w], [j]) |
|---|---|

**1. [w]는 뒤따르는 모음에 따라 [wə], [wɔ], [wou]는 '워', [wɑ]는 '와', [wæ]는 '왜', [we]는 '웨', [wi]는 '위', [wu]는 '우'로 적는다.**

word[wəːd] 워드          want[wɔnt] 원트          woe[wou] 워

wander[wandə] 완더          wag[wæg] 왜그          west[west] 웨스트

witch[witʃ] 위치          wool[wul] 울

**2. 자음 뒤에 [w]가 올 때에는 두 음절로 갈라 적되, [gw], [hw], [kw]는 한 음절로 붙여 적는다.**

swing[swiŋ] 스윙          twist[twist] 트위스트          penguin[peŋgwin] 펭귄

whistle[hwisl] 휘슬          quarter[kwɔːtə] 쿼터

**3. 반모음 [j]는 뒤따르는 모음과 합쳐 '야', '얘', '여', '예', '요', '유', '이'로 적는다. 다만, [d], [l], [n] 다음에 [jə]가 올 때에는 각각 '디어', '리어', '니어'로 적는다.**

yard[jɑːd] 야드          yank[jæŋk] 얭크          yearn[jəːn] 연

yellow[jelou] 옐로          yawn[jɔːn] 욘          you[juː] 유

year[jiə] 이어          Indian[indjən] 인디언          battalion[bətæljən] 버탤리언

union[juːnjən] 유니언

**PART 4** 국어 규범 해커스공무원 혜원국어 올인원 기본서

| 제10항 | 복합어 |
| --- | --- |

1. 따로 설 수 있는 말의 합성으로 이루어진 복합어는 그것을 구성하고 있는 말이 단독으로 쓰일 때의 표기대로 적는다.

cuplike[kʌplaik] 컵라이크
headlight[hedlait] 헤드라이트
sit-in[sitin] 싯인
flashgun[flæʃgʌn] 플래시건
bookend[bukend] 북엔드
touchwood[tʌtʃwud] 터치우드
bookmaker[bukmeikə] 북메이커
topknot[tɔpnɔt] 톱놋

2. 원어에서 띄어 쓴 말은 띄어 쓴 대로 한글 표기를 하되, 붙여 쓸 수도 있다.

Los Alamos[lɔsæləmous] 로스 앨러모스/로스앨러모스
top class[tɔpklæs] 톱 클래스/톱클래스

**혜원通 북메이커(bookmaker)**

1. '북메이커(bookmaker)'는 'book'과 'maker'가 합해 이루어진 말로 각각 '북', '메이커'로 표기된다. 그런데, 발음 [búkmèikə]에서 무성 파열음 [k]는 짧은 모음 뒤일지라도 비음 앞에서 '으'를 붙여 적기로 한 조항에 따르면 '부크메이커'가 된다. '북'이 '부크'로 나타나 표기에 변동이 생기고 흔히 쓰이는 말과 달라 사용자에게 부담을 주게 되기 때문에 이런 규정을 두었다.
2. 원어에서 이미 띄어 쓰고 있어서 두 단어가 모여 된 것이 분명히 인식되지만, 국어에서 하나의 복합어처럼 인식되어 쓰이는 말들은 비록 원어에서 띄어 쓰지만, 붙여 적을 수 있도록 한 것이다.

## 제2절 일본어 표기

| 제1항 | 촉음(促音) [ッ]는 'ㅅ'으로 통일해서 적는다. |
| --- | --- |

ッポロ 삿포로[1]　　トットリ 돗토리　　ヨッカイチ 욧카이치

[1] 삿뽀로(×)

| 제2항 | 장모음은 따로 표기하지 않는다. |
| --- | --- |

キュウシュウ(九州) 규슈
ニイガタ(新潟) 니가타
トウキョウ(東京) 도쿄
オオサカ(大阪) 오사카

## 제3절 중국어 표기

| 제1항 | 성조는 구별하여 적지 아니한다. |
| --- | --- |

| 제2항 | 'ㅈ, ㅉ, ㅊ'으로 표기되는 자음(ㄐ, ㄓ, ㄗ, ㄑ, ㄔ, ㄘ) 뒤의 'ㅑ, ㅖ, ㅛ, ㅠ' 음은 'ㅏ, ㅔ, ㅗ, ㅜ'로 적는다. |
| --- | --- |

ㄐ|ㄚ 쟈 → 자　　ㄐ|ㄝ 졔 → 제

## 3 인명, 지명 표기의 원칙

### 제1절 표기 원칙

| 제1항 | 외국의 인명, 지명의 표기는 제1장, 제2장, 제3장의 규정을 따르는 것을 원칙으로 한다. |
|---|---|

| 제2항 | 제3장에 포함되어 있지 않은 언어권의 인명, 지명은 원지음을 따르는 것을 원칙으로 한다. |
|---|---|

Ankara 앙카라                Gandhi 간디

| 제3항 | 원지음이 아닌 제3국의 발음으로 통용되고 있는 것은 관용을 따른다. |
|---|---|

Hague 헤이그                Caesar❷ 시저

❷ 카이사르(○), 케사르(×)

| 제4항 | 고유 명사의 번역명이 통용되는 경우 관용을 따른다. |
|---|---|

Pacific Ocean 태평양                Black Sea 흑해

### 제2절 동양의 인명, 지명 표기

| ★제1항 | 중국 인명은 과거인과 현대인을 구분하여 과거인은 종전의 한자음대로 표기하고, 현대인은 원칙적으로 중국어 표기법에 따라 표기하되, 필요한 경우 한자를 병기한다. |
|---|---|

예 ·과거인: 두보(杜甫)          ·현대인: 마오쩌둥(毛澤東)❸ cf 모택동(○)

❸ 마오쩌뚱(×)

| 제2항 | 중국의 역사 지명으로서 현재 쓰이지 않는 것은 우리 한자음대로 하고, 현재 지명과 동일한 것은 중국어 표기법에 따라 표기하되, 필요한 경우 한자를 병기한다. |
|---|---|

| 제3항 | 일본의 인명과 지명은 과거와 현대의 구분 없이 일본어 표기법에 따라 표기하는 것을 원칙으로 하되, 필요한 경우 한자를 병기한다. |
|---|---|

예 ·과거인: 도요토미 히데요시(豊臣秀吉)          ·현대인: 아사다 마오(浅田真央)

| 제4항 | 중국 및 일본의 지명 가운데 한국 한자음으로 읽는 관용이 있는 것은 이를 허용한다. |
|---|---|

東京 도쿄, 동경          京都 교토, 경도          上海 상하이, 상해
臺灣 타이완, 대만          黃河 황허, 황하

### 제3절 바다, 섬, 강, 산 등의 표기 원칙

| 제1항 | 바다는 '해(海)'로 통일한다. |
|---|---|

홍해                발트해                아라비아해

| 제2항 | 우리나라를 제외하고 섬은 모두 '섬'으로 통일한다. |
|---|---|

타이완섬                코르시카섬                (우리나라: 제주도, 울릉도)

2017. 3. 28.(문화체육관광부 고시 제2017-14호) 고시된 &lt;외래어 표기법&gt; 일부 개정안에 따라 기존의 "해, 섬, 강, 산 등이 외래어에 붙을 때에는 띄어 쓰고, 우리말에 붙을 때에는 붙여 쓴다."라는 조항이 삭제되었고, 이와 더불어 국립국어원에서는 고유 명사와 결합하는 경우 앞에 오는 말의 어종에 관계없이 붙여 쓰는 총 26항을 추가로 발표하였다(2017. 5. 29.).

→ 가(街), 강(江), 고원(高原), 곶(串), 관(關), 궁(宮), 만(灣), 반도(半島), 부(府), 사(寺) ,산(山), 산맥(山脈), 섬, 성(城), 성(省), 어(語), 왕(王), 요(窯), 인(人), 족(族), 주(州), 주(洲), 평야(平野), 해(海), 현(縣), 호(湖) (총 26항목)

| 구분 | 개정 전 | 개정 후 |
|---|---|---|
| 외래어에 붙을 때 | 그리스 어, 그리스 인, 게르만 족, 발트 해, 나일 강, 에베레스트 산, 발리 섬, 우랄 산맥, 데칸 고원, 도카치 평야 | 그리스어, 그리스인, 게르만족, 발트해, 나일강, 에베레스트산, 발리섬, 우랄산맥, 데칸고원, 도카치평야 |
| 비외래어에 붙을 때 | 한국어, 한국인, 만주족, 지중해, 낙동강, 설악산, 남이섬, 태백산맥, 개마고원, 김포평야 | 한국어, 한국인, 만주족, 지중해, 낙동강, 설악산, 남이섬, 태백산맥, 개마고원, 김포평야 |

* 따라서 위에 제시된 26항목과 고유 명사가 결합될 때는 항상 붙여 쓴다.

| 제3항 | 한자 사용 지역(일본, 중국)의 지명이 하나의 한자로 되어 있을 경우, '강', '산', '호', '섬' 등은 겹쳐 적는다. |
|---|---|

| 온타케산(御岳) | 주장강(珠江) | 도시마섬(利島) |
|---|---|---|
| 하야카와강(早川) | 위산산(玉山) | |

| 제4항 | 지명이 산맥, 산, 강 등의 뜻이 들어 있는 것은 '산맥', '산', '강' 등을 겹쳐 적는다. |
|---|---|

| Rio Grande 리오그란데강❶ | Monte Rosa 몬테로사산 |
|---|---|
| Mont Blanc 몽블랑산 | Sierra Madre 시에라마드레산맥 |

❶ 국립국어원은 '강'의 이름으로는 '리오그란데강'을, '브라질 남쪽 항구 도시'의 이름으로는 '리우그란데('히우그란지'의 전 이름)'를 인정하고 있다.
cf 리우데자네이루주

## 1 인명·지명의 외래어 표기

### 1. 지명

| 바른 표기(○) | 틀린 표기(×) | 바른 표기(○) | 틀린 표기(×) | 바른 표기(○) | 틀린 표기(×) |
|---|---|---|---|---|---|
| 그레나다➕<br>(Grenada) | 그라나다 | 불로뉴 | 볼로뉴 | 에티오피아 | 이디오피아 |
| 그리스 | 그리이스 | 브리스틀 | 브리스톨 | 우즈베키스탄/<br>우즈베크 | 우즈벡 |
| 기타큐슈 | 키타큐슈 | 블라디보스토크 | 블라디보스톡 | 웨일스 | 웨일즈 |
| 긴자 | 은좌 | 사우샘프턴 | 사우스햄프턴 | 짐바브웨 | 짐바브에 |
| 노르망디 | 노르만디 | 산티아고 | 샌티아고 | 취리히 | 쮜리히 |
| 다마스쿠스 | 다마스커스 | 상트페테르부르크➕ | 상트페테르부르그 | 칭다오 | 칭따오 |
| 댈러스 | 달라스 | 상파울루 | 상파울로 | 케임브리지 | 캠브리지 |
| 덴마크 | 덴마아크 | 상하이/상해 | 샹하이 | 쿠알라룸푸르 | 콸라룸푸르 |
| 도이칠란트/<br>독일 | 도이칠란드 | 센트럴 파크 | 쎈트럴 파크 | 키르기스스탄/<br>키르기스 | 키르기스탄 |
| 도쿄/동경 | 도꾜 | 슬로바키아 | 슬로바키야 | 타슈켄트 | 다쉬켄트 |
| 라스베이거스 | 라스베가스 | 시모노세키 | 하관 | 타이베이 | 타이페이 |
| 룩셈부르크 | 룩셈부르그 | 시칠리아 | 시실리아 | 터키 | 터어키 |
| 뤄양/낙양 | 락양 | 싱가포르 | 싱가폴 | 템스강 | 템즈강 |
| 리우데자네이루 | 리오데지네이로 | 쓰촨성 | 사천성 | 티베트 | 티벳 |
| 마다가스카르 | 마다가스카 | 아랍 에미리트 | 아랍 에미레이트 | 파라과이 | 파라가이 |
| 마르세유 | 마르세이유 | 아우크스부르크 | 아우구스부르크 | 파리 | 빠리 |
| 말레이시아 | 말레이지아 | 아이슬란드 | 아이슬랜드 | 포르투갈 | 포르투칼 |
| 맨해튼 | 맨하탄 | 아이티(Haïti) | 하이티 | 폴란드 | 폴랜드 |
| 몽마르트르 | 몽마르뜨 | 아프가니스탄 | 아프카니스탄 | 푸껫섬 | 푸켓섬 |
| 밴쿠버 | 벤쿠버 | 알래스카 | 알라스카 | 푸순 | 무순 |
| 버밍엄 | 버밍햄 | 에든버러 | 에딘버러 | 핀란드 | 필란드 |
| 베네수엘라 | 베네주엘라 | 에스파냐 | 에스파니아 | 하얼빈 | 하얼삔 |
| 베르사유 | 베르사이유 | 에콰도르 | 에쿠아도르 | 혼슈 | 본쥬 |

### 2. 인명

| 바른 표기(○) | 틀린 표기(×) | 바른 표기(○) | 틀린 표기(×) | 바른 표기(○) | 틀린 표기(×) |
|---|---|---|---|---|---|
| 고흐 | 고호 | 모차르트 | 모짜르트 | 체호프 | 체홉 |
| 뉴턴 | 뉴튼 | 바흐 | 바하 | 칭기즈 칸 | 징기스칸 |
| 도스토옙스키 | 도스토예프스키 | 살리에리 | 살리에르 | 카이사르/시저 | 케사르 |
| 도요토미 히데요시 | 토요토미 히데요시 | 생텍쥐페리 | 생텍쥐빼리 | 콜럼버스 | 컬럼버스 |
| 드보르자크 | 드보르작 | 셰익스피어 | 세익스피어 | 키르케고르 | 키에르케고르 |
| 루스벨트 | 루즈벨트 | 쑨원/손문 | 순원 | 트루먼 | 트루만 |
| 마르크스 | 맑스 | 엘리엇 | 엘리이트 | 페스탈로치 | 페스탈로찌 |
| 마오쩌둥/모택동 | 마오쩌뚱 | 차이콥스키 | 차이코프스키 | 호찌민 | 호치민 |

CHAPTER 03 로마자 표기법과 외래어 표기법 **281**

---

### ➕ TIP

섬나라 Grenada는 '그레나다'이고, 스페인 도시 Granada는 '그라나다'이다.

### ➕ TIP

상트페테르부르크 = 페테르부르크

⭐ '-land'형의 지명은 복합어임을 무시하고 표기하되, 음가에 관계없이 영국, 미국, 캐나다, 오스트레일리아, 뉴질랜드에 있는 지명은 '랜드'로, 독일어권의 지명은 '란트'로, 그 밖의 것은 '란드'로 적는다.

- Scotland 스코틀랜드
  New Zealand 뉴질랜드
- Saarland 자를란트
  Deutschland 도이칠란트
- Lapland 라플란드
  Netherlands 네덜란드

### 📝 기출 확인

〈외래어 표기법〉 규정에 맞는 단어로만 짝지어진 것은? 2019 기상직 9급

① 그라나다(Grenada),
　에콰도르(Ecuador)

② 에티오피아(Ethiopia),
　포르투칼(Portugal)

③ 싱가포르(Singapore),
　베네주엘라(Venezuela)

④ 아이티(Haïti),
　아랍 에미리트(Arab Emirates)

**해설**

- 'Haïti'는 공용어인 프랑스어의 영향을 받아 '아이티'는 바른 표기이다.
- 'Arab Emirates'는 페르시아만 남쪽 기슭에 있는 연방 국가로 '아랍 에미리트'는 바른 표기이다.

**오답**

① 그라나다 → 그레나다: 서인도 제도 동남부에 있는 섬나라인 'Grenada'의 바른 외래어 표기는 '그레나다'이다.
　* '알람브라 궁전'으로 유명한 에스파냐 남부 안달루시아 지방에 있는 도시인 'Granada'는 '그라나다'가 바른 표현이다. 중앙아메리카 니카라과의 니카라과호 서북안에 있는 도시인 'Granada' 역시 '그라나다'가 바른 표기이다.

② 포르투칼 → 포르투갈: 남유럽에 있는 나라인 'Portugal'의 바른 외래어 표기는 '포르투갈'이다.

③ 베네주엘라 → 베네수엘라: 'Venezuela'의 바른 외래어 표기는 '베네수엘라'이다.

**정답** ④

★ **복수의 표기를 인정하는 외래어**

- partisan 파르티잔/빨치산
- shirt 셔츠/샤쓰
- white shirt 와이셔츠/와이샤쓰
- T-shirt 티셔츠/티/티샤쓰
- radar 레이더/레이다
- label 라벨/레이블
- bâton 바통/배턴
- jumper 점퍼/잠바
- muffler 머플러/마후라
- DMZ 디엠제트/디엠지
- lobster 로브스터/랍스터
- velvet 벨벳/비로드

❶ 규슈/기타큐슈(지명)

❷ 로열패밀리/로열 젤리

❸ locker 로커: 자물쇠가 달린 서랍이나 반닫이 따위를 이르는 말
cf 'rocker'의 경우에도 동일하게 '로커'로 표기한다.

❹ rucksack 륙색: 등산이나 하이킹 따위를 할 때 등에 지는 등산용 배낭

## 2 틀리기 쉬운 외래어 표기

| 바른 표기(○) | 틀린 표기(×) | 바른 표기(○) | 틀린 표기(×) | 바른 표기(○) | 틀린 표기(×) |
|---|---|---|---|---|---|
| ㄱ | | 녹다운 | 넉다운 | 라이터 | 라이타 |
| 가라테 | 가라데 | 논스톱 | 넌스톱 | 라즈베리 | 라스베리 |
| 가스 | 까스 | 논타이틀 | 넌타이틀 | 랑데부 〈프〉 | 랑데뷰 |
| 가스레인지 | 가스렌지 | 논픽션 | 넌픽션 | 래퍼 | 랩퍼 |
| 가십 | 가쉽 | 뉘앙스 〈프〉 | 니앙스 | 랩톱 컴퓨터 | 랩탑 컴퓨터 |
| 가운 | 까운 | 뉴 프런티어 | 뉴 프론티어 | 러닝셔츠 | 런닝셔츠 |
| 가톨릭 | 카톨릭 | 뉴스 | 뉴우스 | 러시아워 | 러쉬아워 |
| 갤런 | 갤론 | 뉴올리언스 | 뉴올리안즈 | 러키 | 럭키 |
| 갭 | 갶 | 뉴욕 | 뉴우욕 | 러키세븐 | 럭키세븐 |
| 게놈 〈독〉 | 지놈 | 니카라과 | 니카라구아 | 레미콘 | 레미컨 |
| 게슈타포 | 게쉬타포 | 니코틴 | 니코친 | 레슨 | 렛슨 |
| 고흐 | 고호 | ㄷ | | 레인지 | 렌지 |
| 곤살레스 〈에〉 | 곤잘레스 | 다이내믹 | 다이나믹 | 레저 | 레져 |
| 교토 | 교또 | 다이너마이트 | 다이나마이트 | 레즈비언 | 레스비언 |
| 굿바이 | 굳바이 | 다이아몬드 | 다이어몬드 | 레커차 | 렉커차 |
| 규슈❶ | 큐슈 | 다이애나 | 다이아나 | 레크리에이션 | 레크레이션 |
| 그래프 | 그라프 | 다이얼 | 다이알 | 레퍼리 | 레프리 |
| 그러데이션 | 그라데이션 | 다큐멘터리 | 도큐멘터리 | 레퍼토리 | 레파토리 |
| 그루지야, 조지아 | 그루지아 | 달러 | 달라 | 렌터카 | 렌트카 |
| 글라스 | 글래스 | 달마티안 | 달마시안 | 로맨티시스트 | 로맨티스트 |
| 글러브 | 글로브 | 대시 | 대쉬 | 로봇 | 로보트 |
| 글로브 | 글러브 | 댈러스 | 달라스 | 로브스터, 랍스터 | 롭스터 |
| 글로벌 | 글로발 | 더그아웃 | 덕아웃 | 로빈 후드 | 로빈 훗 |
| 기어 | 기아 | 데뷔 〈프〉 | 데뷰 | 로션 | 로숀 |
| 기타 | 키타 | 데생 〈프〉 | 뎃생 | 로스앤젤레스 | 로스엔젤레스 |
| 깁스 〈독〉 | 기브스 | 데스크톱 | 데스크탑 | 로열❷ | 로얄 |
| 껌 | 검 | 데이터 | 데이타 | 로열 젤리 | 로얄 제리 |
| ㄴ | | 데커레이션 | 데코레이션 | 로열티 | 로얄티 |
| 나르시시스트 | 나르시스트 | 도넛 | 도너츠 | 로커❸ | 록커 |
| 나르시시즘 | 나르시즘 | 돈가스 〈일〉 | 돈까스 | 로켓 | 로케트 |
| 나이트가운 | 나이트까운 | 듀엣 | 두엣 | 로큰롤, 록 앤드 롤 | 록앤롤 |
| 나일론 | 라일론 | 듀오 | 두오 | 로터리 | 로타리 |
| 나치즘 | 나찌즘 | 드라이클리닝 | 드라이크리닝 | 록 | 락 |
| 난센스 | 넌센스 | 드라큘라 | 드라큐라 | 롤러스케이트 | 로울러스케이트, 롤라스케이트 |
| 내레이션 | 나레이션 | 드리블 | 드리볼 | 루이지애나 | 루이지아나 |
| 내레이터 | 나레이터 | 디노사우르 | 다이너소어 | 루주 〈프〉 | 루즈 |
| 내비게이션 | 네비게이션 | 디렉터리 | 디렉토리 | 류머티즘 | 류마티스 |
| 내추럴 | 내츄럴 | 디스켓 | 디스켙 | 륙색❹ | 룩쌕 |
| 냅킨 | 내프킨 | 디저트 | 디져트 | 르포 〈프〉 | 르뽀 |
| 네거티브 | 네가티브 | 디지털 | 디지탈 | 리더십 | 리더쉽 |
| 네덜란드 | 네델란드 | 딜레마 | 딜레머 | 리듬 앤드 블루스 | 리듬 앤 블루스 |
| 네온사인 | 네온싸인 | ㄹ | | 리모컨 | 리모콘 |
| 네트워크 | 네트웍 | 라디에이터 | 라지에이터 | 리어카 | 리어커 |
| 노블레스 오블리주 | 노블리스 오블리제 | 라디오 | 래디오 | 리우데자네이루 | 리오데자네이로 |
| 노스탤지어 | 노스탈지아 | 라벨/레이블 | 라벨르 | 리코더 | 레코더 |
| 노크 | 녹크 | 라스베이거스 | 라스베가스 | 리포트 | 레포트 |
| 노킹 | 녹킹 | 라이선스 | 라이센스 | 립글로스 | 립그로스 |
| 노하우 | 노우하우 | 라이온스 | 라이온즈 | 링거 | 링게르 |

| 바른 표기(○) | 틀린 표기(×) | 바른 표기(○) | 틀린 표기(×) | 바른 표기(○) | 틀린 표기(×) |
|---|---|---|---|---|---|
| ㅁ | | ㅂ | | 블록❸ | 블럭 |
| 마가린 | 마아가린 | 바게트 | 바게뜨 | 블루스 | 브루스 |
| 마네킹 | 마네킨 | 바겐세일 | 바겐쎄일 | 블루칼라❹ | 블루컬러 |
| 마니아 | 매니아 | 바리캉 〈프〉 | 바리깡 | 비로드, 벨벳 | 빌로드 |
| 마르세유 | 마르세이유 | 바리케이드 | 바리케이트 | 비스킷 | 비스켓 |
| 마르크시즘 | 맑시즘 | 바바리코트 | 버버리코트 | 비전 | 비젼 |
| 마사지 | 맛사지 | 바비큐 | 바베큐 | 비즈니스 | 비지니스 |
| 마셜 | 마샬 | 바셀린 | 바세린 | 비타민 | 바이타민 |
| 마멀레이드 | 마머레이드, 마말레이드 | 바스켓 | 바스킷 | 비틀스 | 비틀즈 |
| 마스코트 | 마스콧 | 바통/배턴 〈프〉 | 바톤 | 빨치산 〈러〉 | 빠르티잔 |
| 마스터키 | 마스타 키 | 바흐 | 바하 | ㅅ | |
| 마조히즘 | 마조이즘 | 발레파킹 | 발렛파킹 | 사디스트 | 새디스트 |
| 마케팅 | 마켓팅 | 방갈로 | 반갈로 | 사보타주 〈프〉 | 사보타지 |
| 마켓 | 마킷 | 배지 | 뱃지 | 사이렌 | 싸이렌 |
| 말레이시아 | 말레이지아 | 배터리 | 밧데리 | 사이클 | 싸이클 |
| 매뉴얼 | 메뉴얼 | 백미러 | 백밀러 | 사인 | 싸인 |
| 매니큐어 | 매니큐 | 밴쿠버 | 벤쿠버 | 사카린 | 삭카린, 새커린 |
| 매머드 | 맘모스 | 밸런스 | 발란스 | 산타클로스 | 산타크로스 |
| 매스 게임 | 마스 게임 | 밸런타인데이 | 발렌타인데이 | 살롱 〈프〉 | 싸롱 |
| 매시트포테이토 | 매시드 포테이토, 매쉬트 포테이토 | 버저 | 부저 | 섀시❺ | 샤시 |
| 매킨토시 | 맥킨토시 | 버클 | 바클 | 색소폰 | 색스폰 |
| 맥도널드 | 맥도날드 | 범퍼 | 밤바 | 샌들 | 샌달 |
| 맨션 | 맨숀 | 벙커 | 방카 | 샐러드 | 사라다 |
| 머스터드 | 머스타드 | 베르사유 〈프〉 | 베르사이유 | 샐러리맨 | 셀러리맨 |
| 머플러❶=마후라 | 머프러 | 베이식 | 베이직 | 생텍쥐페리 〈프〉 | 쌩떽쥐뻬리 |
| 메가헤르츠 | 메가헤르쯔 | 벤치 | 벤취 | 샤머니즘 | 샤마니즘 |
| 메릴랜드 | 매릴랜드 | 벨리 | 밸리 | 샴페인 | 삼페인 |
| 메시지 | 메세지 | 보너스 | 보나스 | 샴푸 | 샴푸우 |
| 메신저 | 메신져 | 보닛 | 본네트 | 샹들리에 〈프〉 | 샹들리에 |
| 메이저 | 메이져 | 보디 | 바디 | 섀미 | 세무 |
| 메커니즘 | 메카니즘 | 보디랭귀지 | 바디랭기지 | 섀시(차대) | 샤시 |
| 메타세쿼이아 | 메타세콰이어 | 보디로션 | 바디로션 | 서라운드 | 써라운드 |
| 메탄올 | 메타놀 | 보스턴 | 보스톤 | 서브 | 써브 |
| 멜론 | 메론 | 보이콧 | 보이코트 | 서비스 | 써비스 |
| 모라토리엄 | 모라토리움 | 보트 | 보우트 | 선글라스 | 썬글라스 |
| 모르타르 | 몰타르 | 보헤미안 | 보에미안 | 선탠 | 썬탠 |
| 모르핀 | 몰핀 | 복싱 | 박싱 | 세이프 | 세입 |
| 모차르트 | 모짜르트 | 볼❷ | 보울 | 세트 | 셋트 |
| 몬트리올 | 몬트리얼 | 볼링 | 보울링 | 센강 〈프〉 | 세느강 |
| 몰티즈 | 말티즈, 마르티즈 | 부르주아 〈프〉 | 부르조아 | 센서스 | 쎈서스 |
| 몽타주 〈프〉 | 몽따주 | 부시먼 | 부시맨 | 센터 | 센타 |
| 미네랄 | 미네럴 | 불도그 | 불독 | 센티멘털 | 센티멘탈 |
| 미뉴에트 | 미뉴엣 | 뷔페 〈프〉 | 부페 | 센티미터 | 센치미터 |
| 미라 〈포〉 | 미이라 | 브러시 | 브러쉬 | 셀러리 | 샐러리 |
| 미스터리 | 미스테리 | 브로치 | 브로찌 | 셔벗 | 샤베트 |
| 미시간 | 미시건 | 브리지 | 브릿지 | 셔츠/샤쓰 | 샤스 |
| 미얀마 | 미안마 | 브리티시 | 브리티쉬 | 셔터 | 셧터, 샷타 |
| 밀크셰이크 | 밀크쉐이크 | 블라우스 | 브라우스 | 셔틀콕 | 셧틀콕 |
| 밀크캐러멜 | 밀크카라멜 | 블로킹 | 브로킹 | 셰이크 | 쉐이크 |

❶ 머플러≒마후라(mahura)

❷ bowl/ball 볼

❸ bloc/block 블록

❹ blue-collar 블루칼라: 육체 노동자
cf white-collar 화이트칼라: 사무직 노동자

❺ sash 섀시: 창의 틀
cf chassis 섀시: 차대

📝 기출 확인

외래어 표기가 올바른 것으로만 묶인 것은?
2022 서울시 9급 1차

① 플랭카드, 케익, 스케줄
② 텔레비전, 쵸콜릿, 플래시
③ 커피숍, 리더십, 파마
④ 캐비넷, 로켓, 슈퍼마켓

정답 ③

| 바른 표기(○) | 틀린 표기(×) | 바른 표기(○) | 틀린 표기(×) | 바른 표기(○) | 틀린 표기(×) |
|---|---|---|---|---|---|
| 셰익스피어 | 세익스피어 | 시멘트 | 세멘트 | 엠보싱 | 앰보싱 |
| 셰퍼드 | 쉐퍼드 | 시추에이션 | 시츄에이션 | 옐로❹ | 옐로우 |
| 소나타 | 쏘나타 | 시폰 | 쉬폰 | 오디세이❺ | 오딧세이 |
| 소시지 | 소세지 | 신시사이저 | 신디사이저 | 오렌지 | 오뤤지, 오린지 |
| 솔 뮤직 | 소울 뮤직 | 심벌 | 심볼 | 오르가슴 | 오르가즘 |
| 소켓 | 소킷 | 심포지엄 | 심포지움 | 오리건 | 오레곤 |
| 소파 | 쇼파 | 싱가포르 | 싱가폴 | 오리지널 | 오리지날 |
| 쇼맨십 | 쇼맨쉽 | 샌디에이고 | 샌디에고 | 오므라이스 | 오무라이스 |
| 쇼윈도 | 쇼윈도우 | ○ | | 오믈렛 | 오믈릿 |
| 쇼트커트 | 숏컷 | 아나운서 | 어나운서 | 오셀로 | 오델로 |
| 쇼트트랙 | 숏트랙 | 아마추어 | 아마츄어 | 오프사이드 | 업사이드 |
| 숄 | 쇼올 | 아몬드 | 알몬드 | 오프셋 | 옵셋 |
| 숍(커피 ~) | 샵 | 아웃트라인 | 아웃라인 | 옥스퍼드 | 옥스포드 |
| 수프 | 스프 | 아웃렛 | 아울렛 | 옵서버 | 옵저버 |
| 슈팅 | 숏팅 | 아이섀도 | 아이쉐도우 | 요구르트 | 야쿠르트 |
| 슈퍼/슈퍼마켓 | 슈퍼/슈퍼마켙 | 아카시아❶ | 아까시아 | 우루과이 | 우르과이 |
| 슈퍼맨 | 수퍼맨 | 아코디언 | 어코디언 | 워크숍 | 워크샵 |
| 스낵 | 스넥 | 아콰마린 | 아쿠아마린 | 웨일스 | 웨일즈 |
| 스낵바 | 스넥바 | 아쿠아리움 | 아카리움 | 윈도 | 윈도우 |
| 스노 | 스노우 | 악센트 | 액센트 | 윌리엄스 | 윌리엄즈 |
| 스노보드 | 스노우보드 | 알레르기 〈독〉 | 앨러지 | 유니세프 | 유니셰프 |
| 스로인 | 드로인 | 알루미늄 | 알류미늄 | 유니언❻ | 유니온 |
| 스웨터 | 스웨타 | 알칼리 | 알카리 | 유닛 | 유니트 |
| 스위치 | 스윗치 | 알코올 | 알콜 | 유머레스크 | 유모레스크 |
| 스카우트 | 스카웃 | 앙케트 〈프〉 | 앙케이트 | 윈드서핑 | 윈드써핑, 윈드셔핑 |
| 스카프 | 스카푸 | 앙코르 | 앵콜 | 이탈리아, 이태리 | 이탈리 |
| 스캔들 | 스캔달 | 애드리브 | 애드립 | 인디언 | 인디안 |
| 스케일링 | 스켈링 | 애리조나 | 아리조나 | 인스브루크 | 인스부르크 |
| 스케줄 | 스케쥴 | 애틀랜타 | 아틀란타 | 인스턴트 | 인스탄트 |
| 스크랩 | 스크랲 | 애프터서비스 | 애프터써비스 | 인터내셔널 | 인터내셔날 |
| 스타디움 | 스타디엄 | 애피타이저 | 에피타이저 | 인턴십 | 인턴쉽 |
| 스태미나 | 스태미너 | 액세서리 | 악세서리 | 인플루엔자 | 인플루엔저 |
| 스태프 | 스탭 | 액셀러레이터 | 악세레이타 | ㅈ | |
| 스탠더드 | 스탠다드 | 앤드❷ | 앤 | 자이르 | 자이레 |
| 스탠드바 | 스텐드바 | 앨라배마 | 알라바마 | 장르 〈프〉 | 젠르 |
| 스테인리스 | 스테인레스 | 앰뷸런스 | 엠블런스 | 장티푸스 | 장티프스 |
| 스테이플러 | 스타플러 | 앵클부츠 | 앵글부츠 | 재즈 | 째즈 |
| 스텝 | 스탭 | 어댑터 | 아답타 | 재킷 | 자켓 |
| 스튜어디스 | 스튜디스 | 언밸런스 | 언발란스 | 잼 | 쨈 |
| 스트로 | 스트로우 | 에든버러 | 에딘버러 | 점퍼/잠바❼ | 잠퍼 |
| 스티로폼 | 스티로폴 | 에메랄드 | 에메럴드 | 제스처 | 제스추어 |
| 스펀지 | 스폰지 | 에스컬레이터, 엘리베이터 | 에스카레이터, 에레베이터 | 제트기 | 젯트기 |
| 스페셜 | 스페샬 | 에스파냐 | 에스파니아 | 제트엔진 | 젯트엔진 |
| 스포이트 | 스포이드 | 에어컨 | 에어콘 | 젤리 | 제리 |
| 스프링클러 | 스프링쿨러 | 에인절❸ | 엔젤 | 졸라이슴 〈프〉 | 졸라이즘 |
| 슬래브 | 슬라브 | 에콰도르 | 에쿠아도르 | 주니어 | 쥬니어 |
| 슬레이트 | 스레트 | 에티오피아 | 이디오피아 | 주스 | 쥬스 |
| 시그널 | 시그날 | 엔도르핀 | 엔돌핀 | 쥐라기 | 쥬라기 |
| 시너 | 신나 | 엘니뇨 | 엘리뇨 | 지그재그 | 지그잭 |
| 시디 | 씨디 | 엘리베이터 | 엘레베이터 | 지퍼 | 자크 |

❶ 아카시아 = 아까시나무

❷ and 앤드
　예) · 록 앤드 롤(로큰롤)
　　 · 리듬 앤드 블루스(= 아르 앤드 비)
　　 · 히트 앤드 런

❸ angel 에인절
　예) 에인절 사업, 에인절피시

❹ yellow 옐로
　예) 옐로 저널리즘, 옐로카드

❺ 오디세이: 호메로스가 기원전 8세기 무렵 지은 그리스 장편 서사시

❻ Union 유니언
　예) 유니언숍제(노동조합 의무 가입 제도), 유니언 잭(영국 국기)

❼ 점퍼/잠바(○)

| 바른 표기(○) | 틀린 표기(×) | 바른 표기(○) | 틀린 표기(×) | 바른 표기(○) | 틀린 표기(×) |
|---|---|---|---|---|---|
| 지프 | 찌프 | 커스터드 | 커스타드 | 크리스천 | 크리스찬 |
| 집시 | 짚시 | 커튼 | 커텐 | 크리스털 | 크리스탈 |
| **ㅊ** | | 커피숍 | 커피샵 | 클라이맥스 | 클라이막스 |
| 차트 | 챠트 | 컨디션 | 컨디숀 | 클래스 | 클라스 |
| 찬스 | 챈스 | 컨소시엄 | 콘소시엄 | 클랙슨 | 크락션, 크랙슨, 클락션 |
| 챌린저 | 첼린저 | 컨테이너 | 콘테이너 | 클렌징크림 | 크린싱크림 |
| 챔피언 | 챔피온 | 컨트롤 | 콘트롤 | 클로버 | 크로바 |
| 초콜릿 | 초콜렛 | 컨트리 | 컨츄리 | 클리너 | 크리너 |
| 침팬지 | 침팬치 | 컬러 | 칼러 | 클리닉 | 크리닉 |
| **ㅋ** | | 컬렉션 | 콜렉션 | 클리닝 | 크리닝 |
| 카디건 | 가디건 | 컴퍼스 | 콤파스 | 클린 | 크린 |
| 카레 〈일〉 | 커리 | 컴포넌트 | 콤포넌트 | 킬로미터 | 키로미터 |
| 카망베르 | 까망베르 | 컴퓨터 | 콤퓨터 | 킬로칼로리 | 키로칼로리 |
| 카메오 | 까메오 | 컴프레서 | 콤프레서 | **ㅌ** | |
| 카바레 〈프〉 | 캬바레 | 케이블 | 캐이블 | 타깃 | 타겟 |
| 카뷰레터① | 카뷰레이터 | 케이크 | 케익 | 타닌 | 탄닌 |
| 카세트② | 카셋트 | 케첩 | 케챱 | 타로 | 타롯 |
| 카스텔라 | 카스테라 | 코냑 〈프〉 | 꼬냑 | 타월 | 타올 |
| 카시오페이아 | 카시오페아 | 코러스 | 코루스 | 타이거스 | 타이거즈 |
| 카운슬링 | 카운셀링 | 코르덴, 코듀로이 | 골덴 | 타이완 | 타이오안 |
| 카탈로그 | 카다로그 | 코리안 | 코리언 | 타일 | 타이루 |
| 카페 〈프〉 | 까페 | 코미디/코미디언 | 코메디 | 타임스 | 타임즈 |
| 카펫 | 카페트 | 코즈모폴리턴⑥ | 코스모폴리턴 | 탤런트 | 탈렌트 |
| 칼라 | 컬러 | 코커스패니얼 | 코카스파니얼, 코카스패니얼 | 터미널 | 터미날 |
| 칼럼 | 컬럼 | 코코넛 | 코코낫 | 터부 | 타부 |
| 칼럼니스트 | 칼럼리스트 | 코트디부아르 | 코트디브와르 | 텀블러 | 덤블러 |
| 캐러멜 | 카라멜 | 콘사이스 | 콘사이즈 | 텀블링 | 덤블링 |
| 캐러멜마키아토 | 카라멜마끼아또 | 콘서트 | 컨서트 | 테이프 | 테잎 |
| 캐럴 | 캐롤 | 콘셉트 | 컨셉트 | 테제베 | 떼제베 |
| 캐리커처 | 캐리커쳐 | 콘택트렌즈 | 컨택트렌즈 | 테크놀로지 | 테크놀러지 |
| 캐비닛 | 캐비넷 | 콘테스트 | 컨테스트 | 텔레마케팅 | 텔레마켓팅 |
| 캐스팅 보트③ | 캐스팅 보드 | 콘텐츠 | 컨텐츠 | 텔레비전/티브이 | 텔레비젼 |
| 캐시 | 캐쉬 | 콘티넨털 | 컨티넨탈 | 템스강 | 템즈강 |
| 캐시밀론 | 카시미론 | 콤마⑦ | 컴마 | 토마토 | 도마도 |
| 캐주얼 | 캐쥬얼 | 콤바인⑧ | 컴바인 | 토슈즈⑪ | 토우슈즈 |
| 캐터필러④ | 카타필러 | 콤팩트⑨ | 컴팩트 | 토털 | 토탈 |
| 캐피털 | 캐피탈 | 콤플렉스 | 컴플렉스 | 튤립 | 튜울립 |
| 캔자스 | 캔사스 | 콩쿠르 〈프〉 | 콩쿨 | 트랙터 | 트렉터 |
| 캘린더 〈영〉/카렌다 〈일〉 | 캘린다/카렌더 | 콩트 | 꽁트 | 트레이닝 | 트레닝 |
| 캠퍼스 | 켐퍼스 | 쿠데타 〈프〉 | 쿠테타 | 트레이싱 페이퍼⑫ | 트레싱 페이퍼 |
| 캠페인 | 켐페인 | 쿠알라룸푸르 | 콸라룸프르 | 트렌드 | 트랜드 |
| 캡슐 | 캅셀 | 쿵후 | 쿵푸 | 트렌치코트 | 트랜치코트 |
| 캥거루 | 캉가루 | 쿼터 | 쿼타 | 트로트 | 트롯트 |
| 커닝 | 컨닝 | 크레디트⑩ | 크레딧 | 트리 | 츄리 |
| 커리어⑤ | 캐리어 | 크렘린 | 크레믈린 | 티베트 | 티벳 |
| 커미션 | 커미숀 | 크로켓/고로케 〈일〉 | 고로께 | 티켓 | 티킷 |
| 커버 | 카바 | 크루아상 〈프〉 | 크로와상 | 티푸스⑬ | 티프스 |

❶ 카뷰레터: 기화기
❷ cassette 카세트
  예 카세트테이프, 카세트 리코더

❸ 캐스팅 보트: 가부가 동수일 때 의장의 결정 투표
❹ 캐터필러: 무한궤도
❺ cf carrier 캐리어
❻ 코즈모폴리턴: 세계주의자
❼ 콤마: 쉼표
  cf coma 코마: 무의식 상태
❽ 콤바인: 농업 기계
❾ 콤팩트: 휴대용 화장 도구
❿ credit card 크레디트 카드
⓫ toe 토
  예 토슈즈, 토댄스, 토킥
⓬ 트레이싱 페이퍼: 투사지
⓭ typhus 티푸스
  예 장티푸스/발진티푸스

**기출 확인**

외래어 표기가 맞는 것을 〈보기〉에서 있는 대로 고른 것은? 2017 교육행정직 9급

┌〈보기〉────────────────┐
㉠ 카톨릭(Catholic)
㉡ 시뮬레이션(simulation)
㉢ 숏커트(short cut)
㉣ 카레(curry)
㉤ 챔피언(champion)
㉥ 캐리커처(caricature)
└──────────────────────┘

① ㉠, ㉢　　　　② ㉡, ㉣
③ ㉠, ㉣, ㉥　　④ ㉡, ㉢, ㉤

정답 ②

| 바른 표기(○) | 틀린 표기(×) | 바른 표기(○) | 틀린 표기(×) | 바른 표기(○) | 틀린 표기(×) |
|---|---|---|---|---|---|
| 팀워크 | 팀웍 | 펜실베이니아 | 펜실베니아 | 플로 | 플로우 |
| ㅍ | | 펜치 | 뺀찌 | 플루트 | 플룻 |
| 파리 | 빠리 | 펜타곤 | 팬터곤, 펜터곤 | 피닉스 | 휘닉스 |
| 파마 | 퍼머 | 포르투갈 | 포르투칼 | 피에로 〈프〉 | 삐에로 |
| 파운데이션 | 화운데이션 | 포클레인 | 포크레인 | 피오르 | 피요르드 |
| 파이팅 | 화이팅 | 포털 | 포탈 | 피자 | 핏자 |
| 파일 | 화일 | 폴로 스루❷ | 폴로우 스루, 팔로우 스루 | 피켓 | 피킷 |
| 파일럿 | 파일롯 | 폴리에스테르 | 폴리에스터 | 피튜니아 | 페튜니아 |
| 파카 | 파커 | 퓨즈 | 휴즈 | 피트니스 | 휘트니스 |
| 판다 | 팬더 | 프라이팬 | 후라이팬 | 필로폰 | 필로뽕 |
| 판타지 | 환타지 | 프라이드치킨 | 후라이드치킨 | 필름 | 필림 |
| 판탈롱 〈프〉❶ | 판타롱 | 프랑크푸르트 | 후랑크프루트 | ㅎ | |
| 팔레트 | 파레트, 빠레트 | 프러포즈 | 프로포즈 | 하모니 | 하머니 |
| 팡파르 〈프〉 | 팡파레 | 프런트 | 프론트 | 하이라이트 | 하일라이트 |
| 패널 | 판넬 | 프런티어 | 프론티어 | 할리우드 | 헐리웃 |
| 패러독스 | 파라독스 | 프레젠테이션 | 프리젠테이션 | 핫도그 | 핫독 |
| 패키지 | 팩키지 | 프로텍터 | 프러텍터 | 핫라인 | 핟라인 |
| 팩시밀리/팩스 | 팩시미리 | 프로펠러 | 프로펠라 | 해트트릭 | 헤드트릭 |
| 팬터마임 | 판토마임 | 프리미엄 | 프레미엄 | 핼러윈 | 할로윈 |
| 팬티/팬츠 | 빤쓰 | 프리즘 | 프리슴 | 햄버그스테이크 | 함박스테이크 |
| 팸플릿 | 팜플렛 | 프리지어 | 프리지아 | 헤지 | 헷지 |
| 퍼센티지 | 페센테이지 | 플라멩코 〈에〉❸ | 플라멩고 | 헬리콥터 | 헬리곱터 |
| 퍼펙트 | 퍼팩트 | 플라스마 | 플라즈마 | 헬멧 | 헷맷 |
| 펀더멘털 | 펀더멘탈 | 플라스틱 | 플래스틱 | 호나우두 | 호나우도 |
| 펑크 | 빵꾸 | 플라자 | 프라자 | 호치키스❹ | 호치께스 |
| 페널티 킥 | 페날티 킥 | 플라크 〈프〉 | 플라그 | 호르몬 | 홀몬 |
| 페디큐어 | 페티큐어, 패디큐어 | 플랑크톤 | 프랑크톤 | 화이트칼라 | 화이트컬러 |
| 페스티벌 | 페스티발 | 플래시 | 플래쉬 | 훌라후프 | 훌라우푸 |
| 페트병 | 펫트병, 펫병 | 플래카드 | 플랭카드 | 히트 앤드 런 | 힛 앤 런 |
| 펜션 | 팬션 | 플랫폼 | 플랫홈 | 히프❺ | 힙 |

❶ 판탈롱: 아랫부분이 나팔 모양으로 벌어진 여자용 바지
❷ 폴로 스루: 공을 던진 후에 팔의 동작을 계속 진행하는 일

❸ 플라멩코: 에스파냐 남부의 안달루시아 지방에서 예부터 전하여 오는 민요와 춤
  cf flamingo 플라밍고: 홍학과의 미국큰홍학, 갈라파고스홍학, 큰홍학, 칠레홍학, 쇠홍학 따위를 통틀어 이르는 말
❹ 호치키스 = 스테이플러

❺ hip 히프
  cf hip hop 힙합

---

**기출 확인**

외래어 표기가 옳은 것만을 모두 고른 것은?                                                    2017 국가직 7급 추가

ㄱ. 커미션(commission)        ㄴ. 콘서트(concert)        ㄷ. 컨셉트(concept)
ㄹ. 에어컨(← air conditioner)   ㅁ. 리모콘(← remote control)

① ㄱ, ㄴ          ② ㄱ, ㄴ, ㄹ          ③ ㄴ, ㄷ, ㄹ          ④ ㄴ, ㄷ, ㅁ

오답 ㄷ. 컨셉트 → 콘셉트
    ㅁ. 리모콘 → 리모컨

정답 ②

**2026 대비 최신개정판**

# 해커스공무원
# 혜원국어
# 올인원 기본서

**개정 3판 1쇄 발행 2025년 5월 26일**

| | |
|---|---|
| **지은이** | 고혜원 |
| **펴낸곳** | 해커스패스 |
| **펴낸이** | 해커스공무원 출판팀 |

| | |
|---|---|
| **주소** | 서울특별시 강남구 강남대로 428 해커스공무원 |
| **고객센터** | 1588-4055 |
| **교재 관련 문의** | gosi@hackerspass.com |
| | 해커스공무원 사이트(gosi.Hackers.com) 교재 Q&A 게시판 |
| | 카카오톡 플러스 친구 [해커스공무원 노량진캠퍼스] |
| **학원 강의 및 동영상강의** | gosi.Hackers.com |

| | |
|---|---|
| **ISBN** | 979-11-7404-131-9 (13710) |
| **Serial Number** | 03-01-01 |

**공무원 교육 1위,**
해커스공무원 gosi.Hackers.com

**해커스공무원**

· **해커스공무원 학원 및 인강**(교재 내 인강 할인쿠폰 수록)
· 정확한 성적 분석으로 약점 극복이 가능한 **합격예측 온라인 모의고사**(교재 내 응시권 및 해설강의 수강권 수록)
· 해커스 스타강사의 **공무원 국어 무료 특강**
· '필수 어휘와 사자성어를 편리하게 학습할 수 있는 **해커스 매일국어 어플**

한경비즈니스 2024 한국품질만족도 교육(온·오프라인 공무원학원) 1위